Das politische System der Schweiz

Ein internationaler Vergleich

von

PD Dr. Thomas Krumm

Oldenbourg Verlag München

Lektorat: Anne Lennartz
Herstellung: Tina Bonertz
Titelbild: thinkstockphotos.de
Einbandgestaltung: hauser lacour

Bibliografische Information der Deutschen Nationalbibliothek
Die Deutsche Nationalbibliothek verzeichnet diese Publikation in der Deutschen Nationalbib-
liografie; detaillierte bibliografische Daten sind im Internet über http://dnb.dnb.de abrufbar.

Library of Congress Cataloging-in-Publication Data
A CIP catalog record for this book has been applied for at the Library of Congress.

© 2013 Oldenbourg Wissenschaftsverlag GmbH
Rosenheimer Straße 143, 81671 München, Deutschland
www.degruyter.com/oldenbourg
Ein Unternehmen von De Gruyter

Gedruckt in Deutschland

Dieses Papier ist alterungsbeständig nach DIN/ISO 9706.

ISBN   978-3-486-70720-5
eISBN 978-3-486-77850-2

Vorwort

Angesichts des im Folgenden aufzuzeigenden „Erfolgsmodells" des politischen Systems der Schweiz verwundert es etwas, dass die Detailkenntnis der eidgenössischen politischen Strukturen und Prozesse in den Nachbarländern meist eher bescheiden ist. Ziel des vorliegenden Bandes ist es daher, über die Prozesse und Strukturen des politischen Systems der Schweiz zuverlässig zu orientieren. Das Buch soll eine Lücke in den Einführungs- und Überblickswerken zu den politischen Systemen in Europa zu schließen helfen, in denen die Schweiz oft nicht berücksichtigt wird. Es ist als eine vertiefende Einführung in das politische System der Schweiz aus einer vergleichenden Perspektive gedacht.

Hinsichtlich der Einführungsfunktion werden möglicherweise andere Schwerpunkte und Sichtweisen gesetzt, als dies aus einer Binnenperspektive des politischen Systems der Schweiz möglich und angemessen ist. Dieser Perspektivenwechsel kann aber auch den bereits mit den schweizerischen Verhältnissen vertrauten Leserinnen und Lesern neue Aspekte und Einsichten vermitteln.

Um die vergleichende Perspektive zu stärken, werden soweit möglich Merkmale und Daten der Nachbarländer Österreich, Deutschland, Frankreich und Italien sowie von Ländern, die hinsichtlich bestimmter Merkmale besonders ähnlich oder sehr unterschiedlich sind, ausführlicher berücksichtigt. Auf einer weiteren Ebene werden quantitative Daten zum politischen System der Schweiz durch eine Auswahl west- und zentraleuropäischer Staaten kontextualisiert. Auch wenn diese Daten bald nicht mehr auf dem neuesten Stand sein werden, vermitteln sie doch einen Eindruck, wo die Schweiz im internationalen Vergleich steht (bzw. gestanden hat) und zeigen Entwicklungstendenzen auf.

Diese Einführung ist für Studierende insbesondere der Politikwissenschaft und ihrer Teildisziplinen des Vergleichs politischer Systeme und Institutionen, der Internationalen Beziehungen und der Europäischen Studien gedacht. Sie ist aber ebenso geeignet als Nachschlagewerk für Wissenschaftler und Praktiker mit Interesse am politischen Geschehen und den Institutionen der Schweiz.

Die Struktur des Buches gliedert sich in drei Teile. Im ersten Teil werden Grundlagen eingeführt, die auch Alleinstellungsmerkmale des politischen Systems der Schweiz sind: eine seit 1848 kontinuierlich demokratische Verfassungsgeschichte, eine ausgebaute halbdirekte Demokratie, ausgeprägter Föderalismus, außenpolitische Neutralität und ein Konsensussystem der politischen Entscheidungsfindung. Die Kapitel drei bis elf thematisieren primär die Politics-Dimension. Um den Politikbegriff in seiner vollen Breite zur Geltung kommen zu lassen, wurden neben den Prozessen (Politics) und Institutionen (Polity) auch einige Politikfelder (Policy) berücksichtigt. Obgleich Politikfelder bzw. -inhalte wichtiger Bestandteil des Politischen sind, kommen sie in entsprechenden Einführungs- und Überblickswerken oft zu kurz. Um dem entgegen zu steuern, werden Außen-, Wirtschafts- und Sozialpolitik, sowie Medienpolitik in eigenen Kapiteln ausführlicher vorgestellt. Letztere steht aufgrund der sprachlichen Fragmentierung der Öffentlichkeit vor besonderen Herausforderungen.

Teile des Manuskripts sind während eines Forschungsaufenthaltes an der University of Kent at Canterbury, Centre for Swiss Politics, entstanden. Für Unterstützung, hilfreiche Kritik und Hinweise danke ich Paolo Dardanelli, Volkmar Höpp, Volker Mittendorf und Sean Mueller. Dem Lektorat des Oldenbourg-Verlages, insbesondere Frau Anne Lennartz, danke ich für die technische und motivationale Unterstützung. Verbliebene Fehler gehen ausschließlich zu meinen Lasten.

Chemnitz, im Juli 2013   Thomas Krumm

Inhaltsverzeichnis

Abkürzungsverzeichnis

Kantone

ZH	Kanton Zürich
BE	Kanton Bern
LU	Kanton Luzern
UR	Kanton Uri
SZ	Kanton Schwyz
OW	Kanton Obwalden
NW	Kanton Nidwalden
GL	Kanton Glarus
ZG	Kanton Zug
FR	Kanton Freiburg
SO	Kanton Solothurn
BS	Kanton Basel-Stadt
BL	Kanton Basel-Landschaft
SH	Kanton Schaffhausen
AR	Kanton Appenzell Außerrhoden
AI	Kanton Appenzell Innerrhoden
SG	Kanton St. Gallen
GR	Kanton Graubünden
AG	Kanton Aargau
TG	Kanton Thurgau
TI	Kanton Tessin
VD	Kanton Waadt
NE	Kanton Neuenburg
VS	Kanton Wallis
GE	Kanton Genf
JU	Kanton Jura

Parteien

AL	Alternative Linke
AP	Schweizer Auto-Partei

BDP	Bürgerlich-Demokratische Partei
CSP	Christlichsoziale Partei
CVP	Christlichdemokratische Volkspartei der Schweiz
EDU	Eidgenössisch-Demokratische Union
EVP	Evangelische Volkspartei der Schweiz
FDP	Freisinnig-Demokratische Partei der Schweiz
FGA	Feministische und grün-alternative Gruppierungen (Sammelbezeichnung)
FPS	Freiheits-Partei der Schweiz (1985–1994)
GLP	Grünliberale Partei
GPS	Grüne Partei der Schweiz
LdU	Landesring der Unabhängigen (1936–1999)
Lega	Lega dei Ticinesi
LPS	Liberale Partei der Schweiz
MCG	Genfer Bürgerbewegung
PdA	Partei der Arbeit der Schweiz
POCH	Progressive Organisationen der Schweiz (1973–1993)
PSA	Partito socialista autonomo (TI, 1970–1988; danach: PSU)
PSA-SJ	Parti socialiste autonome du Sud du Jura
PSU	Partito socialista unitario (TI; 1988–1992)
Rep.	Republikanische Bewegung (1971–1989)
SD	Schweizer Demokraten (1961–1990: Nationale Aktion, NA)
Sol.	Solidarität
SPS [SP]	Sozialdemokratische Partei der Schweiz
SVP	Schweizerische Volkspartei
Vig./GE	Vigilance, Genf (1965–1990)

Sonstige

ASR	Auslandsschweizerrat
AT	Österreich
BA	Bundesanwaltschaft
BE	Belgien
BfS	Bundesamt für Statistik
BIP	Bruttoinlandsprodukt
BK	Schweizerische Bundeskanzlei
BKP	Bundeskriminalpolizei
BPR	Bundesgesetz über die politischen Rechte
BPUK	Schweizerische Bau-, Planungs- und Umweltdirektoren-Konferenz

BüG	Bürgerrechtsgesetz
BV	Eidgenössische Bundesverfassung
B-VG	Bundes-Verfassungsgesetz (Österreich)
BWIS	Bundesgesetz über Maßnahmen zur Wahrung der inneren Sicherheit
CH	Schweiz (confoederatio helvetica)
ComCom	Eidgenössische Kommunikationskommission
Economiesuisse	Verband der Schweizer Unternehmen
DE	Deutschland
EDA	Eidg. Departement für auswärtige Angelegenheiten
EDI	Eidg. Departement des Innern
EFD	Eidgenössisches Finanzdepartement
EFTA	European Free Trade Association
EJPD	Eidg. Justiz- und Polizeidepartement
EUV	Vertrag über die Europäische Union
EVD	Eidg. Volkswirtschaftsdepartement (bis 2012)
EWR	Europäischer Wirtschaftsraum
Fedpol	Bundesamt für Polizei
FiLaG	Finanz- und Lastenausgleichsgesetz
FINMA	Eidgenössische Finanzmarktaufsicht
FR	Frankreich
GASP	Gemeinsame Außen- und Sicherheitspolitik
GAV	Gesamtarbeitsverträge
GG	Grundgesetz (Bundesrepublik Deutschland)
GPK	Geschäftsprüfungskommission
IMF/IWF	International Monetary Fund/Internationaler Währungsfonds
IT	Italien
KKJPD	Konferenz der Kantonalen Justiz- und Polizeidirektoren
KKPKS	Konferenz der Kantonalen Polizeikommandanten der Schweiz
KV Schweiz	Kaufmännischer Verband Schweiz
MW	Mittelwert
NDB	Nachrichtendienst des Bundes
NL	Niederlande
PKS	Polizeiliche Kriminalstatistik
PR	Proportional Representation
RVOG	Regierungs- und Verwaltungsorganisationsgesetz
SBB CFF FFS	Schweizerische Bundesbahnen
SBV	Schweizerischer Bauernverband

Seco	Staatssekretariat für Wirtschaft
SGV	Schweizerischer Gewerbeverband
SGB	Schweizerischer Gewerkschaftsbund
STAW	Standardabweichung
Travail.Suisse	Dachorganisation der Arbeitnehmenden
UBI	Unabhängige Beschwerdeinstanz für Radio und Fernsehen
UK	United Kingdom
UVEK	Eidg. Departement für Umwelt, Verkehr, Energie und Kommunikation
VBS	Eidg. Departement für Verteidigung, Bevölkerungsschutz und Sport
WBF	Eidg. Departement für Wirtschaft, Bildung und Forschung (seit 2013)
Weko	Wettbewerbskommission
WEU	Westeuropäische Union

Tabellen- und Abbildungsverzeichnis

1   Einleitung

Obgleich geographisch im Zentrum Europas und sprachlich, konfessionell und ethnisch ein Staat mit großer Diversität, ist die Schweizerische Eidgenossenschaft politisch (und politikwissenschaftlich) doch eher eine Fremde in Europa geblieben. Während etwa die politische Enthaltsamkeit hinsichtlich einer aktiven Mitgestaltung in der Europäischen Union selbstgewählt ist, ist die politikwissenschaftliche Lücke hinsichtlich verständlicher und gleichwohl detaillierter Einführung- und Vergleichsbänden angesichts einer Fülle von 96.273 Erst- und Neuerscheinungen in Deutschland im Jahr 2011 doch etwas überraschend (davon entfallen allerdings nur 4% auf die Sozialwissenschaften, vgl. www.boersenverein.de/de/182717). Um diese Lücke zu verringern, werden in der vorliegenden Einführung die wichtigsten Strukturelemente der Schweizer Demokratie vorgestellt und mit denen in anderen westlichen Demokratien verglichen.

So wird die konkordanzdemokratische Arbeitsweise der schweizerischen Demokratie z.B. mit dem mehrheitsfördernden Westminister-Modell kontrastiert, um Besonderheiten dieses Modells deutlicher zu machen. Das Regierungssystem der Schweiz wird (immer noch) als Sonderfall behandelt, an dem sich Empirie und Theorie über die Funktionsweise von Regierungssystemen zu bewähren haben. So ist der schweizerische Föderalismus etwa sehr stark dezentralisiert und die Referendumsdemokratie de jure und de facto weltweit am besten ausgebaut. Auch die Kombination von präsidentiellen und parlamentarischen Elementen im Regierungssystem ist weltweit einmalig und entsprechend schwierig zu klassifizieren. Die permanente Große Koalition und die dauerhafte außenpolitische Neutralität sind weitere Herausforderungen für die vergleichende Politikforschung (Lane 2001: 3).

Angesichts der komplizierten Konstellation verschiedener cross-cutting social cleavages in Geschichte und Gegenwart ist die beobachtbare Stabilität und Integration auf politisch-institutioneller wie gesellschaftlicher Ebene keineswegs selbstverständlich und nicht monokausal zu erklären. Die in Kap. 3 noch genauer vorzustellende sozialstrukturelle Heterogenität der Bevölkerung und der lokalen und regionalen Strukturen dürfte erheblich zur Entwicklung des im Folgenden noch ausführlicher vorzustellenden Systems der Gewaltenteilung beigetragen haben. „Switzerland's social make-up, like that of Belgium, appears at face value to furnish the most unpromising conditions for stable government" (Burgess 2006: 118). Trotz der widrigen Ausgangsbedingungen für eine stabile Demokratie ist es aber gelungen, eine der ältesten, bewährtesten und ununterbrochen funktionsfähigen Demokratien der Welt zu etablieren. Die Orientierung an den politischen Institutionen der USA mag dabei hilfreich gewesen sein, aber auch die institutionellen Sonderregelungen, die man in Abweichung von den bekannten und etablierten Demokratien gefunden hat. Das Erfolgsrezept kann man vielleicht als eine Mischung aus Lernen von den Besten und einer Bereitschaft zu pragmatischer Innovation und unkonventionellen Wegen umschreiben.

Auch in der tagesaktuellen Politik geht die Schweiz oft eigene Wege. 1992 entschied sich eine Mehrheit gegen den Beitritt zum EWR und die Politik entwickelte als Ersatz die Idee

des „bilateralen Wegs", statt des Primats effizienter parlamentarischer Mehrheitsentscheidungen setzt man auf langwierige Deliberation und direkte Demokratie, statt professionali-
sierter und abgehobener classe politique auf die Erfahrung von Nebenberufs- und Feier-
abendpolitikern. In diesem Buch werden diese und weitere politische Veränderungen der
letzten 10 bis 15 Jahre ausführlich thematisiert und in einen analytischen Rahmen gestellt.

Der politische Wandel der letzten Jahrzehnte fand einen sichtbaren Ausdruck in der Totalrevision der Verfassung von 1999. Die „neue" Verfassung trat zum 1. Januar 2000 in Kraft und
ersetzte die alte Bundesverfassung von 1874. Die neue Verfassung hat Entwicklungen kodifiziert, etwa die Einführung neuer Grundrechte, die bislang nur durch Bundesgesetze und
Rechtskommentare vollzogen wurden. Sie hat z.B. Regelungen, die durch Volksinitiativen in
die Verfassung gelangt sind und eigentlich nicht auf diese Ebene gehören, herabgestuft. Die
Totalrevision wurde am 18. April 1999 von 59,2% der Bevölkerung und einer Mehrheit von
14 zustimmenden Kantonen angenommen.

Getrennt von der Verfassungsreform 1999 wurde eine Reform des Föderalismus durchgeführt. Sie sollte zur Entflechtung und Effizienzsteigerung politischer Prozesse führen und
fand 2004 einen vorläufigen Abschluss in der Neuordnung der horizontalen und vertikalen
Finanzbeziehungen von Kantonen und Bund, dem Neuen Finanzausgleich (NFA). Die „Neugestaltung des Finanzausgleichs und der Aufgabenteilung", so der genaue Titel der Reform,
wurde am 28. November 2004 durch Volksabstimmung angenommen und trat Anfang 2008
in Kraft. Seine Ziele sind eine klarere Aufgabenverteilung zwischen Bund und Kantonen, die
Verringerung des tendenziell zunehmenden Unterschieds bei den kantonalen Steuereinnahmen und eine wirksamere Steuerung der Ausgleichszahlungen zwischen Bund und Kantonen
sowie zwischen den Kantonen (vgl. Kap. 2.2.3).

Im Parteiensystem sind die verstärkte Polarisierung und der Aufstieg der SVP seit Mitte der
1990er Jahre zu nennen, die wiederum Auswirkungen auf das Regierungssystem im engeren
Sinne und die politische Kultur haben. Die konsensorientierte Willensbildung und Entscheidungsfindung der Schweizer Politik ist durch den eindrucksvollen Aufstieg der Schweizerischen Volkspartei SVP (vgl. Kriesi 2005) einerseits sowie der Grünen und Sozialdemokraten
andererseits seit den 1990er Jahren zumindest auf verbaler und symbolischer Ebene erheblich unter Druck geraten. Die Verdopplung der Unterstützung für die SVP zwischen 1995
und 2007 zur mit Abstand stärksten Partei (28,9%) indiziert einen Wandel der konkordanten
Politikprozesse zu einem stärker polarisierten und konkurrenzbetonten System. Um eine
2008 gegen den Willen der SVP mit den Stimmen der Mitte-Links-Parteien gewählte „eigene" Bundesrätin loszuwerden, musste sie gleich die ganze Kantonalpartei ausschließen. Die
daraus entstandene BDP, sowie die 2007 aus einer Abspaltung von den Grünen entstandenen
Grünliberalen (GLP) haben zwar bei der Wahl 2011 wieder die politische Mitte gestärkt, aber
auch die Fragmentierung des Parteiensystems weiter erhöht.

Die politische Kultur ist seit den 1990er Jahren als viel schärfer, medialisierter und spalten-
der wahrgenommen worden (Church 2004a: 22). Die politischen Veränderungen der letzten
Dekade wurden zeitweise als eine Entwicklung in Richtung funktionaler Gewaltenteilung
(Regierung/Opposition) interpretiert. Lange Zeit galt die Schweiz als „Extremtyp" der Kon-
kordanzdemokratie. Inzwischen nähere sie sich aber zunehmend einem „Normalfall" von
Konsensusdemokratie an (Vatter 2008: 147).

Der Parteienproporz auf Regierungsebene bleibt ein Dauerthema in der politischen Debatte.
Dies betrifft sowohl die Frage nach dem angemessenen Sitzanteil der im Bundesrat vertrete-

nen Parteien wie auch die nicht in der Regierung vertretenen Parteien. Hier sind insb. die beiden grünen Parteien betroffen, die inzwischen breite Unterstützung bei Wahlen genießen. Für ihre Aufnahme in den Bundesrat müsste aber entweder eine etablierte Regierungspartei auf einen Sitz verzichten oder die Anzahl der Bundesratssitze müsste erhöht werden, was eine Verfassungsänderung erfordern würde. Nachdem in 2003 die CVP ihren zweiten Bundesratssitz verloren hat, könnte es als nächstes für die gegenwärtig noch mit zwei Sitzen in der Regierung vertretene FDP enger werden, die nur wenige Prozentpunkte stärker ist als die CVP. Aber auch auf den Bundesratssitz der BDP richten sich Begehrlichkeiten. De facto könnte das dazu führen, dass mittelfristig nur die beiden stimmstärksten Parteien (oder solche über z.B. 20% Stimmenanteil) Anspruch auf zwei Sitze hätten, die kleineren Parteien jeweils nur Anspruch auf einen Sitz. Eine faktische Ausnahme würde die SVP spielen, die zwar seit 2003 stimmenstärkste Partei ist, seit der Wahl Widmer-Schlumpfs in den Bundesrat und der Abspaltung der Bündner SVP-Sektion als BDP in 2008 aber lediglich mit einem Bundesrat in der Regierung vertreten ist.

Eine weitere Option wäre ein konkurrenzdemokratisches System mit alternierenden kleinen Koalitionen. Das gegenwärtig noch stärker fragmentierte Parteiensystem würde hierzu einige Optionen bereit halten. Allerdings wäre mit diesem Schritt das Konkordanzsystem auf Regierungsebene zu opfern. Und es würde eine ganz neue Dynamik des „Koalitionspokers" um die kleineren Parteien der Mitte entstehen. Vermutlich würden mindestens drei Parteien für eine minimum winnig coalition erforderlich sein. Die kleinen Parteien in einer solchen Koalition ständen in der Versuchung, ihren Gewinn bzw. Einfluss in der Regierung durch Vetopolitik und Koalitionspoker zu erhöhen. Während gegenwärtig Kleinparteien eher zu den Verlierern des Regierungsformats zählen, würden sie in einem solchen System ihre Gewinnchancen deutlich erhöhen. Gegenwärtig sind z.B. Grüne und Grünliberale nicht in der Regierung vertreten und CVP und BDP mit nur einem Sitz. Lediglich die FDP ist als mittelstarke Partei mit zwei Sitzen noch gut repräsentiert. Durch kleine Koalitionen könnten Kleinparteien also versuchen, ihre Sitzzahl in der Regierung zu erhöhen. Der Preis dafür wäre aber ein gestiegenes Risiko für die momentanen Bundesratsparteien, auch einmal in der Opposition zu landen.

Eine weitere Reformoption ist die Direktwahl der Bundesräte durch das Volk gewesen, wie dies bei den Regierungsräten auf kantonaler Ebene der Fall ist. Diese von der SVP unterstützte Option würde sich vor dem Hintergrund der kantonalen Praxis einerseits zwar in das politische System der Schweiz einfügen. Andererseits gibt es aber auch gute Gründe, warum die Verfassungsgeber sich – im Unterschied zur kantonalen Ebene – auf der nationalen Ebene bewusst gegen diese Option entschieden haben. Sie würde die Legitimation und damit das präsidiale Moment der Regierung stärken und die Gefahr einer weiteren Autonomisierung der Führungsschicht nach sich ziehen. Die personalisierte Direktlegitimation der Exekutive würde auch der sachunmittelbaren Dimension der direkten Demokratie entgegen stehen. Durch die verlängerten und personalisierten Wahlkämpfe würde auch die politische Kultur weiter polarisiert werden und die Konsenskultur Schaden nehmen können. Entsprechend wurde in der Volksabstimmung vom Juni 2013 diesem Modell mit 76,3% eine deutliche Absage erteilt. Auch erhielt die Initiative in keinem der Kantone eine Mehrheit.

Linder (2005: 328) bündelt die Reformdebatten zu zwei Szenarien: einen Umbau zu einem bipolaren Konkurrenzsystem oder einer Revitalisierung der Konkordanz durch Einführung konkurrenzdemokratischer Momente lediglich bei der Regierungsbildung. Das erste Szenario bedeutet einen grundlegenden Umbau mit Beseitigung der institutionellen Konkordanzzwänge und Rückbau der direkten Demokratie, eine Gewichtsverlagerung von der Abstimmungs- zur Wahldemokratie, z.B. durch Einführung eines relativen Mehrheitswahlrechts. Der einfache Mechanismus der Wahl benachteilige „die Unterschichten weniger als die Abstimmungsdemokratie mit ihrem Mittelstands-Bias und ermöglicht – bei Chancen des Regierungswechsels – programmatische Alternativen". Allerdings braucht es für einen solchen, gegenwärtig unrealistischen Umbau weit mehr „als die Aufkündigung der Regierungsbeteiligung an eine der bisherigen Parteien oder ihren freiwilligen Austritt. Die Veränderungen wären einschneidend" (ebd.: 329).

Demgegenüber sieht das zweite Szenario keinen institutionellen Umbau vor, sondern lediglich eine Verflüssigung der Zauberformel (vgl. Kap. 9.4), bei der die Konkordanz und die übergroße Mehrheit in der Regierung zur Minimierung von Referendumsrisiken beibehalten werden, „aber diese Mehrheit besteht aus einer von Legislatur zu Legislatur wechselnden Koalition jener Parteien, die ein gemeinsames Politikprogramm realisieren will. Das kann selbstverständlich in eine große Koalition wie bisher, aber auch in eine Mitte-Links- oder Mitte-Rechts-Koalition münden" (ebd.: 330). Das Parlament würde sich dadurch zunehmend zum entscheidungsrelevanten Abstimmungsgremium wandeln und die Ergebnisse der Parlamentswahlen könnten unmittelbaren Einfluss auf die Regierungsbildung gewinnen. Auf solche Gestaltungsoptionen im bestehenden Konkordanzsystem wird man sich nach Linder aber erst besinnen, „wenn es zu bedeutsamen Verschiebungen der Kräfteverhältnisse unter den Regierungsparteien kommt" (ebd.: 331).

Schließlich stellt auch die Europäische Integration in mehrfacher Hinsicht eine Herausforderung für die Politik der Schweiz dar. So wurde aus der Europäischen Kommission in den letzten Jahren vermehrt hinterfragt, ob der sogenannte Bilateralismus, der sich nach dem Scheitern des EWR-Beitritts in den 1990er Jahren entwickelt hatte, noch ein gangbarer Weg ist. Es sind insbesondere steuer- und wirtschaftspolitische Fragen, die sich immer wieder auch auf die politische Ebene insgesamt auswirken. 2001 wurden Verhandlungen über ein umfassendes Dienstleistungsabkommen auf Initiative der Schweiz aufgenommen, aber 2003 wieder abgebrochen. Dass es im Vergleich zum EU-Binnenmarkt noch umfangreiche Barrieren für den Handel mit der Schweiz gibt, wird u.a. für das relativ hohe Preisniveau verantwortlich gemacht. Eine umfangreichere Marktöffnung würde zwangsläufig zu mehr Konkurrenz aus dem Ausland führen, mit Konsequenzen auch für die Politik. In der Steuerpolitik gab es Spannungen aber nicht nur mit der EU, die z.B. einen automatischen Informationsaustausch in Steuersachen wünscht, sondern auch mit einer Reihe von einzelnen Regierungen, einschließlich den USA. Diese letztlich meist gescheiterten Steuerabkommen sind aber teilweise in der Schweiz („Lex USA") und teilweise im Ausland (Deutschland) hochgradig umstritten gewesen.

Anliegen des Buches ist es, in die Grundstrukturen des schweizerischen Regierungssystems einzuführen und aktuelle Entwicklungen auch für Nichtschweizer verständlich zu machen. Darüber hinaus soll der Band dazu beitragen, das Defizit an internationalen Vergleichen und vergleichenden Einzeldarstellungen zu reduzieren. Dieses Vergleichsdefizit resultiert insbesondere aus der Nichtmitgliedschaft der Schweiz in der EU, die im politikwissenschaftlichen Diskurs dazu geführt hat, das schweizerische Regierungssystem in entsprechenden Werken unberücksichtigt zu lassen. Auch die Perspektiven des Bilateralismus und des autonomen Nachvollzugs von EU-Politiken haben im politikwissenschaftlichen Diskurs bislang nur geringes Forschungsinteresse ausgelöst.

Schließlich ist zu erwähnen, dass die schweizerische Politik mit Policy-Instrumenten wie der Schuldenbremse und der Regulierung der Vorstandsgehälter durch die Hauptversammlung (sog. Abzocker-Initiative) wiederholt auch wichtige Impulse für die Nachbarländer bzw. die europäische Ebene gesetzt hat. Die in der Schweiz im Jahr 2001 verabschiedeten Schulden-bremse, nach der die Ausgaben während eines Konjunkturzyklus die Einnahmen nicht über-steigen dürfen, wurde in ähnlicher Form in der Föderalismusreform II in Deutschland aufge-griffen und 2009 ins Grundgesetz aufgenommen. Schließlich wurde die Idee einer institutio-nellen Schuldenbremse Anfang 2012 in Form des europäischen Fiskalpaktes sogar auf die internationale Ebene transferiert. Ein weiteres Beispiel für eine Policy-Innovation der Schweiz, die im Ausland zumindest Interesse ausgelöst hat, ist die im März 2013 mit großer Mehrheit angenommene Abzocker-Initiative (auch Minder-Initiative nach Ständerat Thomas Minder). Diese sieht eine Stärkung der Generalversammlung und damit der Aktionäre von börsennotierten Schweizer Unternehmen vor. Danach müssen z.B. die Vergütungen des Ver-waltungsrates, der Geschäftsleitung und des Beirates jährlich von der Generalversammlung beschlossen werden. Auch müssen der Präsident und die Mitglieder des Verwaltungsrates jährlich (wieder)gewählt werden. Abgangsentschädigungen, Vergütung im Voraus und Prä-mie für Firmenkäufe und -verkäufe wurden verboten.

Das vorliegende Buch ist als Überblicks- und auch als Nachschlagewerk gedacht, mit dessen Hilfe gezielt Fragen zu den komplexen Prozessen der schweizerischen Demokratie nachge-gangen werden kann. In der vergleichenden Perspektive geht es auch darum, die Position der Schweiz im internationalen Kontext anhand qualitativer und quantitativer Kriterien, z.B. auf Basis von Eurostat- und OECD-Daten aufzuzeigen. Wie demokratisch, professionalisiert, effizient und polarisiert die schweizerische Politik ist, lässt sich am besten durch internatio-nale Vergleiche auf Basis entsprechender Indices einschätzen. Im Hinblick auf andere institu-tionelle Merkmale des Regierungssystems bietet sich dagegen eher ein qualitativer Vergleich unter Einbeziehung entwicklungsgeschichtlicher Gesichtspunkte an. Für die Entstehung des symmetrischen Bikameralismus ist etwa das Vorbild des US-Kongresses zu berücksichtigen. Auch für die Einordnung der Form des Regierungssystems mit ihren präsidentiellen Elemen-ten ist diese Perspektive hilfreich.

2 Grundlagen

2.1 Die Verfassung

2.1.1 Regierungsform

Ideengeschichtlich diente der Begriff der Regierungsform zur Unterscheidung von Republiken und Monarchien bzw. Autokratien. In Europa sind z.B. die Schweiz, Österreich, Deutschland und Frankreich als Republiken organisiert, Spanien, Belgien, die Niederlande und das Vereinigte Königreich als konstitutionelle Monarchien. Da die monarchischen Elemente aber mehr zeremonielle als realpolitische Relevanz haben, ist dieses Kriterium für eine empirisch gehaltvolle Klassifikation von Regierungssystemen wenig ergiebig. Stattdessen ist der Begriff der Regierungsform bzw. des Regierungstyps als Oberbegriff zur Klassifikation von Regierungssystemen gebräuchlich.

In historischer Perspektive hat man sich in der Schweiz bereits sehr früh des dynastischen Herrschaftselements durch kriegerische Sezession vom Habsburgerreich entledigt und eine republikanische, demokratische Staatsform eingeführt. Bei der Genese des modernen Schweizer Regierungssystems haben Adel und Monarchie als politische Herrschaftsformen den Schritt vom Absolutismus zur Demokratie auch in ihren symbolischen Formen nicht überlebt. Diese frühe republikanische Verfassungsgeschichte ist typisch für präsidentielle Systeme wie die USA, die sich durch kriegerische Sezession von einem „Mutterland" lösten und eine präsidentielle Staatsform etablierten (Döring/Hönnige 2008: 452). In parlamentarischen Systemen entwickelte sich die Demokratie dagegen eher langsam im formellen Gehäuse monarchischer Strukturen, die politisch jedoch zunehmend einflussloser wurden (Großbritannien) oder in revolutionären Umbrüchen ganz abgeschafft wurden (Frankreich, Deutschland).

Auch in systematischer Perspektive nimmt die Schweiz bei der vergleichenden Bestimmung ihrer Regierungsform eine Sonderstellung ein. In der Politikwissenschaft sind zur Unterscheidung von Regierungssystemen mehrere Klassifikationen gebräuchlich. Von Winfried Steffani (1981, 1992) wurde die Unterscheidung von parlamentarischen und präsidentiellen Regierungssystemen geprägt, von Matthew S. Shugart und John M. Carey (1992) stammt eine Klassifikation nach fünf Regierungsformen und von Maurice Duverger (1980) das Konzept des Semi-Präsidentialismus.

Hauptunterscheidungsmerkmal für die Bestimmung einer Regierungsform als parlamentarisch oder präsidentiell ist nach Steffani die Rückholbarkeit bzw. Abberufbarkeit der Regierung durch das Parlament. Nach diesem Kriterium ist die Schweiz präsidentiell organisiert, da die Bundesräte nach ihrer Wahl nicht vom Vertrauen des Parlamentes abhängig sind, eine

Abberufung der ganzen Regierung oder einzelner Bundesräte durch das Parlament, wie der Fall Widmer-Schlumpf 2008 gezeigt hat, nicht möglich ist. Dagegen sind Regierungen in parlamentarischen Demokratien weitgehend vom Vertrauen einer parteipolitisch organisierten Mehrheit im Parlament abhängig. Fehlt diese Mehrheit bzw. kommt eine Mehrheit gegen die amtierende Regierung zustande, kann sich eine Regierung nicht mehr (lange) im Amt halten. Ein zweites Hauptkriterium parlamentarischer Systeme ist nach Steffani die doppelte Exekutive, also die Trennung von Regierungschef und Staatsoberhaupt (ebd.). Auch diese Trennung ist im Regierungssystem der Schweiz mit seinem im Bundesrat jährlich rotierenden Präsidentenamt nicht gegeben. Die Funktionen des Regierungsmitglieds und des Staatsoberhauptes sind nicht getrennt, sondern im Bundesrat vereint; es liegt also eine „geschlossene Exekutive" vor. Allerdings ist nicht der jährlich wechselnde Bundespräsident, sondern der Bundesrat als Ganzes das Schweizer Staatsoberhaupt.

Ob der Präsident vom Parlament oder vom Volk bestimmt wird, ist dagegen bei Steffani kein Hauptkriterium. „Zum präsidentiellen Regierungssystem zählt Steffani aufgrund der geschlossenen Exekutive das Kollegialsystem, das die Bundesregierung der Schweizer Eidgenossenschaft charakterisiert und das andere Forscher als Zwischenform einstufen, so beispielsweise Lijphart" (Schmidt 2000: 311f.). Frankreich hat nach den Kriterien von Steffani eine parlamentarische Regierungsform: Sowohl die Abberufbarkeit der Regierung wie auch die doppelte Exekutive sind dort gegeben. Allerdings hat sich im Anschluss an Duverger (1980) die Einordnung als semi-präsidentielles System durchgesetzt.

Tab. 2-1: Merkmale von Parlamentarismus und Präsidentialismus

Parlamentarismus	Präsidentialismus
Rückholbarkeit der Regierung durch das Parlament (z.B. Misstrauensvotum)	Keine Abberufung der Regierung durch das Parlament möglich
Doppelte (duale) Exekutive von Staatsoberhaupt und Regierungschef	Geschlossene Exekutive: Einheit von Staatsoberhaupt und Regierungschef
Regierungschef wird vom Parlament gewählt	Direktwahl des Präsidenten (und des Parlaments) durch das Volk (duale Legitimation)
Kompatibilität von Regierungsamt und Parlamentsmandat gegeben und erforderlich	Inkompatibilität von Regierungsamt und Parlamentsmandat
Parlamentsauflösung durch die Regierung z.B. nach Vertrauensfrage möglich	Keine Parlamentsauflösung durch die Regierung möglich
Relativ starke Fraktionsdisziplin erforderlich	Schwache Fraktionsdisziplin und Unabhängigkeit der Regierungspartei(en) von der Exekutive

Quelle: Nach Schmidt 2008: 293.

Schließlich sind semi-präsidentielle Systeme nach Duverger (1980) dadurch gekennzeichnet, dass der mit bedeutsamen Kompetenzen ausgestattete Staatspräsident direkt gewählt wird und ihm eine vom Vertrauen des Parlaments abhängige Regierung gegenüber steht bzw. beide gemeinsam eine „doppelte Exekutive" bilden. Beispiele für semi-präsidentielle Systeme sind Frankreich und auch Österreich, wobei der Französische Präsident deutlich mehr Kompetenzen hat als der Österreichische. Trotz des präsidentiellen Merkmals der Unabhängigkeit der Regierung vom Parlament ist die Schweiz also kein semipräsidentielles Regierungssystem nach Duverger. Einmal vom Parlament gewählt, gibt es für dieses keine Möglichkeit mehr, die einzelnen Bundesräte vor der nächsten Wahl abzuberufen.

Daher ist es durchaus naheliegend, mit dem Staatsrechtler Karl Loewenstein (1891–1973) von einer Direktorialregierung zu sprechen. Von Loewenstein (1959) stammt die Unterscheidung von sechs Regierungstypen in der konstitutionellen Demokratie: Die unmittelbare Demokratie wurde etwa zwei Jahrhunderte lang in den griechischen Stadtstaaten praktiziert, bis sie ab dem 13. Jahrhundert wieder in einigen bäuerlichen Gemeinden und Kantonen der Schweiz auftauchte, später aber zunehmend überall durch Repräsentativorgane ersetzt wurden. Die wenigen übrig gebliebenen kantonalen Landsgemeinden (Appenzell Innerrhoden und Glarus) wurden von Loewenstein zugespitzt als „Museumsstücke" denn wirksame Techniken des Regierens charakterisiert (ebd.: 75).

Bei der von Rousseau inspirierten Versammlungsdemokratie in Frankreich 1795 oder auch dem „Langen Parlament" in England 1640–49 ist eine vom Volk gewählte und in regelmäßigen Abständen zu erneuernde Versammlung der alleinige gesetzgebende Machtträger, dem alle anderen Staatsorgane untergeordnet sind. Kennzeichnend ist, dass die Delegation von Aufgaben an die Regierung oder einzelne Minister rein technischen Charakter hat und keine Rechte begründet, „die außerhalb des Rahmens der von der Versammlung erteilten Instruktionen oder der von ihr geübten Überwachung lägen. Kein anderes Staatsorgan ist von Rechts wegen in der Lage, die Autonomie und das Machtmonopol der Versammlung zu beeinträchtigen" (ebd.: 77). Ein Recht der Regierung auf Parlamentsauflösung, ein Zweikammersystem oder andere Formen von Gewaltenteilung ist mit diesem Typus nicht vereinbar. Aufgrund einer Affinität für autokratische Lösungen wurde die Form der Versammlungsregierung auch von kommunistischen „Volksdemokratien" für sich in Anspruch genommen. Von der parlamentarischen Regierung als dritter Form unterscheidet Loewenstein dann die Kabinettsregierung mit Westminister-Merkmalen wie zwei alternierende Parteien und klare Verantwortung gegenüber der Wählerschaft. Für den Präsidentialismus (Beispiel USA) gilt nach Loewenstein einerseits die wechselseitige Unabhängigkeit von Präsident und Parlament, andererseits die Notwendigkeit einer (informellen) Koordination. Die Direktorialregierung der Schweiz ist eine Regierungsform sui generis.

Direktorialregierung: Nach Loewenstein (1959: 120) ist die Schweizer Regierung ein Direktorium, dessen Einrichtung auf die französische Direktorialverfassung von 1795 zurück geht. „Im Gegensatz zu der, wenn man sich nur an den Verfassungstext hält, mit fast unbegrenzten Vollmachten ausgestatteten Bundesversammlung wird der Bundesrat von der Verfassung (Artikel 95) lediglich als die ‚oberste vollziehende und leitende Behörde der Eidgenossenschaft' bezeichnet" (ebd.). Die Nähe zum Typus der Versammlungsregierung wird etwa in der de jure starken Stellung des Parlaments gegenüber dem Bundesrat deutlich, welcher nur ein untergeordneter Diener des Parlaments sei und „nicht ein unabhängiger Machtträger aus eigenem Recht" (ebd.). Bemerkenswert ist nach Loewenstein auch die fast wörtliche Ähnlichkeit diese Vorschriften mit den Artikeln 57 und 64 der Sowjet-Verfassung von 1956, die einen reinen Typus der Versammlungsregierung darstelle (ebd.).

Im Unterschied zum Verfassungstext entwickelte sich der Bundesrat in der Verfassungswirklichkeit allerdings von einem untergeordneten Diener „in die Rolle der politischen Führung hinein, die ihm auch von der Versammlung nicht streitig gemacht wird" (Loewenstein 1959: 121). Verantwortlich dafür ist insbesondere das präsidiale Element der Regierungsform, die Nichtabberufbarkeit der Bundesräte durch das Parlament, durch das die Bundesräte keine Rücksicht mehr auf Parteibindungen zu nehmen bräuchten und „sich ausschließlich von der Wohlfahrt des Schweizer Staates leiten" ließen, formuliert Löwenstein optimistisch. In Verbindung mit der ungeschriebenen Norm der automatischen Wiederwahl im Fall ihrer erneuten Kandidatur verfügt die Schweiz „über eine Gruppe von quasi-permanenten Regierungsfachleuten", wie sie kein anderes Land aufweise (ebd.). Die Direktorialregierung in der Schweiz ging nach Löwenstein zwar aus der Versammlungsregierung hervor, hat sich aber so gewandelt, dass „die Regierung die unbestrittene politische Führung ausübt, mit dem Gegengewicht der ständigen politischen Kontrolle durch die Wählerschaft. Der Schweizer Typ der Direktorialregierung ist ein nicht nachahmbares Erzeugnis eines politisch reifen, gesellschaftlich homogenen, in seinen Gefühlsregungen beständigen und nüchternen Volkes" (ebd.: 123). Mit einer „Kopie" des Schweizer Systems eines kollegialen Exekutivorgans wurde lediglich in Uruguay (1918–34 und 1951–66) experimentiert, um „die in Lateinamerika üblichen Auswüchse der Präsidialmacht auf ein Minimum zu beschränken und die Opposition – seit einer Generation besteht in Uruguay ein Zweiparteiensystem – in die politische Verantwortlichkeit einzubeziehen" (ebd.).

Nach Shugart und Carey (1992) gibt es fünf Typen demokratischer Regierungssysteme, die nach den Kriterien der Autorität des Präsidenten über das Kabinett und der Trennung von Parlament und Kabinett unterschieden werden: Präsidentielle Systeme wie die USA sind durch die (Quasi-)Direktwahl des Präsidenten, die wechselseitige Unabhängigkeit von Präsident und Parlament sowie legislative Mitwirkungsrechte und Kabinettshoheit des Präsidenten gekennzeichnet. Präsidentiell-parlamentarische Systeme wie Russland unterscheiden sich davon durch ein präsidentielles Auflösungsrecht des Parlamentes und die Abhängigkeit der Regierung vom Vertrauen des Parlamentes. Dagegen sind premier-präsidentielle Systeme wie Frankreich durch starke exekutive Kompetenzen des direkt gewählten Präsidenten gekennzeichnet. Die Regierung ist bei diesem Typ vom Parlament abhängig und kann vom Präsidenten nicht ohne parlamentarische Zustimmung abgesetzt werden. Des Weiteren werden neben parlamentarischen Systemen auch noch versammlungsunabhängige Regierungen unterschieden.

Bei **versammlungsunabhängigen Regierungen** wird die Regierung zwar durch das Parlament gewählt (indirekte Wahl), ist dann aber nicht mehr vom Vertrauen des Parlaments abhängig. Auch ist für diesen Typus kennzeichnend, dass das Parlament nicht von der Regierung aufgelöst werden kann und der (vom Parlament gewählte) Staatspräsident keine Rechte gegenüber der Regierung hat (Shugart/Carey 1992: 19–27).

Diese Typologie hat den Vorteil, den Grenzbereich parlamentarischer und präsidentieller Systeme noch einmal genauer auszudifferenzieren und sie bietet mit der versammlungsunabhängigen Regierung auch einen eigenen Typus an, der die institutionellen Merkmale der Schweizer Regierung angemessen aufnimmt. Die folgende Tabelle fasst die gebräuchlichen Klassifikationen von Regierungssystemen noch einmal zusammen. Auf die Einteilungen von Giovanni Sartori wird nicht an dieser Stelle, sondern in dem Kapitel zum Parteiensystem ausführlicher eingegangen. In Tabelle 2-3 werden wichtige Strukturmerkmale der Regierungssysteme der Schweiz, Deutschlands und des Vereinigten Königreichs im Überblick vorgestellt. Das britische Regierungssystem stellt in mehrfacher Hinsicht ein „most different system design" zu dem der Schweiz dar. Die einzelnen in der Tabelle 2-3 eingeführten Merkmale werden in den folgenden Kapiteln dieses Buches noch ausführlicher vorgestellt.

Tab. 2-2: Klassifikationen von Regierungssystemen

Vertreter	Typen	Zuordnung der Schweiz
Loewenstein (1959)	• Unmittelbare Demokratie	
	• Versammlungsdemokratie	
	• Parlamentarismus	
	• Kabinetts-Regierung	
	• Präsidentialismus	
	• Direktorialregierung	Schweiz
Steffani (1981)	• Präsidentialismus	Schweiz
	• Parlamentarismus	
Duverger (1980)	Varianten des Semipräsidentialismus:	Nicht einschlägig
	• Figurehead presidency (z.B. Österreich)	
	• All powerful presidency (Frankreich)	
	• Balanced presidency and government (z.B. Finnland)	
Shugart/Carey (1992)	• Präsidentialismus	
	• Präsidentiell-parlamentarisches System	
	• Premier-präsidentielles System	
	• Parlamentarismus	
	• Versammlungsunabhängige Regierung	Schweiz

Quelle: Nach Schulz 2003: 30, eigene Ergänzung.

Tab. 2-3: Regierungssysteme der Schweiz, Deutschland und des UK im Vergleich

	Schweiz	Deutschland	UK
Regierungsform	Mischtyp	Parlamentarisch	Parlamentarisch
Demokratietyp	Konkordanzdemokratie	Konkurrenzdemokratie	Wettbewerbsdemokratie
Regierungsformat	Ausschließlich Große Koalition	Überwiegend Kleine Koalition	Überwiegend Einparteienregierung
Kabinettsstruktur	Kollegialprinzip	Richtlinienkompetenz des Kanzlers	Asymmetrisch; Prime ministerial government
Vertrauen/ Misstrauen	Kein Misstrauensvotum; Keine Vertrauensfrage	Konstruktives Misstrauensvotum; Vertrauensfrage (Parlamentsauflösung möglich)	Vertrauensfrage (Neuwahlen möglich)
Minister & Verwaltung	Sicheres Ministeramt, keine Entlassung möglich	Seltene Kabinettsumbildungen	Relativ häufige Kabinettsumbildungen
	7 Departemente	Flexibler Ressortzuschnitt	Flexibler Ressortzuschnitt
Kabinettsstabilität	Hoch	Mittel bis hoch	Mittel
Exekutivmacht	Mittel	Mittel bis hoch	Hoch
Gewaltenteilung	Dezentralisiert und föderal Volkssouveränität	Zentralisiert und föderal	Zentralisiert und unitarisch Parlamentssouveränität
Bikameralismus	Symmetrischer Bikameralismus	Asymmetrischer Bikameralismus	Asymmetrischer Bikameralismus
Verfassungs- gericht	Kein Verfassungsgericht. Letztentscheidung beim Volk	Starke Verfassungsgerichtsbarkeit	Schwache Verfassungsgerichtsbarkeit (seit 2009).

Quelle: Eigene Zusammenstellung.

2.1.2   Verfassungsgeschichte

Wie in Frankreich zeichnete sich auch in der Schweiz gegen Ende des 18. Jahrhunderts ein tiefgreifender wirtschaftlicher, gesellschaftlicher und politischer Umbruch ab. Trotz der Französischen Revolution erwiesen sich die herrschenden Eliten in der Schweiz als reformunwillig oder -unfähig. Anfang 1798 marschierten schließlich französische Truppen in die Schweiz ein, wo sie von einem Teil der Bevölkerung freudig begrüßt wurden, bei einem anderen Teil, insbesondere der Berner und Innerschweizer Bevölkerung, aber auch auf erbitterte Ablehnung stießen.

Mit der Ausrufung der Helvetischen Republik am 22. Januar 1798 wurden die alten Regierungen in den Kantonen abgeschafft und eine Zentralregierung in Aarau eingesetzt. Diese bestand aus einem Direktorium, das gemeinsam von einem Großen Rat und einem Senat gewählt wurde. Großer Rat und Senat bildeten gemeinsam die Legislative. Im Großen Rat wurden die Gesetze erarbeitet, im Senat wurden sie genehmigt oder verworfen. Von der Souveränität und Eigenstaatlichkeit der Kantone war nichts mehr übrig geblieben. „Neben den alten Eliten verlor die katholische Kirche am meisten. In der Verfassung von 1798 wurden Kirchen und Konfessionen konsequent dem Staat unterstellt und auf diese Weise ihrer öffentlichen Bedeutung entkleidet, ja letztlich ‚privatisiert'" (Reinhardt 2010: 115).

Neben den politischen und rechtsstaatlichen Umwälzungen wurden aber auch z.B. Währung und Maße vereinheitlicht und damit die Grundlage für einen einheitlichen Wirtschafts- und Handelsraum gelegt. Die Einführung der Handels- und Gewerbefreiheit ging mit der Aufhebung des Zunftzwanges und dem Verlust des politischen Einflusses der Zünfte einher. Dadurch wurden wiederum Arbeitskräfte für die industrielle Entwicklung frei gesetzt. Von den weiteren Plänen der neuen Republik, wie z.B. mehr Gleichberechtigung zwischen Ortsbürgern und „Hintersassen" (Kap. 3.1) konnte aber nicht alles umgesetzt werden.

Die kurze Phase der Helvetik (1798–1803) unter Napoleonischem Einfluss hatte weit reichende Konsequenzen für die Formierung eines schweizerischen Cleavages von Konservativen (bzw. Föderalisten) und Liberalen (bzw. Zentralisten), wie auch für die soziale Modernisierung des Landes. Allerdings war schon bald der Widerstand der katholischen Orte, konservativer Politiker und enttäuschter Revolutionskräfte so groß, dass sich die Zentralregierung bzw. Napoleon zu Zugeständnissen genötigt sahen. Es entstand die Mediationsverfassung (1803–1813), in der die Idee der Einheitsstaatlichkeit zugunsten der föderalistischen Tradition wieder aufgegeben wurde.

Die Kantone erhielten ihre Souveränität zurück und die Zahl der Kantone erhöhte sich von 13 auf 19. Einige Rechte wie die Vereins-, Religions- und Pressefreiheit gingen wieder verloren. Andere wie die Niederlassungsfreiheit und die Handels- und Gewerbefreiheit wurden beibehalten. Die Kantone reorganisierten sich als repräsentative Republiken (Maissen 2006), jedoch sorgte ein hoher Zensus dafür, dass nur sehr wenige Einwohner mitbestimmen konnten (Reinhardt 2010: 119). Die Tagsatzung wurde wiederhergestellt. Zu den Modernisierungen der Napoleonischen Herrschaft gehörte die Übernahme des Code Civil (auch Code Napoléon), des 1804 proklamierten Bürgerlichen Gesetzbuches in der Westschweiz, dass z.B. auch im Königreich Westfalen nach der Befreiung 1815 beibehalten wurde.

Der **Code Civil** (auch Code Napoleon) ist ein im März 1804 von Napoleon eingeführte Vereinheitlichung und Modernisierung des französischen Zivil- bzw. Privatrechts im Sinne der bürgerlichen Ideale der Revolution, der auch in einer Reihe von Nachbarländern eingeführt wurde, so z.B. im Königreich Westphalen (1808) und anderen deutschen Ländern, aber auch in Italien, Spanien, Portugal, den Niederlanden und Belgien.

Der Wiener Kongress 1814/15 brachte die endgültige Anerkennung der ‚immerwährenden‘ Neutralität der Schweiz. Es kam zum Anschluss der Kantone Wallis, Neuenburg und Genf, sowie zur Eingliederung des ehemaligen Fürstbistums Basel (Jura) zum Kanton Bern und zur Garantie ihrer Grenzen. Die politischen Folgen des Wiener Kongresses waren auch für die Schweiz die Restauration der politischen Verhältnisse. Die Phase der Restauration 1815–1830 wurde durch den neuen Bundesvertrag, die „Lange Tagsatzung" 1814/15 eingeleitet. Dadurch wurde die zentrale Ebene weiter geschwächt. Die Kantone erhielten z.B. die Erlaubnis, untereinander Sonderbünde abzuschließen, solange der Bund oder andere Kantone in ihren Rechten nicht beeinträchtigt werden. Die Verfassungen der beteiligten 22 Kantone stellten den alten Status quo weitgehend wieder her.

Jedoch war das Erstarken der liberalen Kräfte nicht mehr aufzuhalten. In der Folge der Julirevolution 1830 in Frankreich kam es auch in der Schweiz zum meist freiwilligen Rücktritt der konservativen Regierungen. In den sog. regenerierten Kantonen Zürich, Bern, Luzern, Solothurn, Freiburg, Schaffhausen, St. Gallen, Aargau, Thurgau und Waadt schufen gewählte Verfassungsräte neue, liberale Ordnungen mit repräsentativen und direktdemokratischen Elementen sowie verbürgten Freiheitsrechten. 1845 schließen die acht Kantone Luzern, Uri, Schwyz, Nidwalden, Obwalden, Zug, Freiburg und Wallis einen Sonderbund, um ihre Souveränität zu wahren. Im Juli 1847 beschließt eine liberale Mehrheit in der Tagsatzung, den Sonderbund aufzulösen, die Jesuiten auszuweisen und den Bundesvertrag zu revidieren. Es kommt zu militärischen Auseinandersetzungen mit relativ wenigen Verlusten. Die von Österreich unterstützten Sonderbundskantone kapitulierten bereits im November. Am 20. Juli 1847 erklärte die Tagsatzung den Sonderbund für aufgelöst und forderte im September eine Ausweisung der Jesuiten. Verhandlungen scheiterten und es kam zur militärischen Eskalation des Konflikts vom 3. bis zum 29. November 1847, der durch die Armee der Tagsatzung (General Dufour) mit nur geringen Opferzahlen schnell für sich entschieden werden konnte.

Der **Sonderbund** ist ein zunächst geheim gehaltener Zusammenschluss von konservativen, katholischen Kantonen der Innerschweiz sowie Freiburg und Wallis als Reaktion auf die zunehmend liberalere Politik der Tagsatzung. Trotz des Entgegenkommens der Tagsatzung und der Duldung der Jesuiten schlossen die konservativen Kantone LU, UR, SZ, OW, NW, ZG, FR und VS unter Leitung des Luzerner Schultheissen Siegwart-Müller einen Schutz- bzw. Verteidigungsbund. Dessen Bekanntwerden 1846 führte zu einem liberalen Impuls in Kantonen wie Bern, Genf, Basel-Stadt und St. Gallen, in denen liberale Mehrheiten auch entsprechende Verfassungsänderungen herbei führten.

Der Verlauf des Sonderbundskrieges ist auch aus historisch-vergleichender Perspektive instruktiv. Im Unterschied zum großen europäischen Konfessionskrieg, dem Dreißigjährigen Krieg und dem Westfälischen Frieden von 1648, verliefen der Sonderbundskrieg und der

Friedensschluss durch Setzung einer neuen Staatsordnung sehr viel kürzer und zivilisierter. Zum anderen illustriert der Sonderbundskrieg Dynamiken, die in lose integrierten Staatenbünden oder in jungen, noch schwach integrierten Bundesstaaten durch Sonderbünde von Gliedstaaten innerhalb von Föderationen entstehen können. Die USA hatten ihren „Sonderbundskrieg" durch die Konföderation der 11 (anti-abolitionistischen) Südstaaten und dem anschließenden Sezessionskrieg 1861–65. Weder in der Schweiz noch in den USA ist eine solche Möglichkeit vertiefter Zusammenarbeit von Gliedstaaten seither in die Verfassungsordnung aufgenommen worden. Mit den interkantonalen Verträgen und Konkordaten bestehen in der Schweiz aber Möglichkeiten zur themenspezifischen Kooperation von Kantonen, die aber meist bilateral genutzt werden.

Die Entstehung von Sonderbünden ist eine Problematik, mit der sich auch die EU in Zukunft vermehrt konfrontiert sehen könnte. Sie hat mit ihrer 2001 im Vertrag von Nizza eingeführten Möglichkeit einer „vertieften Zusammenarbeit" von mindestens acht Mitgliedsstaaten der Union eine politische Option eingebaut, die bislang zwar kaum genutzt wird, aber möglicherweise noch Dynamik entfalten kann. Mit der vertieften Zusammenarbeit soll versucht werden, unterschiedliche Integrationsgeschwindigkeiten institutionell aufzufangen und unter Kontrolle zu halten.

In der Schweiz wurde der Sonderbund 1848 zwar gewaltsam, aber mit niedrigen Opferzahlen aufgelöst und auch in den Sonderbundskantonen übernahmen nun gewählte liberale Regierungen die Macht. In der nun radikal-liberal dominierten Tagsatzung wurde eine Verfassungskommission gewählt, die in nur wenigen Monaten die neue, von Tagsatzung und Volk gebilligte Verfassung ausarbeitete. Nach einem überwältigenden Sieg der Liberalen bei der Wahl des Nationalrates im Oktober 1848 nahm Anfang November 1848 die erste Bundesversammlung ihre Arbeit auf und wählte die ersten Bundesräte nach der neuen Verfassung.

Mit der Verfassungsgebung 1848 wurde in der Schweiz eine Konfliktlage befriedet, die in Deutschland noch länger prägend blieb. Dort fanden nach der Reichsgründung 1871 konfessionelle Spannungen noch ihren politischen Ausdruck im preußischen Kulturkampf. In der Schweiz hofften die Konservativen, „soviel Föderalismus wie möglich zu retten und damit die Souveränität der Kantone im Kern zu bewahren, die Radikalen setzten auf das Prinzip der unmittelbaren Volkssouveränität in einem Einkammer-Einheitsstaat" (Reinhardt 2010: 134). Als Kompromiss wurde schließlich die Lösung der völlig gleichberechtigten zweiten Kammer nach dem Vorbild des US-Senats übernommen.

Die Geburtsstunde der modernen Schweiz war die Zustimmung der Bevölkerung in 15 ½ der damals 22 Kantone zur Verfassung von 1848, deren Grundzüge bis heute Gültigkeit haben. Bei der Abstimmung wurde auch mit der alten Tradition der Einstimmigkeit gebrochen (ebd.: 135). Durch eingebaute Revisionsmöglichkeiten und eine „wohl dosierte Unbestimmtheit" wurde die Akzeptanz für die unterlegenen Kantone aber erleichtert (ebd.). Die Verfassung von 1848 wurde durch die Idee eines ökonomischen Liberalismus geprägt, der die Freizügigkeit von Menschen und Gütern bzw. den freien Handel zwischen den Kantonen hoch schätzte. Bereits die Zeit ab 1798 war geprägt durch die Auseinandersetzung zwischen den konservativen (bzw. katholischen) Kräften der Innerschweiz und dem Liberalismus bzw. den eher protestantisch geprägten Kräften der äußeren Kantone. Im Sonderbundskrieg 1847 fand dieser Konflikt eine kurze militärische Zuspitzung, ehe schließlich der siegreiche Liberalismus („Freisinn") durch geschickte Konzessionen die unterlegenen Sonderbundskantone in die neue Staatsordnung zu integrieren vermochte.

Bei der Verfassungsgebung 1848 lassen sich deutliche Einflüsse des US-amerikanischen Regierungssystems aufzeigen (Kristoferitsch 2007: 310). Dies gilt für die zwei Kammern der Bundesversammlung (insb. den Ständerat), die nach dem Vorbild des US-Repräsentantenhauses und des Senats geschaffen wurden. Darin kommt eine starke Gewichtung des Föderalismus und der damit verbundenen Souveränitätsrechte der Einzelstaaten zum Ausdruck. Zugleich soll eine durchsetzungsfähige und effektive Zentralregierung die gemeinsamen Interessen der Gliedstaaten verfolgen.

Schweizer Federalists? Die Verfassungslösung „geht im Wesentlichen auf die Schriften Troxlers und des Genfers Paul Fazy zurück. Die Gegensätze zwischen den liberalen Anhängern der Errichtung eines Einheitsstaats und der konservativen Anhänger des staatenbündischen status quo schienen in der Debatte um eine Verfassungsrevision unüberbrückbar. Da besann sich der Abgeordnete Diethelm-Altleder der Schriften seines Lehrers Troxler, der vorgeschlagen hatte, als Kompromiss zwischen Einheitsstaat und Staatenbund ein bundesstaatliches Zweikammersystem nach amerikanischem Muster zu schaffen" (Kristoferitsch 2007: 311).

Für den Arzt und Philosophen Troxler verkörperte der US-amerikanische Kongress die beste Möglichkeit, die Diversität der Kantone auf der Ebene eines einheitlichen Bundesstaates zu gewährleisten.[1] Im Unterschied zu den USA wurden allerdings mehr Kompetenzen auf beide Häuser gemeinsam übertragen. Und bei der Einrichtung der Institution der Regierung ging man wieder andere Wege als in den USA. Zwar beschränken sich die direkten Anleihen bei der Verfassungsgebung auf das Zweikammersystem, jedoch ist in den Schriften eine erhebliche ideelle Vorbildfunktion der USA zu erkennen. Im Unabhängigkeitskampf der USA wurden Parallelen zu dem der Schweizer Kantone gesehen. „[W]ie sich die Schweiz gegen die Herrschaft der Habsburger erhoben hatte, so hatten auch die freiheitsliebenden Kolonisten die Unabhängigkeit ihrer Republiken erkämpft. Hier wie da waren es 13 Kolonien bzw. Orte gewesen, hier wie da war mit unorthodoxen Methoden und Guerillataktik ein übermächtiger Gegner besiegt worden, dem Helden Tell wurde der Feldherr Washington gegenübergestellt" (ebd.: 313).

Zu den Grundlagen der Bundesverfassung von 1848, die bis in die Gegenwart Bestand haben, gehören die Bundesstaatlichkeit, die Kompetenz des Bundes für Außenpolitik und Militärfragen, Zölle und Münzen, die Vereinheitlichung bei Post, Maßen und Gewichten, sowie bei Privat-, Straf- und Verfahrensrecht, ein Zweikammersystem nach dem Modell der USA, eine dauerhafte Regierung aus sieben Bundesräten, sowie die Einrichtung eines Bundesgerichts, dass u.a. bei Streitigkeiten zwischen Kantonen sowie zwischen Bund und Kantonen entscheiden soll. Parallelen zu den USA finden sich auch im Gründungsmythos des jeweiligen Gemeinwesens, und zwar im Hinblick auf eine sezessionistische Entstehungsgeschichte. Die sehr frühe Ablösung der ersten Schweizer Orte von der Großmacht Habsburg und ihr

---

[1] „Indem ich lang und ernst diesem Vorwurf nachsann, trat mir ein glänzendes und glückliches Beispiel der Lösung aus der Wirklichkeit und Geschichte vor Augen. Es ist die Bundeseinrichtung Nordamerika's. (...) Die Verfassung der Vereinstaaten von Amerika ist ein grosses Kunstwerk, welches der menschliche Geist nach ewigen Gesetzen seiner göttlichen Natur schuf. (...) in ihr liegt ein Muster und Vorbild für Anordnung des öffentlichen Lebens der Republiken im Allgemeinen und für die Gliederung eines jeden volksthümlichen Bundesstaates, in welchem das Ganze und die Theile frei und gleich seyn sollen." Zit nach Kristoferitsch 2007: 311f.

Bundesschluss findet eine (teilweise bewusst inszenierte) Parallele in der Ablösung der ersten amerikanischen Kolonien von ihrem Mutterland, dem Britischen Empire und ihrem Bundesschluss.

Die Eidgenössische Bundesverfassung wird im Unterschied etwa zur US-amerikanischen Verfassung relativ häufig geändert. Dies geschieht z.B. durch Volksinitiativen, durch die bestehende Verfassungsartikel geändert oder neue Inhalte in den Rang einer Verfassungsregelung erhoben werden. Neben dieser Möglichkeit der Teilrevision gibt es noch die der Totalrevision, die zuletzt 1999 genutzt wurde. Bei einer Partialrevision werden einzelne oder wenige zusammenhängende Artikel geändert, bei einer Totalrevision werden alle Artikel beraten, ggf. geändert und die gesamte Verfassung neu beschlossen (Haller/Kölz/Gächter 2008: 106). Für beide Varianten sind sowohl das Volks- wie auch das Ständemehr erforderlich. Daneben gibt es weitere Anforderungen an eine Verfassungsänderung, die in der folgenden Tabelle zusammengefasst werden.

Tab. 2-4: Anforderungen bei einer Verfassungsrevision

	Formelle Anforderungen	Anforderungen an den Inhalt
Allgemein	Einhaltung der Revisionsvorschriften	Kein Verstoß gegen zwingendes Völkerrecht Kein unmöglicher Inhalt *Umstritten:* Beachtung des übrigen Völkerrechts Kerngehalt von Demokratie und Rechtsstaat („Materielle Schranken") Generell-abstrakte Natur Rückwirkungsverbot
Partialrevisionen	Einheit der Form	Einheit der Materie

Quelle: Nach Haller/Kölz/Gächter 2008: 114.

Totalrevisionen der Verfassung sind äußerst selten. Nach der Verfassungsgebung 1848 kam es nur zweimal zu einer Totalrevision: 1874 und 1999. In der Totalrevision von 1874 wurde u.a. das fakultative Referendum eingeführt und die Kompetenzen des Bundes gestärkt (Reinhardt 2010: 136); 1999 wurden verfassungsrelevante einfachgesetzliche Regelungen in die Verfassung aufgenommen und dafür andere Details aus der Verfassung herausgenommen und in einfaches Recht überführt. Wichtige politische Reformen wie der föderale Finanzausgleich wurden als separate Reformen verhandelt.

Ein eigenes Verfassungsgericht existiert nicht. Während in Deutschland und auch in Österreich eigene Verfassungsgerichte als „Hüter der Verfassung" hohes Ansehen genießen, und auch Großbritannien im Jahr 2009 einen Supreme Court als Letztinstanz für Verfassungsfragen aus dem Oberhaus ausgegliedert hat, kommt man in der Schweiz auch ohne ein solches durch parlamentarische Absprachen zu besetzendes oberstes Richterkollegium aus. Das Bundesgericht in Lausanne hat lediglich ein eingeschränktes Prüfungsrecht für Kompatibilität nationalen Rechts mit dem zwingenden Völkerrecht (vgl. Kap. 10.4). De facto prüft das Bundesgericht zwar die Gesetze, die es anzuwenden hat, auf ihre Vereinbarkeit mit der Bundesverfassung, jedoch hat es keine Kompetenz, sie im Fall von Unvereinbarkeit zu verwerfen. Vielmehr ist es gehalten, sie in jedem Fall anzuwenden. Die einzige Ausnahme von dieser Regel ist die Unvereinbarkeit eines Bundesgesetzes mit den zwingenden Teilen des Völkerrechts.

Nach Ansicht des österreichischen Verfassungsjuristen Hans Kelsen (1881–1973) wird erst durch ein Verfassungsgericht die volle Rechtsverbindlichkeit der Verfassung gewährleistet. Das Fehlen eines solchen ist nach Kelsen problematisch, weil letztlich nur ein eigenes Verfassungsgericht die Annullierung verfassungswidriger Akte garantieren kann. Verfassungsgerichte leisten auch einen Schutz von Minderheiten gegen Übergriffe der Mehrheit.

In der Schweiz ist diese Sicherungsfunktion teilweise durch die Konkordanz, teilweise durch die direkte Demokratie gewährleistet. In Ländern ohne eigens institutionalisierte Verfassungsgerichtsbarkeit, wie in der Schweiz und Großbritannien vor 2009, muss von einer Dominanz der Parlaments- bzw. Volkssouveränität über die Verfassung ausgegangen werden. Eine Verfassungskontrolle bei neuen Gesetzen und Gesetzesänderungen wie auch bei Volksinitiativen soll vielmehr durch die Bundesversammlung erfolgen. Bei Volksinitiativen darf die Bundeskanzlei irreführende Titel ändern und die Bundesversammlung muss prüfen, ob die Einheit der Form, die Einheit der Materie oder die zwingenden Regeln des Völkerrechts verletzt werden (Art. 139 Abs. 3 BV). In diesen Fällen darf sie die Initiative für ganz oder teilweise ungültig erklären. Die zwingenden Normen machen allerdings nur einen äußerst geringen Anteil des gesamten Völkerrechts aus. Wird eine Verletzung nicht festgestellt, muss die Initiative nach Art. 99 ParlG (Unabänderbarkeit von Volksinitiativen) „so wie sie lautet" zur Abstimmung gestellt werden. Wie lange Zeit auch in Großbritannien ist das Besondere an dieser Regelung, dass letztlich ein Parlament über Rechtsfragen entscheidet.

2.1.3 Verfassungsvergleich

Verfassungsvergleiche bewegen sich meist im Querschnittsbereich von Rechts-, Staats- und Politikwissenschaft, wie bereits die Verfassungstypologie von Aristoteles zeigt. Grundlegend für einen modernen Verfassungsvergleich ist die Unterscheidung von Verfassung im formellen und im materiellen Sinn, deren Funktionen sich zwar meist überschneiden, aber nicht deckungsgleich sind (Haller/Kölz/Gächter 2008: 98). So sind etwa beide Dimensionen in der Schweizerischen Bundesverfassung und im Deutschen Grundgesetz weitestgehend überlappend, während in der ungeschriebenen Britischen Verfassung die materielle Funktion dominiert. Eine Zwischenposition nimmt Österreich ein, „wo neben dem Bundesverfassungsgesetz zahlreiche Verfassungsnormen isoliert in einfachen Gesetzen und auch in Staatsverträgen enthalten sind" (ebd.: 97).

Für einen empirischen Verfassungsvergleich können einzelne Funktionen wie etwa die Machtkontrolle, die Institutionalisierung von Grundrechten oder die Wirtschafts- und Sozialordnung (ebd.: 99) ausgewählt werden. Auch die Kriterien für eine Änderung der Verfassung, also ihre Flexibilität bzw. Starrheit, fallen teilweise sehr unterschiedlich aus (ebd.: 107). Dabei können unterschiedliche europäische Rechtstraditionen, die sich seit dem 18. Jahrhundert herausgebildet haben, eine Rolle spielen (Kelly 1992, Zweigert/Kötz 1996). Die Unterschiede zwischen dem angelsächsischen Common Law und der kodifizierten kontinentaleuropäischen Rechtstradition des Civil Law kommen auch auf Verfassungsebene zum Ausdruck. In der kontinentaleuropäischen Tradition wird unterschieden zwischen dem romanischen und dem germanischen (bzw. deutschen) Rechtskreis, zu dem als Nebenzweig das skandinavische (nordische) Recht gezählt wird. „Zum romanischen Kreis werden im allgemeinen Frankreich, Italien, Spanien, Portugal, die BeNeLux-Staaten und die romanische Schweiz gezählt, zum deutschen Rechtskreis Deutschland, Österreich (z.T. auch die Nachfolgestaaten der Habsburgermonarchie) und die deutsche Schweiz" (Dölemeyer 2010: 24).

Insbesondere zwischen der französischen und der deutschen Rechtstradition gibt es dabei eine besondere Nähe, die „nach allgemeiner Auffassung auf der wesentlichen Basis beider, der Rezeption des römisch-kanonischen Rechts (ius commune)" (ebd.) beruht. „Demgegenüber haben die skandinavischen Rechtsordnungen eine eigene Entwicklung genommen, die aber den romanisch-germanischen Rechten näher ist als den angelsächsischen" (ebd.).

Prägend auch für die Organisation von Staatlichkeit ist die Unterscheidung einer angelsächsischen Common Law-Tradition und einer kontinentaleuropäisch-römischen Rechtstradition. Bei letzterer werden eine französische, eine deutsche und eine skandinavische Variante unterschieden (Haensch/Holtmann 2008: 613). Für die deutsche und französische Variante der kontinentaleuropäischen Rechtstradition ist etwa ein hoher Anteil von Juristen auf den höheren Verwaltungsebenen bei unterschiedlichen Graden von Zentralisierung der Verwaltung kennzeichnend. Für die skandinavische Verwaltungstradition ist, ähnlich wie für die deutsche, eine starke kommunale Selbstverwaltung charakteristisch, allerdings in Verbindung mit einem breiter ausgebauten Wohlfahrtsstaat (ebd.: 614) auf kommunaler Ebene.

Tab. 2-5: Unterschiedliche Rechtstraditionen in Europa

Typ	Angelsächsisch	Römisch-französisch	Römisch-deutsch	Römisch-skandinavisch
Land	Irland, Malta, UK, Zypern	Belgien, Frankreich, Griechenland, Italien, Luxemburg, Niederlande, Portugal, Rumänien, Spanien,	Deutschland, Estland, Österreich, Polen, Schweiz, Slowakische Rep., Slowenien, Tschechische Rep., Ungarn,	Dänemark, Finnland, Schweden

Quelle: Haensch/Holtmann 2008: 614, Schweiz eigene Ergänzung.

Eine solche Kategorienbildung ist aber nur eine erste Annäherung an Verfassungsvergleiche. Schmitt/Obinger (2010) haben einen Verfassungsschrankenindex am Beispiel der Privatisierung öffentlicher Dienstleistungen konstruiert, der die durch Rechtstraditionen mitgeprägte Ausgestaltung der Verfassung hinsichtlich ihrer Schranken zu Beginn des Untersuchungszeitraums 1980 abbilden soll. Er spiegelt einerseits die Hürden gegenüber Privatisierungsaktivitäten wider, andererseits aber auch bestimmte Staatsverständnisse. Der additive Index setzt sich aus sechs Parametern zusammen, die je nach Ausprägung des einzelnen Items die Werte 0, 0,5 und 1 annehmen können. Im Einzelnen wurden berücksichtigt: die verfassungsrechtliche Stellung des öffentlichen Dienstes, die Ausprägung von Gewohnheitsrecht (Common Law), die Verankerung sozialer Grundrechte in der Verfassung, umfangreiche Staatsaufgabenkataloge in der Verfassung, die explizite Zuweisung öffentlicher Dienstleistungen in den legislativen Kompetenzbereich des Staates sowie verfassungsrechtlich definierte Staatsprinzipien (ebd.: 649).

Im additiven Gesamtindex bezeichnet ein Wert von Null die vollständige Abwesenheit von verfassungsrechtlichen Privatisierungsschranken, ein additiver Wert von sechs die höchste privatisierungsadverse Ausprägung aller Items. Die höchsten Verfassungsschranken für Privatisierung sind demnach in Deutschland und Portugal mit einem Wert von 5,5 gegeben, gefolgt von Spanien mit dem Wert 5. Frankreich, Italien und Österreich folgen mit einem Wert von 4,5. Am anderen Ende der Rangskala steht das Vereinigte Königreich mit dem Wert Null (ebd.: 651). Der Index zeigt, dass in den „südeuropäischen Ländern am Beginn der Untersuchungsperiode weitreichende soziale Grundrechte und ein umfassender Staatsaufgabenkatalog verankert waren" (ebd.). In den deutschsprachigen wie in den nordischen Ländern standen umfangreiche Verfassungsgarantien für den öffentlichen Dienst in den Verfassungen. „Insgesamt weisen die Verfassungen der deutschsprachigen und südeuropäischen Länder sowie Frankreichs die höchsten Hürden für Privatisierungen auf, während die englischsprachigen Länder eine vergleichsweise privatisierungspermissive Rechtsordnung besitzen. Die nordischen Länder befinden sich gemeinsam mit den Benelux-Staaten zwischen diesen Extremen" (ebd.: 652). Die Schweiz bewegt sich mit einem hohen Gesamtwert von fünf auf dem gleichen Niveau wie Griechenland und Spanien, knapp hinter den Spitzenreitern Deutschland und Portugal.

Tab. 2-6: Verfassungsschrankenindex

Kategorie/Land	AT	BE	CH	DE	DK	FI	FR	GR	IR	IT	NL	PT	SP	SW	UK
Öffentl. Dienst	1	0,5	0,5	1	1	1	0,5	1	0	0,5	0,5	1	0,5	0,5	0
Common Law	1	1	1	1	1	1	1	1	0	1	1	1	1	1	0
Grundrechte	0	0,5	0,5	0,5	0,5	0,5	0,5	1	0,5	1	0,5	1	1	0,5	0
Staatsaufgaben	1	0	1	1	0	0	1	1	0	1	0	1	1	0	0
Sektorspez. Verfassungsregeln	0,5	0	1	1	0	0	0,5	0	0	0	0	0,5	0,5	0	0
Staatsprinzipien	1	1	1	1	0	1	1	1	1	1	0	1	1	1	0
Gesamt	4,5	3	5	5,5	2,5	3,5	4,5	5	1,5	4,5	2	5,5	5	3	0

Quelle: Schmitt/Obinger 2010: 651.

Allerdings haben Schmitt/Obinger (2010) die Veränderbarkeit von Verfassungsregelungen nicht berücksichtigt. So gab es z.B. in Portugal nach der demokratischen Transformation zunächst ein striktes Privatisierungsverbot in der Verfassung, das in den 1980er Jahren aber zügig gestrichen worden ist. Mit Lijpharts Kriterium des Schwierigkeitsgrads von Verfassungsänderung (Verfassungsrigidität) wird dieser Aspekt berücksichtigt. Dabei wurde der Wert 1,0 für Verfassungen vergeben, die besonders leicht, also mit einfacher Mehrheit oder noch einfacher zu ändern sind. Der Wert 2,0 steht für Verfassungen, die mit mehr als einer einfachen, aber weniger als einer 2/3-Mehrheit geändert werden können. Der Wert 3,0 wurde vergeben, wenn eine 2/3-Mehrheit des Parlaments erforderlich ist und der Wert 4,0, wenn mehr als zwei Drittel verlangt werden (Lijphart 1999: 219).

Lorenz (2005) hat den Index von Lijphart erweitert und berücksichtigt zusätzlich auch Abstimmungsarenen und die Zustimmungserfordernisse unterschiedlicher Akteure für eine Verfassungsänderung, „also beispielsweise die Notwendigkeit doppelter Abstimmungen in bikameralen Parlamenten oder ein zusätzlich erforderliches Referendum. Der Indexwert des jeweiligen Landes ergibt sich durch Addition der für die einzelnen Abstimmungsgänge vergebenen Punkte" (Lorenz 2005: 346). Die folgende Tabelle vergleicht die Einstufungen eines Ländersamples nach dem Verfassungsschrankenindex von Schmitt/Obinger (2010), nach Lijpharts Index der Verfassungsrigidität und nach Lorenz' (2005) erweitertem Index. Zusätzlich werden die Rangplätze der Länder auf Basis der ausgewählten 15 westeuropäischen Staaten aufgeführt. Im Vergleich der drei Indices zeigt sich, dass die Schweiz in allen drei untere Rangplätze einnimmt, d.h. eine schwer zu ändernde Verfassung mit umfangreichen Schranken für eine Privatisierung öffentlicher Dienstleistungen hat.

Korreliert man die drei Indices miteinander, zeigt sich ein signifikanter Zusammenhang zwischen den Werten des Schmitt/Obinger-Index und des Lijphart-Index von ,582 (Sig. ,011) und zwischen dem Lijphart- und dem Lorenz-Index von ,490 (Sig. ,032) nach Pearson. Nach

Spearman-Rho bleibt nur der erstgenannte Zusammenhang als signifikant bestehen. D.h., dass auf Basis der ausgewählten 15 Fälle der neu entwickelte Schmitt/Obinger-Index stärker mit der Verfassungsrigidität nach Lijphart korreliert als der Lorenz-Index.

Tab. 2-7: Verfassungsschranken und Verfassungsrigidität in 15 westeuropäischen Staaten

	Schmitt/Obinger (2010)		Lijphart (1999) [1971-96]		Lorenz (2005)	
	Wert	Rang	Wert	Rang	Wert	Rang
Österreich	4,5	8	3	8	3	2
Belgien	3	5	3	8	9,5	15
Deutschland	5,5	14	3,5	14	6	10
Dänemark	2,5	4	2	4	8	13
Griechenland	5	11	2	4	5	9
Spanien	5	11	3	8	6	10
Finnland	3,5	7	3	8	4	4
Frankreich	4,5	8	1,9	3	4	4
Irland	1,5	2	2	4	4	4
Italien	4,5	8	2	4	4	4
Niederlande	2	3	3	8	8,5	14
Portugal	5,5	14	3	8	3	2
Schweden	3	5	1,6	2	4	4
Schweiz	5	11	4	15	7*	12
UK	0	1	1	1	1	1
Mittelwert	3,6		2,5		5,1	

Quelle: Schmitt/Obinger (2010), Lijphart (1999), Lorenz (2005); Anm.: * neue BV seit 2000.

2.2 Föderalismus

2.2.1 Wozu Föderalismus?

In der Frage der Staatsorganisation gibt es zwei klassische (antike) Vorbilder: die nur lose miteinander verbundenen Stadtstaaten der Griechen und das zentralistisch organisierte Römische Reich (Höffe 2002: 142). Über den calvinistischen Staatsdenker Johannes Althusius (1563–1638) und die Autoren der Federalist Papers, aber auch über die katholische Subsidiaritätslehre, wirkte die Idee eines Vertrages oder Bundes zwischen selbstständigen, aber relativ kleinen Staaten bis in das politische Denken der Gegenwart hinein. Föderalismus, so wurde argumentiert, beuge bei großen Staatenbünden der inneren Korruption vor und kompensiere bei kleinen Staaten fehlende politische Macht und Einfluss bzw. sichere das Überleben (Höffe 2002: 142).

Für ideengeschichtliche Vertreter des Einheitsstaates waren staatliche Zusammenschlüsse nur als zwischenstaatliche (bzw. außenpolitische) Allianzen und Bündnisse denkbar. Mit der Vertragstheorie z.B. eines Thomas Hobbes (1588–1679) oder des Genfers Jean Jacques Rousseau (1712–1778) wären zwar theoretisch „Unterverträge" denkbar gewesen, jedoch stand der Idee solcher Staaten im Staate den jeweiligen Souveränitätslehren entgegen. Souveränität war bei Hobbes wie auch bei Rousseau noch unteilbar (und damit unbegrenzt) gedacht, auch wenn die Souveränitätssubjekte unterschiedlich konzipiert waren. Föderalismus als Zusammenschluss von Teilinteressen steht bei Rousseau der Homogenität des volonté générale entgegen (Contrat Social II, 3) und bei Hobbes einer unvollständigen Autorisierung bzw. Übertragung der individuellen Rechte auf den „Leviathan" (als Einzelperson oder Versammlung).

„Limited government" wurde ideengeschichtlich erst durch John Locke (1632–1704) eingeführt, der zwischen legislativen und exekutiven Funktionen unterschied und auch eine „föderative Gewalt" kannte. Diese ist für die Sicherheit und Interessen des Volkes nach außen zuständig, was Entscheidungen über Krieg und Frieden und „über Bündnisse und alle Abmachungen mit Personen und Gemeinschaften außerhalb des Staatswesens" (Locke 2003: 113) betrifft. Allerdings räumt Locke ein, dass sich diese Funktion nur theoretisch unterscheiden lasse und in der Praxis bei der Exekutive angesiedelt sei. Wie bei Hobbes bereits angelegt, war die föderative Gewalt eine Frage der internationalen Politik im Staate. Locke und auch Montesquieu (1689-1755), mit dem schließlich die moderne vertikale Dreiteilung der Staatsgewalten zu Ende gedacht wurde, ging es primär um die horizontale Gewaltenteilung, nicht um eine vertikale Aufteilung von Souveränität.

Diese Idee blieb auch Kant (1724–1804) fremd, der aber die Idee eines Weltföderalismus, eines Zusammenschlusses souveräner Staaten zu einem globalen Staatenbund unterstützte. Einen Weltstaat hielt er sowohl moralisch wie auch praktisch nicht für angeraten. Dagegen kann nach seiner Ansicht eine Föderation von Republiken unter einem internationalen Recht den Frieden zwischen den Nationen dauerhaft sichern. Jeder Staat hat ein Interesse an der Erhaltung eines internationalen Rechts, das seine Rechte und Pflichten definiert und ihn somit vor den Aggressionen anderer Staaten schützt und einen gerechten Austausch zwischen ihnen ermöglicht. Eine Föderation autonomer Staaten hat den Zweck, den Austausch der Staaten untereinander unter ein einziges moralisches Gesetz zu stellen, wie dies analog für den kategorischen Imperativ auf der Ebene des Austauschs zwischen Einzelnen gedacht ist (Kant 2008).

Eine praktische Aufwertung kam erst mit der US-amerikanischen Verfassungsdebatte 1787, bei der die als ungenügend empfundenen „Articles of Confederation" von 1777 überholt werden sollten. Während des Philadelphia-Konvents entstand allerdings ein neuer, bundesstaatlicher Entwurf, um dessen Legitimation sich die bekannte Auseinandersetzung zwischen Federalists und Anti-Federalists entwickelte. Vor diesem Hintergrund erklärt sich auch, weshalb Föderalismus in den angelsächsischen Ländern mit Zentralismus assoziiert wird. Aus Sicht der Befürworter einer konföderalen Ordnung waren die Federalists Zentralisten. Dagegen wird aus kontinentaleuropäischer Sicht eine bundesstaatliche Ordnung – im Vergleich zum Einheitsstaat – als dezentral angesehen. Die historische Dimension ist nicht nur für das Begriffsverständnis wichtig, sondern auch für die Einordnung von Entwicklungstendenzen föderaler Ordnungen. Birrer (2007) hat treffend bemerkt, dass ein Bundesstaat, der aus einem Staatenbund entsteht, zu weiterer Zentralisierung tendiert, während Bundesstaaten, die aus Einheitsstaaten entstanden sind (Beispiel Belgien), zu Desintegration neigen, vor allem, wenn sie entlang ethnischer, religiöser oder sprachlich-kultureller Grenzen föderalisiert werden (ebd.).

Das Hauptinteresse der politischen Theorie galt und gilt der Ausgestaltung und Begründung der horizontalen, nicht der vertikalen Gewaltenteilung. Darin spiegelt sich auch die Relevanz des Föderalismus auf der politischen Ebene wider. Von den knapp 200 Staaten der Welt sind nur 22, also etwa 11%, föderal organisiert. Bei der regionalen Verteilung fällt eine gewissen

„Clusterbildung" auf. Die Schweiz, Österreich, Belgien und Deutschland in Mitteleuropa, Kanada, die USA und Mexiko in Nordamerika, Indien, Pakistan, Malaysia und Australien in Südostasien, sowie Argentinien, Brasilien, Venezuela in Südamerika. Eine Reihe von Bundesstaaten ist im Zuge der Entkolonialisierung entstanden. Auch die Entstehungsgeschichte der Schweiz als Ablösung vom Habsburgerreich ist in diesem Kontext zu sehen.

Im Hinblick auf Ziele und Intensität eines Zusammenschlusses lassen sich Staatenbünde und Bundesstaaten unterscheiden. Die (vermutlich) 1291 durch die Orte Uri, Schwyz und Unterwalden gegründete Alte Eidgenossenschaft ist ein Beispiel für einen Staatenbund. In der Gründungsphase der Vereinigten Staaten von Amerika wurde die Kontroverse um Vor- und Nachteile von Staatenbund und Bundesstaat exemplarisch zwischen den Anti-Federalists und den Federalists ausgetragen. In der EU-Integrationstheorie wird für die staatenbündischen Momente der Begriff des Intergouvernmentalismus verwendet, für den i.d.R. Einstimmigkeit als Entscheidungsregel kennzeichnend ist (Roche 2011).

Im Unterschied zu den antiken Staatenbünden, der Alten Eidgenossenschaft bis 1798, dem Deutschen Bund von 1815–1860 und zur Konföderation der Vereinigten Staaten von 1783–1788 wird bei der Gründung eines Bundesstaates ein gewichtiger Anteil eigener Souveränität an eine neu geschaffene, föderale (bzw. zentrale) Ebene mit eigenen Institutionen und Kompetenzen abgegeben. Das schließt nicht aus, dass wie am Beispiel der kantonalen Fachkonferenzen zu zeigen sein wird, staatenbündische Strukturen auch in einem bundesstaatlichen Kontext praktiziert werden können.

Bundesstaaten haben eine Verfassung, in der die Kompetenzen und die Organisation des Bundes normiert und nur mit einer qualifizierten Mehrheit zu ändern sind. Staatenbünde beruhen auf einem Vertrag, der nur einstimmig zu ändern ist. Soziologisch findet bei einem Staatenbund (bzw. einem Vertrag) eine Vergesellschaftung punktueller bzw. spezifischer Interessen statt, bei einem Bundesstaat (bzw. einer Verfassungsgebung) eine „Vergemeinschaftung" allgemeiner Interessen und Identitäten. Da das Zugehörigkeitsgefühl durch spezifische Interessenskonflikte im Idealfall nicht mehr gefährdet wird, kann auf den Entscheidungsmodus der Einstimmigkeit verzichtet werden. In der EU-Integrationsdebatte wurde dafür das Konzept des Supranationalismus entwickelt.

Staatenbund und Bundesstaat: Staatenbünde sind Zusammenschlüsse souveräner Staaten ohne Souveränitätstransfer an eine föderale, suprastaatliche Ebene. Die einzelnen Staaten bleiben in jeder Hinsicht autonom und können theoretisch jederzeit wieder aus dem Staatenbund austreten. Im Unterschied dazu ist bei einem Bundesstaat der Zusammenschluss, in der Schweiz die Eidgenossenschaft, ein wichtiger, wenn auch nicht der einzige Träger von Souveränität. Beide, Gliedstaaten und Zentralstaat, haben Staatsqualität und die Existenz der Gliedstaaten ist garantiert. Sie sind an der Willensbildung des Bundes beteiligt und haben nach dem Subsidiaritätsprinzip alle die Kompetenzen, die nicht an den Bund übertragen worden sind.

Im Unterschied zur Dezentralisierung (oder Devolution) von Zentralstaaten werden im Föderalismus in der Regel keine neuen Einheiten mit Staatsqualität geschaffen, sondern lediglich Kompetenzen von unten nach oben delegiert (Ausnahme Belgien). Im föderalen Staat gilt, dass alle Rechte, die nicht explizit dem Bund übertragen worden sind, von den Gliedstaaten ausgeübt werden (Art. 3 BV, Art. 30, 70 I und 72 GG, anders in Belgien).

Dagegen haben im dezentralisierten Einheitsstaat die Untergliederungen nur die Kompetenzen, die ihnen von Regierung oder Parlament zugeteilt werden. Theoretisch können solche Kompetenzdelegationen durch die zentrale Ebene auch wieder rückgängig gemacht werden, in der Praxis ist dies jedoch unwahrscheinlich. Im Fall der Britischen „Devolution" wurde die Schaffung von Parlament und Regierung in Schottland sowie einer Versammlung und Exekutive in Wales sowohl durch Gesetze als auch plebiszitär legitimiert.

Tab. 2-8: Dezentralisierung, Devolution und Föderalismus im Vergleich

	Dezentralisierung	Devolution	Föderalismus
Aufgaben und Kompetenzen	Administrativ: (Symmetrische) Übertragung von primär administrativen Aufgaben und ggf. exekutiven Kompetenzen auf die regionale Ebene. Auch Bundesstaaten können (de)zentralisiert sein („plattformunabhängig")	Administrativ, exekutiv und ggf. legislativ: (Asymmetrische) Übertragung von Aufgaben & Kompetenzen in Einheitsstaaten an subnationale Gebietskörperschaften, um nationalistische bzw. separatistische Bestrebungen zu regulieren	Administrativ, exekutiv & legislativ: Zusammenschluss gleichberechtigter (Glied)Staaten mit Kompetenzübertragung an autonome, föderale Organe. „Residualkompetenz" der Gliedstaaten
Zweck	Verwaltungsmodernisierung und Anpassung an Europäisierung	Befriedung nationalistischer bzw. separatistischer Bestrebungen	Befriedung regionaler Autonomiebedürfnisse. Bewahrung traditioneller Identitäten
Form	symmetrisch, da auf regionale Besonderheiten keine Rücksicht genommen werden muss	asymmetrisch aufgrund unterschiedlich starker Separatismen	symmetrisch
Bestandsgarantie Gliedstaat	Nein	Nein	Ja (Subsidiarität)
Beispiele	Frankreich, Polen, Irland, Tschechien	Vereinigtes Königreich nach 1998, Spanien, (Italien)	Australien, Deutschland, Kanada, Österreich, Schweiz, USA

Quelle: Eigene Zusammenstellung.

Durch die mit den Gliedstaaten geteilte Souveränität und den Aufbau des Gesamtstaates „von unten nach oben" ergibt sich eine Verdopplung der Legitimationsanforderungen von Akten der Zentralgewalt. Diese müssen zum einen durch ein eigenes, demokratisch gewähltes Parlament legitimiert werden, zum anderen aber auch durch die Gliedstaaten, die auf Bundesebene in einer zweiten Kammer repräsentiert werden. In der Bundesverfassung findet diese doppelte Legitimationsanforderung seinen Ausdruck in Art. 1, nach dem das Schweizervolk und die Kantone gemeinsam die Schweizerische Eidgenossenschaft bilden. „Das Schweizervolk und die Kantone" liefert auch die Formel für die Spannung zwischen Demokratie und Föderalismus, die auch in der Schweiz zu Zentralisierungstendenzen als Folge eines gestiegenen Bedürfnisses landesweit einheitlicher Regelungen führt.

Eine Vereinheitlichung kantonaler Regelungen kann entweder durch horizontale Selbstkoordination der Kantone oder durch einen Problemtransfer auf die Ebene des Bundes. Bei einem Problemtransfer auf die Ebene des Bundes sind Generalklauseln in der Verfassung hilfreich. Nach Art. 2 Abs. 3 BV trägt der Bund die Sorge „für eine möglichst große Chancengleichheit unter den Bürgerinnen und Bürgern". Das Pendant in der deutschen Verfassung ist Art. 72 Abs. 2 GG, der dem Bund die Aufgabe der „Herstellung gleichwertiger Lebensverhältnisse" zuweist.

Ein wichtiges Merkmal des Föderalismus ist das Subsidiaritätsprinzip, das besagt, dass Entscheidungen so nah wie möglich bei den Bürgern verbleiben sollen und nur auf höhere Ebenen delegiert werden dürfen, wenn die unteren Ebenen die Aufgabe nicht angemessen erledigen können. Die Delegation von Kompetenzen auf höhere Ebenen steht also unter dem Vorbehalt ihrer Begründung. Trotz weiter Verbreitung ist ihre Wirksamkeit aber umstritten. Im 10. Zusatzartikel der US-Verfassung heißt es „The powers not delegated to the United States by the Constitution, nor prohibited by it to the States, are reserved for the States respectively, or to the people".

Im Vertrag über die Europäische Union (Lissabon-Vertrag) heißt es in Art. 5, Abs. 3 etwas umständlicher: „Nach dem Subsidiaritätsprinzip wird die Union in den Bereichen, die nicht in ihre ausschließliche Zuständigkeit fallen, nur tätig, sofern und soweit die Ziele der in Betracht gezogenen Maßnahmen von den Mitgliedstaaten weder auf zentraler noch auf regionaler oder lokaler Ebene ausreichend verwirklicht werden können, sondern vielmehr wegen ihres Umfangs oder ihrer Wirkungen auf Unionsebene besser zu verwirklichen sind" (vgl. a. Loughlin 2011: 203).

Zentralisierung ist in der Schweiz ähnlich unbeliebt wie Föderalismus im Vereinigten Königreich. Gleichwohl lässt sich eine weitere Zentralisierung kaum stoppen, etwa aufgrund der gestiegenen Mobilität der Bürger wie der nationalen und internationalen Unternehmen, die innerhalb eines Landes kaum mit bis zu 26 verschiedenen Rechtsordnungen konfrontiert werden können. So ist trotz der im Vergleich zu Österreich und Deutschland breit ausgebauten Gestaltungs- und Vetomöglichkeiten der Kantone auch in der Schweiz eine langfristige Tendenz zur Zentralisierung beobachtet (und kritisiert) worden.

Stand bei der Staatsgründung 1848 noch die Garantie von Grundfreiheiten und ein einheitlicher Wirtschaftsraum durch Nationalisierung der Außenzölle und des Münzwesens im Vordergrund, so erfolgte bereits mit der Totalrevision der BV 1874 eine deutliche Stärkung der Bundeskompetenzen, etwa im Bereich des Militärs, des Rechts und der Infrastruktur. Die Einführung der Sozialversicherung führte zu einer weiteren Zentralisierung von Staatsaufgaben, ebenso der umfassende Bereich des Schutzes der natürlichen Lebensgrundlagen (Schoch/NZZ 2011). Vor dem Hintergrund der Abgrenzung zu Dezentralisierung und Devolution lässt sich nun eine Definition von Föderalismus durch Aufzählung konstitutiver Merkmale formulieren.

Dazu gehört die verfassungsrechtliche Bestandsgarantie der Gliedstaaten, die Mitwirkung der Gliedstaaten an der Willensbildung und der Gesetzgebung des Bundes durch eine zweite Kammer zumindest in den Bereichen, in denen unmittelbar Länderinteressen betroffen sind, die Staatlichkeit der Gliedstaaten und ein oberstes Gericht, dass in Streitfällen zwischen Bund und Gliedstaaten sowie zwischen Gliedstaaten untereinander entscheidet. Durch eine Definition ist die Frage nach Sinn und Zweck des Föderalismus aber noch nicht beantwortet. Als Funktionen des Föderalismus werden in der Literatur verhandelt (Laufer/Münch 2010, Sturm 2010):

- die zusätzliche Machtkontrolle durch vertikale Gewaltenteilung,
- die zusätzliche Partizipationsmöglichkeit der Bevölkerung auf der Ebene der Gliedstaaten,
- die Rekrutierungsfunktion der kantonalen Ebene für die Bundespolitik,
- die Stärkung innerparteilicher Demokratie durch dezentrale Parteiorganisationen,
- die Entlastung zentralstaatlicher Entscheidungsinstanzen (Subsidiarität),

- die Förderung wirtschaftspolitischen Wettbewerbs,
- die Erleichterung von Policy-Variation und politischem Wettbewerb im regionalen Raum,
- die Förderung von „best practice" auf policy- und administrativer Ebene,
- der Schutz und die Förderung kultureller Vielfalt,
- die Befriedung ethnischer und regionaler Separatismen und der zusätzliche Schutz territorialer Minderheiten,

Als Nachteilen föderaler Systeme werden diskutiert:

- die Kosten durch die Multiplikation politischer Institutionen auf Gliedstaatenebene sind höher,
- die Anzahl der Vetospieler auf Bundesebene ist höher, dadurch entsteht ein größeres Blockadepotenzial,
- räumliche Externalitäten, da z.B. Infrastrukturleistungen nicht auf die Einwohner des Gliedstaates beschränkt werden können (Laufer/Münch 2010: 31),
- die Notwendigkeit finanzieller Umverteilung, um den Bestand finanzschwacher Gliedstaaten zu sichern,
- die Kohärenz der Parteien ist im Vergleich zu Einheitsstaaten meist reduziert (Gerring/Thacker 2008),
- die Standards in Bereichen wie Schule und Bildung können stark variieren,
- die Gefahr der Abspaltung einzelner Gliedstaaten mit starkem Autonomiestreben,
- die Verschleppung notwendiger Reformen in wirtschafts- oder bevölkerungsschwachen Gliedstaaten durch Finanzausgleich und Mitnahmeeffekte.

Die Vorteile einer starken Föderalisierung (bzw. Dezentralisierung) lassen sich mit Gerring/Thacker (2008) im Bereich der politischen „Inklusion" vielfältiger Interessen und Minderheiten verorten, die (möglichen) Nachteile im Bereich politischer „Authority", wenn den zentralen Einrichtungen die organisatorischen Kapazitäten und die Legitimation fehlt, Politik zu gestalten (ebd.). Für die politischen Parteien in der Schweiz bedeutet der föderale Staatsaufbau etwa, dass die nationalen Parteien die Programme und Positionen von bis zu 26 Kantonalparteien koordinieren müssen. Durch die starke Föderalisierung (und die Konkordanz) fiel es den nationalen Parteien lange Zeit schwerer, stärker polarisierte Parteiprogramme zu entwickeln.

Jenseits der oben vorgestellten allgemeinen Merkmale bauen spezielle Föderalismuskonzepte auf einzelnen, herausragende Eigenschaften auf. Solche Konzepte werden meist nicht systematisch entwickelt, sondern impressionistisch aufgrund einzelner Besonderheiten gebildet. Sie haben sowohl eine deskriptive wie auch eine normative Funktion. So steht etwa beim „kooperativen Föderalismus" der Aspekt der zwischen Bund und Gliedstaaten geteilten Kompetenzen (Politikverflechtung) und der „Solidarität" untereinander im Zentrum, während der duale bzw. Trennföderalismus die wechselseitig exklusiven Kompetenzdomänen betont. Wie in den USA nimmt die Idee des dualen bzw. Trennföderalismus in der Schweiz eine wichtige Rolle ein, die durch die Föderalismusreform und die Neuordnung des Finanzausgleichs wieder revitalisiert wurde. Dabei nehmen der Bund und die Gliedstaaten ihre Aufgaben relativ unabhängig voneinander wahr.

Dagegen sind beim Verbundföderalismus (Deutschland) die Gliedstaaten viel stärker auf die Kofinanzierung durch den Bund angewiesen und der Bund beim Vollzug eigener Aufgaben auf die Länderverwaltungen. Der Vollzugsföderalismus stellt daher auf die schwach ausge-

baute administrative Dimension des Bundes ab, der für den Vollzug auch eigener Kompetenzen auf die Landesverwaltungen angewiesen ist (Beispiele Deutschland und USA). Das
Konzept des asymmetrischen Föderalismus stellt darauf ab, dass die Gliedstaaten unterschiedlich stark mit eigenen Kompetenzen ausgestattet sind (Beispiel Spanien). Allerdings ist
kritisch anzumerken, dass in letzterem Fall meist entscheidende Föderalismusmerkmale
fehlen, somit kein echter Föderalismus vorliegt. Tabelle 2-9 fasst die gängigen Konzepte und
Einteilungsstrategien der Föderalismusforschung zusammen.

Tab. 2-9: Einfache Föderalismuskonzepte

Kooperativer bzw. Verbund-föderalismus	Zusammenarbeit der Ebenen oder der Gliedstaaten untereinander, um gewisse Aufgaben zu erfüllen (Verbund- oder Gemeinschaftsaufgaben). Gestaltungselemente: Finanzausgleich, interkantonale Zusammenarbeit.
Dualer bzw. Trennföderalismus	Klare Kompetenzabgrenzung zwischen den beiden/verschiedenen Ebenen. Aufgaben meist in alleiniger Zuständigkeit einer Ebene („bipolare" Verfassungsordnung, Beispiel USA).
Vollzugsföderalismus	Bundesebene ist zum Vollzug eigener Gesetze auf die Verwaltungen und die Ausführungsgesetzgebung der Gliedstaaten angewiesen.
Exekutivföderalismus	Mitglieder der Regierungen der Gliedstaaten sind ex officio Mitglieder der zweiten Kammer auf Bundesebene. Beispiele: Deutscher Bundesrat und EU-Ministerrat.
Konkurrenz- bzw. Wettbewerbs-föderalismus	Die Gliedstaaten stehen miteinander im Wettbewerb um Einwohner und Einnahmen. Dadurch soll Innovation und Leistungsbereitschaft gefördert werden (z.B. USA, Schweiz).
Asymmetrischer Föderalismus	Gliedstaaten haben unterschiedliche Rechte im Bundesstaat. „Echter" Föderalismus ist i.d.R. symmetrisch. Daher auch Synonym für dezentralisierte Einheitsstaaten mit teilweise starken regionalen Teilidentitäten (z.B. Schottland, Katalonien und Südtirol).
Gestaltungs- bzw. Beteiligungs-föderalismus	Sieht Gefahr des Verlusts eigener Gestaltungsmacht der Gliedstaaten und der Reduzierung auf bloße Beteiligungsrechte.

Quelle: Eigene Zusammenstellung.

2.2.2   Fédéralisme à la Suisse

Die Grundstruktur des schweizerischen Föderalismus ist an die der USA angelehnt. Für die
Organisation der zweiten Kammer heißt das, dass die Kantone unabhängig von ihrer Größe
zwei Vertreter mit Mehrheitswahl (zwei Kantone nach Proporz) in den Ständerat wählen, mit
Ausnahme der Halbkantone, die jeweils nur einen Vertreter entsenden (Mueller/Dardanelli
2013). Damit unterscheidet sich die Schweiz von den Ländern, in denen bei der zweiten
Kammer das Bundesratsmodell gewählt wurde, wie Österreich und Deutschland. In Deutschland entsenden die Länder je nach Größe zwischen drei und sechs Vertreter in den Bundesrat,
in Österreich zwischen drei und 11 Vertreter. Auch werden in Deutschland die Ländervertre-
ter von den Landesregierungen bestimmt, in Kanada von der Bundesregierung bestellt und in
Österreich von den Landesparlamenten gewählt. In Deutschland und den USA haben sich im
Laufe der Zeit stärker zentralistische Tendenzen durchgesetzt, was auch zur Charakterisierung als zentralistische Bundesstaaten geführt hat. Wie ursprünglich auch für die USA angelegt, ist die zentrale Ebene in der Schweiz noch relativ schwach geblieben.

Für eine Analyse der konkreten Ausgestaltung des Föderalismus in der Schweiz bietet sich
die Unterscheidung von vertikalem und horizontalem Föderalismus an. Zusammenfassend

lässt sich ersterer aus dem Bundesstaatskonzept, letzterer aus dem Staatenbundskonzept ableiten. Institutionen des vertikalen Föderalismus in der Schweiz sind der Ständerat, die Standesstimme für Verfassungsrevisionen (Ständemehr), die Standesinitiative, das Kantonsreferendum, die Möglichkeit der außerordentlichen Einberufung der Bundesversammlung durch die Kantone, die Beteiligung der Kantone im vorparlamentarischen Entscheidungsprozess (Vernehmlassung) wie auch der Vollzug von Bundespolitik bzw. -gesetzen durch die Kantone. Institutionen des horizontalen Föderalismus sind interkantonale Vereinbarungen bzw. Konkordate, kantonale Direktoren- bzw. Fachbeamtenkonferenzen, die Konferenz der Kantonsregierungen (KdK) sowie regionale Regierungskonferenzen.

Vertikaler und horizontaler Föderalismus: Vertikaler Föderalismus meint die Beteiligung der Gliedstaaten an der Politik und Gesetzgebung des Bundesstaates, insbesondere in Form einer von den Gliedstaaten bestellten zweiten Kammer. Horizontaler Föderalismus (auch kooperativer oder Föderalismus der dritten Ebene) bezeichnet die direkte Zusammenarbeit und Politikkoordination der Gliedstaaten untereinander, ohne (direkte) Beteiligung der zentralen Ebene (Sturm 2010: 26).

Nicht nur im Vergleich zu den Nachbarländern Österreich und Deutschland ist die interkantonale Zusammenarbeit in der schweizerischen Politik stark ausgebaut. „Nach Art. 48 Abs. 1 BV können die Kantone nicht nur miteinander Verträge abschließen, sondern auch gemeinsame Organisationen und Einrichtungen schaffen. Bei der Bildung interkantonaler Aufgabenträger sind aber gewisse Schranken zu beachten. Stichwortartig sei auf das Verbot der Selbstpreisgabe, die Anforderungen aus dem Demokratieprinzip, die Interessen von Bund und Kantonen sowie kompetenzrechtliche Vorgaben hingewiesen" (Stöckli/Meier 2011: 335).

Die interkantonale Kooperation der Kantone hat etwa durch ihre Aufwertung in der Verfassungsrevision von 2000 eine deutlich stärkere gesamtschweizerische Bedeutung gewonnen, da seither die von interkantonalen Gremien getroffenen Entscheidungen für allgemeinverbindlich erklärt werden können und die Organe „zunehmend mit der Befugnis zum Erlass von Sekundärrecht ausgestattet [sind], wofür Art. 48 Abs. 4 BV gewisse Rahmenbedingungen festlegt. Eine komplexe Form der interkantonalen Zusammenarbeit entsteht derzeit im Rahmen der Umsetzung des neuen Hochschulartikels der Bundesverfassung (Art. 63a BV), wonach Bund und Kantone zur Erfüllung ihrer Aufgaben Verträge abschließen und Verwaltungs- und Rechtssetzungsbefugnisse an gemeinsame Organe übertragen" (Stöckli/Meier 2011: 336).

Häufige Formen der freiwilligen Selbstkoordination der Kantone sind interkantonale Konferenzen und Konkordate. Ein Impuls zur verstärkten interkantonalen Kooperation ging auch vom gescheiterten EWR-Beitritt und der Europäisierungsdebatte Anfang der 1990er Jahre aus. Die Gründung der Konferenz der Kantonsregierungen 1993 ist in diesem Kontext zu sehen. Sie ist nicht mit eigenen Rechtssetzungskompetenzen ausgestattet, bietet aber einen effektiven institutionellen Rahmen für die Koordination der kantonalen Politiken etwa im Hinblick auf die Vernehmlassung von Bundesgesetzen oder von Staatsverträgen. „Seitens des Bundesrates sowie von Teilen der Bundesverwaltung wurde dem Bemühen der Kantone um Bewahrung der föderalistischen Ordnung zunächst größte Skepsis und Ablehnung entgegen gebracht. [...] So wurde etwa vorgebracht, die KdK sei bundesverfassungswidrig oder es brauche sie nicht, weil schließlich der Ständerat dazu berufen sei, die Interessen der Kantone auf der Bundesebene wahrzunehmen" (Niedermann/NZZ 2007: 35).

Tab. 2-10: Anzahl Konkordate nach Politikbereichen 2003

	Bildung, Wissenschaft, Kultur	Gesundheit, soziale Sicherheit	Staats-organisation, Sicherheit	Infrastruktur, Verkehr, Umwelt	Wirtschaft, Land-wirtschaft	Öffentliche Finanzen, Steuern	To-tal
Zürich	28	8	21	27	13	30	127
Bern	43	14	33	5	16	29	140
Luzern	19	12	17	9	11	11	79
Uri	15	7	17	9	9	10	67
Schwyz	31	8	17	22	14	4	96
Obwalden	26	15	19	11	9	5	85
Nidwalden	26	14	20	11	13	2	86
Glarus	24	9	14	11	14	11	83
Zug	19	5	15	4	10	15	68
Freiburg	29	10	17	6	14	16	92
Solothurn	23	15	31	7	22	20	118
Basel-Stadt	36	27	34	19	11	14	141
Basel-Land	40	22	36	19	18	24	159
Schaffhau-sen	21	9	14	6	8	11	69
Appenzell A.Rh.	27	10	11	20	13	13	94
Appenzell I.Rh.	20	6	15	5	8	12	66
St. Gallen	50	23	22	49	45	29	218
Graubünden	23	7	14	3	7	13	67
Aargau	28	10	22	10	16	26	112
Thurgau	38	9	18	18	13	18	114
Tessin	18	3	13	2	6	2	44
Waadt	26	7	20	10	12	23	98
Wallis	19	4	14	4	7	15	63
Neuenburg	31	8	21	4	12	17	93
Genf	19	4	19	3	6	8	59
Jura	33	14	19	3	6	9	84
Total	712	280	513	297	333	387	2522

Quelle: IDHEAP-BADAC www.badac.ch (Stand 2003).

Ziele der Selbstkoordination der Kantone sind der Informationsaustausch und die Koordination der Interessen bis hin zur Entwicklung einheitlicher Standards, ohne Kompetenzen an den Bund übertragen zu müssen. Aber auch externe Effekte kleinräumiger Jurisdiktionen sollen auf diese Weise stärker in die Entscheidungsfindung der Kantone einbezogen werden. Vor allem in Querschnittsbereichen wie Schulen und Bildung, Gesundheit und auch Raumplanung kommen Konkordate zunehmend zur Anwendung (Schoch/NZZ, 13.08.2011: 23). Horizontaler Föderalismus ist meist auch „Exekutivföderalismus", da die Verträge durch die Kantonsregierungen ausgehandelt und unterzeichnet werden und die Parlamente in der Regel nicht unmittelbar beteiligt sind. Der intergouvernementale Charakter steht dabei deutlich im

Vordergrund. Tabelle 2-11 stellt die Einrichtungen des horizontalen Föderalismus in der Schweiz, Österreich und Deutschland gegenüber.

Tab. 2-11: Einrichtungen des horizontalen Föderalismus im Vergleich

Schweiz	Österreich	Deutschland
17 Interkantonale Konferenzen	– –	20 Konferenzen der Fachminister
Konferenz der Kantons-regierungen (KdK)	Landeshauptleutekonferenz	Ministerpräsidentenkonferenz (MPK)
Art. 48 BV	Keine Verfassungsrechtliche Normierung	Keine verfassungsrechtliche Normierung
www.konferenzen.ch/	– –	www.bundesrat.de/

Quelle: Eigene Zusammenstellung.

Das oben skizzierte Konzept des dualen Föderalismus wirkt sich auch auf das Steuersystem aus. In der Schweiz und den USA herrscht ein Trennsystem bei der Steuererhebung vor, in Deutschland ein Verbundsystem. Bei einem Trennsystem erheben Bundesstaat und Gliedstaaten jeweils eigene Steuern, bei einem Verbundsystem erhebt lediglich der Bundesstaat eine bestimmte Steuerart und teilt sie dann nach einem Verteilungsschlüssel auf Bund, Länder und ggf. Gemeinden auf (Laufer/Münch 2010: 243).

In Deutschland sind die beiden ertragreichsten Steuern, die Mehrwert- bzw. Umsatzsteuer und die Lohn- und Einkommenssteuer Verbundsteuern. Die Mehrwertsteuer wird zu 53,9% an den Bund, zu 44,1% an die Länder und zu 2% an die Gemeinden verteilt. Bei der Lohn- und Einkommenssteuer wird der Ertrag jeweils zu 42,5% an Bund und Länder und zu 15% an die Gemeinden verteilt (ebd.: 246). Die Steuerverteilung in Deutschland gestaltet sich in insgesamt vier Stufen. In den beiden ersten Stufen wird die Verteilung des Steueraufkommens zwischen Bund und Länder sowie zwischen den Ländern berechnet. Erst in den Stufen drei und vier findet dann der eigentliche Finanzausgleich statt (Tab. 2-12). Der eigentliche Länderfinanzausgleich findet dann als Umverteilung der Finanzkraft zwischen den Ländern nach Maßgabe des Art. 107 GG statt. In der letzten Stufe kann der Bund für besondere Bedarfe einzelner Länder Ergänzungszuweisungen leisten (ebd.: 259).

Tab. 2-12: Stufen des Finanzausgleichs in Deutschland

Stufe	Verteilung
1. Vertikale Steuerverteilung	Verteilung des Aufkommens aus den Gemeinschaftssteuern auf die Ebenen Bund, Länder und Kommunen
2. Horizontale Steuerverteilung	In dieser Stufe wird das Steueraufkommen auf Länderebene den einzelnen Ländern zugeteilt
3. Horizontaler Finanzausgleich	Länderfinanzausgleich zwischen finanzstarken und finanzschwachen Ländern
4. Vertikaler Finanzausgleich (Bundesergänzungszuweisungen)	Setzen sich zusammen aus Fehlbetrags-Bundesergänzungszuweisungen und Sonder-Bundesergänzungszuweisungen (z.B. dem Solidarpakt II)

Quelle: Eigene Zusammenstellung nach Laufer/Münch 2010.

Analog zu den Geber- und Nehmerländern des bundesdeutschen Finanzausgleichs lassen sich in der Schweiz Zahler- und Empfängerkantone nach dem NFA unterscheiden. Zu den größten Nettoempfängern nach der NFA-Reform gehören die Kantone Bern, Wallis und Freiburg, zu den größten Zahlern Zürich, Genf und Zug (NZZ 10.11.2007: 34). 2013 waren von den 26 Kantonen 9 Geberkantone und 17 Nehmerkantone.

2.2.3   Neuer Finanzausgleich und Aufgabenteilung (NFA)

Föderalismus ist einerseits konstitutives Merkmal des politischen Systems der Schweiz, steht andererseits aber auch unter Druck, von Zeit zu Zeit an die gesellschaftlichen und wirtschaftlichen Veränderungen angepasst zu werden. So gab es bereits seit den 1960er Jahren Überlegungen einer umfassenderen Staats- und Verfassungsreform, Ende der 1970er Jahre scheiterte eine ambitionierte Reforminitiative, ehe in den 1990er Jahren nach dem Scheitern des EWR-Beitritts eine differenziertere Strategie gewählt wurde (Grotz/Poier 2010: 249). Dazu wurde die beabsichtigte Totalrevision zum 150-jährigen Verfassungsjubiläum von notwendigen inhaltlichen Reformen wie der Föderalismusreform entkoppelt. Durch die Trennung von „Nachführung" der Bundesverfassung und materiellen Reformen sollte ein komplettes Scheitern der Reform wie zuvor Ende der 1970er Jahre verhindert werden. Die neue Bundesverfassung wurde 1998 mit großen Mehrheiten in beiden Kammern sowie 1999 von Volk und Ständen angenommen und trat im Jahr 2000 in Kraft. Damit war die Grundlage für die nächste große Reform gelegt. Inhaltlich wurden in der Föderalismusreform zwei Materien miteinander verbunden, nämlich eine Revision des Finanzausgleichs mit einer Kompetenzentflechtung kantonaler und bundesstaatlicher Zuständigkeiten. „Vorgeschlagen wurden u. a. eine Aufgabenzuordnung zu Bund und Kantonen nach dem Grundsatz der Subsidiarität, der Ausbau der interkantonalen Zusammenarbeit und die Etablierung eines interkantonalen Lastenausgleichs, mehr nicht zweckgebundene Bundestransfers sowie ein Ressourcenausgleich zur Angleichung der Leistungsfähigkeit der Kantone" (ebd.: 250). Die Verhandlungen wurden nach Einschätzung von Grotz/Poier (ebd.) von den Exekutiven der Kantone und des Bundes dominiert. Die kantonalen Exekutiven hatten durch die Konferenz der Kantonsdirektoren eine neue und wirksame Plattform der Verhandlung und Einflussnahme gefunden. „Andere institutionelle Akteure, wie etwa die Legislativen, waren weniger stark eingebunden" (ebd.).

Neuer Finanzausgleich und Aufgabenteilung zwischen Bund und Kantonen (NFA):
2008 in Kraft getretene Neuordnung der Finanzbeziehungen zwischen Bund und Kantonen. Der vom Bund und den finanzstarken Kantonen gespeiste Topf Ressourcenausgleich soll für eine finanzielle Grundausstattung der Kantone von mindestens 85% des Landesdurchschnitts sorgen. Ein Lastenausgleichstopf sorgt dafür, dass einerseits Berggebiete, andererseits städtische geprägte Kantone mit ihren je spezifischen Herausforderungen zusätzlich alimentiert werden. Der zeitlich befristete Härteausgleich sorgt schließlich dafür, dass kein Kanton durch die Reform schlechter gestellt wird als zuvor (NZZ 10.11.2007: 34).

Äußerer Anlass der Reform war der in den 1990er Jahren weiter gestiegene finanzielle Abstand zwischen den Kantonen, der durch das bestehende Ausgleichssystem nicht mehr aufgefangen werden konnte. Die Ziele der Reform waren daher, das Gefälle zwischen armen und reichen Kantonen abzumildern und Aufgaben und Finanzierung zwischen Bund und Kantonen zu entflechten. Die 2003 von der Bundesversammlung beschlossene und 2004 vom Volk bestätigte Neugestaltung des Finanzausgleichs und der Aufgabenverteilung zwischen Bund und Kantonen trat Anfang 2008 in Kraft. Das Kürzel NFA steht für „Neuer Finanzausgleich und Aufgabenneuordnung zwischen Bund und Kantonen".

Rechtliche Grundlage ist das Finanz- und Lastenausgleichsgesetz (FiLaG), dessen Ziel die Stärkung der kantonale Finanzautonomie und die Verringerung unterschiedlicher finanzieller Leistungsfähigkeiten und Steuerbelastungen zwischen den Kantonen ist, sowie die Verordnung über den Finanz- und Lastenausgleich (FiLaV). Dabei soll die steuerliche Wettbewerbsfähigkeit der Kantone erhalten bleiben und „übermässige finanzielle Lasten der Kantone auf Grund ihrer geografisch-topografischen oder soziodemografischen Bedingungen" ausgeglichen, sowie ein angemessener interkantonalen Lastenausgleich gewährleistet werden (Art. 2 FiLaG). Alle vier Jahre muss der Bundesrat über die Wirksamkeit des Gesetzes berichten (Wirksamkeitsbericht, Art. 18). Im ersten Wirksamkeitsbericht des Bundesrates für den Zeitraum 2008 bis 2011 wurde kein grundsätzlicher Reformbedarf festgestellt, sondern lediglich eine Unterausstattung der Ressourcen- und Lastenausgleichs, der für die Jahre 2012 bis 2015 korrigiert wurde.

Durch den Ressourcenausgleich, der sowohl eine Umverteilung zwischen den Kantonen als auch eine Zuschusskomponente durch den Bund enthält, sollen „die massgebenden eigenen Ressourcen jedes Kantons pro Einwohnerin oder Einwohner mindestens 85 Prozent des schweizerischen Durchschnitts erreichen" (Art. 6 Abs. 3). Ziel ist also eine finanzielle Grundausstattung der Kantone mit mindestens 85% des kantonalen Durchschnitts. Durch den Ressourcenausgleich soll die Rangfolge der Kantone nicht verändert werden (Abs. 1). Die eigenen Ressourcen eines Kantons berechnen sich aus dem zu versteuernden Einkommen und dem Vermögen der natürlichen Personen sowie der zu versteuernden Gewinne der juristischen Personen (Art. 3 Abs. 2).

Nach Abs. 4 ermittelt der Bundesrat jährlich zusammen mit den Kantonen „das Ressourcenpotenzial jedes Kantons pro Kopf seiner Einwohnerinnen und Einwohner auf Grund der Zahlen der letzten drei verfügbaren Jahre". Liegt das Ressourcenpotenzial pro Kopf eines Kantons über dem schweizerischen Durchschnitt, so gilt der Kanton als ressourcenstark. Liegt es unter dem schweizerischen Durchschnitt, gilt ein Kanton als ressourcenschwach (Abs. 5). Über die Hälfte der Mittel für den Ressourcenausgleich muss vom Bund kommen. Der Beitrag der „ressourcenstarken Kantone an den Ressourcenausgleich beträgt mindestens zwei Drittel und höchstens 80 Prozent der Leistungen des Bundes" (Art. 4). Für 2008 belief sich der Beitrag des Bundes in den Ressourcenausgleich auf knapp 1,8 Mrd. und der der Kantone auf knapp 1,3 Mrd. Franken. Eine Zweckbindung der Mittel besteht nicht.

Der zweite „Topf" ist der Lastenausgleich für topografisch oder demografisch benachteiligte Kantone. Der Beitrag des Bundes (knapp 700 Mill. Franken) in diesem Topf wird mit dem Ausgleich geografisch-topografischer Lasten (Art. 7) und soziodemografischer Lasten (Art. 8) zwischen den Kantonen begründet. In Deutschland entspricht dies etwa den Bundesergänzungszuweisungen auf der vierten Stufe des Länderfinanzausgleichs (vgl. Laufer/Münch 2010: 259). Im Unterschied zu Österreich und Deutschland gibt es sogar die Möglichkeit, die Kantone in bestimmten Aufgabenbereichen zur Zusammenarbeit mit Lastenausgleich zu verpflichten (Art. 10). Auch kann die Bundesversammlung (mit Referendumsvorbehalt) interkantonale Rahmenvereinbarungen oder Verträge für allgemeinverbindlich erklären (Art. 14) oder einzelne Kantone zur Beteiligung an interkantonalen Verträgen verpflichten (Art. 15).

Einen dritten Ausgleichstopf bildet der Härteausgleich, aus dem für eine Übergangszeit von maximal 28 Jahren die durch die NFA schlechter gestellten Kantone kompensiert werden sollen. Nach acht Jahren reduzieren sich die Leistungen jährlich automatisch um 5%. Der Härteausgleich wird zu zwei Dritteln vom Bund und zu einem Drittel von den Kantonen gespeist. Insgesamt hatte der NFA bei seinem Inkrafttreten in 2008 ein Volumen von über 4,1 Milliarden Franken, wovon über drei Milliarden. auf den Ressourcenausgleich entfielen.

Der NFA umfasst aber nicht nur eine Reorganisation des Finanzausgleichs, sondern auch eine Entflechtung der Aufgaben. Er entspricht damit einem deutlichen Schub vom kooperativen Föderalismus (marble cake federalism) zum dualen Föderalismus (layer cake federalism). Von den insgesamt 33 Kompetenztiteln, für die Bund und Kantone bis 2007 gemeinsam zuständig waren, wurden mit dem NFA sieben zugunsten der alleinigen Zuständigkeit des Bundes und 10 zugunsten der Zuständigkeit der Kantone verlagert.

Neu eingeführt wurde auch die Möglichkeit einer verpflichtenden Zusammenarbeit zwischen den Kantonen. Insgesamt wurde die Zahl der Verbundaufgaben von 33 auf 16 Bereiche gesenkt. Bei den verbliebenen Verbundaufgaben liegt „die strategische Führung jeweils beim Bund und die operative bei den Kantonen" (NZZ, 13.8.2011: 23). Allerdings ist umstritten, ob die Schweiz eher dem Typus des kooperativen oder des dualen Föderalismus zuzuordnen ist. Während das institutionelle Vorbild USA und die starke Betonung der Subsidiarität einen dualen Modus nahe legen, sehen Kriesi und Trechsel (2008: 40) einen kooperativen Modus dominieren: „Generally speaking, European federal states, as well as the EU, belong to this type of federalism, which stresses a ‚division of labour' and the functional relationship between the levels of government".

Abb. 2-1: Finanzströme des NFA 2012

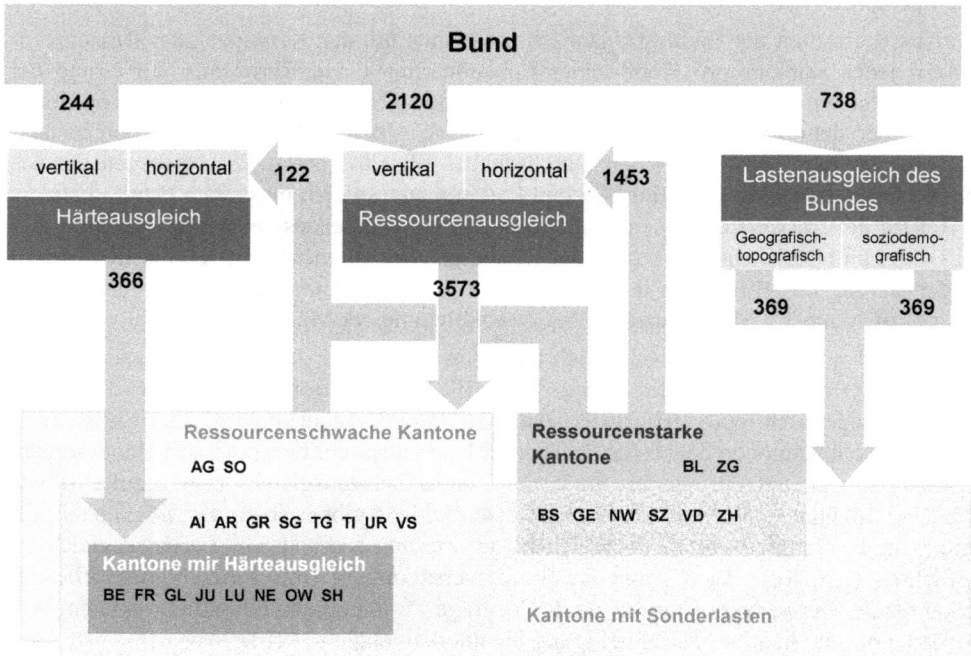

Eine Besonderheit des NFA ist die Regelung, dass bei neun in der BV abschließend genannten Aufgabenbereichen ein kantonsübergreifender Leistungsbezug vorgesehen ist. „Die Aufgabenbereiche sind: Institutionen zur Eingliederung und Betreuung von Menschen mit einer Behinderung, Spitzenmedizin und Spezialkliniken, Kantonale Universitäten, Fachhochschulen, Agglomerationsverkehr, Straf- und Massnahmenvollzug, Kultureinrichtungen von überregionaler Bedeutung (z. B. Theater, Opernhäuser, Bibliotheken, Museen), Abfallanlagen, Abwasseranlagen" (EDF/KdK 2007: 27f.).

Da es sich hierbei sowohl um Verbundaufgaben wie auch um kantonale Aufgaben handelt, wird die durch die NFA beabsichtigte Politikentflechtung partiell wieder zurück genommen. „Wer solche Leistungen in Anspruch nimmt, muss dafür bezahlen. Umgekehrt erhält der Leistungsempfänger Mitsprache- und Mitwirkungsrechte. Die Modalitäten werden in einer interkantonalen Rahmenvereinbarung und in Einzelverträgen geregelt", die von der Bundesversammlung für allgemeinverbindlich erklärt werden können (EDF/KdK 2007: 26).

Tab. 2-13: Entflechtung ehemaliger Verbundaufgaben

Alleinige Zuständigkeit des Bundes	Alleinige Zuständigkeit der Kantone	Verbliebene Verbundaufgaben
Individuelle Leistungen der AHV	Bau- und Betriebsbeiträge an Wohnheime, Werkstätten und Tagesstätten	Prämienverbilligungen Krankenversicherung
Individuelle Leistungen der IV		Soziale Ergänzungsleistungen
Unterstützung der Betagten- und Behindertenorganisationen	Sonderschulung	Ausbildungsbeihilfen im Tertiärbereich
Bau, Betrieb und Unterhalt der Nationalstraßen	Beiträge an Ausbildungsstätten für Fachpersonal der Sozialberufe	Agglomerationsverkehr
Landesverteidigung: Armeematerial und persönliche Ausrüstung sowie kantonale Formationen	Ausbildungsbeihilfen bis und mit Sekundarstufe II	Regionalverkehr; Hauptstraßen
	Turnen und Sport: Freiwilliger Schulsport und Lehrmittelherausgabe	Lärmschutz mit Mineralölsteuermitteln (ohne National- und Hauptstraßen)
Landwirtschaftliche Beratungszentralen	Verkehrstrennung und Niveauübergänge außerhalb von Agglomerationen	Straf- und Massnahmenvollzug
Tierzucht		Amtliche Vermessung
	Verbesserung der Wohnverhältnisse in den Berggebieten	Natur- und Landschaftsschutz, Heimatschutz und Denkmalpflege
	Landwirtschaftliche Beratungsdienste	Hochwasserschutz
		Gewässerschutz
		Landwirtschaftliche Strukturverbesserungen
		Wald; Jagd und Fischerei

Quelle: Eigene Zusammenstellung nach EDF/KdK 2007.

2.2.4 Föderalismus und Demokratie

Föderalismus kann unter mehreren Aspekten mit Demokratieanforderungen konfligieren. Anschaulich argumentiert z.B. Stepan (2011: 198): „I think it is fair to argue that the greater the representation of the less populous states (and therefore the underrepresentation of the more populous states), the greater the demos-constraining potential of the upper house will be". Das Prinzip gleicher Repräsentation für jeden Gliedstaat in der zweiten Kammer ist nach dieser Ansicht demokratiepolitisch nicht notwendig und könnte für multinationale Institutionen, die sich föderal organisieren wollen, falsche Anreize setzen. „Many democratic federations have quite different formulas for constructing their upper house" (ebd.). In Bundesstaaten wie den USA und der Schweiz ist durch die (weitgehende) Stimmengleichheit der

Gliedstaaten in der zweiten Kammer die Disproportionalität von Einwohnerzahlen und ihrer politischen Repräsentation in der zweiten Kammer besonders hoch.

Historisch gesehen ist dies der Preis des Konsenses in der Gründungsphase, der sowohl in der Schweiz als auch in den USA gezahlt wurde. Bei historisch späteren Gründungen ist man denn auch überwiegend von der Stimmengleichheit der Gliedstaaten abgerückt. Dies ist z.B. bei der Vertretung der Länder im Deutschen Bundesrat geschehen. Durch die Begrenzung der Stimmenzahl auf eine Bandbreite von drei bis sechs Stimmen ist aber auch dort keine hohe Proportionalität hergestellt. Das Land mit der geringsten Einwohnerzahl (Bremen) hat immer noch halb so viele Stimmen wie das bevölkerungsreichste Bundesland Nordrhein-Westfalen, welches aber die 13,5-fache Einwohnerzahl hat. Würde bei einer Länderfusion die Beschränkung nach Art. 51 Abs. 2 GG auf drei bis sechs Stimmen je Land beibehalten, würden fusionierenden Länder im Deutschen Bundesrat nach den Analysen von Hiller/Auer (2012) überwiegend mit einem Verlust von Abstimmungsmacht zu rechnen haben. Die Anreize für eine Fusion von Gliedstaaten sind (nicht nur) unter diesem Aspekt gering.

Tab. 2-14: Disproportionalität bei der Vertretung von Gliedstaaten (Stand 2009/10)

	EU	Deutschland	Österreich	Schweiz	USA
Größter (Glied-)Staat Bevölkerung	Deutschland 81.802.257	Nordrhein-Westfalen 17.872.763	Wien 1.698.822	Zürich 1.372.800	Kalifornien 37.352.956
Stimmengewichtung	29 (von 345)	6 (von 69)	11 (von 62)	2 (von 46)	2 (von 100)
Einwohner je Stimme	2.820.767,4	2.978.793,8	154.438,3	686.400	18.676.478
Kleinster (Glied-)Staat Bevölkerung	Malta 412.970	Bremen 661.716	Burgenland 283.965	Appenzell I.Rh. 15.700	Wyoming 563.626
Stimmengewichtung	3	3	3	1	2
Einwohner je Stimme	137.656,6	220.572	94655	15.700	281.813
Disproportionalität	20,5	13,5	1,63	43,7	66,27

Quelle: Eurostat und nationale Statistikämter, eigene Berechnung.

Am geringsten ist das Stimmenungleichgewicht im Fall Österreichs, in dem das größte Bundesland Wien immerhin 11 Stimmen im Bundesrat hat. In der Europäischen Union liegt das Stimmenungleichgewicht zwischen größtem und kleinstem Mitglied im Rat der EU zwischen dem Bundesratsmodell mit Österreich und Deutschland und dem Senatsmodell mit der Schweiz und den USA. Tabelle 2-14 zeigt noch einmal deutlich das Disproportionalitätsproblem bei der Anwendung des Bevölkerungsprinzips auf die vertikale Repräsentation von Gliedstaaten. Dabei ist allerdings zu fragen, ob eine sehr weitgehende Annäherung der Gliedstaatenrepräsentation an die Bevölkerungszahlen die Unterschiede zwischen den Repräsentationsprinzipen von erster und zweiter Kammer nicht verwischen und damit die Legitimationsgrundlage der zweiten Kammer unterlaufen würde.

Aus demokratietheoretischer Perspektive kann die Tatsache als problematisch erscheinen, dass sowohl der Kanton Zürich mit seinen 1,37 Mill. Einwohner (2010) als auch der Kanton Uri mit über 35.000 Einwohnern jeweils von zwei Vertretern im Ständerat repräsentiert werden. Im Vergleich zu Zürich ist Appenzell-Innerrhoden mit 15.700 Einwohnern und nur einem Ständerat etwa 44-mal „besser" repräsentiert. In den USA ist die Disproportionalität bei der Vertretung kleiner und großer Staaten im Senat noch größer. Ein Einwohner Wyomings (563.000) wird etwa 66-mal „besser" im Senat repräsentiert als ein Einwohner Kaliforniens

(35,3 Mill.). Dieser Vergleich impliziert allerdings, dass man die Prinzipen der Repräsentativität und der (relativen) Stimmwertgleichheit, die für die Wahl der ersten Kammer entscheidend sind, auf die zweite Kammer übertragen kann.

Zwar gibt es für die Ständeräte ein „freies Mandat", jedoch werden sie von kantonalen Parteien aufgestellt und in den Kantonen nach Maßgabe kantonalen Rechts gewählt. Sie sind zwar die mächtigen „Abgeordneten der Kantone", brauchen aber auf die kantonale Exekutive und Legislative keine Rücksicht zu nehmen. Für eine Übertragung des Kriteriums der Einwohnerzahl auf die kantonale Repräsentation in der zweiten Kammer spricht auch, dass die Ständeräte mit den Nationalräten der jeweiligen Parteien gemeinsame Fraktionen bilden. Die unterschiedlichen Wahlmodi für die Vertreter der zweiten Kammer (Schweiz und USA: Volk; Österreich: Landtage; Deutschland: Landesregierungen) bleiben bei dieser Überlegung zunächst sekundär. Tabelle 2-15 setzt die Stimmenzahl der Kantone ins Verhältnis zur ständigen Wohnbevölkerung. Auf gesamtschweizerischer Ebene berechnet vertritt ein Ständerat 172.927 Einwohner. Auf kantonaler Ebene ergeben sich erhebliche Abweichungen. 17 Kantone sind im Vergleich zum nationalen Durchschnitt überrepräsentiert und neun Kantone sind unterrepräsentiert.

Tab. 2-15: Repräsentation der kantonalen Bevölkerung im Ständerat

Kanton	Einwohner 2011	Stimmen absolut	Stimmen relativ	Einwohner je Stimme
Appenzell I. Rh.	15743	1	0,021	15743
Uri	35382	2	0,043	17691
Glarus	39217	2	0,043	19608,5
Jura	70542	2	0,043	35271
Obwalden	35885	1	0,021	35885
Schaffhausen	77139	2	0,043	38569,5
Nidwalden	41311	1	0,021	41311
Appenzell A. Rh.	53313	1	0,021	53313
Zug	115104	2	0,043	57552
Schwyz	147904	2	0,043	73952
Neuenburg	173183	2	0,043	86591,5
Graubünden	193388	2	0,043	96694
Thurgau	251973	2	0,043	125986,5
Solothurn	256990	2	0,043	128495
Freiburg	284668	2	0,043	142334
Wallis	317022	2	0,043	158511
Tessin	336943	2	0,043	168471,5
Basel-Stadt	186255	1	0,021	186.255
Luzern	381966	2	0,043	190983
Genf	460534	2	0,043	230267
St. Gallen	483156	2	0,043	241578
Basel-Landschaft	275360	1	0,021	275360
Aargau	618298	2	0,043	309149
Waadt	725944	2	0,043	362972
Bern	985046	2	0,043	492523
Zürich	1392396	2	0,043	696198
Schweiz	7954662	46	1	172927,43

Quelle: BfS, eigene Berechnung.

Eine zweite Variable, die sich auf das Verhältnis von Demokratie und Föderalismus auswirkt, ist die Kompetenzausstattung der zweiten Kammer. Wieder argumentiert Stepan (2011: 199) pointiert: „My proposition is that the greater the competences of the territorial house, the more the demos – which is represented on a one person-one vote basis in the lower house – is constrained. In the United States, the lower house has a somewhat more important role than the Senat in budget initiations, but if one takes into account the Senat's constitutionally exclusive prerogative to advice and consent on judicial, ambassadorial, and major administrative appointments, the two houses come fairly close to policy-making parity". Dieser Aspekt wird für die Schweiz im Kapitel über Bikameralismus ausführlicher behandelt.

Eine weitere Konfliktstelle von Föderalismus und Demokratie kann im Bereich konföderaler Strukturen innerhalb eines Bundesstaates gesehen werden. Im Vergleich zu Deutschland und Österreich ist die horizontale bzw. intergouvernementale Zusammenarbeit der Kantone, also unterhalb der Ebene des Bundes und seiner Institutionen, stärker ausgeprägt und institutionalisiert. Die Verfassungsgrundlage für interkantonale Verträge wie auch für die gemeinsame Einrichtungen und Organisationen ist in Art. 48 BV gelegt.

Sinn und Zweck dieser Optionen ist die Selbstkoordination von Kantonen bei „Aufgaben von regionalem Interesse", wie es in Art. 48 heißt. Allerdings kann sich der Bund im Rahmen seiner Zuständigkeiten daran beteiligen. Art. 48a gibt dem Bund die Möglichkeit, auf Antrag von „interessierten Kantonen" in bestimmten Aufgabenfeldern solche interkantonalen Verträge für allgemein verbindlich zu erklären oder Kantone zur Beteiligung zu verpflichten.

In der Praxis gibt es über 300 solcher interkantonalen Verträge. Zu den interkantonalen Einrichtungen zählen die Interkantonalen Fachdirektorenkonferenzen, bei denen sich die „Minister" der gleichen Fachdepartements der Kantone treffen. Die älteste ist die 1897 gegründete Konferenz der kantonalen Erziehungsdirektoren, die bekanntesten (vermutlich) die der kantonalen Volkswirtschaftsdirektoren (VDK) und die Finanzdirektorenkonferenz. So haben z.B. die Kantone trotz des zunehmenden interkantonalen Steuerwettbewerbs auf einer VDK erklärt, dass sie untereinander nicht aktiv Firmen abwerben wollen, die bereits in der Schweiz ansitzen. Weitere kantonale Konferenzen wurden für die Sozial-, Gesundheits-, Landwirtschafts-, Energie-, Finanz-, Justiz- und Polizei-, Militär- und Zivilschutz-, Verkehrs-, Bau-, Planungs- und Umweltschutzdirektoren eingerichtet. Seit 1993 gibt es die Konferenz der Kantonsregierungen und seit 2008 das „Haus der Kantone" in Bern, das die Sekretariate der interkantonalen Konferenzen aufgenommen hat und als kantonales „Pendant" zum Bundeshaus fungieren soll (Birrer 2007).

Diese horizontalen Strukturen bringen eine staatenbündische, konföderale Dimension innerhalb des Bundesstaats zum Ausdruck. Sie erleichtern aufgrund ihrer flachen Hierarchie zwar die interkantonale Kooperation, haben aber auch mit dem typischen Legitimationsproblem von Staatenbünden, nämlich dem Demokratiedefizit, zu kämpfen (Birrer 2007). Insbesondere wenn eine sehr umfangreiche Beteiligung (fast) aller Kantone an interkantonalen Verträgen praktiziert werde oder bei Entscheidungen der kantonalen Fachdirektoren könne es Demokratieeinbußen geben. Auch die in Art. 48a neu geschaffenen Möglichkeiten der Allgemeinverbindlichkeitserklärung sowie des Beteiligungszwangs für widerstrebende Kantone an interkantonalen Verträgen sind als nicht demokratiefördernd kritisiert worden (ebd.). Diese Einrichtungen des kooperativen Föderalismus unterliegen weder der Kontrolle der Bundesversammlung (bzw. der nationalen Parlamente) noch der der Kantons- (bzw. Länder)parlamente. Sie sind aus der Praxis entstanden, dass die Kantone (bzw. Länder) einerseits einen weiteren Transfer ihrer Souveränität an den Bund verhindern wollen, andererseits aber doch Ungleichheiten zwischen den Kantonen abgebaut werden müssen.

In Österreich findet die intergouvernementale Zusammenarbeit der Bundesländer in Form der Landeshauptleute-Konferenz statt und in Deutschland in Form der Fachministerkonferenzen (vgl. Tab. 2-11). Dies sind ständige Einrichtungen mit in der Regel jährlich wechselndem Vorsitz, in denen die Länder unabhängig vom Bund in dem jeweiligen Politikbereich zusammenarbeiten bzw. sich koordinieren. Die Fachministerkonferenzen haben eigene kleine Bürokratien, die teilweise an den Bundesrat angegliedert sind, teilweise von den gastgebenden Bundesländern eingerichtet werden. Für Beschlüsse ist meist Einstimmigkeit erforderlich. Da eine Verfassungsgrundlage für die Konferenzen und ihre Beschlüsse nicht besteht, haben die Entscheidungen primär politische Bindungswirkung.

In Deutschland gibt es neben der Ministerpräsidentenkonferenz und der bekannteren Kultusministerkonferenz (KMK) und Innenministerkonferenz (IMK) weitere für die Länder-Portfolios Agrar, Arbeit und Sozialpolitik, Bau, Europa, Finanzen, Gesundheit, Gleichstellung, Integration, Jugend und Familien, Justiz, Raumordnung, Sport, Umwelt, Verbraucherschutz, Verkehr, Wirtschaft und Wissenschaft.[2]

2.2.5 Internationaler Vergleich

Vergleichende Föderalismusforschung ist in der Politikwissenschaft vergleichsweise schwach institutionalisiert. Für ein einschlägiges Lehrbuch zu „comparative federalism" muss man auf den angelsächsischen Sprachraum ausweichen (Burgess 2006, Hueglin 2006, Watts 2008). Dies kann daran liegen, dass weltweit wenig mehr als 20 der etwa 200 Staaten föderal organisiert sind. Methodisch wird in Studien meist der paarweise Fallvergleich angewendet. Dies führt dann zur Gegenüberstellung bzw. zum Vergleich zahlreicher Merkmale bzw. Variablen der untersuchten Länder, was in der folgenden Tabelle am Beispiel von Deutschland und der Schweiz dokumentiert wird.

Die Tabelle vergleicht die Ausprägung von Merkmalen in der Schweiz und Deutschland nach sechs Bereichen: Hauptmerkmale, Mitwirkung der Gliedstaaten an der Entscheidung auf nationaler Ebene, die Implementation von Politiken des Zentralstaates, die Finanzbeziehungen, Mehrebenenpolitik und den politischen Kontext. Zu den unterschiedlichen Hauptmerkmalen gehört etwa, dass die Schweiz als dezentralisiert, die Bundesrepublik als unitarisch charakterisiert werden kann.

Weniger Merkmale, dafür mehr Fälle können von Typologien verarbeitet werden. Bei zwei Dimensionen mit jeweils zwei Merkmalen können vier Typen föderaler Staaten gebildet werden. Eine solche Typologie wird im Folgenden aufbauend auf Colino (2010) vorgestellt. Die beiden Merkmalsdimensionen sind die nach innen oder außen gerichtete Entwicklungstendenz und der Grad der Integration. Auf Merkmalsebene lässt sich für erstere eine zentrifugale und zentripetale Tendenz unterscheiden und für letztere ein hohes und niedriges Integrationsniveau. In Anlehnung an Max Weber kann dann z.B. versucht werden, fallübergreifend charakteristische Merkmale zu einem „Idealtyp" zu verdichten und es können Beispielfälle als „Realtypen" zugeordnet werden.

---

[2]   http://www.bundesrat.de/cln_179/nn_8778/DE/gremien-konf/fachministerkonf/fachministerkonf-node.html?__nnn=true [12.02.2013].

Tab. 2-16: Schweizerischer und deutscher Föderalismus im Vergleich

	Deutschland	Schweiz
	Hauptmerkmale	
Grundstruktur	Unitarischer Bundesstaat	Dezentraler Bundesstaat
Hauptinteresse der Gliedstaaten	Kontrolle und Teilhabe am Zentralstaat	Größtmögliche Autonomie, Nicht-Zentralisierung, eigene Politikgestaltung
Erwartete Systemleistung	Herstellung gleichwertiger Lebensverhältnisse	Möglichst große Chancengleichheit der Bürger, Einheitlichkeit in der Vielfalt
	Mitwirkung der Gliedstaaten an Entscheidungen des Zentralstaats	
Exekutive Vertretung der Gliedstaaten in der Gesetzgebung	Länder-Exekutiven im Bundesrat, starke Vetoposition für zustimmungspflichtige Vorlagen	Anhörung im vorparlamentarischen Verfahren, starke Voice, aber schwaches Veto
Parlamentarische Vertretung	Keine, aufgrund „Exekutivföderalismus"	Keine, aufgrund der Direktwahl der Ständeräte
Direktdemokratische Mitwirkung	Teilweise auf Länder- und Gemeindeebene	Ständemehr erforderlich für Verfassungsänderung, Veto
	Implementation von Politiken des Zentralstaats	
Umsetzung der Bundespolitik	Abhängig von Ländern	Starke Abhängigkeit von Kantonen
Charakteristiken der Umsetzung	Formalisierungsgrad hoch, Berechenbarkeit, Vollzug durch Regulierung hoch, wenig Anreize für dezentrale Innovation	Formalisierungsgrad niedrig, Berechenbarkeit gering, abhängig von politischer Konsenskonstellation, „laboratory federalism"
	Finanzen	
Fiskalstruktur Input	Hoher Anteil an Gemeinschaftssteuern, geringer fiskalischer Wettbewerb	Nicht-zentralisiertes Steuersystem, Wettbewerb auf Kantons- wie Gemeindeebene
Fiskalstruktur Output	Finanzausgleich auf über 90% des Länderdurchschnitts	Finanzausgleich auf mind. 85% des kantonalen Durchschnitts
	Mehrebenenpolitik	
Vergangenheitstrend	Verflechtung zunehmend	Verflechtung zunehmend
Programminstrumente	Gemeinschaftsaufgaben, konkurrierende Gesetzgebung	Funktionsteilung: Gesetzgebung Bund, Vollzug Kantone. Rahmengesetzgebung
	Politischer Kontext	
Machtbildung	Konkurrenzsystem	Machtteilung auf allen Ebenen
Parteiensystem	Stark, zentralisiert	Schwach, fragmentiert

Quelle: Nach Linder 2007: 5f.; eigene Anpassung.

Im subsidiären oder dualen Föderalismus schließen sich autonome Gliedstaaten zu einem Bundesstaat zusammen, um von den Vorteilen eines solchen Zusammenschlusses zu profitieren. Die Position der Gliedstaaten bleibt stark, gemeinsame (regionale) Problemlagen werden häufig durch intergouvernementale Zusammenarbeit gelöst, um eine weitere Zentralisierung auf Bundesebene zu vermeiden. Neben der Schweiz passen die USA und Australien zu diesem Typus.

Im unitarischen Föderalismus ist die Position der Gliedstaaten deutlich schwächer, was sich etwa in einem asymmetrischen Bikameralismus ausdrückt. Verfassungsrechtliche Normen wie die „Herstellung gleichwertiger Lebensverhältnisse im Bundesgebiet oder die Wahrung der Rechts- und Wirtschaftseinheit im gesamtstaatlichen Interesse" (Art. 72 II GG), spielen eine wichtige Rolle in diesem Typus. Eine kulturelle Homogenität und Konsensorientierung sowie ein Verhältniswahlrecht sind weitere typische Merkmale. Die Orientierung an parteipolitischen Differenzen überlagert oft die regionalen Interessenunterschiede. Beispiele für diesen Typus sind Deutschland, Österreich, Südafrika und teilweise Spanien (Colino 2010).

Tab. 2-17: Föderalismus-Typologie nach Grad der Integration und Zentripetalität

		Integration	
		Hoch	Niedrig
Tendenz	Zentripetal	Österreich, Deutschland [besonders in den 1960/70er Jahren] Idealtyp: **Unitarischer** Bundesstaat	Schweiz, USA, [Australien, Brasilien] Idealtyp: **Subsidiärer**, intergouvernementaler Bundesstaat
	Zentrifugal	UK, Spanien, Italien Idealtyp: **Devolution** Dezentralisierender, akkommodierender Einheitsstaat	Belgien, [Kanada] Idealtyp: **Segmentierter** Bundesstaat [Sprachen, Regionen]

Quelle: Eigene Zusammenstellung nach Colino 2010: 24.

Im segmentierten Föderalismus treffen unterschiedliche kulturelle Identitäten aufeinander, von denen häufig eine majoritär ist. Der gemeinsame Bundesstaat kann durch Intensivierung konföderaler Strukturen oder durch Föderalisierung vormaliger Einheitsstaaten entstehen. Politische und kulturelle Autonomie der Gliedstaaten spielt eine große Rolle. Während die Bundesebene schwach bleibt, spielt die horizontale bzw. intergouvernementale Ebene eine wichtige Rolle. Im Unterschied zum unitarischen Föderalismus überlagern territoriale Identitäten häufig parteipolitische Konfliktlinien. Beispiele sind Kanada und Belgien (ebd.).

Der von Colino (2010) als „accommodation federalism" bezeichnete Typ wird im Folgenden als Devolution übernommen. Dieser Typ entsteht aus Einheitsstaaten mit einer gewissen kulturellen Heterogenität bei gleichzeitigem Überwiegen der Gemeinsamkeiten. Da die Autonomiebestrebungen der Regionen häufig unterschiedlich stark ausgeprägt sind, werden im unterschiedlichen Ausmaß Autonomierechte übertragen. Dies kann zur Entstehung von asymmetrischem oder „unechtem" Föderalismus führen. Der Bikameralismus ist in der Regel asymmetrisch, d.h. die zweite hat deutlich weniger Rechte als die erste Kammer. Beispiele sind das Vereinigte Königreich, Spanien und Indien (Colino 2010).

Mit Föderalismus-Typologien können deutlich mehr Fälle kontrastiert werden als durch paarweisen Fallvergleich. Es ist jedoch noch keine quantitative Skalierung der Fälle möglich. Dazu werden Föderalismus- oder Dezentralierungsindices gebraucht. Einen einfachen quantitativen „Föderalismus-Index" stellt der Quotient aus der Einwohnerzahl (in Mio.) dividiert durch die Zahl der Gliedstaaten dar. Der Quotient gibt den Bevölkerungsdurchschnitt je Gliedstaat an und ist ein einfacher Indikator über das Ausmaß der Fragmentierung eines Bundesstaates im Hinblick auf die Bevölkerungsgröße. Mit durchschnittlich 0,3 Millionen Einwohnern je Gliedstaat ist die Schweiz von den ausgewählten Ländern am stärksten föderalistisch fragmentiert, gefolgt von Österreich, Argentinien und Spanien (das mit seinen autonomen Regionen allerdings kein „echter" Bundesstaat ist).

Tab. 2-18: Föderalismus-Quotient

	Einwohner 2010	Anzahl Gliedstaaten	Quotient (in Mio.)
Schweiz	7.822.299	26	0,3
Österreich	8.387.742	9	0,931
Argentinien	40.518.425	23	1,761
Spanien	46.072.830	17	2,71
Kanada	34.108.750	10	3,41
Mexiko	108.396.200	31	3,496
Belgien	10.839.905	3	3,613
Australien	22.342.000	6	3,723
Deutschland	81.802.257	16	5,112
United States	309.050.800	50	6,181
Brasilien	190.755.799	26	7,336
Indien	1.190.520.000	28	42,518

Quelle: Eurostat, OECD, eigene Berechnung.

Eine einfache bivariate Korrelation der Einwohnerzahl von 2010 mit der Zahl der Gliedstaaten aus obiger Tabelle macht einen hochsignifikanten Zusammenhang deutlich. Beide Variablen korrelieren nach Pearson mit einem Koeffizienten von ,832 (Sig. ,001; N = 11). Das heißt, dass unter Auslassung von Ausreißern (Indien) ein sehr deutlicher linearer Zusammenhang von der Größe der Bevölkerungszahl und der Anzahl der Gliedstaaten existiert – zumindest für das oben aufgeführte Sample.

Tab. 2-19: Föderalismus-/Dezentralisierungsindex

Code	Bezeichnung	Beispiele
1	Unitarisch und zentralisiert	Griechenland, Irland, Portugal, UK;
		1,2: Frankreich; 1,3: Italien
2	Unitarisch und dezentralisiert	Dänemark, Finnland, Japan, Norwegen, Schweden
3	Semi-föderal	Israel, Niederlande, Papua-Neuguinea, Spanien;
		3,1: Belgien vor 1993
4	Föderal und zentralisiert	Venezuela;
		4,5: Österreich, Indien
5	Föderal und dezentralisiert	Australien, Belgien (nach 1993), Kanada, Deutschland, Schweiz, USA

Quelle: Lijphart 1999: 189.

Ein anspruchsvollerer Föderalismus-Index liegt von Lijphart (1999) vor, der allerdings auch die unitarisch organisierten Staaten umfasst und folglich auch als Unitarismus- oder Dezentralisierungs-Index angewendet wird. Lijphart unterscheidet mit zwei Merkmalsdimensionen (unitarisch/föderal und zentralisiert/dezentralisiert) fünf Abstufungen, wobei das Merkmal „föderal" (Stufe 4 und 5) an einer bundesstaatlichen Verfassung zu erkennen ist. Semiföderal der Stufe 3 meint ursprünglich nicht föderale Staaten wie Spanien und Belgien vor 1993 und „soziologisch föderale" Staaten (Dahl) wie die Niederlande und Israel (Lijphart 1999: 191). In diesem Index erreicht die Schweiz mit 5 den höchsten Wert.

Föderalismus ist aber nicht nur eine Frage der Aufteilung von Souveränität bzw. Kompetenzen und Aufgaben, sondern auch von Einnahmen und Ausgaben. Diese Dimension wird als Fiskalföderalismus bezeichnet. Kennzeichen föderaler Staaten ist ja, dass die Gliedstaaten auch eigene Steuerkompetenzen haben, also ihre Ausgaben nicht nur durch Zuweisungen des Bundes bestreiten müssen. Der Anteil der Einnahmen und Ausgaben der Gliedstaaten muss aufgrund horizontaler und vertikaler Umverteilung (Finanzausgleich) nicht identisch sein. Häufig wird der Grad der Ausgabendezentralisierung als Indikator für exekutive Dezentralisierung insgesamt verwendet. Dazu wird der (akkumulierte) Anteil der unteren Ebenen (Gliedstaaten, Gemeinden und ggf. Provinzen) einschließlich der kommunalen Ebene an den Staatsausgaben insgesamt berechnet. In Bundessstaaten kann dieser Anteil auf über 50% (Schweiz) oder über 60% (Kanada) ansteigen, während er in Einheitsstaaten meist deutlich niedriger ist. Allerdings sind die Ausgabenanteile der subnationalen Ebene in den nordischen Zentralstaaten Dänemark, Schweden und Finnland deutlich höher als die Anteile in den Bundesstaaten Österreich und Deutschland.

Man kann das Ausgabenvolumen dann ins Verhältnis zu den Gesamtausgaben des Staates oder zum BIP setzen. In 2010 kommen die Ausgaben der Schweizer Kantone und Gemeinden auf einen Anteil von ca. 21% des BIP, ebenso die deutschen Länder und Kommunen. In Österreich summieren sich die Ausgaben subnationaler Einheiten auf 18%, in Belgien auf 22% und in Spanien auf 24%. Weit größere Unterschiede gibt es bei einheitsstaatlich organisierten Ländern. Hier liegt der Ausgabenanteil z.B. in Griechenland knapp 3% des BIP, in Frankreich bei knapp 12%, Italien 16%, Schweden 25% und Dänemark 37% (Stand 2010, OECD).

Bei den Einnahmen subnationaler Einheiten muss unterschieden werden zwischen zentralstaatlichen Zuweisungen und eigener Steuererhebung. Müssen die Gliedstaaten und Kommunen ihre Ausgaben weitgehend aus eigenem Steueraufkommen finanzieren, führt dies meist zu einer solideren Finanz- und Wirtschaftspolitik. Müssen sie einen größeren Teil der Ausgaben aus Finanzzuweisungen decken, können falsche Anreize schnell zu rent-seeking und reduziertem Wettbewerb führen. Unter Umständen kann es nämlich für Gliedstaaten oder Kommunen rationaler sein, Lobbying für Finanzzuweisungen zu betreiben statt die eigene Steuerbasis zu verbessern oder Ausgaben zu kürzen.

Schließlich gibt es einige ordinalskalierte Dezentralisierungsvariablen in der Database of Political Institutions (DPI) der Weltbank (http://go.worldbank.org/2EAGGLRZ40). Darunter geben z.B. die Variablen STATE, AUTHOR und STCONST Aufschluss über den Grad der Föderalisierung in einem (Bundes)Staat. Allerdings sind die beiden letzten Variablen nur dichotom codiert. STATE gibt Auskunft darüber, ob die Regierungen der Gliedstaaten oder Provinzen (höchste subnationale Ebene) direkt von der Bevölkerung oder einer Legislative gewählt werden. Die Variable AUTHOR gibt an, ob die Region eigene Kompetenzen zur Steuerhebung, Ausgaben oder Rechtssetzung hat. Wenn eines dieser drei Kriterien zutrifft, wird die Variable mit einer eins codiert. Schließlich gibt die Variable STCONST Auskunft, ob die Senatoren bzw. Mitglieder der zweiten Kammer in ihren Gliedstaaten bzw. Provinzen gewählt werden oder auf nationaler Ebene gewählt oder ernannt werden. Diese Variablen können für (einfache) internationale Vergleiche hilfreich sein.

2.3   Direkte Demokratie

2.3.1   Wozu direkte Demokratie?

Im Unterschied zur repräsentativen Demokratie ermöglicht direkte Demokratie zusätzliche Formen der Machtteilung und Machtkontrolle, bei der die wahlberechtigten Bürger Möglichkeiten zur direkten Letztentscheidung von Sachfragen haben. Die Direktwahl von Personen in Ämter (z.B. Präsidenten, Bürgermeister) bzw. deren Abwahl (recall) ist in dieser engen Definition nicht enthalten; sie gilt (da nicht sachunmittelbar) als Element repräsentativer Demokratie (Schiller 2002). Aufgrund der Kombination von direktdemokratischen und repräsentativen Herrschaftselementen wird das politische System der Schweiz auch als halbdirekte Demokratie charakterisiert (Linder 2010a: 98).

Direkte Demokratie hat für das politische System der Schweiz eine Veto- und eine Agenda-Setting-Funktion. Sie ist Oppositions- und Kontrollinstrument des Volkes, das der mächtigste Vetospieler im politischen System der Schweiz ist. Direkte Demokratie ist ein Markenzeichen der Schweiz und trägt zur „Erhabenheit" der schweizerischen Demokratie bei. In ideengeschichtlicher Perspektive ist sie auch Ausdruck eines identitären, republikanischen Politikverständnisses in der Tradition des Genfer Sozialphilosophen Jean-Jacques Rousseau (1712-1778), dem eine misstrauische Haltung gegenüber den Organen der repräsentativen Demokratie bzw. der „politischen Klasse" entspricht (Linder 2010a: 97).

Der historische Ursprung direkter Demokratie ist im antiken Griechenland zu finden, genauer in der Athenischen Polis seit den Kleisthenischen Reformen um 509/8 v. Chr. Dabei wurde der Einfluss des Adels und des von ihm dominierten Areopag, des adeligen „Oberhauses" der antiken Polis, durch die Volksversammlungen zunehmend zurückgedrängt und wesentliche Entscheidungen von den Volksversammlungen getroffen (Martin 1995). Demokratie war dabei kein Selbstzweck, sondern Mittel zum Zweck für ein auf seine Flotte gestütztes, ‚imperiales' Athen. (ebd.: 209). Die Macht der Stadt ließ sich durch die relativ offene Herrschaftsform der Demokratie einfach besser erhalten als unter tyrannischen und monarchischen Herrschaftsformen.

Da es noch keine repräsentativ-demokratischen Institutionen gab, fehlte auch noch das Selbstverständnis als „direkte" Demokratie. Dies entstand erst mit der Einführung von Institutionen delegativer, stellvertretender Entscheidungsfindung in der Moderne. Das Gros der Entscheidungen wurde sukzessive von absolutistischen und feudalistischen Strukturen auf demokratisch legitimierte Repräsentationsorgane verlagert. Teilweise erfolgte der Übergang auch direkt von akephalen Gesellschaftsstrukturen wie der Versammlungsdemokratie zu den Formen der halbdirekten Demokratie. Die Formen direkter Demokratie bildeten sich in diesem Prozess als Ergänzung repräsentativer Herrschaftsformen aus (Schiller 2002). Sie werden inzwischen allgemein als Korrektur- und Ergänzungsmechanismen repräsentativer Institutionen verstanden, nicht als eine grundsätzliche Alternative (ebd.). Das zeigt sich z.B. auch in der ungleichen Verbreitung direktdemokratischer Beteiligungsformen im internationalen Vergleich (Kap. 2.3.4).

Die beiden Grundformen direkter Demokratie als Landsgemeinde und als Abstimmung über Sachvorlagen haben sich auf kantonaler Ebene bereits in der ersten Hälfte des 19. Jahrhunderts vor der Gründung des Bundesstaates herausgebildet und sind von einem republikanischen Demokratie- und Souveränitätsverständnis geprägt. Dabei sind insbesondere J.J. Rousseau und die direktdemokratisch geprägte Französische Verfassung von 1793 wichtige Impulsgeber gewesen. Linder (2010a: 95) formuliert prägnant: „Democracy was imposed by Napoleon, not invented in old Switzerland". Sie traf in der Schweiz aber auf ein ausgeprägtes Misstrauen der Protagonisten der Demokratisierung gegenüber politischen Eliten, so dass die Forderung nach vollständiger Demokratisierung des Entscheidungsprozesses auf fruchtbaren Boden fiel. Dies geschah zunächst in Form der Landsgemeinde, später durch die Instrumente der direkten Demokratie. Die Landsgemeinde, als kantonale Versammlung der wahl- und abstimmungsberechtigten Bevölkerung, wird gegenwärtig nur noch in den Kantonen Appenzell Innerrhoden und Glarus praktiziert.

Ausgangspukt für Rousseau (wie zuvor für Hobbes und später für Kant) ist die Idee einer vertragstheoretisch konstituierten Volkssouveränität als Grundlage eines non-delegativen Republikanismus. Im vermutlich bekanntesten Werk Rousseaus, dem Gesellschaftsvertrag von 1762, ergibt sich die Herrschaftslegitimation aus der Wiederherstellung von Freiheit und Gleichheit für alle durch einen umfassenden Gesellschaftsvertrag, aus dem sich notwendigerweise das Verbot von Sonderwillen (z.B. Parteien) ableitet, deren Ziel es ist, Vorteile auf Kosten anderer Gruppen oder nicht organisierter Interessen zu erringen. „Die Gesetzgeber müssen als republikanische Gemeinschaft mit sich selbst als Adressaten ihrer Gesetzgebung identisch sein" (Schiller 2002: 27). Repräsentativorgane sind für Rousseau untrennbar mit der Gefahr verbunden, den Allgemeinwillen zu verfehlen. „Die Souveränität darf daher nicht an Repräsentanten abgegeben werden, sondern muss beim Volk selbst verbleiben" (ebd.). Von der Ebene der Willensbildung ist die Ebene der Ausführung zu unterscheiden. Hier sieht Rousseau einen gewissen Spielraum bei der Ausgestaltung der Exekutivorgane des Gemeinwillens. Allerdings sind die Behörden bei Rousseau wiederum streng an diesen Gemeinwillen zu binden. „Wie bei diesem Gebrauch der Volkssouveränität verfahren werden soll, hat Rousseau allerdings nicht allzu detailliert ausgearbeitet" (ebd.: 28). Ein Ermessensspielraum der Exekutive oder ein freies Abgeordnetenmandat sind mit Rousseaus Vorstellungen aber nicht kompatibel.

> **Jean-Jacques Rousseau** (1712–1778), Genfer Philosoph und Pädagoge, Begründer der identitären Demokratietheorie. Rousseaus demokratischer Kontraktualismus entstand in Abgrenzung zum Hobbes'schen Unterwerfungsvertrag. Während bei Hobbes ein künstlicher Mensch (Leviathan) im Zentrum der Macht steht, mit dessen Hilfe die niederen Strebung des Menschen, der Krieg aller gegen alle ultimativ überwunden wird, setzt Rousseau beim Menschenbild des „edlen Wilden" an, der durch Eintritt in den homogenistischen Gesellschaftsvertrag das natürliche Streben bzw. die natürliche Freiheit des Menschen auf einer zivilisatorisch höheren Ebene als gesellschaftlichen „Gemeinwillen" wieder herstellt.

In diesem Prozess der Realisierung des Gemeinwillens sind Parteien und Interessengruppen, Eigentumsunterschiede und moderne Arbeitsteilung nur hinderlich. Individuelle und soziale Rechte wie Freiheits- und Minderheitenrechte (z.B. bei John Locke) stehen im Verdacht, Ausdruck eines separatistischen Sonderwillens zu sein und sind folglich zu vermeiden. Deutlich zeichnet sich bereits bei Rousseau die moderne Spannung zwischen republikanischem Souveränitätsanspruch und liberalem Rechtsschutzparadigma ab.

Rousseaus non-delegative Demokratietheorie ist aber weit mehr als eine Sackgasse der Ideengeschichte. Die republikanische Idee einer Gründung politischer Ordnung aus sich selbst heraus hat in den Gründungsrevolutionen der USA, Frankreichs und in der modernen Verfassungsgebung der Schweiz ganz unterschiedliche Formen angenommen. Demgegenüber ging es dem Liberalismus (z.B. in Großbritannien) stärker um die Begrenzung und Teilung bestehender Macht- und Herrschaftsformen. Die Entstehung der modernen Schweiz mit ihrer halbdirekten Demokratie stellt einen gelungenen Ausgleich von revolutionär-republikanischer Neugründung und evolutionär-liberaler Umgestaltung bestehender Herrschaftsformen dar.

Zum republikanisch-rousseauistischen Hintergrund der direkten Demokratie passt ein gewisses Muster parteipolitischer Präferenzen bei der Nutzung der Instrumente. Kriesi/Trechsel (2008: 59) haben bis in die 1990er Jahren eine Präferenz des politischen Spektrums links der Mitte für die Varianten der direkten Demokratie beobachtet. Erst in den 1990er Jahren hat sich dieses Muster aufgelöst, als auch konservative Gruppierungen, insb. die SVP, die Möglichkeit der stärkeren Nutzung direktdemokratischer Instrumente für ihre Ziele entdeckt haben. Aus historischer Perspektive haben aber auch die Katholisch-Konservativen seit der Verfassungsreform 1874 die neuen Möglichkeiten intensiv genutzt, ehe sie 1891 erstmals einen Bundesrat stellten.

Tab. 2-20: Einführung direktdemokratischer Instrumente auf Bundesebene

Datum	Erfolgreiche (und gescheiterte) Anläufe zur Einführung direktdemokratischer Instrumente auf Bundesebene
12.09.1848	Inkrafttreten der ersten Bundesverfassung: Obligatorisches Referendum.
12.05.1872	Totalrevision der Verfassung an obligatorischem Referendum gescheitert.
19.04.1874	Totalrevision der Bundesverfassung: Einführung des fakultativen Gesetzesreferendums.
05.07.1891	Einführung des Initiativrechts (Volksinitiative) zur teilweisen Änderung der Verfassung (Partialrevision). Bundesversammlung erhält die Kompetenz, einen (direkten) Gegenvorschlag zu formulieren.
30.01.1921	Einführung des fakultativen Staatsvertragsreferendums (durch Volksinitiative) für unbefristete oder für eine Dauer von mehr als 15 Jahren abgeschlossenen Staatsverträge
11.09.1949	Einführung des resolutiven (auflösenden) Referendums als Reaktion auf das „Vollmachten-Regime" des Bundesrates. Demnach kann ein fakultatives Referendum für als dringlich erklärte Bundesgesetze verlangt werden. Findet das Gesetz keine Mehrheit im Volk, tritt es nach einem Jahr wieder außer Kraft (Art. 165 BV).
26.10.1961	Einführung der Gesetzesinitiative auf Bundesebene gescheitert
13.03.1977	Einführung des fakultativen Referendums bei internationalen Abkommen, die einen Beitritt zu einer internationalen Organisation nach sich ziehen oder eine multilaterale Rechtsanpassung zur Folge haben.
	Obligatorisches Referendum für den Beitritt zu Organisationen der kollektiven Sicherheit und zu supranationalen Gemeinschaften.
18.04.1999	Totalrevision der Bundesverfassung.
09.02.2003	Einführung der allgemeinen Volksinitiative („allgemeine Anregung" des Volkes, gültig bis 2009) sowie Erweiterung des Staatsvertragsreferendums. Letzteres umfasst alle Staatsverträge mit wichtigen rechtsetzenden Bestimmungen oder solche, deren Umsetzung den Erlass von Bundesgesetzen erfordert. Gegenvorschlag des Parlaments zur „allgemeinen Anregung" möglich.
19.12.2008	Aufhebung der allgemeinen Volksinitiative durch das Parlament (Volk: 27.09.2009)

Quelle: Eigene Zusammenstellung nach www.bfs.admin.ch/bfs/portal/de/index/themen/17/03/blank/data/02.html

Das auf kantonaler Ebene bereits früher bekannte obligatorische Referendum fand 1848 – neben der Volksinitiative auf Totalrevision der Verfassung – Eingang in die Bundesverfassung. Bereits mit den liberalen Reformen der 1830er Jahre wurde in den meisten Kantonen das obligatorische Verfassungsreferendum eingeführt, „in einigen Kantonen auch die Volksinitiative für Totalrevisionen der Verfassung, sowie das fakultative Gesetzesreferendum als Ersatz der Landsgemeinde" (Schiller 2002: 23). 1874 wurde das fakultative Gesetzesreferendum ergänzt und 1891 die Volksinitiative auf Partialrevision der Bundesverfassung.

Die Institutionalisierung der Volksrechte erfolgte also in mehreren Phasen, angetrieben von einer zunehmenden Pluralisierung des politischen Spektrums und einer Unzufriedenheit mit oligarchischen Tendenzen der regierenden (liberalen) Eliten. 1921 wurde das Staatsvertragsreferendum eingeführt und 1977 wurden fakultatives und obligatorisches Referendum für den Fall des Beitritts zu internationalen Organisationen bzw. Gemeinschaften eingeführt. Von 2003 bis 2009 gab es die Möglichkeit einer „allgemeinen Anregung" in Form einer Volksinitiative (vgl. Tab. 2-20).

2.3.2   Die Instrumente

Die Bevölkerung der Schweiz hat im internationalen Vergleich die meisten Mitbestimmungsrechte am politischen Geschehen, von denen sie auch am intensivsten Gebrauch macht. Nach der Bundesverfassung ist das Volk – neben den Kantonen – der oberste Souverän des Landes. Welche Instrumente direkter Demokratie stehen ihm auf Bundesebene zur Verfügung? Die Instrumente der direkten Demokratie lassen sich in zwei Gruppen einteilen, die Initiativ- und die Referendumsrechte. Bei den Initiativrechten gibt es die Volksinitiative auf eine Teil- oder Totalrevision der Verfassung und von 2003 bis 2008 die allgemeine Volksinitiative, in der Gruppe der Referendumsrechte das fakultative und das obligatorische Referendum (auch Gesetzesreferendum).

Während die erste Gruppe primär Gestaltungs- bzw. Initiativfunktionen hat, können mit den Referendumsrechten Veto- bzw. Blockademöglichkeiten ausgeübt werden. Im Unterschied zu den Kantonen gibt es auf Bundesebene keine Gesetzesinitiative. Die Initiativfunktion ist exklusiv an eine Änderung bestimmter Verfassungsartikel gekoppelt (Partialrevision). Auch ein Finanzreferendum, also die Möglichkeit der Abstimmung über einzelne Haushaltsposten wie etwa Kreditaufnahmen oder Investitionen, existiert im Unterschied zu den Kantonen auf Bundesebene nicht.

Nach Art. 138 und 139 BV können 100 000 Stimmberechtigte bis zu 18 Monate nach der amtlichen Veröffentlichung der Initiative eine Totalrevision oder eine Teilrevision der Bundesverfassung vorschlagen, die dann dem Volk zur Abstimmung vorgelegt werden muss. Bei der Teilrevision wird noch einmal unterschieden zwischen einer „allgemeinen Anregung" und einem ausgearbeiteten Entwurf. Wird eine Initiative als allgemeine Anregung gestartet, kann die Bundesversammlung, wenn sie das Anliegen für sinnvoll hält, Volk und Ständen bereits eine eigene Ausarbeitung eines Verfassungsartikels zur Abstimmung vorlegen. Unterstützt sie die Initiative nicht, so wird zunächst nur die allgemeine Anregung zur Abstimmung vorgelegt und erst bei Annahme mit der Ausarbeitung begonnen.

Nach Art. 139 Abs. 3 BV kann die Bundesversammlung eine Initiative zur Teilrevision für ganz oder teilweise ungültig erklären, wenn diese „die Einheit der Form, die Einheit der Materie oder zwingende Bestimmungen des Völkerrechts" verletzt. Gibt es diesbezüglich keine Einwände, so muss die Bundesversammlung die Initiative zur Abstimmung stellen und kann eine Empfehlung zur Annahme oder Ablehnung abgeben. Sie kann der Initiative auch einen Gegenentwurf gegenüberstellen. Nach Art. 139b wird in diesem Fall über beide Vorschläge gleichzeitig abgestimmt und die Abstimmenden können beiden Vorlagen zustimmen („doppeltes Ja"). Für den Fall, dass beide Vorlagen angenommen werden, können sie zusätzlich in einer Stichfrage angeben, welcher sie den Vorzug geben. „Erzielt bei angenommenen Verfassungsänderungen in der Stichfrage die eine Vorlage mehr Volks- und die andere mehr Standesstimmen, so tritt die Vorlage in Kraft, bei welcher der prozentuale Anteil der Volksstimmen und der prozentuale Anteil der Standesstimmen in der Stichfrage die grössere Summe ergeben" (Art. 139b Abs. 3).

Volksinitiative: Um einen Volksentscheid über eine Teiländerung der Verfassung herbei zu führen, müssen innerhalb der Sammelfrist von 18 Monaten nach Publikation der Initiative 100.000 Unterschriften von Stimmberechtigten für das Anliegen gesammelt werden. Die Initiative enthält bereits einen ausformulierten Text als Ergänzung oder Veränderung bestehender Verfassungsartikel. Regierung und Parlament können auf den Wortlaut der beantragten Änderung keinen Einfluss mehr nehmen, aber die Regierung kann einen (genehmeren) Gegenvorschlag ausarbeiten und als Alternative mit zur Abstimmung vorlegen. Das Parlament kann eine Empfehlung zur Annahme oder Ablehnung der Volksinitiative aussprechen. Seit 1987 kann für beide Vorschläge (von Volk und Regierung) mit Ja gestimmt werden („doppeltes Ja"). Mit einer Stichfrage wird dann ermittelt, welcher Vorschlag in Kraft treten soll, falls beide Vorschläge die erforderliche Mehrheit erreichen.

Für eine Annahme ist neben der Mehrheit der landesweit gültigen Stimmen auch eine Mehrheit der Kantone erforderlich (sog. „doppelte Mehrheit"). Häufiger als an der ersten (landesweiten) Mehrheit scheitern Initiativen am „Ständemehr", der erforderlichen Mehrheit zustimmender Kantone. Kleine Kantone haben hierbei eine vergleichsweise große Vetomacht, da ihre Zustimmung genauso viel zählt wie die der bevölkerungsreichen Kantone (zur demokratietheoretischen Problematik vgl. Kap. 2.2.4).

Wie beim obligatorischen Referendum gilt bei der Volksinitiative das Prinzip der doppelten Mehrheit. Das „Volksmehr" verlangt die Mehrheit der gültigen Stimmen im ganzen Land, das „Ständemehr" verlangt eine Mehrheit der Kantone, in denen die Initiative oder das Referendum auf Zustimmung gestoßen ist. In der Praxis scheitern die meisten Initiativen, die zuvor zwar noch das Unterschriftenquorum übersprungen haben, bei der Abstimmung. Seit der Einführung der Initiativrechts 1891 bis 2010 sind nur 15 von mehr als 200 Initiativen angenommen worden. Allerdings fällt eine Häufung der Initiativtätigkeit seit den 1980er Jahren auf (vgl. Tab. 2-22).

Im Vergleich zu anderen Ländern hat die Volksinitiative dazu geführt, dass die Schweizer Verfassung einige sehr detaillierte Regelungen enthält, die in anderen Ländern üblicherweise einfachgesetzlich geregelt werden. Die Initiative auf Partialrevision der Verfassung ist aber der einzige Weg, bestimmte Themen auf Bundesebene erfolgreich auf die politische Agenda zu setzten, die im parlamentarischen Betrieb keine Chance haben (z.B. das Minarettverbot im November 2009). Im Unterschied zur Bundesebene gibt es auf Kantonsebene die Möglichkeit, auch einfache Gesetze anzustoßen. Auf Bundesebene ist die Einführung von Gesetzesinitiativen bisher zweimal gescheitert (1872 und 1961).

Wenn die Volksinitiative das Gaspedal der Gesetzgebung ist, dann ist das Referendum die Bremse (vgl. Linder 2010a: 103). Es gibt der Bevölkerung das Recht, Parlamentsgesetze nach ihrer Verabschiedung doch noch zu Fall zu bringen. Dazu stehen dem Volk zwei Varianten des Referendums zur Verfügung: Das obligatorische und das fakultative Referendum.

Beim obligatorischen Referendum ist in der Verfassung aufgeführt, welche Gesetzesmaterien und Sachfragen zwingend einer Volksabstimmung bedürfen. Volk und Stände müssen demnach zur Abstimmung gerufen werden bei Änderungen der Bundesverfassung, dem Beitritt zu Organisationen für kollektive Sicherheit und supranationalen Gemeinschaften sowie bei dringlichen Bundesgesetzen, „die keine Verfassungsgrundlage haben und deren Geltungsdauer ein Jahr übersteigt" (Art. 165 BV). Lediglich die einfache Mehrheit des Volkes ist notwendig bei Initiativen auf Totalrevision der Bundesverfassung, auf Teilrevision in Form einer allgemeinen Anregung, die von der Bundesversammlung abgelehnt worden ist und bei Uneinigkeit der beiden Räte im Hinblick auf ein mögliche Totalrevision der Bundesverfassung (Art. 140 Abs. 2 BV).

Tab. 2-21: Direktdemokratische Instrumente im Überblick

	Verfassung	Quorum	Volk	Stände
Volksinitiative auf Totalrevision der BV	Art. 138	100.000 in 18 Monaten	Ja	Nein
Volksinitiative auf Teilrevision der BV				
- Formulierte Initiative	Art. 139 (neu)	100.000 in 18 Monaten	Ja	Ja
- allgemeine Anregung (2003-2009)				
	Art. 139 (alt)	100.000	Ja	Ja
Obligatorisches Referendum	Art. 140	Nein		
- Änderungen der Bundesverfassung;			Ja	Ja
- Beitritt zu internationalen Organisationen kollektiver Sicherheit und supranat. Gemeinschaften			Ja	Ja
- dringliche Bundesgesetze ohne Verfassungsgrundlage	Art. 165		Ja	Ja
Fakultatives Referendum	Art. 141,	50.000 Stimmen oder acht Kantone in 100 Tagen	Ja	Nein
Dringliche Bundesgesetze (resolutives Referendum)	Art. 165			
Kantonsreferendum	Art. 141			

Quelle: Eigene Zusammenstellung.

Für ein fakultatives Referendum sind 50 000 Unterschriften oder die Unterstützung von acht Kantonen innerhalb von 100 Tagen notwendig, um a) Bundesgesetze, b) dringlich erklärte Bundesgesetze, deren Geltungsdauer ein Jahr übersteigt, oder c) Bundesbeschlüsse, die in der Verfassung oder Gesetz dafür vorgesehen sind, sowie d) völkerrechtliche Verträge, die unbefristet und unkündbar sind oder den Beitritt zu einer internationalen Organisation vorsehen oder wichtige rechtsetzende Bestimmungen enthalten oder deren Umsetzung den Erlass von Bundesgesetzen erfordert, einem Referendum mit einfacher Mehrheit, also ohne Zustimmung der Stände, zu unterziehen. In diesem Fall ist die erforderliche Mehrheit erreicht, wenn sich die Mehrheit der Stimmenden für die Vorlage ausspricht. Müssen Volk und Stände zustimmen (doppelte Mehrheit), muss sich zusätzlich eine Mehrheit der Stände zugunsten der Vorlage aussprechen. Dabei gilt das Abstimmungsergebnis im Kanton als dessen Standesstimme (Art. 142 BV). Die Halbkantone werden bei dieser Auszählung als eine halbe Stimme gewertet.

Nicht unumstritten ist die Einschränkung direktdemokratischer Rechte bei „Dringlichkeit". Die Gesetzgebung für Dringlichkeit ist in Art. 165 Abs. 2 geregelt: „Wird zu einem dringlich erklärten Bundesgesetz die Volksabstimmung verlangt, so tritt dieses ein Jahr nach Annahme durch die Bundesversammlung ausser Kraft, wenn es nicht innerhalb dieser Frist vom Volk angenommen wird". Ein dringliches Bundesgesetz ohne Verfassungsgrundlage „tritt ein Jahr nach Annahme durch die Bundesversammlung ausser Kraft, wenn es nicht innerhalb dieser Frist von Volk und Ständen angenommen wird. Es ist zu befristen" (Abs. 3). Das Dringlichkeitsrecht ist nicht mit einem Notstandsartikel zu verwechseln, den es in der BV nicht gibt.

Eine in der Praxis kaum genutzte Variante des fakultativen Referendums (Art. 141 BV) ist das Kantonsreferendum. Anstelle der 50.000 Stimmberechtigten können auch acht Kantone innerhalb von 100 Tagen nach der amtlichen Veröffentlichung eines Bundesgesetzes, dringlich erklärter Bundesgesetze, deren Geltungsdauer ein Jahr übersteigt, bestimmter Bundesbeschlüsse und völkerrechtlicher Verträge verlangen, diese dem Volk zur Abstimmung vorzulegen (Tabelle 2-21).

Hinsichtlich der Erfolgsquoten der zur Abstimmung gestellten Vorlagen ergibt sich ein heterogenes Bild. Die höchsten Erfolgschancen haben Vorlagen für obligatorische Referenden, von denen im Durchschnitt drei von vier angenommen werden. Bei den fakultativen Referenden ist die Erfolgsquote der Vorlagen bereits deutlich niedriger, jedoch werden im Durchschnitt immer noch über die Hälfte der Vorlagen angenommen; d.h., die Entscheidungen des Parlaments bleiben gültig. In der Dekade 2001 – 2010 lag die Annahmequote sogar bei 82% (23 von 28).

Tab. 2-22: Nutzung der Instrumente 1848–2010

Zeitraum	Obligatorische Referenden		Fakultative Referenden		Volksinitiativen	
	Angenommen	Verworfen	Angenommen	Verworfen	Angenommen	Verworfen
1848 - 1870	2	8	0	0	0	0
1871 - 1880	2	2	3	5	0	0
1881 - 1890	3	1	2	6	0	0
1891 - 1900	6	3	3	7	1	4
1901 - 1910	4	1	3	1	1	2
1911 - 1920	8	0	2	1	1	1
1921 - 1930	7	2	1	4	2	10
1931 - 1940	7	0	2	7	0	5
1941 - 1950	4	3	4	3	1	6
1951 - 1960	13	7	4	7	0	7
1961 - 1970	12	2	4	4	0	7
1971 - 1980	33	8	11	7	0	16
1981 - 1990	18	5	6	6	2	25
1991 - 2000	28	7	25	11	2	31
2001 - 2010	11	5	23	5	5	30
Total:	158 (74,5%)	54 (25,5%)	93 (55,7%)	74 (44,3%)	15 (9,4%)	144 (90,6%)

Quelle: www.bfs.admin.ch/bfs/portal/de/index/themen/17/03/blank/key/eidg__volksinitiativen.html.

Im deutlichen Kontrast dazu stehen die Erfolgschancen von Volksinitiativen. Im Durchschnitt werden nur knapp 10% angenommen, in der Dekade 2001–2010 waren es aber immerhin 14,3%. Betrachtet man nur den Zeitraum seit der „partizipativen Wende" in den 1970er Jahren, dann ist die Annahmequote mit 8,1% sogar noch niedriger (vgl. Tab. 2-22). Allerdings darf man aus den bescheidenen Erfolgschancen der Volksinitiative nicht auf deren politische Bedeutungslosigkeit schließen. Dies zeigt sich z.B. in dem Anstieg der Initiativen seit den 1970er Jahren trotz der bekannten geringen Erfolgschancen. Der Initiative wird allgemein eine wichtige Artikulationsfunktion zugeschrieben, die zur Verbreiterung der politischen Agenda beiträgt und auch Themen eine Chance gibt, die von den politischen Eliten gemieden werden. Daher kommt ihr auch eine Innovationsfunktion für das politische System zu (Linder 2010a: 107).

Minderheiten in der Bevölkerung oder im Parlament können die Initiative als Mittel nutzen, um die Erfolgschancen für ihre Anliegen zu verbessern. Dazu gehört nicht nur die (zugegeben geringe) Aussicht auf einen Abstimmungserfolg, sondern auch die Möglichkeit der Beeinflussung der politischen Tagesgeschäfte im Sinne der Initianten. Schließlich kann die Initiative auch von etablierten Parteien als Ergänzung oder Erweiterung ihrer (Wahlkampf-)Aktivitäten genutzt werden. Damit sind aber auch Risiken für das Image der direkten Demokratie insgesamt verbunden. Die Initiative kann nicht nur als Instrument für bzw. von Minderheiten genutzt werden, sondern auch gegen Minderheiten. „The risk of direct democracy is twofold. One, the popular initiative can be exploited for electoral purposes, which is not new. […] Two, initiatives can be discriminating against minorities, especially if they become part of a permanent electoral campaign" (ebd.: 126).

Die Referendumsinstrumente und ihre politischen Auswirkungen sind eine Hauptursache für die Konkordanzdemokratie in der Schweiz. Durch die Konkordanzmechanismen wird versucht, das Risiko des Scheiterns eines Vorhabens durch Verhandlungen und Absprachen bereits im Vorfeld der Gesetzgebung zu verringern.

Schließlich ist darauf hinzuweisen, dass nicht nur die Wahl-, sondern auch die Abstimmungsbeteiligung relativ niedrig ist. Im 20-Jahresdurchschnitt von 1911–1930 lag die Beteiligung an allen Abstimmungen bei 59,7%, von 1931–1950 bei 60,5%, von 1951–1970 bei 47,8%, von 1971–1990 bei 40,9% und von 1991–2010 bei 44,1% (BfS, T 17.3.4.19). In den beiden letzten Dekaden ist also wieder ein leichter Anstieg festzustellen. Allerdings gibt es beträchtliche kantonale Unterschiede. Im Durchschnitt der Jahre 2001-2010 hatten die Kantone Schaffhausen (57,5%), Basel-Stadt (48,5%), Nidwalden (47,8%) und Wallis (47,6%) die höchste Abstimmungsbeteiligung, die Kantone Appenzell Innerrhoden (31,3%) und Glarus (31,6%) die niedrigste (BfS, T 17.3.4.2).

2.3.3 Direkte Demokratie und Grundrechte

Ein häufiger Streitgegenstand in innenpolitischen Auseinandersetzungen ist die Frage, welche Grenzen der direkten Demokratie durch Grund- bzw. Völkerrecht gesetzt sind. Diese Frage wurde etwa im Kontext der Minarettverbotsinitiative, der Einbürgerungsinitiative und der Verwahrungsinitiative debattiert. Soll die Mehrheitsentscheidung des Volkes immer gelten oder soll sie nur innerhalb gewisser menschen- und völkerrechtlicher Grenzen gelten? Der Doktrin der Volkssouveränität entspricht etwa, dass Einbürgerungsentscheidungen politische Entscheidungen sind und folglich entweder durch die Gemeindebevölkerung selbst

(Einbürgerung an der Urne) oder stellvertretend durch die Gemeindeversammlung zu treffen sind.

Ideengeschichtlich wird das Primat der Volkssouveränität über das Recht in Verbindung gebracht mit einer republikanischen Variante von Demokratie, die sich primär am Selbstbestimmungsrecht politischer Gemeinschaften orientiert. Dem gegenüber stehen idealtypisch die liberalen Varianten von Demokratie mit einer höheren Wertschätzung individueller Freiheits- und Abwehrrechte. Damit einher geht im republikanischen Verständnis ein „Begrenzung der stimm- und wahlberechtigten Bürger (des Demos) einerseits und einer intensiven politischen Partizipation der Bürger andererseits", während liberale Demokratien stärker Wert legen auf Herrschaftskontrolle durch die Herrschaftsunterworfenen, was in der Folge zu einer stärkeren Verankerung von Rechtsstaatlichkeit, horizontale und vertikale Gewaltenteilung und zu intensiverem Parteienwettbewerb führe (Blatter 2011).

Die starke Ausprägung republikanischer Demokratieelemente („Kleinräumigkeit, Dezentralität, ein extensives Konsultationsverfahren und die Instrumente der direkten Demokratie"), mit denen nach Blatter die „mangelhafte kulturelle Homogenität der Nation" kompensiert wird und auch knappe Mehrheiten bei geringer Beteiligung Akzeptanz finden, müssen sich aber nicht zwangsläufig auf Kosten liberaler, institutioneller Elementen entfalten (Frey/Goette 1998).

Christmann (2012: 105) identifiziert zehn grundrechtsproblematische Volksinitiativen in der Schweiz für den Zeitraum von 1990 bis 2010. Davon wurde eine wegen Verstoßes gegen zwingendes Völkerrecht nicht zugelassen. Von den zur Abstimmung gelangten neun Volksinitiativen waren vier erfolgreich (44,4%; vgl. Tabelle 2-23). In Relation zu den in diesem Zeitraum insgesamt abgestimmten 76 Volksinitiativen (Christmann 2012: 103) entspricht dies einem Anteil von 5,2%.

Tab. 2-23: Grundrechtsproblematische Volksinitiativen zwischen 1990 und 2010

Jahr	Vorlagennr.	Zustimmung Volk (Stände)	Thema	Inhalt	Ange- nommen
1996	Nicht abgestimmt	Nicht abgestimmt	Asyl	Illegale Asylsuchende sollen zurückgewiesen werden, ungeachtet des Non-Refoulement Gebots	--
1996	432	46,3 (10 2/2)	Asyl	Illegale Asylsuchende sollen unter Beachtung des Non-Refoulement Gebots zurückgewiesen werden	Nein
2000	467	36,2 (0)	Ausländer	Begrenzt den Anteil an Ausländern auf 18%	Nein
2002	488	18,2 (0)	Abtreibung	Generelles Abtreibungsverbot	Nein
2002	491	49,9 (10 5/2)	Asyl	Reduziert Sozialhilfe für Asylsuchende, generelle Zurückweisung von Asylsuchenden aus sicheren Staaten	Nein
2004	506	56,2 (19 5/2)	Strafrecht	Lebenslängliche Sicherheitsverwahrung von Sexualstraftätern ohne Haftüberprüfung	Ja
2008	532	36,2 (1)	Ausländer	Gemeinden sollen eigenständig und endgültig über Einbürgerungen entscheiden	Nein
2008	535	51,9 (16 4/2)	Strafrecht	Pornographie-Verbrechen gegen Kinder verjähren nicht	Ja
2009	547	57,5 (17 5/2)	Religion	Der Bau von Minaretten wird verboten	Ja
2010	552	52,9 (15 5/2)	Ausländer	Umgehende Ausschaffung von Ausländern, die eine in der Verfassung definierte Straftat begangen haben.	Ja

Quelle: Nach Christmann 2012: 105.

Die späte Einführung des Frauenwahlrechts und der hohe Anteil nicht eingebürgerter Ausländer in der Schweiz sind nach Blatter (2011) Ausdruck des republikanischen Demokratieverständnisses. Das Prinzip der Volkssouveränität werde „deutlich weniger als in anderen Demokratien durch die Prinzipien der Rechtsstaatlichkeit und der individuellen Menschenrechte ausbalanciert" (ebd.). Wirken sich die republikanisch-partizipativen Momente der Schweizer Polity also negativ auf liberale Prinzipien der Rechtsstaatlichkeit und subjektiver Menschenrechte aus? Auf empirischer Ebene finden sich für diese These kaum Belege. Die empirischen Befunde von Vatter/Danaci (2010: 205) deuten eher darauf hin, „dass direkte Demokratie nicht per se ein mehrheitsdemokratisches Schwert mit scharfer Klinge oder umgekehrt ein effektives Schutzschild für Minderheiten darstellt, sondern ihre Wirkung stark vom gesellschaftlichen Integrationsgrad der betroffenen Minderheit und ihrer Wahrnehmung als Fremdgruppe abhängt".

Ein besonderes Spannungsverhältnis von direkter Demokratie und Menschenrechten müsste sich auch in einer höheren Anzahl von Beschwerden gegen die Schweiz bzw. von Verurteilungen durch den Europäischen Gerichtshof für Menschenrechte (EGMR) und seinem Vorgänger, der Europäischen Kommission für Menschenrechte (EKMR), ausdrücken. Zwischen 1959 und 2010 wurden insgesamt 102 Verurteilungen gegen die Schweiz ausgesprochen. Allerdings liegt die Anzahl der Verurteilungen ähnlich großer Staaten teilweise auf einem deutlich höheren Niveau. Gegen Griechenland wurden 613 Verurteilungen ausgesprochen, gegen Österreich 287, gegen Portugal 206, Belgien 162, Finnland 151, Niederlande 128, Schweden 95, Dänemark 34, Norwegen 28, Irland 25. Gegen die bevölkerungsreichere Türkei waren es 2573 Verurteilungen, und gegen Italien 2121, gegen Frankreich 815, gegen das UK 443, gegen Deutschland 193 und gegen Spanien 91 Verurteilungen.[3] Aufgrund von unterschiedlichen Zeitpunkten und Graden der Inkorporation der EMRK in nationales Recht und von Phasen nichtdemokratischer Herrschaft sowie unterschiedlich starker Bevölkerungen sind die Zahlen zwar nur eingeschränkt vergleichbar. Dennoch geben sie eine erste Orientierung über mögliche Problemländer in Sachen Menschenrechte.

1974 hat die Schweiz mit dem Beitritt zur Europäischen Menschenrechtskonvention (EMRK) eine weitreichende Entscheidung getroffen. Dies hat wie kaum ein anderer internationaler Vertrag die Schweizerische Verfassungsordnung geprägt (Sutter/Zelger 2004). Im Vorfeld der Übernahme der EMRK wurde z.B. das Frauenwahlrecht eingeführt (1971) sowie das Lehrverbot für Jesuiten und das Verbot von Klosterneugründungen aufgehoben. Die Menschenrechte der EMRK sind geltendes Recht, das von jedem Bürger vor dem Straßburger Menschenrechtsgerichtshof eingeklagt werden kann.

Wie bei anderen internationalen Abkommen wurden auch hier zunächst Vorbehalte mit dem Beitritt verknüpft, etwa das bis 1981 Vormundschaftsbehörden „Arbeitsscheue" und Personen mit „liederlichem Lebenswandel" ohne gerichtliche Überprüfung in Anstalten einweisen durften. Einer der wichtigsten Effekte der EMRK in der Schweiz ist die Stärkung unabhängiger Gerichte bei der Überprüfung zivil- und strafrechtlicher Entscheidungen von Behörden. Dennoch gibt es gelegentlich Ausnahmen, wie bei der 2004 angenommenen Verwahrungsinitiative (lebenslang verwahrte Sexual- und Gewaltstraftäter) und der Ausschaffungsinitiative 2010, die eine zwingende Abschiebung straffällig gewordenen Ausländer ohne Recht auf gerichtliche Überprüfung vorsieht.

---

[3]   Vgl. ECHR 2010, Violation by Article and by Country 1959-2010, online unter: www.echr.coe.int/ECHR/EN/ Header/Reports+and+Statistics/Statistics/Statistical+information+by+year/

Insgesamt wurden gegen die Schweiz zwischen dem 28. November 1974 und dem 30. September 2006 beim EGMR 3450 Individualbeschwerden eingereicht. Davon waren 122 ganz oder teilweise zulässig und es kam zu einem Urteil in 69 Fällen; weitere 27 Urteile traf das dem EGMR weitgehend gleichgestellte Ministerkomitees des Europarates. „Das Ministerkomitee stellte in elf Fällen, der EGMR in 48 Fällen mindestens eine Verletzung der EMRK fest". Damit wurden „weniger als 4 Prozent der gegen die Schweiz registrierten Individualbeschwerden für zulässig [erklärt]; in rund der Hälfte davon stellte er in der Folge mindestens eine Verletzung der EMRK fest. Aufgrund dieser geringen Quoten darf das Schutzniveau der Menschenrechte in der Schweiz als sehr hoch bezeichnet werden"[4], folgert der Bundesrat. Die Schwerpunkte der Verurteilungen der Schweiz liegen in den Bereichen „right to a fair trial", „right to respect for private and family life" sowie „right to liberty and security".[5]

Auch im Vergleich mit liberalen Konkurrenzdemokratien wie dem Vereinigten Königreich lässt sich diese Gegenüberstellung einer unterschiedlichen Ausprägung republikanischer und liberaler Momente jeweils auf Kosten des anderen Prinzips nicht belegen. So wurde die EMRK dort erst mit dem Human Rights Act 1998 im nationalen Recht kodifiziert und damit auch vor nationalen Gerichten einklagbar (Krumm/Noetzel 2006). Und trotz der von A.V. Dicey 1885 ausgearbeiteten Grundsätze der „rule of law" und ihres Einflusses auf die angloamerikanische Rechtstradition wurde auch immer wieder beobachtet, dass gerade das liberale Großbritannien besonders schlechte Beispiele für „rule of law" liefert (Heywood 2006: 155).

Wahrscheinlich können die Unterschiede eher im Zusammenhang mit verschiedenen Rechtstraditionen und Formen der Institutionalisierung von Rechtsstaatlichkeit gesehen werden. Eine Gegenüberstellung von direkter Demokratie und Menschenrechten lässt sich auch nach Frey/Goette (1998) empirisch nicht belegen. „While civil rights opponents might be given more possibilities of attacking civil rights, their record of success is poor. Rather, the proponents seem to benefit from direct democratic instruments. Out of eleven constitutional amendments broadening civil rights [...], eight were approved in the popular vote" (ebd.: 1346).

2.3.4   Interkantonaler Vergleich

Direkte Demokratie wird nicht nur auf nationaler Ebene ausgeübt, sondern mit einer großen Varianz auch auf kantonaler und kommunaler Ebene. Auf kantonaler Ebene sind obligatorische Verfassungsreferenden, Verfassungs- und Gesetzesinitiativen in allen Kantonen vorhanden. Ebenso sind Gesetzes- und Finanzreferendum in allen Kantonen vorhanden, allerdings teilweise obligatorisch und teilweise fakultativ. So ist ein obligatorisches Finanzreferendum in 19 Kantonen vorhanden, ein obligatorisches Gesetzesreferendum in 12 Kantonen (Vatter 2007a: 78). Mit der Gesetzesinitiative und dem Finanzreferendum sind auf kantonaler Ebene sogar Instrumenten gegeben, die auf zentraler Ebene nicht vorhanden sind. Mit dem Hinweis auf die gut ausgebauten Volksrechte auf kantonaler Ebene (rules in form) ist aber noch nichts über ihre faktische Nutzung (rules in use) ausgesagt.

---

[4]   Antwort des Bundesrates vom 22.11.2006 auf Interpellation 06.3475 („Strassburger Verurteilungen der Schweiz", A. Gross).

[5]   www.echr.coe.int/ECHR/EN/Header/Reports+and+Statistics/Statistics/Statistical+information+by+year/

Ein möglicher Prädiktor für den Umfang der tatsächliche Nutzung der Volksrechte ist der Mobilisierungskoeffizient (Eder 2010: 128), der Quotient aus dem Unterschriftenquorum und der Frist zum Sammeln der Unterschriften, der die institutionelle Hürde für Volksabstimmungen operationalisiert. Ob diese institutionellen Regelungen aber eine Auswirkung auf die Häufigkeit von Volksinitiativen in den Kantonen haben, wird bislang allerdings weitgehend skeptisch eingeschätzt. Im Unterschied dazu fand Eder einen signifikanten Zusammenhang von Mobilisierungskoeffizient und Abstimmungshäufigkeit für die deutschen Bundesländer (ebd.: 171, vgl. a. Kap. 2.3.6).

Bei der faktischen Nutzung der Instrumente Verfassungs- und Gesetzesinitiative sowie des fakultativen Referendums zwischen 1990 und 2005 findet sich für erstere die höchste Anzahl im Kanton Zürich (45), gefolgt von Basel-Stadt und Genf (31). Zum fakultativen Referendum wurde in Basel-Stadt und Genf am häufigsten gegriffen (29). Zürich kommt bei diesem Instrument nur auf 7 Abstimmungen. In der Summe beider Kategorien sind Basel-Stadt und Genf mit 60 Abstimmungen (durchschnittlich 3,75 pro Jahr) die aktivsten Kantone. Jura, Schwyz und Appenzell-Außerrhoden haben die geringste Abstimmungshäufigkeit (vgl. Tabelle 2-24).

Tab. 2-24: Kantonale Referenden und Abstimmungen 1990–2005

Kanton	Verfassungs- und Gesetzesinitiativen	Fakultative Referenden 1990-2005 (abgestimmt)	Summe Spalte 2 & 3	Durchschnitt pro Jahr
Basel-Stadt	31	29	60	3,75
Genf	31	29	60	3,75
Zürich	45	7	52	3,25
Basel-Land	27	16	43	2,69
Bern	16	15	31	1,94
Waadt	17	14	31	1,94
Luzern	17	11	28	1,75
Solothurn	13	12	25	1,56
Tessin	11	12	23	1,44
Aargau	14	2	16	1,00
Zug	4	12	16	1,00
Schaffhausen	14	1	15	0,94
St. Gallen	6	9	15	0,94
Neuenburg	5	9	14	0,88
Uri	8	6	14	0,88
Freiburg	4	9	13	0,81
Thurgau	3	9	12	0,75
Nidwalden	3	5	8	0,56
Graubünden	4	2	6	0,38
Obwalden	2	4	6	0,38
Wallis	3	2	5	0,38*
Jura	2	3	5	0,31
Schwyz	2	3	5	0,31
Appenzell A.Rh.	0	0	0	0,00
Appenzell I.Rh.	[Landsgemeinde]			
Glarus	[Landsgemeinde]			

Quelle: Eder 2010: 124, 139; Anm.: * ab 1993.

Während die zuvor skizzierte Vorgehensweise die Kantone im Hinblick auf die quantitative Anwendungshäufigkeit in einer Skala ordnet und damit die Grundlage für die weitere Suche nach Einflussfaktoren für die unterschiedliche Nutzungshäufigkeit bildet, hat Vatter (2007b) eine Typologie stärker direktdemokratisch bzw. repräsentativ verfasster Kantone unter Zugrundelegung mehrerer Merkmalsdimensionen der Kantone erstellt. Dabei umfasst eine Dimension die institutionellen Praktiken, die andere die rechtlichen Möglichkeiten (rules-in-form). „Both axes vary between strongly direct democratic (positive values) and strongly executive power sharing (negative values). Thus, high positive values correspond to the direct democratic prototype, negative values to the government coalition prototype" (ebd.: 162). Im Ergebnis zeigt sich z.B., dass die Kantone auf der horizontalen Achse stärker voneinander abweichen als auf der vertikalen, das also informelle Unterschiede zwischen den Kantonen stärker ausgeprägt sind als formale. Im Rahmen dieser demokratischen Landkarte der Schweiz werden fünf Typen kantonaler Demokratie unterschieden, die in Tabelle 2-25 dargestellt werden. Wie bereits die hohe Abstimmungshäufigkeit in Basel-Stadt und Genf nahe legt, stehen diese für einen direktdemokratischen, zentralisierten Typ der kantonalen Willensbildung. Basel-Stadt als Prototyp ist gekennzeichnet durch Merkmale wie stark ausgebaut formale und informelle direktdemokratische Regeln, niedrige Sperrklauseln und viele Parteien, eine zentralisierte Verwaltung und wenige Gemeinden; formale Merkmale, die sich in Genf weniger stark ausgeprägt finden (ebd.: 163). Am anderen Ende steht Nidwalden als derjenige Kanton, der den „executive power sharing type" am besten verkörpert (ebd.: 163).

Tab. 2-25: Fünf Typen kantonaler Demokratie nach Vatter

Direct democratic centralised type	Direct democratic decentralised type	Representative-democratic´ type	Formal participative type	Executive power sharing type
Basel-Stadt, Genf	Zürich, Bern, Freiburg, Waadt	Tessin, Wallis, Luzern, Solothurn, St. Gallen, Neuenburg	Thurgau, Jura, Aargau, Schaffhausen, Basel-Land	Glarus, Uri, Schwyz, Graubünden, Zug, Obwalden, Nidwalden
many parties	many parties	few parties	many parties	few parties
many initiatives and referenda	many initiatives and referenda	Few initiatives and referenda	Few initiatives and referenda	Few initiatives and referenda
small government coalition	small government coalition	large government coalition	large government coalition	large government coalition
Centralised	decentralised		Decentralised	
high number of cabinet seats	high number of cabinet seats		small number of cabinet sats	high number of cabinet seats
Low electoral threshold		Low electoral threshold	Low electoral threshold	high electoral threshold
low stock of municipalities	high stock of municipalities			low stock of municipalities
		difficult access to institutions of direct democracy	easy access to institutions of direct democracy	easy access to institutions of direct democracy

Quelle: Vatter 2007b: 158.

2.3.5 Politische Ökonomie der direkten Demokratie

Die Auswirkungen der direkten Demokratie auf die Wirtschaft(spolitik) sind wiederholt Gegenstand der Forschung wie auch der öffentlichen Debatte geworden. So wird in letzterer etwa befürchtet, dass direkte Demokratie ein negativer Standortfaktor sein könnte, da sie die politischen Entscheidungsverfahren verlangsame und unberechenbarer mache. Wirtschaftsprogramme oder Großprojekte könnten z.b. durch eine Volksinitiativen oder ein Referendum politisiert werden und Unternehmen und Investoren abschrecken. Andererseits können direktdemokratisch bestätigte Lösungen eine größere Akzeptanz in der Bevölkerung haben.

Die Auswirkungen direkter Demokratie auf Faktoren wie Sozialstaatsniveau, Staatsausgaben, Staatsverschuldung und Steuerhinterziehung sind nicht nur für die Schweiz wiederholt untersucht worden. Nach Linder (2005) stehen u.a. die späte und bescheidene Entwicklung vieler Bundesaufgaben im Bereich der Wirtschafts- und Sozialpolitik, die relative niedrige Staatsquote und ein organisatorisch und kompetenzmäßig kleiner Zentralstaat mit entsprechender Bundesverwaltung sowie ein Disengagement in der Außenpolitik in Verbindung mit der Vetomacht des Referendums.

Bislang hat eine Reihe von Studien eine positive Auswirkung der direkten Demokratie auf eine Reihe von ökonomischen Indikatoren herausgefunden. Im kommunalen und kantonalen Vergleich wurde z.B. ein niedrigerer Schuldenstand und niedrigere Staatsausgeben der jeweiligen Jurisdiktion nachgewiesen. Feld und Kirchgässner haben in mehreren Studien die Auswirkungen eines Referendumsvorbehaltes für Haushaltsdefizite auf die Höhe der öffentlichen Schulden der 134 größten Schweizer Gemeinden im Jahr 1990 untersucht. Zu ihren Ergebnissen gehört, dass formale fiskalische Beschränkungen keinen signifikanten Einfluss auf die Schuldenhöhe der Kommunen haben.

Ein stärkerer Einfluss gehe zwar von einer starken Agenda Setting-Macht eines kommunalen Finanzsekretärs im Haushaltsprozess aus, jedoch sei die stärkste „Schuldenbremse" auf lokaler Ebene ein Referendum über Haushaltsdefizite: „The people themselves appear to care more about fiscal discipline than their elected representatives, even if there are no formal fiscal constraints in the constitutions or no particularly strong position of the secretary of finance in the budgetary process" (Feld/Kirchgässner 2001: 365).

Unter Bedingungen direkter Demokratie haben Politiker weniger Spielraum, sich vom Prinzipal, dem Volk, abzukoppeln und ihren Eigennutzen als oberste Priorität zu verfolgen. Die Interessen der „politischen Klasse", die durch die repräsentative Demokratie mehr Spielraum bekommen haben, werden durch die direkte Demokratie institutionell wieder an die Präferenzen des (abstimmungswilligen) Volkes zurück gebunden. Durch die Verschärfung des Prinzipal-Agent Problems in repräsentativen Demokratien ist nicht nur zu erwarten, dass „die Präferenzen der Bürger allenfalls begrenzt in den politischen Entscheidungen ihren Niederschlag finden." Sie lässt als indirekte Konsequenz auch erwarten, dass sich die Bürger weniger mit ihrem Gemeinwesen identifizieren (Kirsch 2004: 206).

Nach Feld/Kirchgässner (2000: 302) werden öffentliche Leistungen unter Bedingungen direkter Demokratie effizienter erbracht als in ausschließlich repräsentativen Demokratien. „Both empirical results reflect the reduced flexibility of representatives in enforcing their preferences against the interest of the general public. Willingness to pay taxes is also higher in direct than in representative democracies, indicating that citizens are, to a larger extent, satisfied with public services supplied" (Feld/Kirchgässner 2000: 302). Als Folge kommunaler Finanzreferenden sind die öffentlichen Ausgaben und die öffentlichen Schulden niedriger als in Kommunen ohne Finanzreferendum. „Citizens also feel more responsible for their community: tax evasion is lower in direct than in representative democratic systems" (Feld/Kirchgässner 2000: 287)

Insgesamt gibt es keine Hinweise darauf, dass die direktdemokratischen Elemente der Schweizer Repräsentativverfassung im internationalen Wettbewerb als „Standortnachteil" wirken. Bei Feld/Kirchgässner (1999) ist ein zentrales Ergebnis, dass Schweizer Städte mit einem Finanzreferendum im Untersuchungsjahr 14% niedrigere Ausgaben hatten. „They had a revenue share from taxes and user charges, as opposed to transfers and subsidies from other government levels, that was 5% higher, and they levied an income tax on the median income that was 14% higher. This is evidence suggesting that citizens demand fewer public services, but are willing to pay higher and more adequate prices for these services in systems with direct legislation than in parliamentary democracies. This results in a lower public debt per capita under direct democracy" (Feld/Kirchgässner 2000: 300).

Die bislang vorgelegten empirischen Untersuchungen weisen nach Feld/Kirchgässner (2007: 117) deutlich darauf hin, dass in durch die Nutzung kommunaler direkter Demokratie die Ausgabenquote der Kommunen niedriger ist, weniger Gelder durch Steuern eingenommen werden, niedrigere öffentliche Schulden vorherrschen, die Steuerhinterziehung geringer ausfällt und ein höheres BIP pro Kopf erwirtschaftet wird. Und Feld/Kirchgässner (2001: 364) kommen zu dem Schluss, dass eine Vergrößerung des Einflusses des Volkes durch direktdemokratische Verfahren auf politische Entscheidungen ein erfolgversprechenderer Weg zur Schuldenreduzierung ist als spezielle Verfahrensregeln auf Ebene der Regierung oder des Parlaments. Allerdings wird auch darüber nachgedacht, ob das chronische schwache Wirtschaftswachstum der Schweiz (vgl. Kap. 13.2) mit der direkten Demokratie in Verbindung stehen könnte (Feld/Kirchgässner 2007: 120).

Tab. 2-26: Auswirkungen direkter Demokratie auf ökonomische Indikatoren

Economic variables	Authors	Sample	Time	Parameter Estimates
Public expenditures	Schneider and Pommerehne (1983)	110 Cities	1968–1972	Expenditure growth is three percentage points lower in direct democracy
Public expenditures	Feld and Kirchgässner (1999)	131 Cities	1990	Expenditure per capita is 14% lower in the case of a referendum
Share of revenue from taxes and user charges	Feld and Kirchgässner (1999)	131 Cities	1990	Share of revenue from taxes and user charges is 5% higher in the case of a referendum
Median tax rate	Feld and Kirchgässner (1999)	131 Cities	1990	Median tax rate is 14% higher in the case of a referendum
Public debt	Feld and Kirchgässner (1999)	131 Cities	1990	Public debt per capita is 45% (SFr 10,100) lower in case of a referendum
Costs of garbage collection	Pommerehne (1983)	103 Cities	1970	Cost for garbage collection is 20% higher in representative democracies
Tax evasion	Pommerehne and Weck-Hannemann (1996)	25 Cantons	1965, 1970, 1978	Tax evasion is SFr 1500 lower in direct democracy
Gross domestic product	Feld and Savioz (1997)	26 Cantons	1990	GDP 15% higher in the case of a referendum
Gross domestic product	Feld and Savioz (1997)	26 Cantons	1984–1993	GDP 5.4% higher in the case of a referendum

Quelle: Feld/Kirchgässner 2000: 299. Anm.: Nur Schweizer Städte und Kantone.

Zur politischen Ökonomie der direkten Demokratie i.w.S. kann aber auch die Finanzierung der Abstimmungskampagnen gezählt werden. Wie für die Parteienfinanzierung gibt es auch für die Kampagnenfinanzierung keine gesetzlichen Regeln. „Thus, whereas the use of public funds for political campaigning is prohibited, campaign spending by political parties and other groups is not limited, and there is no obligation for campaigners to reveal their donors or the amount of money spent on the referendum campaign" (Serdült 2010: 169).

2.3.6   Internationaler Vergleich

Die de jure-Dimension des Vorhandenseins von Initiativ- und Referendumsrechten auf zentraler Ebene wird z.B. von Gross und Kaufmann (2002) untersucht. Bei der Einstufung der Länder in sechs Gruppen wurde auch berücksichtigt, ob die Initiativen und Referenden von den Bürgern selbst ausgelöst werden können und in welchem Umfang obligatorische Referenden vorhanden sind (ebd.: 15).

Tab. 2-27: Institutionalisierung direkter Demokratie auf nationaler Ebene in Europa (2002)

1	2	3	4	5	6
Liechtenstein, Schweiz	Dänemark, Irland, Italien, Lettland, Litauen, Slowakei, Slowenien	Frankreich, Norwegen, Österreich, Schweden, Spanien, Ungarn	Belgien, Bundesrepublik Deutschland, Estland, Finnland, Griechenland, Großbritannien, Island, Luxemburg, Niederlande*, Polen, Tschechische Republik	Bulgarien, Malta, Portugal, Rumänien	Türkei, Zypern -

Quelle: Nach Gross/Kaufmann 2002: 15. * Umgruppierung (TK) nach Wegfall der Referendumsoption 2005.

Einen aktuellen Überblick über die institutionelle Verbreitung direktdemokratischer Instrumente im internationalen Vergleich gibt Wagschal (2010), der den Stand von Ende 2010 abbildet. Wagschal sieht in den mittel- und osteuropäischen Transformationsländern ein deutlich größeres direktdemokratisches Interesse, was zum einen mit einem größeren institutionellen Bedarf partizipatorischer Möglichkeiten im Zuge der „demokratischen Revolutionen" und der Systemtransformation erklärt werden kann, zum anderen mit der Orientierung vieler der neuen Verfassungen am Semipräsidentialismus Frankreichs und der verbundenen Option des Plebiszits. „Die am häufigsten vorkommenden direktdemokratischen Instrumente (rules in form) sind auf Basis der Auswertung für alle europäischen Länder: (1) das Plebiszit, (2/3) das fakultative Referendum und die Volksinitiative (n = 21 für beide) sowie (4) das obligatorisches Referendum" (ebd. 534f.). Aufschlussreich ist nun, dass zu den sechs Ländern (von 41), in denen ein Plebiszit nicht möglich ist, auch das Stammland der direkten Demokratie, die Schweiz, gehört. Das erklärt sich dadurch, dass Plebiszite i.d.R. vom Präsidenten oder vom Parlament angesetzt werden können.

Das fakultative Referendum und die Volksinitiative sind im gesamteuropäischen Vergleich am zweithäufigsten verbreitet. Beim fakultativen Referendum „besteht ein klare Differenz zwischen Ost- und Westeuropa: Während in nur 4 westeuropäischen Ländern (= 20 Prozent dieser Gruppe) eine solche Abstimmungsform möglich ist, besteht diese Möglichkeit dagegen in 17 osteuropäischen Ländern (= 81,0 Prozent dieser Gruppe). Und von den vier westeuropäischen Fällen zählen nur Italien (mit dem abrogativen Referendum) und die Niederlande zur Europäischen Union – ein bemerkenswerter Befund" (ebd.: 536f.).

Varianten der Volksinitiative sind in 21 der 41 von Wagschal untersuchten Ländern vorhanden. „Auch hier besteht wiederum eine deutliche Differenz zwischen der formalen Anwendungshäufigkeit in West- (sechs Länder bzw. 30 Prozent der Gruppe) und Osteuropa (15 Staaten beziehungsweise 71,4 Prozent der Gruppe). Eine generell hohe Anwendungshäufigkeit ist in Osteuropa, der Schweiz und Liechtenstein zu verzeichnen" (ebd.: 537). Das obligatorische Referendum ist europaweit am geringsten institutionalisiert. Ein Ost-West-Unterschied existiert nicht. Ein Alternativvorschlag zu einem fakultativen Referendum ist neben der Schweiz lediglich in Serbien möglich (Wagschal 2010).

Referendum und Plebiszit: Ein fakultatives Referendum erzwingt eine Volksabstimmung für ein vom Parlament verabschiedetes Gesetz. Es erfordert 50.000 Unterschriften, die innerhalb von 100 Tagen gesammelt und von den Lokalverwaltungen validiert werden müssen. Es hat weit reichende Konsequenzen für das politische System der Schweiz, weil es wie ein Bremspedal für die Gesetzgebung genutzt werden kann.

Der Einsatz des obligatorischen Referendums ist in der Verfassung explizit geregelt (Schweiz, Irland). So müssen in der Schweiz z.B. alle Verfassungsänderungen und alle internationalen Verträge zum Beitritt in eine internationale Organisation dem Volk vorgelegt werden. Die wichtigste Konsequenz der beiden Referendumsformen ist, dass ein Gesetzentwurf bereits in der Frühphase einem intensiven Konsultationsprozess unterzogen wird, um das Risiko des Scheiterns in der Referendumsphase zu minimieren.

Von Referendum und Initiative streng zu unterscheiden sind Plebiszite. Diese werden in der Schweiz nicht praktiziert. Plebiszite werden von einer Regierung initiiert, um besonders umstrittenen Fragen eine zusätzliche Legitimation zu verschaffen (z.B. Devolution im Vereinigten Königreich) oder um das Parlament zu umgehen. Auch ist die Regierung meist nicht an ihr Ergebnis gebunden. Als ein plebiszitäres Moment kann die Einführung des Gegenvorschlags des Bundesrates bei Verfassungsinitiativen gewertet werden.

Für einen internationalen Vergleich der de facto-Nutzung von Instrumenten der direkten Demokratie bietet sich z.B. die Datenbanken des Centre d'études et de documentation sur la démocratie directe (c2d) (Forschungs- und Dokumentationszentrum Direkte Demokratie am Zentrum für Demokratie Aarau) und des Initiative and Referendum Institute Europe (IRI-Europe) an (Mittendorf 2007). Die folgende Auszählung von Volksabstimmungen auf nationaler Ebene in Europa zwischen 1990 und 2012 wurde auf Grundlage der c2d-Datenbank erstellt. Sie kann einen ersten Überblick über den praktizierten Umfang von direkter Demokratie auf nationaler Ebene geben.

Dabei fällt auf, dass die Schweiz mit insgesamt 210 Abstimmungen der mit Abstand aktivste Staat ist, gefolgt von Italien sowie Irland und Slowenien. Während in Italien nur fakultative Referenden zur Anwendung gekommen sind, waren es in Irland ausschließlich obligatorische Referenden. Im oberen Mittelfeld fällt ein hoher Anteil mittel- und osteuropäischer Länder auf. Deutschland gehört zur Schlussgruppe mit keiner Abstimmung auf nationaler Ebene.

Tab. 2-28: Vergleich direktdemokratischer Verfahren in Europa

Land	Obligatorisches Ref. (OR)	Plebiszit (P)	Fakultatives Ref. (FR)	Volksinitiative (VI)
	27 EU-Mitgliedsländer:			
Belgien	Nein	Nein	Nein	Nein
Bulgarien	Nein	Ja	Nein	Nein
Dänemark	Ja	Ja	Nein	Nein
Deutschland	Ja	Nein	Nein	Nein
Estland	Ja	Ja	Nein	Nein
Finnland	Nein	Ja	Nein	Nein
Frankreich	Nein	Ja	Nein	Nein
Griechenland	Ja	Ja	Nein	Nein
Irland	Ja	Ja	Nein	Nein
Italien	Nein	Ja	Ja	Ja
Lettland	Ja	Ja	Ja	Ja
Litauen	Ja	Ja	Ja	Ja
Luxemburg	Nein	Ja	Nein	Nein
Malta	Nein	Ja	Nein	Nein
Niederlande	Nein	Ja	Ja	Nein
Österreich	Ja	Ja	Nein	Ja
Polen	Nein	Ja	Ja	Ja
Portugal	Nein	Ja	Nein	Ja
Rumänien	Ja	Ja	Ja	Ja
Schweden	Nein	Ja	Nein	Nein
Slowakei	Ja	Ja	Ja	Ja
Slowenien	Nein	Ja	Ja	Ja
Spanien	Ja	Ja	Nein	Ja
Tschechien	Nein	Ja	Ja	Nein
Ungarn	Nein	Ja	Ja	Ja
UK	Nein	Ja	Nein	Nein
Zypern	Nein	Nein	Nein	Nein
EU 27	11	24	10	11
	Nicht-Mitgliedsländer der EU:			
Island	Ja	Ja	Nein	Nein
Liechtenstein	Ja	Nein	Ja	Ja
Norwegen	Nein	Ja	Nein	Nein
Schweiz	Ja	Nein	Ja	Ja
Albanien	Nein	Ja	Ja	Ja
Bos.-Herzegow.	Nein	Nein	Nein	Nein
Kroatien	Nein	Ja	Ja	Nein
Mazedonien	Nein	Ja	Ja	Ja
Moldawien	Nein	Ja	Ja	Ja
Montenegro	Ja	Ja	Ja	Ja
Russland	Nein	Ja	Ja	Ja
Serbien	Ja	Ja	Ja	Ja
Ukraine	Ja	Ja	Ja	Ja
Weißrussland	Nein	Ja	Ja	Ja
Gesamt (41)	17	35	21	21

Quelle: Nach Wagschal 2010: 535f.; vgl. ebd. für Anmerkungen.

Tab. 2-29: Volksabstimmungen auf nationaler Ebene 1990–2012

Land	Anzahl	Details
Schweiz	210	101 Ja, 109 Nein
Italien	55	20 Ja, 35 Nein, ausschließlich fakultative Referenden
Irland	21	16 Ja, 5 Nein, ausschließlich obligatorische Referenden
Slowenien	21	7 Ja, 14 Nein
Litauen	19	4 Ja, 15 Nein
Slowakei	15	2 Ja, 13 Nein
Lettland	10	3 Ja, 7 Nein
Ungarn	8	5 Ja, 3 Nein
Polen	7	1996 fünf parlamentarische Plebiszite zu Fragen der Privatisierung, alle Nein 1997 Verfassung, bindendes parlamentarisches Plebiszit, Ja 2003 Beitritt zur EU, bindendes parlamentarisches Plebiszit, Ja
Dänemark	5	1992 Maastricht-Vertrag, obligatorisches Referendum, Nein 1993 revidierter Maastricht-Vertrag, parlamentarisches Plebiszit, Ja 1998 Vertrag von Amsterdam, obligatorisches Referendum, Ja 2000 Einführung des Euro, obligatorisches Referendum, Nein 2009 ambisexuelles Recht der Thronnachfolge, obligatorisches Referendum, Ja
Estland	4	1991 Unabhängigkeit, parlamentarisches Plebiszit, Ja 1992 Verfassung, parlamentarisches Plebiszit, Ja 1992 Wahlrecht für Ausländer, parlamentarisches Plebiszit, Nein 2003 Beitritt zur EU, obligatorisches Referendum, Ja
Frankreich	4	1992 EU-Vertrag, präsidentielles Plebiszit, Ja 2000 Verkürzung der Amtszeit des Präsidenten auf fünf Jahre, Plebiszit, Ja 2005 EU-Verfassung, präsidentielles Plebiszit, Nein 2009 Privatisierung Postdienste, inofficial vote, Nein
Rumänien	4	1991 Verfassung, parlamentarisches Plebiszit, Ja 2003 Verfassungsreform, obligatorisches Referendum, Ja 2007 Impeachment des Präsidenten, obligatorisches Referendum, Nein 2007 Wahlrechtsreform, konsultatives präsidentielles Plebiszit, Nein
Kroatien	3	1991 Unabhängigkeit, bindendes präsidentielles Plebiszit, Ja 1991 Verbleib in Jugoslawien, obligatorisches Referendum, Nein 2012 Beitritt zur EU, obligatorisches Referendum, Ja
Portugal	3	1998 Regionalisierung, präsidentielles Plebiszit, Nein 1998 Legalisierung Abtreibung, präsidentielles Plebiszit, Nein 2007 Legalisierung Abtreibung, präsidentielles Plebiszit, Ja
Schweden	2	1994 Beitritt zur EU, konsultatives parlamentarisches Plebiszit, Ja 2003 Einführung des Euro, konsultatives parlamentarisches Plebiszit, Nein
Finnland	1	1994 Beitritt zur EU, konsultatives parlamentarisches Plebiszit, Ja
Niederlande	1	2005 EU-Verfassung, konsultatives parlamentarisches Plebiszit, Nein
Norwegen	1	1994 Beitritt zur EU, konsultatives parlamentarisches Plebiszit, Nein
Österreich	1	1994 Beitritt zur EU, obligatorisches Referendum, Ja
Spanien	1	2005 EU-Verfassung, konsultatives parlamentarisches Plebiszit, Ja
Tschech. Rep.	1	2003 Beitritt zur EU, obligatorisches Referendum, Ja
UK	1	2011 Wahlrechtsreform, parlamentarisches Plebiszit, Nein
Belgien	0	
Bulgarien	0	
Deutschland	0	
Griechenland	0	

Quelle: Eigene Auszählung nach www.c2d.ch, Stand Ende 2012.

Die häufigsten Abstimmungsfragen sind der Beitritt zur EU und die Abstimmung über EU-Verträge bzw. den Beitritt zum Euro. Die Reihenfolge deckt sich in der oberen Hälfte weitgehend mit den Einstufungen von Gross/Kaufmann (2002), jedoch kommt es in der unteren Hälfte auch zu einigen Abweichungen. So sind Belgien, Deutschland und Griechenland bei Gross/Kaufmann (2002) noch in Gruppe vier, in Tab. 2-29 dagegen auf den Schlussplätzen.

Die unterbrochenen Linien in Tab. 2-29 geben die Einteilung einer Clusteranalyse in sechs Gruppen aufgrund der Anzahl der Abstimmungen wieder. An der Spitze bilden die Schweiz und Italien jeweils ein Cluster für sich. Es folgt die dritte Gruppe bestehend aus Irland, Slowenien und Litauen. Die Slowakei bildet wieder eine Gruppe für sich, gefolgt von Lettland, Ungarn und Polen als vorletzter Gruppe. Die große Gruppe der Schlusslichter umfasst von Dänemark bis Griechenland insgesamt 18 Staaten.

Im Folgenden werden einige Länder kurz einzeln vorgestellt. Wie in der Schweiz begann in den USA auf Staatenebene – mit leichter Verzögerung – eine Phase des Ausbaus direkter Demokratie gegen Ende des 19. Jahrhunderts. Zwischen 1898 (South Dakota) und 1918 wurden in insgesamt 22 Bundesstaaten direktdemokratische Instrumente eingeführt und nach 1959 kamen sechs weitere Staaten hinzu. „Begünstigt wurden diese Entwicklungen in beiden Ländern durch Traditionen breiter bürgerschaftlicher, zumal versammlungsdemokratischer Beteiligung, so die Gemeindeversammlungen und die Landsgemeinde in zahlreichen Schweizer Kantonen oder seit dem 17. und 18. Jahrhundert Volksgesetzgebungsrechte in mehreren nordamerikanischen Neuenglandstaaten und ihren Gemeinden" (Schiller 2002: 12).

In Neuengland hatten einige Bundesstaaten bereits vor Inkrafttreten der Bundesverfassung (1787) eigene Verfassungsreferenden praktiziert, wozu Connecticut (1639), Massachusetts (1778) und New Hampshire (1783) gehörten; einige führten es obligatorisch ein wie Maine (1816), Mississippi (1817) oder hielten vor dem Beitritt zu den USA ein Verfassungsreferendum ab wie Iowa (1845), Texas (1845) und Kalifornien (1856) (ebd.: 23). „Der Grundsatz, der später in (fast) allen amerikanischen Bundesstaaten das Verfassungsreferendum obligatorisch machte, hatte sich also in den USA bereits vor der liberal-demokratischen Revolutionsphase in Europa um 1848 etabliert" (ebd.). Auch im Hinblick auf sozio-ökonomische Hintergründe der Einführung direkte Demokratie zeichneten sich Parallelen zwischen der Schweiz und den USA ab, etwa für die Motivation von sozialen Protestbewegungen gegen politisch-ökonomische Verflechtungen.

Eine zweite Phase der Stärkung direkter Demokratie fand von den 1890er Jahren bis zum Ende des Ersten Weltkriegs statt und wurde u.a. „getragen von den Protestbewegungen der ‚Populists' und der ‚Progressives'. Hier hatten sich vor allem Landwirte, andere Selbständige und auch Arbeiter vor allem des Westens und Nordwestens der USA zu gemeinsamen politischen Forderungen zusammengefunden. Sie attackierten die ökonomische Machtkonzentration des Bank-, Industrie- und Eisenbahnkapitals und dessen politische Macht über Parteimaschinen und Ämterkartelle. Ihre drei politischen Hauptforderungen Initiative (für Verfassungsvorschriften und Gesetze), Referendum und ‚recall' (Abwählbarkeit von Repräsentanten) konnten sie von 1898 bis 1918 im Kern in 22 Bundesstaaten durchsetzen" (Schiller 2002: 24f.). Des Weiteren wurde in dieser Phase auch die Direktwahl der Senatoren, die bis dahin meist noch von den Parlamenten der Bundesstaaten gewählt wurden, als 17. Zusatzartikel in die Verfassung aufgenommen (1913). Aktuell werden Formen direkter Demokratie in 28 der 50 Bundesstaaten der USA praktiziert. Über 70% der Bevölkerung leben in einem Staat oder einer Stadt mit direktdemokratischen Instrumenten (Lucia/Matsusaka 2004: 463).

In Europa verfügt Italien nach der Schweiz (und Lichtenstein) über die am stärksten institutionalisierte direkte Demokratie. Ein obligatorisches Referendum ist vorgesehen bei der Zusammenlegung oder Schaffung neuer Regionen (Art. 132 I Ital. Verfassung). Ein Referendum ist auch erforderlich, wenn Gemeinen oder Provinzen zu einer anderen Region wechseln wollen. Allerdings ist das Ergebnis für das Parlament nicht bindend (Art. 132 II). Eine Volksabstimmung muss eingeleitet werden bei verfassungsändernden Gesetzen, wenn dies bis zu drei Monaten nach Veröffentlichung entweder ein Fünftel der Mitglieder einer Kammer oder fünfhunderttausend Wähler oder fünf Regionalräte verlangen. Wird in einem Referendum die Mehrheit der gültigen Stimmen nicht erreicht, so gilt das Gesetz als nicht angenommen und wird nicht verkündet (Art. 138 II). Wird das Gesetz allerdings von beiden Kammern mit Zweidrittelmehrheit gebilligt, darf keine Volksabstimmung stattfinden (Art. 138 III Ital. Verfassung).

Europaweit sehr selten vorzufinden ist das in Italien bekannte abrogative Referendum. Auf Verlangen von 500.000 Wählern oder fünf Regionalräte muss eine Abstimmung über die gänzliche oder teilweise Aufhebung eines bestehenden Gesetzes durchgeführt werden (Art. 75 I). Ausgenommen sind die Bereiche Steuern und Haushalt, Amnestie und Strafnachlass „sowie die Ermächtigung zur Ratifizierung internationaler Verträge" (Art. 75 II). Da das abrogative Referendum eine weitgehende Eingriffsmöglichkeit in bestehendes Recht bietet, gilt ein hohes Beteiligungsquorum. Für eine Annahme des Vorschlags muss die Mehrheit der Wahlberechtigten (also 50% oder mehr) an der Abstimmung teilnehmen und die Mehrheit der abgegebenen gültigen Stimmen erreicht werden (Art. 75 IV).

Bis zur Transformation des italienischen Parteiensystems Anfang der 1990er Jahren stand das abrogative Referendum nach Hornig (2012) im Einklang mit den Formen von Elitenkonsens und Proporz, ohne allerdings (wie im Fall des fakultativen Referendums in der Schweiz) als dessen Ursache angesehen werden zu können. Dem ist allerdings entgegen zu halten, dass allein durch die relativ hohe Anzahl eingeleiteter Referenden der Elitenkonsens bzw. die Dominanz der Democrazia Cristiana (DC) gestört worden ist. Im „bipolarismo imperfetto" bis Anfang der 1990er Jahre stand mit dem abrogativen Referendum ein relativ häufig genutzter Artikulations- und Korrekturmechanismus zur Verfügung. Mit der Bipolarisierung des italienischen Parteiensystems seit Mitte der 1990er Jahre wurde dann aber offensichtlich, dass das abrogative Referendum in Italien nicht mit der konkordanzbildenden Funktion des fakultativen Referendums in der Schweiz verglichen werden kann, u.a. aufgrund der Vorprüfung durch das Verfassungsgericht und des hohen Beteiligungsquoren (Hornig 2012).

Eine in der Schweiz auf Bundesebene nicht erlaubte Gesetzesinitiative kann in Italien von mindestens 50.000 Wählern in Form einer in Artikeln ausformulierten Gesetzesvorlage gestartet werden (Art. 71 II). Bei Erreichen des Quorums wird mit der Vorlage wie mit einer normalen Gesetzesvorlage von der Regierung oder aus dem Parlament verfahren. Die Gesetzesinitiative führt also nicht zu einer Volksabstimmung, sondern ist eine zusätzliche Variante des parlamentarischen Initiativrechts. Das Centre for Research on Direct Democracy (c2d) am Zentrum für Demokratie Aarau zählt für Italien 70 Abstimmungen seit 1974 auf nationaler Ebene bis Ende 2012 (www.c2d.ch). Davon erreichten 26 die erforderliche Mehrheit (37%) und 44 scheiterten (63%).

Die Verfassung Irlands wurde 1937 durch eine Volksabstimmung angenommen und kann nach Art. 47 auch nur durch Volksabstimmungen geändert werden. Sie enthält ein obligatorisches Referendum ohne Beteiligungs- und Zustimmungsquorum (Art. 47 Abs. 1). Ein fakultatives, von der Bevölkerung initiierbares Referendum ist nicht vorhanden. Das Recht zur

Abstimmungsteilnahme ist an das Wahlrecht zum Dáil Éireann gekoppelt (Art. 47, Abs. 3). Seit den 1930er Jahren wurden 34 obligatorische Referenden abgehalten, davon waren 25 erfolgreich und neun erfolglos. Seit Anfang der 1970er Jahre wurden aufgrund von Modernisierung und Europäisierung vermehrt Referenden abgehalten. Die höchste Aktivität wurde in den 1990er Jahren mit 10 Abstimmungen erreicht (www.c2d.ch).

Obligatorisches Referendum in Irland (Volksentscheid):
„(1) Jeder Vorschlag einer Änderung dieser Verfassung, der auf dem Wege des Volksentscheides der Entscheidung des Volkes unterbreitet wird, gilt im Hinblick auf Artikel 46 dieser Verfassung als durch das Volk gebilligt, wenn nach seiner Unterbreitung die Mehrzahl der bei dem Volksentscheid abgegebenen Stimmen zugunsten der Umwandlung des Vorschlages in ein Gesetz abgegeben wurde.
(2) 1. Jeder auf dem Wege des Volksentscheides der Entscheidung des Volkes unterbreitete Vorschlag, der keinen Verfassungsänderungsvorschlag darstellt, gilt als vom Volke abgelehnt, wenn die Mehrzahl der bei dem Volksentscheid abgegebenen Stimmen gegen die Umwandlung eines solchen Vorschlags in ein Gesetz abgegeben wurde und wenn die so gegen die Umwandlung des Vorschlags in ein Gesetz abgegebenen Stimmen nicht weniger als 33 1/3% der eingetragenen Wählerstimmen ausmachen.
2. Jeder auf dem Wege des Volksentscheides der Entscheidung des Volkes unterbreitete Vorschlag, der keinen Verfassungsänderungsvorschlag darstellt, gilt im Hinblick auf Artikel 27 dieser Verfassung als durch das Volk gebilligt, wenn er nicht gemäß den Bestimmungen des vorangehenden Unterabsatzes abgelehnt worden ist" (Art. 47 Irische Verf.)[6].

Während Irland ein Prototyp des obligatorischen Referendums ist, verkörpert Frankreich den Prototyp für Plebiszite, normiert in Art. 11 Abs. 1 der Französischen Verfassung (1958/2008). „(1) Der Präsident der Republik kann auf Vorschlag der Regierung während der Sitzungsperiode oder auf gemeinsamen Vorschlag der Kammern, welche im Journal officiel veröffentlicht werden, jeden Gesetzentwurf zum Volksentscheid bringen, der die Organisation der öffentlichen Gewalten, Reformen der Wirtschafts-, Sozial- oder Umweltpolitik der Nation sowie der dabei mitwirkenden Gemeindienste betrifft oder auf die Ermächtigung zur Ratifikation eines Vertrages hinzielt, der, ohne der Verfassung entgegenzustehen, Auswirkungen auf das Funktionieren der Institutionen hätte".

Mit der Verfassungsänderung 2008 kam in Art. 11 Abs. 3 die Möglichkeit einer Referendumsinitiative hinzu: „(3) Ein Volksentscheid zu einem in Absatz 1 genannten Gegenstand kann auf Initiative eines Fünftels der Mitglieder des Parlaments, unterstützt von einem Zehntel der auf den Wahllisten eingetragenen Wähler, stattfinden. Diese Initiative wird in Form eines Gesetzesvorschlages ergriffen und kann nicht die Aufhebung einer gesetzlichen Bestimmung zum Gegenstand haben, die vor weniger als einem Jahr verkündet wurde".

Bei einer Referendumsinitiative ist neben einem Zehntel der Wähler allerdings auch die Zustimmung eines Fünftels der Parlamentarier notwendig, um die Initiative auszulösen. Durch dieses doppelte Quorum für die Auslösung unterscheidet sie sich deutlich vom fakultativen Referendum der Schweiz, das faktisch ein von einem Prozent der Wahlberechtigten auslösbares „Oppositionsinstrument" des Volkes ist (Haller/Kölz/Gächter 2008: 77). Das

---

[6] vgl. www.verfassungen.de/ für diese und die folgenden Übersetzungen von Verfassungstexten.

Centre for Research on Direct Democracy (c2d) am Zentrum für Demokratie Aarau zählt für Frankreich 11 Volksabstimmungen auf nationaler Ebene seit 1958, davon waren acht präsidentielle Plebiszite.

In Österreich ist auf Bundesebene ein Referendum bei einer neuen Verfassung obligatorisch. Bei einer Teilrevision der Verfassung kann ein fakultatives Referendum von einem Drittel des Nationalrats oder des Bundesrats ausgelöst werden (Art. 44 III B-VG). Das Parlament kann auch ein einfaches fakultatives Referendum auslösen für Gesetzentwürfe (Art. 43 B-VG) und für „Angelegenheiten von grundsätzlicher und gesamtösterreichischer Bedeutung" (Art. 49b). Dies war 1978 der Fall, als das Parlament über die Inbetriebnahme des ersten österreichischen Kernkraftwerks abstimmen ließ und anschließend ein Gesetz gegen die Nutzung der Kernkraft erließ. Die Abstimmung über den Beitritt zur EU im Juni 1994 war dagegen ein obligatorisches Referendum.

In der Praxis hat die 1963 eingeführte Möglichkeit des Volksbegehrens mehr Resonanz gefunden. Ausgelöst wird ein Volksbegehren durch Unterstützung von 0,1% der Stimmberechtigten, erfolgreich ist es, wenn innerhalb einer Woche 100.000 Stimmberechtigten oder je ein Sechstel der Stimmberechtigten dreier Bundesländer unterschreiben. Im Unterschied zu einer erfolgreichen Volksinitiative in der Schweiz führt das Volksbegehren in Österreich aber nur dazu, dass sich das Parlament mit dem Thema befassen muss. Das letzte Wort bleibt also beim Parlament. Während die meisten Volksbegehren beim Unterschriftenquorum noch erfolgreich sind, scheitern sie dann später im Nationalrat. Von den 35 Volksbegehren bis Ende 2012 erreichten 32 die notwendigen Unterschriften (91%).[7] Auf parlamentarischer Ebene liegt die Erfolgsquote bei ca. 20%. Bis 1999 gab es die Möglichkeit, ein Volksbegehren auch durch acht Abgeordnete des Nationalrates oder je vier Abgeordneten aus drei Landtagen auszulösen, was als Minderheiteninstrument in den Ländern recht beliebt war.

In der Bundesrepublik Deutschland gilt auf Bundesebene ein obligatorisches Referendums für den Fall einer Neugliederung von Bundesländer (Artikel 29 GG). Diese Regelung kam 1996 zur Anwendung, als über die Zusammenlegung der Länder Berlin und Brandenburg abgestimmt wurde. Die Zusammenlegung scheiterte an der Ablehnung in Brandenburg. Weitere direktdemokratisch relevante Regelungen auf Bundesebene existieren nicht. Auf Ebene der Bundesländer sind inzwischen umfangreiche Volksrechte institutionalisiert (Eder 2010: 104).

Tabelle 2-30 fasst die Unterschriftenquoren, die Sammelfristen und den daraus gebildeten Mobilisierungskoeffizienten zusammen. Die Reihenfolge der Länder ist nach der Anzahl der Verfahren zwischen 1990 und 2006 geordnet (Spalte 5). Der Mobilisierungskoeffizient gibt an, wie groß der Anteil der Unterschriften ist, der pro Tag gesammelt werden muss, um das Unterschriftenquorum zu erreichen. Er ist der Quotient aus Unterschriftenquorum und Sammelfrist (Eder 2010: 108). Je niedriger der Quotient, umso mehr Zeit haben die Initiatoren zur Überwindung des Quorums. Im Unterschied zu den Kantonen der Schweiz gibt es nach Eder (2010: 110) für die deutschen Bundesländer einen hochsignifikanten Zusammenhang zwischen der durchschnittlichen Anzahl der Verfahren pro Bundesland und Jahr sowie dem Mobilisierungskoeffizienten; dies trotz des relativ hohen Mobilisierungskoeffizienten in Bayern und Hamburg.

---

[7]   http://www.bmi.gv.at/cms/BMI_wahlen/volksbegehren/Alle_Volksbegehren.aspx [02.01.2013]

Tab. 2-30: Merkmale der Volksgesetzgebung in den Bundesländern 1990–2005

Land	Unterschriften-quorum (%)	Sammelfrist (Tage)	Mobilisierungs-koeffizient	Anzahl Verfahren absolut
Bayern	10,0	14	0,71	16
Brandenburg	3,8	120	0,03	16
Hamburg	7,5	22	0,44	13
Mecklenburg-Vorpommern	10,0	-	0,00	12
Schleswig-Holstein	5,0	180	0,03	11
Sachsen	12,7	240	0,05	10
Bremen	12,5	71	0,44	8
Niedersachsen	10,0	180	0,06	7
Nordrhein-Westfalen	17,0	24,5	1,11	5
Berlin	10,0	60	0,17	4
Sachsen-Anhalt	11,1	180	0,06	4
Thüringen	10,0	120	0,08	4
Saarland	20,0	14	1,43	2
Baden-Württemberg	16,7	14	1,19	1
Rheinland-Pfalz	16,2	31,3	0,95	1
Hessen	20,0	14	1,43	0
Durchschnitt	12,03	85,65	0,51	7,12

Quelle: Eder 2010: 106, 109.

Obwohl das Thema Referendum in den Niederlanden auf nationaler Ebene regelmäßig innenpolitisch diskutiert wird, gibt es bislang kein entsprechendes Gesetz. Lediglich von 2001 bis 2005 war ein Referendumsgesetz zu einem beratenden Referendum als Kompromiss in Kraft (Schiller 2002). Das Plebiszit über die EU-Verfassung vom 1. Juni 2005 wurde vom Parlament initiiert und war rechtlich nicht bindend.

Europäische Bürgerinitiative: Artikel 11 (4) der konsolidierten Fassung des Vertrags über die Europäische Union gibt Unionsbürgern, „deren Anzahl mindestens eine Million betragen und bei denen es sich um Staatsangehörige einer erheblichen Anzahl von Mitgliedstaaten handeln muss", die Möglichkeit, „die Europäische Kommission auf[zu]fordern, im Rahmen ihrer Befugnisse geeignete Vorschläge zu Themen zu unterbreiten, zu denen es nach Ansicht jener Bürgerinnen und Bürger eines Rechtsakts der Union bedarf, um die Verträge umzusetzen".

Zu den Bedingungen für eine europäische Bürgerinitiative gehört, dass die Anzahl der Mitgliedsstaaten, aus denen die Bürgerinnen und Bürger mindestens kommen müssen, auf ein Viertel der EU-Mitgliedstaaten festgelegt worden ist. Organisiert werden muss eine solche Initiative von einem „Bürgerausschuss" mit EU-Staatsangehörigen aus mindestens sieben Mitgliedstaaten, der dann ein Jahr Zeit hat für das Sammeln der Unterschriften (Verordnung 211/2011 des EP und des Rates vom 16. Februar 2011 über die Bürgerinitiative). Danach hat die Kommission drei Monate Zeit zur „Festlegung des weiteren Vorgehens".

Zu berücksichtigen ist auch, dass für die Vorbereitung und Durchführung erfolgreicher Unterschriftenaktionen und Abstimmungskämpfe erhebliche Organisations- und Finanzressourcen erforderlich sind (Batt 2006: 15), die eine erhebliche Selektionsschwelle für die interessierten Teile der Bevölkerung darstellen.

Die Impuls- bzw. Agenda-Setting-Funktion kann diese Einschränkung keinesfalls kompensieren, da Initiativen – zumindest in der Schweiz – sich auf sehr spezifische Politiken richten, wie z.B. das Minarettverbot, und ein Türöffner für populistische Strategien sind. Decker (2006) schlägt für die Bundesrepublik ein fakultatives Referendum nach Schweizer Vorbild vor sowie ein Regierungsreferendum, um Entscheidungsblockaden aufbrechen zu können. Durch das fakultative Referendum könne ein wirksames Oppositionsinstrument institutionalisiert werden, das andere Strategien, wie die Anrufung des Bundesverfassungsgerichts oder die Blockade von Gesetzesentwürfen in der zweiten Kammer, entlasten könnte. Als psychologischer Effekt zwingt ein Referendumsinstrument die „politischen Akteure, auf die Interessen der referendumsfähigen Gruppen Rücksicht zu nehmen und nach Übereinstimmung zu suchen" (Decker 2006: 9).

Aufgrund der Spitzenposition der Schweiz bei Ausbau und Nutzung direktdemokratischer Instrumente könnte man nun vermuten, dass das politische System auch bei vergleichenden Demokratieindices insgesamt eine Spitzenposition einnimmt. Dem ist aber nicht so. Vielmehr wirken sich Faktoren wie die niedrige Wahlbeteiligung nachteilig auf die Position der Schweiz in solchen Indices aus. Ein relativ neuer Index der vergleichenden Demokratiemessung ist der „Demokratiebarometer" (www.democracybarometer.org) des Zentrums für Demokratie Aarau. Die demokratische Qualität der Institutionen eines Landes wird darin zunächst in die drei Prinzipien Freiheit, Gleichheit und Kontrolle aufgegliedert, diese dann in neun Funktionen, die wiederum in insgesamt 18 Komponenten mit 51 Subkomponenten und 100 Indikatoren ausdifferenziert werden. Dieses „maximalistische" Demokratiekonzept hatte allerdings zur Folge, dass die direkte Demokratie nur als einer von zwei Indikatoren der Subkomponente „structural possiblities for inclusion of preferences" einfließt und die Schweiz hinsichtlich ihrer Demokratiequalität für z.B. 1995 nur auf Platz 19 und für 2005 auf Platz 9 von 30 gelistet wurde (Bühlmann et al. 2011), während die subjektive („gefühlten") Demokratiequalität höher sein dürfte. Bei seiner Kritik am Demokratiebarometer geht z.B. Joachim Blatter (NZZ, 22. Februar 2011) so weit, grundsätzlich in Frage zu stellen, dass man „die Qualität von demokratischen Regierungssystemen mit Hilfe einer eindeutigen Definition von Demokratie bestimmen und die Länder durch ein eindimensionales Ranking miteinander vergleichen" kann; dies entspreche „weder der Tradition der Demokratietheorie noch dem Stand der wissenschaftlichen Diskussion zur Messung von Demokratie-Qualität" (ebd.).

Eine weitere vergleichende Demokratiemessung liegt mit dem Vanhanen-Index vor (vgl. Schmidt 2008: 374), der sich aus zwei Variablen zusammen setzt: 1) politischer Wettbewerb (W), 2) politische Partizipation (P) und schließlich als Gesamtindikator die 3) Demokratisierung (Formel: $D = P \times W/100$). Die erste Variable misst den Wahlerfolg, d.h. den Stimmenanteil von kleineren Parteien im Parlament. Dazu wird der Stimmenanteil der größten Partei von 100 subtrahiert. Das Resultat kann aber maximal den Wert 70 erreichen. Anzumerken ist, dass die Variable Wettbewerb zulasten von Majorzsystemen konstruiert ist. Dies zeigt sich besonders deutlich bei dem Variablenwert für die USA, die mit ihrem strikten Zweiparteiensystem nur den niedrigsten Wert im Sample der Tabelle 2-31 erreichen.

Die zweite Variable berücksichtigt die Wahlbeteiligung als prozentualen Anteil an der Gesamtbevölkerung. Da sich Partizipation aber auch in Referenden ausdrücken kann, wird der Variablenwert für ein nationales Referendum um 5% und für ein regionales Referendum um

1% erhöht. Jedoch gilt für Referenden eine Obergrenze von 30% pro Jahr. Auch für den Gesamtwert der Variable Partizipation gilt eine Obergrenze von 70. Schließlich wird der Index der Demokratisierung durch Multiplikation der beiden Variablen P und W und anschließender Division durch 100 gebildet.

Aufgrund der Obergrenzen ist der höchste erreichbare Wert des Demokratisierungsindex 49. Im vorgestellten Sample für 2010 ist Schweden mit einem Wert von 45,5 nach dem Vanhanen-Index am stärksten demokratisiert. Aufgrund ihrer direktdemokratischen Instrumente kommen Länder mit einer niedrigen Wahlbeteiligung wie die Schweiz und die USA auf sehr hohe Werte bei der Variable Partizipation. Obgleich einige der Entscheidungen bei der Konstruktion des Index (wie die Obergrenzen) willkürlich zu sein scheinen, liefert er im Ergebnis doch ein weitgehend „realistisches" Bild.

Tab. 2-31: Vanhanen-Index für 17 Länder (2010)

	Wettbewerb	Partizipation	Demokratisierung
Schweden	69,3	65,7	45,5
Dänemark	70,0	64,1	44,9
Belgien	70,0	62,1	43,4
Schweiz	70,0	66,5	43,0
Niederlande	70,0	56,1	39,3
Finnland	70,0	53,1	37,2
Norwegen	64,6	57,5	37,1
Griechenland	56,1	63,9	35,8
Deutschland	66,2	52,5	34,8
Italien	56,2	62,0	34,8
Spanien	55,9	61,9	34,6
USA	47,0	70,0	32,9
UK	63,9	48,4	30,9
Irland	58,4	50,4	29,4
Portugal	55,8	52,0	29,0
Frankreich	53,7	49,1	26,4
Polen	52,8	43,0	22,7

Quelle: www.fsd.uta.fi/en/data/catalogue/FSD1289/meF1289e.html [03.09.2012].

2.4   Neutralität

2.4.1   Wozu Neutralität?

Während die direkte Demokratie den internen Umgang mit dem Problem der Souveränität stark mitbestimmt, prägt die Neutralitätspolitik den nach außen gerichteten Umgang mit der Souveränitätsfrage. Es kennzeichnet das politische System der Schweiz, dass die „politische Klasse" intern durch direkte Demokratie begrenzt bzw. kontrolliert wird und extern durch die militärische „Enthaltsamkeit" der Neutralitätspolitik auf internationaler Ebene. Neutralität in bewaffneten Konflikten stellt eine besondere Form des Umgangs mit dem Souveränitätsproblem dar, bei der auf militärische Beistands- und Bündnisverpflichtungen verzichtet wird, ohne zugleich auf die Bereitschaft und Kapazität zur Selbstverteidigung und zu humanitärer Hilfe zu verzichten.

Wie zuvor bei der direkten Demokratie, gibt es auch bei der Neutralitätsidee Parallelen zur Geschichte der USA, genauer zum US-amerikanischen Isolationismus. Außenpolitische Neutralität ist in der Regel selbstgewählt, bewaffnet und mehr oder weniger dauerhaft. Ihre Inhalte und ihre konkrete Ausgestaltung sind nicht nur im Querschnittsvergleich, sondern auch im Zeitverlauf flexibel gestaltbar. Wird wie im Fall der Schweiz Neutralität dauerhaft bzw. „immerwährend" implementiert und nicht nur bei bestimmten Kriegen deklariert, so sind von Zeit zu Zeit Anpassungen des Neutralitätskonzepts notwendig. Dies geschieht in der Schweiz etwa durch die Politik einzelner Bundesräte (z.B. Max Petitpierre [1945-1961], vgl. Trachsler 2011a), durch Berichte der Regierung (z.B. Neutralitätsberichte) und durch Neutralitätsdebatten in den Medien.

> „Die **dauernde Neutralität** ist ein Grundsatz der schweizerischen Aussenpolitik. Sie dient der Sicherung der Unabhängigkeit der Schweiz und der Unverletzlichkeit ihres Staatsgebiets. Im Gegenzug verpflichtet sich die Schweiz, am Krieg zwischen anderen Staaten nicht teilzunehmen." (www.eda.admin.ch/eda/de/home/topics/intla/cintla/ref_neutr.html)

Der Grundsatz der „immerwährenden" Schweizer Neutralität wurde erstmals schriftlich auf dem Wiener Kongress 1815 festgehalten. In historischer Perspektive nicht zu unterschätzen ist auch die strategische Lage der Schweiz für den Alpentransit, die das Territorium für die europäischen Großmächte interessant gemacht hat. Auf dem Wiener Kongress wurden auch die Grenzen der Schweiz anerkannt. Die territoriale Unversehrtheit neutraler Staaten ist eine der Grundlagen des Neutralitätsrechts.

Die schweizerische Neutralität entstand nicht zuletzt aus der Einsicht, dass man als Kleinstaat im Konzert der damaligen Großmächte nicht mithalten konnte und dass jeder entsprechende Versuch auch den Zusammenhalt der Gemeinschaft gefährdet hätte. Ohne strikte Neutralität wäre die multilinguale und -konfessionelle Eidgenossenschaft im Gegen- und Miteinander der europäischen Großmächte vermutlich aufgerieben worden. Ein Zitat George Washingtons von 1796, das die Haltung der gezielten Neutralität für die damaligen USA beschreibt, illustriert auch gut die entsprechende Politik der frühen Schweizer Eidgenossenschaft: „Für unser Verhalten gegenüber fremden Nationen gilt der Hauptgrundsatz, dass wir bei Entwicklung der Handelsbeziehungen möglichst wenig politischen Kontakt mit ihnen haben. [...] Europa hat eine Reihe grundsätzlicher Interessen, die uns kaum oder doch nur entfernt angehen. Daher ist es oft in Streitigkeiten verwickelt, deren Ursachen unseren Interessen völlig fremd sind. Es wäre also unklug für uns, uns durch künstliche Bindungen in dem Wechselspiel der europäischen Politik oder in die landläufigen Kombinationen und Kollisionen seiner Freund- und Feindschaften zu verstricken" (zit. n. Ansprenger 2000: 57). Diese Überlegungen haben sich später zur sog. Monroe-Doktrin (1823) verdichtet bzw. sind auch Grundlage des Isolationismus geworden.

Nicht nur ideengeschichtlich aufschlussreich für die Bestimmung von Sinn und Zweck der Neutralität sind die Erörterungen des Staatsrechtslehrer Carl Schmitt (1888-1985), der sich schwer tat mit der Neutralitätsidee, lag diese doch quer zu seiner Freund-Feind Definition des Politischen. In der Politik, so Schmitt (1963/2002), habe Neutralität in der Regel nichts zu suchen, da sie von (notwendigen) Entscheidungen wegführe. Dennoch ist seine Aufgliederung der vier negativen Bedeutungsvarianten politischer Neutralität aufschlussreich:

- Neutralität als Nichtinterventionspolitik (pejorativ auch als Uninteressiertheit und passive Toleranz umschrieben) trat historisch zuerst als „Neutralität des Staates gegenüber den Religionen und Konfessionen" auf. „Diese Art ‚neutraler Staat' ist der nichts mehr unterscheidende, relativistische stato neutrale e agnostico, der inhaltlose oder doch auf ein inhaltliches Minimum beschränkte Staat" (Schmitt 1963/2002: 97).
- Neutralität als instrumentales, technisches Staatsverständnis, das „jedem die gleiche Benutzungschance geben soll [...] Die Neutralität des Staates als eines technischen Instrumentes ist denkbar für das Gebiet der Exekutive, und man kann sich vielleicht vorstellen, dass der Justizapparat oder der Verwaltungsapparat in der gleichen Weise funktioniere und mit derselben Sachlichkeit und Technizität jedem Benutzer, der sich seiner normgemäß bedient, zur Verfügung stehe" (ebd.: 98).
- Neutralität als Chancengleichheit in der Willensbildung bezieht sich insb. auf die Möglichkeit überstimmter Minderheiten, die Chance zu behalten, zukünftig die Mehrheit zu erringen. Diese Idee staatspolitischer Neutralität sei besonders bei liberalen Gerechtigkeitsvorstellungen anzutreffen (ebd.: 99).
- Neutralität als Parität meint die „gleiche Zulassung aller in Betracht kommenden Gruppen und Richtungen unter gleichen Bedingungen und mit gleicher Berücksichtigung bei der Zuwendung von Vorteilen oder sonstigen staatlichen Leistungen". Allerdings stelle sich bei dieser Variante die Frage, „welche Gruppen für die Parität überhaupt in Betracht kommen [...] weil man nicht automatisch und mechanisch jede sich meldende Partei zulassen kann. [...] Die Neutralität im Sinne von Parität ist aber nur gegenüber einer relativ geringen Zahl von berechtigten Gruppen und nur bei einer relativ unbestrittenen Macht- und Einflussverteilung der paritätisch berechtigten Partner praktisch durchführbar" (ebd.: 100). Zusammengefasst ist der Einwand gegen diese Neutralitätsvariante – die natürlich der Schweizerischen Konkordanzidee am nächsten steht – dass sie letztlich Entscheidungen blockiere statt ermögliche. In moderner Terminologie ist damit die Thematik von Regierbarkeit und Politikblockaden angesprochen, die u.a. mit der Gegenüberstellung von Mehrheits- und Konsensus- bzw. Konkordanzmodellen verbunden ist (vgl. Kap. 2.5).

Historisch entstand die Verpflichtung auf politische Neutralität nach einer Phase gewaltsamer Konflikte, in der sich die Schweizer Söldner einen Ruf als gefürchtete Kämpfer erwarben. Ähnlich wie in Schweden einige Jahrhunderte später setzte sich nach einer Niederlage gegen Frankreich bei Marignano im Kampf um das Herzogtum Mailand 1515 allmählich die Neutralitätsidee durch. Die Entwicklung zur Neutralität lässt sich pragmatisch aus der Notwendigkeit erklären, interne Spaltungen der Eidgenossenschaft durch unterschiedliche Bündnisse einzelner Orte zu vermeiden und die Nachbarländer aus den eigenen Angelegenheiten heraus zu halten. Auch Belgien, das neben der Schweiz als europäische Prototypen der Konkordanzdemokratie gehandelt werden, wird nach der Ablösung von den Niederlanden auf einer Konferenz in London von den europäischen Großmächten auf „ewige Neutralität" verpflichtet. Voraussetzung für die Anerkennung der Unabhängigkeit Belgiens war, dass die damalige „balance of power" zwischen den Großmächten, insbesondere England und Frankreich, unangetastet blieb (Ansprenger 2000: 52).

Unterschiedliche Ansichten gibt es auch darüber, ob Neutralität Mittel oder Zweck der Politik ist. Während in der Bevölkerung teilweise die Ansicht von Neutralität als Selbstzweck

dominiert, ist auf politischer und verfassungsrechtlicher Ebene das Verhältnis genau umgekehrt. Dort ist sie „ein wichtiges Mittel zur Erhaltung der Souveränität des Landes. Dennoch
haben die Autoren der Verfassungen von 1848, 1874 und 1999 es bewusst vermieden, die
Neutralität unter den Bundeszwecken oder den Prinzipien der Aussenpolitik aufzuführen"
(EDA 2005: 7007). Dies wirft allerdings die Frage auf, welchen Zwecken sie dann dient bzw.
in welche Funktionskontexte sie eingebettet ist. In zweckrationaler Betrachtung ist Neutralität das wichtigste Mittel zur Behauptung der Unabhängigkeit der Schweiz, in wertrationaler
Betrachtung eine identitätsstiftende Maxime der Außenpolitik (Goetzel/Bernath/Schwarz
2002: 43). Ein wichtiger Impuls zur Institutionalisierung der identitätsstiftenden Funktion
ging von dem einsetzenden Kalten Krieg aus, der es der Schweiz ermöglichte, aus der internationalen Isolierung nach dem zweiten Weltkrieg (Bonjour 1978: 207) aufgrund ihrer vorherigen Neutralitätspolitik zu entkommen und sich als zwar neutraler, aber dennoch integraler
Bestandteil des Westens zu definieren (Goetzel/Bernath/Schwarz 2002: 44).

> „Neutrality, historically, has had two **main functions**: internal integration and external in-
> dependence: integration through neutrality prevented the cantons of the old confederation
> from becoming divided by the conflicts of their neighbours or from being broken up into
> antagonistic religious and cultural parts. Later, armed neutrality helped to preserve the in-
> dependence of the Swiss federation" (Linder 2010a: 16).

Im Unterschied zu (freiwilliger) Neutralität bezeichnet Neutralisierung eine unfreiwillig
auferlegte dauernde Neutralität, die den neutralisierten Staat in seiner Souveränität beeinträchtigt (Argirakos 2005: 105). „Ein Staat ist somit neutralisiert, wenn ihm fremde Mächte
ohne seine Zustimmung einen dauernd neutralen Status auferlegt haben" (Argirakos 2005:
105). Dies ist mit einer faktischen Neutralität nicht möglich, da aufgrund der fehlenden völkerrechtlichen Verankerung der neutrale Staat sich nach eigenem Ermessen von der unpartei-
ischen Haltung lossagen kann (ebd.: 106). Neutralismus ist dagegen ein veraltetes, im Kalten
Krieg entstandenes Synonym für Blockfreiheit (ebd.; vgl. Gallus 2001). Es illustriert aber das
(negative) Image der Neutralen während des Kalten Krieges als moralische und ökonomische
„Trittbrettfahrer" des westlichen Militärbündnisses. „The neutrals have been painted as im-
moral free-riders, ready to benefit from the successes of one side or another but unwilling to
contribute actively themselves" (Wylie 2002: 2). Die fünf neutralen Staaten Europas waren
alle „westliche Industrienationen mit einem liberalen (westlichen) politischen System", die
aber (mit Ausnahme Irlands) bis 1989 aus Neutralitätsgründen eine Mitgliedschaft in der EG
(bzw. EWR) nicht angestrebt hatten (Pelinka 2004: 137f.). Inzwischen sind bis auf die
Schweiz aber alle neutralen europäischen Staaten auch EU-Mitglied und Beobachter bei der
WEU (ebd.: 138). Für die neutralen EU-Mitglieder, nicht jedoch für die Schweiz, stellt sich
die Frage der Positionierung in der Gemeinsamen Außen- und Sicherheitspolitik (GASP), die
aber meist als nicht mehr problematisch angesehen wird

2.4.2   Neutralitätsrecht und Neutralitätspolitik

Der Neutralitätsgrundsatz ist eine wichtige Maxime der schweizerischen Außen- und Sicherheitspolitik und prägt die Politiken und Praktiken in diesem Feld. Er hat auch zur Nichtbetei-
ligung an beiden Weltkriegen geführt, zur Nichtmitgliedschaft in der NATO und zum späten

Beitritt in andere, neutralere internationale Organisationen wie den IMF und der Weltbank (1992) und der UN (2002). Während das internationale Neutralitätsrecht langfristig invariant ist, muss die Neutralitätspolitik von Zeit zu Zeit neu an aktuelle Fragen und Konflikte der internationalen Politik angepasst werden. So ist etwa die Rolle der Schweiz als Depositarstaat der Genfer Konvention mit der Frage verbunden, ob und wie sich die Schweiz jeweils zu zwischenstaatlichen und neuen, innerstaatlichen und asymmetrischen Konflikten äußern soll.

Das Neutralitätsprinzip ist an zwei Stellen in die Verfassung aufgenommen und verpflichtet Parlament und Regierung. Art. 173 normiert als Aufgabe der Bundesversammlung, „Massnahmen zur Wahrung der äusseren Sicherheit, der Unabhängigkeit und der Neutralität der Schweiz" zu treffen. Gleiches ist in Art. 185 (Äussere und innere Sicherheit) für den Bundesrat geregelt, der „Massnahmen zur Wahrung der äusseren Sicherheit, der Unabhängigkeit und der Neutralität der Schweiz" trifft. Diese Formulierung ist von Regierungspolitikern immer wieder als Auftrag zu einer „aktiven" Neutralitätspolitik interpretiert worden.

Hinsichtlich der Anwendung des Neutralitätsrechts sind eine dauerhafte und eine faktische Neutralität zu unterscheiden. Die wenigsten neutralen Staaten haben sich wie die Schweiz zu einer dauerhaften Neutralität in militärischen Konflikten bekannt. Erklärt sich ein Staat dauerhaft oder nur in bestimmten Konflikten für neutral, kann er für die Dauer von militärischen zwischenstaatlichen Konflikten die Rechte und Pflichten neutraler Staaten aus der Zweiten Haager Konvention in Anspruch nehmen bzw. muss diese beachten. Nach Sektion V (Landkrieg) Art. 2 ist es den kriegführenden Parteien verboten, „to move troops or convoys of either munitions of war or supplies across the territory of a neutral Power". Nach Art. 3 dürfen die kriegführenden Parteien keine Kommunikationsanlagen zu militärischen Zwecken auf dem Gebiet neutraler Staaten errichten oder bereits bestehende Anlagen nutzen.

Das Neutralitätsrecht besteht neben dem Haager Abkommen und Erklärungen von 1907 auch aus Völkergewohnheitsrecht. Liegt ein UN-Beschluss zu einer militärischen Zwangsmaßnahme zur Wahrung von Frieden und Sicherheit (Kapitel VII UNO-Charta) vor, können sich neutrale Staaten wie die Schweiz nicht mehr auf Rechte und Pflichten aus dem Neutralitätsrecht berufen. Dies betrifft besonders die Gewährung bzw. Verweigerung von Überflugrechten und den Export von Rüstungsgütern.

Zu den Rechten neutraler Staaten gehört die Garantie der territorialen Unversehrtheit. Des Weiteren können die in einem neutralen Staat ansässigen privaten Unternehmen weiterhin mit sich im Krieg befinden Staaten Handel treiben. „Diese Freiheit gilt auch für den Transit und die Ausfuhr von Waffen und Munition durch Privatunternehmen. Wenn ein neutraler Staat den Handel mit solchen Gütern einschränkt, müssen diese Einschränkungen unterschiedslos für beide kriegführenden Lager gelten. Die Schweiz kontrolliert durch ihre einschlägigen gesetzlichen Vorschriften die Ausfuhr solcher Güter" (EDA 2005: 7005). Zu den Pflichten neutraler Staaten gehört insbesondere, sich nicht an den militärischen Konflikten zwischen anderen Staaten zu beteiligen. So „ist es ihm untersagt, kriegführende Staaten mit Kriegsmaterial oder Truppen zu unterstützen. Ferner darf er den kriegführenden Staaten weder sein Hoheitsgebiet noch seinen Luftraum für militärische Zwecke zur Verfügung stellen" (EDA 2005: 7005).

Für dauernd neutrale Staaten gilt nach dem Völkergewohnheitsrecht der Grundsatz der Bündnisfreiheit in Friedenszeiten (Argirakos 2005: 99). Sie dürfen sich in Friedenszeiten nicht dahingehend binden, dass sie im Fall eines zukünftigen militärischen Konfliktes eines

Bündnispartners Beistandspflichten leisten müssten, die mit ihren Pflichten aus dem Neutralitätsrecht unvereinbar sind. Daher darf ein neutraler Staat keinem Militärbündnis beitreten (EDA 2005: 7006). Eine Übertragbarkeit des Neutralitätsrechts auf internationale Wirtschaftssanktionen gibt es aber nicht. So kann sich die Schweiz auch an „von der UNO, der EU oder einer jeglichen anderen Staatengruppe verhängten Sanktionen beteiligen. Desgleichen ist das Neutralitätsrecht nicht anwendbar auf militärische Massnahmen, die der Sicherheitsrat der UNO unter Berufung auf Kapitel VII der Charta der Vereinten Nationen beschliesst" (ebd.). Liegt also ein von der UNO legitimierte Einsatz von Gewaltanwendung mit dem Ziel der Durchsetzung von Sicherheitsratsbeschlüssen vor, dann findet das Neutralitätsrecht keine Anwendung (ebd.).

Im Unterschied zum zwingenden Neutralitätsrecht bezeichnet die Neutralitätspolitik diejenigen „Massnahmen, die der dauernd neutrale Staat in Eigeninitiative und ungeachtet der mit dem Neutralitätsrecht verbundenen Verpflichtungen ergreift, um die Wirksamkeit und Glaubwürdigkeit seiner Neutralität zu gewährleisten. Im Gegensatz zum Neutralitätsrecht ist die Neutralitätspolitik keinerlei rechtlichen Vorschriften unterworfen" (EDA 2005: 7006).

In den Ermessensspielraum eines neutralen Staates fällt auch die Definition der Beendigung eines zwischenstaatlichen militärischen Konflikts, mit dem auch die Geltung des Neutralitätsrechts und entsprechender Erlasse und Maßnahmen sein Ende findet. Nach dem Neutralitätsrecht endet ein bewaffneter Konflikt durch einen Waffenstillstand oder eine Kapitulationserklärung. „Entscheidend ist letztlich, dass die Feindseligkeiten tatsächlich eingestellt worden sind. Dies kann beispielsweise dadurch geschehen, dass eine Partei nicht mehr in der Lage ist, sich militärisch zur Wehr zu setzen (debellatio). Die Niederlage kann zu einer militärischen Besetzung führen" (EDA 2005: 7015). Im Fall des Irak-Krieges entschied der Bundesrat, dass am 16. April 2003 „die Bedingungen erfüllt [waren], die auf eine Einstellung der Feindseligkeiten schliessen liessen" und beendete damit die Geltung des Neutralitätsrechts (EDA 2005: 7015).

Im politischen Diskurs lassen sich zwei grundlegende Richtungen der Interpretation von Neutralität unterscheiden: eine offene bzw. aktive und eine traditionalistische bzw. integrale Variante, die etwa die Beteiligung an UN-Friedensmissionen ablehnt. Bei Öffnungsbefürworter steht der instrumentelle Charakter der Neutralität im Vordergrund. „Sie wollen sie auf ihren militärischen, neutralitätsrechtlichen Kern reduzieren und zur Bewältigung der sicherheitspolitischen Herausforderungen international enger kooperieren. Der Beitritt zur UNO oder die Beteiligung an friedenserhaltenden Operationen (zum Beispiel Swisscoy) stehen für diese Sichtweise. Die Neutralitätstraditionalisten auf der anderen Seite wehren sich gegen eine Relativierung" (Trachsler 2011b: 5). Sie halten an einer umfassenden Neutralität auch unter veränderten internationalen Bedingungen fest und sehen in ihr einen Schutz vor Terrorismus und einer Vereinnahmung durch die EU oder andere Großmächte (ebd.).

Unter dem Aspekt der Neutralität werden häufig Mitgliedschaften in internationalen Organisationen thematisiert. Dass der UNO-Beitritt erst 2002 eine Mehrheit in der Bevölkerung fand, lässt sich neben Neutralitätserwägungen aber auch auf Demokratiedefizite der UNO zurück führen. Inzwischen ist die UNO-Mitgliedschaft aber weitgehend akzeptiert und die Beteiligung an UN-Friedensmissionen führt nur noch selten zu grundlegenderen Debatten über Reichweite und Grenzen der schweizerischen Neutralität. Bei solchen Missionen wird meist die Solidaritätsfunktion ins Zentrum gerückt, also humanitäre und Katastrophenhilfe einschließlich militärischer Beobachter und Minenräumung.

Seit 2011, nach gerade neun Jahren UNO-Mitgliedschaft, bemüht sich die Schweiz auch um einen Sitz im UN-Sicherheitsrat, ohne damit größere innenpolitische Kontroversen auszulösen. Vielmehr ist die Neutralitätspolitik durch die große Zustimmung in der Bevölkerung selbst weitgehend neutralisiert worden. Dies könnte innenpolitisch auf die Linie von Bundesrätin Calmy-Rey (EDA-Vorsteherin 2003–2011) zurückzuführen sein, auf Ebene der internationalen Politik aber auch durch einen grundlegenden Wandel der Herausforderungen nach dem Ende des Ost-West-Konfliktes.

2.4.3   Neutralitätspolitik der Schweiz

Im folgenden Kapitel soll gezeigt werden, wie trotz einer – im Vergleich zu anderen neutralen Staaten – strengen Auslegung dieses Grundsatzes dennoch politische Gestaltung möglich ist. Nur ein kleiner Teil der außenpolitischen Entscheidungen wird durch die Verpflichtungen aus dem Neutralitätsrecht determiniert, ein Großteil der Entscheidungen ist dagegen als Neutralitätspolitik unter Hinzuziehung von Adjektiven wie umfassend (bis 1920er Jahre), differenziert (bis 1938), integral (bis Ende des Kalten Krieges) flexibel an neue internationale Konstellationen anpassbar (Goetzel/Bernath/Schwarz 2002: 42). Beispiele für militärische Konflikte ohne UN-Mandate, in denen das Neutralitätsrecht also anzuwenden war, sind der Golfkrieg 1991 (Anlass für den Neutralitätsbericht 1993), der Kosovokrieg 1999 und der Irakkrieg 2003.

Bereits vor und dann während des Irak-Krieges durften militärische Flugzeuge der Konfliktgegner (mit Ausnahme von militärischen Überflügen zu humanitären Zwecken) nach einem Bundesratsbeschluss die Schweiz nicht überfliegen. „Weiter sind dem Bund die Ausfuhr von Rüstungsgütern und Dienstleistungen an die am Konflikt beteiligten Staaten untersagt" (EDA o.J.: 4). Für private, in der Schweiz ansässige Unternehmen hat der Bundesrat „ein Bewilligungsverfahren für Ausfuhren von Kriegsmaterial und Dienstleistungen [...] in die kriegführenden Länder ein[geführt], um zu verhindern, dass in der Schweiz hergestelltes Kriegsmaterial im Irak-Konflikt zum Einsatz kommt" (EDA o.J.: 4).

Die Neutralitätspolitik der Schweiz beinhaltet aber auch ein vielfältiges Engagement in den Bereichen peace-keeping, peace-building und zuletzt auch eine Öffnung für peace-keeping Maßnahmen der UN. Bereits 1953 wurde ein bewaffnetes Kontingent zur Überwachung des Waffenstillstands (Neutral Nations Supervisory Commission, NNSC) und zur Rückführung von Kriegsgefangenen (Neutral Nations Repatriation Commission, NNRC) bereit gestellt (Wyss 2012).

Allerdings ist die Entsendung von bewaffneten Kontingenten die Ausnahme. Bei der Debatte zur Beteiligung an der Operation Atalanta (EUNAVFOR) am Horn von Afrika zeigten sich die Grenzen der Unterstützung solcher Maßnahmen. „Obwohl die stark globalisierte Schweizer Wirtschaft auf die freie Seeschifffahrt für Rohstoffe und den Handel angewiesen ist und somit ein strategisches Interesse an der Bekämpfung der Piraterie hat, lehnte das Parlament entgegen dem Willen des Bundesrats die Entsendung von Armeeangehörigen an das Horn von Afrika ab" (Wyss 2012: 32). Wie Tabelle 2-32 zeigt, gab es zwischen 1990 und 2003 elf UN-Beobachtermissionen, an denen sich die Schweiz beteiligt hat, meist mit bis zu vier Personen.

Tab. 2-32: Militärbeobachtermissionen 1990–2003

Mission	Einsatzort	Dauer	CH-Beobachter insgesamt
UNTSO United Nations Truce Supervision Commission	Naher Osten (Libyen, Syrien, Israel, Ägypten)	Seit 04.1990	10 Beobachter
UNTSO United Nations Truce Supervision Commission	Naher Osten (Libyen, Syrien, Israel, Ägypten)	03. 1995– 03.1996	1 Arzt, 2 Krankenpfleger
UNMOP United Nations Mission of Observers in Prevlaka	Kroatien, Montenegro	02.1996– 12.2002	1 Beobachter
UNOMIG United Nations Observer Mission in Georgia	Georgien, Abchasien	Seit 01.1994	4 Beobachter
MONUC Mission de l'Organisation des Nations Unies en République Démocratique du Congo	Demokratische Republik Kongo	Seit 06.2000	2 Beobachter
UNMEE United Nations Mission in Ethiopia and Eritrea	Äthiopien, Eritrea	Seit 10.2000	4 Beobachter
UNTAES UN Transition Mission in Eastern Slavonia and Sirmium	Kroatien	02.1996– 01.1998	3 Beobachter
UNMOT United Nations Military Observers in Tadjikistan	Tadschikistan	01.1995– 10.1998	3 Beobachter
UNMOT United Nations Military Observers in Tadjikistan	Tadschikistan	03.1995– 10.1998	2 Ärzte, 1 Krankenpfleger
UNPREDEP United Nations Preventive Deployment	FYROM	02.1996- 02.1999	1 Beobachter
UNPROFOR United Nations Protection Force	Kroatien	03.1992- 02.1996	5 Beobachter

Quelle: Wenger/Mauer/Schwerzmann 2003: 64.

Tab. 2-33: Militärkontingente 1953–2003

Mission	Einsatzort	Dauer	CH-Personal insgesamt
NNSC Neutral Nations Supervisory Commission	Korea	Seit 1953	5 Beobachter
UNTAG United Nations Transition Assistance Group	Namibia	1989-1990	Sanitätseinheit mit durchschnittlich 150 Angehörigen
MINURSO United Nations Mission for the Referendum in	Westsahara	1991-1994	Sanitätseinheit mit durchschnittlich 50 Angehörigen
SHQSU Swiss Headquarters Support Unit to the OSCE Mission in Bosnia and Herzegowina	Bosnien-Herzegowina	02.1996- 12.2000	Bis zu 55 Pers.
KFOR / SWISSCOY Swiss company to AUCON / KFOR	Kosovo / FYROM	Seit 07.1999	Bis zu 220 Pers.
UNMOVIC United Nations Mission for Observation and Verification of Iraq Compliance	Irak / Bagdad	12.2002- 02.2003	14 Personen

Quelle: Wenger/Mauer/Schwerzmann 2003: 65.

Tab. 2-34: Experteneinsätze 1960–2003

Mission	Einsatzort	Dauer	CH-Personal insgesamt
ONUC United Nations Observer Group in the Congo	Kongo	1960–1968	Technik- und Telekomexp.
United Nations Headquarters / DPKO Training Unit	New York	12.1994–03.1996	1 Arzt
United Nations Headquarters / DPKO Med Sp Unit	New York	04.1995–03.1999	1 Apotheker
United Nations Headquarters / DPKO Mine Action Service	New York	02.1997–12.1998	1 Minenexp.
UNSCOM United Nations Special Commission	Irak	Diverse	1 C-Waffenexp.
MAC United Nations Mine Action Centre	Bosnien-Herzegowina	07.1997–12.1998	1 Logistiker u. 1 Nachrichtenoff.
KVM OSCE Kosovo Verification Mission	Kosovo	12.1998–12.1999	26 Beobachter
UNMIK United Nations Mission in Kosovo	Kosovo	06.1999-	1 Verbindungs-off.
UNMIK United Nations Mission in Kosovo	Kosovo	08.1999–12.2001	2 Minenspez.
UNMIA United Nations Mission in Azerbaijan (Mine Action Coordination Centre)	Azerbaijan	08.1999–02.2002	1 Datenbankspez.
UNDP / NMAP United Nations Development Programme / National Mine Action Programme	Jemen	012000–01.2002	1 Minenexp.
UNDP / SMAC United Nations Development Programme / Somaliland Mine Action Centre	Somaliland	09.2000–09.2001	1 PR-Berater
UNDP / HCND United Nations Development Programme / National Mine Action Programme	Tschad	01.2001–04.2001	1 Minenexp.
UNDP Mine Action Support Programme	Albanien	Seit 02.2002	1 Beobachter
UNMACC United Nations Mine Action Coordination Centre	Afghanistan	03.2002–02.2002 12.2002	1 Logistikbera-ter
OSZE Wien (Chef Lageraum)	Wien	Seit 01.2001	1 Off.
Humanitäre Entminung (Pojektevaluation EDA)	Mozambique	01.2001–07.2001	2 Tech. Berater
UNMOVIC United Nations Mission for Observation and Verification of Iraq Compliance	Irak	12.2002–03.2003	1 Waffenexp.

Quelle: Wenger/Mauer/Schwerzmann 2003: 65f.

Ein höherer Personaleinsatz findet bei der selteneren Entsendung von Militärkontingenten statt. Zwischen 1953 und 2003 hat sich die Schweiz sechsmal mit Militärkontingenten an UN-Operationen beteiligt, mit einer deutlichen Häufung seit den 1990er Jahren (Tab. 2-33). Bei den 18 Experteneinsätzen zwischen 1960 und 2003 kam meist nur jeweils eine Person zum Einsatz. Dennoch tragen diese Einsätze zur Integration der Schweiz in das System zur UN-Friedenssicherung bei. Neben dem personellen Einsatz gibt es auch den direkten finanziellen Beiträge oder die Bereitstellung von Transportkapazität durch Flugzeuge (Tab. 2-35).

Tab. 2-35: Sonstiger Beiträge 1965–1992

Mission	Einsatzort	Dauer	Beitrag der Schweiz	Kosten (CHF)
UNEF First United Nation Emergency Force	Suez	1956	Material- und Personentransporte	1.500.000
ONUC United Nations Observer Group in the Congo	Kongo	1960–68	Transport von Sanitätsmaterial. Entsendung von Technik-und Kommunikationsexperten	11.300.000
UNFICYP United Nations Peace Keeping Force in Cyprus	Zypern	1964–	Finanzieller Beitrag	23.000.000
UNTSO United Nations Truce Supervision Organization	Naher Osten	1974–	Verbindungsflugzeug	40.000.000
UNIFIL United Nations Interim Force in Lebanon	Libanon	1988–	Finanzieller Beitrag	2.500.000
UN Evaluationsmission	Westsahara	1988	Flugzeug	112.000
UN Evaluationsmission	Afghanistan	1988	Flugzeug	170.000
UN Grenzmarkierung	Burkina Faso	1988	Finanzieller Beitrag	600.000
UNIIMOG United Nations Iran Iraq Military Observer Group	Iran-Irak	1988	Verbindungsflugzeug	1.200.000
Evakuationsmission verwundeter UN Mitarbeiter	Nach Bedarf	1989–92	Rettungsflugzeug der REGA	1.500.000

Quelle: Wenger/Mauer/Schwerzmann 2003: 64.

2.4.4   Akzeptanz in der Bevölkerung

Die hohen Zustimmungsraten von über 90% bei Umfragen in der Bevölkerung sind Ausdruck einer hohen Akzeptanz der Neutralität als normatives Muster. Weniger Konsens herrscht allerdings darüber, was Neutralität für die praktische Politik bedeutet. Wie oben erwähnt, wird Neutralität in der Bevölkerung eher als Zweck denn als Mittel der Politik angesehen. Riklin (1991) fasst insgesamt fünf Funktionen des Neutralitätsprinzips für die Schweizer Politik zusammen. Sie fördert die Integration und den Zusammenhalt der verschiedenen Landesteile und sozialen Gruppen, sie fördert die Unabhängigkeit in außen- und sicherheitspolitischen Fragen, sie fördert die Handelsfreiheit und trug bzw. trägt zu mehr Stabilität und Gleichgewicht im Konzert der europäischen Mächte bei. Schließlich ermöglicht sie es der Schweiz, ihre „guten Dienste" in der internationalen Politik anzubieten.

In der im Folgenden ausführlicher vorgestellten Studie von Szvircsev Tresch et al. (2012) werden primär drei Funktionszuschreibungen abgefragt. Die Neutralitätsfunktion i.e.S. dient dem Schutz der Unabhängigkeit des Landes (sicherheitspolitische Funktion). Daneben werden die Identitätsfunktion und die Solidaritätsfunktion untersucht.

Die Zustimmung zu diesen Funktionen und die daraus ableitbaren „Neutralitätstypen" in der Bevölkerung werden seit 1993 von den Studien des Center for Security Studies an der ETH Zürich erfasst. Die höchste Unterstützung findet die Solidaritätsfunktion der Neutralität in der Bevölkerung: „93% (+4%) der SchweizerInnen sind der Ansicht, dass die Schweiz dank der Neutralität ‚in Konflikten vermitteln und Gute Dienste leisten' könne" (Szvircsev Tresch et al. 2012: 133f.). Etwa 10% niedriger ist die Unterstützung für die Identitätsfunktion der

Neutralität. „Die sicherheitspolitische Funktion der Neutralität wird ebenfalls mehrheitlich –
aber deutlich schwächer als die Solidaritäts- und die Identitätsfunktion – unterstützt" (ebd.:
134). 66% der Stimmberechtigten teilen die Auffassung, „dass wir dank der Neutralität nicht
in internationale Konflikte involviert werden" (ebd.: 134).

Im Unterschied zur wissenschaftlichen Literatur herrscht in der Bevölkerung ein finales
Verständnis von Neutralität vor. „Die Forderung, dass die Neutralität lediglich als Instrument
der Aussenpolitik wahrgenommen wird, wird von einer Minderheit von 18% (-1%) der Befragten befürwortet und verbleibt damit auf dem Tiefpunkt der Datenerhebung. Die Schweizer Stimmbevölkerung interpretiert die Staatsmaxime somit auch 2012 überwiegend final.
Diese Entwicklung zeigt sich ebenfalls in der hohen Befürwortung der Identitätsfunktion der
Neutralität" (ebd.: 140). Mittels Clusteranalyse wurden die Umfrageergebnisse zu vier Neutralitätstypen in der Bevölkerung verdichtet, die in Tab. 2-36 zusammen gefasst werden. Den
vier Clustern lässt sich der überwiegende Teil der Befragten eindeutig zuordnen /ebd.).

Tab. 2-36: Vier Neutralitätstypen in der Bevölkerung 2012

Typus	Merkmale	Anteil 2012 (%)
Neutralitätsdissonante	• Zustimmung Neutralitätsfunktion	33
	• Neutralität und internationale Verflechtung ein Hindernis	
	• Neutralität als finaler Wert	
Neutralitätspragmatiker	• Zustimmung Solidaritäts- und Identitätsfunktion	27
	• Ablehnung sicherheitspolitischer Funktion	
	• Neutralität und internationale Verflechtung kein Hindernis	
	• Neutralität als finaler Wert	
Neutralitätstraditionalisten	• Zustimmung Neutralitätsfunktion	23
	• Neutralität und internationale Verflechtung kein Hindernis	
	• Neutralität als finaler Wert	
Neutralitätskritiker	• Zustimmung Solidaritätsfunktion	18
	• Ablehnung Identitäts- und sicherheitspolitischer Funktion	
	• Neutralität und internationale Verflechtung ein Hindernis	
	• Neutralität kein finaler Wert	

Quelle: Nach Szvircsev Tresch et al. 2012: 143.

Im Längsschnitt ergeben sich seit 1993 die deutlichsten Verluste für den Typus der Traditionalisten bei moderaten Anstiegen der drei anderen Typen. Interessant ist auch das politische
und soziale Profil der vier Typen. Wenig überraschend finden sich überdurchschnittlich häufig politisch links positionierte Befragte (32%) innerhalb des Typus der „Neutralitätskritiker"
und politisch rechts Positionierte bei den Traditionalisten (29%). Dagegen gibt es keine eindeutigen Schwerpunkte von Befragten, die sich der politischen Mitte zugeordnet haben
(Szvircsev Tresch et al 2012: 144).

Tab. 2-37: Anteile der Neutralitätstypen in der Bevölkerung 1993–2012

	1993	1995	1997	2000	2002	2004	2006	2008	2010	2012
Dissonante	21	21	26	29	28	24	30	30	28	33
Pragmatiker	20	24	30	26	27	33	26	32	30	27
Traditionalisten	48	42	29	28	27	25	30	22	23	23
Kritiker	11	13	15	17	18	18	14	16	19	18

Quelle: Szvircsev Tresch et al 2012: 143.

Auch die Selbsteinstufung als sehr konservativ ist häufig beim Typus der Traditionalisten anzutreffen. „Sich als ‚sehr' fortschrittlich Einstufende hingegen sind überdurchschnittlich häufig in der Gruppe der ‚Neutralitätsdissonanten' (39%) sowie unter dem Schnitt innerhalb der Gruppe der ‚Neutralitätspragmatiker' (16%) vertreten. Auch 2012 teilen Personen mit einem höheren Bildungsabschluss überdurchschnittlich häufig eine neutralitätskritische Auffassung (23%)" (ebd.).

2.4.5   Internationaler Vergleich

Wie lässt sich Neutralität international vergleichen order sogar messen? Wie lässt sich feststellen, ob ein Land mehr oder weniger neutral ist als ein anderes? Ein einfaches Kriterium ist die Frage, ob die Neutralität in der Verfassung genannt ist oder lediglich einer politischen Praxis entspringt. Die neutralen Staaten Europas lassen sich in die kleine Gruppe der dauernd Neutralen (Österreich, Schweiz) und der faktisch Neutralen (Finnland, Irland, Schweden) einordnen (Argirakos 2005). Ein dauernd neutraler Staat muss auch dauerhaft die militärische Verteidigung seiner Neutralität betreiben, woraus sich eine „Rüstungspflicht" aus der dauernden Neutralität ergibt (ebd.: 101). „Unbewaffnete Neutralität ist im Falle vereinbarter Demilitarisierung möglich, gleichwohl dürfte innerhalb Europas ein regionales Gewohnheitsrecht gelten, wonach dauernde Neutralität bewaffnet zu sein hat, da selbst bei Demilitarisierung die Pflicht besteht, Neutralitätsverletzungen abzuwehren" (Argirakos 2005: 101f.).

Mögliche weitere Indikatoren sind die Größe der Armee und die Höhe der Militärausgaben. Allerdings gibt es kaum zuverlässige vergleichende Daten für die Personalstärke der Armeen. Da Neutralität aber in der Regel bewaffnete Neutralität ist, ist dieser Indikator ohnehin nur begrenzt aussagekräftig. Der „Sollbestand" der Schweizer Armee lag noch bis 2002 bei 400.000 Mann und wurde inzwischen bis auf 182.692 gesenkt. Die effektive Zahl liegt mit 186.143 Armeeangehörigen im Jahr 2012 knapp darüber. Die Zahl der Aktiven (ohne Reservisten) ist aber deutlich gesunken: von 174.299 in 2010, 162.571 in 2011 auf 154.376 in 2012 (www.vbs.admin.ch/internet/vbs/de/home/documentation/zahlen/armee.html). Im Herbst 2011 hat das Parlament eine weitere Reduzierung des Sollbestandes auf 100.000 Mann und ein Budget von max. 5 Mrd. Franken beschlossen. Im Vergleich zu den knapp 200.000 aktiven Soldaten der Bundeswehr in Deutschland und den 36.387 Angehörigen (2010) des österreichischen Bundesheeres (davon 9029 Zivilpersonen; BMLVS 2011: 94) ist der aktive Truppenteil der Schweiz relativ hoch. Die kleinste Armee unter den europäischen Neutralen hat Irland mit ca. 10.000 Soldaten.

Ein weiterer Proxy ist die Höhe der Verteidigungsausgaben. Hierbei fallen beträchtliche Unterschiede auf, gerade bei den neutralen Staaten. Die folgende Tabelle gibt die Verteidigungskosten eines Landes als Anteil des BIP wieder. Die Reihenfolge der Länder ist nach der Höhe der durchschnittlichen Ausgaben im Zeitraum 2005 bis 2010 geordnet. Bei den neutralen Staaten fällt auf, dass Finnland und Schweden überdurchschnittlich hohe Verteidigungsausgaben haben, Irland, Österreich und die Schweiz dagegen unterdurchschnittliche hohe Ausgaben.

Berechnet man lediglich die jährlichen Mittelwerte der fünf neutralen Staaten des Samples, kommt man für 1995 auf 1,5%, für 2000 auf 1,3%, für 2005 auf 1,1% und ab 2006 auf 1%. Neutralität ist in Bezug auf Verteidigungskosten also im Durchschnitt billiger zu haben. Innerhalb der fünf ausgewählten neutralen Staaten lassen sich noch einmal zwei Gruppen unterscheiden. Finnland und Schweden haben vergleichsweise hohe Verteidigungsausgaben von durchschnittlich über 1,5% des BIP. Sie bewegen sich auf einem Niveau mit den nicht-neutralen Staaten Norwegen und Dänemark im oberen Bereich des Samples.

Während die Verteidigungsausgaben von Österreich und Schweiz mit durchschnittlich 0,8% knapp unterhalb der von Belgien, Deutschland und Spanien liegen, kommt im niedrigen irischen Anteil von knapp 0,5% des BIP auch die sehr kleine Armee zum Ausdruck.

Tab. 2-38: Gesamtausgaben des Staates im Bereich Verteidigung (in % des BIP)

Länder	1990	1995	2000	2005	2006	2007	2008	2009	2010	2005–10
UK	4,0	3,1	2,5	2,5	2,5	2,4	2,6	2,7	2,7	2,56
Frankreich		2,5	2,0	1,8	1,8	1,7	1,7	1,9	2,1	1,83
Norwegen	3,3	2,5	1,9	1,5	1,6	1,6	1,6	1,7	1,5	1,58
Dänemark	2,0	1,8	1,6	1,5	1,7	1,6	1,5	1,5	1,4	1,53
Niederlande		2,0	1,6	1,4	1,5	1,4	1,4	1,5	1,4	1,43
Portugal		1,7	1,5	1,3	1,3	1,2	1,3	1,7	1,7	1,41
Italien	1,6	1,3	1,2	1,3	1,3	1,3	1,4	1,6	1,4	1,38
Polen				1,0	1,1	1,4	1,4	1,1	1,4	1,23
Belgien	2,0	1,5	1,2	1,1	1,0	1,0	1,1	1,0	1,0	1
Deutschland		1,3	1,1	1,0	1,0	1,0	1,0	1,1	1,1	1
Spanien		1,4	1,1	1,1	1,0	1,0	1,0	1,0	1,1	1
Mittelwert (MW)	2,58	1,91	1,57	1,4	1,43	1,41	1,45	1,52	1,52	1,46
Neutrale Staaten:										
Schweden		2,5	2,3	1,7	1,7	1,6	1,5	1,5	1,6	1,6
Finnland	1,5	1,9	1,4	1,6	1,5	1,4	1,5	1,7	1,6	1,55
Österreich		1,0	0,9	0,9	0,8	0,8	1,0	0,8	0,7	0,83
Schweiz				1,0	0,9	0,9	0,8	0,9	0,8	0,83
Irland		0,9	0,6	0,4	0,4	0,4	0,5	0,5	0,5	0,45
Neutrale MW	1,5	1,57	1,3	1,12	1	1	1	1	1	1
Gesamt MW	2,4	1,81	1,49	1,31	1,31	1,29	1,33	1,38	1,37	1,33

Quelle: Eurostat, eigene Berechnungen.

Im Folgenden werden die politischen Leitlinien einiger (ehemals) neutraler Staaten ausführlicher vorgestellt (vgl. a. Gehler 2001). Interessanterweise gab bzw. gibt es auch in den USA eine neutralitätspolitische Ausrichtung, den Isolationismus, der ideengeschichtlich u.a. auf die sog. Monroe-Doktrin (1823) zurück geht. Auch nach dem Ersten Weltkrieg entwickelte sich in den USA eine Politik des Isolationismus, die bis zum japanischen Angriff auf Pearl Harbour sehr einflussreich war. In deren Zuge wurde zwischen August 1935 und November 1939 vier „Neutrality Acts" erlassen, die den Handel mit Kriegsmaterialen und die Vergabe von Krediten bzw. den Kauf von Anleihen kriegführender Staaten verboten. Seit dem Eintritt in den Zweiten Weltkrieg haben Isolationismus und Neutralität in den USA endgültig verloren.

Rechtlich am stärksten verankert ist die Neutralität in Österreich. Neben zwei Erwähnungen im Bundes-Verfassungsgesetz gibt es seit dem 26. Oktober 1955 auch ein Bundesgesetz über die Neutralität Österreichs. Daraus zitiert sei Art. 1 Abs. 1: „Zum Zwecke der dauernden Behauptung seiner Unabhängigkeit nach außen und zum Zwecke der Unverletzlichkeit seines Gebietes erklärt Österreich aus freien Stücken seine immerwährende Neutralität. Österreich wird diese mit allen ihm zu Gebote stehenden Mitteln aufrechterhalten und verteidigen". Das B-VG bestimmt in Art. 9a Abs. 1: „Österreich bekennt sich zur umfassenden Landesverteidigung. Ihre Aufgabe ist es, die Unabhängigkeit nach außen sowie die Unverletzlichkeit und Einheit des Bundesgebietes zu bewahren, insbesondere zur Aufrechterhaltung und Verteidigung der immerwährenden Neutralität. Hierbei sind auch die verfassungsmäßigen Einrichtungen und ihre Handlungsfähigkeit sowie die demokratischen Freiheiten der Einwohner vor gewaltsamen Angriffen von außen zu schützen und zu verteidigen". In B-VG Art. 23j heißt es, das Österreich an der Gemeinsamen Außen- und Sicherheitspolitik (GASP) der Europäischen Union mitwirkt, die „insbesondere die Wahrung beziehungsweise Achtung der Grundsätze der Charta der Vereinten Nationen vorsieht. Dies schließt die Mitwirkung an Aufgaben gemäß Art. 43 Abs. 1 dieses Vertrags sowie an Maßnahmen ein, mit denen die Wirtschafts- und Finanzbeziehungen zu einem oder mehreren Drittländern ausgesetzt, eingeschränkt oder vollständig eingestellt werden".

Die irische Neutralität hat eine gewisse Sonderstellung. Auch Irland bekennt sich zur bewaffneten Neutralität, unterhält aber nur eine sehr kleine Armee. Die irische Neutralität ist eine Folge des irischen Unabhängigkeitskampfes gegenüber dem britischen Nachbar. „From the first day of its existence, independent Ireland adopted a policy of military neutrality. Although the independence struggle had seen some flickers of ambition for a large-scale military and naval establishment, by the time the state came into being these had evaporated. The rulers of the new Ireland wanted only a small land force capable of subduing internal threats" (O'Halpin 2002: 283). Ähnlich wie in der Schweiz war das Neutralitätsargument zentral für die Erlangung bzw. Bewahrung der Unabhängigkeit. Innenpolitisch wurde es von Staatsgründer de Valera eingesetzt, um den gesellschaftlichen Zusammenhalt zu stärken bzw. eine Konflikteskalation mit der republikanischen Bewegung zu verhindern und die ohnehin weitgehende Wehrlosigkeit des jungen Staates zu kompensieren (ebd.: 302). Im Zweiten Weltkrieg blieb man neutral, gewährte den Alliierten aber Überflugrechte. Eine NATO-Mitgliedschaft besteht nicht, jedoch beteiligt sich Irland an UN peace-keeping Missionen. Eine strenge Exportkontrolle („Control of Exports Act") für Waffen und dual use-Güter hat dazu geführt, dass keine Rüstungsgüter-Industrie entstanden ist – im Unterschied etwa zu Schweden.

Eine starke Neutralitätstradition gab es in den skandinavischen Ländern, die gegenwärtig aber nur noch in Schweden und Finnland einen gewissen Einfluss hat. In Schweden besteht eine Neutralitätpolitik seit 1814. „Indeed, the importance of neutrality in shaping Sweden's character is difficult to exaggerate, for, as a result of the generations of political and military neutrality, one can virtually speak of a ‚mentality of neutrality'" (Levine 2002: 304). Allerdings wird die Neutralitätspolitik Schwedens zunehmend pragmatisch gesehen. Bereits im Beitrittsgesuch zur EU von 1991 war kein Neutralitätsvorbehalt mehr enthalten; damit „wandte sich Schweden von der jahrzehntelang vertretenen Auffassung ab, dass Mitgliedschaft in den Europäischen Gemeinschaften und schwedische Neutralität unvereinbar seien" (Argirakos 2005: 292). 1992 erklärte Ministerpräsident Bildt, „Schweden habe seine Neutralitätspolitik eigentlich aufgegeben, weil sie nur in einem geteilten Europa gerechtfertigt gewesen sei; die Neutralität bleibe dessen ungeachtet vorbehalten, soweit sie das eigene Überleben sichere" (ebd.). Nach einem parteiübergreifenden Konsens von 2002 soll Neutralität „nur noch als eine Möglichkeit gesehen werden, auf die bei einem Konflikt zurückgegriffen werden kann" (Argirakos 2005: 110). Werde ein Mitglied der Europäischen Union angegriffen, solle die schwedische Neutralität nicht mehr gelten (ebd.). Die sukzessive Abschwächung der schwedischen Neutralitätspolitik zeigt sich in einer teilweise engen Kooperation mit NATO- und EU-Strategien wie z.B. im Libyen-Krieg 2011.

Auch in Finnland besteht eine Tradition faktischer Neutralität, die u.a. vor dem Hintergrund einer schwierigen Nachbarschaft zur Sowjetunion zu verstehen ist. In ihrem EG-Beitrittsantrag 1992 betonte Finnland zwar „ein Festhalten an der Neutralitätspolitik des Landes" (Argirakos 2005: 290), jedoch sah die EG-Kommission „die Neutralität Finnlands allein auf die Nichtteilnahme an Militärbündnissen" reduziert und erklärte eine volle Beteiligung Finnlands an der Gemeinsamen Außen- und Sicherheitspolitik für möglich (ebd.). In Dänemark und Norwegen wurde die Neutralitätstradition durch den Zweiten Weltkrieg beendet. „Denmark's policy of neutrality from September 1939 to April 1940 was rooted in a centuries-old tradition of alliance-free neutrality, which was conditioned by the country's geo-strategic position, its role as a small country and historical experience. The Danish government tried to maintain its position of neutrality even during the German occupation, and continued this policy after 1945, until the Cold War compelled Denmark to join the NATO in 1949" (Kirchhoff 2002: 31).

Auch die niederländische und die belgische Neutralitätspolitik wurden durch den Zweiten Weltkrieg beendet. „Neutrality, as practised in the 1930s, owed its form primarily to the experiences of The Netherlands as a neutral state during and immediately after the First World War" (Moore 2002: 76). Belgien erklärte 1936 seine de facto Neutralität und auch Portugal hoffte durch eine Neutralitätserklärung den Estado Novo Salazars und die portugiesische Unabhängigkeit vom Nachbar Spanien sowie sein Empire vor dem Appetit der europäischen Großmächte zu schützen (Rosas 2002: 269).

2.5   Konsensusdemokratie

2.5.1   Wozu Konsens?

Konsensusdemokratie ist eine spezielle Form der Gewaltenteilung, bei der nicht das Mehrheitsprinzip, sondern Verhandlungen und Kompromiss im Zentrum der Entscheidungsfindung stehen. Wie zuvor bereits bei der direkten Demokratie und der Neutralität skizziert, ist auch die Konsensusdemokratie eine besondere Form des Umgangs mit dem Souveränitätsproblem. Sie ist eine weitere Form der Gewaltenverschränkung, um Machtmissbrauch bei der Ausübung von Souveränität zu verhindern. Merkmale dafür sind die zentrale Rolle von Verhandlungen und die Suche nach Kompromissen bei der politischen Entscheidungsfindung sowie die Vergabe von politischen Ämtern und Führungspositionen nach Proporz an alle „wichtigen" politischen Gruppierungen. Daher sind als Synonyme auch Proporz- oder Verhandlungsdemokratie gebräuchlich.

In der angelsächsischen Tradition der Demokratie gilt die Mehrheitsdemokratie britischer Provenienz als die Urform repräsentativer Demokratie. Auch die schweizerische Verfassung von 1848 enthielt noch deutlich majoritäre Züge. Das Mehrheitswahlrecht stabilisierte lange die Dominanz der Freisinnigen in Parlament und Bundesrat. Für den allmählichen Übergang zu einer Konsensusdemokratie seit den 1870er Jahren nennt Linder (2010a: 129) drei Gründe:

- Der Föderalismus mit der starken Stellung der zweiten Kammer (vgl. Kap. 5.2) gab den katholisch-konservativen Kantonen eine starke Vetomacht im Ständerat, die den regierenden Freisinn von Anfang an zu Kompromissen nötigte.
- Die Vetomacht der Katholisch-Konservativen, wie später auch der Sozialdemokraten, wurde z.B. durch das 1874 eingeführte fakultative Gesetzesreferendum weiter gestärkt.
- Schließlich legte die Einführung des Verhältniswahlrechts 1919 eine weitere Grundlage für die Konsensusdemokratie der Schweiz.

Die Folge war die Integration der Katholisch-Konservativen 1891 und der Bauern- und Bürgerpartei 1928 mit je einem Sitz in den Bundesrat. Die seit 1935 als stärkste Partei im Nationalrat vertretenen Sozialdemokraten erhielten erstmals 1943 einen Sitz im Bundesrat.

Gegenüber den Mehrheitsdemokratien ist in Konsensusdemokratien der politische Wettbewerb um Politiken und um Ämter und Mandate eingeschränkt. Ein wettbewerbliches Gegeneinander von Regierungs- und Oppositionsparteien findet nicht oder nur in abgeschwächter Form statt. Der Grundgedanke ist, alle größeren politischen Gruppen in die Entscheidungsfindung einzubeziehen und auf diese Weise gesellschaftliche Desintegration bzw. lähmende Konflikte zu verhindern. Dies ist häufig in ethnisch, sprachlich oder konfessionell heterogenen Gesellschaften der Fall, in denen Konsensmechanismen die Chancen von Minderheiten auf Teilhabe an der Macht erhöhen sollen. Neben der Schweiz können solche Mechanismen auch in Belgien, den Niederlanden, Indien und Südafrika gefunden werden (Linder 2010a: 128). „Power-sharing democracy is a contrasting type to the predominant, Anglo-Saxon model of majoritarian democracy, in which the government is composed of a simple majority, holds all power and imposes its decisions to the minority" (ebd.). Durch Kreuztabellierung der Dimensionen Mehrheits-/Konsensusdemokratie und Unitarismus/Föderalismus erhält man eine einfache Typologie demokratischer Regierungssysteme, die in Tabelle 2-39 wiedergegeben ist.

Tab. 2-39: Typologie Mehrheits- und Konsensusdemokratie

	Einheitsstaat	Bundesstaat
Mehrheits-demokratie	Unitarische Mehrheitsdemokratie [Westminster-Demokratie] (UK, Neuseeland)	Föderale Mehrheitsdemokratie [Verhandlungsdemokratie] (USA, Australien)
Konsensus-demokratie	Unitarische Konsensusdemokratie [Korporative Demokratie] (Niederlande, Schweden)	Föderale Konsensusdemokratie [Konkordanzdemokratie] (Schweiz)

Quelle: Nach Lijphart (1999), Kranenpohl (2012).

Während die Logik der Mehrheitsentscheidungen auf ein ‚winner takes all'-Prinzip hinaus läuft, lässt sich die Logik der Konsensfindung als ‚everybody wins something' umschreiben (ebd.: 140). Allerdings hängt die Frage, ob unter Konsensbedingungen tatsächlich jeder etwas gewinnt, u.a. von der Organisationsfähigkeit der Interessen und vom Thema ab. Wer in Verhandlungen nichts anzubieten hat bzw. keine glaubhafte Vetomacht einbringen kann, hat entsprechend schlechte Karten, den Konsens zu seinen Gunsten zu verändern. Ungleichheiten des Einflusses organisierter Interessen werden in eher pluralistischen Verbändesystemen wie dem der Schweiz auch nicht staatlich korrigiert (vgl. Kap. 11). Die Logik des Kompromisses berücksichtigt daher nur die Interessen, die sich mit ausreichender Macht im politischen Prozess Gehör verschaffen können. Dennoch bieten die Instrumente der direkten Demokratie (als Bestandteil der Konsensusdemokratie der Schweiz) auch für schwach organisierte Interessen vergleichsweise gute Chancen, sich im politischen Prozess zumindest Gehör zu verschaffen.

Zu den Kritikpunkten an der Konsensusdemokratie gehört andererseits, dass kleine Gruppen mit relativ kurzfristigen, partikularen Interessen und hoher Vetomacht, unverhältnismäßige Vorteile erzielen können. Weil sich solche Interessen ihre Zustimmung teuer abkaufen ließen, könnte das „Gemeinwohl" zu kurz kommen und ggf. auch die Staatsausgaben schneller steigen. Gerade das Beispiel der Steuern und Staatsausgaben zeigt aber, dass die Konsensuskultur der schweizerischen Politik nicht zu einer Aufblähung des Staatshaushaltes geführt hat, sondern im Gegenteil zu ausgeprägter Austeritätspolitik (vgl. Kap.14.2).

Ein weiterer Einwand ist, dass ohne Opposition und einen durch Wahlen ausgelösten Regierungswechsel weniger Innovation stattfinden könnte. Hierzu gibt jedoch Linder (2010a: 145) zu bedenken: „The sober effect of negotiation cools down ideological exaggeration and promotes pragmatic solutions. Cooperation in commissions, in government and in parliament leads to mutual adjustments where learning processes occur over the substantive issues of legislation". Die Kompromisssuche nimmt zwar etwas mehr Zeit in Anspruch als einfache Mehrheitsentscheidungen, jedoch finden die Ergebnisse anschließend höhere Akzeptanz bei den Betroffenen. „The idea that ‚no single winner takes all, everybody wins something' has not always worked out. Mutual adjustments were most successful in the period leading up to the 1970s, when economic growth also allowed the distribution of more public goods […] As long as money is involved, and as long as there is money available, compromises can be easily reached" (ebd.: 140f.).

Kompromisslösungen erleichtern den Zusammenhalt sprachlich und konfessionell heterogener Gesellschaften, in denen es den unterschiedlichen Gruppen schwer fällt, die Mehrheitsregel als Entscheidungsverfahren zu akzeptieren. Um die Akzeptanz zu erhöhen, kann z.B. bei wichtigen Themen eine qualifizierte oder doppelte Mehrheit eingeführt werden. Im Extremfall kann sogar Einstimmigkeit gefordert werden (Beispiel EU). Durch qualifizierte Mehrheiten oder Konkordanz kann die Akzeptanz von Entscheidungen bei strukturellen Minderheiten und deren ‚compliance' gefördert werden.

Die Bereitschaft zur Akzeptanz der Resultate des Überstimmtwerdens ist in heterogenen Gesellschaften keineswegs so selbstverständlich, wie sie in mehrheitsdemokratischen Systemen erscheint (Simmel 1992: 218). Der Mehrheitsentscheid darf, um von der überstimmten Minderheit akzeptiert zu werden, nicht als Ausdruck der größeren Macht innerhalb eines Gemeinwesens gelten, sondern muss als Ausdruck eines einheitlichen Gruppenwillens gelten, um nicht mit jeder Abstimmung das Gemeinwesen neu zu spalten (Simmel 1992: 221). Demokratien sind dann besonders stabil und leistungsfähig, so der Befund von Almond/Verba (1963) (vgl. a. Schmidt 2008), wenn sie von einer relativ homogenen, säkularisierten politischen Kultur begleitet werden. Die Überlegungen von Simmel implizieren für ausreichend integrierte Gesellschaften einen allmählichen Wandel von der Einstimmigkeit (und damit auch von der sie als „Idealforderung" anstrebenden Konkordanz) zur Mehrheitsentscheidung, die etwa auch im EU-Grundlagenvertrag als „doppelte Mehrheit" institutionalisiert ist.

Einstimmigkeit, so wird beim Entscheidungsverfahren in der EU kritisiert, reduziert die Effizienz und Effektivität des Entscheidungsprozesses und sei insofern begründungsbedürftig (vgl. Offe 1984). Auch blockierten Einstimmigkeit und Konkordanz die Entwicklung einer funktionalen Gewaltenteilung von Regierung und Opposition. Die Opposition ist im schweizerischen Konkordanzsystem in die Referendumsdemokratie ausgelagert oder „verdrängt", in der dem Volk mit dem obligatorischen und fakultativen Referendum sowie der Verfassungsinitiative die einzigen institutionalisierten Oppositionsrollen zukommen, von der natürlich auch Regierungsparteien Gebrauch machen (Linder 2006b: 114). Durch diese Auslagerung institutionalisierter Opposition aus dem Parlament zum Volk sind die Möglichkeiten parlamentarischer Demokratie als Schlagabtausch bzw. Wechselspiel von Regierung und Opposition wie auch die Entscheidungsrelevanz des Parlaments deutlich eingeschränkt. Nicht primär die Parteien, sondern die Referendumsoption gibt den Minderheiten die permanente Chance auf Machtteilhabe. Eine für Mehrheitsdemokratien typische Machtkonzentration in der Exekutive soll dadurch verhindert werden.

Als Mechanismen der Konsensusdemokratie auf Regierungsebene sind insb. das Kollegialprinzip (Kap. 9.2.3) und die „Zauberformel" (Kap. 9.3.4) zu nennen, letzte unter dem Aspekt der Konkordanz. Bei der Gesetzgebung sind Konsensmechanismen insbesondere im vor- und im nachparlamentarischen Verfahren angesiedelt (vgl. Kap. 6.2 und 6.5). Dabei ist die entscheidende Motivation, das Risiko des Scheiterns eines Geschäftes in der Referendumsphase bereits in der vorparlamentarischen Phase zu minimieren. Das hat zur Folge, dass der Einfluss des Parlaments auf die Politikgestaltung als vergleichsweise gering anzusehen ist (vgl. Kap. 5), der Einfluss der (referendumsfähigen) Interessengruppen (vgl. Kap. 11.2) dagegen als relativ hoch. „Moreover, interest groups play an important role in ‚semi-private' or ‚parastate' arrangements. Social partnership between labour and capital, or public-private partnerships once played a predominant role with the design and the implementation of economic and social policies and are still important" (Linder 2010a: 134f.).

2.5.2   Sonderfall Konkordanz

Konkordanzdemokratie ist die Übertragung der Konsensusdemokratie auf Regierungsebene. Während der Konsenszwang mit der Einführung des fakultativen Referendums entstand, entwickelten sich konkordanzdemokratische Politikformen erst später in den 1930er Jahren und fanden mit der Einführung der Zauberformel 1959 einen Höhepunkt. Konkordanz ist vor diesem Hintergrund als Folge einer blockierten Entwicklung in Richtung funktionaler Gewaltenteilung (Regierung/Opposition) im Parteiensystem zu interpretieren. Wie bei der Neutralität besteht auch bei der Konkordanz eine Tendenz, ihre Anfänge historisch weiter zurück zu projizieren als durch die Fakten gedeckt ist. Das bereits nach 1848 bei der Auswahl der freisinnigen Bundesräte auf einen innerparteilichen Ausgleich geachtet wurde, ist weniger eine Ausdruck von Konkordanz als von innerparteilichem Ausgleich einer das politische Geschäft dominierenden „Plattformpartei" (FDP), die ausreichend Raum für unterschiedliche innerparteiliche Strömungen lassen musste und diese auch bei der Regierungsbildung berücksichtigte. Neben den konsensfördernden Elementen des Föderalismus, des Referendums und der Verhältniswahl der Parlamente, kam dann Ende des 19. Jahrhunderts der freiwillige zwischenparteiliche Proporz in den Exekutiven hinzu.

In der Bundesverfassung findet man den Begriff Konkordanz nicht. Sie ist lediglich sinngemäß in Art. 175 Abs. 4 enthalten, wonach bei der Wahl der Bundesräte darauf Rücksicht zu nehmen ist, „dass die Landesgegenden und Sprachregionen angemessen vertreten sind". Weitere Kriterien, wie etwa der parteipolitische Proporz, werden nicht genannt. Die für demokratische Systeme übliche Mehrheitsregel, und damit das wettbewerbliche, konkurrenzbetonte Element, ist somit formal nicht außer Kraft gesetzt, auch wenn die Parlamentswahlen keinen unmittelbaren Einfluss auf die parteipolitische Zusammensetzung der Regierung haben (Krumm 2008: 685). Allerdings gibt es häufig eine zeitliche Verzögerung von zwei bis drei Legislaturperioden, bis sich Wahlerfolge (bzw. Misserfolge) von Parteien auch auf die Regierungszusammensetzung auf kantonaler oder Bundesebene auswirken (Bochsler/ Bousbah 2011). Die Proportionalität von Regierungs- und Parlamentszusammensetzung wird auch als arithmetische Konkordanz bezeichnet.

Auf kantonaler Ebene wird von den großen Parteien bei der Direktwahl der Regierungsräte teilweise ein freiwilliger Proporz praktiziert. „Quasi-proportionale Regierungsformeln ergeben sich, wenn das politische Mehrheitslager bewusst weniger Kandidaten aufstellt, als Sitze zu vergeben sind – oder wenn die Mehrheitsparteien zu wenig geschlossen stimmen, um ihre Übermacht auszuspielen" (ebd.). Der Gefahr der Tyrannei der Mehrheit steht in der Konkordanzdemokratie allerdings die der Blockade oder zumindest der Verzögerung durch Minderheiten oder Vetospieler gegenüber. Schnelle Politikwechsel werden unwahrscheinlich, was nicht unbedingt ein Nachteil sein muss, da man auf diese Weise auch von den Erfahrungen und Fehlern der Policy-Entrepreneure lernen kann. Auch die Verlangsamung von Reformen durch die Suche nach Kompromissen und Konsens spricht nicht gegen die Konkordanz, wie sich am Beispiel des NFA (Kap. 2.3) illustrieren lässt. „Vergleicht man die Schweiz mit ihren Nachbarstaaten, wie z.B. Deutschland, Frankreich oder Österreich, so hat sich insgesamt betrachtet das extrem konkordante System der Schweiz nicht als weniger reformfreudig erwiesen als die weniger konkordanten Systeme dieser Staaten" (Kirchgässner 2012: 236).

Konkordanzdemokratie (von lat. concordare, übereinstimmen) ist nach Lijphart durch die institutionellen Merkmale der Machtteilung in Großen Koalitionen, des Proporzes bei der Besetzung repräsentativer Organe, aber auch bei leitenden Verwaltungsstellen, des Föderalismus und des Vetorechts für Minderheiten gekennzeichnet (Lijphart 2007). Ihr Hauptanliegen ist die einvernehmliche Entscheidungsfindung, das „gütliche Einvernehmen" (Lehmbruch 1992: 208).

Ideengeschichtlich ist z.B. Johannes Althusius (1563–1638) einschlägig, der sein Hauptwerk „Politica Methodice Digesta" in der Drittauflage 1614 folgendermaßen eröffnet: „Politics is the art of associating (consociandi) men for the purpose of establishing, cultivating, and conserving social life among them. Whence it is called ‚symbiotics'. The subject matter of politics is therefore association (consociatio), in which the symbiotes pledge themselves each to the other, by explicit or tacit agreement, to mutual communication of whatever is useful and necessary for the harmonious exercise of social life" (zit. n. Burgess 2006: 170).

Bereits zu Beginn der 1990er Jahre, noch vor Beginn des allmählichen Wandels des schweizerischen Parteiensystems und dem Aufstieg der SVP, wurde bereits ein gestiegener Druck auf konkordanzdemokratische Institutionen beobachtet, teils durch die bereits wahrnehmbare Dekonzentration des Parteiensystems, teils durch die Herausbildung neuer Parteitypen und populistischer und postmaterialistischer Strömungen, die sich nicht nur in der Schweiz gegen die Konkordanz richteten. Aktuelle Analysen weisen darauf hin, dass die gestiegene Polarisierung des Parteiensystems einen institutionellen Wandel in Richtung Aufnahme und Ausbau konkurrenzdemokratischer Elemente auslöst, die das konkordanzdemokratische System zunehmend hinterfragen. Allerdings war die Übereinstimmung der parteipolitischen Anteile in Parlament und Regierung in 2010 auf Bundesebene noch sehr hoch, auf kantonaler Ebene gibt es aber erhebliche Unterschiede. Am höchsten ist die arithmetische Konkordanz (Proportionalität) in den Kantonen Thurgau, Waadt und Wallis, am niedrigsten in Glarus, Basel-Land und Obwalden mit 60 bis 75% (Bochsler/Bousbah 2011). Auffällig ist auch, dass die SVP ihre Wahlerfolge auf der parlamentarischen Ebene bei den Regierungswahlen (noch) nicht wiederholen kann. Während sie ihren durchschnittlichen Sitzanteil in den Kantonsparlamenten zwischen 1990 und 2011 von 13 auf 23% steigern konnte, sank ihr Sitzanteil in den Kantonsregierungen im gleichen Zeitraum von 17 auf 13% (ebd.).

Die wichtigste Ausprägung findet die schweizerische Konkordanzdemokratie bei der Bildung und Arbeitsweise der Regierung (Klöti 2006: 155), die sich seit 1959 nach einer Proporzregel (der Zauberformel) als Grundlage der Großen Koalition zusammen setzt. Sie entsprang Verhandlungen der großen Parteien bei der Regierungsbildung 1959 und spiegelt das parteiübergreifende Bemühen um Konsens und umfassende Inklusion aller größeren Gruppierungen in die Willensbildungs- und Entscheidungsprozesse wider. Die Zauberformel von 1959 verteilte die Stimmengewichte der Parteien proportional auf die Regierungsämter und führte zur Bildung einer Koalition der vier größten Parteien, die über 80% der Wählerstimmen repräsentierten. Die SVP als damals kleinste Partei bekam einen Regierungssitz, Sozialdemokraten, Freisinn (FDP) und Christliche Volkspartei jeweils zwei. Durch die Zauberformel war zum einen die traditionelle Vorherrschaft der FDP gebrochen, zum anderen die Sozialdemokraten als stärkste Partei definitiv in die Regierung aufgenommen (Krumm 2008: 685).

Gewählt werden die Bundesräte einzeln mit qualifizierter Mehrheit auf Vorschlag ihrer jeweiligen Fraktion, jedoch aufgrund informeller Absprachen auch mit Stimmen der anderen Fraktionen durch die Vereinigte Bundesversammlung (vgl. Kap. 9.2.1). Für die Willensbildung im Bundesrat gilt das Kollegialitätsprinzip, das von den Bundesräten eine gewisse Distanz zur eigenen Partei verlangt. Bei ihrer Auswahl wird berücksichtigt, dass sie in erster Linie als Verwaltungsspitze und nicht als Parteirepräsentanten handeln sollen. Mit dem Aufstieg der SVP wurden diese Prinzipien der Konkordanz jedoch zunehmend in Frage gestellt, bemerkten Kritiker.

Im Zentrum der Konkordanz auf Bundesebene steht die 1959 ausgehandelte Zauberformel, die eine proportionale Beteiligung aller damals ‚referendumsfähigen‘ politischen Parteien an der Regierung gewährleistete. Die damals realisierte weitgehende Proportionalität des elektoralen Gewichts der einzelnen Parteien auf Regierungsebene ist heute allerdings nicht mehr gegeben, was aber auch nicht zwingend für den Grundgedanken der Konkordanz notwendig ist. „Dem Wahlorgan steht heute aus Sicht der Konkordanz ein beträchtlicher Ermessensspielraum offen, wie die massgeblichen Kräfte zu beteiligen sind" (Rhinow 2011).

Bei der Auswahl der Regierungsmitglieder durch das Parlament spielt die Einschätzung, ob sich die offiziellen Kandidaten als Bundesräte kollegial verhalten werden und „insbesondere den schwierigen Spagat zwischen der Parteizugehörigkeit und der Mitgliedschaft in der Landesregierung zu bewältigen" vermögen, eine große Rolle (Rhinow 2011). Da die Auswahl des Parlaments nicht auf die offiziellen Kandidaten beschränkt ist, steht es den (konkurrierende) Parteien frei, in Absprache miteinander auch Vertreter einer Partei in den Bundesrat zu wählen, die diese Partei gar nicht aufgestellt hat. Dies ist allen vier etablierten Bundesratsparteien seit 1959 mindestens einmal passiert. „Das Parlament hat das Recht und die Pflicht, die Kollegialeignung und die persönlichen Qualifikationen ernst zu nehmen und Kandidaturen nicht zu berücksichtigen, die diese Erfordernisse nicht erfüllen" (Rhinow 2011).

> Die **Richtlinienbewegung** der 1930er Jahre war eine Zusammenarbeit sozialdemokrati-
> scher, gewerkschaftlicher, kirchlicher und bäuerlicher Kräfte mit den Zielen der Demokra-
> tiesicherung und des wirtschaftlichen Wiederaufbaus. Die Folgen der Weltwirtschaftskrise
> 1929 hatten auch die Schweiz getroffen und antidemokratischen, kommunistischen und
> rechtspopulistischen Kräften Auftrieb gegeben. Innerhalb letzterer wurde u.a. ein autoritä-
> rer, ständestaatlicher Ausweg aus der Krise wie im Nachbarland Österreich gefordert.

Die Richtlinienbewegung stellte einen Bewältigungsversuch dieser sozialen und wirtschaftli-
chen Herausforderungen dar und entstand Anfang 1937 aus dem (knappen) Scheitern der
„Kriseninitiative" von 1934. Politisch stand die Richtlinienbewegung für eine Mitte-Links-
Koalition und eine Ablösung der bürgerlichen Koalition im Bundesrat. Ähnlich wie in
Schweden 1933 hoffte man, erstmals eine Mehrheit „links der Mitte" bilden zu können.

Für die Herausbildung konkordanzdemokratischer Praktiken war die Zeit zwischen dem
Ersten und Zweiten Weltkrieg entscheidend. Im Generalstreik von 1918 kam es relativ spät
zum politischen Auftritt linker, sozialistischer und kommunistischer Kräfte, die dafür umso
radikaler agierten. Nach dem Generalstreik bildete sich eine bürgerliche Koalition, die zwar
die Vorherrschaft der FDP brach, aber den Ausschluss der linken Kräfte weiterhin effektiv
bewirkte.

In den 1930er Jahren kam es zwar zu einer Annäherung zwischen den bürgerlichen Regierungsparteien einerseits und Sozialdemokraten und Gewerkschaften andererseits, auf institutioneller Ebene konnte der Konflikt jedoch nicht gelöst werden. Weder wurden die Sozialdemokraten in den 1930 Jahren vom „bürgerlichen Block" an der Regierung beteiligt, noch
setzte sich ein alternierendes Parteienlager bei der Regierungsbildung durch. Seit Beginn des
Zweiten Weltkriegs entzog die bürgerliche Koalition ihre Entscheidungen als sog „dringliche
Bundesbeschlüsse" auch vermehrt dem Referendum.

Die Weichenstellungen für eine permanente Allparteienregierung fielen zwischen 1934 und
1943. Sie sind eng mit der Richtlinienbewegung verbunden, die letztlich eine Weichenstellung zugunsten des Konkordanzsystems brachte, gegen ein konkurrenzbasiertes Mehrheitssystem. Voraussetzung für die von den bürgerlichen Bundesratsparteien wahrgenommene
„Koalitionsfähigkeit" der SP war allerdings deren Verabschiedung klassenkämpferischer,
systemoppositioneller Leitbilder in Wirtschafts- und Politikfragen. Mit der Öffnung von
Sozialdemokraten und Gewerkschaften zur politischen Mitte und dem Abschied von verbliebenen planwirtschaftlichen Ideen im Rahmen der sog. Richtlinienbewegung war die Grundlage gelegt für die Verständigung der bürgerlichen Koalition mit der SP und der erstmaligen
Wahl eines Sozialdemokraten 1943 in den Bundesrat. Der Weg in die Konkordanz als nicht-
kompetitive Einbindung der Sozialdemokratie wurde also durch die Krisen der 1930er Jahre
erheblich befördert (Morandi 1995).

Die in den Bundesratswahlen 2003 und 2008 manifest gewordene Krise der Konkordanz
wurde bereits Anfang der 1990er Jahre, mit dem Beginn des allmählichen Wandels des
Schweizerischen Parteiensystems und dem Aufstieg der SVP, durch einen gestiegenen Druck
auf konkordanzdemokratische Institutionen beobachtet. Teils aufgrund der Dekonzentration
des Parteiensystems, teils aufgrund der Herausbildung neuer Parteitypen und populistischer
und postmaterialistischer Strömungen, die sich nicht nur in der Schweiz gegen die Konkordanz richteten, wurden bereits zu Beginn der 1990er Jahre Legitimationskrisen der Konkordanz beobachtet (Waschkuhn 1991: 111).

Bereits damals richteten sich politiktheoretische Reformüberlegungen auf ein Mischsystem, mit dem die Nachteile des jeweils anderen ausgeglichen werden könnten. „Während konkordanzdemokratische Systeme in mancherlei Hinsicht oft ‚überbremst' sind, wachsen in kompetitiven Gesellschaften die Konsensfindungskosten und ist Konsens eher zu einem knappen Gut geworden" (ebd.: 113). Aktuelle Analysen weisen darauf hin, dass die gestiegene Polarisierung des Parteiensystems einen institutionellen Wandel in Richtung Aufnahme und Ausbau konkurrenzdemokratische Elemente auslöst, die das konkordanzdemokratischen System zunehmend hinterfragen (Batt 2005, Bolliger 2007, Krumm 2008, Rose 2000). Trotz gestiegener Polarisierung auf Parteiebene sind die Grundelemente der Konkordanz, die Mehrparteienregierung, Föderalismus, proportionale Machtteilung und Minderheitenveto, aber nach wie vor intakt (Vatter 2008: 37).

Bolliger (2007) hat für den Zeitraum 1945 bis 2003 die Abstimmungsparolen der Bundesratsparteien im Hinblick auf ihre Verhaftung an traditionellen Cleavages und damit einer gesellschaftlichen Polarisierung bzw. ihre Herstellung von Konkordanz untersucht. Dazu wurde das Ausmaß konkordanter Abstimmungsparolen der Bundesratspartien untersucht. Dabei kam u.a. heraus, dass die Wirkung der institutionellen Konkordanz (proportionale Regierungszusammensetzung) auf die praktische Konkordanz (Abstimmungsparolen) zwar feststellbar, aber nicht dauerhaft war. „Dies zeigt sich daran, dass die Parteien bei Volksabstimmungen unmittelbar nach der Realisierung der Allparteienregierung von 1959 etwas seltener unterschiedliche Parolen ausgeben. Zudem werden abstimmungsfähige Entscheide des Parlaments viel seltener an der Urne herausgefordert" (ebd.: 463). Auch ist der Anteil gleichlautender Abstimmungsparolen, der sich bis Anfang der 1970er Jahre noch auf einem Niveau von 80% halten konnte, bis 2006 auf 20% gefallen (Linder 2010b: 608).

Linder/Zürcher/Bolliger (2008) haben das Abstimmungsverhalten der Bevölkerung mit sozialstrukturellen Daten auf Bezirksebene verglichen und so die Entwicklung der Polarisierung entlang der Rokkanschen Cleavages ermittelt. Ihr Befund ist, dass sich in der langfristigen Entwicklung (1874-2006) eine abnehmende bzw. geringe Polarisierung im Stimmverhalten für das konfessionelle und das sprachliche Cleavage zeigen, ein deutlicher Anstieg in den letzten Jahrzehnten dagegen bei den Cleavages Stadt-Land und Arbeit-Kapital. Dies wird von Linder (2010b: 603) auf die Folgen der wirtschaftlichen Globalisierung zurück geführt.

Der verschärfte Stadt-Land-Konflikt ist nicht nur ein Ergebnis der von WTO und EU erzwungenen Öffnung im Agrarsektor, sondern auch eines intensiveren Interessenkonflikts zwischen einem internationalen Dienstleistungssektor und einem binnenwirtschaftlich orientierten gewerblichen Sektor. „Das klassische Rezept schweizerischer Wirtschaftspolitik – die Verbindung von internationaler Wettbewerbspolitik mit einem Branchenprotektionismus für die Binnenwirtschaft – lässt sich heute weit weniger aufrechterhalten als früher" (Linder 2010b: 603). Auf die institutionelle Konkordanz wirken sich solche gestiegenen Polarisierungen allerdings nur indirekt und mit Verzögerung aus.

Konkordanz bewirkt im Allgemeinen eine Orientierung der politischen Kräfte auf die politische Mitte, genauer: auf die vermutete Position des Medianwählers. „Folgt man der ökonomischen Theorie der Demokratie […], dann sollte in einer Demokratie der ‚Medianwähler' den Ausschlag geben. Im Rahmen der Konkordanz ist dies sehr viel eher möglich als in […] einem reinen Wettbewerbssystem" (Kirchgässner 2012: 225). Die damit verbundene hohe Stabilität des politischen Systems ist für die wirtschaftliche Entwicklung meist positiv (ebd.).

2.5.3   Vetospieler

Einen integrativen Ansatz, der die Unterscheidung von Mehrheits- und Konsensusdemo-kratien (wie auch die von parlamentarischen und präsidentiellen Systemen) in ein einheitli-ches, einfaches Analyseraster integriert, ist das Vetospieler-Theorem von George Tsebelis (1995, 2002). In diesem Ansatz geht es darum, politischen Wandel bzw. Stillstand durch die Anzahl und die interne bzw. „ideologische" Kohärenz von politischen Akteuren zu erklären, deren Zustimmung für einen Politikwechsel entweder aus institutionellen (z.B. Verfassungs-recht) oder faktischen Gründen (z.B. Koalitionspartner) notwendig ist. Im Vetospieler-Ansatz werden die entsprechenden Merkmale von Mehrheits- und Konsensusdemokratien in Veto-spieler „umgerechnet". So ist in einer Konkordanzdemokratie streng genommen jede poli-tisch relevante größere Gruppe ein Vetospieler, ohne deren Zustimmung der Status quo nicht verändert werden kann.

> **Vetospieler** sind jene individuellen oder kollektiven Akteure eines politischen Systems, deren Zustimmung für einen Politikwechsel benötigt wird. Ihre Vetomacht kann institutio-nell verbürgt sein (institutional veto players) oder aus ihrer Position im Parteiensystem (partisan veto players) resultieren. Zentrales Anliegen des Theorems ist eine systemunab-hängige Operationalisierung und Messung von Gewaltenteilung und ihrer Auswirkungen auf den politischen Prozess. Es geht um die Erklärung der Variation eines Outcomes, die sowohl Policies wie auch Elemente der Polity umfassen kann. Als eine Form von instituti-oneller Analyse will sie die Neigung politischer Systeme zu Stabilität und Wandel bzw. zu Politikstillstand und Reformfähigkeit vergleichend untersuchbar machen.

Im Unterschied zum Rational Choice-Paradigma (Downs 1957) sind Parteien nach Tsebelis primär am Erreichen bestimmter Politikergebnisse (policy outcomes) interessiert, die im euklidischen Modell als von kreisförmigen Indifferenzkurven umgebene „Idealpunkte" der Akteure dargestellt werden. Zu diesem Zweck wird eine Regierungsbeteiligung angestrebt, die eine bessere Kontrolle der politischen Agenda und damit letztlich des Entscheidungspro-zesses ermöglicht. Nach Tsebelis ist neben der Zahl parteipolitischer (oder institutioneller) Vetospieler auch die ideologische Distanz zwischen ihnen sowie ihre interne Kohäsion ent-scheidend. Die Schnittmenge bzw. das Winset der verschiedenen Indifferenzkurven der Par-teien stellt den Einigungsbereich dar, innerhalb dessen eine Veränderung des Status quo mög-lich ist. „Mit zunehmender Zahl und wachsender ideologischer Distanz politischer Akteure (z. B. politischer Parteien) wird eine Änderung des Status quo, ceteris paribus, immer schwieriger, vorausgesetzt kollektive Vetospieler (z. B. die Parlamentsfraktionen der Regie-rungsparteien) treten geschlossen auf" (Saalfeld 2009: 96).

Während für die Stabilität von Minderheitsregierungen z.B. die Zentralität der jeweiligen Partei im politischen Spektrum (speziell in Bezug auf die Positionen anderer Vetospieler) als sog. positionsbezogene Ressource eine wichtige Rolle spielt, scheint sich für die schweizeri-schen Regierungsparteien unter der Bedingung einer übergroßen Koalition die ideologisch-programmatische Zentralität und die Nähe zum Medianwähler eher zum Nachteil auszuwir-ken, worauf zumindest die kontinuierliche Erosion der Mitteparteien hinweist (vgl. Kap. 5).

Dies lässt sich z.B. mit der Absorptionsregel nach Tsebelis erklären. Danach können (kleine) Parteien durch andere Parteien absorbiert werden, wenn ihr Präferenzbereich, graphisch dargestellt durch die Indifferenzkurve, vollständig von einer anderen Partei abgedeckt wird. Eine absorbierte Partei hat keine programmatischen Positionen mehr, die nicht auch von einer anderen Partei präferiert und vertreten würde. Sie ist, mit anderen Worten, aufgrund vernachlässigter programmatischer Innovation, überflüssig geworden. Das Fortbestehen solcher Parteien kann aber durch Traditions- bzw. Stammwählern gewährleistet werden.

Ganghof (2005) versucht, Lijpharts Konsensusmodell der Demokratie auf das Vetospieler-Modell zu übertragen. Für die Gesetzgebung in der Schweiz als Beispiel bedeutet dies eine Übersetzung des Kabinettstyps in die ihm zugrunde liegende Institutionelle Struktur der Vetospieler. Die starke Kammer, der dezentralisierte Föderalismus und die Referendumsoption erscheinen auf diese Weise als Grundstruktur einer Vetospieler-Analyse. „Selbst wenn sich in der Schweiz deshalb ein Wechsel zu einem ‚gouvernementalen Mehrheitsprinzip‘ (minimale Gewinnerkoalitionen) vollzöge, würde sich an den Machtverhältnissen wenig ändern. Im Gesetzgebungsprozess müsste nach wie vor nach breitem Konsens gesucht werden, um den legislativen Status quo sicher und dauerhaft zu verändern" (Ganghof 2005: 17).

Hierbei wird allerdings nicht ausreichend zwischen legislativer und exekutiver Konkordanz unterschieden. In der Schweiz ist legislative Konkordanz primär in der Vernehmlassungs- und der Referendumsphase institutionalisiert, exekutive Konkordanz dagegen durch die sog. Zauberformel. Beide können unabhängig voneinander variiert werden. Eine Schwächung exekutiver Konkordanz muss nicht zwangsläufig zu einer Schwächung legislativer Konkordanz führen, während eine Schwächung letzterer stärkere Auswirkungen auf erstere haben dürfte.

2.5.4   Internationaler Vergleich

Aufgrund der geringen Anzahl politischer Systeme mit Konkordanzmerkmalen beschränkt sich ein internationaler Vergleich meist auf vertiefende Fallstudien, Small N-Designs oder Kontrastierungen von Mehrheits- und Konsensusdemokratien (Tab. 2-41). Neben der Schweiz und Luxemburg war das politische und soziale System der Niederlande lange Zeit konsensusdemokratisch geprägt (Lijphart 1989). Das politische System der Niederlande ist wie das der Schweiz als Konsensusdemokratie einzuordnen, im Unterschied zu dieser aber unitarisch organisiert. Die über 16 Mill. Einwohner leben in 12 Provinzen und über 400 Gemeinden. Im Unterschied zur Schweiz gibt es auch keine direkte Demokratie, von der ein Konsens- oder Konkordanzdruck ausgehen könnte. Vielmehr beruht die Konsensorientierung auf der freiwilligen Zusammenarbeit der politischen Eliten, die trotz „overlapping cleavages" und von Auflösungstendenzen der gesellschaftlichen Versäulung und mehr Polarisierung (Oosterwaal/Torenvlied 2010) in den Grundzügen intakt geblieben ist. Insbesondere das parteipolitisch-konfessionelle Cleavage hatte zu einer wechselseitigen Isolierung ganzer Lebensbereiche geführt. Auch wenn sich die Versäulung seit den 1970er Jahren gelockert hat, herrscht auf politischer Ebene noch eine Konsenskultur vor. Wie in der Schweiz hat sich das Parteiensystem weiter fragmentiert und polarisiert. Ähnlich wie in der Schweiz strukturiert es sich mit einem sozialdemokratischen bzw. grünen Pol, einer christdemokratischen Mitte und einem starken liberalen Pol. Rechtspopulistische Parteien (Pim Fortuyn, Wilders) haben die Orientierung am Konsens herausgefordert und versuchen, sich als Protest- und Oppositionsparteien zu profilieren. Die gestiegene Polarisierung betrifft v.a. das Parteiensystem („from pillarisation to polarisation"). Ein Pendant zur Zauberformel bei der Regierungsbildung existiert nicht, was zu relativ langen Verhandlungen bei der Regierungsbildung führen kann (NZZ 09.07.2011).

Tab. 2-40: Merkmale der Regierungssysteme der Schweiz und Großbritanniens

	Schweiz	Großbritannien
Regierungsform	Halbdirekte Konsensusdemokratie	Parlamentarische Mehrheitsdemokratie
Funktion des Parlaments und von Wahlen	Kein direkter Einfluss der Parlamentswahl auf die Wahl der Regierung, kein Mandat für ein politisches Programm; kein Machtwechsel zwischen Regierung und Opposition	Wahl der Regierung durch parlamentarische Mehrheitspartei und demokratische Legitimation ihres Programms, stimulierter periodischer Machtwechsel
Funktion von Abstimmungen	Regelmäßige und bindende Nachkontrolle wichtiger parlamentarischer Entscheide	Plebiszite als seltene Ausnahme, nicht bindend
Parteienwettbewerb	Geringer Wettbewerb, beschränkt auf Repräsentationsstärke im Parlament, weniger in der Regierung	Starker Wettbewerb um Erringung der Regierungsmacht
Wahlsystem bzw. Verteilungsregel politischer Macht	Machtteilung: Proportionale Verteilung und Besetzung von Mandaten und Stellen, 'fallweise' Opposition von Konkordanzpartnern statt Machtwechsel	Gewinner erhält alles. Majorzwahl angelegt auf Stimulierung des periodischen Machtwechsels zwischen Regierung und Opposition
Entscheidungszentrum	Keine Konzentration: Abfolge autonomer Entscheidungsanteile von Interessengruppen, Parlament und Volk im Entscheidungsprozess	Institutionelle Konzentration der Entscheidungsmacht bei der Regierung bzw. Parlamentsmehrheit
Vom System erwartete wichtigste Output-Leistung	Politische Integration und Berücksichtigung von Minderheiten: proportionale Machtteilung, Verhandlung und fallweise Problemlösung durch Kompromiss	Politischer Wandel und Innovation: Konsequente Umsetzung des Regierungsprogramms, auch auf Kosten der Minderheiten, legitimiert durch Wählerwillen und die Möglichkeit des Machtwechsels

Quelle: Nach Linder 2012: 337.

Auch wenn die Schweiz als Prototyp des Konsensusmodells grundlegend vom Westminster-Model unterschieden wird, teilen die Schweiz und Großbritannien doch auch einige überraschende Gemeinsamkeiten. Nicht nur die Skeptizismus hinsichtlich einer immer tieferen europäischen Integration und der Wunsch, die nationale Souveränität zu erhalten und zu fördern sind Gemeinsamkeiten. Hinsichtlich ihrer EU-Beziehungen können beide auch als „awkward partner" (vgl. George 1998) gesehen werden. Während Großbritannien der EU aber letztlich unter Vorbehalten beitrat, scheiterte ein von der Regierung befürworteter EWR-Beitritt der Schweiz an der Zustimmung des Volkes.

Während die Konkordanz in der Schweiz und den Niederlanden mehr oder weniger stark erodieren, hat sich in Nordirland seit dem Friedensprozess eine Konkordanzdemokratie neu entwickelt. Das Belfast-Agreement 1998 legte den Grundstein für eine gewaltenteilende Selbstverwaltung, jedoch geriet der Prozess 2002 ins Stocken. Das St. Andrews-Agreement vom November 2006 beinhaltete einen „Fahrplan" zur Wiederherstellung der nordirischen Selbstverwaltung. Es wurde von der irischen und der britischen Regierung und den beiden Parteien Sinn Fein und DUP ausgehandelt und sieht u.a. eine Proporzregierung vor, an der die jeweils stärksten Parteien der beiden Lager in den Ämtern des First Ministers und seines Stellvertreters beteiligt sein müssen (institutionelle Konkordanz). 2012 waren auf den 13 Ministerposten fünf Parteien in der Exekutive vertreten. Sechs Minister werden den Unionisten zugeordnet, fünf den Nationalisten, zwei der neutralen Alliance Party. Eine übergeordnete

Instanz ist das Northern Ireland Office in London, das die Devolutionsvereinbarungen „überwacht" und zwischen den Interessen der Zentralregierung und der Nordirischen Exekutive vermittelt (www.nio.gov.uk). Im Fall des Scheiterns der Proporzregierung kann die Selbstverwaltung suspendiert und die Region der Direktverwaltung durch die Zentralregierung unterstellt werden.

Bereits 1972 wurde mit einem Autonomieabkommen die Grundlage für ein Konkordanzsystem in der italienischen Region Südtirol gelegt. Knapp 70% der über 500.000 Einwohner Südtirols sind deutschsprachig, 26% sprechen italienisch und 4,5% ladinisch. Ein konfessionelles Cleavage besteht nicht, da die große Bevölkerungsmehrheit katholisch ist. Aufgrund der ländlichen Struktur ist auch das Stadt-Land Cleavage kaum ausgeprägt. Zur institutionellen Konkordanz gehört, dass die Zusammensetzung des Landtages jener der Sprachgruppen entsprechen soll und dass der Landeshauptmann einen deutschsprachigen und einen italienischen Stellvertreter hat. Auch öffentlichen Stellen bis hin zu Studienstipendien sollen nach dem Sprachgruppenproporz verteilt werden (Pallaver 2007: 531). Im Landtag ist der ladinischen Sprachgruppe ein Sitz garantiert, ab zwei Sitzen hat sie ein Recht auf ein Mitglied in der Landesregierung. Der sprachliche Proporz auf Regierungsebene soll dem des Landtages entsprechen (Pallaver 2007).

In der Bundesrepublik Deutschland sieht Schmidt (2000: 328) Konkordanzelemente in der Zusammenarbeit der Bundesländer, etwa im Bildungsbereich, bei der Besetzung oberster Bundesgerichte, bei Abstimmungen mit notwendiger qualifizierter Mehrheit und bei der Patronagepraxis in den öffentlich-rechtlichen Rundfunkanstalten. Gleichwohl ist die Konkordanz auf Regierungsebene deutlich schwächer ausgeprägt als in Österreich oder der Schweiz. Große Koalitionen sind die Ausnahme, nicht die Regel. Entsprechend oszilliert der politische Diskurs zwischen Klagen über blockierte Reformen und Politikverflechtung einerseits und informeller Konkordanz bzw. dem ‚grand coalition state' andererseits.

Während in föderalen Systemen mit einer relativ starken zweiten Kammer, wie in den USA und der Bundesrepublik Deutschland, die Konkordanz primär in den Vermittlungsverfahren zwischen beiden Kammern zu suchen ist, ist sie im Fall Österreichs häufiger auf Regierungsebene als Große Koalition anzutreffen. Kirchgässner (2012: 235) nennt als Beispiel für eine informelle de facto-Konkordanz in Deutschland die Zustimmung der unionsdominierten Bundesländer zu den sog. Hartz IV Reformen. Der starke Ausbau der Regierungskonkordanz in der Schweiz wird weitgehend auf die direkten Volksrechte, insb. das fakultative Gesetzesreferendum, zurück geführt. In den USA wird Konsens aber nicht nur durch unterschiedliche Mehrheiten im Kongress gefördert, sondern auch durch „divided government", wenn also die Partei des Präsidenten im Kongress insgesamt in der Minderheit ist (ebd.: 224).

Eine breitere empirische Basis liegt für Konsensusdemokratien vor. Zum Vergleich von Mehrheits- und Konsensusdemokratien unterscheidet Lijphart (1999) zwei Dimensionen mit je fünf Merkmalen: Die Exekutive-Parteien-Dimension und die Föderalismus-Unitarismus-Dimension. Parallel zu Lijpharts Arbeiten am Konsensusmodell der Demokratie entwickelte Lehmbruch (1979, 1992) das Konzept der Konkordanzdemokratie, was teilweise zu begrifflichen Verwirrungen um Konsens und Konkordanz geführt hat. Die beiden Lijphart'schen Dimensionen mit ihren jeweiligen Merkmalen werden in Tabelle 2-41 zusammengefasst.

Tab. 2-41: Dimensionen der Mehrheits- und Konsensusdemokratie

	Mehrheitsdemokratie	Konsensusdemokratie
Exekutive-Parteien-Dimension	Einparteienregierung	Koalitionsregierungen
	Exekutivdominanz gegenüber Legislative	Machtbalance zw. Exekutive und Legislative
	Zweiparteiensystem	Mehrparteiensystem
	Mehrheitswahlrecht	Verhältniswahlrecht
	Pluralistische Interessenvertretung	Korporatistische Interessenvertretung
Föderalismus-Unitarismus-Dimension	Zentralstaat	Föderalistischer und dezentraler Staat
	Einkammersystem	Symmetrisches Zweikammersystem
	Leicht zu ändernde, flexible Verfassung	Schwer zu ändernde, rigide Verfassung
	Parlamentssouveränität (Keine Verfassungsgerichtsbarkeit)	Verfassungsgerichtsbarkeit
	Abhängige Zentralbank	Autonome Zentralbank

Quelle: Nach Lijphart (1999).

Die Schweiz ist für Lijphart der Prototyp des Konsensusmodells der Demokratie. Die nicht unumstrittene Gegenüberstellung von Mehrheits- und Konsensusdemokratien ist allerdings kein Selbstzweck, sondern soll eine differenzierte Leistungsbewertung dieser unterschiedlichen Demokratietypen ermöglichen. Dabei schneiden Konsensusdemokratien im Hinblick auf Kriterien wie wirtschaftliche Stabilität und Demokratiequalität zumindest nicht schlechter ab als Mehrheitsdemokratien des Westminster-Modells mit ihrer Tendenz zu abrupten Politikwechseln. „Es gibt somit keine überzeugenden Gründe dafür, dass ein Übergang zum Westminster-Modell die Möglichkeiten wirtschaftspolitischer Reformen in Staaten mit Konkordanzsystemen langfristig verbessern würde" (Kirchgässner 2012: 237).

Vergleicht man die Codierungen von Lijphart (1999) für die USA und die Schweiz, dann fällt auf, dass sich beide auf der Unitarismus-Föderalismus-Dimension, mit Ausnahme des Merkmals des verfassungsgerichtlichen Prüfungsrechts, sehr ähnlich sind. Auf der Exekutive-Parteien-Dimension bestehen dagegen große Unterschiede – mit der Ausnahme einer relativ langen Lebensdauer der Kabinette, die in der Schweiz aber noch einmal erheblich höher ist als der ohnehin schon hohe Wert für die USA. Während die Schweiz also in beiden Dimensionen nach Lijphart den Konsensustyp der Demokratie verkörpert, lassen sich die USA als ein Mischsystem beschreiben. In der ersten Dimension verkörpern sie die Merkmale einer Mehrheitsdemokratie, in der zweiten die einer Konsensusdemokratie.

In einer Aktualisierung des Lijphart'schen Datenmatrix zur Schweiz für den Zeitraum 1997-2007 im Vergleich zu den 1970er bis Mitte der 1990er Jahre kommt Vatter (2008) zu dem Ergebnis, dass die Veränderungen der Schweizerischen Konsensusdemokratie insb. bei den Merkmalen der horizontalen Dimension Exekutive-Parteien zu verorten sind und eine Annäherung an einen „Normalfall" von Konsensusdemokratie bedeuten. „Der gestiegene Disproportionalitätsgrad des Proporzwahlsystems, die abnehmende Fragmentierung des Parteiensystems, die (gemäß neuer Messung) stärkere Stellung der Exekutive gegenüber der Legislative und die zunehmend pluralistischeren Züge des Interessengruppensystems führen dazu, dass die Schweiz heute auf der 1. Dimension hinter Belgien, Dänemark und Finnland der 1970er bis 1990er Jahre zurückfällt" (Vatter 2008: 34f.). Im Unterschied dazu gibt es in der vertikalen Dimension wie z.B. bei der starken zweiten Kammer, den Schranken für Verfassungsänderungen und der Unabhängigkeit der Zentralbank kaum Veränderungen (Vatter 2008: 34f.).

Insgesamt stellt Vatter (2008: 36) „aus einer komparativen Perspektive starke Züge einer Angleichung und Normalisierung des ursprünglichen Sonderfalls Schweiz an die übrigen kontinentaleuropäischen Verhandlungsdemokratien" fest. Im Vergleich zu Belgien als weiterem Beispiel einer Konsensusdemokratie ist in der Schweiz die durchschnittliche Zahl effektiver Parteien sogar von 5.57 auf 5.17 gesunden, während sie in Belgien „in der jüngsten Dekade von 5.49 auf 8.16 gestiegen ist [...]. Auch die im Vergleich zu früheren Perioden gestiegene Zahl an Koalitionsparteien in der belgischen Regierung, der im Vergleich zur Schweiz geringere Disproportionalitätsgrad des Wahlsystems und das nach wie vor hohe Ausmass an Interessengruppenkorporatismus führen im Ergebnis dazu, dass Belgien auf der horizontalen Machtteilungsdimension der Schweiz für die neueste Zeit den Rang eines Prototyps einer ausgeprägten Konsensusdemokratie abgelaufen hat" (ebd.).

Tab. 2-42: Vermessung der schweizerischen Demokratie 1997–2007 nach Vatter

Merkmal	Konsensausprägung	1945-96	1971-96	1997-2007	Folgerung
Parteiensystem	Mehrparteiensystem	5.24	5.57	5.17	leicht majoritärer
Regierungskabinett	Mehrparteienkoalition	4.10	0.00	0.00	keine Veränderung
Verhältnis Exekutive-Legislative	Ausgeglichenes E-L-Verhältnis	1.00	1.00	2.06	leicht majoritärer
Wahlsystem	Proportionale Repräsentation	2.53	2.98	3.51	leicht majoritärer
Interessengruppen	Korporatistisches Interessengruppensystem	1.00	1.00	1.63	leicht majoritärer
1. Dimension	*executive-parties (divided power)*	*1.77*	*1.87*	*1.39*	*leicht majoritärer*
Zentralstaat-Gliedstaaten	Föderal und dezentralisiert	5.00	5.00	5.00	keine Veränderung
Parlamentskammern	Gleichberechtigte 2. Kammer	4.00	4.00	4.00	keine Veränderung
Verfassungsänderungen	Qualifizierte Mehrheit für Verfassungsänderung	4.00	4.00	4.00	keine Veränderung
Gesetzgebungsssuprematie	Verfassungsrichterliche Überprüfung	1.00	1.00	2.00	leicht konsensueller
Zentralbank	Unabhängige Zentralbank	0.60	0.63	0.63	keine Veränderung
2. Dimension	*federal-unitary (joint power)*	*1.52*	*1.61*	*1.81*	*kaum Veränderung*

Quelle: Vatter 2008: 34.

3 Der Bund: Vier Sprachen, eine Nation

3.1 Eidgenossenschaft und Staatsangehörigkeit

Der Bund bzw. die Eidgenossenschaft besteht aus vier unterschiedlich großen Sprachregionen (der Deutschschweiz, der Romandie, dem Tessin und einigen rätoromanischen Gebieten in Graubünden), aus 26 Kantonen und 2495 Gemeinden (2012, nach BfS). In der Präambel der Verfassung erfolgt die Staatslegitimation durch Rekurs auf „das Schweizervolk und die Kantone", die zusammen die Schweizerische Eidgenossenschaft bilden (Art. 1 BV). Zweck des Bundes ist der Schutz der Freiheit und der Rechte des Volkes sowie die Wahrung der Unabhängigkeit und Sicherheit des Landes, die gemeinsame Wohlfahrt, die nachhaltige Entwicklung sowie der innere Zusammenhalt und die kulturelle Vielfalt des Landes (Art. 2 BV). Auch eine möglichst große Chancengleichheit und die dauerhafte Erhaltung der natürlichen Lebensgrundlagen werden als Staatszielbestimmungen genannt.

Aufgrund der konstitutiven Mehrsprachigkeit ist bezweifelt worden, dass das Konzept des Nationalstaates überhaupt auf die Schweiz anwendbar ist. Tatsächlich ist die Schweiz kein Nationalstaat in einem objektiven, insbesondere in Deutschland verbreiteten Verständnis von Nation. Dieses Konzept zielt auf objektive Merkmale wie gemeinsame Herkunft und Sprache, Geschichte und Kultur ab, die unabhängig vom Willen ihrer Mitglieder existieren.

Vielmehr konstituierte sich im 18. Jahrhundert wie in Frankreich und später in Belgien ein subjektives Nationsverständnis. Als Verbindung von Nation und Territorialstaat wurde der Nationalstaat im revolutionären Frankreich als ein Staat gesehen, der durch den gemeinsamen Willen seiner Einwohner konstituiert wird, Bürger dieses Staates zu sein. Allerdings wird dies in der Fachliteratur auch teilweise in Frage gestellt und stattdessen von einem multi-nationalen Staat gesprochen. „However, it is rarely if ever made clear which ‚nations' Switzerland is meant to be composed of and the characterisation appears simply to be based on the uncritical assumption that language is the ‚natural' basis for national identity hence if a country is multi-lingual it must ipso facto also be multi-national" (Dardanelli 2012: 295).

Die unterschiedlichen Konzepte von Nation sind historisch mit den Namen Herder und Renan verbunden. Für Johann Gottfried Herders objektives Nationsverständnis kam es neben der hereditären Abkunft insbesondere auf die (hochdeutsche) Sprache als „Wesensmerkmal" der Zugehörigkeit zur Nation an, die allerdings selbst wiederum als geschichtlich geformt (z.B. durch die Verwaltungsreformen Kaiser Karls IV [1346–1378] und die Bibelübersetzung Luthers) zu verstehen ist. Ernest Renans (1823–1892) subjektives Nationsverständnis geht auf eine berühmte Rede an der Sorbonne 1882 zurück, in der er eine Nation als eine Solidargemeinschaft definiert, „getragen von dem Gefühl der Opfer, die man gebracht hat, und der Opfer, die man noch zu bringen gewillt ist. Sie setzt eine Vergangenheit voraus, aber trotzdem fasst sie sich in der Gegenwart in einem greifbaren Faktum zusammen: der Übereinkunft, dem deutlich ausgesprochenen Wunsch, das gemeinsame Leben fortzusetzen. Das Dasein einer Nation ist – erlauben Sie mir dieses Bild – ein täglicher Plebiszit, wie das Dasein des einzelnen einen andauernde Behauptung des Lebens ist".[8]

Legitimität bezog die Schweizer (Kon)Föderation historisch wie gegenwärtig weniger aus dem Konzept der Nation als aus dem der Volkssouveränität und der Demokratie. In der Kombination mit dem Föderalismus unterschied man sich damit aber auch deutlich vom französischen Nationsverständnis, für das die Volkssouveränität nur unteilbar in einem unitarischen Nationalstaat zum Ausdruck kommen kann, nicht in föderaler Vielgestaltigkeit. In der Schweiz sind die Bezugspunkte politischer Identität, neben der nationalen Ebene der Eidgenossenschaft, insbesondere die kantonale und kommunale Ebene (Burgess 2006: 120). In moderner, konstruktivistischer Terminologie werden solche Identitätsfiguren auch als „imagined communities" dekonstruiert.

Das schweizerische Nationsverständnis erinnert an das US-Amerikanische, über das der US-Historiker Richard Hofstadter (1916–1970) gesagt hat, dass es US-amerikanisches Schicksal sei, als Nation keine Ideologie zu haben, sondern eine zu sein und der amerikanische Dichter und Philosoph Ralph Waldo Emerson (1803–1882), dass Amerikaner zu werden ein (zivil-) religiöser Akt sei. Seymour M. Lipset (2003/1963) beschrieb Anfang der 1960er Jahre die für die amerikanische Identität zentralen Ideen als Freiheit (als kollektive Selbstbestimmung bzw. Abwesenheit von politischem Dirigismus), Egalitarismus (als Gleichheit der Ausgangsbedingungen), Individualismus (als Chance, seine soziale Stellung selbst bestimmen zu können), sowie Populismus und Laissez-faire.

Imagined Communities ist ein auf subjektive Wahrnehmungen aufbauendes Nationskonzept, das von Benedict Anderson in einem vielzitierten Buch von 1983 vorgelegt wurde. Anderson, Professor für internationale Studien an der Cornell-University, wandte den „constructivist turn" in den Sozial- und Sprachwissenschaften auf das Konzept der Nation an und zeigte, wie Nationen durch die Wahrnehmung ihrer Mitglieder als einer Gemeinschaft zugehörig zu sein konstruiert werden. Diese Wahrnehmung entstand z.B. im späten 18. Jahrhundert an der europäischen Peripherie, insb. in den Kolonien, in der Begegnung mit Fremden. Das US-amerikanische Selbstverständnis als „First New Nation" (Lipset 2003) ist hierfür ein Beispiel. Zum Nation-Building gehören die Vorstellung einer langen Vorgeschichte und ein besonderer Gründungsmythos. Die Gemeinschaft ist imaginiert, weil selbst in der kleinsten Nation nur ein Bruchteil der Zugehörigen sich persönlich kennen kann – und doch eine Vorstellung zu Zugehörigkeit hat. Zu den Merkmalen dieser vorgestellten Nation gehören auch ihre Begrenztheit und ihre Souveränität.

Entscheidend ist jeweils das Bekenntnis zu den fundamentalen Prinzipien, auf denen die jeweilige Nation aufgebaut ist. Daraus lässt sich aber nicht ableiten, dass es in der Einbürgerungspolitik für Nichtschweizer leichter sei, durch bloßes Bekenntnis einen Schweizerpass zu bekommen als etwa einen deutschen Pass. Die Hürden für eine Einbürgerung in die Schweiz sind sehr hoch. 1936, nach dem Verlust der deutschen Staatsbürgerschaft, hoffte Thomas Mann im Züricher Exil kurze Zeit auf den Schweizerpass im „abgekürzten Verfahren", eher er die tschechische Staatsbürgerschaft annahm. Auch in den 1950er Jahren wich

---

[8]   http://www.dir-info.de/dokumente/def_nation_renan.html

man von Behördenseite trotz prominenter Fürsprecher im Fall Mann nicht von der formalen Voraussetzung eines mindestens zwölfjährigen Aufenthalts ab. Immerhin wurden Aufenthaltserlaubnis und Niederlassungsrecht problemlos gewährt. Kriterien für die ‚Tauglichkeit' sind u.a. Gesundheit und die Bereitschaft der Einbürgerungswilligen zur Assimilation. Dreimal, 1983, 1994 und 2004, scheiterte eine Erleichterung der Einbürgerung in die Schweiz bei Volksabstimmungen. Trotz oder wegen dieser Strenge gibt es schätzungsweise bis zu 300.000 illegal in der Schweiz Anwesende ohne Ausweispapiere und Aufenthaltsbewilligung („Sans Papiers").

Im September 2006 wurde das Asyl- und Ausländerrecht deutlich verschärft. Abgelehnten Asylbewerbern wurde die Sozialhilfe gestrichen und die Ausweisung wurde beschleunigt. Im Ausländergesetz wurde die Rolle von Ausbildung und Beruf für die Aufenthalts- und Einbürgerungsentscheidung gestärkt. Die vom damaligen SVP-Vorsitzenden und Justizminister Christoph Blocher initiierte Änderungen erhielten deutliche Zustimmung in der Bevölkerung bei einer relativ hohen Stimmbeteiligung von 48%.

In einer Studie zur Entwicklung des Schweizer Bürgerrechts zeichnen Studer/Arlettaz/Argast (2008) unterschiedliche Phasen der Einbürgerungspolitik auf eidgenössischer und kantonaler Ebene nach. Bis zum Ersten Weltkrieg wird etwa eine relative Offenheit beobachtet, allerdings war dies auch der Zeitraum der Entstehung von Ängsten der Überfremdung der Schweiz, die zu einer restriktiveren Praxis führte. Da der Einbürgerungsentscheid aber letztlich von der betreffenden Kommune getroffen wird, war die Praxis keineswegs einheitlich, etwa hinsichtlich der Mindestaufenthaltszeit und der Möglichkeit des Rekurses gegen eine Entscheidung. Bis zu Beginn des 20. Jahrhundert wurde vom Bund eine Frist von nur zwei Jahren mit ständigen Wohnsitz in der Schweiz verlang, die bis 1952 auf 12 Jahre erhöht wurde.

Bis 1874 war Ausländerpolitik ausschließlich Sache der Kantone und Gemeinden. Lediglich 1850 gab es eine bundesweite Regelung zur Einbürgerung von ‚Heimatlosen'. Da auch die ‚Armenpflege' lange Zeit Sache der Gemeinden war, deren Bürgerrecht die jeweilige Person besaß, wurden teilweise von den Einbürgerungswilligen auch bestimmte Versicherungen verlangt (Studer et al. 2008). Bis in die ersten Jahrzehnte des Kalten Krieges wurde eine zunehmend restriktive Einbürgerungspolitik beobachtet, mit Tendenzen zu einer etwas erleichterten Einbürgerung danach.

Bei der Einbürgerung wird zwischen einem ordentlichen und einem erleichterten Verfahren unterschieden. Im ordentlichen Verfahren wird über das Schweizerische Bürgerrecht von der Gemeinde und dem Kanton entschieden, in dem der Antragsteller wohnt. Im erleichterten Verfahren nach dem „Bundesgesetz über Erwerb und Verlust des Schweizer Bürgerrechts" (Bürgerrechtsgesetz, BüG) liegt dagegen die Entscheidungshoheit beim Bund, ebenso wie bei Fragen des Erwerbs und Verlusts der Bürgerrechte durch Abstammung, Heirat und Adoption (Art. 38 BV). Auch hat der Bund auf Basis von Art. 38 Abs. 2 „Mindestvorschriften über die Einbürgerung von Ausländerinnen und Ausländern durch die Kantone" erlassen und er erteilt die Einbürgerungsbewilligung (Bundesamt für Migration) als Voraussetzung für die Entscheidung der Kantone und Gemeinden (Art. 12 Abs. 2 BüG). Als Bedingungen nennt das BüG in Art. 14 die Prüfung, „ob der Bewerber zur Einbürgerung geeignet ist, insbesondere ob er: a) in die schweizerischen Verhältnisse eingegliedert ist, b) mit den schweizerischen Lebensgewohnheiten, Sitten und Gebräuchen vertraut ist, c) die schweizerische Rechtsordnung beachtet, d) die innere oder äussere Sicherheit der Schweiz nicht gefährdet".

Als weitere Bedingungen nennt Art. 15 BüG einen Mindestaufenthalt in der Schweiz von zwölf Jahren, davon „drei in den letzten fünf Jahren vor Einreichung des Gesuches", wobei Zeiträume zwischen dem vollendeten 10. und 20. Lebensjahr des Bewerbers doppelt gezählt werden. Bei Ehegatten kann für den zweiten Bewerber die Frist auf fünf Jahre reduziert werden, ebenso bei eingetragenen Partnerschaften, wenn einer der Partner bereits Schweizer ist. Ergänzenden Regelungen für die kantonale und Gemeindeebene werden durch die Kantone erlassen, wobei das BüG explizit vorsieht, dass die Kanone/Gemeinden die Einbürgerungsentscheidung „den Stimmberechtigten an einer Gemeindeversammlung zum Entscheid" vorgelegen werden dürfen (Art. 15a).

Das schweizerische wie das kantonale Bürgerrecht werden im ordentlichen Verfahren durch den Einbürgerungsentscheid in einer Gemeinde erworben (Art. 37 Abs. 1 BV), die als Ermessensentscheidung nur eingeschränkt gerichtlich überprüfbar ist. Allerdings hat das Bundesgerichts 2003 entschieden, „dass die rechtsstaatlichen Grundsätze auch im Bereich der Einbürgerung gelten und die Stimmbürger bei der Abstimmung über Einbürgerungsgesuche an die Verfassung gebunden sind" (Stöckli/Meier 2011: 325)

Als Reaktion darauf hat das hat das Parlament in einer Revision des Art. 15a Abs. 2 BüG die Einbürgerung durch eine Gemeindeversammlung ausdrücklich erlaubt, jedoch bei Ablehnung eine Begründung gefordert. „Lehnt eine Gemeindeversammlung ein Gesuch ohne genügende Begründung mehrmals ab, so hat gemäß bundesgerichtlicher Rechtsprechung die kantonale Behörde über die Einbürgerung auf Gemeindeebene zu entscheiden. Eine Rückweisung zur Neubeurteilung macht nur Sinn, wenn eine Verwaltungsbehörde angesprochen wird, ‚während das gleiche Verfahren eine selbstbewusste Versammlung schweizerischer Stimmberechtigter nur zum Widerspruch provoziert.'" (Stöckli/Meier 2011: 326). Des Weiteren gibt es in einige Kantone die Möglichkeit, die Einbürgerung durch einen Beschluss der Gemeindeversammlung auf die Exekutive oder einen speziellen Rat bzw. Kommission zu übertragen (Stöckli/Meier 2011: 326).

Über die erleichterte Einbürgerung (Art. 32 BüG) entscheidet das Bundesamt für Migration, das den betreffenden Kanton vorher anhören muss. Voraussetzung für die erleichterte Einbürgerung ist, dass der Bewerber a) in der Schweiz integriert ist, b) die schweizerische Rechtsordnung beachtet, und c) die innere oder äußere Sicherheit der Schweiz nicht gefährdet. Dafür kommen sogar Bewerber in Betracht, die nicht in der Schweiz wohnen (Art. 27 Abs. 2). Auf dem Weg der Eheschließung mit einer Schweizerin oder einem Schweizer ist die erleichterte Einbürgerung möglich, wenn der Bewerber a) insgesamt fünf Jahre in der Schweiz gewohnt hat, b) seit einem Jahr hier wohnt und c) seit drei Jahren in ehelicher Gemeinschaft mit dem Schweizer Bürger lebt (Art. 27). Lebt der ausländische Ehegatte eines Schweizers (also das Ehepaar) im Ausland bzw. hat dort gelebt, kann ein Gesuch um erleichterte Einbürgerung gestellt werden, wenn der Bewerber a) seit sechs Jahren in ehelicher Gemeinschaft mit dem Schweizer Bürger lebt und b) mit der Schweiz eng verbunden ist (Art. 28).

Der Anteil der Immigranten an der Gesamtbevölkerung ist in der Schweiz mit knapp 25% überdurchschnittlich hoch. In Deutschland lag er bei 13%, in Österreich bei 14,2% und in den USA bei 13,6% (jeweils 2007). Nach der OECD-Statistik haben neben der Schweiz lediglich Kanada (20,1%), Neuseeland (21,6%), Australien (25%) und Luxemburg (36,2%) ähnlich hohe Immigrantenanteile in der Gesamtbevölkerung. Der OECD-Durchschnitt liegt bei 13% (www.stats.oecd.org). Während seit 2002 für die Zuwanderung von Arbeitskräften aus Staaten der EU das Personenfreizügigkeitsabkommen gilt, werden für andere Staaten vom Bundesrat bzw. dem Bundesamt für Migration Zuwanderungskontingente berechnet, wobei etwa die Größe der regionalen Arbeitsmärkte berücksichtigt wird. „Der behördlich festgelegte Bedarf teilt sich auf in Höchstzahlen für Kurzaufenthaltsbewilligungen (L-Bewilligungen bis maximal 24 Monate) sowie für Aufenthaltsbewilligungen (B-Bewilligungen ab 24 Monate; befristet oder unbefristet). Zudem können die Kantone noch auf eine Bundesreserve zurückgreifen, wenn sie die ihnen zustehenden Kontingente aufgebraucht haben" (NZZ 09.06.2011: 12). Trotzdem übersteigen in einigen Kantonen die Anzahl der Anträge die der Bewilligungen um ein vielfaches (ebd.).

3.2   Die Sprachregionen

Zwischen der Ebene des Bundes (der Eidgenossenschaft) und den Kantonen bilden die Sprachregionen eine weitere, allerdings informelle, Ebene. An der Integration der Sprachregionen in der Eidgenossenschaft ist u.a. auch die zuvor vorgestellte Konkordanz beteiligt. Die Sprachregionen haben keine eigenen politischen oder kulturellen Organisationen, wie dies etwa in Belgien der Fall ist. Die BV nennt als Landes- (Art. 4) bzw. Amtssprachen (Art. 70) Deutsch, Französisch, Italienisch und Rätoromanisch. Bei der Wahl der Bundesräte soll darauf Rücksicht genommen werden, „dass die Landesgegenden und Sprachregionen angemessen vertreten sind" (Art. 175 BV).

In der politischen Praxis bedeutet der Ausgleich zwischen den Sprachregionen und Kantonen vielfältige Herausforderungen. Für die Ausbalancierung der Sprachen bzw. Regionen gibt es eine ungeschriebene Regel, dass die drei größten Kantone – Zürich, Bern und entweder Waadt oder Genf – permanent in der Regierung vertreten sind. Da die italienische Sprachregion oft über längere Perioden keinen Vertreter in der Regierung hat, stehen rein formal gesehen die Chancen für italienisch sprechenden Kandidaten nicht schlecht – vorausgesetzt, es findet sich ein für die anderen Parteien und Kantone akzeptabler Kandidat. Meist stammen zwei der sieben Bundesräte aus der Romandie. Auch war es bis 1999 nicht erlaubt, mehr als einen Bundesrat aus einem Kanton in die Regierung zu wählen.

Auch wenn die Sprachregionen keine eigenen, kantonsübergreifenden Organisationen haben, sind sie doch mehr als statistische Artefakte. Nach dem allmählichen Verblassen der Integrationskraft des konfessionellen Cleavages sind es vor allem sprachliche und sozioökonomische Unterschiede, die noch für Diskussionsstoff sorgen. Die größte Sprachregion ist die deutschsprachige Schweiz mit ca. 64% der Bevölkerung in 18 Kantonen und den Zentren Zürich und Bern. Französisch wird in den westlichen Kantonen gesprochen, der Romandie, die etwa 20% der Bevölkerung und die Kantone Genf, Jura, Neuchâtel und Vaud umfasst. Bern, Freiburg und Wallis sind bilinguale Kantone. Die italienische Sprachgemeinschaft umfasst ca. 7% der Bevölkerung und ist in Tessin und Graubünden beheimatet. Rätoromanisch wird im einzigen trilingualen Kanton Graubünden von etwa 0,5% der Gesamtbevölkerung gesprochen (BfS; vgl. a. Burgess 2006: 118).

Im langen Prozess des schweizerischen Nation-Building waren Konsensmechanismen zwischen den Sprachregionen allerdings nicht immer notwendig. Bis 1789 bestand die Schweizer Konföderation nämlich nur aus überwiegend deutschsprachigen Kantonen. Das heißt, dass die politischen Mechanismen der Willensbildung und Entscheidungsfindung in der Schweiz lange Zeit hatten, sich zu entwickeln und sich an lokale und sprachliche Diversität innerhalb einer Sprachgemeinschaft zu akkommodieren (Burgess 2006: 119). Nach der Abspaltung des Jura von Bern gibt es innerhalb der Kantone kaum größere linguistisch bedingte Konflikte. Am Beispiel der Trennung von Jura und Bern lässt sich die Relevanz überlappender Cleagaves aufzeigen.

In den zweisprachigen Kantonen Freiburg und Wallis wirkte ausgleichend, dass die Bevölkerung überwiegend die gleiche Konfession hat (katholisch). In Graubünden ist jede Sprachgemeinschaft gemischtkonfessionell. Dagegen verliefen im Konflikt von Bern und Jura sprachliche und konfessionelle Grenzen viel stärker überlappend. Das französischsprachige Jura war zu etwa 2/3 katholisch, während der Anteil Protestanten im weitgehend deutschsprachigen Bern bei 70% lag (Keech 1972: 399).

Auf der Ebene der Sprachregionen sind Katholiken (35,3%) und Evangelisch-Reformierte (32,3%) in der deutschsprachigen Schweiz etwa gleich stark vertreten. In der Romandie ist der Anteil der Katholiken mit 41,2% mehr als doppelt so hoch wie der Anteil Evangelisch-Reformierter (19,2%). In der italienischen Schweiz dominiert der Anteil der Katholiken mit knapp 70% noch stärker. Die drittgrößte Gruppe sind die Konfessionslosen. Ihr Anteil ist in der Romandie mit 25,2% am höchsten und in der rätoromanischen Sprachgruppe mit 10,5% am niedrigsten. (Tab. 3-1).

Tab. 3-1: Religions- und Konfessionszugehörigkeit in den Sprachregionen 2010

	Total	%	Deutsch.	%	Franz.	%	Italien.	%	Rätor.	%
Total	6.519.253		4.666.928		1.536.321		293.361		22.643	
Röm.-katholisch	2.513.849	38,5	1.649.764	35,3	648.147	42,1	203.102	69,2	12.836	56,6
Ev.-reformiert	1.827.647	28	1.511.183	32,3	295.900	19,2	14.139	4,8	6.425	28,3
Andere christl. Glaubensgem.	355.465	5,4	264.642	5,6	75.396	4,9	14.957	5,1	[470]	
Jüdische Glaubensgem.	15.934	0,2	9.096	0,2	6.642	0,4	[195]		X	
Islamische Glaubensgem.	295.798	4,5	230.546	4,9	60.254	3,9	4.960	1,7	X	
Andere Religionsgem.	73.447	1,1	58.222	1,2	13.465	0,8	1.729	0,5	X	
Konfessionslos	1.309.654	20	874.190	18,7	387.318	25,2	45.752	15,6	2.394	10,5
Konfession unbekannt	127.459	1,9	69.285	1,4	49.198	3,2	8.527	2,9	[448]	

Quelle: BfS (su-d-01.06.02.03.02), eigene Berechnung. Ständige Wohnbevölkerung ab 15 Jahren. Die Prozentangaben beziehen sich auf das Total der jeweiligen Sprachgemeinschaft. X: Anzahl der Beobachtungen zu niedrig. [ ]: Extrapolation aufgrund geringer Beobachtungszahlen unsicher.

Neben den vier Sprachregionen wird gelegentlich von den Auslandsschweizern als der „fünften Schweiz" gesprochen. In der Bundesverfassung ist in Art. 40 eigens festgelegt, dass der Bund die Angelegenheiten der Auslandsschweizer fördert. Dazu gehören z.B. die Schweizerschulen im Ausland. Der Auslandsschweizerrat (ASR) vertritt die Interessen dieser Personengruppe gegenüber Behörden und der Öffentlichkeit und wirkte z.B. 1992 bei der Einführung des Wahlrechts für Auslandsschweizer mit. Die Zahl der Auslandsschweizer ist stetig gestiegen. Im Jahr 2007 waren es 668.107. Davon haben 71,5% eine doppelte Staatsbürgerschaft. Mit 176.723 Auslandsschweizern hat Frankreich den größten Anteil, gefolgt von Deutschland (75.008), den USA (73.978) und Italien (47.953). Während im 19. Jahrhundert die Armut die Auswanderung motivierte, sind es inzwischen primär Handel und Industrie (www.eda.ch).

3.3   Die Kantone

Die Kantone sind essentielle Bestandteile des Föderalismus. Ihre Existenz ist in der Verfassung garantiert, die auch ihre Rechte und Pflichten regelt (Art. 43-49 BV). Es steht ihnen auch frei, wie sie sich innerhalb eines allgemeinen demokratischen Rahmens im Inneren organisieren. So können sie ihre Entscheidungs- und Vollzugsorgane selbstständig wählen. Sie besitzen umfangreiche Aufgabenkompetenzen und haben eigene Steuerkompetenzen. Im Verhältnis von Bund und Kantonen gilt der Grundsatz der Subsidiarität (Art. 43a BV).

Sie unterliegen keiner politischen Aufsicht oder Kontrolle durch den Bund, allerdings darf das Bundesgericht die Vereinbarkeit von Kantonsrecht mit der Bundesverfassung prüfen. Die Souveränität der Kantone ist nur durch die in der Verfassung zugunsten des Bundes genannten Rechte eingeschränkt. In der Praxis sind eine Menge Gesetzgebungskompetenzen in der Hand der Kantone, z.B. n den Bereichen Straf- und Zivilrecht, Handels-, Bank- und Arbeitsrecht sowie Großteile der Wirtschafts- und Bildungspolitik.

Die Zahl der Kantone ist zwar nicht endgültig fixiert, sie liegt jedoch seit der Abtrennung des Kantons Jura von Bern stabil bei 26. Nach dem Gründungsmythos gibt es drei "Urkantone" Uri, Schwyz und Nidwalden, die sich 1291 von der Habsburg-Monarchie abspalteten und den sog. Ruetlibund gründeten. Im Laufe der Zeit schlossen sich mehr und mehr Orte an, z.B. Zürich in 1351 und Bern in 1353. Der lokale Landadel verlor seine Macht und Privilegien und demokratische Strukturen wurden vorherrschend.

Trotz dieser Abspaltungen und weiterer Rückschlägen stiegen die Habsburger im 14. Jahrhundert zu einer europäischen Territorialmacht mit herausragender Verwaltungsorganisation auf, insbesondere in den Bereichen Steuern, Besitzrechte und Abhängigkeiten, was auch für die Verwaltungen der Kantone nicht folgenlos blieb. Der 1803 aus vier Regionen gegründete Kanton Aarau kommt heute bei vielen statistischen Kennzahlen den schweizerischen Durchschnitt recht nahe. 1833 trennte sich der Kanton Basel in „Stadt" und „Landschaft" auf. 1979 kam es durch Abspaltung des Jura von Bern zu einer weiteren Neugründung und auf die aktuelle Zahl von 26 Kantonen. Tabelle 3-2 gibt einen Überblick über einige sozioökonomische Indikatoren der Kantone.

Die einwohnerstärksten Kantone sind Zürich, Bern und Waadt. Der Ausländeranteil an der ständigen Wohnbevölkerung ist in Genf, Basel-Stadt und Waadt am höchsten. Die hohen Anteile lassen sich teils durch die Attraktivität der Standorte für internationale Firmen erklären, teils durch eine restriktive Einbürgerungspraxis. Gemessen an der Verteilung des Bruttoinlandsprodukts auf die Kantone ist Zürich der wirtschaftsstärkste Kanton, gefolgt von Bern, Waadt und Genf. Trotz der wirtschaftlichen Stärke hat der Kanton Genf aber die höchste Arbeitslosen- und Schuldenquote.

Die konfessionelle Konfliktlinie hat sich in der Schweiz deutlich abgekühlt. Dennoch ist die konfessionelle Mehrheit in den Kantonen ein wichtiger Indikator für die politische Positionierung des Kantons in der Bundespolitik. In lediglich sechs der 26 Kantone gibt es noch eine protestantische Mehrheit, darunter die großen Kantone Zürich und Bern. In allen anderen Kantonen gibt es katholische Bevölkerungsmehrheiten, am deutlichsten in den Kantonen der Zentralschweiz, aber auch in Jura. Die größten Anteile Konfessionsloser sind in Basel-Stadt, Neuenburg und Genf anzutreffen (Tab. 3-3).

Tab. 3-2: Sozioökonomische Indikatoren der Kantone (in %)

	Einwohner (tsd.)	Ausländeranteil	Anteil am BIP	Arbeitslosenquote	Anteil Schuldenquote
ZH	1351,3	23,7	21,8	3,9	12,1
BE	974,2	13	11,6	2,8	10,5
VD	701,5	30,4	7,9	5,6	11,5
AG	600	21,5	6,3	3,6	4,6
SG	474,7	21,7	5,3	3,4	2,3
GE	453,3	38,7	7,7	7	25,6
LU	373	16,4	3,9	2,7	2,4
TI	335,7	25,4	4,2	5,1	3,7
VS	307,4	20,4	2,8	4,3	2,1
FR	273,2	17,7	2,2	3,2	1,7
BL	272,8	18,9	3,5	3,5	3,9
SO	252,7	19,3	2,4	3,8	1,6
TG	244,8	20,9	2,2	3,3	1,3
GR	191,9	16,1	2,3	1,7	1,4
BS	187,9	31,5	5,7	4	7,6
NE	171,6	23,1	1,9	6,4	2,9
SZ	144,7	18	1,5	2,3	0,6
ZG	110,9	23,3	2,4	2,6	0,8
SH	75,7	22,9	0,9	3,2	0,4
JU	70,1	12,3	0,8	5,4	0,7
AR	53	13,9	0,5	2	0,2
NW	40,8	10,7	0,5	1,7	0,4
GL	38,5	19,8	0,5	2,6	0,4
UR	35,3	9,4	0,4	1,4	0,3
OW	35	12,9	0,3	1,5	0,2
AI	15,7	10	0,1	1,2	0,05
CH	7785806	22		4,2	

Quelle: BfS; Einwohner, Ausländer, Arbeitslosigkeit Jahr 2010, Wirtschaftskraft (Anteil am BIP in 2009) Gesamtschulden 2009.

Trotz fortschreitender Zentralisierung in vielen Bereichen, wie etwa der Nationalisierung des Parteiensystems (vgl. Armingeon 2003), besitzt die kantonale Ebene immer noch die stärkste Identifikation in der Bevölkerung. Die kantonalen Parteiensysteme werden sich im Hinblick auf die Zahl der Parteien und teilweise auch die Volatilität ähnlicher, weniger jedoch hinsichtlich der Stärke der Parteien (Ladner 2006: 323). Auch weichen die kantonalen Strukturen und Politikmuster erheblich voneinander und von der Bundesebene ab, wodurch die Bundespolitik beeinflusst werden kann.

Das Bemühen der Kantone, auf Bundesebene stärker in Erscheinung zu treten und Einflussmöglichkeiten auszubauen, wird durch die Eröffnung des „Hauses der Kantone" Mitte 2008 in Bern deutlich symbolisiert. Im Haus der Kantone sollen die seit 1993 regelmäßig tagende Konferenz der Kantonsregierungen (KdK) und weitere interkantonalen Konferenzen zusammengeführt werden. Die Konferenz der Kantonsregierungen ist gewissermaßen das bundesstaatliche Sprachrohr der Kantonsregierungen und kompensiert damit deren Einflussschwäche, die aus der Direktwahl der Ständeratsmitglieder in den Kantonen resultiert.

Tab. 3-3: Konfessionszugehörigkeiten 2010

	röm.-katholisch	ev.-reformiert	andere Rel./Konf.	konfessionslos	unbekannt
Zürich	27,9	**33,9**	14,2	22,4	1,5
Bern	15,4	**56,4**	11,0	15,2	1,6
Waadt	**31,1**	28,9	11,3	25,7	3,0
Aargau	**35,7**	29,0	13,3	20,7	1,3
St. Gallen	**48,1**	22,9	13,5	14,1	1,3
Genf	**36,7**	11,7	12,4	35,1	4,0
Luzern	**65,3**	11,0	8,9	13,3	1,4
Tessin	**69,1**	4,5	7,7	15,9	2,9
Wallis	**75,4**	6,4	–	10,3	7,8
Freiburg	**63,0**	14,1	7,5	12,7	2,7
Basel-Land	29,1	**34,5**	11,0	23,8	1,6
Solothurn	**37,3**	24,7	12,6	24,1	1,4
Thurgau	32,9	**37,3**	12,9	15,7	1,3
Graubünden	**44,3**	35,4	–	12,5	7,8
Basel-Stadt	**20,4**	19,0	16,3	42,2	2,1
Neuenburg	**25,5**	25,1	9,3	37,0	3,1
Schwyz	**65,6**	11,4	–	12,8	10,2
Zug	**54,9**	15,6	10,5	17,7	1,3
Schaffhausen	23,2	**40,2**	–	20,6	16,0
Jura	**68,9**	9,9	–	11,5	9,7
Aargau	**35,7**	29,0	13,3	20,7	1,3
Nidwalden	**70,5**	–	–	–	29,5
Glarus	**38,9**	34,7	–	–	26,4
Uri	**84,0**	–	–	–	16,0
Obwalden	**75,0**	–	–	–	25,0
Appenzell Ir.	**74,0**	–	–	–	26,0
Appenzell Ar.	31,0	**41,8**	–	–	27,2
CH	38,6	28,0	11,3	20,1	2,0

Quelle: BfS, Statistischer Atlas der Schweiz, Mehrheit eigene Hervorhebung.

Im Unterschied zum deutschen Bundesratsmodell haben die Kantonsregierungen durch das schweizerische Senatsmodell keinen direkten Einfluss auf die Willensbildung und Gesetzgebung des Bundes, sondern nur einen indirekten, z.b. durch das Vernehmlassungsverfahren. Dieser indirekte Weg der Einflussnahme der Kantonsregierungen auf die Entstehung von Bundesgesetzen ist nicht zu unterschätzen. Zeichnet sich in der Vernehmlassung die Ablehnung eines Geschäftes durch die Kantone ab, findet es in der Regel auch keine Mehrheit im Ständerat, obgleich die Ständeräte nicht an Instruktionen aus ihren Kantonen gebunden sind (Art. 161 BV). Die Mitgestaltung der Kantone im Bund erfolgt also nur indirekt über die Vernehmlassung und durch Lobbying. Zu bedenken ist auch, dass es für die Kantone keine Möglichkeit gibt, Bundesgesetze auf ihre Vereinbarkeit mit der Verfassung überprüfen zu lassen, wie dies in Deutschland z.B. mit dem Verfahren der Bund-Länder-Streitigkeit oder der Organklage (Bundesrat) möglich ist.

Vermutlich aufgrund der zunehmenden Pluralisierung der Einflussnahme auf den Bund ist der indirekte Weg der Einflussnahme der Kantone auf die Gesetzgebung des Bundes zuletzt als rückläufig eingeschätzt worden. Der geringe Einfluss der Kantone in der vorparlamentarischen Vernehmlassung im Vergleich zu den Verbänden „hängt vor allem damit zusammen, dass die Interessengruppen generell organisations- und konfliktfähiger sind als die Kantone, die oft heterogene Positionen vertreten und entgegengesetzte Stellungnahmen abgeben" (Vatter 2006a: 92).

Während kleine und strukturschwache Kantone oft nicht über das nötige Fachwissen zur Bewertung komplexer Bundesentwürfe verfügen, können große Kantone mit entsprechenden Verwaltungskapazitäten in Einzelfällen doch relevante Positionen einbringen (ebd.). Das Haus der Kantone in Bern, in dem seit 2008 die Konferenz der Kantonsregierungen wie auch die 15 interkantonalen Fachkonferenzen mit ca. 180 Beschäftigten untergebracht sind, soll einem möglichen Einflussverlust entgegen wirken. Innerhalb des Ständerates ist dieser Aufwertungsversuch der Kantonsregierungen aber nicht nur mit Zustimmung, sondern auch als potenzielle Konkurrenz wahrgenommen worden.

Tab. 3-4: Kantonale Parlamente im Überblick (2009–2012)

	Anzahl Sitze	Anzahl Parteien	stärkste Partei	Anteil Frauen (in %)
Zürich	180	10	SVP	33,3
Bern	160	10	SVP	26,3
Waadt	150	9	SP	30,0
Aargau	140	10	SVP	32,1
Thurgau	130	8	SVP	26,9
Wallis	130	7	CVP	21,5
Luzern	120	6	CVP	30,8
St. Gallen	120	7	SVP	22,5
Graubünden	120	7	FDP	21,7
Neuenburg	115	6	FDP	27,0
Freiburg	110	9	CVP	20,9
Schwyz	100	4	SVP	17,0
Solothurn	100	7	FDP	26,0
Basel-Stadt	100	10	SP	32,0
Genf	100	7	LPS	28,0
Basel-Landschaft	90	8	SVP	35,6
Tessin	90	7	FDP	13,3
Zug	80	6	CVP	23,8
Appenzell A.Rh.	65	6	FDP	21,5
Uri	64	4	CVP	18,8
Schaffhausen	60	10	SVP	16,6
Jura	60	7	CVP	15,0
Nidwalden	60	5	SVP	16,7
Glarus	60	7	SVP	11,7
Obwalden	55	5	CVP	32,7
Appenzell I.Rh.	49			22,4

Quelle: www.bfs.admin.ch/bfs/portal/de/index/themen/17/02/blank/key/kantonale_parlemente/mandatsverteilung. html; eigene Ergänzung.

Tabelle 3-4 fasst wichtige Merkmale kantonaler Parteiensysteme und Parlamente zusammen. So fällt etwa auf, dass auch die kleinen Kantone noch relativ große Parlamente haben. Mit 60 Abgeordneten sind die Parlamente der Kantone Schaffhausen, Nidwalden, Jura und Glarus nur um zwei Drittel kleiner als das Zürcher Kantonsparlament mit 180 Sitzen. Hinzu kommt, dass es in den großen Kantonen (u.a. aus Kostengründen) eine Tendenz zur Verkleinerung der Parlamente gab. Die vergleichsweise hohe Sitzzahl in kleinen Kantonen lässt sich dagegen durch Proporzargumente und Mindesterfordernissen z.B. für die Ausschussarbeit begründen.

Für die Mandatszahl nationaler Parlamente (erste Kammer) hat Taagepera (1972) bei einem Querschnitt für alle formal unabhängigen Staaten im Jahr 1965 heraus gefunden, dass sie nicht vom Zufall abhängt, sondern von der Bevölkerungszahl, genauer der „Kubikwurzel aus der Bevölkerung im arbeitsfähigen Alter unter Berücksichtigung des Analphabetenanteils" (Marschall 2005: 84). Zwar weiche die Mandatszahl bei einer Einzelfallbetrachtung oft von der idealen Größe ab, jedoch komme es bei Parlamentsreformen meist zu Veränderungen in die ‚richtige' Richtung (meist Verkleinerungen, ebd.: 85).

Da die Parteien kantonal organisiert sind und nicht jede Partei in allen Kantonen mit einem Verband vertreten ist, differiert die Anzahl der Parteien in den kantonalen Parteiensystemen und Parlamenten erheblich. Wie in Tab. 3-4 aufgezeigt, schwankt sie zwischen vier (Uri) und 10 (Zürich, Bern, Aargau, Basel-Stadt, Schaffhausen) Parteien. Auch in relativ kleinen Kantonsparlamenten kann sich eine große Anzahl von Parteien befinden (vgl. Kap. 8.4). Man kann also nicht aus der relativen Größe eines Parlaments auf dessen Parteienvielfalt zurück schließen.

3.4   Die Gemeinden

3.4.1   Aufgaben und Selbstverwaltung

Die Aufgaben der Gemeinden werden zum einen vom Bund und in sehr unterschiedlichem Ausmaß auch von den Kantonen bestimmt. Die Vorgaben der Bundesverfassung zu Aufgaben und Ordnung der Gemeinden sind sehr allgemein gehalten. Hinsichtlich der kommunalen Selbstverwaltung gibt Art. 50 BV vor, dass die Gemeindeautonomie nach Maßgabe des kantonalen Rechts gewährleistet ist und dass der Bund bei seinem Handeln die möglichen Auswirkungen auf die Gemeinden zu beachten hat. „Er nimmt dabei Rücksicht auf die besondere Situation der Städte und der Agglomerationen sowie der Berggebiete" (Art. 50 BV). Fühlen sich die Gemeinden in ihrer Autonomie durch den Bund oder die Kantone verletzt, können sie vor dem Bundesgericht klagen (Art. 189e). Aufgrund einer Volksinitiative im März 2012 neu aufgenommen in die Bundesverfassung wurde eine Begrenzung des Anteils von Zweitwohnungen am gesamten Wohnungsbestand in einer Gemeinde auf höchstens 20% (Art. 75). Der Initiative ging es u.a. um den Stopp einer weiteren Zersiedelung der Bergregionen mit neuen (und teuren) Zweitwohnungen, die einen Großteil des Jahres leer stehen („kalte Betten"). Insgesamt ist die Raumplanung ein gutes Beispiel für multi level Governance mit ihren Stärken und Schwächen. Während der Bund mit dem Raumplanungsgesetz allgemeine Zielvorstellungen und Verfahrensfragen regelt, müssen die Kantone diese durch eigene Raumplanungs- und Baugesetze sowie Richtpläne konkretisieren. Die Ausweisung von Baugebieten geschieht schließlich durch gemeindliche Nutzungspläne.

Zu den kommunalen Aufgaben gehören z.B. das Führen der Einwohnerregister und der Zivilschutz. Nach Art. 37 BV ist Schweizerbürger, „wer das Bürgerrecht einer Gemeinde und das Bürgerrecht des Kantons besitzt". Den Gemeinden kommt dadurch bei der Einbürgerung von Ausländern eine Schlüsselrolle zu. Darüber hinaus haben die Gemeinden eigene Befugnisse etwa im Bereich der Steuererhebung, des Straßenbaus und der Ortsplanung sowie im Schul- und Sozialwesen und der Energieversorgung. Insgesamt nimmt die Zahl der Gemeinden durch Gebietsreformen kontinuierlich ab, der Anteil der Gemeinden mit Parlament bleibt aber langfristig konstant. Von den 2408 Gemeinden (2013) hat nur etwa ein Fünftel ein eigenes Parlament, die restlichen vier Fünftel entscheiden ihre Streitfragen in der direktdemokratischen Institution der Gemeindeversammlung. Gemeindeversammlungen tagen etwa zweimal im Jahr, üblicherweise im Mai zur Genehmigung der Rechnung für das letzte Jahr und im Dezember zur Verabschiedung des Haushalts für das nächste Jahr. Zusätzliche Versammlungen können je nach Anlass einberufen werden.

Tab. 3-5: Die politische Grundstruktur der Gemeinden

	Kleine Gemeinden	Große Gemeinden (ab ca. 20.000 Einw.)
Legislative	Gemeindeversammlung	Gemeindeparlament, Volkswahl
	Versammlungsdemokratie	Halbdirekte Demokratie
	Entscheid über alle wichtigeren Vorlagen der Gemeindebehörden sowie über Anträge aus der Gemeindeversammlung	Möglichkeit der Initiative und des Referendums ähnlich wie auf Kantons- und Bundesebene
Exekutive	Kollegialbehörde, Volkswahl. Ausnahme: Neuenburg: Wahl durch Conseil Communal	Kollegialbehörde, Volkswahl
	Milizamt als Regel, Berufsamt Ausnahme	Berufsamt als Regel, Milizamt als Ausnahme
Verwaltung	Geringe professionelle Ressourcen, viele Aufgaben milizmäßig gelöst	Professionelle Verwaltung in Kombination mit milizmäßigen Ressourcen

Quelle: Linder 2012: 178.

Bei der Entwicklung der Einwohnerzahlen, die als Indikator für die Attraktivität einer Kommune oder eines Kantons interpretiert werden können, gibt es beträchtliche Unterschiede. Stadt und Kanton Zürich etwa haben seit langem stabile oder steigende Einwohnerzahlen, während die der Hauptstadt Bern sinken. Der vergleichsweise hohe Ausländeranteil ist auch auf die langsame Einbürgerungspraxis zurück zu führen. Von den etwa 390.000 Einwohnern der Stadt Zürich waren 2011 etwa 70% Schweizer und 30% Ausländer. Das größte Kontingent unter den Ausländern stellen die Deutschen mit 28%, gefolgt von Italienern (5,5%), Indern, Briten und Franzosen (Statistik Stadt Zürich).

Wie Tabelle 3-6 zeigt, ist die Zahl der Gemeinden von 1950 bis 2005 von 3.101 auf 2.763 gesunken, mit weiter abnehmender Tendenz. Das entspricht einer Reduzierung um 11%. Allerdings gibt es innerhalb der Kantone erhebliche Unterschiede in der Bereitschaft zur Gemeindefusion. In 11 Kantonen gab es gar keine Gemeindefusion, in Jura und Basel Land hat sich die Gemeindezahl sogar um eins bzw. 12 erhöht. In den restlichen 13 Kantonen fallen sehr unterschiedliche Gemeindevergrößerungen auf.

Die größte prozentuale Reduktion erreicht Thurgau (–60,2), gefolgt von Freiburg (–38) und Tessin (–20,6). Zu einer Megafusion kam es 2006 im Kanton Glarus, als sich die Landsgemeinde nicht für das Zehn-Gemeinden-Modell, sondern für das Drei-Gemeinden-Modell entschied. Bis Ende 2010 wurden alle vorhandenen Gemeinden einschließlich der Bürgergemeinden zu drei Einheitsgemeinden verschmolzen (Kronenberg 2011).

Ein niedriger Medianwert in Tab. 3-6 kann als Hinweis auf viele relativ kleine Gemeinden in einem Kanton interpretiert werden, was sich durch den Mittelwert nicht erschließen lässt. Der Median der kommunalen Bevölkerung ist robuster gegen Ausreißer als der Mittelwert.

So fällt bei den beiden größten Kantonen Zürich und Bern in Tabelle 3-6 etwa auf, dass Bern einen deutlich niedrigeren Medianwert als Zürich hat. Dies ist auf die vielen kleinen Gemeinden insb. im ländlichen Berner Oberland zurück zu führen, von denen viele weniger als 500 Einwohner haben. Dies kann auch zu Problemen bei der Besetzung von Gemeindeämtern führen.

Tab. 3-6: Anzahl und Einwohner der Gemeinden pro Kanton

	Anzahl der Kommunen				Kommunale Einwohner 2005		
	1950	1988	2005	Differenz 1950–2005	Ständige Wohnbevölkerung	Durchschnitt kommun. Bev.	Median kommun. Bev.
Zürich	171	171	171	0	1.261.810	7.379	3.210
Bern	493	412	398	−95	955.378	2.400	887
Luzern	107	107	103	−4	354.731	3.444	1.759
Uri	20	20	20	0	35.083	1.754	845
Schwyz	30	30	30	0	135.989	4.533	2.892
Obwalden	7	7	7	0	33.162	4.737	4.456
Nidwalden	11	11	11	0	39.497	3.591	3.012
Glarus	29	29	27	−2	38.317	1.419	720
Zug	11	11	11	0	105.244	9.568	8.001
Freiburg	284	259	176	−108	250.377	1.376	736
Solothurn	132	130	126	−6	247.379	1.963	1.021
Basel-Stadt	3	3	3	0	186.753	62.251	20.583
Basel-Land	74	73	86	12	265.305	3.085	1.253
Schaffhausen	35	34	32	−3	73.788	2.236	682
Appenzell A Rh	20	20	20	0	52.841	2.642	1.714
Appenzell I Rh	6	6	6	0	15.029	2.505	1.951
St. Gallen	91	90	89	−2	458.821	5.098	3.419
Graubünden	221	213	208	−13	187.812	903	314
Aargau	233	232	231	−2	565.122	2.446	1.378
Thurgau	201	179	80	−121	232.978	2.807	1.848
Tessin	257	247	204	−53	319.931	1.568	690
Waadt	388	385	381	−7	647.382	1.695	450
Wallis	170	163	153	−17	287.976	1.882	793
Neuchâtel	62	62	62	0	167.910	2.708	996
Genf	45	45	45	0	427.396	9.498	2.396
Jura	–	82	83	83	69.091	832	404
Total	3.101	3.021	2.763	−338	7.415.102	2.669	959

Quelle: Dafflon 2009: 3.

Mit 382 Gemeinden in 2012 hat Bern die höchste Gemeindedichte der Kantone. Die deutlich niedrigere und stabile Anzahl der Gemeinden im Kanton Zürich ist auch auf die aktivere Eingemeindungspolitik der Stadt Zürich zurück zu führen: „Während Zürich im 19. und 20. Jahrhundert mit der Eingemeindung zahlreicher Dörfer wie Schwamendingen oder Oerlikon bevölkerungsmässig wuchs, kam in Bern einzig Bümpliz hinzu" (Gerny/NZZ 2012: 25).

Im Zuge von institutionellen Reformen sind in den 1970er Jahren nicht nur im Kanton Zürich zahlreiche Gemeindeversammlungen durch Gemeindeparlamente ersetzt worden. Damit wurde zum einen auf das Bevölkerungswachstum reagiert, zum anderen auf die oft nicht repräsentative Zusammensetzung der Gemeindeversammlungen. Schließlich sollte auch das Gewicht der kommunalen Legislative gegenüber der Exekutive gestärkt werden. Diese hatte (einschließlich der Verwaltung) durch die Einführung von New Public Management-Elementen wie auch durch die Ausgliederung von Aufgaben an Vereine und Zweckverbände gegenüber den Kommunalverbänden an Einfluss gewonnen. Jedoch werden die Parlamente, trotz Nachwuchssorgen, dadurch nicht überflüssig. Vielmehr nehmen sie eher grundsätzliche Aufgaben wie Qualitäts- und Finanzkontrolle und langfristige Planungen wahr, während sich die Exekutive auf eher kurzfristige operative Geschäfte konzentriert.

Für den Vollzug, aber auch die Vorbereitung der Entscheidungen ist der Gemeinderat zuständig, der die kommunale Exekutive bildet. Der Gemeinderat besteht meist aus einem Präsidenten und einem Vizepräsidenten, einer von der Größe der Gemeinde abhängigen Anzahl von Mitgliedern und einem Gemeindeschreiber (Sekretär). Der Präsident des Gemeinderates ist nicht zu verwechseln mit dem Gemeindepräsident, der in Deutschland etwa dem Bürgermeister entspricht. Der Gemeinderat wird meist nach dem Proporzsystem gewählt. Sie unterhalten in der Regel eine Reihe von Kommissionen, etwa zu den Bereichen Bau, Entsorgung, Finanzen, Friedhof, Gemeindeschule, Kanalisation, Kultur, Landschaft, Landwirtschaft, Rechnungsprüfung, Sozialhilfe und Vormundschaft sowie Wahlen und Abstimmungen. Die Kommissionen werden nach dem Proporzsystem entweder direkt von der Bevölkerung oder vom Gemeinderat gewählt.

In Gemeinden ohne Parlament nehmen gelegentlich starke Rechungsprüfungskommissionen (RPK) eine wichtige Kontrollaufgabe wahr, die ansonsten beim Gemeindeparlament angesiedelt ist. Die Mitglieder solcher unabhängigen, durch das Volk gewählten RPKs haben keine politischen Mitbestimmungs- und Sanktionsrechte, sondern sprechen lediglich Empfehlungen aus und sorgen für ausreichende Informationen bei oft komplexen Finanzfragen. So ist in Kantonen mit institutionell starken RPKs eine deutlich niedrigere Steuer- und Ausgabenlast festgestellt worden. In der kommunalen Finanzpolitik gilt einerseits auch der Grundsatz des Steuerwettbewerbs zwischen den Kommunen, andererseits gibt es auch einen kommunalen Finanzausgleich in den meisten Kantonen. Ab einer bestimmten Steuerkraft pro Einwohner werden dann Beiträge an die Gemeinden im Kanton transferiert, die unter dieser Grenze liegen.

Für Fremde möglicherweise verwirrend ist das Gemeindewesen in der Schweiz mit der Unterscheidung von Geburtsort bzw. Bürgerort und Wohnort. Dies führt zur Unterscheidung von Bürgergemeinde (teilweise auch Bäuerten) und Einwohnergemeinde. Der Bürgerort, der z.B. immer noch auf der Identitätskarte vermerkt ist, ist der Ort, an dem die Vorfahren erstmals ihre politischen und wirtschaftlichen Rechte und Pflichten erworben haben, etwa Nutzungsrechte an Wald und Weiden. Solche Nutzungsrechte werden etwa von den Bürgergemeinden bzw. Bäuerten verwaltet. Bei einer Einbürgerung wird die Gemeinde, die diese vollzieht, zum Bürgerort (Heimatort) des Eingebürgerten, der zugleich das Bürgerrecht des betreffenden Kantons und der Eidgenossenschaft erwirbt. Der Bürgerort stellt auch den Heimatschein aus, der bei einem Umzug in der jeweiligen Einwohnergemeinde zu hinterlegen ist. Nach Art. 37 Abs. 2 BV darf niemand wegen seiner Bürgerrechte bevorzugt oder benachteiligt werden. Ausgenommen sind Vorschriften über die politischen Rechte in Bürgergemeinden und Korporationen sowie über die Beteiligung an deren Vermögen, es sei denn, die kantonale Gesetzgebung sieh etwas anderes vor. Dagegen sind die politischen Rechte an den Wohnort gekoppelt und werden von der Einwohnergemeinde verwaltet. Nach Art. 39 BV regelt der Bund die Ausübung der politischen Rechte auf Bundesebene und die Kantone auf kantonaler und kommunaler Ebene. Der Wohnsitz ist der Ort, an dem die politischen Rechte ausgeübt werden.

Neben den Einwohnergemeinden gibt es in ca. 15 Kantonen auch noch Bürgergemeinden, in anderen noch Bäuerten. Diese stammen von alemannischer Markgenossenschaften, in denen die gemeinsame Nutzung von Allmenden und Wäldern verwaltet wurde. Im Unterschied zur Einwohnergemeinde umfasst die Bürgergemeinde nur die Einheimischen oder Bürger und nicht die Fremden bzw. Zugezogenen in der Gemeinde („Hintersassen"). Bis in die zweite Hälfte des 19. Jahrhunderts hatten diese kaum Rechte an ihrem Wohnort, insbesondere beim Grunderwerb. In der Regenerationszeit nach 1831 wurden zunehmend Einwohnergemeinden gebildet, die auch den Zugezogenen wirtschaftliche und politische Rechte gaben. Jedoch hatten es die Hintersassen zunächst schwer, in die Gemeinderäte gewählt zu werden, da Einwohner- und Bürgergemeinden bzw. Bäuerten zunächst eng verwoben waren. Erst nach 1848 wurden die Verwaltungen der Einwohner- und Bürgergemeinden stärker getrennt. Die Bundesverfassung von 1848 forderte eine strikte Gleichberechtigung von alteingesessenen „Burgern" und zugezogenen „Hintersassen", was auch dazu führte, dass die Bäuerten bzw. Bürgergemeinden umfangreichen Grund- und Waldbesitz an die Einwohnergemeinden abtreten mussten (Gertsch/Brunner o.J.: 66).[9] Heute haben sich die Bäuerten oft auf Waldgenossenschaften (Korporationen) reduziert, sie kümmern sich aber auch um die Erschließung und Pflege von Wegen und Grundstücken und erbringen Leistungen nach dem Fürsorgegesetz. Der Anteil der Bürger an der Wohnbevölkerung einer Gemeinde liegt oft nur bei um die 10%.

Entscheidend sind die politischen Gemeinden. In gemischten Gemeinden nehmen insbesondere die Bäuerten und die Schulgemeinden wichtige Teilaufgaben wahr. Mehrere Gemeinden oder Bäuerten bilden einen Amtsbezirk, der etwa dem Landkreis in Deutschland entspricht. Zu den Aufgaben der Verwaltung der Amtsbezirke gehören eine Reihe von richterlichen Funktionen wie das Untersuchungsrichteramt, das Einzelrichteramt, das Amtsgericht, die Gerichtsschreiberei und die Gefängnisse, aber auch das Grundbuchamt sowie das Betreibungs- und Konkursamt (vgl. Avenir Suisse 2012 für die kantonale Ausgestaltung).

Aufgrund des hohen Anteils kleiner Kommunen haben sich verschiedene Formen der interkommunalen Zusammenarbeit bis hin zu Gemeindefusionen etabliert, um kommunale Dienstleistungen effizienter und auch effektiv anbieten zu können. Die Beweggründe für eine solche Zusammenarbeit sind meist ökonomischer (Effizienzgewinne), territorialer (regionale Nähe und Vernetzung) oder (partei-)politischer Natur (Dafflon 2009: 4). Vereinfacht gesagt können drei traditionelle Formen kommunaler Zusammenarbeit unterschieden werden: „collaboration based on private law, intermuncipal agreements and the association of communes. To these are added the conurbation, a ‚new' form of collaboration specifically aimed at urban areas and the merging of communes. Intermuncipal collaboration escalated in almost two thirds of Swiss communes in the last ten years: on average, communes assume some ten functions by means of intermuncipal collaboration institutions, mainly in the fields of compulsory education, home help and care, support for the elderly and social assistance" (ebd.).

---

[9]   Auch in Deutschland umfasste die kommunale Selbstverwaltung, d.h. die Bürgergemeinde, in der zweiten Hälfte des 19. Jahrhunderts nur einen Bruchteil der Einwohner. Insb. in Großstädten kam es durch das rasche Wachstum der Arbeiterschaft zum Schrumpfen des Anteils der Wählerberechtigten, in Hamburg z.B. von 8,7% in 1875 auf 4% in 1892 (Radkau 2005: 106).

Der Anteil der kommunalen Ausgaben an den öffentlichen Ausgaben insgesamt liegt bei etwa einem Viertel (vgl. Kap. 3.3.3). Allerdings hängt der Anteil vor Ort dann davon ab, ob ein Kanton eher zentral oder dezentral organisiert ist. „Certain cantons are highly decentralised with a share of municipal expenditure accounting for less than 80% of cantonal expenditure (Zurich, Schwytz, Solothurn); while others are centralised when municipal expenditure represents less than 40% of cantonal expenditure (Uri, Basel-Town, Appenzell Inner Rhodes, Geneva)" (Dafflon 2009: 5).

3.4.2   Makro-lokale Agglomerationen

Neben den politischen Gemeinden und den Kantonen spielen Agglomerationen auf lokaler Ebene eine wichtige Rolle. Mit Agglomerationen werden soziale, insb. siedlungsstrukturelle und ökonomische Zusammenhänge erfasst, die über die Grenzen von politischen Gemeinden und Kantonen hinaus gehen bzw. quer zu diesen verlaufen. Häufig gibt es auch deutliche sozialstrukturelle und ökonomische Unterschiede zwischen Zentrum und Peripherie einer Agglomeration. Die damit verbundenen unterschiedlichen Belastungen für öffentliche Aufgabenträger (z.B. Infrastrukturaufgaben, Kultur- und Sozialaufgaben, Attraktivität der Kernstädte, Siedlungsbau, Kriminalität) sollen zumindest teilweise durch Agglomerationen ausgeglichen werden. Die Grenzen der Agglomerationen werden regelmäßig an die Bevölkerungsentwicklung und den sozioökonomischen Wandel angepasst. Die größten Agglomerationen sind Zürich (1.080.728), Basel (830.000), Genf (645.608), Bern (349.096) und Lausanne (311.441).

Agglomerationen und Metropolregionen: Eine Metropolregion ist ein über die politischen Grenzen einer Stadt hinausgehendes erweitertes Ballungsgebiet, das mehrere Agglomerationen umfassen kann. Nach Zürich ist Genf-Lausanne die zweitgrößte Metropolregion der Schweiz. Eine Agglomeration umfasst neben der Kernstadt auch die meist dicht besiedelten ländlichen Vororte, soweit diese ökonomisch und sozial auf die Kernstadt ausgerichtet bzw. mit ihr verflochten sind. So hat z.B. die Stadt Genf knapp 200.000 Einwohner, die Agglomeration Genf knapp 650.000 Einwohner und die Metropolregion Genf-Lausanne etwa 1,2 Mill. Einwohner. Insgesamt leben ca. drei Viertel der Bevölkerung in Agglomerationen.

Lokale politische Zusammenarbeit in Agglomerationen ist insbesondere in Verkehrs- und Wirtschaftsfragen sowie im Abwasser- und Entsorgungsbereich verbreitet, im Wirtschaftsbereich z.B. auch zwischen den Kantonen Waadt, Wallis, Neuenburg und Jura im Rahmen der Initiative „Development Economic Western Switzerland" (DEWS), die auch als Gegengewicht zu dem mächtigen Wirtschaftsraum Zürich gedacht ist. Bei der Raumplanung bzw. der Nutzung von Bauland fällt die Kooperation oft bereits schon viel schwerer. Auch sind Eingemeindungen in den Kernzonen oft beliebter als in den Vorortgemeinden, die dadurch einen Einflussverlust befürchten. „Für viele bleibt Fusion ein Reizwort, mit dem sie den Verlust von Identität, Bürgernähe, Freiheit und Mitbestimmung verbinden" (Schilliger/NZZ 2011).

Nach der Definition des Bundesamts für Statistik besteht eine Agglomeration aus einer Kernzone bzw. Kernstadt und umliegenden Gemeinden mit einer bestimmten Anzahl von Arbeitsplätzen pro Einwohner und von Pendlern in die angrenzende Kernstadt. Metropolräume sind üblicherweise Sitz von Regierungen, Parlamenten und internationalen Unternehmen und haben durch Universitäten und Forschungsabteilungen wichtige Innovationsfunktionen und durch Flughäfen, Knotenbahnhöfe und als Messestandort eine „Gatewayfunktion". In der Schweiz trifft dies auf Zürich, Bern und Genf zu (BfS 2009: 2). Die sozialstrukturelle Heterogenität der Metropolregionen wirkt sich auch deutlich auf die politischen Präferenzen ihrer Bewohner aus, etwa hinsichtlich neuer Beteiligungsformen. Beispiele für neue Formen partizipativer Governance in Metropolregionen sind die Regionalkonferenzen im Kanton Bern und die Agglomeration im Kanton Freiburg, die mit direkt gewählten öffentlichen Organen und direktdemokratischen Verfahren neue Governance-Formen für eine interessierte Öffentlichkeit bereit stellen (www.nccr-democracy.uzh.ch/research/research-phase-1/module 2/IP5/News_IP5.pdf, vgl. a. Kübler 2003, 2012).

3.4.3 Local Government im internationalen Vergleich

Eine einflussreiche Entwicklung im Bereich Local Government ist die Reduzierung der Anzahl der Gemeinden durch Gemeindefusionen. Diese sind teilweise ökonomisch motiviert, etwa durch die Erzielung von Skaleneffekten bei der Aufgabenerfüllung, teilweise auch einfach dadurch, dass es in ländlichen Gemeinden immer weniger ehrenamtliche Gemeindepolitiker gibt. Auch in der Schweiz ist die Anzahl der Gemeinden stetig im Sinken begriffen, jedoch ist die Gesamtzahl der Kommunen immer noch vergleichsweise hoch. Bei einer ständigen Wohnbevölkerung von 7.508.739 in 2758 Kommunen im Jahr 2007 ergibt sich ein Durchschnitt von 2722 Einwohnern je Gemeinde.

Tab. 3-7: Gemeindegrößen im internationalen Vergleich

	Gemeinden			Bev. am 1.1.2007	Quotient für 2007
	1950	2007	Differenz in %		
Frankreich	38000	36783	−3	63645065	1730,2
Schweiz	3101	2758	−11	7508739	2722,5
Spanien	9214	8111	−12	44474631	5483,2
Deutschland	24156	12340	−49	82314906	6670,5
Italien	7781	8101	+4	59131287	7299,2
Norwegen	744	435	−42	4681134	10761,2
Finnland	547	416	−24	5276955	12684,9
Belgien	2669	589	−78	10584534	17970,3
Portugal	303	308	+2	10599095	34412,6
Niederlande	1015	443	−56	16357992	36925,4
Dänemark	1391	98	−93	5447084	55582,4
UK	2061	433 (2009)	−79	60781346	140372,6
Mittelwert	7581,83	5901,25	−36,75	30900230,67	27717,91

Quelle: Eurostat, UCLG 2010, eigene Ergänzung; sortiert nach Sp. 6.

In dem in Tabelle 3-7 ausgewählten Ländersample ist das der zweitniedrigste Wert nach Frankreich, das in 2007 durchschnittlich 1730 Einwohner je Gemeinde zählte. Die bevölkerungsmäßig größten Gemeinden hat Großbritannien mit über 140.000 Einwohnern im Durchschnitt. Nach Dänemark und vor Belgien hat dort auch die größte Reduzierung der Anzahl der Gemeinden zwischen 1950 und 2007 stattgefunden. Lediglich Portugal und Italien stemmen sich gegen den Trend zu Gemeindefusionen.

Je nachdem, wie umfangreich die von den Gemeinden wahrgenommenen Aufgaben sind, schwankt deren akkumulierter Ausgaben- bzw. Einnahmenanteil am BIP bzw. an den gesamten Staatsfinanzen beträchtlich. Die Ausgabenanteile der Gemeinden an den gesamten öffentlichen Ausgaben sind somit auch ein Indikator für die Kompetenzverteilung zwischen den Ebenen. In der Schweiz beträgt der Anteil der kommunalen Ausgaben am BIP 8,6% und an den öffentlichen Ausgaben 24,3% (in 2008). Im internationalen Vergleich liegen diese Werte im Mittelfeld. In Deutschland und Österreich sind die Anteile etwas niedriger, im EU-Durchschnitt etwas höher (UCLG 2010: 166).

Wofür geben die Gemeinden ihr Geld aus? Tabelle 3-8 stellt die fünf wichtigsten Aufgabenbereiche und ihre Ausgabenanteile im internationalen Vergleich vor. Durch Vergleich mit den Durchschnittswerten der jeweiligen Aufgabenbereiche werden Abweichungen für die Schweiz leicht sichtbar. In den Feldern Wirtschaft, Bildung und soziale Sicherung liegen die Ausgabenanteile der Schweiz am nächsten zum Durchschnitt. Die stärkste Abweichung (nach unten) gibt es (neben „Andere") im Politikfeld Gesundheit.

Tab. 3-8: Zusammensetzung der kommunalen Ausgaben (2007)

	Allgemeine öff. Verwaltung	Wirtschaft	Gesundheit	Bildung	Soziale Sicherung	Andere
Belgien	23,5	10	2,9	19,5	16,6	27,5
Dänemark	4,2	3,6	22,8	10,8	54,1	4,5
Deutschland	16,3	13,1	2,3	14,6	33	20,7
Finnland	13,7	6,5	28,5	20,2	23,8	7,3
Frankreich	18,4	12,5	1	16,4	16,2	35,4
Griechenland	40,2	17,8	0	2,9	11	28,1
Irland	10,8	28	0	15,4	3,5	42,3
Island	11,4	6,5	14,6	27,3	26	14,2
Italien	14,7	14,3	44,5	8,3	4,5	13,7
Niederlande	15	17,1	1,7	28,1	14,2	23,8
Norwegen	11,9	6,3	14,7	27,3	25,7	14,2
Österreich	18,1	13,2	17,7	16,2	18,7	16,1
Polen	9,2	15,3	15,2	28,5	12,9	18,8
Portugal	35	19,2	5,5	8,3	2,6	29,3
Schweden	11,3	5,9	27	21,4	26,8	7,7
Schweiz	23,5	8,7	20,2	21	16,5	10,1
Spanien	34,3	11,9	1,3	3,9	9,1	39,6
UK	6,5	8,6	0	31,8	27,9	25,2
Ungarn	18	7,2	14,4	29,2	12,5	18,7
Mittelwert	17,6	11,8	12,3	18,4	18,7	20,9

Quelle: UCLG 2010: 197. Anm.: In % der lokalen Ausgaben.

Auf der anderen Seite müssen die Ausgaben auch finanziert werden. Gemeinden haben dazu verschiedene Möglichkeiten. Die wichtigsten sind die Erhebung eigener Steuern und Gebühren, die Nutzung von Zuschüssen („federal grants") von der zentralen Ebene oder von der Gliedstaaten-Ebene sowie die Kreditaufnahme.

Tab. 3-9: Lokale Steuereinnahmen 2008 (in % der lokalen Gesamteinnahmen)

	Gesamt	Steuern auf:			
		Einkommen, Gewinne und Kapitalerträge	Eigentum	Waren und Dienstleistungen	Sonstige
Belgien	29,6	9,3	17,6	2,7	0
Dänemark	36	32,2	3,7	0	0
Deutschland	42,9	16,9	5,3	20,6	0
Finnland	47,4	44,9	2,5	0	0
Frankreich	45,5	0	27,9	14,3	3,3
Griechenland	9,6	0	5,1	4,5	0
Irland	9,8	0	9,8	0	0
Italien	42,8	11,1	4,3	27,5	0
Niederlande	8,4	0	6,6	1,8	0
Österreich	61,4	22,1	3,9	24,4	11
Polen	33,2	20,6	10,3	2,4	0
Portugal	39,4	11,2	11,1	17,1	0
Schweden	64,8	63,2	1,6	0	0
Spanien	48,9	10,9	15,3	22,7	0
UK	13	0	13	0	0
EU 27	36,1	13,3	10,4	11,8	0,7
Norwegen	41,8	36,6	4,5	0,7	0
Schweiz ('07)	56,1	45,9	9,1	1,1	0

Quelle: UCLG 2010: 199 (mit weiteren Anmerkungen).

Für die Gemeinden am wichtigsten, da meist direkt zu beeinflussen, sind die lokalen Steuereinnahmen. In 2007 wurden in der Schweiz 56% der Gesamteinnahme der Gemeinden durch eigene Steuern finanziert. Im Ländersample der Tabelle 3-9 liegen sie damit nach Island, Schweden und Österreich auf dem vierten Platz. Steuern auf Einkommen, Gewinne und Kapitalerträge machen dabei für die schweizerischen Kommunen den größten Teil aus.

Der Gemeindefinanzierung durch Kreditaufnahme sind im internationalen Vergleich unterschiedliche Grenzen gesetzt (Tab. 3-10). Ein häufig gesetztes Limit ist die „golden rule", nach der die Summe der Kreditaufnahme die Summe der Investitionen nicht übersteigen darf, z. B. in Deutschland und Österreich. In der Schweiz kommen jeweils kantonale Regulierungen zum Zuge, jedoch sind die Kommunen bei ihrer Kreditfinanzierung vergleichsweise autonom. Folglich ist die Verschuldung der Kommunen mit rund 9% überraschend hoch angesichts einer niedrigen Schuldenquote der Bundesstaates von knapp über 20% des BIP (UCLG 2010: 181). Dabei spielt für die Schweiz eine Rolle, dass die Gemeinden eine relativ große Autonomie haben und von den Kantonen meist nicht fachlich beaufsichtigt werden.

Ein extremer Fall war die Zahlungsunfähigkeit der Gemeinde Leukerbad (Wallis) im Jahr 2003, nachdem sie in den 1990er Jahren umfangreiche Tourismusinvestitionen getätigt hatte. Die Klage der Gläubiger auf ‚bail-out' der Gemeinde durch den Kanton wurde vom Bundesgericht abgewiesen, da die Gemeinden „nach dem Willen des kantonalen Gesetzgebers in finanzieller Hinsicht über einen weit reichenden eigenverantwortlichen Handlungsspielraum verfügen. [...] Aus dieser Autonomie erwächst den Gemeinden die erwähnte Haftung. Keiner springt für ihre Schulden ein" (Blankart 2007: 171f.). Da eine Schuldenobergrenze oder eine Genehmigungspflicht der kommunalen Jahresrechnungen im Kanton nicht besteht, kann der

Kanton nach Ansicht des Bundesgerichts auch nicht für eine Verletzung seiner Aufsichts-pflicht und damit für die Schulden der Gemeinde haftbar gemacht werden (ebd.).

Tab. 3-10: Langfristige Kreditregeln für die kommunale Ebene, 2009

	Golden rule	Genehmigung durch übergeordnete Jurisdiktion erforderlich	Schuldenobergrenze in Kraft
Belgien	Ja	Nein	Nein
Dänemark	Ja	Nein	Nein
Deutschland	Ja	Regulierung durch Länder	Regulierung durch Länder
Finnland	Nein	Nein	Nein
Frankreich	Ja	Nein	Nein
Griechenland	Nein	Nein	Nein
Irland	Nein	Ja	Begrenzung der jährlichen Neuverschuldung
Island	Nein	Nein	Nein
Italien	Ja	Nein	Begrenzung des Schulden-dienstes
Niederlande	Ja	Nein	Nein
Norwegen	Ja	Nein	Nein
Österreich	Ja	Regulierung durch Länder	Regulierung durch Länder
Polen	Nein	Nein	Begrenzung des Schuldendiens-tes und außergew. Schulden
Portugal	Ja	Ja	Begrenzung außergewöhnlicher Verschuldung
Schweden	Ja	Nein	Nein
Schweiz	Kantonale Regulierung	Kantonale Regulierung	Kantonale Regulierung
Spanien	Ja	Regulierung durch Autonome Gemeinschaften	Begrenzung außergewöhnlicher Schulden und der jährlichen Neuverschuldung
UK	Ja	Nein	Nein
Ungarn	Nein	Nein	Begrenzung der jährlichen Neuverschuldung

Quelle: UCLG 2010: 196.

3.5   Aufgabenverteilung und Politikverflechtung

Über die formale Kompetenzverteilung zwischen den Ebenen gibt die Bundesverfassung detailliert Auskunft, über den praktischen Einfluss der drei Ebenen auf die Politikgestaltung z.B. deren Anteil am gesamten Steueraufkommen und an den Ausgaben (vgl. Tab. 3-11). Die Verfassung unterscheidet zwischen Gemeinschaftsaufgaben und solchen der Kantone und des Bundes (vgl. Kap. 2.3). Für das Verhältnis von Bund und Kantonen gilt nach dem Grundsatz der Subsidiarität (Art. 5a), dass ersterer nur dort zuständig ist, wo er von der Verfassung ausdrücklich ermächtigt ist (Art. 42). Der Grundgedanke der Subsidiarität ist in Art. 43a präzisiert, wonach der Bund nur die Aufgaben übernehmen darf, „welche die Kraft der Kantone übersteigen oder einer einheitlichen Regelung durch den Bund bedürfen". Diese Formu-lierung erinnert zwar an die „necessary and proper clause" der US-Verfassung, die sich als einer der Hebel für eine zunehmende Zentralisierung von Staatsaufgaben erwiesen hat, ist in der Schweiz aber bislang nicht vergleichbar intensiv genutzt worden.

Tab. 3-11: Verteilung der öffentlichen Ausgaben pro Verwaltungsebene (in %)

Bereich	Nach den Funktionen je Ebene				Zwischen den Ebenen *			
	Bund	Kantone	Gemeinden		Bund	Kantone	Gemeinden	
	2005	2005	2005	1990	2005	2005	2005	1990
Verwaltung	3,5	5,2	8,5	9,4	19,8	39	41,2	46,6
Öffentliche Ordnung	1,3	8	4,7	4,5	8,2	66,5	25,2	26,8
Verteidigung	8,7	0,3	0,5	1,8	91,2	4,6	4,2	7,8
Auswärtiges	4,7	0	0	0	100	0	0	0
Bildung	8,5	24,9	21,7	22,4	14,1	55,1	30,8	33,1
Kultur, Sport	0,8	1,9	5,6	6,6	10,3	31,4	58,3	62,4
Gesundheit	0,4	18,3	20,5	16	0,8	57,8	41,4	39,6
Soziales	26,9	19,1	16,2	11,1	40,6	38,5	21	22,4
Transport	16,3	9,3	7,3	8,6	46,7	35,4	17,9	22,2
Umwelt	1,2	1,9	7,8	9,1	11,3	24,8	63,9	62,1
Wirtschaft	8,4	5,8	1,4	3,4	48,2	44,7	7,1	14,7
Finanzen	19,4	5,3	5,8	7,1	61,7	22,4	15,9	23,8
Gesamt	100	100	100	100	31,3	41,8	26,8	29,8

Quelle: Dafflon 2009: 9.

Tabelle 3-11 gibt einen Überblick über die Verteilung der Staatsausgaben nach den Ebenen des politischen Systems. In der Verteilung der Finanzmittel kommt auch die Kompetenzausstattung der jeweiligen Ebene Ausdruck. So wurden 2005 auf kantonaler Ebene mit 41,8% der höchste Ausgabenanteil bestritten, gefolgt von der Bundesebene mit 31,3% und der Gemeindeebene mit 26,8%. Auf der kantonalen Ebene nehmen, differenziert nach Politikfeldern, die Bereiche Bildung und Soziales mit ca. 25 bzw. 19% die größten Anteile ein.

Neben den Gemeinschaftsaufgaben sind die Kompetenzen der Eidgenossenschaft z.B. geben in den Bereichen Armee (Art. 58, 3: Der Einsatz der Armee ist Sache des Bundes), Zivilschutz (Art. 61, 1: Die Gesetzgebung über den zivilen Schutz von Personen und Gütern vor den Auswirkungen bewaffneter Konflikte ist Sache des Bundes), Berufsbildung (Art. 63, 1: Der Bund erlässt Vorschriften über die Berufsbildung), Hochschulen (Art. 63a, 1: Der Bund betreibt die Eidgenössischen Technischen Hochschulen), Forschung (Art. 64, 1: Der Bund fördert die wissenschaftliche Forschung und die Innovation), Weiterbildung (Art. 64a, 1: Der Bund legt Grundsätze über die Weiterbildung fest), Statistik (Art. 65, 1: Der Bund erhebt die notwendigen statistischen Daten über den Zustand und die Entwicklung von Bevölkerung, Wirtschaft, Gesellschaft, Bildung, Forschung, Raum und Umwelt in der Schweiz), Sport (Art. 68, 1: Der Bund fördert den Sport, insbesondere die Ausbildung), Umweltschutz (Art. 74), Raumplanung (Art. 75), Eisenbahnen (Art. 87),

Zu den Gemeinschaftsaufgaben gehören die Sozialziele des III. Kapitels der Verfassung. Nach Art. 41 BV setzen sich Bund und Kantone „in Ergänzung zu persönlicher Verantwortung und privater Initiative dafür ein", dass jeder an sozialer Sicherheit teilhat. Nach Abschnitt zwei setzen sich Bund und Kantone gemeinsam dafür ein, „dass jede Person gegen die wirtschaftlichen Folgen von Alter, Invalidität, Krankheit, Unfall, Arbeitslosigkeit, Mutterschaft, Verwaisung und Verwitwung gesichert ist" (vgl. a. Kap. 13.3). Auch die Sicherheit des Landes ist eine Gemeinschaftaufgabe von Bund und Kantonen. Beide sorgen „im Rahmen ihrer Zuständigkeiten für die Sicherheit des Landes und den Schutz der Bevölkerung. Sie koordinieren ihre Anstrengungen im Bereich der inneren Sicherheit" (Art. 57). Ebenso sind der Bildungsraumes Schweiz (Art. 61a) und die Förderung von Kindern und Jugendlichen (Art. 67) Gemeinschaftsaufgaben.

Die Autonomie der Kantone hat ihre rechtliche Grundlage in Art. 3 BV. Danach sind die Kantone „souverän, soweit ihre Souveränität nicht durch die Bundesverfassung beschränkt ist; sie üben alle Rechte aus, die nicht dem Bund übertragen sind" (Subsidiarität). Und sie bestimmen selbst, welche Aufgaben sie im Rahmen ihrer Zuständigkeiten erfüllen (Art. 43). Sie „wirken an der Vorbereitung außenpolitischer Entscheide mit, die ihre Zuständigkeiten oder ihre wesentlichen Interessen betreffen" (Art. 55 Abs. 1). Der vom Bund einzuholenden Stellungnahme der Kantone in außenpolitische Fragen „kommt besonderes Gewicht zu, wenn sie in ihren Zuständigkeiten betroffen sind. In diesen Fällen wirken die Kantone in geeigneter Weise an internationalen Verhandlungen mit" (Abs. 3). Diese Aufwertung der Kantone ist u.a. ein Resultat der nach dem Scheitern des EWR-Beitritts für die Schweiz komplexer gewordenen internationalen Verhandlungskonstellation. Die Kantone können nach Art. 56 Abs. 1 BV in ihren Zuständigkeitsbereichen mit dem Ausland Verträge schließen, die allerdings „dem Recht und den Interessen des Bundes sowie den Rechten anderer Kantone nicht zuwiderlaufen" dürfen. Die Kantone sind z.B. zuständig für das Schulwesen (Art. 62), Kultur (Art. 69), die Regelung des Verhältnisses von Kirche und Staat (Art. 72), den Natur- und Heimatschutz (Art. 78).

Im Folgenden wird das Politikfeld innere Sicherheit skizziert, das wie in Deutschland eine Gemeinschaftsaufgabe ist. Entsprechend ist es durch Einrichtungen des horizontalen Föderalismus geprägt. Die Grundlagen finden sich im „Bundesgesetz über Massnahmen zur Wahrung der inneren Sicherheit" (BWIS) vom 21. März 1997. Danach trifft der Bund vorbeugende Maßnahmen, „um frühzeitig Gefährdungen durch Terrorismus, verbotenen Nachrichtendienst, gewalttätigen Extremismus und Gewalt anlässlich von Sportveranstaltungen zu erkennen und zu bekämpfen" und „unterstützt die zuständigen Polizei- und Strafverfolgungsbehörden, indem er ihnen Erkenntnisse über das organisierte Verbrechen mitteilt, namentlich wenn solche bei der Zusammenarbeit mit ausländischen Sicherheitsbehörden anfallen" (Art. 2). Zu diesen Maßnahmen gehört auch die Erstellung eines periodischen Bericht zur „Beurteilung der Bedrohungslage durch die politischen Behörden und die Auftragserteilung an die Organe der inneren Sicherheit" (Art. 2 Abs. 4a). Nach Art. 10 haben der Nachrichtendienst des Bundes (NDB) und das Bundesamt für Polizei (fedpol) eine Informationspflicht gegenüber den kantonalen und eidgenössischen Sicherheitsorgane hinsichtlich vorhandener Erkenntnisse über mögliche Beeinträchtigungen der inneren Sicherheit.

Das Politikfeld wird durch die Kantonale Konferenz der Justiz- und Polizeidirektoren (KKJPD) und die Konferenz der kantonalen Polizeikorpspräsidenten (KKPKS) koordiniert. Deren Vorstand besteht aus fünf kantonalen Polizeikommandanten und dem Direktor des Bundesamtes für Polizei. Die KKJPD beschloss z.B. in 2006 eine nationale Harmonisierung der Kriminalitätsstatistik, so dass das Bundesamt für Statistik (BfS) seit 2009 auch jährliche Berichte zur Kriminalitätsentwicklung in den Kantonen vorlegt, deren Daten nach einheitlichen Prinzipien erfasst werden (www.pks.bfs.admin.ch). Unter den insgesamt erfassten knapp 693.000 Delikten in 2011 (+ 6%) nehmen Tatbestände wie „unbefugte Datenbeschaffung" (+281%), Diebstähle (+16%), Verstößen gegen das Ausländergesetz (+10%), Raub (+9%) und Vermögensdelikte (+8%) besondere Wachstumsraten ein (NZZ, 28.03.2012: 29).

4 Wahlsystem und Wahlen

4.1 Wozu Wahlen?

Die Frage, wozu Wahlen gut sind, stellt sich im politischen System der Schweiz noch einmal dringlicher als in anderen repräsentativen Demokratien. Mit den Instrumenten der direkten Demokratie gibt es wie kaum in einem anderen Land die Möglichkeit, eine zweite Säule politischer Willensbildung und Entscheidungsfindung zu nutzen. Trotz der damit verbundenen relativ niedrigen Wahlbeteiligung sind Wahlen auch in der Schweiz keineswegs überflüssig. Je nach (demokratiepolitischer) Ausgangsposition wird die Frage nach dem Sinn bzw. der Funktion von Wahlen unterschiedlich beantwortet.

Sie sind z.B. ein wichtiger Mechanismus in der Zirkulation bzw. Rekrutierung von entscheidungsberechtigten Eliten (Schumpeter), sie helfen eine handlungsfähige Exekutive zu bilden, sie leisten die Auswahl und Beauftragung von Handlungsbevollmächtigten bzw. stellvertretenden Entscheidern durch die wahlberechtigte Bevölkerung (Prinzipal-Agent-Theorie), sie legitimieren (bei Berücksichtigung der gängigen Wahlrechtsgrundsätze, vgl. z.B. Nohlen 2009: 41) das politische System (Legitimationsfunktion), und sie tragen zur Pazifizierung von Konflikten bei, so dass aus dem Kampf um die Macht ein Wettbewerb um Stimmen und Mandate wird.

Die genaue Funktionsbestimmung von Wahlen hängt vom Demokratiekonzept ab, in das sie eingebettet sind. In der Ideengeschichte der Demokratietheorie lassen sich minimalistische und umfassende Funktionszuweisungen demokratischer Wahlen rekonstruieren. Zu den minimalistischen Definitionen ist etwa Joseph Schumpeters polit-ökonomische Theorie der Elitenzirkulation zu zählen, zu den maximalistischen die deliberativ-partizipatorischen Ansätze, für die Wahlen in eine Vielzahl öffentlicher Beteiligungs- und Beratungsformen einzubetten sind, um das volle Potenzial vernünftiger demokratischer Willensbildung ausschöpfen zu können.

Demokratische Wahlsysteme sind Transformationsregeln für die Umrechnung von Stimmen der wahlberechtigten Bevölkerung in die Mandate einer Vertretungskörperschaft mit kollektiv bindender Entscheidungsbefugnis. Auf nationaler Ebene in der Schweiz geschieht dies durch die Wahl der Mitglieder des National- und Ständerats. Die Wahl zum Nationalrat wird alle vier Jahre am vorletzten Sonntag im Oktober abgehalten. Da die Wahl der Ständeräte in die Organisationskompetenz der einzelnen Kantone fällt, geschieht die Erneuerung des Ständerates nicht immer zugleich mit der des Nationalrates. Die breit ausgebauten direktdemokratischen Partizipationswege wirken sich allerdings meist auf eine niedrige Beteiligung an den allgemeinen Wahlen aus.

Einteilungsstrategien für empirische Wahlsystemtypologien sind vielfältig vorhanden (z.B. Gallagher 2009). Häufig verwendete Merkmalsdimensionen sind der Wahlkreistyp

(Einpersonen- oder Mehrpersonenwahlkreise) und der Delegationsmodus (Mehrheits- oder Verhältniswahl). Bei der Verhältniswahl wird noch einmal nach Listentyp unterschieden. Während in der ersten Dimension mehrere Ausprägungen in einem Wahlsystem kombiniert werden können, z.B. auf verschiedenen Zuteilungsebenen, stellen Mehrheits- und Verhältniswahl eine grundsätzlichere Alternative dar.

So werden bei der Wahlkreisgröße zur Nationalratswahl in Österreich drei Ebenen berücksichtigt (regionale, Länder- und Bundesebene) und in Deutschland zwei Ebenen (Einpersonenwahlkreise und nationaler Wahlkreis). In der Schweiz bilden ausschließlich die Kantone die Wahlkreisgrenzen. Typisch für Verhältniswahl-Varianten sind Mehrpersonenwahlkreise. Für die Wahl zum Deutschen Bundestag bildet das gesamte Land den Wahlkreis für die Zweitstimmen, auch wenn die Parteilisten auf Landesebene aufgestellt werden. Einpersonenwahlkreise sind dagegen typisch für Mehrheitswahlsysteme wie die relative Mehrheitswahl (plurality) in Großbritannien. Aber auch für die Erststimme in Deutschland wird das britische first past the post-System genutzt. Das personalisierte Verhältniswahlrecht in Deutschland stellt nach der Einteilung von Gallagher (2009, vgl. Tab. 4-1) ein getrenntes Mischsystem dar; die Schweiz ist aufgrund der Möglichkeit zu kumulieren und zu panaschieren bei den ,open list PR'-Systemen zu verorten. Dessen Stärken liegen in der Proportionalität der Repräsentation der Wählerpräferenzen und in der individuellen Verantwortlichkeit der Parlamentsmitglieder gegenüber den Wählern sowie in den erweiterten Partizipationsmöglichkeiten für die Wähler. Hinsichtlich der anderen Kriterien ist es weitgehend neutral.

Tab. 4-1: Bewertung unterschiedlicher Wahlsysteme nach acht Kriterien

	Single Member Plurality	Mixed compensatory	Mixed parallel	Closed list PR	Open list PR	PR-STV
Accuracy of representation of voters' preferences	– –	+ +	+	+ +	+ +	+
Socio-demographic representation in parliament	0	0	0	+	o	o
Personal accountability of MPs to constituents	+	0	0	– –	+ +	+ +
Maximization of participation opportunities	– –	0	0	– –	+	+ +
Cohesive and disciplined parties	0	+	+	+	0	0
Stable effective government	+ +	0	0	0	0	0
Identifiability of government options	+ +	+	0	0	0	+
Opportunity for voters to eject governments from office	+ +	+	0	0	0	0

Quelle: Gallagher 2009: 572.

Die Vor- und Nachteile von Mehrheits- und Verhältniswahl sind umstritten. In Verhältniswahlverfahren, in denen zwar meist die Proportionalität von Stimmen- und Mandatsanteilen höher ist als bei der Mehrheitswahl, werden die tatsächlichen Regierungsparteien dafür aber erst in den Koalitionsverhandlungen nach der Wahl gesucht. Auch kann die Regierungsbildung länger dauern. Dies hat bei Kritikern den Vorwurf der Intransparenz und der schwachen

Zurechenbarkeit von Verantwortung (accountability) herauf beschworen. In Deutschland ist dieses Problem durch eine Personalisierungskomponente im Wahlrecht (Erststimme bzw. Direktmandate) adressiert worden, in der Schweiz durch offene Listen mit der Möglichkeit zu kumulieren und zu panaschieren. Dadurch wird mehr Verantwortlichkeit der Kandidaten gegenüber den Wählerinnen und Wählern hergestellt als im deutschen Mischsystem, das die Parteiinteressen und funktionalen Überlegungen der Fraktionsplanung stärker berücksichtigt. Während im deutschen System nur die Direktkandidaten auch direkt belohnt oder bestraft werden können – die Listenkandidaten bleiben dem direkten Zugriff der Wähler entzogen – müssen in der Schweiz alle Kandidaten den Rotstift der Wähler fürchten bzw. können um das Kumulieren von Stimmen werben. Um der Fragmentierung des Parteiensystems entgegen zu wirken, wird bei Verhältniswahlsystemen oft eine künstliche Prozenthürde implementiert. In der Schweiz ist dies zwar nicht der Fall, jedoch gibt es in den kleinen Kantonen eine natürliche Hürde.

Nach Ansicht von Kritikern der Verhältniswahl wird der Wählerwille in Sondierungsgesprächen und Koalitionsverhandlungen nach der Wahl erheblich verändert, so dass das tatsächliche Regierungsprogramm und die Zusammensetzung der Koalition nicht mehr mit dem übereinstimmen, was vor der Wahl angekündigt wurde. Aufgrund des besonderen Regierungsformats stehen in der Schweiz die Regierungsparteien (meist) aber bereits vor der Wahl fest. Deswegen ist das mit Koalitionsverhandlungen verbundene Moment der Intransparenz und des Risikos der Abkopplung einer politischen Klasse vom (vermuteten) Wählerwillen eher bei der Nominierung und der Wahl der Bundesräte anzutreffen. Aber auch dafür gibt es in der Schweiz Korrekturmechanismen (vgl. Kap. 9.2).

Tab. 4-2: Argumente für und gegen die Verhältniswahl

Thema	Dafür	Dagegen
Fairness	Größere Fairness hinsichtlich der Repräsentation von Stimmenanteilen	Dritte Parteien bzw. Kleinparteien können überdurchschnittlichen Einfluss auf die Regierung bekommen.
Auswahl	Weitet die effektive Auswahl zwischen Alternativen aus. Stimmen für Kleinparteien gehen nicht automatisch verloren	Im Hinblick auf die zukünftige Regierung wird die Auswahl intransparent. Die Auswahl zwischen Parteien hat keinen Einfluss auf die Wahl der Regierung
Legitimation	Die Regierung wird meist von einer absoluten Mehrheit im Elektorat unterstützt	Koalitionsverhandlungen sind nicht direkt durch das Volk legitimiert. Parteien haben mehr Spielraum für Eigeninteressen
Accountability	Accountability wird erhöht, da die Koalitionspartner sich gegenseitig kontrollieren können	Koalitionsstreitigkeiten können zu einer schwachen und ineffektiven Regierung führen
Regierungsstabilität	Abrupte Politikwechsel werden erschwert, die Regierungsstabilität dadurch erhöht	Koalitionsregierungen fallen leichter auseinander als Einparteienregierungen
Extremismus	Das Verhältniswahlrecht gibt extremistischen Gruppen eine Chance, ihre Argumente dem demokratischen Prozess auszusehen und dazu zu lernen	Extremistische Parteien können leichter ins Parlament gewählt werden und dieses als Plattform nutzen
Politische Kultur	Verhandlungen und Konsens werden gefördert, Polarisierungen reduziert	Die Tendenz zu Konsens verwischt die politischen Konturen und schränkt die Debatte wie auch die Auswahl ein

Quelle: Nach http://andrewheywood.co.uk/articles.htm.

Vor einem Wechsel vom Mehrheits- zum Verhältniswahlrecht muss nach Colomer bereits ein stark ausgeprägtes Mehrparteiensystem existiert haben. Die Mehrparteiensysteme waren eher eine Ursache als eine Folge der Einführung von PR-Systemen, was von ‚Duverger's law' nicht berücksichtigt wird. „Under majority rules, if the effective number of parties increases, any party can risk becoming an absolute loser, and so they can prefer to move to systems using proportional representation rules likely to secure them a fair share of seats" (Colomer 2005: 17). Tabelle 4-2 fasst zentrale Argumente für und gegen die Verhältniswahl noch einmal zusammen.

In den Varianten der Mehrheitswahl, so argumentieren deren Befürworter, sei das Element der Accountability zwischen dem einzelnen Abgeordneten und seinen Wählern deutlich stärker ausgebaut. Des Weiteren fördere das Prinzip funktionsfähige und verantwortliche Einparteienregierungen. Historisch wurde in der Schweiz bis 1918 nach dem Mehrheitswahlrecht in Mehrpersonen-Wahlkreisen gewählt. Der Wechsel zum Verhältniswahlrecht wird von Colomer (2005: 13) in eine „erste Welle" solcher Wechsel eingeordnet, die 1899 in Belgien begann. Auch in Deutschland kam es 1918 zum Wechsel von der absoluten Mehrheitswahl zur reinen Verhältniswahl.

Tab. 4-3: Europäische Wahlrechtsregime im Überblick

Land	Wahlsystem	Sitze	Kandidatur/Listen	Stimmgebung	Zuteilungsebene
Belgien	VW in MPWK	150	lose gebundene Listen	Einzelst. Präf. möglich	MPWK + Provinzen (für Restmandate)
Dänemark	VW in MPWK mit komp. Sitzen	175	Lose gebundene MPWK-Listen	Einzelst. Präf. möglich	MPWK + nat. MPWK
Deutschland	Personalisiertes VW	598	Individuell Regionale Starre Liste	1 Personenst. 1 Listenst.	EWK + nat. Ebene
Frankreich	Abs. M in EWK	577	individuell	Einzelst.	EWK
Großbritannien	Rel. M in EWK	659 ??	individuell	Einzelst.	EWK
Irland	Single Transferable Vote	166	Lose geb. Listen	Einzelst.	MPWK
Italien	VW mit Prämieneffekt	617 + 12	Starre Listen	Parteist.	MPWK
Niederlande	Reine VW	150	Regionale lose geb. Listen	Einzelst.	Nat. MPWK
Österreich	VW in MPWK	183	Lose geb. Listen	Einzelst. Präferenzst.	3: regionale, Länder-, und nationaler MPWK
Portugal	VW in MPWK	230	Starre Listen	Einzelst.	MPWK
Spanien	VW in MPWK (2 EWK)	350	Individuell Starre Listen	Einzelst.	MPWK, EWK
Schweiz	VW in MPWK (6 EWK)	200	Individuell Offene Listen	Kumulieren & panaschieren und/oder Parteist.	MPWK EWK

Quelle: Nach Nohlen 2009: 216ff.; Abk.: EWK: Einpersonenwahlkreis, M: Mehrheitswahl, MPWK: Mehrpersonenwahlkreis, VW: Verhältniswahl.

Die Situation in Belgien war mit der in der Schweiz vergleichbar, bei der gleichfalls ein Verhältniswahlwahlrecht mit Mehrpersonen-Wahlkreisen eingeführt wurde. „The move was supported by the liberals, mostly localized in French-speaking Wallonia (who had alternated or shared power with the Christians, stronger in Dutch-speaking Flanders) when the liberals felt under serious challenge from the rising socialists, with almost four effective parties in votes in the previous election" (ebd.). In der Schweiz war die Herausforderung das Erstarken der katholisch-konservativen und sozialdemokratischen Kräfte seit Ende des 19. Jahrhunderts.

„With more than three effective parties under majority rules, the adoption of proportional representation in 1918 did not replace the dominance of the radicals with an alternative single-party dominance (which would also have distorted voters' representation) but with multi-party coalition politics encompassing broad majorities of voter's support" (Colomer 2005: 13). In Dänemark und Norwegen als weitere Fälle, die in dieser Zeit auf ein Verhältniswahlrecht gewechselt hatten, gab es vier effektive Parteien, und in Deutschland und den Niederlanden sogar sechs in der letzten Wahl nach Mehrheitswahlrecht. „Of course, multiparty systems had also already been in place or had more recently developed when, at the end of the Second World War, these and other West European countries re-established or for first time introduced PR electoral rules" (Colomer 2005: 13f.). In Frankreich (1985) wurde kurzeitig mit einem Verhältniswahlsystem experimentiert, in Italien wurde von 1994 bis 2005 statt der üblichen Verhältniswahl ein korrigiertes Mehrheitswahlsystem benutzt. Tabelle 4-3 fasst die wesentlichen Merkmale einiger europäischer Wahlrechtssysteme zusammen.

4.2 Nationalrat

4.2.1 Wahlkreise und Wahlverfahren

Der Nationalrat umfasst die nach Verhältniswahlrecht in den Kantonen als Mehrpersonenwahlkreise sowie die in den sechs Einpersonenwahlkreisen (Halbkantone) nach faktischer Mehrheitswahl gewählten Abgeordneten. Die Wahlkreise sind mit den Kantonen identisch. Untergliederungen einer Partei können eigene Listen erstellen. Die Kandidatenlisten können alphabetisch sortiert sein, als Vorzugsliste von der Partei sortiert werden, oder beide Merkmale kombinieren.

Der Zeitpunkt der Wahl für die Gesamterneuerung ist vom „Bundesgesetz über die politischen Rechte" (BPR) auf den vorletzten Sonntag im Oktober festgelegt worden (Art. 19). Der Termin für ggf. notwendige Ersatz- und Ergänzungswahlen wird von der betreffenden Kantonsregierung festgesetzt. Jede Liste bzw. jeder Wahlvorschlag „darf höchstens so viele Namen wählbarer Personen enthalten, als im Wahlkreis Nationalräte zu wählen sind" (Art. 22). Das aktive und passive Wahlrecht haben alle mündigen Staatsbürger ab 18 Jahren, die sich bis zu fünf Tage vor der Wahl oder Abstimmung in das Stimmregister ihrer politischen Gemeinde haben eintragen lassen (Art. 4). Die Kantone müssen an zwei der letzten vier Tage vor der Wahl eine vorzeitige Stimmabgabe ermöglichen (Art. 7). Bundesbeamte müssen im Falle ihrer Wahl auf ihren Beruf verzichten.

Die 200 Abgeordneten des Nationalrates werden alle vier Jahre nach dem Verhältniswahlrecht direkt vom Volk gewählt (Art. 149 BV). Faktisch wird aufgrund der Kantonsgröße allerdings nur in 20 Kantonen (194 Mandate) nach Proporz gewählt. In den sechs kleinsten Kantonen wird jeweils nur ein Nationalrat gewählt, so dass die einfache Mehrheitswahl zur

Anwendung kommt. Organisatorisch wird die Wahl von der Bundeskanzlei vorbereitet. Dazu gehört die Weiterleitung der gemeldeten Wahlvorschläge von den Kantonen an die Bundeskanzlei, die dann z.b. eine formelle Prüfung der Kandidaten vornimmt, ob diese nicht in mehreren Kantonen kandidieren, sowie die Vorbereitung und Versendung einer Broschüre an alle Stimmberechtigten, in der Details zur Wahl sowie Kurzportraits der Parteien aufgeführt werden (www.bk.admin.ch).

Die Wähler können in der einfachsten Variante die Wahlliste als Ganze ankreuzen. Bei der Auszählung wird dann die Listenstimme auf die einzelnen Kandidaten dieser Liste verteilt bzw. umgerechnet. Es darf aber auch kumuliert und panaschiert werden. Bis zu zwei Stimmen dürfen auf einen Listenkandidaten kumuliert werden, um diesen besonders zu unterstützen, auch wenn er sich auf einer anderen als der angekreuzten Parteiliste befindet. Dazu muss ein Name auf dieser Liste durchgestrichen werden und der Name des panaschierten Kandidaten wird darüber geschrieben.

In den Wahlunterlagen werden sowohl vorgedruckte Parteilisten ausgeteilt als auch ein leerer Vordruck, auf dem man seine eigene Präferenzliste zusammen stellen kann, falls das Kumulieren und Panaschieren auf den Parteilisten als zu unübersichtlich empfunden wird. Gleich welche Liste die Grundlage bildet, auf einem gültigen Wahlzettel dürfen am Ende nicht mehr Namen stehen als im Kanton Sitze zu vergeben sind. In den kleinen Majorzkantonen gilt, dass jeder Wahlberechtigte aufgeschrieben werden darf, nicht nur die offiziellen Kandidaten.

Offene bzw. freie Listen, bei denen die Wähler die Möglichkeit haben, Kandidaten verschiedener Listen bzw. Parteien zu wählen, sind im internationalen Vergleich sehr selten. Neben der Schweiz sind sie in Irland (STV), Luxemburg, Malta und Ecuador gebräuchlich (Nohlen 2009: 104). Häufiger sind lose gebundene Listen anzutreffen, bei denen die Reihenfolge der Kandidaten innerhalb einer Liste verändert werden kann. Beispiele aus Zentraleuropa sind: Belgien, Dänemark, Italien, Polen und Tschechien.

Weltweit am häufigsten sind starre Listen anzutreffen, bei denen der Wähler lediglich die Wahl zwischen den von Parteien erstellten Listen hat. Zentraleuropäischen Beispiele sind die Niederlande und Deutschland (ebd.). Daneben ermöglichen auch einige Ländern mit Verhältniswahlsystem individuelle, parteiunabhängige Kandidaturen, z.B. Irland (Independents) und Deutschland (Direktmandate). Allerdings ist Irlands Zuordnung zur Gruppe der Verhältniswahlsysteme umstritten und in Deutschland sind individuelle Kandidaturen nur im Zweig der relativen Mehrheitswahl (Erststimme) möglich.

Die Anteile derjenigen Wähler, die von ihrem Recht auf kumulieren und panaschieren Gebrauch machen, hält sich in etwa die Waage mit denjenigen, die dies nicht tun. Zur Nationalratswahl 2011 waren 45,1% der gültigen Wahlzettel unverändert und 46,6% verändert. Individuelle Zusammenstellungen der Wahlzettel ohne Parteibezeichnung wurden von 8,6% eingereicht (BfS). Des Weiteren ist davon auszugehen, dass häufiger kumuliert als panaschiert wird. Im Kanton Zürich haben 2007 etwa die Grünliberalen knapp dreimal so viele Stimmen von den Grünen bekommen wie von der FDP. Auch war „der Austausch von Panaschierstimmen zwischen FDP und SVP weit schwächer [...] als zwischen SP und Grünen. Erstaunlicherweise verliert die FDP etwas mehr Stimmen an den Bündnispartner als umgekehrt – ganz im Gegensatz zur Ständeratswahl, wo die SVP-Wählerschaft nicht zum ersten Mal den FDP-Kandidaten geschlossener unterstützt als die Freisinnigen den Kandidaten der SVP" (NZZ 02.11.2007: 37).

> **Kumulieren und panaschieren:** Beim Kumulieren (lat. cumulus: Haufen) können in Mehrpersonen-Wahlkreisen Stimmen auf einen Kandidaten gehäuft werden, um dadurch seine Wahlchance im System offener Listen zu erhöhen. Bei der Wahl zum Nationalrat dürfen bis zu zwei Stimmen auf einen Kandidaten gehäuft werden. Beim Panaschieren (panacher: mischen) können die zulässigen Stimmen auf die Kandidaten verschiedener Listen verteilt werden. Panaschieren bei der Nationalratswahl heißt, dass ein Name auf einer Liste gestrichen und dafür der Name eines Kandidaten einer anderen Liste eingefügt werden kann. Kumulieren und panaschieren sind meist kombiniert eingeführt. In der Bundesrepublik Deutschland ist kumulieren und panaschieren fast nur auf kommunaler Ebene erlaubt, so in Baden-Württemberg, Bayern, Hessen, den fünf neuen Ländern, Niedersachsen und bei den Bürgerschaftswahlen in Hamburg und in Bremen.

Mit Hilfe der Panaschierstatistik des BfS lässt sich nachvollziehen, wie viele Stimmen einzelne Kandidaten von den Listenwählern anderer Parteien auf sich versammeln konnten. Sie gibt somit Hinweise auf die Konkurrenzsituation der Parteien untereinander bzw. die Attraktivität individueller Kandidaten für Listenwähler anderer Parteien. Da die Panaschierstatistik listenbezogen ist, liegt sie nur auf kantonaler Ebene vor.

Tab. 4-4: Panaschierstatistik auf Parteienebene, Nationalratswahl Kanton Aargau 2011

	Stimmen aus veränderten Wahlzetteln von… (Herkunft der Stimmen)								Anzahl Wahlzettel	
	FDP	CVP	SP	SVP	EVP	GPS	GLP	BDP	veränd.	unver.
FDP	133.073	8.213	5.498	21.568	1.323	1.473	5.009	9.378	11.270	6.187
CVP	8.578	141.818	8.017	12.065	1.493	2.641	5.342	8.993	11.939	4.470
SP	5.668	10.095	230.423	6.588	2.367	15.502	9.291	7.949	18.960	9.796
SVP	12.042	6.222	2.083	435.704	1.344	743	2.137	7.999	32.726	28.592
EVP	1.341	1.773	2.880	2.541	33.512	1.121	1.386	1.855	2.901	2.019
GPS	2.314	4.854	26.730	2.734	1.382	59.188	6.177	3.659	5.582	3.774
GLP	2.785	2.529	4.990	2.115	577	1.869	54.214	2.948	5.771	4.107
BDP	2.633	2.963	1.981	3.684	534	500	1.875	60.640	6.976	5.190

Quelle: BfS Tabelle su-d-17.02.03.05.04.zb.2011.k (gekürzt).

In Tabelle 4-4 wird die Panaschierstatistik für den Kanton Aargau für die Nationalratswahl 2011 dokumentiert, dessen politisches Wahlverhalten oft nah am schweizerischen Durchschnitt liegt. Im Kanton Aargau hat jeder Wähler 15 Stimmen für die Wahl der Nationalräte. Die Anzahl der Wähler für eine Partei lässt sich aus der Anzahl der Wahlzettel erschließen. Da die Wähler in jedem Kanton eine unterschiedliche Anzahl von Stimmen haben, müssen diese für das Aggregieren der Stimmenanteile auf der nationalen Ebene gewichtet werden. Es entsteht dadurch die vom BfS errechnete Zahl der „fiktiven Wählenden" einer Partei auf nationaler Ebene.

Der Anteil der veränderten Wahlzettel liegt bei allen Parteien über der Hälfte der für die Partei abgegebenen Listenstimmen, besonders groß ist die Kumulier- und Panaschierneigung bei den Wählern von FDP, CVP und SP. Die Panaschierbewegungen zwischen den Parteien in Tab. 4-4 sind so zu lesen, dass die horizontale Dimension die Herkunft der Panaschierstimmen angibt und die vertikale deren Empfang. An einem Beispiel erläutert heißt dies, dass die FDP 2785 Stimmen an die GLP abgegeben hat und die GLP 5009 Stimmen an die FDP. Bei der Interpretation dieses Stimmensplittings zwischen den Parteien ist aber zu berücksichtigen, dass dies immer personenbezogen geschieht und nur indirekt Zufriedenheit bzw. Unzufriedenheit mit der Partei insgesamt zum Ausdruck bringt.

4.2.2 Verteilungsverfahren

Bei den Verteilungsverfahren ist zu unterscheiden zwischen der Verteilung der 200 Sitze auf die Kantone sowie der Verteilung der kantonalen Sitze auf die Parteien. Beides ist im „Bundesgesetz über die politischen Rechte" (BPR) geregelt. Zunächst wird die Verteilung der Sitzzahl auf die Kantone erläutert.

Art. 16 BPR legt der Entscheidung des Bundesrates über die Anzahl der Sitze pro Kanton die Wohnbevölkerungszahlen der Kantone zugrunde, die im Rahmen einer Registererhebung im Jahr nach der letzten Gesamterneuerungswahl des Nationalrats durchzuführen ist. Dabei muss nach Art. 17 folgendes Verteilungsverfahren angewendet werden. In der Vorwegverteilung wird die Wohnbevölkerung der Schweiz durch 200 geteilt. „Die nächsthöhere ganze Zahl über dem Ergebnis bildet die erste Verteilungszahl. Jeder Kanton, dessen Bevölkerung diese Zahl nicht erreicht, erhält einen Sitz; er scheidet für die weitere Verteilung aus. 2. Die Wohnbevölkerung der verbleibenden Kantone wird durch die Zahl der noch nicht zugeteilten Sitze geteilt. Die nächsthöhere ganze Zahl über dem Ergebnis bildet die zweite Verteilungszahl. Jeder Kanton, dessen Bevölkerung diese Zahl nicht erreicht, erhält einen Sitz; er scheidet für die weitere Verteilung aus. 3. Dieses Verfahren wird wiederholt, bis die verbleibenden Kantone die letzte Verteilungszahl erreichen" (Art. 16 BPR).

Bei der Hauptverteilung werden jedem verbliebenen Kanton so viele Sitze zugeteilt, bis „die letzte Verteilungszahl in seiner Bevölkerungszahl enthalten ist". Bei der Restverteilung werden die restlichen Sitze „auf die Kantone mit den grössten Restzahlen verteilt. Erreichen mehrere Kantone die gleiche Restzahl, so scheiden sie in der Reihenfolge der kleinsten Reste aus, die sich nach der Teilung ihrer Bevölkerungszahl durch die erste Verteilungszahl ergeben. Sind auch diese Reste gleich, so entscheidet das Los" (ebd.). Tabelle 4-4 zeigt die Ergebnisse der Sitzverteilung auf die Kantone für die Periode 2003 bis 2011 sowie die damit verbundene Über- und Unterrepräsentation. Bei der regelmäßigen Revision der Zahl der Kantonssitze kam es langfristig z.B. für Zürich zu einem leichten Anstieg der Sitzzahl, für Bern zu einem deutlichen Verlust von Sitzen (von 33 Sitzen in 1951 auf 26 seit 2003). Durch die Anpassung soll gewährleistet werden, dass auf einen Nationalrat jeweils etwa 24.000 bis 25.000 Wahlberechtigte kommen. Legt man die Wohnbevölkerung der Kantone zugrunde, kommt es zu deutlicheren Abweichungen vom Durchschnitt von etwa 36.500 Einwohnern pro Nationalratssitz (Tab. 4-5).

Auf Basis der für jeden Kanton ermittelten Sitzzahl kann dann die Umrechnung von Stimmen in Sitze erfolgen. Auch diese erfolgt zweistufig. In der ersten Stufe (Oberverteilung) erfolgt die Verteilung nach dem Verfahren d'Hondt, wobei die natürliche Sperrklausel (eine künstliche Hürde existiert nicht) durch Listenverbindungen weiter reduziert werden kann. Die Unterverteilung auf die einzelnen Listen der Parteien bzw. Listenverbindungen erfolgt nach dem Verfahren Hagenbach-Bischoff. Entscheidend sind zunächst die Stimmen für die Parteien bzw. Listenverbindungen, nicht die für die einzelnen Kandidaten. In der ersten Verteilung, der Oberverteilung, kommt das Divisorverfahren mit Abrundung (d'Hondt) zur Anwendung, um die Sitze auf die Listen bzw. Parteien zu verteilen. Nach Art. 40 BPR (Erste Verteilung bzw. Oberverteilung) wird die „Zahl der gültigen Parteistimmen aller Listen [...]

durch die um eins vergrösserte Zahl der zu vergebenden Mandate geteilt. Die nächsthöhere ganze Zahl heisst Verteilungszahl. Jeder Liste werden so viele Mandate zugeteilt, als die Verteilungszahl in ihrer Stimmenzahl enthalten ist".

Tab. 4-5: Über- und unterrepräsentierte Kantone im Nationalrat 2003–2011

	Wohnbevölkerung in 2000 (Volkszählung)	Anzahl Sitze im Nationalrat	Einwohner pro Sitz im Nationalrat
CH	7.288.010	200	36.440
Übervertretung			Über-/Untervertretung
Appenzell I.Rh.	14.618	1	21.823
Schwyz	128.704	4	17.060
Waadt	640.657	18	15.281
Neuchâtel	167.949	5	14.256
Luzern	350.504	10	13.906
Fribourg	241.706	7	13.381
Solothurn	244.341	7	10.746
Zug	100.052	3	9.271
Jura	68.224	2	4.658
Obwalden	32.427	1	4.014
Uri	34.777	1	1.664
Untervertretung			
Schaffhausen	73.392	2	−510
Nidwalden	37.235	1	−794
Aargau	547.493	15	−878
Glarus	38.183	1	−1.742
Basel–Landschaft	259.374	7	−4.287
Graubünden	187.058	5	−4.853
Basel–Stadt	188.079	5	−5.874
Zürich	1.247.906	34	−8.912
Bern	957.197	26	−9.731
Thurgau	228.875	6	−10.229
Genève	413.673	11	−12.822
Ticino	306.846	8	−15.318
St. Gallen	452.837	12	−15.545
Appenzell A.Rh.	53.504	1	−17.063
Wallis	272.399	7	−17.312

Quelle: BfS, Statistik der Nationalratswahlen, auf Basis der Volkszählung 2000. Anm.: Die Über- bzw. Untervertretung berechnet sich wie folgt: Wohnbevölkerung eines Kantons – (Anzahl Sitze eines Kantons x Verteilungsquotient). Der Verteilungsquotient ergibt sich aus der Division der Wohnbevölkerung (total) mit der Zahl der Sitze im Nationalrat (7.288.010 / 200 - 36.441).

Sind die Mandate eines Kantons an die Parteien bzw. Listenverbindungen verteilt, beginnt die Unterverteilung auf die einzelnen Listen und die Kandidaten mit den meisten Stimmen auf den jeweiligen Listen. Verbliebene Mandate werden anschließend einzeln und nacheinander nach den Vorgaben von Art. 41 BPR verteilt:

„a. Die Stimmenzahl jeder Liste wird durch die um eins vergrösserte Anzahl der ihr bereits zugeteilten Mandate geteilt.

b. Das nächste Mandat wird derjenigen Liste zugeteilt, die den grössten Quotienten aufweist.

c. Haben mehrere Listen aufgrund des gleichen Quotienten den gleichen Anspruch auf das nächste Mandat, so erhält jene unter diesen Listen das nächste Mandat, welche bei der Teilung nach Artikel 40 Absatz 2 den grössten Rest erzielte.

d. Falls noch immer mehrere Listen den gleichen Anspruch haben, geht das Mandat an jene dieser Listen, welche die grösste Parteistimmenzahl aufweist.

e. Haben immer noch mehrere Listen den gleichen Anspruch, so erhält jene dieser Listen das nächste Mandat, bei welcher der für die Wahl in Betracht kommende Kandidat die grösste Stimmenzahl aufweist".

Das gleiche Verfahren wird dann angewendet, um die Mandate innerhalb einer Listenverbindung auf die einzelnen Listen zu verteilen (Art. 42 BPR).

4.2.3   Listen und Listenverbindungen

Für die Aufstellung der Wahlvorschläge, die dann nach Prüfung durch die Bundeskanzlei und ggf. Bereinigung zu den amtlichen Listen werden, gelten die Regelungen der Art. 21–33 BPR. Es gibt aber keine Vorschriften etwa hinsichtlich der Sortierung der Kandidaten auf den Listen. Insgesamt sind drei Typen von Listen gebräuchlich, sog. Vorzugslisten, alphabetische Listen oder teilweise alphabetische Listen. Bei Vorzugslisten werden die Kandidaten einer Parteiliste nach bestimmten Kriterien sortiert. Zuerst werden die amtierenden und ihre Wiederwahl anstrebenden Kandidaten gelistet, dann die anderen Kandidaten nach Präferenzkriterien wie politische Erfahrung, Bekanntheit, Geschlecht oder regionaler Bezug. Bei teilweise alphabetischen Listen werden zunächst die ihre Wiederwahl anstrebenden Kandidaten gelistet und alle anderen dann alphabetisch. Allerdings können dabei in Einzelfällen auch Neukandidaten unter die bereits Amtierenden der ersten Listenplätze gemischt werden, um auf diese Weise gezielt ihre Wahlchancen zu erhöhen. Die Wahl des Listentyps steht den Parteien frei, jedoch werden in einigen Kantonen (z.B. Zürich) Vorzugslisten präferiert, in anderen dagegen dominieren die (teilweise) alphabetischen Listen wie z.B. in Bern. Welche Rolle der Listenplatz spielt ist nicht unumstritten. Jedoch ist davon auszugehen, dass vordere Listenplätze von den Wählerinnen und Wählern bei der Wahl auch bevorzugt werden, etwa indem Stimmen kumuliert werden oder die Namen in andere Listen übertragen (panaschiert) werden.

Vorzugslisten werden bei der Wahl kaum verändert, so dass in der Regel die Listenplätze auch in etwa der Rangfolge nach der Wahl entsprechen, wie Rudolf Burger (NZZ 30.4.2011) am Beispiel von Zürich gezeigt hat. Anders sieht es dagegen bei (teilweise) alphabetischen Listen aus. Bei einer Rangkorrelations-Analyse von 105 alphabetischen oder teilalphabetischen Listen zwischen 1971 und 2003 in Zürich und Bern fand Burger einen nur sehr schwachen Zusammenhang zwischen Listenplatz und Rang nach der Wahl. „Nur bei 11 Prozent dieser Listen ist der Zusammenhang moderat positiv, und nur in einem Fall stark positiv. Dieses Ergebnis weist darauf hin, dass die Bedeutung des Listenplatzes für das Wahlergebnis klar überschätzt wird" (ebd.). Allerdings fanden sich auch Hinweise, dass die wenigen alphabetischen Listen im Kanton Zürich von den Wählern vermutlich als Vorzugslisten interpretiert wurden, denn hier gab es einen deutlicheren Zusammenhang zwischen Listenplatz und Rang nach der Wahl (ebd.). Entscheidend für die Frage, ob der Listenplatz eine Rolle spielt oder nicht, scheint also die Information zu sein, ob es sich um Vorzugslisten handelt oder nicht. Diese Einschätzung wird z.b. durch das irische single transferable vote-System (STV) gestützt. Bei diesem Wahlverfahren können die auf dem Wahlzettel alphabetisch geordneten Kandidaten von der Wählerin nach der eigenen Präferenz durchnummeriert werden. Die „überzähligen" Stimmen gewählter Kandidaten können dann entsprechend der nachgeordneten Präferenzen umverteilt werden, um den Erfolgswert der Stimme zu erhöhen.

Um bei der proportionalen Zuteilung der Mandate ihre Chancen zu optimieren, können Listenverbindungen eingegangen werden. Dadurch sollen die Chancen auf eine insgesamt größere Mandatswahl erhöht werden als dies bei getrennter Verrechnung der Fall wäre. Für solche Listenverbindung ist zwar eine gewisse Nähe zwischen den Parteien nötig, jedoch implizieren sie keine Koalition im üblichen Sinn. Auch beim Panaschieren können die Wähler einzelnen Kandidaten verschiedener Listen ihre Stimme geben. Trotz verbreiteter Proporzwahl ist es im Vorfeld der Wahl kaum möglich, aus den landesweiten Umfragewerten der Parteien ihre genaue Mandatszahl im Nationalrat zu errechnen.

Durch Listenverbindungen, die lediglich bei Nationalratswahlen, nicht aber bei den Kantonsratswahlen möglich sind, können die Parteien sich auf Bundesebene „Restmandate" sichern, für die ihr eigener Stimmenanteil nicht ausreicht. Im Kanton Zürich z.B. haben Grüne und SP sowie FDP und SVP 2007 eine solche Listenverbindung praktiziert. In einer Berechnung der hypothetischen Sitzverteilung ohne solche Listenverbindungen zeigt sich, dass die Grünliberalen von Listenverbindungen am meisten profitiert haben, SVP und FDP dadurch am meisten Verluste hatten. Verluste aufgrund von Listenverbindungen heißt, dass eine eigentlich aussichtsreiche Partei (oder Listenverbindung) aufgrund einer konkurrierenden erfolgreicheren Listenverbindung nicht zum Zuge gekommen ist. Berücksichtigt werden muss aber auch, dass ohne Listenverbindungen das Wahlverhalten wahrscheinlich anders ausgefallen wäre, die Gewinne und Verluste also hypothetisch sind.

Tab. 4-6: Sitzgewinne und -verluste aufgrund von Listenverbindungen 2007

	Sitzgewinne	Sitzverluste	Nettoeffekt
SVP	JU	ZH, FR, AG, GE	−3
SP	SZ, GE	BS, NE	0
FDP	BS	ZH, SZ, ZG, SO, SG	−4
CVP	ZH, AG	JU	+1
GPS	ZG, SO, SG, NE	−	+4

Quelle: Bochsler/NZZ, 08.11.2007, S. 36.

Listenverbindungen werden bei der Verteilung der Mandate zunächst wie eigene Listen behandelt (Art. 42 BPR). Danach finden innerhalb der Listenverbindung die Verfahren der Ober- und Unterverteilung nach Art. 40 und 41 Anwendung. Die Listen müssen vor der Wahl bis zum Ende der Bereinigungsfrist durch entsprechende schriftliche Erklärung der Parteivorstände miteinander verbunden werden. Eine gültige Erklärung kann nicht mehr widerrufen werden (Art. 31).

Der Anteil der Listen wie auch der Listenverbindungen ist seit den 1970er Jahren stetig gestiegen. Die Anzahl der Listenverbindungen hat sich zwischen 1971 und 2011 um das 2,6-fache erhöht, die Anzahl der insgesamt eingereichten Listen hat sich im gleichen Zeitraum um das 2,4-fache erhöht (vgl. Tab. 4-7). Man kann aus dieser Entwicklung schließen, dass sich die Parteien bei den Wahlen zunehmend ‚verzetteln', die einzelnen Parteigliederungen zunehmend eigene Listen aufstellen. Die möglichen negativen Effekte bei der Stimmenverrechnung sollen dann durch innerparteiliche Listenverbindungen wieder ausgeglichen werden.

Tab. 4-7: Listen- und Unterlistenverbindungen (Nationalratswahlen 1971–2011)

	1971	1975	1979	1983	1987	1991	1995	1999	2003	2007	2011
Listenverbindungen	30	26	34	36	47	54	56	63	67	70	79
– Innerparteilich	8	4	4	4	7	10	10	13	26	27	27
– Zwischenparteilich	22	22	30	32	40	44	46	50	41	43	52
Unterlistenverb.	4	8	12	12	17	31	40	42	39	67	71
– Innerparteilich	4	5	7	7	10	18	29	37	35	59	67
– Zwischenparteilich		3	5	5	7	13	11	5	4	8	4
Total einger. Listen	151	170	164	187	222	248	278	268	262	311	365
– Verbundene Listen	80	73	92	102	138	181	198	221	219	270	319
– Unterverb. Listen	8	22	27	31	42	79	90	101	95	156	171

Quelle: BfS Tabelle 17.2.3.1.6.

Tab. 4-8: Anzahl zwischenparteilicher Listenverbindungen, Nationalratswahlen 2011

Partei	FDP	CVP	SPS	SVP	BDP	EVP	CSP	GLP	PdA	Sol.	GPS
FDP	:	4		1	3			1			
CVP	4	:			6	7		8			
SPS			:			2	3	1	5	2	17
SVP	1			:							
BDP	3	7			:	6		8			
EVP		7	2	5		:	1	9			3
CSP		3				1	:				3
GLP	1	8	1		7	9		:			2
PdA			5						:	2	4
Sol.			2						2	:	2
GPS			17			3	3	2	4	2	:
Summe	9	26	30	1	21	28	7	29	11	6	31

Quelle: BfS, Tabelle 17.2.3.1.19, Parteienauswahl, ohne Majorzkantone.

Die Analyse von Listenverbindungen auf kantonaler Ebene gibt Aufschluss über die Konkurrenz- und Kooperationsbeziehungen der Parteien. Bei innerparteilichen Listenverbindungen treten interne Gliederungen einer Partei (z.B. Jugendverbände) mit eigenen Listen an. Tabelle 4-8 dokumentiert aus Platzgründen nur die zwischenparteilichen Listenverbindungen. Die höchste Anzahl zwischenparteilicher Listenverbindungen wurde mit 17 zwischen der SP und den Grünen erreicht. In neun Kantonen wurden Listenverbindungen zwischen Grünliberalen und EVP geschlossen, in acht Kantonen zwischen Grünliberalen und CVP bzw. BDP. In der Summe der in 2011 abgeschlossenen zwischenparteilichen Listenverbindungen (Tab. 4-8) fällt ein deutliches Rechts-Links-Gefälle auf. Die Grünen erreichen die höchste Anzahl von Listenverbindungen, dicht gefolgt von der SP, den Grünliberalen und der EVP. Am anderen Ende des politischen Spektrums stehen die SVP mit nur einer Listenverbindung und die FDP mit neun Listenverbindungen unter den ausgewählten Parteien. Vor diesem Hintergrund kann man zwischenparteiliche Listenverbindungen auch als eine Strategie im Mitte-Links-Bereich des politischen Spektrums bezeichnen.

4.3   Ständerat

Der Ständerat besteht aus 46 Vertreterinnen und Vertretern der Kantone. In zwanzig Kantonen werden je zwei Vertreter gewählt, in den sechs ehemaligen Halbkantonen jeweils ein Vertreter. Die Ständeratswahlen finden inzwischen in den meisten Kantonen zugleich mit den Nationalratswahlen statt. Formal kann jeder Kanton sowohl die Festlegung des Wahltermins als auch des Wahlverfahrens nach eigenem Ermessen entscheiden.

Zu den Kantonen, die zuletzt noch von dem Termin der Nationalratswahl abgewichen sind, gehörten Zug und Graubünden, die ihre Ständeräte bereits ein Jahr vorher wählten. Aber Graubünden hat sich 2007 und Zug 2011 an die Praxis der zeitgleichen Wahl von National- und Ständerat angepasst. Somit bleibt als einzige Abweichung der Kanton Appenzell-Innerrhoden, wo die Ständeräte im April vor den Nationalratswahlen von der Landsgemeinde (der Versammlung aller Stimmbürger) gewählt werden. Des Weiteren kann es in kleinen Kantonen vorkommen, dass ein Kandidat in „stiller Wahl" gewählt wird (Nidwalden). Dies ist der Fall, wenn nur ein Kandidat nominiert wird, der dann mangels Gegenkandidaten mit seiner Nominierung bereits als gewählt gilt. Eine weitere kantonale Besonderheit ist, dass in Glarus das kommunale und kantonale Wahlrecht auf ein Mindestalter von 16 Jahren gesenkt wurde.

Auch das anzuwendende Wahlverfahren kann von den Kantonen selbst bestimmt werden. Von der Wahl der Ständeräte mit qualifizierter Mehrheit weichen jedoch lediglich die Kantone Jura und Neuenburg ab, die das Proporzverfahren anwenden. Die qualifizierte Mehrheit macht in vielen Fällen einen zweiten Wahlgang (Stichwahl) erforderlich, der in den Kantonen teilweise erst Ende November angesetzt wird, sofern sich die Kandidaten nicht einigen (stille Wahl). Listen gibt es in der Regel nicht, so dass die Namen unmittelbar auf die Wahlzettel geschrieben werden können. Gewählt werden kann jeder Stimmberechtigte des Kantons, indem sein bzw. ihr Name auf den Stimmzettel geschrieben wird.

Nach der Wahl sind Beschwerdefristen zwischen drei und 30 Tagen zu beachten, die aufschiebende Wirkung für die Bekanntgabe des offiziellen Ergebnisses haben können. Erst danach kann das Ständeratsbüro eine eventuelle Unvereinbarkeit der gewählten Kandidaten mit dem Mandat prüfen, ehe die Vereidigung stattfinden kann. Dabei kann es sogar dazu kommen, dass wegen eines spät angesetzten zweiten Wahlgangs der oder die Gewählte den Beginn der neuen Ständeratssession verpasst. „Vreni Spoerry (Zürich, fdp.) verpasste 1995 die ganze Wintersession. […] Mancherorts blieben die Ständeratssitze vakant, andere Kantone wie Zürich sehen im Gesetz neuerdings vor, dass die bisherigen Ständeräte im Rat ausharren, bis die neuen ihr Amt antreten können" (Nuspliger 2011: 25). Beginn der Wintersession ist für beide Räte der erste Montag im Dezember, die Wahl der Bundesräte durch die Vereinigte Bundesversammlung erfolgt am zweiten Mittwoch im Dezember nach der Wahl.

Ursprünglich wurden die Ständeräte von den Kantonalparlamenten gewählt, wie dies auch für den österreichischen Bundesrat durch die Landtage geschieht. Zuletzt wurden die Ständeräte 1979 in Bern vom Großen Rat, dem Kantonsparlament, gewählt. Seit den 1970er Jahren haben jedoch alle Kantone auf die Direktwahl durch die Bevölkerung umgestellt, wie dies auch beim institutionellen Vorbild des Ständerates, dem US-Senat, seit der 17. Verfassungsergänzung von 1913 der Fall ist. Tritt ein Ständerat vorzeitig zurück oder stirbt während der Amtszeit, muss der Kanton eine Ersatzwahl durchführen.

Tab. 4-9: Sitzverteilung im Ständerat von 1947 bis 2011

Jahr	1947	51	55	59	63	67	71	75	79	83	87	91	95	99	2003	07	11
FDP	11	12	12	14	13	14	15	15	11	14	14	18	17	17	14	12	11
CVP	18	18	17	18	18	18	17	17	18	18	19	16	16	15	15	15	13
SP	5	4	5	2	3	2	4	5	9	6	5	3	5	6	9	9	11
SVP	4	3	3	4	4	3	5	5	5	5	4	4	5	7	8	7	5
Dem.	2	2	2	2	3	3	*	*	*	*	*	*	*	*	*	*	*
LPS	2	3	3	3	3	3	2	1	3	3	3	3	2	0	0	0	-
LdU	0	0	0	0	0	1	1	1	0	0	1	1	1	0	*	*	*
GLP	*	*	*	*	*	*	*	*	*	*	*	*	*	*	*	1	2
BDP	*	*	*	*	*	*	*	*	*	*	*	*	*	*	*	*	1
GPS	*	*	*	*	*	*	*	*	*	0	0	0	0	0	0	2	2
Lega	*	*	*	*	*	*	*	*	*	*	*	1	0	0	0	0	0
Übrige	2	2	2	1	0	0	0	0	0	0	0	0	0	1	0	0	1
Total	44	44	44	44	44	44	44	44	46	46	46	46	46	46	46	46	46

Quelle: Bundesamt für Statistik. Anmerkungen: * = keine Kandidatur; 1979: 46 Sitze durch Gründung des Kantons Jura; 2009: Fusion von FDP und LPS auf nationaler Ebene.

Trotz deutlicher Sitzverluste ist die CVP nach wie vor die stärkste Kraft im Ständerat (Tab. 4-9). Auch die FDP leidet im Ständerat unter der Erosion der politischen Mitte und bleibt mit 11 Mandaten in 2011 gleichauf mit der SP. Für die SP ist ein umgekehrter Trend zu erkennen; sie konnte ihre Position seit einem Tiefpunkt Anfang der 1990er Jahre auf bislang unerreichte 11 Sitze ausbauen. Die SVP kann ihre Erfolge bei den Nationalratswahlen nicht auf den Ständerat übertragen. Seit 2007 ist ihr Mandatsanteil sogar rückläufig.

Die bürgerliche Mitte aus FDP und CVP kommt 2011 zusammen auf 24 von 46 Sitzen, das ist ein Verlust von drei Sitzen gegenüber 2007. Zusammen mit der SVP kommen die Bürgerlichen auf 29 Mandate. Im Spektrum der Mitte-Links-Fraktionen kommen CVP, BDP, GLP, GPS und SP zusammen auch auf 29 Sitze. Dabei hat die CVP allerdings eine Schlüsselrolle. 2007 hatte sie zusammen mit EVP und GLP eine Fraktion gebildet, was sich insb. auf sozial- und umweltpolitischen Fragen ausgewirkt hat. Wenig überraschend ist auch, dass die SVP trotz ihres Aufstiegs bei der Nationalratswahl zu den Verlierern bei der Ständeratswahl zählt. Damit bestätigt sich ein bekanntes Dilemma der SVP: Mit ihrem provokativen und oppositionellen Stil gewinnt sie zwar kontinuierlich die Proporzwahlen zum Nationalrat, scheitert aber ebenso häufig bei den Majorzwahlen zum Ständerat wie auch bei den Direktwahlen der kantonalen Regierungsräte (Lachat 2006). So kam es etwa bei den Ständeratswahlen 2007 zu einer deutlichen Niederlage des SVP-Parteivorsitzenden Ueli Maurer gegen die Grünliberale Verena Diener im zweiten Wahlgang im Kanton Zürich.

Tabelle 4-10 zeigt den Ständerat 2011 nach Parteien und Kantonen. In Zürich zeigt sich mit FDP- und GLP-Ständeräten ein liberaler Schwerpunkt, im Kontrast etwa zu Bern mit SP und BDP-Ständeräten. Die Grünliberalen, die nur in vier Kantonen einen Kandidaten nominiert haben, haben mit zwei Ständeräten (Zürich und Uri) eine hohe Erfolgsquote. Die beiden Ständeräte der Grünen wurden in der Romandie (Genf, Waadt) gewählt. CVP und SVP gelang es, jeweils in einem Kanton beide Mandate für sich zu gewinnen (Wallis bzw. Schwyz).

Tab. 4-10: Ständerat 2011 nach Parteien und Kantonen

	FDP	CVP	SP	SVP	GLP	BDP	GPS	Übrige	Total
Zürich	1	0	0	0	1	*	0	0	2
Bern	0	0	1	0	*	1	0	0	2
Luzern	1	1	0	0	*	*	0	*	2
Uri	*	1	0	0	1	*	*	0	2
Schwyz	0	0	*	2	*	*	0	0	2
Obwalden	1	*	0	*	*	*	*	*	1
Nidwalden	*	1	*	*	*	*	*	*	1
Glarus	1	*	*	1	*	*	0	0	2
Zug	1	1	0	0	*	*	0	*	2
Freiburg	0	1	1	0	*	*	*	*	2
Solothurn	0	1	1	0	*	*	*	0	2
Basel-Stadt	0	*	1	0	*	*	*	0	1
Basel-Land	*	0	1	0	*	*	*	0	1
Schaffhausen	0	*	0	1	*	*	0	1	2
Appenzell A.R.	1	*	*	*	*	*	*	0	1
Appenzell I.R.	*	1	*	*	*	*	*	*	1
St. Gallen	1	0	1	0	*	0	0	0	2
Graubünden	1	1	*	*	*	*	*	0	2
Aargau	1	0	1	0	0	*	0	0	2
Thurgau	0	1	0	1	*	*	0	0	2
Tessin	1	1	0	*	*	*	*	0	2
Waadt	0	0	1	0	0	*	1	0	2
Wallis	0	2	0	0	*	0	0	0	2
Neuenburg	1	0	1	0	*	0	0	0	2
Genf	0	0	1	*	*	*	1	0	2
Jura	0	1	1	0	*	*	*	0	2
Total	11	13	11	5	2	1	2	1	46

Quelle: Bundesamt für Statistik; * = keine Kandidatur.

Für das unterschiedliche Abschneiden der Parteien bei den National- und Ständeratswahlen gibt es mehrere Erklärungen. Eine naheliegende ist, dies auf die unterschiedlichen Wahlverfahren zurück zu führen (mechanischer Effekt nach Duverger). Möglicherweise generiert das Wissen um die erforderliche absolute Mehrheit der Ständeratskandidaten auch ein anderes Wahlverhalten als die Proporzwahl des Nationalrates (psychologischer Effekt nach Duverger). Die „Stabilität" des Ständerates und die relative Stärke der Mitte-Parteien erklären sich dann dadurch, dass jeder Kandidat eine absolute Stimmenmehrheit in seinem Kanton erringen muss. Ein Disziplinierungselement für die Ausrichtung auf die politische Mitte und den dort vermuteten „Medianwähler" ist auch der relativ häufig notwendige zweite Wahlgang. Möglicherweise kann die SVP bei den Nationalratswahlen auch leichter Proteststimmen auf sich ziehen als bei den Ständeratswahlen. Demnach wird die Wahl zum Nationalrat eher genutzt, um Unzufriedenheit und Protest auszudrücken, während mit den Ständeratsstimmen eher „staatstragende" Parteien unterstützt werden. Die Stabilität im Ständerat schließt in Einzelfällen überraschende Erfolge von neuen Parteien nicht aus, jedoch hängt dies auch stark von der Persönlichkeit des Kandidaten ab (z.B. in Zürich Verena Diener, GLP). Insgesamt macht sich der „inkongruente Bikameralismus", also die unterschiedlichen Wahlverfahren zu den beiden Kammern, deutlich bei der Zusammensetzung der Kammern bemerkbar.

4.4 Kantonale Ebene

Die kantonalen Wahlsysteme weichen teilweise stark von denen der Bundesebene ab. Zu berücksichtigen ist für die kantonale Ebene auch, dass es dort überall eine Direktwahl der Regierungsräte gibt. Tabelle 4-11 gibt einen Überblick über die institutionelle Ausgestaltung der kantonalen Parlamentswahlen für das Jahr 2003. In der Zwischenzeit ist in einem Großteil der Kantone die Anzahl der Sitze reduziert worden, in Aargau z.B. auf 140 und in Bern auf 160. Dennoch wird die Varietät kantonaler Bestimmungen, etwa hinsichtlich Prozenthürden und Proporz- und Majorzregelungen, gut ersichtlich. Die in einigen Kantonen, u.a. in Zürich, in den letzten Jahren durchgeführten Wahlrechtsreformen sind auch für die nationale Ebene diskutiert worden (NZZ 16.11.2011: 27).

Durch starke Unterschiede bei der Wahlkreisgröße in Kombination mit Listenverbindungen kann es zu deutlichen Disproportionalitäten von Stimmen- und Mandatsanteilen kommen. Dies wurde für die kantonale Ebene vom Bundesgericht gerügt, so dass einige Kantone wie Zürich die „doppelt proportionale Divisormethode mit Standardrundung" nach Pukelsheim eingeführt haben. Eine Einführung dieses Verfahrens auf Bundesebene wurde vom Bundesrat aber nicht begrüßt (ebd.).

„Doppelter Pukelsheim": Benannt nach dem Augsburger Mathematiker Friedrich Pukelsheim, der für den Kanton Zürich ein neues Sitzzuteilungsverfahren entwickelt hat, das erstmals 2006 bei der Wahl des Kantonsrates Zürich sowie in den Städten Zürich und Winterthur angewendet wurde. 2008 stellten auch die Kantone Aargau und Schaffhausen auf dieses Verfahren um, dort allerdings ohne die in Zürich noch gültige Fünf-Prozent-Hürde.

Das doppelt proportionale Wahlrecht ohne Quorum und Listenverbindungen, eigentlich „doppelproportionale Divisormethode mit Standardrundung" verteilt die Sitze in zwei Zuteilungsrunden. In der ersten Runde werden die Stimmen der einzelnen Listen für den gesamten Kanton vergleichbar gemacht und auf die einzelnen Listen verteilt. Diesem ersten Schritt liegt das Prinzip zugrunde, dass mit zunehmender Wahlkreisgröße auch die Zuteilung der in diesem Gebiet zu verteilenden Mandate proportionaler wird.

Der wichtigste Schritt ist hierbei die Herstellung der Vergleichbar der Stimmen in den einzelnen Wahlkreisen eines Kantons, da die Anzahl der Stimmen pro Wähler von der Anzahl der im Wahlkreis zu vergebenden Mandate abhängt. Dazu wird für jeden Wahlkreis die Anzahl der abgegebenen Stimmen durch die Anzahl der zu vergebenden Mandate geteilt und dadurch kantonsweit gleich gewichtet. Anschießend werden die Stimmen der einzelnen Parteien in den Wahlkreisen entsprechend gewichtet, auf Kantonsebene addiert und nach Sainte-Laguë/Schepers in Sitze umgerechnet. Im zweiten Schritt erfolgt die Verteilung der für jede Partei ermittelten Sitzzahl auf die einzelnen Wahlkreise.

Tab. 4-11: Die kantonalen Wahlsysteme 2003 bei kantonalen Parlamentswahlen

Kanton	Anzahl Wahlkreise	Anzahl Sitze	Sitze pro Wahlkreis			Mindesthürde	Listenverb.
			Mittelwert	Minimum	Maximum		
Mittlere und große Wahlkreise (Mittelland und Ostschweiz)							
AG	11	200	18,2	9	43	VZ [2)]	ja
BE	14	200	14,3	10	29	nein	ja
BL	4	90	24,5	17	32	nein	nein
JU	3	60	20	10	29	nein	non
LU	6	170	20	7	34	nein	ja
SG	14	180	12,9	5	31	nein	ja
SH	6	80	13,3	1	38	nein	ja
SO	10	144	14,4	5	29	nein	ja
TG	8	130	16,3	4	25	nein	ja
Kleinere Wahlkreise (Innerschweiz sowie Zürich)							
GL	14	80	5,7	3	13	nein	ja
NW	11	60	5,5	2	11	nein	nein
OW	7	55	7,9	4	15	nein	ja
SZ	30	100	3,3	1	11	nein	nein
ZG	11	80	7,3	2	20	nein	nein
ZH	18	180	10	4	16	nein	ja
Mittlere und große Wahlkreise, mit Prozenthürde (Westschweiz, Basel-Stadt)							
VS	14	130	9,3	2	18	8%	nein
BS	5	130	26	1	46	5%	Ja
FR	8	130	16,3	6	26	7,5%	Ja
NE	6	115	19,2	8	36	10%	Ja
VD	21	180	12,9	6	37	5%, VZ	Ja
Einheitswahlkreise, ohne Prozenthürde							
TI	1	90	90			VZ	Ja
Einheitswahlkreise, mit Prozenthürde							
GE	1	100	100			7%	nein
Majorzkantone							
AI	6	49	8,2	4	18	Majorz	
AR	20	65	3,3	1	14		
GR	39	120	3,1	1	19	Majorz	
UR	20	64	3,2	1	14		ja

Quelle: IDHEAP/BADAC (www.badac.ch) Eckdaten Kantone, Tabelle Csi1_22; VZ: Nur Listen, die ein Vollmandat erreichen, sind zur Restmandatsverteilung zugelassen. Anm.: Die Anzahl der Sitze im Parlament ist inzwischen in vielen Kantonen reduziert worden.

Ziel des Verfahrens nach Pukelsheim ist eine möglichst hohe Erfolgswertgleichheit der einzelnen Stimmen, unabhängig von der Größe der gewählten Partei. Bei dem in Zürich zuvor praktizierten Verfahren wurden kleine Parteien tendenziell benachteiligt, was auch vom Bundesgericht gerügt wurde und Anstoß zur Revision durch Pukelsheim gab. In den 18 Wahlkreisen im Kanton Zürich werden zwischen vier und 16 Mandate vergeben. Insbesondere in den kleinen Wahlkreisen mit lediglich vier Mandaten kam es zu erheblichen Disproportionalitäten, so dass kleine Parteien kaum Chancen auf ein Mandat hatten. Eine Zusammenlegung von Wahlkreisen wurde zwar diskutiert, aber wieder verworfen. Stattdessen kann bei der von Pukelsheim entwickelten „doppeltproportionalen Divisormethode mit Standardrundung" die gegebene Wahlkreiseinteilung erhalten werden. „Die ‚doppelte' Proportionalität bezieht sich darauf, dass sowohl die Verhältnismäßigkeit zwischen den kandidierenden Parteien wie auch die Verhältnismäßigkeit zwischen den existierenden Wahlkreisen gewahrt wird. In einem ersten Schritt werden die 180 Kantonsratssitze auf die Parteien, in einem zweiten die Parteisitze auf die Kreise verteilt" (www.presse.uni-augsburg.de/unipress/up20033 /artikel_15. shtml; 12.10.2011).

Im Verfahren nach Pukelsheim ist die primäre Bezugsgröße für die Verteilung der Stimmen nicht mehr der einzelne Wahlkreis, sondern der gesamte Kanton. Dieser wird zu einem eigenen Wahlkreis und gewährleistet bei der Zuteilung der Mandate an die einzelnen Listen durch seine Größe eine hohe Proportionalität auch für die kleinen Parteien. „Das geschieht nach der sogenannten Divisormethode mit Standardrundung, welche die Mathematiker Webster und Sainte-Laguë definiert haben. Diese Oberzuteilung gewährleistet, dass beispielsweise die Stimme eines EVP-Wählers aus dem Kreis Andelfingen, die dort kaum Chancen auf einen Sitzgewinn hat, nicht verloren geht. Sie fliesst in den kantonalen EVP-Topf und verhilft der Partei mit grosser Wahrscheinlichkeit in einem anderen Wahlkreis zu einem Sitz.

In einem zweiten Schritt wird wiederum nach Webster und Sainte-Laguë ermittelt, wie viele Sitze pro Partei und Wahlkreis gewonnen wurden. Listenverbindungen würden, da wirkungslos, abgeschafft" (ebd.). Allerdings wurde in Zürich ein Fünf-Prozent-Quorum eingerichtet, um einer übermäßigen Zersplitterung durch die nun verbesserte Proportionalität bei den Kleinparteien entgegen zu wirken. Zu den Nachteilen des Verfahrens gehört, dass es stärkere Disproportionalitäten auf der Ebene der einzelnen, insb. kleinen Wahlkreise geben kann, weil die kantonsweit summierten Stimmen für Kleinparteien nur in einzelnen Wahlkreisen in Sitzen „ausgezahlt" werden können.

Eine weitere kantonale Besonderheit ist die Stimmpflicht im Kanton Schaffhausen, die dem Kanton regelmäßig zu Spitzenplätzen bei der Wahl- und Abstimmungsbeteiligung verhilft (vgl. Tab. 4-12). Die Stimmpflicht gilt bis zum 65. Lebensjahr für alle Wahlen und Abstimmungen auf kommunaler, kantonaler und Bundesebene (Art. 9 Wahlgesetz). Verstöße sollen mit drei Franken geahndet werden. Im europäischen Vergleich ist eine Wahlpflicht die Ausnahme. In Belgien gilt eine Wahlpflicht für die Abgeordnetenkammer und die direkt zu wählenden Senatoren sowie für die Wahl zum Europäischen Parlament. In Griechenland und Italien gilt die Wahlpflicht für alle Wahlen, in Italien wird sie seit 1993 aber nicht mehr sanktioniert. Des Weiteren existiert in Luxemburg und in Zypern eine Wahlpflicht (Deutscher Bundestag 2009).

Nach den kantonalen Wahlsystemen soll abschließend noch auf das kantonale Wahlverhalten eingegangen werden. Aufgrund der Vielzahl kantonaler Parlamentswahlen während einer nationalen Legislaturperiode können diese kaum als Zwischenwahlen oder second order elections interpretiert werden. Dieses ursprünglich für die Wahl zum Europäischen Parlament entwickelte Konzept (Reif/Schmitt 1980) geht davon aus, dass bestimmte, von den Politikern und den Medien als weniger wichtig eingestufte Wahlen wie etwa die zum Europäischen Parlament und zu regionalen Parlamenten, bestimmte Merkmale haben wie z.B. niedrigere Wahlbeteiligung und besseres Abschneiden von Protest- oder Regionalparteien als bei nationale Parlaments- oder Präsidentschaftswahlen (first order elections). Allerdings kann in der Schweiz die nationale Regierung aufgrund der Konkordanz kaum durch solche Zwischenwahlen abgestraft werden. Vielmehr bietet sich für diesen Zweck das Referendumsinstrument an.

Das Konzept der **second order elections** nimmt Bezug auf das unterschiedliche Gewicht, das Europawahlen und regionale sowie lokale Wahlen gegenüber nationalen Parlamentswahlen aus Sicht von Politikern und Öffentlichkeit haben. Die Idee hinter dem von Reif und Schmitt (1980) am Beispiel der Europawahlen 1979 entwickelten Konzepts ist, dass Europawahlen nicht primär europäisch bestimmt werden, sondern z.B. als Protestwahl im Hinblick auf die Regierungsparteien auf nationaler Ebene. Eine vergleichsweise niedrige Wahlbeteiligung, die Dominanz nationaler Themen und eine relativ große Zahl von Kleinparteien sind weitere Merkmale. Das Konzept wurde dann auch auf andere Wahlen wie Regionalwahlen oder midterm elections übertragen (vgl. Norris 1997, Anderson/Ward 1996).

Für die Schweiz hat z.B. Selb (2006: 70) das Konzept der second order election für die kantonale Ebene zurückgewiesen. Die beobachtbaren beträchtlichen Unterschiede zwischen den Ergebnissen nationaler und kantonaler Parlamentswahlen lassen sich in einigen Kantonen als beeinflusst durch nationale Trends erklären, in anderen durch regionale Besonderheiten. Entscheidend für die Erklärung kantonaler Wahlergebnisse ist demnach der Grad der Integration eines kantonalen Parteiensystems in das nationale Parteiensystem. Periphere Kantone, deren Parteiensystem stärker durch regionale Eigenheiten geprägt sind, partizipieren dagegen deutlich weniger an nationalen Trends (ebd.).

4.5   Wahlbeteiligung und Frauenwahlrecht

Die „Beteiligungskonkurrenz" zwischen den direktdemokratischen und repräsentativen Partizipationsformen ist ein Hauptgrund für die im internationalen Vergleich niedrige Wahlbeteiligung. Dadurch hat die Wählerschaft wirksame Möglichkeiten, auch zwischen den Wahlen weiterhin politischen Einfluss zu nehmen, so dass die Wahlfunktion für die Ausübung demokratischer Rechte weniger wichtig geworden ist. Darüber hinaus kann auch durch die Kumulation von Wahlen und Abstimmungen über die verschiedenen Ebenen des politischen Systems hinweg im Lauf eines Jahres eine gewisse Wahlmüdigkeit entstehen.

Ein zweiter Bereich möglicher Ursachen ist in der Konkordanzdemokratie zu sehen, bei der wichtige Entscheidungen weniger an den Wahlurnen als in (intransparenten) Konsultations- und Verhandlungsprozessen politischer Eliten getroffen werden. Das Konkordanzelement „Zauberformel" habe zu einer verringerten „executive responsiveness" geführt. Zwischen 1959 und 2003 hatten Wahlergebnisse keinen Einfluss auf die Zusammensetzung der Regierung. Erst 2003 sollte die parteipolitische Zusammensetzung der Regierung dem elektoralen Aufstieg der SVP angepasst werden, führte aber tatsächlich zu einer weiteren Aufsplitterung der die Regierung tragenden Parteien.

Mit der Einführung der Proporzwahl 1919 stieg die Wahlbeteiligung auf 80,4% im Landesdurchschnitt. Zuvor wurde nach dem heute noch in Frankreich angewandten absoluten Mehrheitswahlrecht gewählt, das oft eine zweite Wahlrunde (mit einfacher Mehrheit) erforderlich machte. Dabei wurden ein Teil der Sitze in Einpersonenwahlkreisen gewählt, ein weiterer Teil nach dem block vote system (BV) mit absoluter Mehrheit, bei dem im Mehr-personen-Wahlkreisen so viele Stimmen vergeben werden können wie Parlamentssitze für diese Variante vorgesehen sind (ein Vorläufer der seither praktizierten Verhältniswahl mit offenen Listen). „The effect of this system was to give the most numerous party in a given district a decided advantage and to discourage voting for minority candidates. In 1911, only 52.6 per cent of the registered electors took part in the election of national councillors" (Gosnell 1930: 427).

Im Unterschied zur vorherigen Majorzwahl hatten die Wähler nun das Gefühl, dass ihre Stimme auch wirklich ins Gewicht fällt. 1939 lag die Wahlbeteiligung mit 74,3% immer noch auf hohem Niveau, jedoch hat sich der rückläufige Trend schon abgezeichnet. Mit Ein-führung der „Zauberformel" 1959 lag sie bei 68,5% und 1979 bei 48%. Die bislang niedrigs-te Wahlbeteiligung wurde 1995 mit 42,2% erreicht. Seither ist ein leicht ansteigender Trend zu beobachten, 2007 lag sie bei 48,3% und 2011 bei 48,5%. Damit war in etwa das Niveau von 1983 erreicht und der langfristige Trend abnehmender Wahlbeteiligung gebrochen. Der starke Anstieg 2007 wird mit der starken Polarisierung durch die SVP-Kampagne um die Person des Bundesrates Blocher zurückgeführt, die zeitweise eine noch höhere Wahlbereit-schaft erzeugt hat. Sie ist damit auf eine Polarisierung zurückzuführen, bei der die Polpartei-en durch klarere Positionen rechts und links bisherige Nichwähler mobilisieren können, aber auch auf eine erleichterte Briefwahl.

Die Wahl- und Abstimmungsbeteiligung ist, wie auch die Unterstützung für einzelne Partei-en, regional sehr unterschiedlich. Jedoch ist bei der Wahlbeteiligung eine Nationalisierung über die Sprachgrenzen hinweg deutlich erkennbar (Tab. 4-12). Die höhere Wahlbeteiligung der italienischen Schweiz und die niedrigere in der Romandie haben sich langfristig an die der deutschsprachigen Schweiz angenähert. Die italienische Schweiz hatte 1991 mit 66% die höchste Wahlbeteiligung, die französische Schweiz 2007 und die deutschsprachige Schweiz 1983. Die Mobilisierung der Wahlbeteiligung, die in der deutsch- und französischsprachigen Schweiz seit Ende der 1990er Jahre stattfindet, hat sich allerdings nicht in der italienischen Schweiz fortgesetzt. Vielmehr hat seit dem Spitzenwert in 1991 ein kontinuierlicher Rück-gang der Wahlbeteiligung bis 2007 stattgefunden.

Tab. 4-12: Wahlbeteiligung nach Sprachregion (in %)

Sprachregion	1979	1983	1987	1991	1995	1999	2003	2007
Gesamt	48,0	48,9	46,5	46,0	42,2	43,3	45,2	48,3
Deutschsprachige Schweiz	48,5	48,6	47,0	46,0	43,1	44,9	44,8	48,5
Französischsprachige Schweiz	44,4	47,5	42,2	42,2	37,0	36,7	46,1	47,6
Italienischsprachige Schweiz	59,1	60,8	59,0	66,1	52,2	49,5	48,1	46,9

Quelle: BfS, Statistik der Nationalratswahlen, T 17.2.3.2.3.

Differenziert nach Kantonen ergibt sich für 2011 folgendes Bild (Tabelle 4-13). Trotz der Stimmpflicht im Kanton Schaffhausen wird nicht dort, sondern im Kanton Obwalden die höchste Wahlbeteiligung erreicht, gefolgt von Wallis. Auch Nidwalden liegt in etwa auf dem Niveau von Schaffhausen. Mit Obwalden und Nidwalden liegen zwei Majorzkantone in der Spitzengruppe bei der Wahlbeteiligung. Ob dies durch die klareren Alternativen der Mehrheitswahl erklärt werden kann ist allerdings fraglich, da sich mit Appenzell Innerrhoden und Glarus zwei weitere Majorzkantone auf den letzten Plätzen befinden.

Tab. 4-13: Nationalratswahl 2011: kantonale Wahlbeteiligung

	Wahlberechtigte	Wählende**	Wahlbeteiligung in %
Total	5.124.034	2.485.403	48,5
Obwalden*	25.221	16.209	64,3
Wallis	205.917	127.351	61,8
Nidwalden*	30.363	18.501	60,9
Schaffhausen	49.783	30.263	60,8
Zug	71.845	39.608	55,1
Tessin	212.103	115.173	54,3
Solothurn	173.356	89.651	51,7
Luzern	260.101	132.448	50,9
Schwyz	98.193	49.581	50,5
Bern	713.938	359.576	50,4
Basel-Stadt	114.064	57.337	50,3
Uri*	26.110	13.001	49,8
Aargau	399.092	193.601	48,5
Basel-Landschaft	186.806	89.949	48,2
Appenzell A. Rh.*	37.678	17.900	47,5
Freiburg	185.485	87.582	47,2
Zürich	877.817	410.976	46,8
St. Gallen	311.495	145.657	46,8
Thurgau	160.453	74.975	46,7
Graubünden	135.141	60.965	45,1
Jura	50.629	22.472	44,4
Neuenburg	109.926	46.601	42,4
Genf	240.126	101.795	42,4
Waadt	410.956	171.084	41,6
Appenzell I. Rh.*	11.358	4.232	37,3
Glarus*	26.078	8.915	34,2

Quelle: BfS, T 17.2.3.1.1; * Majorzkantone, ** eingegangene Wahlzettel.

Im internationalen Vergleich liegt die Wahlbeteiligung in der Schweiz unter den 15 Ländern der Tabelle 4-1 nicht erst in der letzten verglichenen Dekade von 1990 bis 1999 mit Abstand auf dem letzten Platz. In der Dekade vor Einführung der Zauberformel (1950–59) errechnet sich zwar eine durchschnittliche Wahlbeteiligung von 69%, jedoch wird bereits damit der Durchschnitt des Ländersamples (84,3%) um 15% unterschritten.

Als weiterer möglicher Grund für die niedrige Wahlbeteiligung wird auch die späte Einführung des Frauenwahlrechts auf nationaler Ebene genannt (Tabelle 4-15). Mit der Einführung des Frauenwahlrechts 1971 ging die Wahlbeteiligung bei nunmehr verdoppeltem Elektorat weiter zurück. Ein erster Anlauf zur Einführung des Frauenwahlrechts auf nationaler Ebene scheiterte 1959. Immerhin wurde in den Kantonen Neuenburg und Waadt dem Frauenwahlrecht auf kantonaler Ebene zugestimmt. Bereits 1957 hatte Basel-Stadt das Frauenwahlrecht auf kommunaler Ebene ermöglicht. Auf kantonaler Ebene folgten in den 1960er Jahren Genf, Basel-Stadt und -Land und Tessin sowie Wallis und Zürich 1970. Zuletzt wurde Appenzell

Innerrhoden im März 1990 vom Bundesgericht zu einer entsprechenden Reform gezwungen, da die Kantonsverfassung in diesem Punkt gegen die Bundesverfassung verstieß.

Tab. 4-14: Durchschnittliche Wahlbeteiligung in 15 europäischen Ländern in den Dekaden von 1950–1999

Land	1950–59	1960–69	1970–79	1980–89	1990–99	Differenz 1950er–1990er
Belgien	93,1	91,3	92,9	93,9	92,5	−0,6
Dänemark	81,8	87,3	87,5	85,6	84,4	+2,6
Deutschland	86,8	87,1	90,9	87,1	79,7	−7,1
Finnland	76,5	85,0	81,1	78,7	70,8	−5,7
Frankreich	80,0	76,6	82,3	71,9	68,9	−11,1
Großbritannien	79,1	76,6	75,1	74,1	75,4	−3,7
Irland	74,3	74,2	76,5	72,9	67,2	−7,1
Island	90,8	91,3	90,4	89,4	86,4	−4,4
Italien	93,6	92,9	92,6	89,0	85,5	−8,1
Luxemburg	91,9	89,6	89,5	88,1	87,1	−4,8
Niederlande	95,4	95,0	83,5	83,5	76,0	−19,4
Norwegen	78,8	82,8	81,6	83,1	77,1	−1,7
Österreich	95,3	93,8	92,3	91,6	83,8	−11,5
Schweden	78,7	86,4	90,4	89,1	85,0	+6,3
Schweiz	69,0	64,2	52,3	48,2	43,8	−25,2
Durchschnitt	84,3	84,9	83,9	81,7	77,6	−6,7

Quelle: Saalfeld 2007: 86, nach Mair 2002.

Allerdings schloss sich die Partizipationsschere zwischen Männern und Frauen bis Mitte der 1990er Jahre kontinuierlich, von 24% Unterschied 1971 auf 7% in 1995. Seither hat sich die Differenz wieder vergrößert, auf 12% in 2007. Dies ist insb. auf eine stärkere bzw. früher einsetzende Politisierung von Männern bei den Wahlen 1999 und 2003 zurück zu führen (NZZ 09.06.2008: 15).

Tab. 4-15: Einführung des allg. Frauenwahlrechts im internationalen Vergleich

Jahr	Land	Jahr	Land
1906	Finnland	1931	Portugal (mit Einschränkungen), Spanien
1913	Norwegen	1944	Frankreich
1915	Dänemark (ab 1908 bei Kommunalwahlen), Island	1945	Bulgarien, Japan (mit Einschränkungen), Slowenien, Ungarn (1919–1925), Jugoslawien
1917	Estland	1946	Italien, Rumänien (mit Einschränkung ab 1921)
1918	Österreich, Deutschland, Lettland, Litauen, Polen, Luxemburg, Russland	1947	China (mit Einschränkungen)
1919	Niederlande	1948	Belgien (1919 auf Gemeindeebene), Israel
1920	Tschechoslowakei, USA , Kanada	1952	Griechenland
1921	Schweden (1862 bei Kommunalwahlen)	1953	Mexiko (ab 1947 auf Gemeindeebene)
1894/ 1918	Vereinigtes Königreich	1960	Zypern
1928	Irland	1971	Schweiz (auf Bundesebene), auf Kantonalebene zwischen 1958 und 1990
1930	Türkei	1984	Lichtenstein

Quelle: www.bundestagswahl-bw.de/frauenwahlrecht.html, und eigene Ergänzungen.

40 Jahre nach der Einführung des Frauenwahlrechts in der Schweiz liegt die Wahlbeteiligung von Frauen immer noch unter der von Männern. Dagegen ist in der Bundesrepublik Deutschland das Partizipationsniveau von Frauen und Männern inzwischen fast vollständig nivelliert. Auf der Webseite des Bundeswahlleiters ist die größte Differenz in Deutschland für das ersten Jahr des Nachweises (1953) dokumentiert, als 84,9% und damit 3,1% weniger Frauen als Männer zur Wahl gingen (www.bundeswahlleiter.de). Im internationalen Vergleich sind so große Unterschiede wie in der Schweiz die Ausnahme und in Westeuropa am ehesten noch in katholisch geprägten Ländern wie Portugal und Italien sowie einigen Ländern Osteuropas anzutreffen, dort allerdings weit schwächer ausgeprägt als in der Schweiz (NZZ 09.06.2008: 15). Dass der „Gender-gap" zumindest teilweise ein Generationenphänomen ist, zeigt eine Differenzierung der Wahlbeteiligung nach Alter und Geschlecht. In der Stadt Zürich lag die Differenz nach dem Geschlecht in der Wahlbeteiligung bei der Nationalratswahl 2007 bei 1,9% für die Gruppe der unter 30-jährigen Wähler und zwischen 4 und 5% bei den 30 bis 50-Jährigen. Bei den 60- bis 70-Jährigen betrug der Abstand 7,2%; am größten war der Abstand bei den über 70-Jährigen mit 18,6% (ebd.).

Auf der Ebene der Gewählten ist die Repräsentation von Frauen zwar bis nach der Jahrtausendwende langsam angestiegen, bei der Gesamterneuerungswahl 2011 zeigt sich jedoch eine Stagnation auf niedrigem Niveau. Im Nationalrat wurde 2007 mit 29,5% und in den kantonalen Parlamenten mit 26,5% der bislang höchste Anteil erreicht, im Ständerat bereits 2003 mit 23,9% (Tabelle 4-16).

Tab. 4-16: Repräsentation von Frauen in schweizerischen Parlamenten, 1971–2011 (%)

	Nationalrat	Ständerat	Kantonale Parlamente
1971	5	2,3	:
1975	7,5	0	6,2
1979	10,5	6,5	8,6
1983	11	6,5	10,2
1987	14,5	10,9	12,3
1991	17,5	8,7	15,2
1995	21,5	17,4	22,0
1999	23,5	19,6	24,1
2003	26,0	23,9	24,2
2007	29,5	21,7	26,5
2011	29,0	19,6	25,3

Quelle: BfS, Tabelle je-d-17.02.09.01.01.

Differenziert nach Parteien betrug der Frauenanteil im Nationalrat nach der Wahl 2011 bei der FDP 23,3%, bei der CVP 32,1%, bei der SP 45,7%, bei der SVP 11,1%, bei der EVP 100% (2), bei der GLP 33,3%, bei der BDP 22,2%, bei der GPS 40,0% und bei der Lega 50% (BfS).

5 Die Bundesversammlung

5.1 Wozu Parlamente?

Die Frage nach Sinn und Zweck von Legislativen lässt sich durch Hinweis auf die verschiedenen Funktionskataloge von Parlamenten (klassisch: Bagehot 2001, Mill 2010, aktuell: Marschall 2005: 139ff., Schüttemeyer/Siefken 2008) zunächst einfach beantworten. Allerdings macht hierbei das Regierungsformat (parlamentarisch oder präsidentiell) einen großen Unterschied. Sind Exekutive und Legislative unabhängig voneinander (separation of powers), handelt es sich bei der Legislative um einen Kongress. Dagegen sind Parlamente durch eine Abhängigkeit der Regierung von parlamentarischen Mehrheiten gekennzeichnet (Kreppel 2011: 123). Fehlt eine solche Mehrheit, kann das Parlament die Regierung entweder abberufen oder eine Minderheitsregierung tolerieren. Das Regierungssystem der Schweiz hat viele, aber nicht alle Merkmale eines Gewaltenteilungssystems. Kreppel (2011: 124) ordnet die Bundesversammlung dem Typ Kongress zu. Dies ist vor den Hintergrund, dass die Bundesversammlung bei ihrem Entwurf in der Bundesverfassung 1848 dem US-Kongress nachempfunden wurde, auch historisch nachvollziehbar. Allerdings wurde die Gewaltentrennung durch die Versammlungswahl der Bundesräte und durch das Kollegialprinzip des Bundesrates wieder unterlaufen. Auch bezeichnet sich die Bundesversammlung nicht nur auf ihrer Website selbst als Parlament (www.parlament.ch).

Als grundlegende Parlamentsfunktion kann die demokratische Repräsentation und Legitimation politischer Herrschaft angesehen werden. „Erst die ständige Verbindung zwischen Parlament und Bürger, und zwar in beide Richtungen, erlaubt es, Legitimität politischer Herrschaft herzustellen [...] Folglich sollte die Gesamtaufgabe des Parlaments als Legitimation durch (demokratische) Repräsentation beschrieben werden und Kommunikation als ein Mittel zur Verwirklichung dieser Repräsentation" (Schüttemeyer/Siefken 2008: 484). Legitimation durch Repräsentation bezeichnet die Aufgabe des Parlaments, als sichtbares Forum für Artikulation und Kommunikation widerstreitender Interessen und Meinungen zu dienen und Mehrheiten zu organisieren. Solche Funktionsbestimmungen bleiben aber meist eher theoretischer Natur. Die drei für die parlamentarische Praxis entscheidenden Funktionsbereiche werden im Folgenden für die Schweizer Bundesversammlung vorgestellt.

Die Gesetzgebung steht in der Selbstwahrnehmung der Parlamente meist an erster Stelle. Sie nimmt in der Arbeit der Parlamente den breitesten Raum ein (Schüttemeyer/Siefken 2008). Die Dominanz dieser Funktion kommt bereits im Oberbegriff als Legislative zum Ausdruck. In der Schweiz gibt Art. 160 BV jedem Ratsmitglied, jeder Fraktion, jeder parlamentarischen Kommission und den Kantonen (Standesinitiative) ein Initiativrecht (vgl. Kap. 6). Da in der Praxis die Gesetzesinitiativen meist von der Regierung und nicht aus dem Parlament selbst eingebracht werden, erscheint es sinnvoll, die Rolle des Parlamentes bei der Gesetzgebung auf die der Legitimation zu fokussieren. Wenn eine Gesetzesinitiative ins Parlament eingebracht wird, ist i.d.R. vorher schon entschieden, ob sie Erfolg haben wird oder nicht. Regie-rungsinitiativen setzen einen Kabinettsbeschluss zu einem von der Ministerialbürokratie entwickelten Entwurf voraus, durch den in aller Regel die parlamentarische Mehrheit der Parteien gewährleistet wird. Am anderen Ende des Spektrums stehen Initiativen einzelner Parlamentarier, die z.B. Agenda-Setting oder Profilierungsfunktionen haben und parlamenta-risch meist erfolglos bleiben.

Die Kreations- und Wahlfunktion bezeichnet das Hervorbringen einer Exekutive aus dem Parlament durch Wahl. Sofern die Regierung nicht direkt vom Volk gewählt wird, wie in den Kantonen und in präsidentiellen Regierungssystemen, ist es eine der ersten und wichtigsten Aufgaben eines neuen Parlaments (nach der Annahme einer Geschäftsordnung und der Wahl eines Präsidiums), eine Regierung hervorzubringen. Die Wahl der Bundesräte bzw. der Re-gierung (Kap. 9.2.1) ist ein Hauptmerkmal von parlamentarischen Systemen. Durch das System der Konkordanz (Zauberformel) und der quasi-automatischen Wiederwahl amtieren-der Bundesräte ist es in der Schweiz allerdings etwas abgeschwächt.

Die Kontrolle und Aufsicht über die Tätigkeit der Regierung ist eine weitere zentrale Funkti-on des Parlaments. Die ultimativen Kontrollinstrumente der Vertrauensfrage bzw. des Miss-trauensvotums, durch die ein Rücktritt herbei geführt werden kann, stehen der Bundesver-sammlung allerdings nicht zur Verfügung. Dies gehört zu den Merkmalen einer gewaltenteilenden Legislative (Kongress). „The control functions of congress type legisla-tures in separation-of-powers systems are more limited in scope than those in fused-powers systems. The critical difference is the extent to which policy initiatives are a legitimate sub-ject of control and oversight by the legislature. In separation-of-powers system the policy agenda of the executive branch is not subject of legislative control or oversight" (Kreppel 2011: 126). Eine policy-bezogene Kontrolle der Exekutive findet in solchen Systemen nicht statt. Dies trifft weitgehend auch auf die Bundesversammlung zu. Die vergleichsweise schwache Position der Bundesversammlung gegenüber der Exekutive wird auch von Kriesi und Trechsel (2008: 73) bestätigt: „According to traditional views, its elective function has been limited, its recruitment function has been weaker than in parliamentary systems, its legislative function has been severely hampered by both direct democracy and structural limitations, and its control function has been comparatively narrow in scope. Recent contributions nuance this weakness somewhat".

Die beiden zuletzt genannten Aufgabenbereiche der Wahl und Kontrolle sind im politischen System der Schweiz durch eine Asymmetrie gekennzeichnet: Während das Parlament durch die Einzelwahl der Bundesräte punktgenau auf die Regierungsbildung Einfluss nehmen kann – und dies gelegentlich auch tut – ist die Kontrollfunktion des Parlaments in der Praxis durch die außerparlamentarischen Kontrollformen der Konkordanz und der direkten Demokratie deutlich geschwächt.

Dem Parlament verbleibt insbesondere eine Residualkontrolle zu Detailfragen, die sich auf den Wegen der Konkordanz und der direkten Demokratie nur sehr schwer thematisieren lassen. Diese Aufgabe wird meist von den Kommissionen erfüllt, insb. durch die Geschäfts-prüfungskommission (GPK). Bei den Kommissionen wird unterscheiden zwischen Legisla-tivkommissionen, die durch ihre Beteiligung an der Gesetzgebung auch policy-zentriert sind, Aufsichtskommissionen wie die bereits erwähnte GPK und ad hoc-Kommissionen, die zeit-lich befristet zu speziellen Sachproblemen eingerichtet werden können (Kap. 5.4).

Die Sitzungsperioden (Sessionen) finden viermal im Jahr für eine Dauer von drei Wochen statt, meist im März, Juni, September und Dezember. Zusätzlich können Sondersessionen einberufen werden, die meist nur wenige Tage dauern (www.parlament.ch/d/sessionen/). Während die ordentlichen Sessionen beider Räte gleichzeitig stattfinden, können Sondersessionen bei hohem Geschäftsaufkommen für jeden Rat individuell einberufen werden. Zudem können von einem Viertel der Mitglieder eines Rates und vom Bundesrat auch außerordentliche Sessionen verlangt werden, die dann ein wichtiges, aktuelles Thema verhandeln.

5.2 Die Kammern

5.2.1 Symmetrischer Bikameralismus

Wozu zweite Kammern? Zweite Kammern dienen der Repräsentation von Gruppen im politischen Prozess, die neben der Repräsentation des Volkes als Ganzes in der ersten Kammer als so wichtig angesehen werden, dass sie eine Vertretung in Form einer eigenen zweiten Kammer bekommen. „These can be the political subunits such as states (US), Länder (Germany), or cantons (Switzerland), or different groups of citizens such as aristocrats (UK) or ethnicities (South Africa under apartheid)" (Kreppel 2011: 129). Bei der verbreitetesten Form der Repräsentation territorialer Untergliederungen in der zweiten Kammer kann zwischen dem Senatsmodell und dem Bundesratsmodell unterschieden werden. Im Bundesratsmodell (z.B. Deutschland, Österreich) wird die Stimmenzahl der einzelnen Untergliederungen in der zweiten Kammer in ein Verhältnis zur jeweiligen Bevölkerungszahl gesetzt. Im Senatsmodell hat jeder Gliedstaat die gleiche Stimmenzahl (z.B. USA). Die Schweiz (Ständerat) hat im Grunde das Senatsmodell übernommen, jedoch mit der Einschränkung, dass sich dreimal mit einer Kantonsteilung auch die Stimmenzahl im Ständerat halbiert hat. Deswegen haben sechs Kantone jeweils nur eine Stimme im Ständerat. Diese Regelung wurde bei der Abspaltung des Jura von Bern nicht angewandt.

Hinsichtlich der Kompetenzen besteht die Bundesversammlung aus zwei völlig gleichberechtigten Kammern. Im Unterschied zu Deutschland ist für jeden Entwurf eine Zustimmung beider Kammern erforderlich. Das Vorbild für die „Parlamentsarchitektur" war auf Drängen der konservativen Kantone der Kongress der Vereinigten Staaten. Die erste Kammer, der Nationalrat, vertritt die Interessen des Volkes, die zweite Kammer, der Ständerat, die der Kantone. In der kompetenzmäßigen Gleichstellung beider Kammern zeigt sich zum einen das historische Vorbild des US-Kongresses, in dem die Gleichberechtigung von Repräsentantenhaus und Senat sogar weniger streng verwirklicht wurde, sowie zum anderen die starke Machtposition gerade auch der kleinen Kantone mit je zwei Ständeräten.

Aufgrund der gleichmäßigen Kompetenzverteilung zwischen beiden Kammern spricht man auch von symmetrischem Bikameralismus (wie z.B. in den USA und Italien). Und da beide Kammern auf unterschiedliche Weise besetzt bzw. gewählt werden (Verhältnis- und Mehrheitswahl), also auf unterschiedlichen Repräsentationsprinzipien beruhen, handelt es sich um inkongruenten Bikameralismus. Zusammenfassend ist mit Lijphart (1999) auch von einem symmetrischen und inkongruenten Bikameralismus zu sprechen.

Trotz der Inkongruenz und der daraus resultierenden unterschiedlichen parteipolitischen Gewichtungen in den einzelnen Kammern sind der Wille und die Fähigkeit zum Kompromiss zwischen beiden Kammern hoch. Kommt dennoch in den parlamentarischen Beratungen keine Einigung zustande, wird ein Differenzbereinigungsverfahren mit drei Verhandlungsrunden eingeschaltet. Ist immer noch keine Einigung möglich, wird eine Einigungskonferenz eingeschaltet – das Pendant zum deutschen Vermittlungsausschuss. Fehlt weiterhin die Bereitschaft zum Konsens, ist das Geschäft endgültig gescheitert (vgl. Kap. 6).

Die Kompetenzen des nationalen Parlaments sind auf jene in der Verfassung ausdrücklich erwähnten Bereiche begrenzt (vgl. Kap. 3.4). Fehlen konkrete Kompetenztitel und können diese auch nicht aus der polizeilichen Generalklausel des Art. 36 I BV hergeleitet werden, darf die Bundesversammlung nicht aktiv werden. Das für Bundesstaaten typische Subsidiaritätsprinzip nimmt, wie in den USA, einen hohen Stellenwert ein.

5.2.2 Nationalrat

Die 200 Mitglieder des Nationalrats vertreten die gesamte Bevölkerung. Bei einer ständigen Wohnbevölkerung von 8 Millionen Anfang 2012 sind dies 40.000 Einwohner je Sitz. Da aber jeder Kanton zugleich einen Wahlkreis bildet, weicht die Repräsentation der kantonalen Bevölkerung teilweise deutlich davon ab. Jeder Kanton hat mindestens ein Mandat im Nationalrat (vgl. Kap. 4.2.). Der jährlich wechselnde Nationalratspräsident leitet die Sitzungen des Nationalrates und der Vereinigten Bundesversammlung. Er vertritt das Parlament auch nach außen. Es ist das höchste formelle Amt der Schweiz, das die Parteien der Zauberformel meist einvernehmlich unter sich verteilen. Für 2013 wurde erstmals ein Mitglied der Grünen in dieses Amt gewählt. Es gibt zwei Vizepräsidenten, die in den Folgejahren in das Präsidentenamt gewählt werden. Bei allen drei Präsidiumspositionen wird auf parteiliche und regionale Ausgewogenheit geachtet.

Die Geschäftsabläufe im National- und Ständerat werden von den Büros der Räte organisiert. Die Büros bestehen aus dem Präsidium des Rates und den Stimmenzählern. Im Nationalrat kommen noch die Fraktionspräsidenten hinzu. Sie stellen auch die Sessionsprogramme für ihren Rat zusammen und sind für die Ernennung von Kommissions- und Delegationsmitgliedern zuständig. Sie weisen den Kommissionen und Delegationen Aufgabenbereiche und Geschäfte zu „und legen den Zeitplan der Beratungen fest. Das Büro des Nationalrates und das Büro des Ständerates bilden zusammen die Koordinationskonferenz" (www.parlament.ch /d/organe-mitglieder/nationalrat/buero). Durch Simultanübersetzung der Debatten im Nationalrat können die Wortbeiträge auf deutsch, französisch oder italienisch verfolgt werden. Die Übersetzung erfolgt durch die Parlamentsdienste der Bundesversammlung. In schriftlicher Form können die Debattenbeiträge im „Amtlichen Bulletin" nachgelesen werden.

In beiden Räten besteht eine Offenlegungspflicht von Interessenverflechtungen. Im öffentlich zugänglichen „Register der Interessenbindungen" werden jährlich die Angabe der National- und Ständeräte hinsichtlich der möglicherweise ihre Mandatswahrnehmung beeinflussenden Mitgliedschaften in öffentlichen und privaten Einrichtungen aufgeführt. Die Mitteilung solcher Interessenbindungen ist nach dem Parlamentsgesetz verpflichtend. Allerdings erfolgt nur eine Offenlegung des Namens der Einrichtung, ihre Rechtsform und des Gremiums und der Funktion, in der die Mitwirkung stattfindet. Eine Offenlegung der mit diesen Tätigkeiten verbundenen Einkünfte findet nicht statt.

Offenlegungspflichten: „1. Beim Amtsantritt und jeweils auf Jahresbeginn unterrichtet jedes Ratsmitglied das Büro schriftlich über seine: a. beruflichen Tätigkeiten; b. Tätigkeiten in Führungs- und Aufsichtsgremien sowie Beiräten und ähnlichen Gremien von schweizerischen und ausländischen Körperschaften, Anstalten und Stiftungen des privaten und des öffentlichen Rechts; c. Beratungs- oder Expertentätigkeiten für Bundesstellen; d. dauernden Leitungs- oder Beratungstätigkeiten für schweizerische und ausländische Interessengruppen; e. Mitwirkung in Kommissionen und anderen Organen des Bundes. 2. Die Parlamentsdienste erstellen ein öffentliches Register über die Angaben der Ratsmitglieder. 3. Ratsmitglieder, die durch einen Beratungsgegenstand in ihren persönlichen Interessen unmittelbar betroffen sind, weisen auf diese Interessenbindung hin, wenn sie sich im Rat oder in einer Kommission äussern" (Art. 11 Parlamentsgesetz).

Tab. 5-1: Nationalratswahlen 2011: Gewählte nach Parteien und Altersklassen

Altersklasse	FDP	CVP	SPS	SVP	BDP	EVP	GLP	GPS	Lega	MCR	Übr.	Total Gewählte	Anteil am Total
18–29 Jahre		1	2	1								4	2,0
30–39 Jahre	6	3	7	7	1		4	3	1			32	16,0
40–49 Jahre	6	7	15	9	1		5	4	1			48	24,0
50–59 Jahre	14	15	15	22	6	1	2	7		1	1	84	42,0
60 Jahre u.m.	4	2	7	15	1	1	1	1				32	16,0
Total	30	28	46	54	9	2	12	15	2	1	1	200	100,0
Durchschnitts-alter (gerundet)	50	51	49	52	53	59	46	49	42	52	55	50	

Quelle: BfS T 17.2.3.4.3.

Hinsichtlich der Altersstruktur des Nationalrates (Tab. 5-1) stellen die 50–59jährigen Abgeordneten die größte Gruppe mit 42%. Das höchste Durchschnittsalter mit 59 Jahren ist 2011 bei der EVP anzutreffen, gefolgt von der BDP mit 53 Jahren und der SVP und MCR mit jeweils 52 Jahren. Die jüngsten Abgeordneten stellt die Lega dei Ticinesi mit durchschnittlich 42 Jahren, gefolgt den Grünliberalen mit 46 Jahren.

5.2.3   Ständerat

Hinsichtlich der Größe zweiter Kammern haben (Taagepera/Recchia 2002) herausgefunden, dass sie im internationalen Vergleich weniger steil zunimmt als die Kubikwurzel aus der Bevölkerungszahl, was für die ersten Kammern beobachtet worden ist (Marschall 2005: 85). Sie hängt vielmehr von der Größe der ersten Kammer und von der Anzahl der territorialen Subeinheiten ab und entspricht nach Taagepera/Recchia (2002) etwa der Wurzel aus der Multiplikation der Anzahl territorialer Subeinheiten mit der Mandatszahl der ersten Kammer. Für den Ständerat käme man nach dieser Formel auf 72 Sitze, für den deutschen Bundesrat auf 98 Sitze. Tatsächlich sind die zweiten Kammern oft kleiner als sie nach dieser Formel sein müssten. Ein Gegenbeispiel ist der Bundesrat in Österreich, der statt rechnerischen 41 faktisch 62 Mitglieder umfasst.

Die 46 schweizerischen Ständeräte vertreten die Interessen der Kantone, ohne jedoch an Instruktionen aus den Kantonen gebunden zu sein (freies Mandat). Dazu werden zwei Vertreter je Kanton direkt vom Volk gewählt – mit Ausnahme der Halbkantone Obwalden, Nidwalden, Basel-Stadt, Basel-Landschaft, Appenzell Außerrhoden und Appenzell Innerrhoden, die nur einen Vertreter in den Ständerat entsenden. Durch die Volkswahl sind die Ständeräte deutlich „besser" legitimiert als das bei einer Wahl durch die Kantonsparlamente, die zuletzt noch bis 1979 in Bern praktiziert wurde, der Fall gewesen ist. Da der Wahlmodus im Ermessen der Kantone steht, haben inzwischen alle Kantone auf direkte Volkswahl umgestellt. Wie Tabelle 5-1 zeigt, entspricht dies auch der Praxis in den USA. In Österreich werden die Mitglieder des Bundesrates von den Länderparlamenten gewählt, in Deutschland sind die Landesregierungen ex officio-Mitglieder im Bundesrat. D.h., dass sich mit jeder Landtagswahl auch die Zusammensetzung des Bundesrates verändern kann. Tabelle 5-2 stellt die grundlegenden Parlamentsstrukturen der Schweiz, der USA und Deutschlands gegenüber.

Tab. 5-2: Parlamentsstrukturen der Schweiz, USA und Deutschlands im Vergleich

	Schweiz	USA	Deutschland
Name	Bundesversammlung	Kongress	Bundestag
Bikameralismus	Symmetrisch, inkongruent	Symmetrisch, kongruent	Asymmetrisch, inkongruent
1. Kammer	Nationalrat	Repräsentantenhaus	Bundestag
Mitglieder	200	435	598 (zur Hälfte Direkt- und Listenmandate) + Überhang- und Ausgleichsmandate
Wahl der 1. Kammer	Reine Verhältniswahl auf Kantonsebene	Einfache Mehrheitswahl (FPTP)	Personalisierte Verhältniswahl (Mischsystem)
Erneuerung	Vier Jahre	Zwei Jahre	Vier Jahre
2. Kammer	Ständerat	Senat	Bundesrat
Mitglieder	46; zwei je Vollkanton (20), eines je Halbkanton (6)	100; zwei je Staat	69; drei bis sechs je Bundesland, kein freies Mandat
Wahl der 2. Kammer	Kantonsangelegenheit, meist Majorz	Einfache Mehrheitswahl (FPTP) in Zweierwahlkreisen	Ex officio-Mitgliedschaft der Landesregierung
Amtszeit, Erneuerung	Vier Jahre, Wahltermin wird von Kantonen bestimmt	Sechs Jahre, alle zwei Jahren ein Drittel	Permanent; mit jeder Landtagswahl.

Quelle: Eigene Zusammenstellung.

Der Wahltermin und das Wahlverfahren für den Ständerat werden von den Kantonen bestimmt. Einzige Vorgabe des Bundes ist eine Amtszeit von vier Jahren. Inzwischen haben (fast) alle Kantone den Wahltermin an den Termin der Nationalratswahl angepasst, zuletzt Zug im Jahr 2011. Lediglich in Appenzell Innerrhoden wird der Ständerat durch die Landsgemeinde im April vor der Nationalratswahl gewählt. Die Kantone Jura und Neuenburg wählen ihre Ständeräte nach Proporz, alle anderen nach Majorz. Aufgrund der in einigen Kantonen notwendigen absoluten Mehrheit ist dann nach meist 14 Tagen ein zweiter Wahlgang erforderlich.

Wie im US-Senat und im Unterschied zum Bundesrat in Österreich und Deutschland ist die Anzahl der Kantonsvertreter unabhängig von der Einwohnerzahl des Gliedstaates. Diese gleiche bzw. symmetrische Repräsentation ist typisch für Föderationen, die aus einem Staatenbund hervorgegangen sind (v. Beyme 2002: 38). Wie im Nationalrat gibt es einen Präsidenten und zwei Vizepräsidenten, die in der Regel in den Folgejahren als Ständeratspräsident gewählt werden. Im Unterschied zum Nationalrat gibt es aber keine Simultanübersetzung der Redebeiträge und Debattenleitung. In der parteipolitischen Dimension sind die Mitte-

Parteien im Ständerat noch relativ stark vertreten. Im Unterschied zum Nationalrat hat hier die Erosion der politischen Mitte weniger stark eingesetzt. Die stärksten Parteien sind CVP und FDP. Seit den 1990er Jahren gibt es aber auch vermehrt Unterstützung für die SP bei Ständeratswahlen. Dagegen kann die SVP ihren elektoralen Erfolg bei den Nationalratswahlen im Ständerat nicht wiederholen (vgl. Kap. 4.3). Grüne und Grünliberale zogen erstmals 2007 in die zweite Kammer ein, die BDP erstmals 2011.

5.3   Initiativ- und Kontrollrechte

Wie in anderen Ländern ist das Recht auf Gesetzgebung an parlamentarische Initiativen gebunden, wird aber faktisch insb. von der Regierung genutzt. Allerdings müssen die Entwürfe nicht (konkurrenzdemokratisch) gegenüber einer parlamentarischen Opposition durchgesetzt werden, sondern im Einvernehmen mit den Regierungspartnern der Großen Koalition (Kap. 9.2). Für die damit verbundene Notwendigkeit der Konsenssuche gibt es ausgefeilte Konsultationsverfahren.

Tab. 5-3: Parlamentarische Kontrollinstrumente in der Schweiz

Parlamentarische Initiative	Starker parlamentarischer Vorstoß nach Art. 160 BV, der jedem Ratsmitglied, jeder Fraktion, jeder parlamentarischen Kommission und jedem Kanton das Recht gibt, dem Parlament ausgearbeitete Erlassentwürfe zur Abstimmung vorzulegen.
Motion	Parlamentarischer Vorstoß durch ein Parlamentsmitglied, eine Fraktion oder Kommission zur Änderung eines Gesetzes, Herbeiführung eines Bundesbeschlusses oder einer konkreten Maßnahme durch die Regierung.
	Findet die Motion eine Mehrheit, ist sie für die Regierung bindend. Motionen dürfen aber nicht in die originären Kompetenzen der Regierung eingreifen (Gewaltenteilung Exekutive – Legislative). Kann zu einem Postulat abgeschwächt oder punktweise angenommen werden.
Postulat	Parlamentarischer Vorstoß zur Prüfung bzw. Berichterstattung durch den Bundesrat hinsichtlich eines Gesetzentwurfs oder Beschlusses. Darf sich im Unterschied zur Motion auch auf Kernkompetenzen der Regierung beziehen.
Interpellation	Wird schriftlich an den Bundesrat gestellt und muss – in der Regel in der nächsten Session – auch schriftlich beantwortet werden (ähnlich der Großen Anfrage in Deutschland). Kann von jedem National- und Ständerat gestellt werden, auf dessen Antrag mit Zustimmung des jeweiligen Rates das angesprochene Regierungsmitglied im Rat Rede und Antwort stehen muss. Gegenstand kann eine konkrete politische Maßnahme oder Unterlassung der Regierung oder Verwaltung sein oder eine allgemeine Thematisierung der Regierungspolitik.
Einfache Anfrage	Im Unterschied zur Interpellation kann die einfache Anfrage nicht im Parlament debattiert werden (wie Kleine Anfrage in Deutschland).
Fragestunde	Nationalräte können jeweils bis Mittwoch einer Sessionswoche eine kurze schriftliche Frage zu einem aktuellen Thema einreichen, die in der Fragestunde der folgenden Montagssitzungen von der Regierung beantwortet wird. Die Frage wird dann vom jeweils angesprochenen Bundesrat in der höchstens 90-minütigen Fragestunde am zweiten und dritten Montag der Sitzungsperiode beantwortet – sofern der Fragesteller anwesend ist. Diesem ist dann eine Zusatzfrage erlaubt.

Quelle: Eigene Zusammenstellung.

Für Parlamentsvorstöße zur Gesetzgebung oder Gesetzesänderung bietet sich die parlamentarische Initiative an. Diese wurde in der Legislaturperiode 2007–2011 insgesamt 505-mal genutzt, was einem Anstieg gegenüber der vorhergehenden Periode (372) von über 35%

bedeutet. „Der Höhenflug der parlamentarischen Initiative manifestiert sich darin, dass mittlerweile beachtliche 28 Prozent der Gesetzesänderungen auf dieses Instrument zurückgehen. Ob es der Sache immer dienlich ist, wenn das Parlament – im Bestreben, sich vom Bundesrat zu emanzipieren – ein Geschäft selber in die Hand nimmt und in Eigenregie eine Gesetzesvorlage ausarbeitet, ist indes eine andere Frage" (NZZ 23.11.2011: 25). Tabelle 5-3 fasst die gängigen parlamentarischen Initiativ- und Kontrollrechte in der Schweiz zusammen.

Motionen können für Agenda-Setting wie auch für Kontrollfunktionen genutzt werden. Ihre Zahl hat sich in der letzten Legislaturperiode (2007–2011) deutlich erhöht. Erfolgreiche Motionen werden zur Befassung an den Bundesrat überwiesen, was aber nur den geringsten Teil der Motionen betrifft. Im Nationalrat gibt es nämlich, ähnlich wie im Britischen Unterhaus, eine Guillotine-Klausel, die dafür sorgt, „dass parlamentarische Ladenhüter, die seit mehr als zwei Jahren hängig sind, automatisch abgeschrieben werden; dieses Schicksal ereilt den grössten Teil der Vorstösse" (NZZ 23.11.2011: 25). Im Unterschied zur Motion darf sich ein Postulat auch auf „Kernkompetenzen" der Regierung beziehen.

5.4   Fraktionen

Unmittelbar nach der Wahl der Bundesversammlung beginnen die Gespräche über die Bildung von Fraktionen und Fraktionsgemeinschaften. Laut Parlamentsgesetz sind für die Bildung einer Fraktion mindestens fünf Mitglieder eines der beiden Häuser notwendig. Das ist für die großen Parteien kein Problem, jedoch müssen die Abgeordneten der Kleinparteien entweder untereinander oder mit den größeren Parteien Fraktionsgemeinschaften bilden. Die 13 Mitglieder der Kleinparteien im 2007 gewählten Nationalrat waren dadurch gezwungen, sich entweder einer bereits bestehenden Fraktion anzuschließen bzw. einen solchen Anschluss im Vorfeld zu verhandeln, oder miteinander Fraktionen zu bilden. Fraktionen umfassen die Mitglieder der Partei(en) in beiden Kammern.

Die Bildung von Fraktionen ist mit einer Reihe finanzieller und organisatorischer Vorteile für die Abgeordneten verbunden. Nur Fraktionen haben das Recht, parlamentarische Kommissionen mit ihren Abgeordneten zu besetzen und damit an der Vorberatung und Vorentscheidung der Geschäfte mitzuwirken. Durch die Mitglieder in den Kommissionen werden zum einen die Parteien über die Beratungen zu einem Geschäft informiert, zum anderen können die Parteien durch ihre Kommissionsmitglieder Einfluss auf das Geschäft ausüben. Die Fraktionsbildung hat aber auch materielle Vorteile. Die Fraktionen haben einen Anspruch auf einen Fraktionsgrundbetrag von jährlich 92.000 Franken (Stand 2010) sowie weitere Beiträge pro Mitglied und auf Infrastrukturleistungen für Fraktionen. Schließen sich Kleinparteien einer größeren Fraktion an, geht ihnen im Vergleich zu Bildung einer eigenen Kleinfraktion zwar der Grundbetrag verloren, jedoch kann der politische Einfluss möglicherweise gesteigert werden. Die Abgeordneten der Kleinparteien werden von den größeren Fraktionen zwar umworben, sehen in solchen Bündnissen aber auch die Gefahr des Profilverlustes.

Ohne Fraktionsbildung haben die Parlamentarier auch keinen Zugang zu den 12 ständigen Nationalratskommissionen und erhebliche Nachteile beim Rederecht im Nationalrat. Im Nationalrat 2003–2007 gab es sechs Fraktionen, die der SVP, der SP, der FDP, der CVP, der Grünen sowie der EVP-EDU. Durch den Zusammenschluss der drei Nationalräte und einer Ständerätin der Grünliberalen und der zwei EVP-Vertreter mit den 47 Vertretern der CVP (15 aus Ständerat und 31 aus Nationalrat) nach der Wahl 2007 wurde eine Bündelung der Kräfte in der politischen Mitte vorgenommen. Auf den Außenpositionen hat sich der einzig verbliebene Nationalrat der Eidgenössischen Demokratischen Union (EDU) der SVP-Fraktion angeschlossen, ebenso der Tessiner Lega-Nationalrat. Der Freiburger christlich-soziale (CSP)-Nationalrat und der Waadtländer PdA-Nationalrat[10], der in der Legislaturperiode 2003–2007 fraktionslos blieb, sind in die Grünen-Fraktion gegangen und die vier Vertreter der Liberalen schlossen sich (wieder) der FDP an. Nach der Wahl 2011 hat sich das Fraktionsspektrum wieder dekonzentriert. Die Grünliberalen – motiviert durch das Anwachsen von vier auf 14 Ratsmitglieder – gründeten eine eigenen Fraktion, ebenso die aus einer Abspaltung der Graubündner, Berner und Glaruser SVP hervorgegangene BDP (10 Ratsmitglieder).

Tab. 5-4: Fraktionen zu Beginn der 48. und 49. Legislatur

	Nationalrat		Ständerat		Gesamt	
	2008	2012	2008	2012	2008	2012
Fraktion FDP-Liberale (RL)	35	30	12	11	47	41
CVP/EVP (CE) [2008 mit glp als CEg]	36	31	16	13	52	44
Sozialdemokratische Fraktion (S)	43	46	9	11	52	57
Fraktion der Schweizerischen Volkspartei (V)	63	56	7	6	70	62
Grüne Fraktion (G)	22	15	2	2	24	17
Grünliberale Fraktion (GL)	–	12	–	2	–	14
Fraktion der Bürgerl.-Demokr. Partei (BD)	–	9	–	1		10
ohne Fraktionszugehörigkeit	1	1	0	0	1	1
	200	200	46	46	246	246

Quelle: www.parlament.ch.

Da die Größe der Fraktionen Einfluss auf die Verteilung der Kommissionssitze hat, haben diese Entscheidungen auch praktische Relevanz. Von den 11 ständigen Kommissionen der beiden Kammern haben die des Nationalrats je 25, die des Ständerats je 13 Mitglieder. Jedes Mitglied des Ständerates hat in der Regel Anspruch auf drei Kommissionssitze. Nach der Wahl 2007 reduzierte sich durch die Bildung der Mitte-Fraktion aus CVP, GLP und EVP der Anspruch der SVP von 9 auf 8 Sitze pro Kommission und die CVP-geführte Fraktion konnte fünf Sitze pro Kommission beanspruchen. Wäre die CVP alleine angetreten, hätte sie nur Anspruch auf vier Sitze pro Kommission und GLP und EVP zusammen auf insgesamt acht Sitze in den 12 Kommissionen. Durch die Bildung der Fraktionsgemeinschaft CEg in der 48. Legislatur konnten sich die drei Parteien also um insgesamt 4 Kommissionssitze verbessern (vgl. NZZ 09.11.2007: 35). Zugleich gelang es der Grünen-Fraktion, durch Aufnahme des PdA-Nationalrates ihren Anspruch auf drei statt zwei Sitze in den Kommissionen zu erhöhen, dies auf Kosten der SP (Krumm 2008).

---

[10] Die „Partei der Arbeit der Schweiz" wurde 1944 als Nachfolgeorganisation der verbotenen Fédération socialiste suisse (FSS) und der Kommunistischen Partei der Schweiz (KPS) in Basel gegründet.

5.5   Kommissionen

Die 11 ständigen Kommissionen der Bundesversammlung sind den Ausschüssen des Deutschen Bundestages vergleichbar. Bis 1991 wurde für jeden einzelnen Gesetzentwurf ein nichtspezialisierter ad hoc-Ausschuss gebildet, wie dies bis in die Gegenwart noch in Großbritannien der Fall ist (Krumm/Noetzel 2006: 188). Zwei der 11 ständigen Kommissionen sind sogenannte Aufsichtskommissionen (die Finanz- und die Geschäftsprüfungskommission), die anderen neun sind Legislativkommissionen zu speziellen Politikfeldern. National- und Ständerat haben je eigene Kommissionen, die fachliche Aufteilung der Kommissionen ist aber in beiden Räten identisch. Die Kommissionen des Nationalrates bestehen aus 25 Mitgliedern, die gleichnamigen Kommissionen des Ständerates aus 13 Mitgliedern (www.parlament.ch/d/organe-mitglieder/kommissionen). Dabei sind Mehrfachmitgliedschaften nicht zu vermeiden. Jeder Ständerat ist Mitglied in etwa vier Kommissionen, jeder Nationalrat in etwa zwei Kommissionen.

Bei Bedarf können ad-hoc-Kommissionen gebildet werden. Im Bereich der Legislativkommissionen waren dies z.B. eine Kommission für öffentliche Bauten und zur „Neuen Eisenbahn Alpen Transversale" (NEAT), im Bereich der Aufsichtskommissionen sind dies insb. Parlamentarische Untersuchungskommissionen.

Kommissionen tagen nicht öffentlich. Sie beraten Gesetzentwürfe, bereiten Geschäfte vor und stellen Anträge an ihren jeweiligen Rat. Komplexe oder speziellere Fragen können in eine Subkommission ausgelagert werden. Aufgrund ihrer umfangreichen Rechte ist ihr Einfluss nicht zu unterschätzen. In der Praxis wird häufig das Instrument der Motion zum Agenda-Setting genutzt. So hatte z.B. die Sicherheitspolitische Kommission des Ständerats in 2010 eine Motion zur weitgehenden Abschaffung der äußerst umstrittenen sog. Taschenmunition der Reservisten beschlossen, die auch für Selbstmorde oder Fremdgefährdung genutzt wurde. Und die Außenpolitische Kommission des Ständerats setzte sich z.B. für eine Mitgliedschaft im Uno-Sicherheitsrat ein. Die Kommissionen bzw. die jeweiligen Räte können durch solche Motionen vergleichsweise effiziente Instrumente für parlamentarisches Agenda-Setting nutzen.

Während die Kommissionen der fachlichen Beratung und Aufsicht dienen, widmen sich Delegationen dem Informationsaustausch und der (internationalen) Beziehungspflege, wie die ständigen Delegationen für die Parlamente der Nachbarländer und die Delegationen an internationalen parlamentarischen Versammlungen (z.B. EFTA und Europäisches Parlament, OSZE, NATO-PV). Daneben sind aber auch Delegationen mit Aufsichtsfunktion möglich, wie z.B. die Verwaltungsdelegation, die Finanzdelegation, die Geschäftsprüfungsdelegation, oder die NEAT-Aufsichtsdelegation.[11] Delegationen sind spezielle (Sub-)Kommissionen.

Die einflussreichste Kommission ist die Geschäftsprüfungskommission (GPK). Ihr Arbeits- und Kompetenzbereich ist in Art. 169 und 170 BV normiert. Sie hat z.B. mit der parlamentarischen Verwaltungskontrolle einen Funktionsbereich zugewiesen bekommen, für den es in anderen Ländern ein ganzes System von Ausschüssen gibt, im Westminster-Parlament z.B. die Select Committees (vgl. Krumm/Noetzel 2006: 172). Die Hauptaufgabe der GPK ist die parlamentarische „Oberaufsicht" über Exekutive und die Geschäftsführung (nicht die Rechtsprechung) der Gerichte mit dem Ziel, „die demokratische Verantwortlichkeit der Bundesbe-

---

[11]   http://www.parlament.ch/d/organe-mitglieder/delegationen/Seiten/default.aspx [11.04.2013].

hörden zu stärken (Accountability), mehr Transparenz zu schaffen, das Vertrauen der Bevölkerung in diese Institutionen zu festigen, zur Behebung und/oder Vorbeugung von Mängeln und Missständen beizutragen und einen Lernprozess einzuleiten, der die Problemlösungskapazität der Behörden steigert."[12]

Die GPK hat aber auch Teilfunktionen eines Verfassungsgerichts, wenn sie überprüft, „ob die Bundesbehörden im Sinne der Verfassung und der Gesetze handeln, ob die vom Gesetzgeber übertragenen Aufgaben erfüllt und die Ziele erreicht worden sind (Überprüfung der Rechtmässigkeit)" (Art. 170 BV). Sie überprüft des Weiteren die Zweckmäßigkeit und die Wirksamkeit staatlicher Maßnahmen (ebd.). Zu ihrem Prüfungsbereich gehören auch alle öffentlich-rechtlichen und privaten Körperschaften in öffentlicher Hand wie z.B. die Post und die SBB AG, die der parlamentarischen Oberaufsicht unterstehen. Allerdings konzentriert sich die GPK in diesen Fällen nach dem Prinzip der indirekten Oberaufsicht auf die Aufsicht des Bundesrates über diese Träger. Sie überprüft die diversen Geschäfts-, Jahres- und Tätigkeitsberichte wichtiger Bundesorgane. Neben den Geschäften, zu deren Prüfung sie gesetzlich verpflichtet ist (z.B. die Geschäftsberichte des Bundesrates), kann sie ihre Untersuchungsgegenstände aber auch selbst bestimmen und in einem Jahresprogramm festlegen.[13]

Die **Geschäftsprüfungskommission** stellt dem Bundesrat Berichte und Empfehlungen vor und leitet Motionen ein. Sie besteht aus 25 Mitgliedern des Nationalrates und 13 des Ständerates. Die Subkommissionen bestehen aus sechs bis 12 Mitgliedern, die die Tätigkeit der einzelnen Departemente sowie der Gerichtsbarkeit begleiten. Die GPK übt im Auftrag der Bundesversammlung die Oberaufsicht über den Bundesrat und die Bundesverwaltung, die Gerichte und anderen Aufgabenträger des Bundes aus. „Den vom Gesetz vorgesehenen besonderen Delegationen von Aufsichtskommissionen können keine Geheimhaltungspflichten entgegengehalten werden" (Art. 169 BV, vgl. a. Art. 26 ParlG).

Die GPK kann aber auch Aufträge auf ihren Räten erhalten und Prüfungsvorschläge von Bürgern entgegen nehmen. Die Ergebnisse der Prüfung werden in Einzelberichten einschließlich Empfehlungen und in einem Jahresbericht dem Parlament und der Öffentlichkeit zugänglich gemacht. Die jeweiligen Behörden müssen zu dem Bericht Stellung nehmen, jedoch kann die GPK keine Maßnahmen erzwingen. Aber sie kann die ihr zustehenden parlamentarischen Instrumente der Motion, des Postulats und der parlamentarischen Initiative nutzen, um Abhilfe zu schaffen, wenn sich die betroffenen Akteure zu wenig bewegen. Die Rechte und Pflichten der GPK, etwa hinsichtlich Auskunftspflichten vom Ämtern und Personen, sind im Parlamentsgesetz geregelt (Art. 153 ParlG).

5.6   Internationaler Vergleich

Für einen internationalen Vergleich der Bundesversammlung liegen z.B. Indices zur „Macht der Parlamente" und zu ihrer Professionalisierung vor. Sebaldt (2009) hat für 23 „alte" De-

---

12   www.parlament.ch/d/organe-mitglieder/kommissionen/aufsichtskommissionen/geschaeftspruefungskommis
      sionen/Seiten/sachbereiche-gpk.aspx [11.04.2013].

13   www.parlament.ch/d/organe-mitglieder/kommissionen/aufsichtskommissionen/geschaeftspruefungskommis
      sionen/Seiten/sachbereiche-gpk.aspx [11.04.2013].

mokratien einen Vergleich der Macht der Parlamente durchgeführt. Dazu wurden die Hauptfunktionen der Parlamente als Machtindikatoren in mehrere Items aufgespalten und nach der Stärke ihrer Ausprägung in sechs Stufen codiert. Jeder Indikator setzt sich aus der Summe der Punktwerte der einzelnen Items zusammen, der Gesamtindikator wiederum aus der Summe der Einzelindikatoren.

Tab. 5-5: Die Macht der Parlamente im Vergleich

Land	RB	WS	GE	RK	KS	RE	Total
Israel (1)	14 (14)	9 (1a)	13,5 (3a)	20 (1a)	4,5 (2a)	15,5 (9)	76,5
Schweden (2)	16,5 (3)	4 (14a)	12,5 (7a)	16 (7)	3,5 (7a)	19,5 (1)	72
Italien (3)	15,5 (5)	7,5 (4)	11,5 (14a)	18 (4)	3,5 (7b)	14 (12a)	70
Belgien (4)	16 (4)	5 (6a)	12 (12a)	20 (1b)	2,5 (22a)	14 (12b)	69,5
Dänemark (5)	15 (6a)	5 (6b)	12,5 (7b)	17 (5)	3,5 (7c)	16 (6a)	69
Island (6)	14 (13)	3 (19a)	13,5 (3b)	15,5 (8)	3,5 (7d)	18,5 (2)	68
Norwegen (7)	15 (6b)	4 (14b)	12 (12b)	16,5 (6)	3,5 (7e)	17 (5)	68
Finnland (8)	10,5 (21)	5 (6c)	13 (6)	18,5 (3)	3 (17a)	17,5 (3a)	67,5
Deutschland (9)	14,5 (12)	9 (1b)	12,5 (7c)	12,5 (10a)	4,5 (2b)	11,5 (17)	64,5
Schweiz (10)	17 (1a)	9 (1c)	11 (17a)	7 (23)	4 (4a)	16 (6b)	64
Irland (11)	17 (1b)	3 (19b)	11 (17b)	12 (13a)	3,5 (7f)	16 (6c)	62,5
Neuseeland (12)	14 (15)	4,5 (10a)	14,5 (1a)	11 (17)	4 (4b)	14,5 (11)	62,5
Österreich (13)	15 (6c)	4 (14c)	12,5 (7d)	12,5 (10b)	3,5 (7g)	15 (10)	62,5
Luxemburg (14)	15 (6d)	2,5 (21a)	11 (17c)	12 (13b)	3 (17b)	17,5 (3b)	61
Niederlande (15)	15 (6e)	4,5 (10b)	12,5 (7e)	15 (9)	3,5 (7h)	10,5 (18a)	61
Australien (16)	13,5 (16)	4,5 (10c)	11 (17d)	11,5 (16)	3 (17c)	12,5 (15)	56
Japan (17)	13 (19)	4 (14d)	13,5 (3c)	9,5 (19)	3,5 (7i)	12 (16)	55,5
Indien (18)	15 (6f)	7 (5)	10,5 (21a)	10,5 (18)	3,5 (7j)	6,5 (23)	53
Kanada (19)	13,5 (18)	4,5 (10d)	10,5 (21b)	12,5 (10c)	3 (17d)	8 (20a)	52
USA (20)	7 (22)	4 (14e)	14,5 (1b)	12 (13c)	5 (1)	7,5 (22)	50
Großbritannien (21)	13,5 (17)	2,5 (21b)	11,5 (14b)	9 (20a)	2,5 (22b)	8 (20b)	47
Costa Rica (22)	3,5 (23)	5 (6d)	11,5 (14c)	8,5 (22)	4 (4c)	13 (14)	45,5
Frankreich (23)	11,5 (20)	1,5 (23)	8,5 (23)	9 (20b)	3 (17e)	10,5 (18b)	44

Quelle: Sebaldt 2009: 141; Punktwerte der Indikatoren (in Klammern die Rangplätze).

Die einzelnen Indikatoren sind: Wahl von Regierungsmitgliedern (RB), Wahl des Staatsoberhauptes und sonstiger Amtsträger (WS), Einfluss auf die Gesetzgebung (GE), Regierungskontrolle (RK), Kontrolle des Staatsoberhauptes und sonstiger Amtsträger (KS) sowie die Repräsentations- und Kommunikationsfunktion (RE).[14] Jeder dieser Indikatoren wird aus der Addition mehrerer Items gebildet. Bei der Regierungskontrolle sind dies die Abwahlmöglichkeit der Regierung und die begleitende parlamentarische Kontrolle der Regierung. Zusätzlich wird bei einer Reihe von Items zwischen de jure- und de facto-Macht unterschieden (Sebaldt 2009: 65ff.).

Mit dem Gesamtrang 10 (64 Punkte) liegt die Schweizerische Bundesversammlung im oberen Mittelfeld, einen Platz hinter Deutschland, aber noch vor Österreich. Den Spitzenplatz erreicht die Schweiz nach Sebaldt bei den beiden Indikatoren zur „Kreationsfunktion" des

---

14 Methodisch hätte bei dieser Variablenauswahl die Fallauswahl allerdings auf parlamentarische Systeme beschränkt werden müssen, da präsidentielle bzw. gewaltentrennende Systeme durch die ersten beiden Indikatoren diskriminiert werden. Folgerichtig nehmen die USA und Frankreich in Tab. 5-5 nur untere Rangplätze ein.

Parlaments, der Wahl der Regierungsmitglieder (RB) und der Wahl des Staatsoberhauptes und sonstiger Amtsträger (WS). Hohe Rangplätze werden auch für die beiden letzten Indikatoren, die Kontrolle des Staatsoberhauptes und sonstiger Amtsträger (KS) und die Repräsentations- und Kommunikationsfunktion (RE) erreicht. Dagegen wird ein unterer Rangplatz bei der Funktion der Regierungskontrolle (RK) und der Schlussplatz beim Einfluss auf die Gesetzgebung (GE) erreicht. Im Ergebnis legt der Vergleich nahe, dass die Macht der Schweizerischen Bundesversammlung keineswegs so gering ist, wie dies aus einer Binnenperspektive teilweise gesehen wird.

Tab. 5-6: Parlamentarische Entschädigungen (Januar 2001)

	Betrag	Steuerpflicht
Grundentschädigung (Fixum)		
Jahresentschädigung für Vorbereitungsarbeiten	Fr. 12.000	steuerpflichtig
Jahresentschädigung für Beitrag allg. Unkosten	Fr. 18.000	steuerfrei
Variable Aufwandentschädigung		
Taggeld für jeden Sitzungstag	Fr. 400	steuerbar
Vorsorge	Fr. 5.933 pro Jahr	
Funktionsentschädigungen		
Tätigkeit im Ausland (pro Reisetag)	Fr. 350	steuerfrei
Entschädigung für Kommissionspräsidenten (für jede Kommissionssitzung)	Fr. 400	steuerbar
Berichterstattung (für jeden mdl. Bericht)	Fr. 200	steuerbar
Ratspräsidentschaft	Fr. 40.000	steuerfrei
Ratsvizepräsidentschaft	Fr. 10.000	steuerfrei
Sonderentschädigung	Ratsbüro entscheidet	
Spesen nach Aufwand		
Mahlzeitenentschädigung	Fr. 85	steuerfrei
Übernachtungsentschädigung (nicht für Ratsmitglieder im Umkreis von 25 km vom Sitzungsort).	Fr. 160	steuerfrei
Distanzentschädigung	Fr. 20 pro ¼ Stunde, die eine Reisezeit von 90 Min. übersteigt	2/3 steuerfrei, 1/3 steuerbar
Reiseentschädigung (GA 1. Klasse oder Entschädigung in dessen Höhe)	Fr. 3.520	

Quelle: Gutachten Eco'Diagnostic 2001: 19f.

Im Bereich Professionalisierung müsste die Bundesversammlung aufgrund des Milizprinzips untere Rangplätze einnehmen. Nach dem Milizprinzip ist es erwünscht, dass ein Großteil der Parlamentarier neben ihrem politischen Mandat noch einen aktiven Beruf außerhalb der Politik ausübt. Nach Ansicht der Befürworter des Milizprinzips können auf diese Weise externes Wissen und Erfahrung direkt in das Parlament eingebracht werden und die „Abkopplung" einer politischen Klasse von der Gesellschaft verhindert werden. Als Nebeneffekt ist willkommen, dass durch den „Brotberuf" die parlamentarische Entschädigung der Abgeordneten niedrig gehalten werden kann.

Die Abgeordneten müssen also i.d.R. nicht nur von der Grundentschädigung von jährlich ca. SFr. 78.000 ihren Lebensunterhalt bestreiten. Allerdings ist die Abgeordnetenentschädigung auch ein Indikator für den Professionalisierungsgrad eines Parlaments. Professionalisierung meint nach Max Weber ein Leben nicht nur für, sondern auch von der Politik (Weber 1997). Die Gesamtkosten der Bundesversammlung belaufen sich auf ca. 40 Millionen Franken pro

Jahr. Diese umfassen die Kosten für ca. 300 Beschäftigte der Parlamentsdienste (auf 203 Stellen, Stand 2010) wie auch die Entschädigungen der Nationalräte. Die Einkommen der Ständeräte werden von den Kantonen bezahlt. Eine Offenlegungspflicht für parlamentarische Einkünfte wie für Nebeneinkünfte existiert nicht.

Ein weiterer Professionalisierungsindikator ist der Zeitaufwand für die Arbeit im Parlament. Bei jährlich vier regulären Sessionen von jeweils drei Wochen Dauer fällt auch dieser Indikator niedrig aus. Allerdings ist der gesamte Zeitaufwand für ein Parlamentsmandat deutlich höher einzuschätzen.

Z'graggen (2004, 2009) hat den Professionalisierungsgrad von 20 OECD Länderparlamenten (erste Kammer) mit Hilfe eines Professionalisierungsindex verglichen. Der Indexwert für jedes Land wurde aus den Mittelwerten der drei Variablen Abgeordneteneinkommen, zeitliche Belastung der Abgeordneten und Parlamentskosten pro Abgeordnetem in der Wahlperiode um das Jahr 2000 errechnet. Die Variablen wie auch der Gesamtindex wurden auf einen Wertebereich von 0 (keine Professionalisierung) bis 1 (höchste Professionalisierung) skaliert. „Der Index sagt aus, wie stark die Parlamente verglichen mit dem am höchsten professionalisierten amerikanischen Repräsentantenhaus professionalisiert sind" (Z'graggen 2004: 2).

Tab. 5-7: Professionalisierungsgrad von 20 Parlamenten (erste Kammer)

Land	Einkommen	Kosten Parlament	Zeitaufwand a: Sessionen	Zeitaufwand b: Kommissionen	Zeitaufwand: MW a und b	Professionalisierungsindex
Spanien	0.173	0.140	0.355	0.123	0.239	0.184
Schweiz	0.225	0.077	0.294	0.303	0.299	0.200
Luxemburg	0.367	0.125	0.207	0.345	0.276	0.256
Neuseeland	0.251	0.102	0.602	0.268	0.435	0.263
Schweden	0.318	0.171	0.600	0.046	0.323	0.271
Portugal	0.287	0.250	0.360	0.221	0.290	0.276
Norwegen	0.406	0.235	0.445	0.072	0.258	0.300
Belgien	0.411	0.296	0.264	0.239	0.251	0.320
Finnland	0.348	0.172	0.543	0.341	0.442	0.321
Dänemark	0.397	0.198	0.596	0.187	0.392	0.329
Irland	0.427	0.208	0.737	0.174	0.455	0.363
Australien	0.367	0.415	0.563	0.095	0.329	0.370
Österreich	0.605	0.263	0.368	0.125	0.246	0.371
Deutschland	0.490	0.565	0.495	0.227	0.361	0.472
Niederlande	0.496	0.308	0.891	0.418	0.655	0.486
Grossbritannien	0.535	0.215	1.332	0.117	0.725	0.492
Italien	0.364	0.405	0.787	0.683	0.735	0.501
Frankreich	0.475	0.523	0.985	0.156	0.571	0.523
Kanada	0.836	0.326	0.765	0.130	0.447	0.537
USA	1.000	1.000	1.000	1.000	1.000	1.000

Quelle: Z'graggen 2009: 100f.

Bei den 20 untersuchten OECD Länder zeigen sich insgesamt starke Unterschiede im Grad der Professionalisierung, mit dem höchsten Professionalisierungsgrad in den USA und dem niedrigsten in Spanien. Der schweizerische Nationalrat steht im Gesamtindex auf dem vorletzten Platz, ist also die am zweitschwächsten professionalisierte Kammer der 20 untersuchten Länder. Bei den Kosten für das Parlament wird ein mit Abstand niedrigster Wert erreicht. Dagegen wird beim Zeitaufwand für die Kommissionen ein Wert im Mittelfeld erreicht. Da der Zeitaufwand für die Sessionen etwas geringer ist, wird für den Indikator Zeitaufwand insgesamt der Rang 14 erreicht (vgl. Tab. 5-7).

Setzt man beide Indices, Professionalisierung und Machtfunktionen, miteinander in Beziehung, dann ist wenig überraschend, dass ein gering professionalisiertes Parlament auch besonders schlecht bei dem Indikator der Regierungskontrolle abschneidet. Der geringe Professionalisierungsgrad könnte sich besonders hemmend auf die Kapazität zur Regierungskontrolle, aber auch auf die zur Einflussnahme auf die Gesetzgebung auswirken. Bei der Regierungskontrolle sind aber auch die stark ausgebauten Volksrechte zu berücksichtigen, so dass diese Funktion zwischen Parlament und Volk aufgeteilt ist.

Tab. 5-8: Berufsstruktur von National- und Ständerat 2007 und 2011

	2007		2011	
	Nationalrat	Ständerat	Nationalrat	Ständerat
Land- und Forstwirtschaft, Tierzucht	24	1	18	–
Industrie und Gewerbe	3	–	20	3
Technik und Informatik	5	–	4	–
Baugewerbe	1	–	7	1
Handel, Verkauf und Verkehr	7	1	4	1
Gastgewerbe	–	–	–	–
Management*	33	4		
Bank– und Versicherungsgewerbe	–	1	8	2
Ordnung und Sicherheit	3	–	2	–
Öffentlicher Dienst (Kt. und Gemeinden)			5	–
Rechtswesen	30	14	12	5
Medien	2	2	5	1
Kunst und Kultur	1	–	1	–
Fürsorge, Erziehung und Seelsorge	2	–	4	1
Unterricht und Bildung	15	3	16	2
Sozial-, Geistes- und Naturwissenschaften	3	–	6	–
Gesundheitswesen	6	1	7	
Sport und Unterhaltung	1	–	1	–
Politische Tätigkeit	24	8	36	18
Verbände und Gewerkschaften	19	2	19	1
Beratung	6	4	19	6
In Ausbildung	3	–	3	1
Keine Zuteilung möglich	12	5	3	2

Quelle: www.parlament.ch/d/dokumentation/statistiken/Seiten/berufe.aspx, sowie
www.parlament.ch/dokumentation/statistiken/seiten/berufsstatistik-49-legislatur.aspx#; * 2011 nicht mehr erhoben.

Abschließend werden einige Daten zur Berufsstruktur vorgestellt, für die allerdings kein internationaler Kontext vorliegt. Zunächst können berufliche Schwerpunkte der Parlamentarier im Querschnitt identifiziert werden (Tab. 5-8). 2011 fiel der größte Anteil in National-

und Ständerat auf die „politischen Tätigkeiten", gefolgt von „Industrie und Gewerbe", „Beratung" und „Verbände und Gewerkschaften". Addiert man für den Nationalrat diese politiknahen Bereiche einschließlich des Rechtswesens mit 12 Nennungen, dann kommt man auf 106 Abgeordnete (53%).

Im Ständerat gingen 2011 alleine 18 Mitglieder (39%) einer „politischen Tätigkeit" im Hauptberuf nach, im Nationalrat liegt der Anteil bei 18%. Für den Ständerat ist dies gegenüber 2007 ein Anstieg um 125%, für den Nationalrat ein Anstieg um 50%. Allerdings muss berücksichtigt werden, dass die Kategorie „Management" 2011 nicht mehr erhoben wurde. Dennoch lassen sich diese Trends als eine Stärkung der Gruppe der Berufspolitiker interpretieren. Zählt man die o.g. politiknahen Berufsgruppen für 2007 zusammen, nehmen sie eine Anteil 41% ein (82 Abgeordnete). Bedeutende Zunahmen gab es 2011 in den Gruppen Industrie und Gewerbe, Banken und Versicherungen sowie Beratung. Einen starken Rückgang gab es im Bereich Rechtswesen.

6 Gesetzgebung

6.1 Wozu Gesetze?

Die Gesetzgebung einschließlich der Verabschiedung der Haushalte ist nach Marschall (2005: 156) „die vielleicht parlamentarischste aller parlamentarischen Aufgaben". Gesetze sind das wichtigste Steuerungsinstrument der Politik. Sie sind Ausdruck der Normsetzung entweder direkt durch das Volk oder durch ein demokratisch legitimiertes Repräsentationsorgan oder eine konstitutionelle Versammlung (Verfassungsgesetze). Zwar ist staatliche Normsetzung auch jenseits des Parlamentes möglich, jedoch sind nach der „Wesentlichkeitstheorie" des Bundesverfassungsgerichts in Deutschland, die einen impliziten demokratischen Grundkonsens zum Ausdruck bringt, die wesentlichen und grundlegenden demokratischen Entscheidungen dem Parlament als Gesetzgeber (in Abgrenzung zur Rechtsetzungskompetenz der Exekutive) vorbehalten.

In der Schweiz ist dagegen auch das Volk mit Gesetzgebungskompetenzen ausgestattet, nämlich in Form der (kantonalen) Gesetzesinitiativen und (auf Bundesebene) der Initiativen auf Partial- oder Totalrevision der Verfassung. Mit dem obligatorischen und fakultativen Referendum hat das Volk wirkungsvolle Instrumente zur Verfügung, um ein Gesetz(entwurf) zum Scheitern zu bringen. Hierbei zeigt sich wieder eine Parallele zum US-Regierungssystem, in dem der Präsident ein Vetorecht hat, dass allerdings mit zwei Dritteln des Kongresses überstimmt werden kann. Und im Unterschied zu den verschiedenen Vetoformen des US-Präsidenten (Marschall 2005: 160) kann mit dem fakultativen und dem obligatorischen Referendum immer nur ein Gesetz als Ganzes abgelehnt werden kann. Das System der „checks and balances" bei der Gesetzgebung in der Schweiz verläuft dagegen zwischen Parlament und Volk. Auch wenn das Repräsentativprinzip bei der Gesetzgebung in der Schweiz somit durchbrochen ist, trägt doch auch hier das Parlament noch die Hauptverantwortung bei der Gesetzgebung.

Gesetze stellen abstrakte, generelle Regeln auf, wie in bestimmten, unter den Regelungsbereich der Norm fallenden Fragen zu verfahren ist. Sie müssen abstrakt-generell formuliert sein, also für eine unbestimmte Anzahl von Sachverhalten und Personen gelten. Ausnahmen von dieser Festlegung auf abstrakt-generelle Inhalte sind Einzelfallgesetze, die nicht grundsätzlich verboten, aber in der Regel deutlich eingeschränkt sind. Abstrakt-generelle Regelungen fallen im Rahmen dieser Arbeitsteilung in den Kompetenzbereich des Gesetzgebers, individuell-konkrete Maßnahmen in den der vollziehenden Verwaltung. Die individuelle (bestimmter Personenkreis) und konkrete (Geltung für bestimmte Fälle) Ausgestaltung erfolgt dann auf der Ebene von Verwaltungsakten, in Deutschland meist als Einzelfallregelung nach § 35 S. 1 Verwaltungsverfahrensgesetz. Allerdings wird diese Trennung, mit der der Gewaltenteilung und dem Rechtsstaatprinzip Rechnung getragen werden soll, nicht streng durchgehalten. So ist etwa die Exekutive im Bereich der Normsetzung durch Rechtsverordnungen, Satzungen und Verwaltungsvorschriften tätig, wie auch umgekehrt dem Gesetzgeber Einzelfallmaßnahmen nicht generell verboten sind.

Gesetze liefern die Grundlage für die Entscheidung von Gerichten, ob einzelne Handlungen und Maßnahmen von Bürgern (Privat- und Zivilrecht) und des Staates (öffentliches Recht) erlaubt oder verboten bzw. legal oder illegal sind. Sie verhindern das „Recht des Stärkeren" im Zusammenleben und Willkür bei staatlichen Maßnahmen. Sie schützen Leib, Leben und Eigentum (Abwehrrechte) gegenüber Ein- und Übergriffen des Staates und sichern Teilhabe- und Partizipationsrechte (Leistungsrechte). Das hat den Vorteil, dass man „Erwartungssicherheit" (Luhmann) gerade auch im Hinblick auf das Verhalten anderer bekommt und sein eigenes Verhalten darauf einstellen kann. Die Bürger, aber auch die Politik, haben mehr Erwartungssicherheit über das zukünftige Verhalten der Beteiligten und können dies bei ihren Planungen berücksichtigen.

Vor diesem staatstragenden Hintergrund mag es ernüchtern, in Parlamentariern nichts anderes als „lawmaker" zu sehen. Und einem Zitat aus dem US-amerikanischen Politikserie „West Wing" zufolge gibt es zwei Dinge, über deren Herstellung man in der Regel nicht genauer informiert sein möchte: Gesetze und Würste. Tatsächlich können realistische Theorien der Gesetzgebung und empirische Analysen über Art und Umfang ernüchtern. Bei genauerer Betrachtung werden Gesetzentwürfe noch nicht einmal von den Parlamentariern „gemacht", sondern lediglich beraten und, im Fall ihrer Annahme durch eine Parlamentsmehrheit, legitimiert. Gemacht, also entworfen und entwickelt werden sie in der Regel in der Ministerialverwaltung nach den politischen Vorgaben des Ministers (bzw. der Regierung) und in der Folge im Kabinett diskutiert und beschlossen. Erst danach werden sie als Regierungsinitiativen in das Parlament eingebracht. Im gesamten Prozess gibt es Veränderungen am Entwurf, die am besten als ein Tausch von Inhalten gegen Zustimmung zwischen den Beteiligten beschrieben werden können. Da das Initiativrecht am häufigsten von der Regierung genutzt wird, wird sie ggf. versuchen, durch inhaltliche Kompromisse die Erfolgschancen eines Vorhabens zu erhöhen.

Nach der Prinzipal-Agent-Theorie kann Gesetzgebung als mehrstufiger Prozess der Normsetzung durch Auftraggeber und Auftragnehmer verstanden werden (Richter/Furubotn 2010). In parlamentarischen Demokratien beauftragt das Volk durch Wahlen (und Abstimmungen) ein Parlament mit der Aufgabe der Interessenvertretung und Entscheidungslegitimation, dieses beauftragt mehrheitlich eine Regierung, um Handlungsfähigkeit herzustellen, die wiederum Verwaltungseinheiten mit der Entscheidungsvorbereitung und später mit der Implementation beauftragt. Die Prinzipal-Agent-Theorie lenkt die Aufmerksamkeit auf Informationsasymmetrien und Kontrollkosten in diesem Prozess. Danach hat der Agent in der Regel bessere, d.h. genauere Informationen über den Auftragsgegenstand als der Prinzipal, die er zu seinem Vorteil ausnutzen kann. Um dies zu verhindern, bedarf es einer Kontrolle durch den Auftraggeber, die mit Kosten verbunden ist.

Je größer die Informationsasymmetrien zwischen Prinzipal und Agent, umso höher können die Kosten einer detaillierten Kontrolle ausfallen. Im Bereich der Gesetzgebung ist dabei an „hidden action" in Form von Anker- bzw. Priming-Effekte zu denken. Die Verwaltung oder bei Gesetzgebungs-Outsourcing (Kloeper 2011, Partmann 2012) die private Anwaltskanzlei kann dabei durch die geschickte Wahl von Formulierungen den Gesetzentwurf in eine bestimmte Richtung zu beeinflussen versuchen. Die Kontroll- bzw. Monitoringkosten für den Auftraggeber bestehen dann darin, knappe Zeit und Ressourcen aufwenden zu müssen, um mögliche Ankereffekte zu entdecken und zu beseitigen.

Die Einteilung von Gesetzen nach Arten oder Typen in der Politikwissenschaft ist problematisch, da es hierfür keine allgemein akzeptierten Kriterien gibt. Mögliche Kriterien sind die Reichweite (als Abdeckungsmaß von Politikfeldern), das Ausmaß der Änderungen (Novelle oder neues Gesetz) und die Konfliktintensität von Gesetzen (v. Beyme 1997: 66). Hinsichtlich der Handlungsformen des Parlaments wird in der Schweiz zwischen Bundesgesetzen, Verordnungen, Bundesbeschlüssen (BB) und Einfachen Bundesbeschlüssen (EB) unterschieden.

Bundesbeschlüsse unterstehen einem Referendumsvorbehalt, z.B. als BB zu Staatsvertragsreferenden oder Volksinitiativen. Einfache Bundesbeschlüsse müssen nicht dem Volk vorgelegt werden (vgl. Art. 163 BV: „[E]in Bundesbeschluss, der dem Referendum nicht untersteht, wird als einfacher Bundesbeschluss bezeichnet"). Zusammen bilden diese vier Handlungsformen die Erlasse der Bundesversammlung. Für die Abstimmungen gilt ein Anwesenheitsquorum von mindestens der Hälfte der Mitglieder pro Kammer, für einen Beschluss ist es die absolute Mehrheit der Anwesenden (Bernauer et al. 2013: 427).

Die oben bereits erwähnte Wesentlichkeitstheorie findet in Art. 164 BV (Gesetzgebung) ihren Ausdruck. Danach sind alle wichtigen rechtlichen Bestimmungen in Form von Bundesgesetzen zu erlassen, insbesondere solche zur Ausübung politischer Rechte, zur Einschränkung verfassungsmäßiger Rechte, zu Rechten und Pflichten von Personen, zu Abgabepflichten, zu Aufgaben und Leistungen des Bundes, zu Verpflichtungen der Kantone bei Umsetzung und Vollzug von Bundesrecht, und zur Organisation und Verfahren von Bundesbehörden.

Ein relativ ausführlicher Regulierungsbereich in der Bundesverfassung ist die Gesetzgebung bei Dringlichkeit (Art. 165, vgl. Kap. 6.3), durch die bei dringendem Handlungsbedarf das lange Verfahren abgekürzt werden kann, die aber auch eine Art Notstandsrecht darstellt. Im Unterschied zu den meisten anderen europäischen Staaten ist die Rolle des Bundesgerichts für die Kontrolle von Erlassen der Bundesversammlung sehr gering. Eine Normenkontrolle existiert nicht. Das Bundesgericht kann lediglich die Unvereinbarkeit eines Gesetzes mit der Verfassung feststellen, ohne das Gesetz letztlich „kassieren" zu können (vgl. Kap. 10.5).

6.2   Die vorparlamentarische Phase

Der Gesetzgebungsprozess in der Schweiz weicht in einigen Punkten vom üblichen Phasenmodell parlamentarischer Demokratien (vgl. Schüttemeyer/Siefken 2008) ab. Die Besonderheiten sind insbesondere in der vor- und nachparlamentarischen Phase zu verorten; in der vorparlamentarischen Phase durch die Einbindung organisierter Interessen in die Vernehmlassung und in der nachparlamentarischen Phase durch das Referendum. Beide sind auf die Steigerung der Beteiligungsmöglichkeiten des Volkes ausgerichtet, in der Vernehmlassung allerdings noch in der Form organisierter Interessen. Die vorparlamentarische Phase lässt sich wiederum in drei Teilphasen untergliedern: den Vorentwurf, die Vernehmlassung und die Botschaft (Hotz-Hart/Schmucki/Dümmler 2006: 121).

6.2.1   Der Vorentwurf

Die erste Phase der Gesetzgebung ist die Auslösung des Verfahrens und die Planung eines Gesetzentwurfs. Dazu muss zunächst ein Handlungsbedarf festgestellt werden und es müssen Informationen beschafft, Probleme definiert und Ziele benannt werden. Anders formuliert muss von einem (kollektiven) Akteur ein „Impuls" oder eine Anregung zu einem Erlass der Bundesversammlung ausgehen. Dabei kann es sich um einen punktuellen Regelungsbedarf oder auch um die beabsichtigte Ausarbeitung umfassender Politikkonzepte handeln (Hotz-Hart/Schmucki/Dümmler 2006: 121). Dem Vorentwurf ist in der Regel schon ein längerer Prozess des Agenda-Settings und der Entscheidungsfindung durch Parteien und Interessengruppen voraus gegangen, um ein Thema bzw. ein Änderungsbedarf zu politisieren. In parlamentarischen Systemen hat die Regierung meist eine sehr starke Position als Agenda Setter im Gesetzgebungsprozess (Bernauer et al. 2013: 428). In der Schweiz ist diese herausragende Position der Exekutive durch die Notwendigkeit der Konsenssuche zwar eingeschränkt, jedoch noch deutlich erkennbar. Durch eine Vielzahl informeller Agenda Setter ist der Prozess jedoch weniger zentralisiert als z.B. in Deutschland und Österreich.

Tab. 6-1: Außerparlamentarische Kommissionen

	Behördenkommissionen	Verwaltungskommissionen	Gesamt
EDA	0	2	2
EDI	13	35	48
EJPD	2	5	7
VBS	1	9	10
EFD	1	4	5
EVD	4	24	28
UEVK	7	12	19
Gesamt	28	91	119

Quelle: www.admin.ch/ch/d/cf/ko/statgremien.html.

Es folgt ein erster Entwurf in der sog. Ausarbeitungsphase. Dies geschieht häufig durch sog. Expertenkommissionen, die sich aus Vertretern der Parteien, der Regierung bzw. Verwaltung und der interessierten bzw. betroffenen Verbände zusammen setzen. Die Vertreter der Spitzenverbände sind in praktisch allen Expertenkommissionen vertreten (ebd.). Zwar können auch einzelne Fraktionen oder die Kommissionen der Bundesversammlung in dieser Phase initiativ werden, jedoch ist das entscheidende Erfolgskriterium, bereits so früh wie möglich eine möglichst breite Verständigung mit potenziellen Vetospielern zu suchen, um das Vorhaben nicht nur im parlamentarischen Verfahren, sondern auch in der Referendumsphase abzusichern. Durch die außerparlamentarischen Kommissionen soll sowohl technokratisches Expertenwissen als auch spezielles Fachwissen von Interessengruppen nutzbar gemacht werden (Kriesi/Trechsel 2008: 117).

6.2.2   Die Vernehmlassung

Es folgt die wichtige Phase der Vernehmlassung, in der es um die Beteiligung der Kantone, Parteien und interessierten Kreise an der Gesetzgebung des Bundes geht (Art. 2 Vernehmlassungsgesetz, VlG). In der Vernehmlassung wird der Entwurf auf mögliche sachliche Fehler sowie auf seine Vollzugstauglichkeit und Akzeptanz geprüft (ebd.). Zu diesem Zweck wird die Vorlage den relevanten politischen Akteuren mit der Möglichkeit der schriftlichen Stellungnahme zugeleitet. Zu den Adressaten in der Vernehmlassung gehören die in der Bundesversammlung vertretenen Parteien, die Kantone, die Dachverbände der Wirtschaft sowie die der Gemeinden, Städte und der Berggebiete. Je nach Sachgebiet der Vorlage können weitere interessierte Kreise einbezogen werden. Auch wer nicht zur Stellungnahme aufgefordert worden ist, kann sich dennoch innerhalb der Vernehmlassungsfrist von 30 Tagen zur Vorlage äußern.

Durch die Auswertung der Antworten der Vernehmlassungsteilnehmer durch die Bundesverwaltung kann der Entwurf verändert bzw. angepasst werden und es können Konsequenzen für das weitere Vorgehen beraten werden. (Hotz-Hart/Schmucki/Dümmler 2006: 121). In der Regel wird die Vernehmlassung vom Bundesrat angeordnet und vom zuständigen Departement durchgeführt. Aber auch das Parlament kann Vorlagen in die Vernehmlassung schicken. Das Verfahren kann dann entweder vom zuständigen Departement oder durch die zuständige Parlamentskommission durchgeführt werden. Auch nach Einleitung des parlamentarischen Verfahrens kann das Parlament eine Vorlage zurück in die Vernehmlassung schicken, wenn es noch Beratungsbedarf gibt. Alternativ kann bei weniger wichtigen Vorhaben auch eine Anhörung durchgeführt werden. „Eröffnungsinstanz ist hier ein Departement, ein Amt oder eine Behördenkommission. Der geringeren Tragweite des Gegenstandes des Verfahrens entsprechend ist bei diesem Verfahren der Kreis der Adressaten kleiner und es gelten weniger strikte Formvorschriften" (www.admin.ch/dokumentation/gesetz/pc/index.html?lang=de).

Eine Vernehmlassung muss nach Art. 3 VlG in jedem Fall durchgeführt werden bei Verfassungsänderungen, völkerrechtlichen Verträgen mit Referendumsvorbehalt, wenn wesentliche Interessen der Kantone betroffen sind. Zu allen anderen Vorhaben muss eine Vernehmlassung durchgeführt werden, „wenn sie von grosser politischer, finanzieller, wirtschaftlicher, ökologischer, sozialer oder kultureller Tragweite sind oder wenn sie in erheblichem Mass ausserhalb der Bundesverwaltung vollzogen werden" (ebd.). Damit wird ein weiter Kreis möglicher Verpflichtungen gezogen. Eine amtliche Statistik zur Anzahl und zur Nutzung der Vernehmlassung existiert allerdings nicht. Nach Art. 4 VlG kann sich jede Person und jede Organisation an einem Vernehmlassungsverfahren beteiligen und eine Stellungnahme einreichen. Ausdrücklich zur Stellungnahme eingeladen werden die Kantone, die parlamentarischen Parteien, die gesamtschweizerischen Dachverbände der Gemeinden, Städte und Berggebiete sowie der Wirtschaft und „die weiteren, im Einzelfall interessierten Kreise" (Art. 4).

Aus theoretischer Perspektive ist die Vernehmlassung ein wichtiges Element der Konkordanzdemokratie. Die von Neidhart (1970) betonte klassische Funktion der Herstellung von „Referendumssicherheit" der Vorlage ist sicher eine der wichtigsten, aber nicht die einzige Funktion der Vernehmlassung, da sich auch nicht referendumsrelevante Gruppen äußern können (Blaser 2003: 17). Eine monofunktionale Sichtweise ist ohnehin problematisch, führt sie doch oft nur zu semantischen Leerformeln. Als eine theoretische Innovation schlägt Blaser (2003: 378) vor, die Vernehmlassung als eine „strukturelle Kopplung" zwischen ausdifferenzierten gesellschaftlichen Teilsystemen zu interpretieren, die der Politik dabei hilft, relevanten Informationen aus einer hochkomplexen Umwelt zu selektieren und dadurch seine Autonomie bzw. Reproduktion zu sichern. Damit ist im Wesentlichen aber die Integrationsbzw. Stabilisierungsfunktion gemeint.

In historischer Perspektive lassen sich verschiedene Institutionalisierungsschübe der Vernehmlassung unterscheiden (Blaser 2003: 22). Eine erste systematische Mitwirkung interessierter Kreise geschah bei der seit den 1880er Jahren diskutierte und schließlich 1912 akzeptierte Kranken- und Unfallversicherung. Ein weiterer Schritt war die seit den 1930er Jahren diskutierte und schließlich 1947 verabschiedete Revision der Wirtschaftsartikel der BV (ebd. 24). „Einen dritten Institutionalisierungsschub erfuhr das Vernehmlassungsverfahren im Anschluss an die sogenannte ‚Mirage-Affäre'. Hier wurde das Vernehmlassungsverfahren vor allem in den klassischen politischen Gremien (Bundesrat und Parlament) und weniger innerhalb der Verbände diskutiert. Seither findet das Thema keine Ruhe mehr, und schon 1991 kondensierte die politische Diskussion rund um das Vernehmlassungsverfahren in einer Verordnung" (ebd.).

Analoge Einrichtungen zu schweizerischen Vernehmlassung sind auch in anderen Ländern vorhanden, allerdings weniger strikt institutionalisiert. Im Vereinigten Königreich hat ein sog. Green Paper eine solche konsultative Funktion im Hinblick auf die interessierten gesellschaftlichen Kreise, im Deutschen Bundestag sind in der parlamentarischen Phase Anhörungen bzw. Hearings möglich.

6.2.3   Die Botschaft

Dem Entwurf ist ein erläuternder Bericht, die von der Bundesverwaltung im Auftrag des Bundesrates für das Parlament erstellte Botschaft, beizufügen. Dies geschieht meist in „enger Kooperation mit dem entsprechenden Interessenverbänden […] Dabei muss sie mit politischem Geschick Einschätzungen und Abwägungen vornehmen" (Hotz-Hart/Schmuki/ Dümmler 2006: 121). Die Botschaft enthält Erläuterungen zu Sinn und Zweck des Entwurfs, die auch bei einer späteren Interpretation des Gesetzes durch Öffentlichkeit und Gerichte hilfreich sein können. Durch die obligatorische Botschaft ist bei einer Initiative ein stärkerer Erklärungszwang gegeben als in den meisten anderen Ländern. Im Vereinigten Königreich etwa können solche Erklärungen in ein eigentlich konsultatives Green Paper aufgenommen werden. Auch stellen dort inzwischen „die Beamten des Parliamentary Council dem Parlament frühzeitig weitaus mehr Begleitinformationen zu Gesetzentwürfen der Regierung zur als dies in der Vergangenheit der Fall gewesen war" (Saalfeld 2008: 170).

Bereits in der vorparlamentarische Phase kümmert sich die Bundeskanzlei um die ‚gesetzestechnischen Prüfung' der Entwürfe. So muss etwa geprüft werden, ob es sich um ein Vorhaben von großer Tragweite handelt und somit nach Art. 3 VlG eine Vernehmlassung erforderlich ist oder, sofern dies nicht der Fall ist, ob nach Art. 10 VlG eine Anhörung zu erfolgen hat. Muss eine Vernehmlassung erfolgen, ist zu prüfen, ob das reguläre Verfahren mit einer Frist von mindestens drei Monaten erfolgen soll, oder ob es dringende Gründe für eine Fristverkürzung gibt.

Auch die Unterlagen für die Vernehmlassung und der Entwurf selbst sind einer gesetzestechnischen Vorprüfung zu unterziehen. „In der Ämterkonsultation werden die Entwürfe (Botschaften, Gesetze, Verordnungen) gesetzestechnisch bereinigt. Die Botschaftsentwürfe werden gemäss dem Botschaftsschema überprüft. Die Gesetzestechnischen Richtlinien (GTR) sind das Hauptinstrument für die Überprüfung der Erlassentwürfe. Bei diesen ist zu unterscheiden, ob es sich um einen neuen, einen totalrevidierten oder einen Änderungserlass handelt", die jeweils unterschiedliche gesetzestechnische Anforderungen erfüllen müssen, wie etwa Übergangsbestimmungen und Änderung oder Aufhebung bislang geltenden Rechts (www.bk.admin.ch/themen/gesetz/00050/index.html?lang=de). Im nachparlamentarischen Verfahren wird das sog. „Nummernexemplar", der für die Publikation vorgesehene Text „im

‚Circuit' einer letzten Prüfung unterzogen. In dieser Phase können nur noch kleine gesetzes-technische Korrekturen zusammen mit dem zuständigen Amt vorgenommen werden. In der Phase des Mitberichts wird überprüft, ob die Ämter die von der Bundeskanzlei vorgeschlagenen Korrekturen übernommen haben, wobei im Bereich Gesetzestechnik die Korrekturen des Rechtsdienstes zu übernehmen sind" (ebd.).

6.3   Das Initiativrecht und seine Nutzung

Das Initiativrecht ist das in der Verfassung garantierte Recht, dem Parlament Erlassentwürfe zur Beratung und Entscheidung vorzulegen. Dieses Recht muss sich nicht auf die Regierung bzw. einzelne Mitglieder des Parlaments und ihre Zusammenschlüsse zu Fraktionen beschränken. Auch dem Volk bzw. einzelnen Bürgern kann ein solches Recht zukommen, wie das Beispiel der Gesetzesinitiative in den Kantonen, aber auch die Gesetzgebungsvariante der Private Bills in angelsächsischen Regierungssystemen (Krumm 2007) zeigt.

Vom förmlichen Initiativrecht zu unterscheiden ist die Funktion des Impulsgebers. Anregungen für einen Erlass der Bundesversammlung können von einem erweiterten Kreis politischer Akteure ausgehen. Dieser umfasst neben den Initiativberechtigten auch die Verbände und Interessengruppen, die Verwaltung und die Medien sowie die Organe und Akteure der EU. Für Deutschland als EU-Mitgliedsstaat gabt es eine interessante Debatte, wie hoch der Anteil an der nationalen Gesetzgebung ist, bei dem die europäische Ebene als Impulsgeber fungiert hat (z.B. König/Mäder 2008, Töller 2008). In der Schweiz wäre eine ähnliche Debatte über den autonomen Nachvollzug von EU-Richtlinien vorstellbar.

Das Initiativ- bzw. Antragsrecht ist in Art. 160 BV geregelt. Danach hat jedes Ratsmitglied, jede Fraktion, jede parlamentarische Kommission und jeder Kanton das Recht, der Bundesversammlung Initiativen zu unterbreiten. Nach Abs. 2 haben die Ratsmitglieder und der Bundesrat das Recht, „zu einem in Beratung stehenden Geschäft Anträge zu stellen". Das Initiativrecht des Bundesrates ist dagegen in Art. 181 BV normiert („Der Bundesrat unterbreitet der Bundesversammlung Entwürfe zu ihren Erlassen").

Tab. 6-2: Ausgestaltung des Initiativrechts in der Schweiz

Bundesrat	Art. 181 BV	Er kann der Bundesversammlung Entwürfe zu ihren Erlassen vorlegen.
Parlament	Art. 160 BV	Drei Formen der Initiative aus dem Parlament sind möglich: a) die parlamentarische Initiative einzelner Ratsmitglieder, b) die parlamentarische Initiative von Fraktionen und c) die Kommissionsinitiative.
Bürgerinnen und Bürger	Art. 138 & 139 BV	Die Bevölkerung kann mittels der Volksinitiative auf Total- bzw. Teilrevision der Verfassung, auf kantonaler Ebene auch mittels Gesetzesinitiative, aktiv werden
Kantone	Art. 160 BV	Die Kantone können mittels Standesinitiative ein Geschäft initiieren

Quelle: Eigene Zusammenstellung.

Die Standesinitiative ist nicht zu verwechseln mit dem Initiativrecht der Ständeräte bzw. in Deutschland mit dem des Bundesrates. Im Fall des deutschen Bundesrates wird formal ein Verfassungsorgan des Bundes aktiv, auch wenn de facto Landesregierungen dahinter stehen. Allerdings ist die Standesinitiative, die eigentlich die Nichtvertretung der Kantonsregierungen auf Bundesebene ausgleichen sollte, faktisch irrelevant geblieben.

> Mittels einer **Standesinitiative** kann ein einzelner Kanton eine Verfassungsänderung, ein Gesetz oder einen Bundesbeschluss anstreben, indem er einen entsprechenden Entwurf einreicht. In Gesetzgebungsprozess ist eine Standesinitiative einer parlamentarischen Initiative gleichgestellt. Sie wird zuerst in der zuständigen parlamentarischen Kommission beraten, die über die Erforderlichkeit einer entsprechenden Regelung entscheidet und dann ggf. eine ausgearbeitete Vorlage an den Rat weiter leitet.

Im Fall von Regierungsinitiativen kommen Gesetzentwürfe in der Regel aus den Ministerien und werden zunächst im Umlaufverfahren den anderen Ministerien zur Kenntnis gebracht. Die formale Beschlussfassung im Kabinett (z.B. in Großbritannien häufig auch in Kabinettsausschüssen, vgl. Saalfeld 2008) erfolgt erst, wenn innerhalb der Regierung auf informellen Wegen Konsens in der Sache hergestellt worden ist. Die Sitzungsleitung im Bundesrat übernimmt der jährlich wechselnde Bundespräsident.

Das Initiativrecht ist in der Schweiz vergleichsweise breit gestaltet. Tabelle 6-3 zeigt die institutionelle Verteilung des Initiativrechts in 12 zentral- und westeuropäischen Regierungssystemen. Nicht aufgenommen sind in dieser Zusammenstellung das Initiativrecht des Präsidenten (Polen und Ungarn) und das Initiativrecht der Gliedstaaten (Standesinitiative in der Schweiz). Die Schweiz ist das einzige der zwölf ausgewählten Länder in Tabelle 6-3, in dem in allen fünf der ausgewählten Kategorien ein Initiativrecht gegeben ist.

Tab. 6-3: Parlamentarisches Initiativrecht im internationalen Vergleich

	Einzelne Abgeordnete	Abgeordnetengruppen	Ausschüsse	Regierung	Volksinitiative
Deutschland	Nein	Ja	Nein	Ja	Nein
Frankreich	Ja	Ja	Nein	Ja	Nein
Italien	Ja	Ja	Nein	Ja	Ja
Niederlande	Ja	Ja	Nein	Ja	Nein
Österreich	Nein	Ja	Ja	Ja	Ja
Polen	Nein	Ja	Ja	Ja	Ja
Portugal	Ja	Ja	Nein	Ja	Ja
Schweden	Ja	Ja	Ja	Ja	Nein
Schweiz	Ja	Ja	Ja	Ja	Ja
Spanien	Nein	Ja	Nein	Ja	Ja
Ungarn	Ja	Ja	Ja	Ja	Nein
UK	Ja	Ja	Nein	Ja	Nein

Quelle: Schüttemeyer/Siefken 2008, S. 494; eigene Ergänzung.

Die rechtliche Ausgestaltung des Initiativrechts sagt aber noch nichts aus über die faktische Nutzung der einzelnen Formen. Die quantitative Zunahme der Gesetzgebungsaktivität (Stichwort Verrechtlichung, vgl. Ismayr 2008: 13) ist ein verbreitetes Phänomen, das sich auch in der Schweiz wiederfindet. Sie lässt sich an der Anzahl der Erlasse ablesen, die in der 46. Legislatur (1999-2003) mit 497 auf einem Höchststand war. Die Anzahl der Bundesgesetze ist seither wieder rückläufig, allerdings ist in der 49. Legislatur die Anzahl der Bundesbeschlüsse, insbesondere zu Staatsverträgen mit fakultativem Referendum, sprunghaft angestiegen (vgl. Tab. 6-4).

Tab. 6-4: Erlasse der Bundesversammlung nach Legislatur und Erlassform

Legislatur	42. (1983–1987)	43. (1987–1991)	44. (1991–1995)	45. (1995–1999)	46. (1999–2003)	47. (2003–2007)	48. (2007–2011)
Bundesgesetze	98	124	188	156	195	176	165
Dringliche Bundesgesetze	3	9	9	19	6	10	4
Ordentliche Bundesgesetze	95	115	179	137	189	166	161
Bundesbeschlüsse	35	44	44	43	49	60	108
BB zu Volksinitiativen	15	25	12	23	28	7	19
BB zu Verfassungsrevisionen (inkl. direkte Gegenentwürfe zu Volksinitiativen)	8	3	16	9	7	2	8
BB zu Staatsverträgen mit oblig. Referendum	1	–	2	–	–	–	–
BB zu Staatsverträgen mit fak. Referendum	10	17	8	10	14	50	81
übrige BB	1	–	6	1	–	1	–
Einfache Bundesbeschlüsse	198	201	233	229	230	204	193
EB zu Staatsverträgen ohne Referendum	42	48	75	82	76	40	48
Finanzbeschlüsse	87	83	101	90	97	97	123
übrige EB	69	70	57	57	57	67	43
Verordnungen der Bundesversammlung	12	16	11	11	23	16	21
Erlasse Total	343	386	476	439	497	456	489

Quelle: www.parlament.ch/d/dokumentation/statistiken/Documents/erlasse-bv-d.pdf; (Stand 04.12.2011).

Tab. 6-5: Erlasse der Bundesversammlung nach Legislaturperiode und Initiant

Legislatur	42.	43.	44.	45.	46.	47.	48.
Bundesgesetze (inkl. dringliche)	98	124	188	157	195	176	165
eingereicht vom Bundesrat (Botschaft)	92 (94)	112 (90)	172 (91)	135 (86)	158 (81)	140 (80)	119 (72)
eingereicht vom Parlament (pa.Iv.)	6 (6)	12 (10)	16 (9)	22 (14)	37 (19)	34 (19)	46 (28)
eingereicht von Kantonen (Standesinitiative)	–	–	–	–	–	2 (1)	–
Erlasse Total	344	386	476	439	497	456	489
eingereicht vom Bundesrat (Botschaft)	335 (97)	360 (93)	452 (95)	403 (92)	441 (89)	410 (90)	422 (86)
eingereicht vom Parlament (pa.Iv.)	6 (2)	26 (7)	24 (5)	36 (8)	56 (11)	44 (10)	67 (14)
eingereicht von Kantonen (Standesinitiative)	1 (–)	–	–	–	–	2 (–)	–

Quelle: www.parlament.ch/d/dokumentation/statistiken/Documents/erlasse-bv-d.pdf [11.08.2012] (prozentuale Anteile in Klammern).

Differenziert man die Bundesgesetzte und die Erlasse insgesamt nach Herkunft (Tabelle 6-5), zeigt sich eine (schwindende) Dominanz des Bundesrates als Initiant. Der Anteil der vom Bundesrat eingebrachten Gesetzentwürfe sank von der 42. bis zur 48. Legislatur von 94% auf 72%, während der Anteil aus dem Parlament initiierter Gesetze im gleichen Zeitraum von sechs auf 28% gestiegen ist. Eine ähnliche Tendenz gibt es für Erlasse insgesamt, bei denen der Anteil des Bundesrates von 97% auf noch beachtliche 86% zurück ging; erfolgreiche Initiativen aus dem Parlament konnten sich von zwei auf 14% steigern.

Die Übersicht zeigt auch, dass die Standesinitiative für die Initiierung erfolgreicher Erlasse so gut wie keine Rolle spielt. Die Daten zeigen, dass der Bundesrat nach wie vor die Initiative von Geschäften dominiert, dass aber auch hier eine Tendenz zur Normalisierung in Richtung europäischer Durchschnittswerte festzustellen ist. Schwarz/Bächtiger/Lutz (2011: 138) kommen für den Zeitraum 1996 bis 2005 auf einen Anteil von 43,7% von Regierungsvorlagen, die im Nationalrat eine (wesentliche) Ergänzung bzw. Veränderung erfahren haben, gegenüber 34,9% zwischen 1971 und 1975.

Tab. 6-6: Erlasse der Bundesversammlung nach Departement und Erlassform

	PARL	EDA	EDI	EJPD	VBS	EFD	EVD	UVEK	BK	Total
Bundesgesetz	174	42	174	210	33	148	185	94	41	1101
Bundesbeschl.	10	56	50	103	13	51	36	64	3	386
Einfacher BB	28	134	180	141	98	370	277	205	39	1472
Verordnung	61	–	5	8	10	9	4	10	2	109
Total	273	232	409	462	154	578	502	373	85	3068

Quelle: www.parlament.ch/d/dokumentation/statistiken/Documents/erlasse-bv-d.pdf [11.08.2012]; (42.-48. LP).

Differenziert man die Erlasse über den Zeitraum von der 42. bis zur 48. Legislatur weiter nach Departementen, fällt die aktivste Rolle dem Finanz- und dem Volkswirtschaftsdepartement zu, aufgrund der hohen Anteile einfacher Bundesbeschlüsse. Bei den Bundesgesetzen waren dagegen das Justiz- und Polizeidepartement am aktivsten. Die Übersicht zeigt auch die vergleichsweise bescheidene Rolle des Parlaments als Initiator für erfolgreiche Gesetze bzw. Erlasse. Es nimmt lediglich in der Kategorie der Verordnungen eine Spitzenposition ein.

Während also die Initiativtätigkeit weiterhin durch den Bundesrat bzw. die Departemente dominiert wird, hat das Parlament gleichwohl seine Kontrolltätigkeit intensiviert. So nahm etwa die Zahl parlamentarischer Initiativen von 1995 bis 2010 um 411% zu und die Zahl der Motionen im gleichen Zeitraum um 269%. Die Zahl der durchschnittlichen parlamentarischen Vorstöße je Mitglied hat sich von 1995 bis 2010 von 3,9 auf 7,8 verdoppelt.

Differenziert man parlamentarischer Initiativen nach der politischen Herkunft, zeigt sich, dass die fraktionsübergreifenden Initiativen aus dem Büro und aus den Kommissionen die größten Erfolgschancen haben (Tab. 6-8). Mit deutlichem Abstand folgen die Vorstöße aus den Fraktionen. Dabei muss noch einmal unterschieden werden, ob die Initiative von einem einzelnen Fraktionsmitglied ausging oder als Fraktionsvorstoß gestartet wurde.

Tab. 6-7: Anzahl parlamentarischer Vorstöße 1995–2011 im National- und Ständerat

	Mo.	Po.	Ip.	Empf. (SR)	(Einf.) Anfrage	Parl. Iv.	Fs	Total	⌀ je Mitgl.	Kt.Iv.
1995	179	115	237	2	154	34	233	954	3.9	10
1996	227	162	290	6	146	73	202	1106	4.5	26
1997	226	146	293	11	193	62	225	1156	4.7	3
1998	226	121	319	13	211	57	239	1186	4.8	4
1999	259	144	231	15	192	66	201	1108	4.5	11
2000	323	140	280	15	157	70	239	1224	5.0	21
2001	305	169	292	25	153	67	279	1290	5.2	9
2002	267	167	328	31	163	75	239	1270	5.2	19
2003	226	180	277	9	153	73	264	1182	4.8	18
2004	286	133	399	–	182	99	270	1369	5.6	12
2005	343	152	416	–	204	73	290	1478	6.0	11
2006	345	181	361	–	194	93	295	1469	6.0	9
2007	393	157	363	–	140	102	379	1534	6.2	12
2008	470	171	411	–	146	131	464	1951	7.9	35
2009	614	193	536	–	181	133	647	2304	9.4	35
2010	482	191	496	–	132	142	622	1907	7.8	39
2011	487	172	381	–	89	89	459	1677	6.8	11

Quelle: Dokumentationsdienst, Parlamentarische Vorstöße (Stand: 04.12.2011). www.parlament.ch/d/doku
mentation/statistiken/Documents/parlamentarische-vorstoesse-definitiv.pdf . Abk.: Mo: Motion, Po: Postulat, Ip:
Interpellation, Empf. (SR): Empfehlung Ständerat, Parl. Iv: Parl. Initiative, Fs.: Fragestunde, ⌀ je Mitgl.: Durchschnitt pro Ratsmitglied, Kt.Iv.: Standesinitiative.

Den größten Erfolg hatten noch die Mitte-Fraktionen der FDP und der CVP mit 14% bzw.
12% Zustimmung. Auf knapp 7% bewegen sich SP und SVP. Bei letzterer fällt ein hoher
Anteil von Fraktionsvorstößen auf (39), die sich dennoch nicht positiv auf das Ergebnis ausgewirkt haben. Die nicht in der Regierung vertretene Fraktion der Grünen hat mit 3,9% die
niedrigste Erfolgsquote gehabt. Im Durchschnitt waren nur 14,4% der Initiativen erfolgreich.
Für eine detaillierte Recherche der parlamentarischen Aktivitäten bietet sich die „Parlamentarischen Geschäftsdatenbank Curia Vista" an, die seit der Wintersession 1995 die Geschäfte
von National- und Ständerat vollständig erfasst (www.parlament.ch/d/dokumentation/curia-
vista/).

Aufgrund des hochgradig deliberativen Gesetzgebungsprozesses kann die Verabschiedung
von Erlassen vergleichsweise lange dauern (Tab. 6-9). Die Verabschiedung eines einfachen
Bundesgesetzes dauert im Durchschnitt 481 Tage, eines Erlasses im Durchschnitt 316 Tage.
Selbst dringliche Bundesgesetze kommen auf eine durchschnittliche Verhandlungsdauer von
114 Tagen (bzw. knapp vier Monaten), gefolgt von Finanzbeschlüssen mit 178 Tagen (Tab. 6-
9).

Um den Gesetzgeber in dringenden Einzelfällen handlungsfähig zu erhalten, gibt es die Möglichkeit, Bundesgesetzte für dringlich zu erklären und das Verfahren zu beschleunigen. Die
sogenannte Dringlichkeit von Bundesgesetzen ist in Art. 165 BV geregelt. Danach kann ein
Bundesgesetz in dringenden Fällen „von der Mehrheit der Mitglieder jedes Rates für dringlich erklärt und sofort in Kraft gesetzt werden. Es ist zu befristen" (Abs. 1). Wird zu einem
solchen Gesetz ein Referendum verlangt, so tritt das Gesetz „ein Jahr nach Annahme durch
die Bundesversammlung ausser Kraft, wenn es nicht innerhalb dieser Frist vom Volk ange-

nommen wird" (Abs. 2). Im Referendum abgelehnte dringende Bundesgesetze können vom Gesetzgeber nicht erneuert werden (Abs. 4). Außerdem tritt ein solches Gesetz bei fehlender Verfassungsgrundlage „ein Jahr nach Annahme durch die Bundesversammlung ausser Kraft, wenn es nicht innerhalb dieser Frist von Volk und Ständen angenommen wird. Es ist zu befristen" (Abs. 3).

Tab. 6-8: Parlamentarische Initiativen in der 48. Legislatur (2007–2011) nach Herkunft

	Nationalrat		Ständerat		Summe		
	eingereicht	erfolgr.	einger.	erfolgr.	einger.	erfolgr.	erfolgr. (%)
Kommissionen	27	12	22	13	49	25	51
Büro	4	3	3	2	7	5	71,4
Fraktion RL (FDP/Liberale)	45(12)	6	5	1	50(12)	7	14
Fraktion CEg (CVP/EVP)	63(0)	7	12	2	75(0)	9	12
Fraktion S (SP)	99(13)	7	4	0	103(13)	7	6,8
Fraktion V (SVP)	83(39)	4	5	2	88(39)	6	6,8
Fraktion G (Grüne)	51(12)	2	2	0	51(12)	2	3,9
Fraktion BD (BDP)	1(1)	0	0	0	1(1)	0	0
Fraktionslos	2	0	0	0	2	0	0
Total	375(77)	42	53	20	428(77)	62	14,4

Quelle: Dokumentationsdienst Parlamentarische Initiativen, online unter: www.parlament.ch/d/dokumentation/statistiken/Documents/parlamentarische-initiativen-definitiv.pdf [15.08.2012] (In Klammern die als Fraktionsvorstoß eingereichten Initiativen).

Tab. 6-9: Durchschnittliche Verhandlungsdauer von Erlassen der Bundesversammlung

Art des Erlasses	Behandlungsdauer Tage
Dringliches Bundesgesetz	114
Bundesgesetz	481
Verordnung	252
BB zu Volksinitiativen	493
BB zu Verfassungsrevisionen	608
BB zu Staatsverträgen mit fakultativem Referendum	287
BB übrige	360
EB zu Staatsverträgen ohne Referendum	210
Finanzbeschlüsse	178
übrige EB	181
Durchschnitt	316

Quelle: www.parlament.ch/d/dokumentation/statistiken/Documents/erlasse-bv-d.pdf; 42.-48. Legislaturperiode, Stand Ende LP 48 [11.08.2012].

6.4 Parlamentarische Beratung

6.4.1 Die Lesungen

Die parlamentarische Beratung von Geschäften ist eine der Hauptaufgaben der Bundesversammlung, sie gliedert sich in beiden Räten in je drei Lesungen, die ggf. notwendige Differenzbereinigung und die Einigungskonferenz sowie die Schlussabstimmung. Aufgrund des symmetrischen Bikameralismus sind beide Kammern bei der Gesetzgebung vollkommen gleichberechtigt. Zunächst entscheiden die Präsidenten von National- und Ständerat, in welchem der Räte mit dem eingebrachten Geschäft begonnen werden soll. Das Verfahren ist dann in beiden Räten vollkommen gleich. Nach der Entscheidung, in welcher Kammer das Verfahren beginnen soll, kommt der Entwurf (die Botschaft) in die vorberatende Kommission dieses Rates, der dadurch zum Erstrat wird. Die Kommission stellt den Entwurf mit einer eigenen Einschätzung dann ihrem Rat vor, der dann ‚auf die Vorlage eintreten‘, d.h. das Geschäft zur Beratung annehmen und das Verfahren einleiten oder den Initiant bzw. den Bundesrat um einen neuen Entwurf bitten kann. Er kann den Entwurf aber auch komplett zurückweisen. Trotzdem muss die Vorlage auch im Zweitrat eingebracht werden. Entscheidet dieser sich für eine Annahme, kann der Erstrat seine Entscheidung noch einmal überprüfen. Bleibt er bei der Ablehnung, ist das Geschäft endgültig gescheitert (Art. 74 ParlG). In der Folge wird der Entwurf artikelweise beraten und über Änderungsanträge abgestimmt, ehe die Schlussabstimmung folgt.

Anschließend wird der Entwurf dem Zweitrat zugeleitet, in dem ein identisches Verfahren durchgeführt wird. Der Entwurf kommt zuerst in die vorberatende Kommission und wird anschließend im Plenum gelesen (BfJ 2008: 58). Im Fall einer positiven Gesamtabstimmung im Zweitrat geht der Erlass an die Redaktionskommission des Parlaments, wo die endgültige Version bestimmt wird (BfJ 2008: 61). Erst dann erfolgen die Schlussabstimmungen in beiden Räten und die Publikation des Erlasses im Bundesblatt. Die meisten Erlasse treten aber erst in Kraft, wenn sie auch noch die Referendumsphase überstanden haben. Ein wichtiger Unterschied zu anderen parlamentarischen Systemen ist auch, dass nicht erledigte Geschäfte mit dem Ablauf einer Legislatur nicht „sterben“, sondern mit hinüber in die neue Legislatur genommen werden.

6.4.2 Differenzbereinigung und Einigungskonferenz

Für die Beilegung von Meinungsverschiedenheiten zwischen beiden Räten gibt es ein zweistufiges Verfahren. In der ersten Stufe wird wie bei einem „Ping Pong“ der Entwurf bis zu dreimal zwischen beiden Räten hin und her gespielt. Der Entwurf geht jeweils zuerst an die vorberatende Kommission, die ihrem Rat dann Vorschläge hinsichtlich möglicher Kompromisse macht. In bis zu drei Beratungsdurchgängen in jedem Rat kann dann nach einer Einigung gesucht werden. Die abweichenden Beschlüsse des einen Rates gehen zur Beratung an den anderen Rat zurück, bis eine Einigung erreicht ist. Die Beratungen in jedem Rat beschränken sich dabei auf die Fragen, über welche keine Einigung zustande gekommen ist (Art. 89 ParlG). Die umstrittenen Fragen werden jeweils in der vorberatenden Kommission und dann im Plenum behandelt.

Gibt es danach noch Differenzen zwischen National- und Ständerat, wird eine Einigungskonferenz einberufen, die aus je 13 Mitgliedern der vorberatenden Kommissionen beider Räte besteht (Art. 91ff. ParlG). Die Einigungskonferenz unterbreitet ihre Vorschläge den Räten. Bei einer Einigung wird die Vorlage anschließend zur Schlussabstimmung an die Räte zurück geleitet. Kommt kein Einigungsvorschlag zustande oder wird der Vorschlag der Einigungskonferenz in einem der Räte abgelehnt, so ist das Geschäft endgültig gescheitert (Art. 93 Abs. 2 ParlG). „Für Vorlagen, zu welchen die Räte nur Ja oder Nein sagen können (zum Beispiel für die Genehmigung von Staatsverträgen oder Gewährleistung der Kantonsverfassungen) kommt ein verkürztes Verfahren zum Zug. Beharrt derjenige Rat, der eine Vorlage ablehnt, in der zweiten Beratung auf seinem Beschluss, ist die Vorlage nicht zustande gekommen und von der Geschäftsliste zu streichen" (BfJ 2008: 59). Mit der Differenzbereinigung nach dem „navette"- bzw. „shuttle"-Verfahren und der Einigungskonferenz sind die zwei verbreitetsten Vermittlungsverfahren zwischen erster und zweiter Kammer (Marschall 2005: 162) in der Gesetzgebung der Schweiz unmittelbar hintereinander geschaltet.

6.5   Nachparlamentarische Phase

6.5.1   Referendumsphase

Die Referendumsphase ist das „Damoklesschwert", das über dem gesamten Verfahren schwebt und die Akteure zu frühzeitiger Konsenssuche motiviert. Die Instrumente der Referendumsphase sind bereits in Kap. 2.3.2 ausführlich vorgestellt worden. Hervorzuheben ist noch einmal, dass für Gegenstände von Erlassen, die dem obligatorischen Referendum unterstehen die Erfordernis der doppelten Mehrheit gilt, also einer Mehrheit in der abstimmenden Bevölkerung insgesamt wie auch eine Abstimmungsmehrheit in der Mehrheit der Kantone. Für das Ständemehr zählen die Halbkantone nur mit einer halben Stimme, so dass eine Mehrheit in den Ständen bei 12 Stimmen gegeben ist. Ein fakultatives Referendum kann innerhalb von 100 Tagen nach der parlamentarischen Erledigung des Geschäftes von 50.000 Wahlberechtigten oder von acht Kantonen gefordert werden. Um einen Erlass zu kippen, bedarf es lediglich der einfachen Mehrheit der Bevölkerung an den Urnen („Volksmehr").

6.5.2   Inkraftsetzung, Umsetzung

Den Abschluss bilden Inkraftsetzung und Umsetzung. Die Inkraftsetzung geschieht durch die Veröffentlichung im Bundesblatt, wobei jeder Erlass eigene Vorschriften über seine Gültigkeit enthalten kann. Nach Inkrafttreten wird der neue Erlass in der Amtlichen Sammlung (AS) des Bundesrechts veröffentlicht (www.admin.ch/ch/d/as/index.html). Während die AS eine chronologische Sammlung ist, ordnet die Systematische Sammlung (SR) des Bundesrechts die Erlasse nach Sachgebieten (www.admin.ch/ch/d/sr/sr.html). Nach (bzw. teilweise auch schon vor) dem Inkrafttreten beginnt die Umsetzung, die auf Rechtsetzungsebene die Konkretisierung des Erlasses durch z.B. Verordnungen umfasst, die den Ämtern bzw. (häufiger) Kantonalverwaltungen detailliertere Handlungsanweisungen geben. Der eigentliche Vollzug findet dann meist erst auf Ebene der ‚street level bureauracy' in der Form individuell-konkreter Bescheide statt (BfJ 2008: 63).

Tab. 6-10: Die schweizerische Gesetzgebung im Überblick

Initiativrecht	Bundesrat, parlamentarische (Ratsmitglied, Fraktion, Kommission) oder Standesinitiative (Kantone). Indirekt: Motion (Ratsmitglieder), Volk (Initiative).
Vernehmlassung	Stellungnahme der Kantone, Parteien und interessierten Kreise.
Entwurf / Botschaft	Erläuterung von Sinn und Zweck des Entwurfs, „Auslegungshilfe".
Einbringung	Präsidenten des National- und des Ständerats beschließen gemeinsam, welcher Rat die Vorlage als Erstrat behandeln soll.
Vorberatende Kommission Erstrat	Berät über den Entwurf und unterbreitet dem Rat Anträge. Dieser entscheidet zunächst über das Eintreten. Bei Nichteintreten geht der Entwurf zunächst an den Zweitrat. Entscheidet der Zweitrat ebenfalls für Nichteintreten, ist der Erlassentwurf endgültig gescheitert.
Erstrat	Entscheidet der Erstrat, auf den Erlassentwurf einzutreten, kann er ihn an den Bundesrat oder an die vorberatende Kommission (zur weiteren Beratung) zurückweisen. Berät den Entwurf artikelweise und entscheidet dabei über die Änderungsanträge, anschließend folgt die Gesamtabstimmung. Dann wird der Entwurf der vorbereitenden Kommission des Zweitrats zugeleitet.
Vorb. Kommission Zweitrat	Wie Erstrat.
Zweitrat	Entscheidet der Zweitrat, nicht auf den Erlassentwurf einzutreten, geht dieser wieder an den Erstrat. Falls dieser dennoch am Eintreten festhält, ist der Erlassentwurf definitiv gescheitert, wenn der Zweitrat zum zweiten Mal Nichteintreten beschließt.
Differenzbereinigung	Die abweichenden Beschlüsse des einen Rates gehen zur Beratung an den anderen Rat zurück, bis eine Einigung erreicht ist. Die Beratungen in jedem Rat beschränken sich dabei auf die Fragen, über welche keine Einigung zustande gekommen ist. Die umstrittenen Fragen werden jeweils in der vorberatenden Kommission und dann im Plenum behandelt.
Einigungskonferenz	Bestehen nach drei Detailberatungen in jedem Rat noch Differenzen, so wird eine Einigungskonferenz eingesetzt. Diese besteht aus je 13 Mitgliedern der vorberatenden Kommissionen beider Räte.
Schlussabstimmung	Bei Einigkeit beider Räte wird über den gesamten Erlassentwurf abgestimmt, nachdem der entsprechende Text von der Redaktionskommission des Parlaments bereinigt worden ist. Beiden Räte stimmen am gleichen Tag getrennt über den Erlassentwurf ab. Lehnt einer der beiden Räte den Erlassentwurf ab, so ist dieser endgültig gescheitert.
Referendumsphase	Evtl. Abstimmung von Volk und Ständen notwendig.

Quelle: eigene Zusammenstellung nach www.parlament.ch.

Als eine letzte Phase tritt zunehmend die Wirkungsforschung bzw. die Wirksamkeitsüberprüfung hinzu. Diese findet stärker auf der Vollzugsebene wie z.B. der Ämter und Kantone statt. Diese überprüfen Auswirkungen etwa hinsichtlich der Fragen: „Wie wird der Erlass umgesetzt? Welche Adressaten sind betroffen? Wie verändert sich deren Verhalten? Welche weiteren Kreise sind dadurch betroffen? Welche direkten und indirekten Wirkungen werden erwartet? Inwieweit werden dadurch die hauptsächlichen Ziele des Erlasses erreicht?" (BfJ 2008: 69). Im Zuge der Wirksamkeitsprüfung muss auch geklärt werden, welche Instrumente zur Überprüfung eingesetzt werden (controlling bzw. monitoring, interne oder externe Evaluationen) und wie die Ergebnisse an den Bundesrat bzw. die Departemente oder das Parlament zurück gemeldet werden können. Auf Vollzugsebene sind primär das zuständige Amt und die Vollzugsinstanzen in der Verantwortung, bei Bedarf korrigierende Maßnahmen einzuleiten, „um einen zielkonformen Vollzug sicherzustellen" (BfJ 2008: 70). Tabelle 6-10 fasst die einzelnen Stufen der Gesetzgebung noch einmal zusammen.

7 Die Parteien

7.1 Wozu Parteien?

Wozu schließen sich Menschen zu politischen Parteien zusammen? Die naheliegende Antwort ist, um bestimmte gemeinsame (oder ähnliche) Ziele besser erreichen zu können. Parteien sind organisatorische Zusammenschlüsse von Bürgern mit ähnlichen politischen Zielen auf der Basis von Parteiprogrammen. Durch die regelmäßige Teilnahme an Wahlen zur Besetzung von Ämtern und Mandaten des Staates konkurrieren sie um Macht und Einfluss. Sie wirken, wie es im Grundgesetz der Bundesrepublik Deutschland heißt, an der politischen Willensbildung mit. Sie übertragen Präferenzen aus der Bevölkerung auf die parlamentarische Ebene und gehören zu den wichtigsten Akteure in der Politik. Sie handeln stellvertretend für ihre Mitglieder und ihre Wähler, von denen sie (mehr oder weniger konkret) zur stellvertretenden Entscheidungsfindung beauftragt werden. Ihr Handeln auf parlamentarischer Ebene ist in Demokratien durch allgemeine, freie, gleiche und geheime Wahlen legitimationsbedürftig.

Parteien sind Organisationen zur Verfolgung politischer Interessen. Dabei ist davon auszugehen, dass sie zunächst Eigen- bzw. Partikularinteressen verfolgen und das „Gemeinwohl" nur indirekt zur Geltung kommt. Ebenso ist umstritten, ob ihr Hauptinteresse eher der Realisierung von Inhalten gilt (policy-seeking), oder ob es ihnen um die (zeitlich befristete) Besetzung von öffentlichen Ämtern und Mandaten geht (office-seeking). Für beides ist aber die Stimmenmaximierung (vote-seeking) die entscheidende Grundlage. Parallel dazu verläuft die Unterscheidung, ob Parteien eher voluntaristische Mitglieder- und Willensbildungsorganisationen sind oder professionelle Machterwerbsorganisationen (Jarren/Donges 2011: 137, Wiesendahl 1998). Da das erste Kriterium aber auch für andere Vereinigungen wie Verbände und soziale Bewegungen zutrifft, bleibt als differentia specifica die Ausrichtung der Parteien auf den kompetitiven, zeitlich befristeten Machterwerb in Form von politischen Ämtern und Mandaten.

Eine solche, auf die „Elitenzirkulation" (Schumpeter) abstellende Funktionsbeschreibung politischer Parteien ist aber ergänzungsbedürftig. Aus systemtheoretischer Perspektive sind sie aufgrund ihrer ideologischen bzw. programmatischen Codierung mit der Aufgabe der Zielfindung des politischen Systems (goal attainment, Parsons) in Verbindung gebracht worden. Auch die Artikulation und Aggregation gesellschaftlicher Interessen sowie die Mobilisierung der Bürger sind aus funktionaler Perspektive genannt worden (vgl. Wimmer 2000: 620). Eine allgemeinere Parteiendefinition stammt von Giovanni Sartori (2005: 63). Für ihn ist eine Partei „any political group identified by an official label that presents at elections, and is capable of placing through elections (free or nonfree), candidates for public office". In Deutschland geben das Grundgesetz, das Parteiengesetz und die Entscheidungen des Bundesverfassungsgerichts einen detaillierten Rahmen für die Organisation und Tätigkeit der Parteien vor.

Nach Art. 2 des deutschen Parteiengesetz sind Parteien „Vereinigungen von Bürgern, die dauernd oder für längere Zeit für den Bereich des Bundes oder eines Landes auf die politische Willensbildung Einfluss nehmen und an der Vertretung des Volkes im Deutschen Bundestag oder einem Landtag mitwirken wollen, wenn sie nach dem Gesamtbild der tatsächlichen Verhältnisse, insbesondere nach Umfang und Festigkeit ihrer Organisation, nach der Zahl ihrer Mitglieder und nach ihrem Hervortreten in der Öffentlichkeit eine ausreichende Gewähr für die Ernsthaftigkeit dieser Zielsetzung bieten. Mitglieder einer Partei können nur natürliche Personen sein". Diese Definition wie auch bereits Art. 21 GG stellen sehr hohe Ansprüche an die (interne) Organisation der Parteien. Gruppen, die nur auf kommunaler Ebene zu Wahlen antreten, sind von dieser Definition ausgeschlossen. Das Bundesverfassungsgericht hat in seinen Entscheidungen wiederholt die Rolle der Parteien als Wahlvorbereitungsorganisationen betont.

Definition des deutschen Bundesverfassungsgericht: „Nach Art. 21 Abs. 1 Satz 1 GG wirken die Parteien bei der politischen Willensbildung des Volkes mit. Sie tun dies besonders durch Beteiligung an den Wahlen. Das geltende Wahlrecht setzt politische Parteien für die Vorbereitung und Durchführung der Wahlen voraus. Die Parteien sind also vor allem Wahlvorbereitungsorganisationen, und auch ihre Geldmittel dienen in erster Linie der Wahlvorbereitung" (BVerfGE 8, 51, Parteispenden-Urteil)

In der Schweiz sind die politischen Parteien sowohl auf Verfassungs- wie auch Gesetzesebene nur schwach institutionalisiert. Auch ihr politischer Einfluss ist aufgrund der ausgeprägten Konkordanz und der direkten Demokratie vergleichsweise gering. Sie können die Regierung nicht stürzen und einzelne Bundesräte nicht abwählen – ihnen in Ausnahmefällen allerdings die Wiederwahl verweigern. Gleichwohl sind die größeren Parteien aufgrund von direkter Demokratie und Konkordanz wichtige Vetospieler im politischen Prozess.

In der Bundesverfassung der Schweiz werden Parteien nur an zwei Stellen erwähnt. Nach Art. 137 wirken die politischen Parteien an der Meinungs- und Willensbildung des Volkes mit und nach Art. 147 (Vernehmlassung) müssen die politischen Parteien neben den Kantonen und den Interessengruppen („interessierten Kreise") bei der Vorbereitung „wichtiger Erlasse und anderer Vorhaben von großer Tragweite sowie bei wichtigen völkerrechtlichen Verträgen zur Stellungnahme eingeladen" werden. Im Vernehmlassungsverfahren sind die Parteien einer Einflusskonkurrenz mit den Kantonen und Interessenverbänden ausgesetzt (Ladner 2006, Neidhart 1986). Pflichten der Parteien werden in der Bundesverfassung nicht erwähnt. Es gibt weder in der Bundesverfassung noch im einfachen Recht eine Verpflichtung der Parteien zu Transparenz oder zur Offenlegung ihrer finanziellen Verhältnisse, etwa hinsichtlich Wahlkampfausgaben oder Spendeneinnahmen. Auch für die Veröffentlichung ihrer Mitgliederzahlen gibt es keine rechtliche Verpflichtung. Sie erfolgt entweder freiwillig oder es gibt nur externe Schätzungen. Auch ein Parteiengesetz und eine staatliche Parteienfinanzierung existieren nicht. Vielmehr ist, wie in Großbritannien, das Privatrecht bzw. Vereinsrecht die Grundlage für die Organisation und Arbeitsweise der Parteien. Rechtliche Grundlage der schweizerischen Parteien ist somit Art. 60ff. des Zivilgesetzbuches (zweiter Abschnitt: Die Vereine), die im Folgenden in Auszügen vorgestellt werden.

Vereinsrechtliche Grundlage der Parteien nach dem Schweizerischen Zivilgesetzbuch (Auszüge nach www.admin.ch):

Art. 60 Gründung / Körperschaftliche Personenverbindung

1 Vereine, die sich einer politischen, religiösen, wissenschaftlichen, künstlerischen, wohltätigen, geselligen oder andern nicht wirtschaftlichen Aufgabe widmen, erlangen die Persönlichkeit, sobald der Wille, als Körperschaft zu bestehen, aus den Statuten ersichtlich ist. 2 Die Statuten müssen in schriftlicher Form errichtet sein und über den Zweck des Vereins, seine Mittel und seine Organisation Aufschluss geben.

Art. 64 Organisation / Vereinsversammlung

1. Bedeutung und Einberufung

1 Die Versammlung der Mitglieder bildet das oberste Organ des Vereins. 2 Sie wird vom Vorstand einberufen. 3 Die Einberufung erfolgt nach Vorschrift der Statuten und überdies von Gesetzes wegen, wenn ein Fünftel der Mitglieder die Einberufung verlangt.

Art. 65 Zuständigkeit

1 Die Vereinsversammlung beschliesst über die Aufnahme und den Ausschluss von Mitgliedern, wählt den Vorstand und entscheidet in allen Angelegenheiten, die nicht andern Organen des Vereins übertragen sind. 2 Sie hat die Aufsicht über die Tätigkeit der Organe und kann sie jederzeit abberufen, unbeschadet der Ansprüche, die den Abberufenen aus bestehenden Verträgen zustehen. 3 Das Recht der Abberufung besteht, wenn ein wichtiger Grund sie rechtfertigt, von Gesetzes wegen.

Art. 72 Ausschliessung

1 Die Statuten können die Gründe bestimmen, aus denen ein Mitglied ausgeschlossen werden darf, sie können aber auch die Ausschliessung ohne Angabe der Gründe gestatten. 2 Eine Anfechtung der Ausschliessung wegen ihres Grundes ist in diesen Fällen nicht statthaft. 3 Enthalten die Statuten hierüber keine Bestimmung, so darf die Ausschliessung nur durch Vereinsbeschluss und aus wichtigen Gründen erfolgen.

Aufgrund der lediglich vereinsrechtlichen Basis der Parteien gibt es keine Hürden für eine Parteigründung wie etwa in Deutschland. Auch die Statuten der Parteien müssen keinen weiter gehenden Ansprüchen genügen. So können in den Parteistatuten Voraussetzungen bzw. Merkmale festgelegt werden, nach denen die Partei über die Aufnahme von Mitgliedern entscheidet. Auf diese Weise können etwa auch juristische Personen Mitglieder werden, wenn die Partei dies ermöglicht. In Deutschland ist das nicht möglich. Auch bei der Mitgliedschaft selbst gibt es Abstufungen. So ist etwa eine Assoziierung als „Sympathisantin" bzw. „Sympathisant" einer Partei in Deutschland nicht möglich.

Des Weiteren gibt es für die Nationalratswahlen ein Parteienregister, in das sich die Parteien mit ihren Basisdaten freiwillig eintragen lassen können, um bestimmte administrative Vorteile zu bekommen. Das Parteienregister umfasste 14 Parteien im Herbst 2012. Rechtliche Grundlage ist Art. 76a (Parteienregister) des Bundesgesetzes über die politischen Rechte. Voraussetzung einer solchen Registrierung bei der Bundeskanzlei ist die Rechtsform als Verein (Artikel 60–79 des Zivilgesetzbuches) oder mindestens je drei Mitgliedern in drei Kantonsparlamenten. Eine wie in Deutschland seit 2007 bestehende Offenlegungspflicht für Nebeneinkünfte der Parlamentarier existiert nicht.

Im Unterschied zu Großbritannien erfolgten die Parteigründungen nicht aus den Parlamentsfraktionen oder Wahlkomitees, sondern direkt aus Bürgervereinigungen, also parlamentsex-
tern. Dementsprechend sind die Parteien primär lokal und kantonal bzw. föderal organisiert
und haben nur wenige Mitarbeiterstellen auf nationaler Ebene. Das Gros der Aktivitäten
findet auf lokaler und kantonaler Ebene statt, die auch die wichtigsten Identifikationsebenen
für die Bürger darstellen (Ladner 1999, Neidhart 1986).

Aus historisch-vergleichender Perspektive erinnert das Entstehungsmuster der Schweizer
Parteien an das in Irland. Auch in Irland gab es mit Sinn Fein zunächst nur eine Partei, die
aus einer Unabhängigkeits- bzw. Befreiungsbewegung entstanden ist. Diese „Urpartei" ist in
der Schweiz die FDP. Nach 1848 war der Freisinn die einzige relevante Partei sowohl im
Parlament als auch in der Regierung. Die dominante Stellung der FDP war so stark, dass sie
sogar erst 1895 auf Bundesebene einen Verband gründete. Dies mag u.a. als Reaktion auf die
Gründung der Arbeiterpartei SPS 1888 auf Bundesebene zu verstehen sein, zum anderen als
Ausdruck einer gegen Ende des 19. Jahrhunderts allmählich einsetzenden Zentralisierung des
Parteienwesens. Der älteste Konkurrent des Freisinns, der politische Katholizismus, zog erst
1912 mit der Gründung der heutigen CVP nach (bis 1957 Katholisch-Konservative Partei der
Schweiz, bis 1970 Konservativ Christlichsoziale Volkspartei). 1917 spaltete sich die Bauern-
partei von der FDP ab. 1918 wurde mit der Bauern-, Gewerbe- und Bürgerpartei der Vorgänger der heutigen SVP (seit 1936) gegründet. Von dieser spalteten sich 2008 im Zuge der
Abwahl Christoph Blochers als Bundesrat die Bürgerlichen Demokraten (BDP) ab. Die
Gründung der Grünen Partei der Schweiz (GPS) auf Bundesebene erfolgte erst 1983. Von
dieser spaltete sich im Juli 2007 im Kanton Zürich die Grünliberale Partei (GLP) ab. 2009
fusionierte die 1913 gegründete Liberale Partei (Region Genf) mit der FDP. Diese Geschichte der Spaltungen und Fusionen zeigt, wie dynamisch das Parteiensystem immer noch ist.
Einen Eindruck über den exekutiven Aufstieg der Parteien vermittelt ihre erstmalige Beteiligung an der Regierung: Die FDP stellte die ersten Bundesräte 1848, die CVP 1891, die Bau-
ernpartei (Vorläufer der SVP) 1929, die SP 1943 und die BDP 2008.

7.2   Parteitypen und -familien

Die Einteilung von Parteifamilien orientiert sich an der Herkunft der Parteiideologie bzw. -
programmatik. Demgegenüber versuchen Klassifikationen und Typologien, Parteien nach
bestimmten formalen Merkmalen zu systematisieren. Implizit wird allerdings oft eine historische Abfolge der Typen unterstellt. Die Entstehung von Parteifamilien lässt sich gut mit Hilfe
des Cleavage-Modells erklären. Die Stärke und Heterogenität der Parteien einer bestimmten
Parteifamilie ist demnach ein Indikator für die Stärke (bzw. Schwäche) des jeweiligen
Cleavages in einer Gesellschaft (Kap. 8.1).

Lässt sich die Entwicklung von Milieu- zu Catch all-Parteien (auch Allerweltsparteien und
Volksparteien), die in den 1950 und 1960 Jahren von Otto Kirchheimer (1965) für Österreich
und Deutschland sowie eine Reihe weiterer westeuropäischer Länder beobachtet wurde, auch
für die Schweiz feststellen? Oder entsprechen die Parteien im stärker fragmentierten schwei-
zer Parteiensystem eher dem Typus der Milieupartei, bei der die Verbindung von sozialen
Milieus und politischen Institutionen im Vordergrund steht? Oder entsprechen die schweizer
Parteien eher dem (neueren) Typus der Kartellpartei? Eine schnelle Zuordnung zu diesen
Typen ist schwierig, da einzelne Parteien meist Merkmale von mehreren Typen verkörpern.

Entsprechend ist die Klassifikation eher dazu geeignet, Merkmale und Entwicklungstendenzen innerhalb einzelner Parteien identifizieren zu helfen.

Tab. 7-1: Entstehung der Parteifamilien mit Beispielen

Parteifamilie	Entstehung / Ziele	Beispiele Schweiz
Liberale	Älteste Parteifamilie, die im 19. Jahrhundert aus den ersten (liberalen) Demokratisierungsimpulsen und ökonomischen Liberalisierungswünschen des Bürgertums entstand.	FDP, Landesring der Unabhängigen (LdU), LPS
Konservative	Zweitälteste Parteifamilie, die im 19. Jahrhundert als Reaktion auf liberale Reformen entstand. Staatliche Interventionen zur Sicherung traditioneller Werte erwünscht.	SVP
Sozialisten, Sozialdemokraten	Mit der Ausweitung des Wahlrechts aus der Gewerkschaftsbewegung entstanden. Staatliche Intervention zur Verbesserung der Lebensstandards und der Chancengleichheit erwünscht.	SP, POCH, PSA
Landwirte	Als Reaktion auf die industrielle Revolution entstanden. Schutz des (klein)bäuerlichen Agrarsektors vor ruinösem internationalem Wettbewerb.	Bauern- und Gewerbepartei (bis 1929)
Regionalisten	Als Reaktion auf die Zentralisierung staatlicher Angelegenheiten und zum Schutz minoritärer, regionaler Interessen bzw. Identitäten entstanden. Meist getragen von Minderheiten mit eigener Sprache, Kultur und Geschichte in peripheren Regionen eines Nationalstaates.	Lega
Grüne	Aus dem Wertewandel und der Umweltbewegung der 1970er Jahre entstanden, politisch eher an linker Politik orientiert.	GPS, GLP
Neo-Populisten, Rechtsextreme	Als Gegenbewegung zu politischer Integration und Globalisierung entstanden. Sprechen insb. Modernisierungs- bzw. Globalisierungsverlierer an.	NA/SD, Autopartei/FPS, Rep.
Konfessionelle	Im 19. Jahrhundert aus der Abwehr des Abbaus kirchlicher Werte, Privilegien und Einflüsse (Säkularisierung) entstanden. Katholische Parteien sind nach dem Zweiten Weltkrieg weitgehend in Christdemokratischen Volksparteien aufgegangen.	CVP, CSP, EVP
Kommunisten	Nach der Russischen Revolution oft unter dem Einfluss und nach dem Vorbild der KP der UdSSR entstanden.	PdA

Quelle: Nach Armingeon 2003: 30, Caramani 2011 online resource center, eigene Ergänzung.

Werden die Parteien durch die Zauberformel und die Konkordanzdemokratie[15] möglicherweise nicht oder weniger schnell „aufgetaut", wie es die Freezing-Hypothese von Seymour M. Lipset und Stein Rokkan (1967) nahe legt?[16] Dies würde bedeuten, dass sich die Parteien durch den eingeschränkten politischen Wettbewerb weniger darum bemühen bzw. motiviert sind, sich programmatisch-ideologisch für breitere Wählerschichten zu öffnen, um die amtierende Regierung zu alternieren. Durch die Logik der Zauberformel geht es im politischen Wettbewerb zwischen den Parteien primär darum, den Verlust eines Bundesratssitzes zu vermeiden bzw. den Sitzanteil zu erhöhen. Die Belohnung für das Risiko programmatischer

---

15   Das Verhältniswahlrecht kommt als Kandidat kaum in Frage, da es z.B. in Österreich und Deutschland entsprechende Veränderung nicht gestoppt hat.

16   Diese besagt, dass sich in den westlichen Industrienationen in den 1920er Jahren eine Struktur der Parteiensysteme bzw. des Parteienwettbewerbs herausgebildet habe, die bis in die 1960er Jahre Bestand hatte. Erst seit den 1970er Jahren sind die meisten dieser „eingefrorenen" Parteiensysteme wieder in Bewegung gekommen, zunächst durch Hinzutreten postmaterialistisch-grüner Parteien und später durch ein Anwachsen rechtspopulistischer Parteien (Poguntke 2000, Saalfeld 2007: 76).

Öffnung und die damit verbundene Gefährdung angestammter Loyalitäten ist also vergleichsweise gering.

Tab. 7-2: Klassifikation von Parteien

Milieupartei	Vertretung sozialmoralischer Milieus bzw. Subkulturen wie z.B. Arbeiter, Katholiken, Gewerbetreibende etc.
Elitepartei	Basiert auf persönlichen Beziehungen einzelnen „Honoratioren" bzw. Elitenmitglieder ohne breite Massenbasis. Die (schwache) Parteiorganisation dient weniger der (demokratischen) Willensbildung als der Massenmobilisierung für Wahlen.
Massenpartei	Breitere Mitgliederbasis bei relativer Homogenität der Mitgliederschaft. Bis in die 1950er/60er Jahre starke Orientierung an Klassen- und Konfessionen und damit verbundener sozialer Milieus.
Allerweltspartei (catch all party)	Breite Integration heterogener sozialer Gruppen, abgeschwächte Milieubindung. Nach Kirchheimers (1965) Modell schwindet die ideologische Basis von Parteien zunehmend und diese werden für eine breite Wählerschaft attraktiv. Parteihandeln orientiert sich am kurzfristigen Wahlerfolg, der Einfluss des einfachen Parteimitglieds sinkt, die Partei wird zentralisiert und die Parteispitze gestärkt.
Kartellpartei (cartel party)	Parteien werden als Quasi-Staatsorgane (Katz/Mair 1995) öffentlich subventioniert bzw. erschließen immer mehr Ressourcen aus dem Staat statt aus der Gesellschaft (bzw. von ihren Mitgliedern). Die Bindung an die Mitglieder bzw. die sozialen Basis nimmt ab, die Professionalisierung nimmt zu. Der „Marktzutritt" neuer Parteien wird durch Kartellierung der öffentlichen Ressourcen erschwert.
Protest- und Bewegungsparteien	Im Unterschied zur Regierungs- und Programmpartei beruht dieser Typ häufig auf der Herkunft als soziale Bewegung oder auf der Selbstdarstellung einer Partei, die sich von den etablierten Parteien abgrenzen will. Häufig linksliberale bzw. post-industrielle oder rechtspopulistische Herkunft der Parteien (Gunther/Diamond 2003: 173).
Professionelle Wählerpartei	Wie bei der catch all Partei bilden die potenziellen Wählerinnen und Wähler den zentralen Orientierungspunkt der Partei. Die Verbindungen innerhalb der Partei sind nur schwach, thematisch findet eine Konzentration auf wenige Issues statt. Die Parteiführung ist personalisiert und öffentlich präsent (Panebianco 1988).

Quelle: Eigene Zusammenstellung nach Jarren/Donges 2011: 137f.

Tab. 7-3: Merkmale des Konzepts Volkspartei

Dimension	Merkmale
Programm	Geringer Einfluss der Parteiprogrammatik auf das (spätere) Regierungshandeln einer Partei. Geringe ideologischen Aufladung der Programme, Dominanz der Sachdimension bei geringem Konkretisierungsgrad.
	Große thematische Spannweite, programmatische Angebote in möglichst vielen Themenfeldern.
Organisation und Struktur	Geringer Einfluss einzelner Mitglied bei starker Position der Parteiführung.
	Heterogene Mitgliederbasis und Wählerschaft; flächendeckende Organisation; große Themenbreite der innerparteilichen AGs
	Stimmenmaximierung, d.h. strikte Wählerorientierung mit der Folge einer Professionalisierung des Wahlkampfs als kapitalintensive Materialschlachten
	Hoher Finanzbedarf (Mitgliedsbeiträge, Spenden, staatliche Zuweisungen in einigen Ländern)
Soziale und pol. Einbindung	Allgemeine Koalitions-/Kompromissfähigkeit; Einbindung in staatliches Handeln und Wahrnehmung als halbstaatlicher Akteur; Personalrekrutierung als oberste Funktion
	Breite Kooperationen mit intermediären Organisationen; breite „overlapping memberships" der Mitglieder
	Heterogene Wählerschaft; lockere Wählerbindung; regionale Ausgewogenheit der Wahlergebnisse

Quelle: Nach Hofmann 2004: 116.

Ein weiterer Faktor für die Entstehung von Catch all-Parteien ist nach Kirchheimer die Größe eines Parteiensystems. In der Schweiz wird dieser Faktor noch einmal durch die föderale Struktur des Parteienwettbewerbs verstärkt. Nach Kirchheimer (1965) ist es in kleinen Ländern leichter, „die zwischenparteilichen Beziehungen auf der Grundlage eines fest umrissenen Wettbewerbs (wie z.B. in der Schweiz) zu stabilisieren als zur Form eines politischen Kampfes zwischen Allerweltsparteien überzugehen, der mehr einem Würfelspiel gleicht" (ebd.: 30). Dass dieser Faktor nicht überzubewerten ist, zeigt allerdings das Beispiel Österreichs, wo sich – bei vergleichsweise schwachem Föderalismus – dennoch Catch all-Parteien entwickelt haben. Starke konfessionelle und klassenstrukturelle Konfliktlinien stellen ein weiteres Hindernis für die Entwicklung von Catch all-Parteien dar (Schmidt 1985: 378, Schmidt 1989).

Angesichts des Mitgliederschwunds und der Erosion der Wählerbasis der sog. Catch-all Parteien in vielen westlichen Ländern ist dieses Konzept aber auch schnell kritisiert worden. Obgleich zwei Parteien die Bezeichnung Volkpartei im Namen führen (CVP und SVP), ist ihre parteiensoziologische Klassifikation als Volkspartei problemtisch. Die großen schweizer Parteien haben nie eine Integrationskraft und Reichweite erreicht, wie sie die beiden Großparteien z.B. in Österreich und Deutschland in der Hochphase der „Volksparteien" in den 1970 Jahren erreicht hatten. Vielmehr haben die Volksparteien zunehmend Unterstützung verloren und sich bei den Wahlen bei etwa einem Drittel des Stimmenanteils eingependelt. Neuere politologische Parteikonzepte stellen deswegen auch auf andere Merkmale ab, wie etwa die Neigung etablierter Parteien zur Kartellierung des politische Wettbewerbs und der öffentlichen Ressourcen. Die Kartellparteien-These könnte somit einen Beitrag zur Erklärung des eingeschränkten parteipolitischen Wettbewerbs in der Schweiz leisten. Sie wird daher im Folgenden ausführlicher vorgestellt.

Kartellparteien: Nach dieser These haben sich die Parteien weitgehend von der Gesellschaft entfernt und sind eine Art Symbiose mit dem Staat eingegangen. Der politische Wettbewerb zwischen den Parteien ist durch Absprachen (Kartelle) reduziert. Neuen Parteien wird der Zugang zum „Markt" erschwert, zugleich wird durch das kartellistische Verhalten der (Staats-)Parteien aber auch die Bildung von systemkritischen „Anti-Kartell Parteien" gefördert (Katz/Mair 1995). Die Kartellparteien-These ist eine Weiterentwicklung von Robert Michels (1989[1911]) ‚ehernem Gesetz der Oligarchie'.

Nach Katz und Mair hat sich seit den 1970er Jahren ein neuer Typus von Partei entwickelt, der – idealtypisch – von den vorhergehenden Entwicklungsstufen abgegrenzt wird. Im 19. Jahrhundert war zunächst die Honoratioren- bzw. Elitenpartei vorherrschend, gefolgt von der Massenpartei und seit dem Zweiten Weltkrieg zunehmend von der Catch all-Partei (Katz/Mair 1995: 18). Kartellparteien sind weniger als Massenparteien konkurrierende Vermittler zwischen Zivilgesellschaft und Staat als vielmehr selbst Teile des Staates mit eingeschränktem Wettbewerb untereinander und hohem Ressourcentransfer von Seiten des Staates. Ihre Ziele sind stärker „selbstreferentiell" geworden, d.h. man orientiert sich weniger an den Interessen und Wünschen in der Bevölkerung als an denen der konkurrierenden Parteien. Auch die Verberuflichung ist weiter fortgeschritten. Politiker leben nicht mehr (nur) für die Politik, sondern verfolgen langfristige Karrieren, „they come to regard their political opponents as fellow professionals, who are driven by the same desire for job security, who confront the same kinds of pressures as themselves, and with whom business will have to be carried on over the long term" (ebd.: 23). Mit der Professionalisierung der Politik steigt das „Selbsterhaltungsinteresse" der Politiker. Regierungs- und Oppositionspolitiker handeln auf Basis gemeinsamer beruflicher Interessen, was etwa zu einer Mediatisierung staatlicher Ressourcen und einer Reduzierung alternativer Beteiligungsformen führt. „[P]articipation in the electoral process implicates the voter, and by casting elections as the legitimate channel for political activity, other potentially more effective channels are made less legitimate. Democracy becomes a means of achieving social stability rather than social change, and elections become ‚dignified' parts of the constitution" (ebd.: 21f.). Die Parteien befinden sich zwar noch im Wettbewerb miteinander, „but they do so in the knowledge that they share with their competitors a mutual interest in collective organizational survival and, in some cases, even the limited incentive to compete has actually been replaced by a positive incentive not to compete" (Katz/Mair 1995:19). Typisch für Oligopole, wird neuen Wettbewerbern der Zugang zum Markt erschwert bzw. werden diese vom bestehenden Kartell „kooptiert". „Andererseits vermuten Katz und Mair einen Zusammenhang zwischen der Entstehung von ‚Kartellparteien' und dem Aufstieg rechtspopulistischer Parteien, welcher als ‚Anti-Kartellparteien-Phänomen' beschrieben wird" (Helms 2001: 701)

Bei oberflächlicher Betrachtung könnten schnell einige Aspekte von Kartellparteien im Parteiensystem der Schweiz wieder gefunden werden. Aus dieser Perspektive ist der Bundesrat ein Parteienkartell und die Zauberformel ein Mittel, um kleinere Parteien wirksam und dauerhaft von der Regierung auszuschließen, um sich die mit dem Regieren verbundenen Ressourcen (mit höherem Gewinn) untereinander aufteilen zu können. Dieser Gewinn muss nicht notwendigerweise direkt in monetärer Form sichtbar sein, sondern könnte auch in der Anzahl ‚eigener' Departement und dem damit verbundenen diskretionären Spielraum der Departementsvorsteher interpretiert werden. Der elektorale Aufstieg der SVP seit Mitte der 1990er Jahre lässt sich aus dieser Perspektive auch als Anti-Kartellparteien-Phänomen erklären.

Allerdings ist nach der Kartellparteien-These auch zu erwarten, dass die Parteien des „Bundesrats-Kartells" eine exklusiv auf sie zugeschnittene staatliche Parteienfinanzierung einführen müssten. Dies wie auch eine umfangreichere Mediatisierung weiterer staatlicher Ressourcen durch die Bundesrats-Parteien sind aber nicht erkennbar, ebenso wenig eine Lockerung der Rückbindung der Parteiführung an die Basis bzw. Mitglieder oder eine Reduzierung direktdemokratischer Einflussmöglichkeiten. Allerdings kann angenommen werden, dass gerade durch letztere bestimmte Annahmen der Kartellparteien-These in der Schweiz nicht umgesetzt werden können. Die Kartellparteien-These müsste also durch Zusatzannahmen wie der Abwesenheit umfangreicher direktdemokratischer Instrumente ergänzt werden, wodurch die Erklärungskraft weiter reduziert würde (vgl. Poguntke 2002b). Tabelle 7-4 fasst die gebräuchlichen Parteitypen noch einmal zusammen. Sie sind nicht als ausschließliche, sondern als überlappende Merkmalsbeschreibungen der sich wandelnden Parteien zu verstehen. Sie beschreiben verschiedene, bei einzelnen Parteien gleichzeitig anzutreffende Merkmale.

Abschließend wird das Linkage-Konzept von Poguntke (2000, 2002a) kurz skizziert. Danach müssen eine Reihe institutioneller Verbindungen von Parteien, Staat und Gesellschaft unterschieden werden, um die Funktionen und Entwicklungen von Parteien genauer bestimmen zu können. Solche Verbindungen bestehen etwa durch die Parteimitglieder und ihre Bereitschaft zur Unterstützung oder durch Vorfeldorganisationen und ihre Mobilisierungsbereitschaft.

Sozialer Wandel wird von Parteien insbesondere durch solche Verlinkungen als Herausforderung wahrgenommen, auf die je individuell zu reagieren ist (Poguntke 2004).

Tab. 7-4: Parteitypen nach Katz

	Elite, caucus, or cadre party	Mass party	Catch all party	Cartel party	Business firm party
Period of dominance	Rise of parliamentary government to mass suffrage.	Drive for mass suffrage to 1950s.	1950s to present.	1970s to present.	1990s to present.
Locus of origination	Parliamentary origin.	Extra-parliamentary origin.	Evolution of pre-existing parties.	Evolution of existing parties.	Extra-parliamentary initiative of political entrepreneurs.
Organizational structure	Minimal and local. Party central office subordinate to party in public office	Members organized in local branches. Central office responsible to an elected party congress.	Members organized in branches, but marginalized in decision-making. Central office subordinate to party in public office.	Central office dominated by party in public office, and largely replaced by hired consultants. Decisions ratified by plebiscite of members and supporters.	Minimal formal organization, with hierarchical control by the autonomous entrepreneur and his/her employees.
Nature and role of membership	Elites are the only 'members'.	Large and homogeneous membership. Leadership formally accountable to members.	Heterogeneous membership organized primarily as cheerleaders for elites.	Distinction between members and supporter blurred. Members seen as individuals rather than as an organized body.	Membership minimal and irrelevant.
Primary resource base	Personal wealth and connections.	Fees from members and ancillary organizations.	Contributions from interest groups and individuals.	State subsidies.	Corporate resources.

Quelle: Katz 2011: 226.

7.3 Die Organisation der Parteien

Die Organisation einer Partei kann nach verschiedenen Merkmalen untersucht werden, etwa nach der horizontalen (regionalen) und die vertikalen (föderalen) Dimension. Die föderale Organisationsstruktur der Parteien in der Schweiz untergliedert sich in bis zu fünf Ebenen, wobei die kantonale Ebene entscheidend ist. Daneben gibt es die nationale Ebene als ein Zusammenschluss der kantonalen Verbände, sowie die Bezirksebene, die einige Gemeinden umfassende lokale Ebene und schließlich die Quartiers- und Kreisebene. In der horizontalen (regionalen) Dimension unterscheiden sich die Parteien deutlich voneinander. Die traditionellen Parteien sind meist in allen Kantonen mit einem eigenen Verband vertreten, wenn auch mit regional unterschiedlichen Mitgliederzahlen. Jüngere Parteien wie die Grünliberalen (GLP) und die Bürgerlich-Demokratische Partei (BDP), die sich aus kantonalen Abspaltungen von „Mutterparteien" entwickelt haben, haben dagegen mit der horizontalen Präsenz deutlich größere Probleme (vgl. Kap. 8.4).

Neben der horizontalen und vertikalen Dimension lässt sich auch eine funktionale Differenzierung der Parteiorganisation vornehmen. Katz/Mair (1993) haben drei Bereiche unterschieden: die parlamentarischen Partei (party in public office), der Parteibasis (party on the ground) und der Parteizentrale (party central office), die in jeweils unterschiedliche funktionale Kontexte eingebunden sind (Tab. 7-5).

Tab. 7-5: Funktionale Organisationbereiche von Parteien

Parteibasis	Parteimitglieder sowie alle Personen, die die Partei regelmäßig unterstützen (Stammwähler). Motive sind z.b. die Unterstützung bestimmter policies und Parteiziele oder symbolisch-expressive Handlungsziele.	Rekrutierung und Motivation
Parteizentrale	Parteiführung und deren Mitarbeiterstab in der Parteizentrale. Zusätzlich lässt sich ein erweiterter Vorstand unterscheiden, in dem auch die regionalen Parteiführungen vertreten sein können („mittleres Management"), z.B. durch ex officio-Mitgliedschaft.	Führung und Programm
Amtsträger	Gewählte Mitglieder der Partei in Parlamenten, Regierungen und politischen Verwaltungsämtern. Meist großes Wiederwahlinteresse.	Wiederwahl und Policies

Quelle: Nach Katz/Mair 1993: 595ff., Jarren/Donges 2011: 139, eigene Ergänzung.

Die Parteibasis entspricht der Mitgliederschaft der Parteien. Von den insgesamt ca. 300.000 Parteimitgliedern im Jahr 1999 entfielen etwa 260.000 auf die damals vier Bundesratsparteien. Mitgliederstärkste Partei ist nach wie vor die FDP mit ca. 120.000 Mitgliedern, gefolgt von der CVP mit ca. 100.000 Mitgliedern und der SVP etwa 90.000 Mitgliedern. Erst auf dem vierten Platz der von den Parteien berichteten Zahlen befindet sich die SP mit ca. 35.000 Mitgliedern.

Für Ende der 1990er Jahren kann ein Mitgliederanteil an der Summe der Stimmberechtigten von 6–7% angenommen werden (Ladner/Brändle 1999: 10). Die mitgliederstärksten Kantonalparteien Ende der 1990er Jahre sind nach Ladner/Brändle (1999: 12) die SVP Bern (27.000), die FDP Zürich (18.774), die CVP Luzern (13.000), die SVP Zürich (11.800) die CVP St. Gallen (11.000) und die FDP Bern (10.929).

Da die Parteien selbst keine genauen Mitgliederzahlen veröffentlichen und insbesondere die bürgerlichen Parteien auch abgestufte Mitgliedschaften kennen (z.B. „Sympathisanten"), ist die Bestimmung der Mitgliederzahl nicht einfach. Die Tabelle 7-6 zur Mitgliederentwicklung der Parteien ist also nur als Näherung zu verstehen. Trotz dieser Einschränkung kann versucht werden, daraus den gesellschaftlichen Organisationsgrad der Parteien zu extrapolieren. Legt man den Stand von 2011 mit 370.600 Mitgliedern zugrunde, dann ergibt sich bei einer ständigen Wohnbevölkerung von 7.954.700 ein Organisationsgrad von 4,65%. Legt man nur die Anzahl der schweizerischen Staatsbürger zugrunde (6.138.700), dann erhöht sich der Organisationsgrad auf 6%.

Zwar lässt sich für die Schweiz auch eine Erosion der Parteimitgliedschaften beobachten, im westeuropäischen Vergleich ist die Schweiz mit einem Organisationsgrad von über 4% in 2011 aber noch deutlich über dem Niveau vieler Staaten in den 1990er Jahren, einschließlich der Nachbarländer Deutschland, Frankreich und Italien (Tab. 7-7). Einen überdurchschnittlichen Organisationsgrad in den 1990er Jahren hatten Österreich, die nordischen Länder und Belgien. Dies lässt sich sowohl durch die konkordanzdemokratischen als auch durch die

korporatistischen Merkmale in diesen Staaten erklären, die die politische Kultur in diesen
Ländern stark geprägt haben.

Tab. 7-6: Die Mitgliederentwicklung der Parteien im Überblick

	1999	2007	2008	2009	2010	2011
FDP	87.297	120.000	120.000	130.000	130.000	120.000
SP	37.818	35.000	35.000	35.000	35.000	35.000
CVP	74.391	100.000	100.000	100.000	100.000	100.000
SVP	59.150	85.000	85.000	85.000	90.000	90.000
GPS	6.081	6.000	6.500	6.500	6.500	7.500
GLP		1.000	1.000	2.000	2.700	3650
BDP			4.500	5.500	6.500	6500
LPS	10.652	20.000				
EVP	3.764	4.500	4.700	4.800	4.800	4700
FPS	5919					
EDU	1732	2.500	2.500	2.800	3.000	
LdU	2.751					
AL					2.000	
CSP*		1.500	1500	1.500	1.500	250
SD	5.450					
Lega		1.500	1500	1.500	1.500	1500
MCG						1500
PdA	1895	2.000	2000	2.000		
Gesamt	296.900	379.000	364.200	376.600	383.500	370.600

Quelle: Ladner/Brändle (1999: 11) für 1999; 2007–2011: Der Bund kurz erklärt; * 2011: CSP Obwalden.

Tab. 7-7: Organisationsgrad westeuropäischer Parteien (1950er bis 1990er Jahre)

	1950er Jahre	1960er Jahre	1970 Jahre	1980er Jahre	1990er Jahre
Belgien	–	9,8	10,0	9,1	7,6
Dänemark	15,7	14,3	14,0	7,5	3,1
Deutschland	2,9	2,7	3,7	4,5	3,2
Finnland	16,4	19,1	17,2	14,4	10,5
Frankreich	7,5	2,2	1,9	3,1	1,5
Großbritannien	10,0	9,0	6,2	3,8	1,9
Irland	–	–	4,6	4,5	3,4
Italien	13,9	12,7	12,8	7,1	3,2
Niederlande	11,4	9,5	4,4	4,1	2,2
Norwegen	–	16,0	12,8	13,4	7,9
Österreich	23,9	26,2	25,9	24,2	17,1
Schweden	23,4	22,0	19,6	23,7	7,1
Schweiz	–	23,4	10,4	9,1	8,7
Mittelwert	13,9	13,9	11,03	9,88	5,95

Quelle: Scarrow 2000: 90, zit. nach Saalfeld 2007: 139, MW eigene Berechnung.

Ein wichtiger Indikator für den Professionalisierungsgrad der Parteien ist das von ihnen
beschäftigte hauptamtliche Personal. Dabei ist das Milizsystem zu berücksichtigen, dass auf
einem hohen ehrenamtlichen bzw. nebenberuflichen Engagement der aktiven Parteimitglie-

der beruht. In der Studie von Ladner/Brändle (1999) wurden die Stellenprozente der Kantonalparteien für den Zeitraum 1960 bis 1997 erhoben. Insgesamt wurde in der Studie eine erheblich gestiegene Professionalisierung bei den Kantonalparteien im Untersuchungszeitraum festgestellt. Die Zahl der Vollzeitstellen stieg von rund 25 auf 91 an: „Dies entspricht einer Steigerung von knapp 370 Prozent. Die Zahl der professionalisierten Kantonalparteien hat sich von rund 30 auf 90 erhöht. Damit besitzen rund 45 Prozent aller Kantonalparteien ein Parteisekretariat mit Angestellten. FDP, CVP, SVP und SP (68 Kantonalparteien) nehmen mit 74 Stellen und 133 Angestellten den weitaus größten Anteil in Anspruch" (Ladner/Brändle 1999: 14).

Tab. 7-8: Professionalisierung der Kantonalparteien 1960–1997 (absolute Zahlen)

Partei	Stellenprozente total 1960 (N)	Stellenprozente total 1970 (N)	Stellenprozente total 1980 (N)	Stellenprozente total 1990 (N)	Stellenprozente total 1997 (N)
FDP	560 (9)	1340 (13)	2560 (17)	2510 (19)	2790 (22)
CVP	430 (4)	970 (9)	1115 (14)	1715 (17)	1645 (18)
SVP	435 (4)	465 (5)	625 (5)	765 (6)	795 (8)
SP	390 (5)	640 (7)	1125 (12)	1825 (17)	2165 (20)
Summe BR-Parteien	1815 (22)	3415 (34)	5425 (48)	6815 (59)	7395 (68)
LdU	400 (3)	495 (5)	545 (6)	495 (6)	190 (3)
EVP	20 (1)	50 (1)	100 (1)	120 (2)	150 (2)
LPS	140 (1)	140 (1)	640 (3)	610 (3)	660 (3)
GPS			120 (2)	505 (8)	450 (9)
FPS				50 (1)	50 (1)
EDU					20 (1)
PdA	100 (1)	200 (2)	255 (3)	230 (3)	200 (2)
Summe Andere	660 (6)	885 (9)	1660 (15)	2010 (23)	1720 (21)
Alle	2475 (28)	4300 (43)	7085 (63)	8825 (82)	9115 (89)

Quelle: Ladner/Brändle 1999: 15

Im Querschnitt für das Jahr 1997 haben 22 Kantonalparteien der FDP (mit knapp 2.800 Stellenprozenten) und 20 der SP (mit 2.165 Stellenprozenten) am meisten eigenes Personal beschäftigt. Von den vier großen Parteien war zu diesem Zeitpunkt die SVP mit Abstand am geringsten professionalisiert. Die Grünen hatten zwar in einem Kanton mehr hauptamtliches Personal als die SVP beschäftigt, allerdings mit niedrigeren Stellenprozenten.

Bei den Vollzeitstellen zeigen sich auf kantonaler Ebene auch bei den professionalisierten Parteien erhebliche Unterschiede. „Über 45 Prozent der FDP- und SP-Kantonalparteien haben mehr als eine Vollzeitstelle, bei der CVP beträgt dieser Anteil 34 Prozent. In zwei Kantonen besitzt die SVP große Sekretariate mit zwischen zwei und drei Vollzeitstellen (25%), in allen anderen weniger als eine Vollzeitstelle. Die größten Sekretariate finden sich bei zwei SP- und einer FDP-Kantonalpartei, die zwischen 3 und 5 Vollzeitstellen eingerichtet haben" (Ladner/Brändle 1999: 15).

7.4   Die Finanzierung der Parteien

Eine brisante Frage ist die Finanzierung der Parteien. Eine staatliche Parteienfinanzierung existiert nicht und wäre mit dem bislang praktizierten Milizsystem auch kaum vereinbar. Allerdings gibt es (geringe) Zuschüsse für die Arbeit der Fraktionen sowie vergünstigte Posttarife und kostenlose Sendezeit im öffentlich-rechtlichen Radio- und Fernsehen während des Wahlkampfs. Auch eine Pflicht zur Deklaration von Parteispenden oder zur Offenlegung von Parteifinanzen existiert nicht. Schwache Parteien und eine starke Präsenz wirtschaftlicher und gesellschaftlicher Organisationen in der Politik waren lange Zeit als wünschenswert angesehen worden, solange sie sich nicht zu Lasten des Gemeinwohls oder schwacher Interessen produzierten.

Offenlegungspflichten für Parteieinkünfte, so wird von deren Gegnern argumentiert, könnten möglicherweise Spender abschrecken, die Parteien in ihrer Willensbildungsfunktion schwächen und möglicherweise neue Belastungen für den Staat bzw. die Steuerzahler bedeuten. Auch könnten Begehrlichkeiten der nationalen Parteien geweckt werden und politische Gegner Einblicke in die Parteifinanzen erhalten (Ladner/Brändle 1999: 18). Jedoch scheinen solche Argumente immer weniger zu überzeugen.

Internationale Kritik an der Praxis der Parteienfinanzierung wird z.B. von der OSZE und Transparency International geäußert. Da nicht alle Parteien gleichermaßen von Spenden der Wirtschaft profitieren, stößt die Forderung nach mehr Transparenz auch dort auf unterschiedliche Resonanz. Das Thema der privaten Parteienfinanzierung und ihrer Transparenz wurde mehrfach von Transparenz-Initiativen auf die Agenda gesetzt. Eine Initiative, dass National- und Ständeräte zukünftig ihre Nebeneinnahmen deklarieren sollten, scheiterte 2012 am erforderlichen Unterschriftenquorum.

Da die Finanzierung der Parteien mit Ausnahme der staatlichen Fraktionszuschüsse vollständig privat erfolgt, sind auch Regelungen zur Rechenschaftspflicht der Parteifinanzen so gut wie nicht existent. Die Haupteinnahmequellen der Parteien sind private Spenden, Beiträge von Mitgliedern und Abgaben von Mandatsträgern, die nach den Vorgaben des Vereinsrechts verwaltet werden. Auch in anderen Ländern wie z.B. in Großbritannien sind Parteien privatrechtliche Vereinigungen, die sich primär aus Spenden und Mitgliedsbeiträgen finanzieren (allerdings auch mit einer bescheidenen staatlichen Alimentierung), ohne dass auf Regulierung und Transparenzregeln verzichtet wurde.

Die Finanzbeziehungen zwischen der kantonalen und der Bundesebene sind nur schwach institutionalisiert, was aus Befürchtungen der kantonalen Parteien vor Ansprüchen des nationalen Parteiverbandes resultiert. „Der direkte Zugriff auf Einzelmitglieder – etwa für nationale Spendenaktionen – ist denn auch nur bei der SPS möglich, da sie als einzige Partei über ein zentrales Mitgliederregister verfügt" (Ladner/Brändle 1999: 18). Da eine wesentliche Einnahmequelle der Lokal- und Kantonalparteien die Mitgliedsbeiträge sind, über die die Bundespartei nicht verfügt, ist auf den unteren Ebenen eine größere Kontinuität gegeben. Dagegen finanzieren sich die Bundesparteien stärker durch Spenden, deren Aufkommen stärker schwanken kann. Die im vorigen Kapitel skizzierte relativ niedrige Professionalisierung der nationalen Ebene der Parteien resultiert auch aus deren prekärer Einnahmesituation. Nach Ladner/Brändle (1999: 18) hatten die 120 befragten Kantonalparteien Ende der 1990er Jahre im letzten Wahljahr insgesamt 27,7 Mio. Franken zur Verfügung, gegenüber 15,6 Mio. Franken (117 Kantonalparteien) im letzten Nicht-Wahljahr. In Wahljahren ist das Budget der

Kantonalparteien um ca. 170% höher als in Nicht-Wahljahren mit wiederum beträchtlichen Unterschieden zwischen Kantonen und Parteien. Besonders hohe Ausgabensteigerungen in Wahljahren verzeichneten die Schweizer Demokraten (305%) sowie die SVP mit 217%, gefolgt von CVP und EVP mit ca. 195%. In absoluten Zahlen verzeichneten die LPS und die FDP die höchsten Wahljahr-Budgets, gefolgt von LdU und dann erst den restlichen Bundesratsparteien SP, CVP und SVP (Tab. 7-9). „Die finanzschwächsten Parteien waren die SD, FPS, EDU und EVP, die im letzten Wahljahr über durchschnittliche Budgets von weniger als 60.000 Fr. verfügten. Mit 106.000 Fr. hebt sich die Grüne Partei deutlich von diesen Parteien ab. Die finanzstärksten Nicht-Bundesratsparteien sind allerdings die LPS, der LdU und die PdA. Bemerkenswert sind insbesondere die Werte der Liberalen, deren durchschnittliches Budget sowohl im Wahljahr wie auch im letzten Nicht-Wahljahr dasjenige der Bundesratsparteien übertrifft" (Ladner/Brändle 1999: 19).

Tab. 7-9: Durchschnittliche Budgets der Kantonalparteien Ende der 1990er Jahre

Partei	Budget im letzten Wahljahr (Mittelwerte)	Budget im letzten Nicht-Wahljahr (Mittelwerte)	Budget Wahljahr / Budget Nicht-Wahljahr in Prozent	N
FDP	307000	177000	174	21
CVP	273000	140000	195	21
SVP	263000	121000	217	17
SP	294000	204000	144	19
LdU	290000	170000	171	3
EVP	45000	23000	196	6
LPS	312000	229000	136	5
GPS	10600	66000	161	12
FPS	21000	12000	175	3
SD	36600	12000	305	5
EDU	54000	30000	180	3
PdA	206000	137600	150	5
MW	230000	133000	173	120

Quelle: Ladner/Brändle 1999: 19.

Tab. 7-10: Einnahmenstruktur der Kantonalparteien (letztes Nicht-Wahljahr vor 1997)

	FDP (N=25)	CVP (N=22)	SVP (N=20)	SP (N=21)
Spenden von Nichtmitgliedern	9	8	9	3
Mandatsabgaben	18	32	26	33
Abgaben der Ortsparteien	29	21	21	15
direkte freiwillige Mitgliederbeiträge	16	10	15	12
direkte obligat. Mitgliederbeiträge	8	12	23	32
anderes	20	17	6	5

Quelle: Ladner/Brändle 1999: 21.

Die Ausgaben auf nationaler Ebene in der zweiten Hälfte der 1990er Jahre werden auf jährlich 10,5 bis 12 Mio. Franken geschätzt. „Auf kantonaler Ebene beträgt das Volumen in einem Nichtwahljahr Mitte der 1990er Jahre vorsichtig geschätzt 18 bis 20 Mio. Franken, in einem Wahljahr rund 30 bis 34 Mio. Franken. [...] Das Gesamtvolumen auf allen Ebenen beläuft sich entsprechend diesen Schätzungen auf 40 bis 44 Mio. Franken in Nicht-Wahljahren und auf mehr als 60 Mio. Franken in Wahljahren" (Ladner/Brändle 1999: 24). Im

Wahlkampf 2003 lagen die Ausgaben für alle Parteien zusammen bei 16 Millionen Franken, 2007 bei geschätzten 25-30 Millionen. Der Anstieg wird insb. auf Mittel der SVP zurückgeführt. Mit geschätzten 15 bis 20 Millionen Franken hatte allein die SVP mehr Geld zur Verfügung als alle anderen Parteien zusammen (Church 2008: 611). Alleine die individuellen Ausgaben aller Kandidaten werden auf insgesamt mindestens 25 Mill. Franken geschätzt. Hinzu kommt noch einmal circa der gleiche Betrag für die Ausgaben der Parteien auf den verschiedenen Ebenen. Pro Kopf der Stimmberechtigten kommen somit etwa 5 Franken zusammen, was in etwa dem Durchschnitt in westlichen Demokratien entspricht (ebd.).

Die durchschnittlichen Jahresbudgets der vier Regierungsparteien auf nationaler Ebene werden auf ca. 3 Millionen Franken geschätzt. Dabei haben die Parteien unterschiedliche Schwerpunkte bei der Art der Einnahmen. Die SP finanziert sich auf nationaler Ebene stärker aus Mitgliederbeiträgen und Abgaben der Mandatsträger, die bürgerlichen Parteien stärker durch Spenden. So wird z.B. auch für die Platzierung auf vorderen Listenplätzen von einigen Parteien eine Spende des Kandidaten erwartet. „Kandidaten der Zürcher FDP sind immerhin bereit, tief ins Portemonnaie zu greifen: Die Listenplätze 1 bis 4 kosten 40.000 Franken, die Plätze 5 und 6 je 25.000 Franken" (NZZ, 30.4.2011). Neben solchen Beiträgen für attraktive Listenplätze (allerdings auf offenen Listen) sind Abgeordnetenbeiträge an die Partei eine weitere Einnahmequelle, auf die insbesondere Kleinparteien und nicht im Bundesrat vertretene Parteien angewiesen sind.

Aber auch bei Bundesratsparteien spielen Beiträge eine wichtige Rolle. Von den ca. 1,3 Mill. Franken, die die Zürcher SP jährlich einnimmt, stammen rund 90% aus Beiträgen. Darunter fallen sowohl die einfachen Mitgliederbeiträge wie auch die „Parteiausgleichsbeiträge" (PAB) und weiterer Abgaben von Parteimitgliedern in Behörde, Gerichten oder einem Parlament. „Die Parteiausgleichsbeiträge werden auf der Basis des steuerbaren Einkommens berechnet und betragen zwischen 5 Promille und 12 Prozent je 1000 Franken. Wer als SP-Mitglied ein Vollamt ausübt, zum Beispiel als Richter oder Regierungsrat, legt noch 30 Prozent dazu. Kantons- und Nationalräte liefern zusätzlich zum PAB bis 20 Prozent ihrer Entschädigung ab. Allein die Vollämter, die Sozialdemokraten innehaben, bescheren der [Zürcher] Partei rund 150000 Franken pro Jahr" (NZZ, 08.07.2008: 37). Drastische Verluste oder Gewinne der Partei bei Wahlen wirken sich dadurch auch unmittelbar auf die Einnahmesituation der Partei aus. Neben dem Verlust von Mandaten wirkt sich auch der Mitgliederverlust, besonders bei stark beitragsfinanzierten Parteien wie der SP, negativ auf die Parteikassen aus, fallen doch gleich zwei Einnahmequellen (Mitgliederbeiträge und PAB) weg.

Für nationale und internationale Kritik an der privaten Parteienfinanzierung sorgt regelmäßig deren Intransparenz, die im Vergleich westlicher Demokratien einen Sonderfall darstellt. In Ländern ohne staatliche Parteienfinanzierung, in denen sich die Parteien ausschließlich von Mitgliederbeiträgen, Spenden und Abgeordnetenabgaben finanzieren, gibt es immerhin eine Pflicht, die Herkunft der Spenden ab einer bestimmen Größenordnung zu veröffentlichen. In der Schweiz besteht eine solche Regelung nur in den Kantonen Genf und Tessin.

Organisation wie Transparency International rücken die Intransparenz der Parteienfinanzierung in der Schweiz in die Nähe von Korruption und auch die OSZE wünscht sich mehr Transparenz in der schweizerischen Parteienfinanzierung. So ist die Schweiz das einzige der 49 Mitglieder von Greco, einer aus dem Europarat entstandenen Einrichtung zur Korruptionsbekämpfung, das „keine Regeln kennt für die Finanzierung von Parteien, Wahlkampagnen oder Volksabstimmungen. [...] Alle bürgerlichen Parteien erhalten von allen Grossbanken Spenden, und alle wissen das" (NZZ, 14.5.2011: 30). Einige Großbanken haben inzwischen angekündigt, ihre Parteispenden freiwillig zu veröffentlichen. Die UBS kommt in 2012 auf etwa eine Millionen Franken.

Obergrenzen für Wahlkampfausgaben existieren z.B. in Frankreich und Großbritannien. Allgemein lässt sich zwischen den relativ unreglementierten Systemen der Parteienfinanzierung ohne (größere) staatliche Beteiligung in den USA und der Schweiz und stärker regulierten Systemen mit direkter staatlicher Parteienfinanzierung in vielen EU-Mitgliedsstaaten unterscheiden, in denen die Parteien in Abhängigkeit vom erzielten Ergebnis staatliche Zuschüsse erhalten (Naßmacher 2006).

Tab. 7-11: Regelungen zur staatlichen und privaten Parteienfinanzierung im Vergleich

Deutschland	Staatliche Teilfinanzierung der Parteien (z.B. 0,7 € je gültiger Listenstimme), die die Summe der selbst erwirtschafteten Einnahmen nicht übersteigen darf (BVerfGE 85, 264). Staatliche Kontrolle der Parteifinanzen und Offenlegungspflicht (§ 23 PartG). Verbot bestimmter Zuwendungen (§ 25 PartG) und Sanktionsmöglichkeiten (§ 31 c).
Großbritannien	Keine direkte staatliche Parteienfinanzierung, aber Oppositionsführer wird (zusätzlich) besoldet. Staatliche Unterstützung für die im Unterhaus vertretenen Oppositionsparteien. Offenlegungspflicht gegenüber der Electoral Commission. Obergrenzen für Wahlkampfausgaben nach dem Political Parties, Elections and Referendums Act 2000 .
Schweiz	Keine staatliche Parteienfinanzierung, aber Mittel für die Fraktionen nach dem Parlamentsressourcengesetz (Art. 12 PRG). Danach erhalten die Fraktionen einen jährlichen Grundbetrag und einem Beitrag pro Fraktionsmitglied. Keine Offenlegungspflicht für Parteispenden und sonstige Einnahmen und Ausgaben
USA	Direkte staatliche Parteienfinanzierung nur in den Primaries und im Hauptwahlkampf. Indirekte Unterstützung durch Interessengruppen (Political Action Committes) und direkte Werbung durch Firmen und Gewerkschaften möglich. Offenlegungspflicht für Parteispenden und Höchstbetrag für Spenden von Privaten an Kandidaten (Bipartisan Campaign Reform Act, BCRA 2002).

Quelle: Eigene Zusammenstellung.

Tab. 7-12: Regulierung der Parteienfinanzierung im Vergleich

	AT	BE	CH	DE	FR	IT	NL	UK
Is there a system of regulation for the financing of political parties?	Yes	Yes	No	Yes	Yes	Yes	Yes	Yes
Do political parties have to disclose contributions received?	No	Yes	No	Yes	Yes	Yes	Yes	Yes
Is there a ceiling on contributions to political parties	No	Yes	No	No	Yes	Yes	No	No
Provision for public disclosure of expenditure by political parties?	No	Yes	No	Yes	Yes	Yes	No	Yes
Do political parties receive direct public funding?	Yes	Yes	Yes*	Yes	Yes	Yes	Yes	Yes
Are political parties entitled to free media access?	No	Yes	No	Yes	Yes	Yes	Yes	Yes
Are donors to parties entitled to any tax relief?	No	No	Yes	Yes	Yes	Yes	Yes	No

Quelle: Austin/Tjernström 2003: 185-223 (eigene Auswahl). * Gemeint sind die Fraktionszuschüsse.

Die Abwesenheit einer staatlichen Regulierung der (öffentlichen und) privaten Parteienfinanzierung in der Schweiz wird z.B. aus dem umfangreichen Vergleich des IDEA-Handbuches zur Parteien- und Wahlkampffinanzierung (Austin//Tjernström 2003) deutlich, aus dem in

Tabelle 7-12 einige Merkmale vorgestellt werden. So fällt etwa auf, dass auch in Österreich keine Offenlegungspflicht für die Parteieinkünfte besteht und das die Schweiz das einzige Land ist, das ohne ein System zur Regulierung der Parteienfinanzierung auskommt.

7.5   Die sozialstrukturellen Profile der Parteien

Die Schweizerischen Parteien unterscheiden sich in ihrem programmatischen Profil und den daraus resultierenden Profilen der Wählerschaft erheblich. In einer Umfrage Anfang Oktober 2011 unter Parteianhängern wurden diese um eine Selbsteinstufung auf einer Rechts-Links-Skala gebeten, wobei die Werte 0 für ganz links, 5 für Mitte und 10 für ganz rechts stehen. Teilnehmende mit der Absicht, die Grünen zu wählen, erreichten einen Durchschnittswert von 2,8, die der SP von 2,9, die der GLP von 4,5, die der CVP von 5,2, die der BDP von 5,5, die der FDP von 6,1 und die der SVP von 7,5.[17]

Bei der Nationalratswahl 2011 profitierten die Parteien der „neuen Mitte" GLP und BDP stark von der Unterstützung der jüngeren Altersgruppen. Bei der GLP kam noch die überdurchschnittliche Unterstützung durch die mittlere Altersgruppe hinzu, bei der BDP die der Rentner. Beide Parteien konnten in großen Agglomerationen überdurchschnittlich abschneiden, die GLP auch in mittleren und kleinen Agglomerationsgemeinden.

Ein hoher Bildungsabschluss und überdurchschnittliches Haushaltseinkommen, aber auch sehr niedriges Einkommen sind weitere Merkmale der GLP-Wählerschaft. Die BDP-Wählerschaft dagegen hat bei diesen Merkmalen keine Abweichungen vom Durchschnitt und „gleicht eher einer neuen, kleinen Volkspartei" (Longchamp/GfS.Bern 2011: 22). Beide neuen Parteien werden stärker von Mitgliedern der reformierten Konfession unterstützt, die GLP zusätzlich von den Konfessionslosen.

Tab. 7-13: Überrepräsentierte soziale Merkmale im Profil der Wählerschaft nach Parteien

	GPS	SP	GLP	CVP	BDP	FDP	SVP
Geschlecht	**Frauen**	**Frauen**	–		Frauen	**Männer**	Männer
Alter	**Junge Mittlere**	Junge	Junge Mittlere	**Alte**	Junge Alte	Alte	**Mittlere**
Siedlungsart	Große Agglo.	Große Agglo.	Kl./mittl. große Agglo.	**Land kl./mittl. Agglo.**	Land Große Agglo	Kleine/mittlere Agglo.	Land
Schulbildung	hoch	hoch	**tief hoch**	**tief**	–	hoch	**Tief mittel**
Haushaltseinkommen	3–5000 5–7000 9–11000	3–5000 5–7000 9–11000	**9–11000 >11000**	3–5000 5–7000	–	**>11000**	**<3000 3–5000**
Konfession	ref. keine	**keine**	**ref. keine**	**kath.**	**ref.**	ref.	ref.

Quelle: Longchamp/GfS.Bern 2011: 23. Anm.: Hervorhebungen im Original.

Bei den Parteien CVP, FDP und SVP fällt eine schwächere Unterstützung durch Jungwähler und in den großen Agglomerationen auf. Während die FDP (wie auch die GLP) besonders

---

[17]   https://kunden.gfsbern.ch/Monitore/Wahlbarometer2011.aspx; Variable w1xgrV [02.11.2012].

bei hohem Einkommen punkten konnte, liegt der Schwerpunkt von CVP und deutlicher noch von der SVP im unteren und mittleren Einkommensbereich. Hinsichtlich der Konfessionen fällt eine starke Konzentration der Konfessionslosen im Spektrum der Mitte-Links-Partien auf und der Katholiken bei der CVP (ebd.: 23). Eine detailliertere Übersicht zum Profil der Wählerschaft liegt zu den Nationalratswahlen 2007 vor. Sie zeigt, wie sich die unterschiedlichen programmatischen Schwerpunkte der fünf größten Parteien auf das soziodemographische Profil ihrer Wählerschaft auswirken (Tab. 7-14).

Tab. 7-14: Soziodemographisches Profil der fünf größten Parteien 2007

	SVP	FDP	CPV	SPS	Grüne
Frauen	−3	−2	3	3	2
Männer	3	2	−3	−2	−1
18–39 Jahre	−10	−1	1	4	5
40–65 Jahre	−3	−1	0	3	1
65j und älter	10	3	−1	−5	−5
Land	6	−1	0	−3	−3
Mittlere Agglomerationen	−8	3	4	1	−2
Große Agglomerationen	−5	−1	−4	3	5
Erwerbstätig	−5	1	−1	3	3
nicht erwerbstätig	7	−1	1	−4	−5
Haushaltseinkommen bis 3000 CHF	14	0	1	−3	−5
3000–5000 CHF	13	−5	−6	0	−2
5000–7000 CHF	0	−4	5	4	5
7000–9000 CHF	−6	1	−5	2	2
über 9000 CHF	−11	5	3	−1	0
Kader	−7	13	9	−16	−4
Selbstständig	7	5	−2	−7	0
einfache Angestellte	−5	−5	5	6	1
mittlere Angestellte	1	0	−7	−1	3
öffentlicher Dienst	−16	−5	−2	14	7
hohe Bildung	−11	4	−2	3	4
mittlere Bildung	8	−4	2	−1	−3
niedrige Bildung	14	−3	3	−8	−3
Katholisch	−3	1	15	−3	−4
Protestantisch	5	4	−11	−1	1
Konfessionslos	−6	−9	−11	11	9

Quelle: Krumm 2008, nach Daten von Gfs.Bern 2007: 25. Abweichungen vom Durchschnitt des Elektorats.

8   Schweizer Parteiensystem(e)

8.1   Wozu Parteiensysteme?

Parteiensysteme sind Ausdruck eines mehr oder weniger intensiven Wettbewerbs von mindestens zwei Parteien um die Unterstützung der Wähler für die Durchsetzung von konkurrierenden Programmen und die kompetitive, zeitlich befristete Besetzung politischer Ämter und Mandate. Die Systeme des Parteienwettbewerbs sind aus verschiedenen theoretischen Perspektiven analysiert worden. Aus der soziologischen Globalperspektive der Gesellschaft wird das politische System mit der Funktion der autoritativen Allokation von Werten (Easton) bzw. dem Treffen und Durchsetzen von kollektiv bindenden Entscheidungen in Verbindung gebracht. Staat (als Regierung/Parlament und Verwaltung), Parteien und „Publikum" sind aus systemtheoretischer Perspektive dann interne Differenzierungen des politischen Systems (Luhmann 2000: 117).

Der Parteienkonkurrenz kommt dabei die Aufgabe zu, Problemlagen zu entdecken (ggf. zu erfinden), zu thematisieren und als Forderungen an das Zentrum des politische Systems, den Staat, zu adressieren (ebd.: 139). Die Parteienkonkurrenz bedient eine programmatische und personelle „Zulieferungsfunktion" für den Entscheidungsbedarf im Zentrum des politischen Systems, bei Regierung und Parlament. Die Thematisierungen und Forderungen (bei Easton auch: Unterstützungen) finden statt als Auseinandersetzungen um das richtig verstandene Gemeinwohl, was zugleich die Abweisung privater Interessen impliziert (ebd.: 121). Die Parteienkonkurrenz trägt somit zugleich die politische Funktion im engeren Sinn.

Stärker empirisch anschlussfähig ist die Erklärung der Entstehung von Parteiensystemen durch das Cleavage-Modell von Lipset und Rokkan (1967). Danach haben sich in zwei sozioökonomischen „Revolutionen" vier sozialstrukturelle Cleavages zu dauerhaften Konfliktsystemen institutionalisiert, die sich auch auf die Struktur moderner Parteiensysteme auswirken. Cleavages sind langfristig stabile, multidimensionale gesellschaftliche Spaltungen in unterschiedliche Gruppen mit eigenen Identitäten. Sie sind zu unterscheiden von sprachlichen, ethnischen und religiösen Identitäten, die lediglich eine Dimension des Cleavage-Konzepts ausmachen.

Neben dieser sozialen Dimension, die auch sozialstrukturelle Merkmale wie ökonomische Schichtung umfassen kann, müssen noch eine kulturelle und eine politische Dimension hinzukommen. In der kulturellen Dimension tritt das Merkmal der gemeinsamen Identität bzw. der „Vergemeinschaftung" als Gruppe in den Vordergrund, erkennbar am Vorhandensein eines Zusammengehörigkeitsgefühls und geteilter Verhaltensnormen. In der politischen Dimension geht es schließlich um die Formulierung von gemeinsamen Interessen und deren Bündelung in durchsetzungsfähigen politischen Organisationen (z.B. Parteien und Interessenverbände). Erst in der politischen Dimension werden die unterschiedlichen Gruppen und

Identitäten konflikt- bzw. handlungsfähig (Caramani 2011, Lipset/Rokkan 1967, Bartolini/Mair 1990). Durch die unterschiedlich starke Ausprägung der einzelnen Cleavages erhalten Parteien- und Verbändesysteme eine individuelle Gestalt.

Die Fragestellung von Lipset (2003/1963, Lipset/Marks 2000), warum sich die Idee des Sozialismus in den USA nicht durchsetzten konnte, lässt sich auch auf die Schweiz übertragen. Allerdings waren sozialistische Ideen in der Schweiz nicht so chancenlos wie in den USA. Die entscheidende Phase waren die 1930er Jahre, als nach einem Erstarken der SP die Entscheidung für ein Konkordanzsystem und gegen ein alternierendes „Lagersystem" fiel. Armingeon (2003) führt die relative Schwäche sozialistischer bzw. sozialdemokratischer Parteien auf eine Inklusionsstrategie des bürgerlichen Lagers gegenüber der Arbeiterbewegung zurück. Auch die Abkopplung von früher Industrialisierung und später Urbanisierung (aufgrund der Kleinräumigkeit) werden als Gründe genannt (ebd.: 28).

Tab. 8-1: Politische Cleavages mit Beispielen aus der Schweiz

Phase	Zeitraum	Inhalte	Beispiele
Nationale Revolution	(Frühes) 19. Jahrhundert (Zensuswahlrecht)	Zentrum-Peripherie: Konflikt um administrative Zentralisierung und kulturelle Standardisierung	FDP vs. regionalistische und konföderale Kräfte
		Staat-Kirche: Konflikt zwischen Kirche und säkularisierter Gesellschaft über Privilegien und Einfluss der Kirche in Politik und Gesellschaft (z.B. Jesuitenverbot und Klöster)	FDP vs. Katholische Volkspartei (später CVP)
Industrielle Revolution	(Spätes) 19. Jahrhundert (Ausweitung des Wahlrechts)	Stadt-Land: Konflikt zwischen Industrie- und Agrarsektor um die Wirtschafts- und Handelspolitik (z.B. Freihandel vs. Schutzzölle)	FDP vs. Bauern- und Gewerbepartei (später SVP)
		Arbeiter-Unternehmer: Konflikt um Arbeitsbedingungen, Löhne, soziale Sicherung und das richtige Ausmaß staatlicher Interventionen in der Wirtschaft	FDP (bzw. bürgerlicher Block) vs. SPS

Quelle: Caramani 2011: 239, eigene Übersetzung und Ergänzung.

Den bei Lipset und Rokkan ursprünglich vier Cleavages sind inzwischen weitere Kandidaten hinzu gefügt worden, so etwa ein „internationalistisches" Cleavage, um die Spaltung von Sozialisten und Kommunisten im frühen 20. Jahrhundert abzubilden, sowie ein postmaterialistisches bzw. grünes Cleavage im Zuge des Wertewandels im späten 20. Jahrhundert (Inglehart 1977). Trotz – oder wegen – dieser Erweiterungen sind die ursprünglichen Cleavages in vielen Ländern sehr lange so stabil geblieben, dass man sogar vom „Einfrieren" der darauf basierenden Parteiensysteme von den 1920 bis 1960er Jahre gesprochen hat (Lipset/Rokkan 1967). In einigen Ländern gab es dabei aber auch Verzögerungen: In der Schweiz ist es auf Bundesebene erst mit der Phase der Zauberformel von 1959 bis 2003 zu einem Einfrieren des Parteiensystems auf Regierungsebene gekommen.

Gegenüber dem Cleavage-Modell könnte eingewendet werden, dass es lediglich „Nachvollzugshermeneutik" betreibe, also kein spezifisches Analyseinstrument beinhalte, um politische Entwicklungen bzw. Handlungen von innen heraus erklären zu können. Ein solches Instrumentarium steht mit der handlungstheoretischen Perspektive des methodologischen Individualismus bereit. Nach ihr ist politisches Handeln per se individuelle Nutzenmaximierung. Dem liegen das Axiom des „homo oeconomicus" zugrunde, dass von Autoren der Neuen Politischen Ökonomie (z.B. Downs 1957, Kirsch 2004) vom ökonomischen auf politisches Handeln übertragen wurde. Danach ist politisches Handeln primär eigennutzorientiert und „Gemeinwohl" entsteht höchstens als Nebenprodukt privater Ambitionen auf einem politischen Markt aus Politikanbietern (Parteien) und Nachfragern (Wählern): „Politische Parteien wollen nicht Wahlen gewinnen, um Politik zu machen; sie formulieren vielmehr Programme und Lösungsvorschläge, um Wahlen zu gewinnen. Mithin verhielten politische Parteien sich anders als es ihre Selbstdarstellung oder Gemeinwohltheorien nahelegten. Politische Parteien seien Unternehmen, die Produkte als Mittel zur Erzielung von politischem Gewinn herstellten, nicht um der Produkte willen" (Schmidt 2000: 215). Aus den Grundannahmen leitet Downs dann eine Reihe von Hypothesen über den Parteienwettbewerb ab:

- Allgemein gilt ein Primat des Amts- bzw. Mandatserwerbs (office-seeking, office-keeping) gegenüber der Programmdimension (policy-seeking).

- In Zweiparteiensystem kommt es bei einer unimodalen Verteilung der Wählerpräferenzen zu einer Politikkonvergenz der beiden Großparteien. Diese versuchen, sich möglichst nah am „Medianwähler" zu positionieren.

- In Zweiparteiensystemen kommt es eher zu einer Entideologisierung von Parteiprogrammen als in Vielparteiensystemen. In letzteren können es sich Parteien eher erlauben, spezifisch „ideologische" Programmpunkte in ihre Politik aufzunehmen.

- In Vielparteiensystemen ist die Politik der Koalitionsregierung weniger integriert und konsistent als die einer Einparteienregierung in Zweiparteiensystemen. Auch die Anreize, für eine solche Regierung, grundlegende gesellschaftliche Probleme zu lösen, seien geringer. „Hier feiert sie wieder fröhliche Urstände: die These von der besseren Problemlösefähigkeit der Zweiparteiensysteme" (Schmidt 2000: 216).

Downs Theorie erhebt den Anspruch, am beobachtbaren, tatsächlichen Wettbewerbsverhalten der Parteien empirisch überprüfbar zu sein. Tatsächlich ist sie dies auch, allerdings hat er sich auch einige Hintertüren offen gelassen. Einer der Kritikpunkte lautet, dass zentrale Begriffe wie z.B. Nutzenmaximierung so offen sind, dass jegliches empirisch beobachtbares Verhalten darunter subsumiert werden kann.

Insgesamt wirken sich solche theoretischen Ortsbestimmungen der organisierten Parteienkonkurrenz aber nur beschränkt auf die Ebene empirischer Analyse aus. Am größten ist noch der Einfluss der ökonomischen Theorie der Demokratie einzuschätzen. In der empirischen Parteienforschung hat sich ein Set von quantitativen und qualitativen Instrumenten zur vergleichenden Bestimmung von Merkmalen, Eigenschaften oder Entwicklungen von Parteiensystemen etabliert, dass in der Regel kaum noch mit solchen theoretischen Problemen verknüpft wird. Zu den qualitativen Instrumenten sind Klassifikationen und Typologien zu zählen, zu den quantitativen dagegen Faktoren wie die Fragmentierung, Disproportionalität und Volatilität von Parteiensystemen.

8.2   Strukturelle Indikatoren

In diesem Abschnitt werden die wichtigsten strukturellen Indikatoren für die Analyse der Entwicklung des schweizerischen Parteiensystems eingeführt. Dies sind Polarisierung, Fragmentierung, Volatilität und Disproportionalität.

8.2.1   Polarisierung

Das Parteiensystem der Schweiz ist durch eine große Anzahl von Parteien geprägt, die sich in ihrem Profil und ihrer Entwicklung auch klar unterschieden haben. Diese Heterogenität ist durch sog. cross-cutting Cleavages und die Umstellung auf das Verhältniswahlrecht in 1918 ermöglicht worden. Bis in die 1970 Jahre prägte das Religionscleavage den Parteienwettbewerb noch sehr und überlagerte z.B. das Klassen-Cleavage. Das Zentrum-Peripherie-Cleavage blieb aufgrund des starken Föderalismus relativ schwach, ebenso das Stadt-Land-Cleavage. Nach wie vor prägend für das Parteiensystem sind sprachregionale Unterschiede sowie das neue grüne bzw. postmaterialistische Cleavage. Der Aufstieg der SVP seit den 1990er Jahren wird mit einem kulturellen Anti-Globalisierungsimpuls (einschließlich Ablehnung der EU-Mitgliedschaft) in Verbindung gebracht (Kriesi et al. 2005).

Trotz der Heterogenität war das Parteiensystem aber bis in die 1990er Jahre nicht stark polarisiert. Zuerst dominierte das liberale, später das bürgerliche Lager den Wählermarkt. Die Sozialdemokraten blieben bis in die 1990er Jahre relativ schwach, sozialistische bzw. linksextreme Parteien fehlten fast völlig. Im Vergleich zu Nachbarländern wie Deutschland, Italien und Österreich blieben auch die Christdemokraten in der Schweiz relativ schwach (Armingeon 2003: 32). Das Potenzial linker und kommunistischer Parteien in Westeuropa bei Wahlen lag nicht selten bei bis zu 9%. „Insbesondere in Frankreich, Italien und Finnland, sowie in Spanien und Portugal waren oder sind die Stimmenanteile der extremen Linken hoch. Die durchschnittlichen Stimmenanteile der kommunistischen Partei der Arbeit oder der POCH waren davon weit entfernt. Auch auf dem rechten Extrem des politischen Spektrums weist die Schweiz einen unterdurchschnittlichen Wert auf" (Armingeon 2003: 24).

Eine Erklärung für das Ausbleiben starker sozialistischer Parteien sind die Instrumente der direkten Demokratie und eine zuerst zögerliche, dann konsequente Inklusionsstrategie des Staates bzw. der bürgerlichen Eliten gegenüber der Arbeiterbewegung (Armingeon 2003). Im Unterschied dazu entstanden in Ländern, die stärker auf Ausgrenzung gesetzt hatten (wie z.B. Italien und Frankreich), auch starke kommunistische Parteien. „Wenn die Entscheidung zugunsten der Inklusion fiel, waren die Chancen für einen organisierten Linksextremismus schlechter und eine gemässigte Sozialdemokratie konnte sich als Vertreterin der Interessen der Arbeiterschaft eine zentrale Rolle im politischen System sichern" (ebd.: 25). Auch am anderen Ende des politischen Spektrums blieben extreme Parteien aus. Ein direktes Gegenstück zur Freiheitlichen Partei Österreichs (FPÖ) in den 1990er Jahren findet sich in der Schweiz nicht. „Einzelne Sektionen der Schweizerischen Volkspartei und die Freiheitspartei bzw. die Schweizer Demokraten könnten zuweilen für eine solche Klassierung in Frage kommen; sie sind freilich aufgrund ihrer eindeutigen Identifikation mit den demokratischen Spielregeln ohne Frage vom Rechtsextremismus ziemlich weit entfernt" (Armingeon 2003: 24).

Als Erklärung für das Ausbleiben rechtsextremer Parteien kommt wiederum die direkte Demokratie in Frage. Durch sie kann punktuell „Dampf abgelassen" werden, ohne dafür gleich eine rechtsextreme Partei gründen oder wählen zu müssen. Ein weiterer Grund für das Fehlen extremer Polarisierung ist wirtschaftliche Stabilität des Landes, „welche die Schweiz vor Herausforderungen bewahrte, die andere Länder zu bewältigen hatten. Und wichtig könnte auch sein, dass es in der Schweiz gleich drei etablierte Mitte-Rechts-Parteien gibt, die das rechtsextreme Potential im Rahmen des demokratischen Systems einbinden können", während es in anderen Ländern weniger Auswahlmöglichkeiten gibt (ebd.: 26)

Die Polarisierung des Parteiensystems hat sich jedoch, z.B. durch das Auftreten der Grünen und den Aufstieg der SVP, seit den 1980er Jahren verändert. Tabelle 7-2 zeigt eine einfache rechts-links Einstufung der fünf größten Parteien in den Jahren 1979–2003 aufgrund quantitativer Inhaltsanalyse und Codierung von Wahlprogrammen durch die Manifesto Research Group bzw. das Comparative Manifestos Project (für Details siehe https://manifesto-project.wzb.eu). Die Codierung von Positionen in den Parteiprogrammen reicht von –100 für besonders linke Positionen bis zu 100 für besonders rechte Positionen. In der folgenden Tabelle wurden die Parteien nach den Mittelwerten des Zeitraums 1979 bis 2003 gruppiert. Für die Grünen fällt eine Tendenz zu moderateren Positionen seit Mitte der 1990er Jahre auf, während sich die SP programmatisch zunehmend links positioniert hat. Für die CVP, stärker aber noch für die SVP ist dagegen seit den 1990er Jahren eine Entwicklung nach rechts festzustellen. Dagegen hat die FDP in diesem einfachen Rechts-Links-Schema am kontinuierlichsten mit als rechts codierten Positionen geworben. Noch nicht berücksichtigt sind in dem Datensatz die Grünliberale Partei und die Bürgerlich-Demokratische Partei.

Tab. 8-2: Rechts-Links Einstufung der Parteien nach Wahlprogrammen 1979–2003

	Grüne	SP	CVP	SVP	FDP
1979	–39,70	–18,65	–2,41	3,59	10,44
1983	–39,70	–34,02	1,89	2,80	46,04
1987	–39,70	–9,60	–0,73	–5,51	10,83
1991	–45,45	–24,53	–16,66	–6,0	23,89
1995	–10,97	–19,59	3,03	23,27	32,53
1999	–10,50	–33,46	13,49	26,09	33,06
2003	–19,20	–38,17	39,21	41,67	15,80
MW	–29,31	–25,43	5,40	12,27	24,65

Quelle: Volkens et al. 2009.

Die Einstufungen nach den Wahlprogrammen in Tab. 8-2 sagen allerdings noch nichts aus über die elektorale Unterstützung der entsprechenden Positionen in der Bevölkerung. Um einschätzen zu können, ob und wie die zunehmende Polarisierung mit der elektoralen Unterstützung der Parteien zusammen hängen könnte, wird im folgenden der kumulierte Anteil der fünf größten Parteien am Stimmen- und Mandatsanteil dargestellt.

In langfristiger Betrachtung wird der sukzessive Abstieg der „Mitte-Parteien" FDP und CVP besonders deutlich sowie der Anstieg auf den Außenpositionen bei der SVP seit 1995 und eine Aufwärtsbewegung bei den Sozialdemokraten seit 1991, ohne dass sie jedoch das Niveau der 1960er und 1970er Jahre wieder erreichen konnte. Diese Entwicklungen sind auch als Bipolarisierung beschrieben worden. Die Sozialdemokraten konnten sich 2003 noch einmal leicht verbessern und knapp an das Niveau der 1970er Jahre anschließen, die Grünen erhielten 2007 das beste Ergebnis ihrer Geschichte. Der SVP gelang es 2003 erstmals, die Sozialdemokraten deutlich zu überrunden und sich 2007 mit deutlichem Abstand als stärkste Kraft zu etablieren.

Die beiden am stärksten polarisierten (und polarisierenden) Parteien SVP und Grüne erzielten jeweils deutliche Gewinne und kommen zusammen im Durchschnitt der Jahre 1995-2011 auf 31,4% der Stimmen. Zählt man zudem die Stimmen der Sozialdemokraten hinzu, so gaben zwischen 1995 und 2011 durchschnittlich 52,5% der Wählenden ihre Stimme einer Partei im rechten oder linken Bereich des politischen Spektrums. Mit den Wahlen 2007 und

2011 muss das Muster der Bipolarisierung angepasst werden. Währende sich die SVP 2011 trotz Verlusten auf dem Niveau von 2003 halten konnte, fiel die SP 2011 etwa auf das Niveau von 1991 zurück. Dagegen haben die Grünen 2011 trotz Konkurrenz durch die Grünliberalen nur leichte Verluste zu verzeichnen. Mit dem überraschend guten Abschneiden von Grünliberalen und BDP in 2011 lässt sich eine Tendenz zur Entpolarisierung feststellen.

Tab. 8-3: Stimmenanteil, Sitze und Sitzanteil der fünf größten Parteien seit 1947

Jahr	FDP a)	b)	c)	CVP a)	b)	c)	SP a)	b)	c)	SVP a)	b)	c)	GPS a)	b)	c)
1947	23	52	26	21,1	44	22	26,2	48	24	12,1	21	10,5			
1951	24	51	25,5	22,5	48	24	26	49	24,5	12,6	23	11,5			
1955	23,3	50	25	23,2	47	23,5	27	53	26,5	12,1	22	11			
1959	23,7	51	25,5	23,3	47	23,5	26,4	51	25,5	11,6	23	11,5			
1963	23,9	51	25,5	23,4	48	24	26,6	53	26,5	11,4	22	11			
1967	23,2	49	24,5	22,1	45	22,5	23,5	50	25	11	21	10,5			
1971	21,8	49	24,5	20,3	44	22	22,9	46	23	11,1	23	11,5			
1975	22,2	47	23,5	21,1	46	23	24,9	55	27,5	9,9	21	10,5	1,1	0	0
1979	24	51	25,5	21,3	44	22	24,4	51	25,5	11,6	23	11,5	2,5	1	0,5
1983	23,3	54	27	20,2	42	21	22,8	47	23,5	11,1	23	11,5	5,1	3	1,5
1987	22,9	51	25,5	19,6	42	21	18,4	41	20,5	11	25	12,5	8,5	9	4,5
1991	21	44	22	18	35	17,5	18,5	41	20,5	11,9	25	12,5	7,5	14	7
1995	20,2	45	22,5	16,8	34	17	21,8	54	27	14,9	29	14,5	6,5	8	4
1999	19,9	43	21,5	15,9	35	17,5	22,5	51	25,5	22,5	44	22	5,3	8	4
2003	17,3	36	18	14,4	28	12	23,3	52	26	26,7	55	27,5	8	13	6,5
2007	15,8	31	15,5	14,5	31	15,5	19,5	43	21,5	28,9	62	31	9,6	20	10
2011	15,1	30	15	12,3	28	14	18,7	46	23	26,6	54	27	8,4	15	7,5
1995–2011	17,6	37	18,5	14,7	31	15,2	21,1	49	24,6	23,9	49	24,4	7,5	13	6,4

Quelle: www.bfs.admin.ch/bfs/portal/de/index/themen/17/02/blank/key/national_rat/mandatsverteilung.html und eigene Berechnung. Abkürzungen: a) Stimmenanteil in %, b) Nationalratssitze absolut, c) Sitzanteil in %.

Auf Regierungsebene führten die Verluste der beiden Mitte-Parteien und der weitere Aufstieg der SVP unter ihrem charismatisch-populistischen Vorsitzenden Christoph Blocher zur ersten Revision der Zauberformel, bei der die CVP 2003 einen Regierungssitz an die SVP einbüßte (Steppacher 2005). Der Aufstieg der SVP, aber auch die Stärke der SP und GP, haben zu einer Konsolidierung an den rechten und linken Polen des politischen Spektrums geführt. Seit 2007 nicht mehr vertreten im Parlament sind die Schweizer Demokraten (SD) und das Linksbündnis SolidaritéS. Von den drei rechten Kleinparteien mit 15 Nationalratssitzen 1991 (FPS 8, SD 5, Lega 2) ist im Zeichen des Aufstiegs der SVP bis 2011 lediglich die Tessiner Lega mit einem Abgeordneten übrig geblieben, der sich im Parlament aber auch der SVP-Fraktion angeschlossen hat. Die Schweizer Demokraten (SD) politisierten mit vaterländisch-proletarischer Programmatik und vermochten es nicht, sich von der Einthemenpartei (Überfremdung) zu lösen. Der Versuch, die 1961 gegründete Partei als rechtsnationale Arbeiterpartei zu etablieren, ist spätestens mit dem Aufstieg der SVP gescheitert.

Bei der Entwicklung rechtspopulistischer Parteien zeigen sich im Hinblick auf Fragmentierung und Wahlerfolge Unterschiede zu Österreich. Während sich in der Schweiz Anfang der 1990er Jahre drei Parteien das rechte Spektrum teilten, gab es in Österreich nur die FPÖ in diesem Wählersegment. In der Schweiz waren dies die AP/FPS, die SD und die Lega dei

Ticinesi. Dies kann teilweise durch die Wahlsysteme erklärt werden, teilweise durch den starken Föderalismus und die generell höhere Fragmentierung in der Schweiz. In Österreich hatte die FPÖ in den 1980 Jahren deutlich mehr Erfolge bei Wahlen als vergleichbare Parteien in der Schweiz (Helms 1997: 48). Sozioökonomischen und post-materialistischen Erklärungsansätzen billigt Helms in diesem Vergleich wenig Erklärungskraft zu, ebenso wie der Kartellparteienthese. Jedoch steige die Erklärungskraft letzterer in dem Ausmaß, in dem eher unpolitische Sektoren durch parteipolitische Patronage unterwandert werden (ebd.).

8.2.2 Fragmentierung (Anzahl der Parteien)

Neben den programmatischen Distanzen zwischen den Parteien ist die Anzahl der Parteien ein weiteres Kriterium zur Charakterisierung von Parteiensystemen. In qualitativer Hinsicht (Klassifikationen und Typologien) hat sich dazu die Einteilung von Sartori (1976/2005) bewährt. Dieser hat seine einflussreiche Typologie u.a. in Abgrenzung zu Duverger entwickelt, der Parteiensysteme primär als Resultat von Wahlsystemen sah. Nach Duverger soll durch Verhältniswahlrecht die Entstehung von Mehrparteiensystemen begünstigt werden und durch Mehrheitswahlrecht die von Zweiparteiensystemen. Diese Entwicklung werde durch zwei Mechanismen gefördert, durch die „mechanischen" und die „psychologischen Effekte" des Wahlrechts. Die von Duverger angenommenen Zusammenhänge von Wahl- und Parteiensystemen sind im Hinblick auf die Wirkungen des Mehrheitswahlrechts kritisiert worden. Mit wenigen Ausnahmen wie z.B. den USA finden sich kaum Belege dafür, dass Majorz zu Zweiparteien-Systemen im strengeren Sinn führen.

Ob das Format des Parteiensystems stärker das Wahlrecht beeinflusst oder umgekehrt, muss wahrscheinlich am Einzelfall entschieden werden. In der Schweiz wurde nach gestiegener Fragmentierung in 1919 das Wahlrecht von Mehrheitswahl zu Verhältniswahl geändert. Daraufhin hat sich die Zahl der Parteien weiter erhöht. Die Perspektive, dass das Wahlsystem das Format des Parteiensystems (mit)bestimmt, auch als „Duverger's law" bekannt, ist vielfach kritisiert worden. Colomer (2005) etwa hat aufgezeigt, dass die Anzahl der Parteien eine Auswirkung darauf hat, ob im Laufe der Zeit von Mehrheitswahl auf Verhältniswahl „umgeschaltet" wird oder nicht.

Eine einfache Typologie mit zwei Merkmalsdimensionen zur Klassifikation von Parteiensystemen hat Giovanni Sartori (1976/2005) entwickelt. Das bei Duverger vernachlässigte Merkmal der Parteiideologie fließt bei ihm in die Dimension der Polarisierung ein. Des Weiteren berücksichtigt er besonders die Fragmentierung. Er unterscheidet also zur Analyse von Parteiensystemen zwei Dimensionen: zum einen die Fragmentierung, gemessen nach Anzahl und Größenverhältnissen der Parteien auf einer Achse Konzentration – Atomisierung („dispersion of power"), zum anderen die ideologische Polarisierung zwischen den Parteien und ihre Auswirkungen auf die Machtverteilung im politischen Wettbewerb.

Die Fragmentierung des Parteiensystems fußt letztlich auf den in einer Gesellschaft relevanten Konfliktlinien (Cleavages). Je weiter die Parteien programmatisch auseinander stehen (üblicherweise gemessen auf der sozio-ökonomischen Rechts-Links-Achse), umso stärker ist das Parteiensystem polarisiert. Eine starke Polarisierung wirkt sich als zentrifugaler Wettbewerb auf das Verhältnis der Parteien untereinander aus, während eine schwache Polarisierung sich als zentripetaler Wettbewerb auf das Verhältnis der Parteien zueinander auswirkt. Zweiparteiensysteme mit niedriger Polarisierung müssten nach Sartori also zu einem zentripetalen

Wettbewerb führen, hoch fragmentierte Systeme mit hoher Polarisierung zu einem zentrifugalen Wettbewerb. Da die Dimension der Fragmentierung bei Sartori detaillierter ausgearbeitet worden ist als die der Polarisierung und gelegentlich auch als alleinige Merkmalsdimension zur Klassifikation von Parteiensystemen verwendet wird, soll sie im Folgenden genauer vorgestellt werden.

Fragmentierungsstufen nach Giovanni Sartori:

One party system: Politische Macht ist bei einer Partei monopolisiert, weitere Parteien existieren nicht.

Hegemonic party system: Eine Partei bestimmt über einen sehr langen Zeitraum das politische Geschehen. Weitere Parteien sind zwar zugelassen, kommen aber nicht über den Status als „Satelliten" der hegemonialen Partei hinaus (z.B. SED und Blockparteien in der DDR).

Predominant party system: Eine Partei hält über einen längeren Zeitraum eine absolute Mehrheit der Sitze und kontrolliert entsprechend das politische Geschehen. Die nächstkleinere Partei hat höchsten halb so viel Sitze wie die prädominante Partei.

Two party systems: Die Sitze im Parlament sind weitgehend zwischen den beiden größten Parteien verteilt (moderate „catch-all-parties"). Die Mandatszahlen sind dabei so verteilt, dass beide Parteien eine reelle Chance auf Regierungsübernahme haben. Dritte Parteien und unabhängige Kandidaten haben keinen Einfluss auf die Regierungsbildung. Es kann zu „hung parliaments" kommen, wenn Wahlen keine klaren Sieger hervor bringen. Das andere Extrem ist ein häufiger „swing" von einer zur anderen Partei. Beide Großparteien zusammen verfügen über mindestens zwei Drittel der Mandate und keine der beiden über weniger als ein Viertel.

Moderate multipartism: Keine der mehr als zwei Parteien ist in der Lage, eine absolute Mehrheit zu erringen. Als Folge davon gibt es häufig (wechselnde) Koalitions- oder Minderheitsregierungen. Die relative Stärke der Parteien kann dann danach beurteilt werden, wie (un)ersetzbar sie für Koalitionsbildungen sind. Diesem Typus wird häufig auch eine effektive Anzahl von Parlamentsparteien von drei bis fünf zugeordnet; es wird auch als pluralistischer Typus bezeichnet.

Extreme (polarized) multipartism (auch hochfragmentierter Typus): Verbunden mit dem Auftreten von Anti-System-Parteien und starker wechselseitiger Ablehnung zwischen einzelnen Parteien. Schwächung von Parteien in der politischen Mitte. In Verbindung mit der Dimension der Polarisierung häufig große ideologische Unterschiede und zentrifugale Entwicklung. Effektive Anzahl der Parlamentsparteien über fünf.

Segmented multipartism: Auch als vollständige „dispersion of power" beschrieben. Atomisiertes Parteiensystem (Quelle: Sartori 1976/2005, Niedermayer 2008)

In dieser Klassifikation ist die Schweiz dem Systemtyp des gemäßigten Pluralismus zuzuordnen, mit einer Neigung zu Koalitionen der Mitte bzw. zu Großen Koalitionen mit vergleichsweise geringer ideologischer Distanz zwischen den Parteien und zentripetalem Parteienwettbewerb. Tabelle 8-4 gibt in leicht abgewandelter Form die Parteiensystemtypologie nach Sartori in Form einer Vier-Felder-Matrix wieder. Mit einer hohen Fragmentierung, aber einer zumindest bis in die 1990er Jahre niedrigen Polarisierung ist das Parteiensystem der Schweiz (wie das der Niederlande) dem Typus der moderaten Mehrparteiensysteme zuzuordnen.

Tab. 8-4: Parteiensysteme: Fragmentierung und Dominanz

		Niedrige Polarisierung	Hohe Polarisierung
Niedrige Fragmentierung	Typus	Predominant & two party system	
	Beispiele	Österreich, Deutschland, Irland, Griechenland, Portugal	Frankreich, Spanien, Großbritannien (insb. 1980er Jahre)
Hohe Fragmentierung	Typus	Moderate Multipartism	Extreme & atomized Multipartism
	Beispiele	Schweiz, Niederlande	Belgien, Nordirland, Italien (bis 2006)

Quelle: Eigene Zusammenstellung nach Sartori 1976/2005.

Typologien dienen der Herstellung von Ordnung, halten jedoch meist noch keine „operativen" Indikatoren für empirische Forschung bereit. Dies geschieht z.B. durch die effektive Zahl parlamentarischer Parteien (ENPP, effective number of parliamentary parties) und die effektive Zahl elektoraler Parteien (ENEP, effective number of electoral parties) nach Laakso/Taagepera (1979). Die effektive Zahl parlamentarischer Parteien berücksichtigt nicht nur die Anzahl der im Parlament vertretenen Parteien, sondern auch deren Größe. Nach Lijphart (1999: 76) hatte die Schweiz in der Periode 1945–96 in Europa das fragmentierteste Parteiensystem, wurde dann aber von Belgien, Italien und Frankreich überholt.

Ein quantitatives Maß für die **Fragmentierung** eines Parteiensystems stellt die effektive Anzahl der elektoralen und parlamentarischen Parteien nach Laakso/Taagepera (1979) dar. Insb. bei Sperrklauseln können die elektorale und die parlamentarische Ebene deutlich voneinander abweichen. Im Unterschied zu Sartoris Typologie nach der Anzahl der relevanten Parteien geht Laakso/Taageperas Fragmentierungsindices auf deren Größe genauer ein. Der Index kann sowohl auf der elektoralen (effective number of electoral parties, ENEP) als auch auf der parlamentarischen Ebene (effective number of parliamentary parties, ENPP) berechnet werden.

Aufgrund der unterschiedlichen Zahl von Wählerstimmen je Kanton ist die exakte Berechnung der Parteienstärke für den interkantonalen Vergleich bzw. auf gesamtstaatlicher Ebene erschwert. Die einfachste Lösung zur Bestimmung der Parteistärken besteht in der Berücksichtigung der für die Wahllisten abgegebenen Stimmen (effektive Stimmenzahl). Dabei handelt es sich um eine Aggregation der Stimmen für eine Partei auf der Stufe der kantonalen Wahllisten. Diese können sich von den nationalen „Mutterparteien" unterscheiden, sie sind meist Teillisten der nationalen Parteien. Einzelne kantonale Untergruppierungen einer Partei können (innerhalb von Listenverbindungen) mit eigenen Wahllisten antreten. Für die Ermittlung der Parteistärke einer nationalen Partei auf kantonaler Ebene müssen die Stimmen für diese Teillisten einer Partei addiert werden und ins Verhältnis zur Gesamtzahl der abgegebenen gültigen Parteistimmen gesetzt werden.

Auf der Ebene der Wahl der Kandidaten ist zu berücksichtigen, dass jeder Wähler so viele stimmen hat, wie es Nationalratsmandate im Kanton zu vergeben gibt. Die Listenstimmen für eine Partei geben diesen Wert nur näherungsweise wieder. Mit den vom BfS berechneten „fiktiven Wählenden" lassen sich auch interkantonale und gesamtschweizerische Vergleiche und Additionen anstellen, was mit den ungewichteten Stimmenzahlen nicht zulässig ist. Für die Berechnung der gesamtstaatlichen Stärken der Parteien muss nämlich von den Kandidatenstimmen ausgegangen werden, da in jedem Kanton eine unterschiedlich große Stimmenzahl von den Wählern abgegeben werden kann, die sich nach der Zahl der Sitze des Kantons im Nationalrat richtet. Die vom BfS ermittelten fiktiven Wählenden entsprechen also der Umrechnung der kantonsweise abgegebenen unterschiedlichen Anzahl von Kandidatenstimmen auf die nationale Ebene nach der Formel: Erhaltene Stimmen x (Total der gültigen Wahlzettel/Total der abgegebenen Stimmen). (vgl. www.bfs.admin.ch/bfs/portal/de/index/themen/17/11/def.html).

Nicht zuletzt aufgrund der föderalen Organisationstruktur ist das Parteiensystem hochgradig fragmentiert. Im internationalen Vergleich hat lediglich Belgien seit den 1980er Jahren ein höher fragmentiertes Parteiensystem (Ladner 2006b: 402). Im Unterschied zu Belgien führt die hohe Fragmentierung in der Schweiz aber nicht zu häufigem Politikstillstand, wofür insb. die Konkordanz und die Majorzwahl der Regierungsmitglieder auf kantonaler und Bundesebene sorgen.

Für die Entwicklung eines Parteiensystems wird in der Regel das Wahlsystem als zentrale Determinante angenommen („Duverger's law"). Für die historisch begründete Dominanz der FDP war die Einführung der Proporzwahl 1919 ein wichtiger Einschnitt. Dies leitete das Ende der Vormachtstellung des Freisinns ein. Eingeführt wurde die Proporzwahl, um die Wahlbeteiligung zu erhöhen, die Chancen der Kleinparteien zu verbessern und die Legitimität des Parteiensystems zu stabilisieren (Kap. 4). Während in der Schweiz auf das Erstarken von Herausforderer-Parteien 1918 mit einer Wahlrechtsreform reagiert wurde, kam es in Großbritannien im gleichen Zeitraum nicht zu einer Abschaffung des Mehrheitswahlrechts, sondern nach einer Phase des „coalitionism" und des Dreiparteiensystems zu einem „Realignment" des durch die Mehrheitswahl stabilisierten Zweiparteiensystems (Powell 2004). An die Stelle der Liberalen trat die Labour Party als zweite Partei.

Während in Großbritannien die Transformations- bzw. Krisenphase in den 1930er Jahren überwunden war, zog sie sich in der Schweiz (Stichwort Richtlinienbewegung und SP-Bundesräte) im Grunde bis zur Einführung der Zauberformel Ende der 1950er Jahre hin. Die 1970er Jahre sind durch eine moderate Polarisierung und Re-Ideologisierung gekennzeichnet, die 1980er Jahre wiederum durch eine Konsolidierung mit leicht gestiegener Fragmentierung (Grüne). Die vier etablierten Bundesratsparteien haben sukzessive an elektoraler Unterstützung verloren. Seit Anfang der 1990er erfolgte eine Polarisierung entlang der Rechts-Links-Dimension durch die Großparteien SVP und SP zu Lasten der Mitteparteien FDP und CVP. Die Entwicklung des Parteiensystems war in dieser Phase also deutlich zentrifugal geprägt. Ein weiterer Trend ist die Angleichung der kantonalen und nationalen Ebene des Parteiensystems. Aber auch bei den kantonalen Parteiensystemen sind Prozesse der Angleichung untereinander beobachtet worden, so dass insgesamt von einer Nationalisierung des Parteiensystems gesprochen werden kann.

8.2.3   Volatilität und Disproportionalität

Wenn die These vom Einfrieren und Auftauen von Parteiensystemen zutrifft, dann hat in den 1990er Jahre ein Tauwetter in der schweizerischen Parteienlandschaft eingesetzt. Zu den großen Veränderungen gehört die Etablierung der Grünen als Vertreter des ökologisch-postmaterialistische Cleavages bereits in den 1980er Jahren. Auch der Aufstieg der SVP nahm Mitte der 1990er Jahre seinen Anfang. Der Beginn der Krise der Mitteparteien, die 2003 zur Revision der Zauberformel führte, ist auch in diesem Zeitraum zu datieren. Spätestens seit Ende der 1990er Jahre ist das Parteiensystem deutlich volatiler geworden, d.h. die Bereitschaft zu wechselnder Stimmabgabe ist gestiegen. Dabei wird zwischen Brutto- und Netto-Volatilität unterschieden. Die auch als der Pedersen-Index bekannte Netto-Volatilität ist die Summe der Anteile der Stimmengewinne und Stimmenverluste aller Parteien bei einer Wahl im Vergleich zur vorangegangenen Wahl geteilt durch zwei.

Tab. 8-5: Gewinne und Verluste der Parteien mit Pedersen-Index (PI) 1963–2011

	63	67	71	75	79	83	87	91	95	99	03	07	11
FDP*	+0,2	−0,7	−1,4	+0,4	+1,8	−0,7	−0,4	−1,9	−0,8	−0,3	−2,6	−1,5	−2,6
CVP	+0,1	−1,3	−1,8	+0,8	+0,2	−1,1	−0,6	−1,6	−1,2	−0,9	−1,5	+0,1	−2,2
SP	+0,2	−3,1	−0,6	+2,0	−0,5	−1,6	−4,4	+0,1	+3,3	+0,7	+0,8	−3,8	−0,8
SVP	−0,2	−0,4	+0,1	−1,2	+1,7	−0,5	−0,1	+0,9	+3,0	+7,6	+4,2	+2,2	−2,3
Dem.	−0,4	−0,4	−1,4										
LPS*	−0,1	+0,1	−0,1	+0,2	+0,4	0	−0,1	+0,3	−0,3	−0,4	−0,1	−0,3	0
LdU	−0,5	+4,1	−1,5	−1,5	−2,0	−0,1	+0,2	−1,4	−1,0	−1,1	−0,7		
EVP	+0,2	0	+0,5	−0,1	+0,2	−0,1	−0,2	0	−0,1	0	+0,5	+0,1	−0,4
CSP			+0,3	−0,2	−0,1	+0,4	−0,1	+0,1	−0,1	+0,1	0	0	−0,1
GLP												+1,4	+4
BDP													+5,4
PdA	−0,5	+0,7	−0,3	−0,2	−0,3	−1,2	−0,1	0	+0,4	−0,2	−0,3	0	−0,2
PSA			+0,3	0	+0,1	+0,1	+0,1	0	−0,6				
POCH			+0,1	+0,9	+0,7	+0,5	−0,9	−1,1	−0,2				
GPS				+0,1	+0,5	+1,3	+3,0	+1,2	−1,1	0	+2,4	+2,2	−1,2
FGA				+0,2	+0,8	+1,4	−1,1	+0,2	−1,2	+0,2	−0,3		
Sol.									+0,3	+0,2	0	−0,1	−0,1
Rep.		+0,2	+4,1	−1,3	−2,4	−0,1	−0,2	−0,3					
SD		+0,6	+2,6	−0,7	−1,2	+1,6	−0,4	+0,9	−0,3	−1,3	−0,8	−0,5	−0,3
EDU				+0,3	0	+0,1	+0,5	+0,1	+0,3	0	0	0	0
FPS							+2,6	+2,5	−1,1	−3,1	−0,7	−0,1	−0,1
Lega								+1,4	−0,5	0	−0,5	+0,2	+0,2
MCR												+0,1	+0,3
Übrige	+0,8	+0,3	−0,9	+0,5	+0,6	+0,5	−0,2	+0,1	−0,3	0	−0,8	+0,1	+0,5
Summe	3,2	11,9	16	10,4	12,9	10,7	15,5	15	15,1	17,1	16,1	13	20,7
PI	1,6	5,9	8	5,2	6,4	5,3	7,7	7,5	7,5	8,5	8	6,5	10,3

Quelle: BfS, eigene Berechnung. * Fusion FDP und LPS in 2009; für den Wert 2011 wurden die Ergebnisse 2007 addiert. Anmerkung: Nicht mehr angetretene Parteien werden beim ersten Nichtantritt mit 0% berücksichtigt. Neue angetretene Parteien werden mit ihrem ersten Wahlergebnis berücksichtigt. Vorzeichen werden für den PI nicht berücksichtigt.

Durch die Ermittlung der Netto-Volatilität eines Parteiensystems bei einer bestimmten Wahl wird ein Vergleich der Veränderungsdynamik eines Parteiensystems als Ganzes im Längsschnitt oder im Querschnitt (Vergleich mit anderen Parteiensystemen) möglich. Für Aussagen über individuelle Parteien und den Wählerwechsel zwischen Parteien wird die Brutto-Volatilität benötigt. Diese auch als „Wählerwanderung" bekannten Werte sind die Anteile der Wählenden, die gegenüber der letzten Wahl nun für eine andere Partei gestimmt haben. Die Anteile werden z.B. in Nachwahlbefragungen ermittelt.

Die Netto-Volatilität nach dem Pederson-Index weist erhebliche Schwankungen auf. Tabelle 8-5 gibt die Gewinne und Verluste der Parteien seit 1963 wieder. In der Nachkriegszeit bis zur Einführung der Zauberformel 1959 ist die Volatilität kontinuierlich gesunken (1947: 6,5; 1951: 3,9; 1955: 2,1; 1959: 1; eigene Berechnungen). Danach ging es zügig bergauf; bereits 1971 wurde mit 8 der gleiche Wert wie 2003 erreicht. Die Nationalratswahl 2011 brachte eine Rekord-Volatilität durch das gute Abschneiden der BDP und starker Verluste der FDP/LPS (gemeinsam -2,6%), denen trotz Parteifusion keine Stabilisierung ihrer Unterstützung gelang.

Hinsichtlich der Bereitschaft zum Wechselwählen liegt die Schweiz deutlich unter dem europäischen Durchschnitt. In den 1950er Jahren wurde weniger als ein Drittel der durchschnittlichen Volatilität des Samples in Tabelle 8-5 erreicht. Zwar stieg die Volatilität in den folgenden Jahrzehnten auch in der Schweiz an, blieb jedoch immer noch deutlich unter dem europäischen Durchschnitt. „Was im zeitlichen und auf die Schweiz begrenzten Vergleich gut begründet als dramatische Veränderung wahrgenommen wird, ist in komparativer europäischer Perspektive eher als Zeichen der Stabilität denn als Indikator der Veränderung bemerkenswert" (Armingeon 2003: 37).

Tab. 8-6: Durchschnittliche Volatilität in 15 europäischen Ländern 1950–1999

Land	1950–59	1960–69	1970–79	1980–89	1990–99	Vergleich 1950er–90er
Belgien	7,6	10,2	5,3	10,0	10,8	3,2
Dänemark	5,5	8,7	15,5	9,7	12,4	6,9
Deutschland	15,2	8,4	5,0	6,3	9,0	−6,2
Finnland	4,4	7,0	7,9	8,7	11,0	6,6
Frankreich	22,3	11,5	8,8	13,4	15,4	−6,9
Großbritannien	4,3	5,2	8,3	3,3	9,3	5,0
Irland	10,3	7,0	5,7	8,1	11,7	1,4
Island	9,2	4,3	12,2	11,6	13,7	4,5
Italien	9,7	8,2	9,9	8,6	22,9	13,2
Luxemburg	10,8	8,8	12,5	14,8	6,2	−4,6
Niederlande	5,1	7,9	12,3	8,3	19,1	14,0
Norwegen	3,4	5,3	15,3	10,7	15,9	12,5
Österreich	4,1	3,3	2,7	5,5	9,4	5,3
Schweden	4,8	4,0	6,3	7,6	13,8	9,0
Schweiz	2,5	3,5	6,0	6,4	8,0	5,5
Durchschnitt (N = 15)	7,9	6,9	8,9	8,9	12,6	4,7

Quelle: Saalfeld 2007: 85 nach Mair 2002.

Die Disproportionalität eines Parteiensystems kann auf verschiedene Weise berechnet werden. Neben dem gebräuchlichen Gallagher-Index der aggregierten Brutto-Disproportionalität eines Parteiensystems kann man auch die unterschiedliche Übersetzung von Stimmenzugewinnen (-verlusten) in Sitzzugewinne (-verluste) einzelner Parteien genauer hinterfragen. Dabei kann es z.B. zu unterschiedlichen Disproportionalitäten kleiner und großer Parteien kommen. Cox/Shugart (1991) halten insbesondere die politische Dimension von Disproportionalität für untersuchenswert, speziell die Frage, ob und welche Parteien aufgrund ihrer Größe unter- und überrepräsentiert werden. „We suggest that less attention be paid to disproportionality and more attention paid to the extent to which different methods of PR favour large parties over small. This, after all, has the more direct impact on the party system" (ebd.: 350).

Um den Einfluss eines Wahlsystems auf die Disproportionalität einzelner Parteien und damit einen möglichen „big party bias" abschätzen zu können, werden verschiedene Verfahren angewendet, z.B. die Untersuchung der Häufigkeit von „manufactured majorities" (Rae 1967) oder des Anteils von Stimmen, unterhalb dessen die Parteien tendenziell unterrepräsentiert werden (Taagepera/Laakso 1980). Eine weitere Möglichkeit ist, das Verhältnis von Stimmen- und Sitzanteilen für die einzelnen Parteien in einer Wahl graphisch aufzubereiten (Cox/Shugart 1991: 350).

Abb. 8-1: Lineare Regression der Sitz- und Stimmenanteile von fünf Parteien 1947–2011

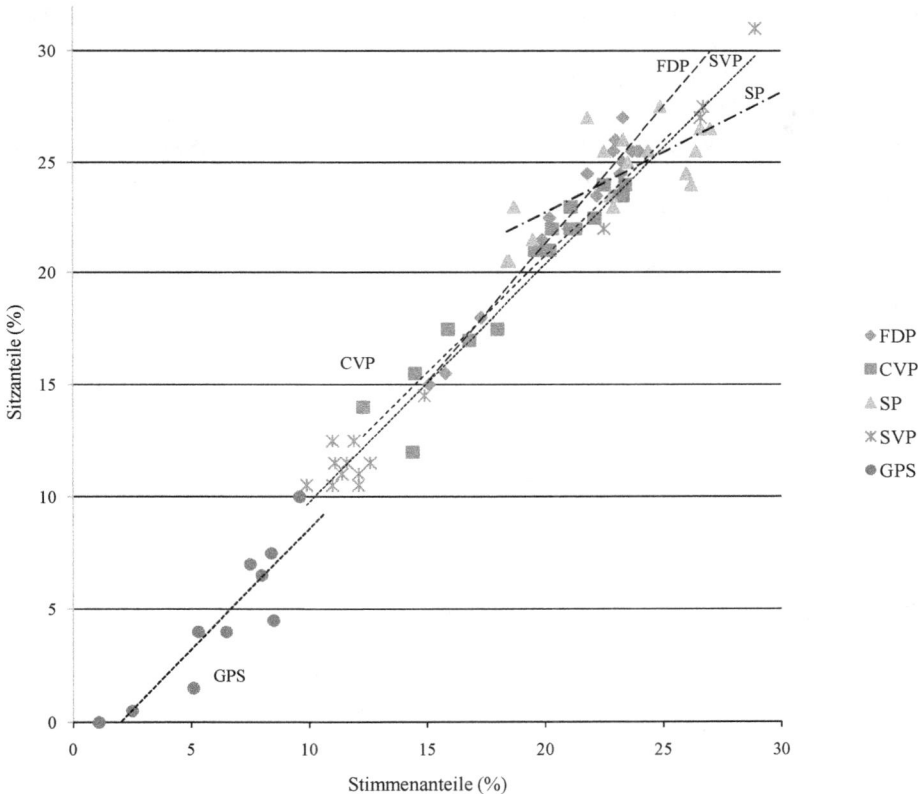

Quelle: Eigene Berechnung nach Tabelle 8-3 in Kap. 8.2.1; GPS nur 1975 bis 2011.

Bei einer einfachen linearen Regression der Stimmenanteile der fünf größten Parteien auf ihre Mandatsanteile zwischen 1947 und 2011 (GPS: 1975–2011) fällt auf, dass SP und Grüne Werte unter eins haben, SVP, CVP und FDP Werte über eins. Ein Wert über eins bedeutet, dass eine Partei bei einem zusätzlichen Prozentpunkt Stimmenanteil über einem Prozentpunkt Mandatszuwachs bekommt. Umgekehrt bedeutet ein Wert unter eins, dass eine Partei bei einem Stimmenzuwachs von einem Prozent unterproportionalen Mandatszuwachs bekommt. Schaut man sich die Disproportionalitätsprofile der Parteien im Einzelnen an, kommen die Grünen am weitesten an die perfekte Proportionalität von eins heran. Auch SVP und CVP haben sich sehr nahe an der perfekten Proportionalität bewegt. Eine größere Abweichung nach oben gibt es für die FDP. Sie bekommt mit jedem zusätzlichen Prozent an Stimmen etwa das 1,3-fache an Mandaten. Ein negativer Zusammenhang gilt für die SP. Sie bekommt mit jedem zusätzlichen Prozent an Stimmen nur das 0,7-fache an Mandaten. Für Stimmenverluste heißt dies aber, dass die FDP mit einem überproportionalen Mandatsverlust zu kämpfen hat, während die SP nur unterproportional an Sitzen verliert.

Die Regressionsgraden von SVP (y = 1,058x – 0,831, R^2 = 0,984), CVP (y = 1,041x – 0,101, R^2 = 0,925) und GPS (y = 1,074x – 2,163, R^2 = 0,828) sind am nächsten an einer perfekten Proportionalität (Wert von 1,0) von Stimmen und Sitzen. Mit zusätzlichen Stimmenanteilen bekommen sie nur marginal überproportional Sitzanteile. Bei der FDP ist der positive Zusammenhang von Stimmen- und Sitzanteilen etwas deutlicher ausgeprägt (y = 1,240x – 3,514 R^2 = 0,956). Erklärungsbedürftig ist allerdings das Ergebnis für die SP (y = 0,539x + 11,95, R^2 = 0,537). Ein Zuwachs des Stimmenanteils führt zu einem deutlich unterproportionalen Zuwachs des Mandatanteils.

Für einen internationalen Vergleich von Disproportionalität bietet sich besonders der „Gallagher-Index" aus der Summe der kleinsten Quadrate (LSq) an. Dieser wird für alle Parteien durch die Differenz des Stimmanteils einer Partei und ihres prozentualen Sitzanteils errechnet (Gallagher 1991). Der Index wird für jede Partei eines Parteiensystems gebildet aus der Wurzel der Hälfte der Summe der Quadrate der Differenz von Stimmenanteil (Vi) und prozentualem Sitzanteil (Si) einer Partei: $LSq = \sqrt{\frac{1}{2}\sum(Vi - Si)^2}$. Im Längsschnitt war die Disproportionalität des Schweizerischen Parteiensystems in den 1950er und 1960er Jahren am niedrigsten (Tab. 8-7).

Tab. 8-7: Disproportionalität und effektive Zahl der Parteien 1947–2011

	Disproportionalität (LSq)	ENEP	ENPP	Sitze
1947	3,41	5,34	5,00	192
1951	2,46	5,09	4,84	192
1955	1,70	4,96	4,75	192
1959	1,97	5,04	4,77	194
1963	1,15	4,99	4,84	194
1967	1,47	5,56	5,22	193
1971	2,47	6,08	5,52	198
1975	3,09	5,80	5,01	200
1979	1,73	5,51	5,14	198
1983	2,94	6,04	5,31	200
1987	3,78	6,82	5,74	198
1991	2,60	7,38	6,70	200
1995	4,37	6,79	5,60	200
1999	3,17	5,87	5,16	200
2003	2,47	5,44	5,01	200
2007	2,56	5,61	4,97	200
2011	3,76	6,35	5,57	200
MW	2,65	5,80	5,24	

Quelle: www.tcd.ie/Political_Science/staff/michael_gallagher/ElSystems/Docts/ElectionIndices.pdf [21.08.2012].

Seit den 1980er Jahren lag sie dagegen meist über dem Mittelwert der Jahre 1947–2011. Der höchste Wert wurde 1995 erreicht. Bei der Anzahl der effektiven Parteien auf elektoraler und

auf parlamentarischer Ebene wurde die höchste Fragmentierung dagegen bereits 1991 erreicht. Die Abspaltung der Grünliberalen von den Grünen und der BDP von der SVP hat
zwar aktuell wieder zu einem Anstieg der Indexwerte geführt, ohne dass jedoch das Niveau
der frühen 1990er Jahre erreicht wird.

Im nächsten Schritt können diese Werte in einen internationalen Vergleich gesetzt werden.
Tabelle 8-8 vergleicht die Werte für acht Staaten zwischen 2008 und 2012. Dabei wird deutlich, dass die Schweiz 2011 etwa die Disproportionalität des belgischen Parteiensystems von
2010 erreicht. Allerdings ist die effektive Anzahl der Parteien in Belgien deutlich höher.
Dennoch erreicht die Schweiz bei beiden Indikatoren jeweils den zweithöchsten Wert in
diesem Sample. Die hohe Disproportionalität in Frankreich und dem UK erklärt sich durch
das Mehrheitswahlrecht. In den USA wird zwar auch die Mehrheitswahl praktiziert, für die
Wahl des Repräsentantenhauses aber nur auf Ebene der Gliedstaaten.

Tab. 8-8: Parteiensystem-Indikatoren im internationalen Vergleich

	LSq	ENEP	ENPP
Belgien 2010	3,77	10,04	8,42
Deutschland 2009	3,40	5,58	4,83
Frankreich 2012	17,66	5,27	2,83
Italien 2008	5,73	3,82	3,07
Österreich 2008	2,92	4,79	4,24
Schweiz 2011	3,76	6,35	5,57
UK 2010	15,10	3,71	2,57
USA 2010 (House)	3,14	2,15	1,97

Quelle: www.tcd.ie/Political_Science/staff/michael_gallagher/ElSystems/Docts/ElectionIndices.pdf [21.08.2012].

8.3   Europäisierung

Europäisierung und Regionalisierung nationaler Parteiensysteme sind gegenläufige Tendenzen, die gleichwohl in einem Zusammenhang zu sehen sind. Während die Auswirkungen der
Europäischen Integration auf die Europäisierung nationaler Politiken (auch für die Schweiz)
bereits umfangreich untersucht worden sind, steht die Umsetzung eines vergleichbaren For-
schungsinteresses im Hinblick auf die Europäisierung nationaler Parteien noch weitgehend
aus (Poguntke et al. 2007: 749). Aufgrund ihrer EU-Abstinenz muss die Untersuchung einer
möglichen Europäisierung schweizerischer Parteien anders ansetzen als bei den Nachbarstaaten. Dies betrifft den zwischenstaatlichen Wettbewerb um die möglichst effiziente Beeinflussung von EU-Entscheidungen, den Wettbewerb zwischen Regierungs- und Oppositionsparteien um die „richtige" EU-Politik und auch den Ideen- und Politiktransfer durch die Beteiligung von Parteivertretern an transnationalen Organisationen, Foren und Verhandlungen (einschließlich der damit verbundenen Gefahr der Elitenabkopplung).

Die Fraktionen im Europäischen Parlament als Foren für eine grenzüberschreitende Politikkoordination stehen den schweizerischen Parteien nicht zur Verfügung. Schweizerische
MEPs, die ihre Erfahrungen an Kollegen im nationalen oder in kantonalen Parlamenten wei-
tergeben könnten, gibt es nicht. Die Exekutivlastigkeit der EU-Politik bzw. der bilateralen
Verhandlungen und die damit verbundene Gefahr von Informationsasymmetrien zwischen

Regierungs- und Oppositionsparteien sind zwar durch die Konkordanzdemokratie reduziert, aber nicht völlig aufgehoben. Die Regierungsparteien haben z.B. durch ihre Bundesräte die Chance auf einen relativ guten Informationsfluss in EU-Angelegenheiten. Daneben gibt es mit den sog. Europarties (Poguntke et al. 2007) weitere Koordinationsforen, denen auch schweizerische Parteien beigetreten sind. So ist die FDP seit 1997 Mitglied der European Liberal Democrats (www.eldr.eu) und die Grüne Partei ist Mitglied der European Federation of Green Parties (EFGP, http://82.197.155.156/).

Eher auf die Kontrolle der nationalen Regierungen ausgerichtet sind die Europaausschüsse in vielen nationalen Parlamenten. Sie bieten den Parteien aber auch Raum zum Informationsaustausch. In der Schweiz wird die Europapolitik von der außenpolitischen Kommission (APK) betreut. Eine eigene Europakommission existiert nicht. Daneben gibt es Delegationen, die sich u.a. um die Pflege der Beziehungen zu den Parlamenten der Nachbarstaaten kümmern. Darunter ist auch eine Delegation für die Beziehungen zur EFTA und zum Europäischen Parlament. Auch die parlamentarische Vertretung der Schweiz im Europarat bietet Impulse zur Europäisierung. Die parlamentarische Delegation der Schweiz teilt sich auf die verschiedenen Fraktionen der Parlamentarischen Versammlung des Europarates auf.

8.4   Regionale Unterschiede

Während die Europäisierung vergleichsweise schwach auf die Parteiensysteme der Schweiz einwirkt, ist Regionalisierung ein umso gewichtigerer Faktor. Das schweizerische Parteiensystem ist „schon immer" hochgradig regionalisiert gewesen, so dass es sinnvoller ist, von regionalen Unterschieden als von Regionalisierung zu sprechen. Bei diesen Unterschieden ist an die regionale Abdeckung bzw. Präsenz der Parteien zu denken. Nicht alle Parteien treten mit eigenen Listen in allen Kantonen an. Tabelle 8-9 der kantonalen Ergebnisse der Nationalratswahl 2011 vermittelt davon einen Eindruck. In den Kantonen, in denen eine Partei antrat, können die Ergebnisse sehr unterschiedlich ausfallen.

Ein Indikator für den Grad der Nationalisierung der Parteien ist die Standardabweichung ihrer kantonalen Ergebnisse, die in Tabelle 8-9 unten wiedergegeben sind. Die Standardabweichungen der Kleinparteien fallen niedriger aus, weil diese Parteien in verhältnismäßig wenigen Kantonen antreten und dort meist kontinuierlich niedrige Ergebnisse erringen. Dies ist bei einem Vergleich von Groß- und Kleinparteien zu berücksichtigen. Von den vier Bundesratsparteien hat die SP mit einem Wert von 6,5 die geringste Standardabweichung, was als Hinweis auf eine relativ gleichmäßige regionale Unterstützung interpretiert werden kann.

Die höchste Standardabweichung hat die CVP, worin ihre unterschiedlich starke regionale Unterstützung zum Ausdruck kommt. Diese war in Bern mit 2,1% am niedrigsten und in Appenzell Innerrhoden mit 76,1% am höchsten. Einer regional relativ ausgeglichenen Unterstützung kann sich auch die GP erfreuen. Die Standardabweichung der SVP von 9,1 weist auf mittelgroße regionale Unterschiede hin. Bei den beiden neuen, aus Parteiabspaltungen hervorgegangenen Parteien GLP und BDP fällt ein massiver Unterschied auf. Während die GLP regional sehr ausgeglichene Ergebnisse erreichte, erhielt die BDP mit 0,6% im Wallis und 61,7% in Glarus extrem unterschiedliche Ergebnisse.

Die Regionalisierung des Parteiensystems variiert nicht nur in der Zeitdimension, sondern auch in Abhängigkeit von dem jeweils zu wählenden Gremium. Die unterschiedlichen Ebenen des Föderalismus, aber auch die unterschiedlichen Wahlverfahren zu National- und Ständerat spielen dabei eine Rolle. So schneiden SVP und SP auf kantonaler Ebene sowie bei den Wahlen zum Ständerat oft deutlich schlechter ab als bei den Wahlen zum Nationalrat, CVP und FDP dagegen oft besser.

Tab. 8-9: Stärke der Parteien nach Kantonen bei der Nationalratswahl 2011 (in %)

	FDP	CVP	SP	SVP	EVP	GLP	BDP	PdA	GPS	SD	EDU	Übr.
ZH	11,6	5,0	19,3	29,8	3,1	11,5	5,3	0,2	8,4	0,3	2,2	3,1
BE	8,7	2,1	19,3	29,0	4,2	5,3	14,9	0,3	9,4	0,6	3,1	3,2
LU	18,4	27,1	11,5	25,1	0,7	6,1	2,1	–	8,3	0,2	–	0,5
UR	74,3	–	21,5	–	–	–	–	–	–	–	–	4,3
SZ	15,5	20,6	15,7	38,0	1,1	–	3,4	–	3,8	–	–	1,9
OW	–	–	–	43,1	–	–	–	–	–	–	–	56,9
NW	35,2	–	–	45,2	–	–	–	–	19,6	–	–	–
GL	–	–	24,6	–	–	–	61,7	–	–	–	–	13,7
ZG	19,2	24,3	5,3	28,3	–	6,8	–	–	15,4	–	–	0,7
FR	12,8	20,3	26,7	21,4	0,7	3,5	1,9	–	5,0	–	0,7	1,5
SO	18,4	17,9	18,3	24,3	1,5	5,0	4,4	–	7,5	–	0,5	2,3
BS	12,3	6,5	29,1	16,5	2,5	5,8	2,2	–	13,4	–	0,5	4,2
BL	11,5	8,2	24,4	26,9	3,3	5,0	6,4	–	13,6	0,7	–	–
SH	12,3	5,2	34,6	39,9	–	–	–	–	–	–	3,8	4,3
AR	51,5	10,6	–	30,5	–	–	–	–	6,4	–	–	1,0
AI	–	76,1	20,3	–	–	–	–	–	–	–	–	3,6
SG	12,3	20,3	16,7	31,5	1,8	6,0	3,8	–	6,4	–	1,2	–
GR	11,9	16,6	15,6	24,5	–	8,3	20,5	–	2,2	–	0,5	–
AG	11,5	10,6	18,0	34,7	3,2	5,7	6,1	–	7,3	0,4	1,2	1,3
TG	11,2	14,4	12,1	38,7	2,9	5,2	5,0	–	7,0	–	3,5	–
TI	24,8	20,0	16,6	9,7	–	–	–	1,2	6,7	–	–	3,4
VD	16,3	4,6	25,2	22,9	1,1	5,1	0,8	2,1	11,6	0,1	1,1	1,1
VS	18,8	39,9	14,6	19,7	–	–	0,6	–	5,0	–	–	0,6
NE	26,9	3,5	24,7	21,4	–	–	1,5	10,4	11,7	–	–	–
GE	18,6	9,8	19,1	16,0	1,0	3,2	–	1,3	14,0	–	–	1,9
JU	9,5	33,2	30,8	15,5	–	–	–	–	11,0	–	–	–
Total	15,1	12,3	18,7	26,6	2,0	5,4	5,4	0,5	8,4	0,2	1,3	2,2
STAW	14,90	15,99	6,58	9,15	1,12	1,96	14,59	3,55	4,19	0,21	1,20	12,38

Quelle: BfS; Anmerkungen: 2009 Fusion von FDP und LPS auf nationaler Ebene unter der Bezeichnung FDP.Die Liberalen. Daher FDP inkl. die LP-VD (5,7) und LP-BS (6,8). NE: PdA inkl. Sol. Kleinparteien: Lega: Tessin 17,5, gesamt 0,8. MCR: Waadt 0,5, Genf 9,8, gesamt 0,4. CSP: Zürich 0,2, Freiburg 5,5, Wallis 0,7, gesamt 0,3, Sol.: Waadt 1,8, Genf 5,2, gesamt 0,3.

Im Folgenden wird zuerst die parlamentarische Ebene genauer untersucht, anschließend die Regierungsebene. Tabelle 8-10 gibt die kantonale parlamentarische Stärke der fünf größten Parteien auf Basis eines Querschnitts im Jahr 2010 wieder. Es fallen aber einige Abweichungen zur nationalen Ebene (Nationalrat) auf. Berechnet man den Durchschnitt der kantonalen Parlamentsstärken, sind CVP, FDP und SVP mit 21,2 bzw. 21,3% fast genau gleichauf. Die SP als auf Bundesebene zweitstärkste Partei schafft es auf kantonaler Ebene nur auf durchschnittlich knapp 17%. Lediglich der durchschnittliche Parlamentssitzanteil der Grünen von 9% entspricht in etwa ihrem Stimmenanteil bei der Nationalratswahl 2011 von 8,4%. Die Standardabweichung als Indikator für regionale Schwankungen in der Unterstützung der

Parteien ist (wie zuvor bei der Nationalratswahl 2011) auch in den Kantonsparlamenten bei der CVP am größten, gefolgt von der SVP und gleichauf FDP und SP. Die geringsten regionalen Schwankungen zeigen sich wieder bei den Grünen, die mit durchschnittlich 9% Parlamentssitzanteil aber auch die kleinste Partei im Sample ist.

Tab. 8-10: Anzahl der Sitze in Kantonsparlamenten 2010 (in %)

	CVP	FDP	GP, inkl. FGA	SP	SVP	Übrige/ Parteilose	Total
ZH	13 (7,2)	29 (16,1)	21 (11,6)	36 (20)	56 (31,1)	25 (13,8)	180
BE	1 (0,6)	17 (10,6)	16 (10)	35 (21,8)	44 (27,5)	47 (29,3)	160
LU	46 (38,3)	29 (24,1)	9 (7,5)	13 (10,8)	23 (19,1)	–	120
UR	24 (37,5)	11 (17,8)	3 (4,6)	7 (10,9)	18 (28,1)	1 (1,5)	64
SZ	29 (29)	21 (21)	–	9 (9)	41 (41)	–	100
OW	20 (36,3)	10 (18,1)	–	6 (10,9)	11 (20)	8 (14,5)	55
NW	18 (30)	17 (28,3)	5 (8,3)	1 (1,6)	19 (31,6)	–	60
GL	6 (10)	12 (20)	7 (11,6)	8 (13,3)	17 (28,3)	10 (16,6)	60
ZG	23 (28,7)	20 (25)	6 (7,5)	8 (10)	19 (23,75)	4 (5)	80
FR	37 (33,6)	19 (17,2)	3 (2,7)	25 (22,7)	18 (16,3)	8 (7,2)	110
SO	25 (25)	27 (27)	6 (6)	21 (21)	18 (18)	3 (3)	100
BS	8 (8)	11 (11)	13 (13)	32 (32)	14 (14)	22 (22)	100
BL	11 (12,2)	20 (22,2)	11 (12,2)	22 (24,4)	21 (23,3)	5 (5,5)	90
SH	3 (5)	14 (23,3)	5 (8,3)	14 (23,3)	19 (31,6)	5 (8,3)	60
AR	3 (4,6)	26 (40)	–	4 (6,1)	8 (12,3)	24 (36,9)	65
AI	–	–	–	–	–	–	–
SG	33 (27,5)	23 (19,1)	4 (3,3)	16 (13,3)	41 (34,1)	3 (2,5)	120
GR	33 (27,5)	38 (31,6)	–	12 (10)	4 (3,3)	33 (27,5)	120
AG	21 (15)	20 (14,2)	13 (9,2)	22 (15,7)	45 (32,1)	19 (13,5)	140
TG	22 (16,9)	18 (13,8)	11 (8,4)	17 (13)	51 (39,2)	11 (8,4)	130
TI	21 (23,3)	27 (30)	4 (4,4)	18 (20)	5 (5,5)	15 (16,6)	90
VD	3 (2)	29 (19,3)	24 (16)	39 (26)	26 (17,3)	29 (19,3)	150
VS	68 (52,3)	28 (21,5)	–	22 (16,9)	12 (9,2)	–	130
NE	–	41 (35,6)	14 (12,1)	36 (31,3)	14 (12,1)	10 (8,7)	115
GE	11 (11)	11 (11)	17 (17)	15 (15)	9 (9)	37 (37)	100
JU	19 (31,6)	8 (13,3)	4 (6,6)	14 (23,3)	4 (6,6)	11 (18,3)	60
MW	21,3	21,2	9	16,8	21,3	15	
STAW	13,5	7,5	3,8	7,5	10,5	10,4	

Quelle: IDHEAP-BADAC www.badac.ch, Prozentanteile in Klammern eigene Ergänzung. Mittelwert (MW) und Standardabweichung (STAW) berechnet auf Basis der Prozentanteile (in Klammern).

Einen differenzierteren Vergleich der Parteistärken auf der Ebene der Kantonsparlamente stellt der BADAC-Index vor. In diesem wurden nicht nur die Parlamentsgrößen, sondern auch die ständige Wohnbevölkerung der Kantone berücksichtigt und die Sitzanteile der Parteien entsprechend gewichtet. Die Kantone AI und AR wurden zensiert, da Parteipolitik nach Einschätzung der BADAC-Verfasser dort eine untergeordnete Rolle spielt und das Gesamtergebnis verfälscht hätten.

Tab. 8-11: Gewichtete Parteienstärken in den Kantonsparlamenten (in %)

Jahr	Total	PdA	Grüne	SP	CVP	FDP	LPS	SVP	Übrige	Parteilos
2006		0,8	7,6	22,8	16,6	19,4	3,7	23,0	6,1	0,1
2005		0,8	6,9	23,2	16,7	19,7	3,7	23,3	5,7	0,0
2004		1,5	6,1	23,0	16,5	20,5	3,9	23,0	5,4	0,1
2003		1,5	5,7	22,5	17,2	21,0	3,9	22,5	5,6	0,1
1999		1,8	4,8	22,4	17,9	22,8	4,2	17,6	8,5	0,0
1995		1,8	4,7	21,2	18,6	24,7	4,6	14,0	10,4	0,0
Anzahl Parlamentssitze (ohne AI und AR)										
2006	2654	19	174	559	565	540	94	564	133	6
2005	2714	20	166	581	579	559	94	576	136	3
2004	2818	34	143	599	596	613	104	584	140	5
2003	2818	34	131	577	622	636	108	560	146	4
1999	2818	38	116	591	655	677	114	400	226	1
1995	2888	38	103	555	718	739	128	319	285	3

Quelle: BADAC/Idheap, Université de Genève/Département de science politique, Bundesamt für Statistik.Indikator BADAC: Index der Parteienstärke in den Kantonsparlamenten. Anzahl Sitze der Parteien in den Kantonsparlamenten (Tabelle Cs1.21), gewichtet mit der Parlamentsgröße und der ständigen Wohnbevölkerung der Kantone (Tabelle Cs11.11). Ohne AI, AR.

Abschließend werden regionale Unterschiede der Parteien auf Regierungsebene kurz beleuchtet (Tab. 8-12). Der BADAC-Index der politischen Lager in den Kantonsregierungen berechnet die Sitzanteile der Parteien auf kantonaler Regierungsebene nach drei Lagern: Links, Rechts und einer gemäßigt bürgerlichen Mitte. Im Durchschnitt der Kantone ist das Mitte-Lager aus FDP, LPS, CVP und CSP (JU) mit Abstand am stärksten, wenn auch mit sinkender Tendenz. Es folgt das Lager aus SP, Grünen, DSP, SGA und Grün-Liberalen, die sich im Durchschnitt zwischen 1999 und 2005 leicht verbessern konnten. Relativ stabil war dagegen das rechte Lager mit durchschnittlich um die 12%.

Die FDP bringt auf Regierungsebene in den Kantonen die größte „Flächendeckung" auf. Mit Ausnahme von Appenzell Innerhoden ist sie in allen Kantonen in der Regierung vertreten. CVP und SP sind in je fünf Kantonsregierungen nicht vertreten. Die SVP ist in diesem Zeitraum in 13 Kantonen an der Regierung beteiligt, die Grünen in 7 Kantonen. Auch auf kommunaler Ebene ist es bereits vielfach zur Regierungsbeteiligung der Grünen gekommen. Bis Mitte 2007 haben sie in vier Kantonen explizite Zusammenschlüsse mit der SP zur Regierungsbildung ausgehandelt. Allerdings kam es im letzten Jahr vor der Wahl für die Grünen zu Verluste in den beiden größten deutschschweizer Kantonen Bern und Zürich.

Hinsichtlich der Regionalparteien ist die Frage interessant, warum die Lega dei Ticinesi mit meist nur einem Sitz nicht von der SVP absorbiert wird. Die Lega politisiert im Tessin weitgehend auf der Linie des landesweiten Agenda-Setters SVP. Obwohl sich die Präferenzen der Lega weitgehend mit denen der SVP decken, konnte die SVP bislang nicht in nennenswertem Umfang die Unterstützung der Lega für sich absorbieren. Eine ähnliche Situation liegt mit der Christlich-Sozialen Partei (CSP) vor, die sehr eng an der Programmatik der SP politisiert, ohne von dieser absorbiert zu werden. Auch die Alternative Kanton Zug politisiert auf der Linie einer größeren Partei, der Grünen, ohne von diesen absorbiert zu werden. Dies sind Beispiele für regionale Eigenheiten, die zugleich auf Grenzen des Theorems des rationalen Wählens hinweisen.

Tab. 8-12: Politische Lager in den Kantonsregierungen 1999–2005

	Linke			Gemäßigte Bürgerliche			Rechte		
	1999	2003	2005	1999	2003	2005	1999	2003	2005
AG	20,0	0,0	0,0	60,0	60,0	60,0	20,0	20,0	20,0
AI	0,0	0,0	0,0	100,0	71,4	71,4	0,0	0,0	0,0
AR	14,3	0,0	0,0	71,4	71,4	71,4	14,3	28,6	28,6
BE	28,6	28,6	28,6	28,6	28,6	28,6	42,9	42,9	42,9
BL	20,0	20,0	20,0	60,0	60,0	60,0	20,0	20,0	20,0
BS	57,1	42,9	57,1	42,9	57,1	42,9	0,0	0,0	0,0
FR	28,6	28,6	28,6	57,1	57,1	57,1	0,0	0,0	0,0
GE	42,9	42,9	57,1	57,1	57,1	42,9	0,0	0,0	0,0
GL	14,3	28,6	28,6	57,1	57,1	57,1	28,6	14,3	14,3
GR	20,0	20,0	20,0	40,0	40,0	40,0	40,0	40,0	40,0
JU	20,0	40,0	40,0	80,0	60,0	60,0	0,0	0,0	0,0
LU	14,3	20,0	20,0	85,7	80,0	60,0	0,0	0,0	20,0
NE	40,0	40,0	60,0	60,0	60,0	40,0	0,0	0,0	0,0
NW	14,3	14,3	14,3	85,7	85,7	85,7	0,0	0,0	0,0
OW	0,0	0,0	0,0	100	100	100	0,0	0,0	0,0
SG	28,6	14,3	28,6	71,4	85,7	71,4	0,0	0,0	0,0
SH	40,0	40,0	20,0	40,0	40,0	40,0	20,0	20,0	40,0
SO	20,0	40,0	20,0	80,0	60,0	80,0	0,0	0,0	0,0
SZ	14,3	14,3	14,3	85,7	85,7	71,4	0,0	0,0	14,3
TG	20,0	20,0	20,0	40,0	40,0	40,0	40,0	40,0	40,0
TI	20,0	20,0	20,0	60,0	60,0	60,0	20,0	20,0	20,0
UR	14,3	0,0	14,3	85,7	85,7	71,4	0,0	0,0	0,0
VD	28,6	42,9	42,9	57,1	42,9	42,9	14,3	14,3	14,3
VS	20,0	20,0	20,0	80,0	80,0	80,0	0,0	0,0	0,0
ZG	28,6	28,6	28,6	57,1	57,1	57,1	14,3	14,3	14,3
ZH	28,6	42,9	42,9	42,9	28,6	42,9	28,6	28,6	14,3
	22,84	23,42	24,05	65,43	62,03	58,23	11,11	11,39	12,03

Quelle: www.badac.ch; Indikator BADAC: Politische Lager in den Kantonsregierungen; Anteil der Sitze (Tabelle Cs1.31) in Prozent nach drei politischen Lagern: „Linke" (SP, Grüne, DSP [BS], SGA [ZG], Grün-Liberale [ZH]), „Gemäßigte Bürgerliche" (FDP, LPS, CVP, CSP [JU]), „Rechte" (SVP, Lega [TI]).

9 Der Bundesrat

9.1 Wozu regieren?

Die Regierung ist das Entscheidungszentrum eines politischen Systems. Dabei ist zunächst zu unterscheiden zwischen Regierung als Institution und der parteipolitischen Zusammensetzung einer Regierung („government of the day"). Die Typologisierung von Regierungssystemen (vgl. Kap. 2.1.1) nimmt primär auf diese erste Dimension Bezug, in Medien und Öffentlichkeit steht dagegen die zweite Dimension im Vordergrund. Wie eingangs bereits skizziert, weist der Bundesrat sowohl Merkmale parlamentarischer wie auch präsidentieller Systeme auf. Parlamentarische Regierungen sind ein (meistens) durch Mehrheitsentscheid des Parlaments hervorgegangenes Organ des politischen Systems, das als verantwortliches Scharnier zwischen Parlament und Verwaltung fungiert.

Sie sind einerseits mit dem Vollzug der Entscheidungen des Parlaments beauftragt, bereiten andererseits aber auch die Entscheidungen des Parlaments vor, insbesondere durch Kabinettsbeschlüsse, durch die i.d.R. die parlamentarischen Mehrheiten für ein Vorhaben gesichert werden und durch die Ausarbeitung von Gesetzesentwürfen in den Ministerien. Im Unterschied zu parlamentarischen Systemen besteht in präsidentiellen Systemen eine strenge Gewaltentrennung; das Parlament kann die den Präsident bzw. die Regierung nicht. Im Fall des Bundesrates in der Schweiz sind beide Merkmale gegeben.

> „The **job of the government** is to govern the country. Governing means ruling. It is not, as the term ‚executive' might suggest, just implementing laws passed by the legislature. Rather, governing means the government having a strong imprint on the laws passed during its reign and more generally exercising overall control over a country and determining its direction" (Müller 2011: 142).

Auch in der Schweiz geht der größte Teil der Gesetzesinitiativen von der Regierung aus. Das ist bei einem übergroßen Format der Koalitionsregierung nicht überraschend. Andererseits steht eine demokratische Regierung auch immer unter dem Druck, sich gegenüber dem Parlament und dem Volk rechtfertigen zu müssen – nicht zuletzt im Hinblick auf die nächste Wahl. Durch die übergroße Koalitionsregierung in der Schweiz ist ‚Opposition' weniger aus dem Parlament als aus dem Volk zu erwarten. Regierungen stehen, anders gesagt, in einem Spannungsverhältnis von einerseits Entscheidungszwang und andererseits Begründungsverpflichtung, das sich auf institutioneller Ebene in unterschiedlichen Handlungslogiken von (Regierungs-)Parteien und Parlament bzw. Volk ausdrückt.

In Österreich und Deutschland ist mit Bundesrat die zweite Parlamentskammer gemeint, in der Schweiz die Regierung als Verfassungsorgan wie auch die sieben einzelnen Mitglieder.

Durch die Bezeichnung als „Rat" wird der Charakter als Kollegialregierung betont, im Unterschied zu einer Ministerialregierung mit einem Premierminister oder Kanzler an der Spitze. Das Kollegialprinzip gilt auch in den Kantonen (Regierungs- bzw. Staatsrat) und Gemeinden (Gemeinderat). Je nach Größe der Jurisdiktion besteht ein Rat aus fünf, sieben oder neun Mitgliedern. Die Größe des Bundesrats ist durch die Verfassung auf sieben Mitglieder begrenzt. Die Präsidenten der jeweiligen Räte leiten als Vorsitzende die Sitzungen und haben ansonsten lediglich „gewisse zeremonielle Pflichten" (Gabriel 1997: 74).

Wie in Kap. 2.1 skizziert ist die Struktur der Exekutive im internationalen Vergleich einmalig. Es fehlt eine für parlamentarische Regierungssysteme typische Vertrauensbeziehung des Parlaments zur Regierung und die Logik des „negativen Parlamentarismus" (z.B. Saalfeld 2008: 159), nach der eine Regierung so lange im Amt bleiben kann, bis sich eine Mehrheit im Parlament gegen sie ausspricht. Die Kollegialregierung der Schweiz ist, wie ein direkt gewählter Präsident (z.B. USA), nicht von einer Mehrheit im Parlament abhängig.

Umgekehrt kann der Bundesrat die Bundesversammlung nicht auflösen oder Neuwahlen ausrufen. Im Unterschied zu einem präsidentiellen System hat der Bundesrat aber kein Vetorecht gegenüber Beschlüssen der Bundesversammlung. Anders als z.B. in den USA ist in der Schweiz die Regierungsmehrheit im Parlament durch die übergroße Koalition (surplus coalition) aber meist gewährleistet. Verfassungshistorisch entspricht der Bundesrat einer interessanten Mischung präsidialer Elemente aus der US-amerikanischen Verfassung und aus der Direktorialregierung der Französischen Republik von 1795 sowie der davon abgeleiteten helvetischen Verfassung von 1798.

Tab. 9-1: Präsidial-, Kabinetts- und Kollegialregierung im Vergleich

Präsidialregierung	Kabinettsregierung	Kollegialregierung
Direkt gewählter Präsident. Ernennt und entlässt die Minister seiner Regierung. Keine Rückholmöglichkeit durch Parlament oder Volk. Ausnahme: Impeachment.	Parlamentarisches Regierungssystem mit verantwortlichem Premierminister bzw. Kanzler. Rückholmöglichkeit durch Vertrauensfrage bzw. Misstrauensvotum.	Einzeln parlamentarisch (Bund) oder direkt (Kantone) gewählte Regierungsmitglieder. Nach der Wahl keine Rückholmöglichkeit durch Parlament oder Volk.

Quelle: Eigene Zusammenstellung.

Für Beobachter von außen ist vermutlich am überraschendsten, dass die Schweiz kein personalisiertes Staatsoberhaupt hat. Der jährlich wechselnde Bundespräsident ist kein Staatsoberhaupt. Stattdessen hat ein Gremium von sieben Bundesräten gemeinsam die Funktion sowohl des Staatsoberhauptes als auch der Regierung inne (geschlossene Exekutive). Seit 1943 setzte sich der Bundesrat als Gremium aus vier Parteien zusammen, deren Sitzanteile in der Regierung langfristig weitgehend stabil gehalten werden und in etwa der Stärke der Parteien bei den Parlamentswahlen entsprechen sollen. Seit 2008 ist mit der BDP eine fünfte Partei in der Regierung vertreten.

Nach dem 1959 erzielten Konsens bei der Verteilung der sieben Regierungsämter (sog. Zauberformel) gingen je zwei Sitze an den Freisinn, die Christdemokraten und die Sozialdemokraten sowie ein Sitz an die Schweizerische Volkspartei (2-2-2-1). Der Anstieg der elektoralen Unterstützung für die SVP seit Mitte der 1990er Jahre führte 2003 zu einer Anpassung der Zauberformel, indem ein Sitz von den Christdemokraten durch Nichtwiederwahl der amtierenden Bundesrätin Ruth Metzler zur SVP ging. Damit wurde die Tradition gebrochen, kein sich zur Wiederwahl stellendes Mitglied des Bundesrates abzuwählen. „Dem

Tabubruch von 2003 folgte 2007 als Retourkutsche die Abwahl von Christoph Blocher." (Altermatt 2011: 25).

Die rechtlichen Grundlagen des Bundesrates sind in Art. 174 bis 187 BV geregelt, die Details finden sich im Regierungs- und Verwaltungsorganisationsgesetz (RVOG). Eine im internationalen Vergleich einmalige Regelung ist die exakte Festlegung der Anzahl der Kabinettsmitglieder in der Verfassung (Art. 175 Abs. 1). Die Zahl der Regierungsmitglieder liegt folglich seit 1848 bei konstant sieben. Veränderungen hat es lediglich bei der parteipolitischen Zusammensetzung der Bundesräte gegeben, wie Tabelle 9-2 zeigt.

Tab. 9-2: Eckdaten zur Entwicklung des Bundesrates

1848	Freisinnige Dominanz	FDP stellt über 40 Jahre alle 7 Mitglieder des Bundesrates
1891	Erster konservativer Bundesrat	Wahl Josef Zemps als ersten Katholisch Konservativen durch die Freisinnigen in den Bundesrat.
1919	Einführung Proporzwahl	Einführung des Proporzwahlsystems für Nationalratswahlen
1929	Einzug der SVP in den Bundesrat	Wahl Rudolf Mingers (BGB, heute SVP) in den Bundesrat
1943	Erster Sozialdemokrat im Bundesrat	SPS wurde erfolgreichste Partei im Nationalrat. Wahl Ernst Nobs in den Bundesrat
1953	Demission SP-Bundesrat	Rückgewinnung des 4. Sitzes für FDP durch Demission eines sozialdemokratischen Bundesrates
1954	Rückfall der FDP	Nach nur einem Jahr Verlust des Sitzes an CVP (Bundesratszusammensetzung: 3 FDP, 3 CVP, 1 SVP)
1959	Zauberformel	Zuvor gemeinsamer Rücktritt von 4 Bundesräten; Neuzusammensetzung nach Parteistärke: 2 FDP, 2 SPS, 2 CVP, 1 SVP
1984	Erste Bundesrätin	Wahl der Freisinnigen Elisabeth Kopp in den Bundesrat
2003	Revision der Zauberformel	Auflösung der über 50-jährigen Zauberformel durch Gewinn eines Sitzes für SVP (Verlust für CVP)
2003/ 2007	„Abwahl" Metzler-Arnold und Blocher	Erstmals Nichtwiederwahl kandidierender Bundesratsmitglieder seit 1872
2008	Erste BDP-Bundesrätin	Nach SVP-Parteiausschluss und Neugründung wird Eveline Widmer-Schlumpf erste BDP-Bundesrätin
2009	Möglichkeit der Amtsunfähigkeit geschaffen	Regelung für den Fall der Handlungsunfähigkeit eines Mitgliedes geschaffen (Vereinigte Bundesversammlung kann Amtsunfähigkeit feststellen)
2010	Frauenmehrheit	Erstmals Frauenmehrheit im Bundesrat (bis 2011)

Quelle: Eigene Zusammenstellung.

Ein katholisch-konservativer Bundesrat wurde erstmals 1891 gewählt, ein Mitglied der Bauern- und Gewerbepartei (heute SVP) zog erstmals 1929 in den Bundesrat und ein Mitglied der SP wurde erstmals 1943 aufgenommen. 1959 kann es schließlich zum „Einfrieren" des Parteiproporzes auf Regierungsebene durch die sog. Zauberformel, die bis 2003 hielt, als die erstarkte SVP einen Sitz auf Kosten der CVP gewann.

2007 revanchierte sich eine SVP-kritische Mehrheit im Parlament, indem sie statt des SVP-Frontmannes Blocher ein anderes SVP-Mitglied, die pragmatischere Eveline Widmer-Schlumpf, in den Bundesrat wählte. Da ein individueller Parteiausschluss nicht möglich war, schloss die verärgerte SVP gleich den ganzen betroffenen Kantonalverband Graubünden aus, der daraufhin zur Keimzelle der BDP wurde.

9.2 Wahl und Regierungsformat

9.2.1 Die Wahl der Bundesräte

Da es keine Abwahlmöglichkeit von amtierenden Bundesräten gibt, ist ihre Wahl ins Amt die
einzige Möglichkeit, ihnen die Macht des Parlaments direkt vorzuführen. Dabei spielt der
Proporzgedanke eine wichtige Rolle. Nach einer langen Phase der parteipolitischen Stabilität
auf Regierungsebene gibt es seit 2003 eine deutliche Dynamisierung, die sich aber nicht aus
den Sitzanteilen der Parteien im Parlament ableiten lässt. Vielmehr folgt sie einer eigenen
Logik. Wie die Präsidentschaftswahlen in den USA folgen die Parlaments- und Bundesratswahlen in der Schweiz einem fixen Zeitplan. Die sieben Bundesräte sowie der Bundeskanzler werden in der dritten Woche im Dezember (meist am Mittwoch) nach der Parlamentswahl
einzeln durch die Vereinigte Bundesversammlung für vier Jahre in geheimer Abstimmung
mit absoluter Mehrheit gewählt. Die Wahl wird auch als Gesamterneuerung des Bundesrates
bezeichnet, im Unterschied zur notwendigen Nachwahl einzelner Bundesräte bei vorzeitigen
Rücktritten. Die Vereinigte Bundesversammlung ist der Zusammentritt von National- und
Ständerat unter dem Vorsitz des Nationalratspräsidenten. Rechtsgrundlage der Wahl ist das
Parlamentsgesetz, das in Art. 132 Abs. 2 BV neben der sequenziellen Einzelwahl als Reihenfolge das Amtsalter der bisherigen Amtsinhaber nennt.

Nach der Wiederwahl der amtierenden Bundesräte werden die frei gewordenen Sitze gewählt. Für die Einzelwahl ist eine absolute Mehrheit in der Bundesversammlung erforderlich.
Dadurch müssen für die vakanten Sitze oft mehrere Wahlgänge durchgeführt werden. Aufgrund der geheimen Wahl ist Fraktionsgeschlossenheit kaum überprüfbar. Ungeschriebene
Auswahlkriterien sind die Parteizugehörigkeit, die Religion und zunehmend auch das Geschlecht. Nach Art. 175 Abs. 3 BV ist als Bundesrat wählbar, wer auch in den Nationalrat
wählbar ist. Dies sind alle stimmberechtigten Schweizerinnen und Schweizer ab 18 Jahren
(Art. 136 u. 143 BV). In der Praxis ist jedoch die Mitgliedschaft in einer der beiden Kammern der Bundesversammlung ein wichtiges informelles Kriterium. Art. 175 Abs. 4 BV verlangt eine angemessene Vertretung der Landesgegenden bzw. Sprachregionen im Bundesrat.
Auch hier weicht die Verfassungspraxis nicht selten von der Verfassungsnorm ab, wenn die
italienische Schweiz untervertreten und die deutschsprachige Schweiz übervertreten ist. Seit
dem Rücktritt des letzten Tessiner Bundesrats Flavio Cotti (CVP, 1986-1999) ist die italienische Schweiz nicht mehr im Bundesrat vertreten gewesen.

Eine förmliche Kandidatur ist nicht erforderlich, informelle Absprachen für die Neubeset-
zung eines vakanten Sitzes sind aber die Regel. Dazu geben die Parteivorsitzenden in einer
Aussprache vor der Wahl die Empfehlungen ihrer Partei (noch einmal) bekannt. Gewählt
werden können in den ersten beiden Wahlgängen alle in das Parlament wählbaren Personen.
Erst ab dem dritten Wahlgang dürfen keine neuen Namen mehr hinzu gefügt werden. Kandidaten mit weniger als 10 Stimmen werden ab dem zweiten Durchgang gestrichen, ab dem
dritten derjenige mit der geringsten Stimmenzahl. Zur Vermeidung von Wahlbetrug haben die
Stimmzettel für jeden Wahlgang eine andere Farbe.

Das Zwischenergebnis wird nach jedem Wahlgang vom Vorsitzenden verlesen. Für eine Wahl
als Bundesrat ist die absolute Mehrheit der abgegebenen und gültigen Stimmen erforderlich.
Die anschließende Frage, ob der Gewählte die Wahl annimmt, ist mehr als eine Formfrage,

da das Ergebnis aufgrund der offenen Kandidaturen auch überraschend sein kann. So wurden z.B. mit Samuel Schmid (2000) und Eveline Widmer-Schlumpf (2007) zwei SVP-Mitglieder von der Mehrheit des Parlaments gewählt, die keine offiziellen Kandidaten der Partei waren. Trotzdem wird die Wahl fast immer angenommen und der Gewählte anschließend vereidigt. Seit 1848 haben lediglich fünfmal gewählte Bundesräte die Wahl nicht angenommen, zuletzt 1993 (vgl. www.admin.ch/br/dokumentation/mitglieder/wahlausschlag/index.html?lang=de).

Bei den Gesamterneuerungswahlen 2011 war nur einmal ein zweiter Wahlgang erforderlich, und zwar bei der Ersatzwahl für die nicht wieder kandidierende Micheline Calmy-Rey (SP). Der üblichen Praxis entsprechend hatte die SP zwei Empfehlungen abgegeben, für den Freiburger Ständerat Alain Berset und den Staatsrat Pierre-Yves Maillard (Waadt). Im 1. Wahlgang erreichte Berset 114 Stimmen und Maillard 59. Im zweiten Wahlgang erreichte Berset die absolute Mehrheit der gültigen Stimmen.

Tab. 9-3: Ergebnisse der Gesamterneuerungswahl 2011

	1. Wahl	2. Wahl	3. Wahl	4. Wahl	5. Wahl	6. Wahl	7. Wahl, 1. Wahlgang	7. Wahl, 2. Wahlgang
Ausgeteilte Wahlzettel	245	245	245	245	245	245	245	245
Eingegangene Wahlzettel	245	245	245	245	245	245	243	245
Leer	17	5	16	12	3	9	0	0
Ungültig	1	1	3	1	0	2	0	0
Gültig	227	239	226	232	242	234	243	245
Absolutes Mehr	114	120	114	117	122	118	122	123
Gewählt ist:	Doris Leuthard (216)	Eveline Widmer-Schlumpf (131)	Ueli Maurer (159)	Didier Burkhalter (194)	Simonetta Sommaruga (179)	Johann Schneider-Ammann (159)	–	Alain Berset (126)
Andere	11	108	67	38	63	75	243	119

Quelle: www.parlament.ch/d/wahlen-abstimmungen/wahlen-im-parlament/bundesratswahlen/erneuerungswahl-2011/seiten/default.aspx [26.11.2012]

Der Anteil der Frauen in der Regierung (und im Parlament) war lange Zeit sehr niedrig. Dazu muss man sich in Erinnerung rufen, dass das allgemeine Frauenwahlrecht auf Bundesebene erst 1971 eingeführt wurde. Bis 2010 gab es nur fünf Frauen in der Regierung der Schweiz. Die erste war die 1984 gewählte Elisabeth Kopp. Mit der Wahl von Simonetta Sommaruga im Oktober 2010 gab es erstmals eine Frauenmehrheit (4:3) im Bundesrat (bis 2011).

9.2.2   Regierungsformat

Das Regierungsformat bezeichnet den Typ einer (Koalitions)Regierung, also die Einteilung in single party majority government, minimal winning coalition, surplus coalition und single party bzw. multi party majority government (Kropp 2008: 526). Surplus coalitions wie in der Schweiz entstehen aus einer Notwendigkeit des Proporzes in multilingualen bzw. multiethnischen Staaten. In Europa sind diese häufig in Belgien anzutreffen, teilweise auch in Finnland und Slowenien (ebd.).

Beim Koalitionsbegriff sind zwei Dimensionen zu unterscheiden. Zum einen sind damit relative stabile parlamentarische Vereinbarungen zwischen mindestens zwei Parteien mit dem Ziel der Bildung einer gemeinsamen Regierung für den Rest der Legislaturperiode gemeint. Zum anderen umfasst ein weiter Koalitionsbegriff aber auch parlamentarische Aushandlungsprozesse mit dem Ziel der Bildung von Abstimmungsmehrheiten, die dann aber nur punktuell Bestand haben. Die Notwendigkeit zur Bildung von Regierungs- oder Abstimmungskoalitionen wird dabei insb. vom Wahlrecht (Proporz oder Majorz) und von der Regierungsform (parlamentarisch oder präsidentiell) bestimmt. So spielen z.B. in den USA (präsidentielles Mehrheitssystem) Regierungskoalitionen keine Rolle, im Falle von unterschiedlichen Mehrheiten in Kongress und Weißem Haus (divided government) gewinnen Abstimmungskoalitionen aber eine entscheidende Bedeutung. Im Vereinigten Königreich (Mehrheitswahlrecht und parlamentarisches System) sind Regierungskoalitionen die Ausnahme.

Handelt es sich bei der gemeinsamen Wahl der Bundesräte um die Bildung einer Regierungskoalition oder um punktuelle Abstimmungskoalitionen am Tag der Wahl des Bundesrates? Durch den Konkordanzzwang der Wahl mit absoluter Mehrheit wird für die Gesamterneuerung des Bundesrates wie auch für Ersatzwahlen eine zwischenparteiliche Koordination erforderlich, die die sonst üblichen Koalitionsverhandlungen und -verträge zunächst auf eine Frage von Abstimmungsmehrheiten reduziert. Eine gewisse Äquivalenz zu Koalitionsvereinbarungen ist aber mit dem Instrument der Legislaturplanung gegeben (vgl. Kap. 9.2.3).

Da Sondierungs- und Koalitionsgespräche, Verhandlungen über Ressortzuschnitte und Kompetenzverteilungen in diesem System nicht möglich sind, beschränkt sich die Regierungsbildung auf die Präsentation der Bundesratskandidaten durch die Parteien und ihre individuelle (Wieder)Wahl durch die Bundesversammlung. Meist kommen die Fraktionen in Beratungen unmittelbar vor der Wahl zu Empfehlungen, welche der Kandidaten Unterstützung durch die eigene Partei bekommen sollten. Die Abgeordneten sind daran allerdings nicht gebunden (Instruktionsverbot). Die Anzahl der Stimmen und der notwendigen Wahlgänge zum Erreichen der absoluten Mehrheit gibt dabei Auskunft über die Akzeptanz eines Bundesrates durch die anderen Fraktionen. Es ist aber auch möglich, dass im Vorfeld der Wahl einzelne Fraktionen ankündigen, bestimmte Kandidaten nicht (wieder) zu wählen. Bei der Wahl 2007 kam im zweiten Wahlgang eine knappe absolute Mehrheit von 125 Stimmen für das nicht offiziell kandidierende SVP-Mitglied Widmer-Schlumpf statt für Christoph Blocher zustande. Um den für diesen Fall angekündigten „Gang in die Opposition" antreten zu können, wurde von Samuel Schmid verlangt, seine Wiederwahl nicht anzunehmen, was dieser aber ablehnte. Schließlich wurden die beiden SVP-Bundesräte aus der Fraktion ausgeschlossen. Da sie dort aber sowieso nur beratende Funktion hatten, war dies primär symbolische Politik. Dagegen wurde mit dem Parteiausschlussverfahren gegenüber der gesamten Graubündner Kantonalpartei ein Präzedenzfall geschaffen (Krumm 2008).

Für die vergleichende Koalitionsforschung bereitet die Struktur der Exekutive einige Probleme. Als Beginn eines Kabinetts gilt i.d.R. die Ernennung eines Regierungschefs oder einer Regierung durch das Staatsoberhaupt. Dies lässt sich für die Schweiz auf den Wahltag des Bundesrates datieren. Spannender ist die Frage des Endes. Nach Saalfeld (2009: 94) ist ein Kabinett dann beendet, wenn eine der folgenden Bedingungen erfüllt ist: „1. Die parteipolitische Zusammensetzung des Kabinetts ändert sich: Dabei werden allerdings nur solche Parteien als Mitglieder der Regierung berücksichtigt, die stimmberechtigte Vertreter im Kabinett haben; 2. Die Person des Regierungschefs ändert sich; 3. Eine Neuwahl des Parlaments findet statt". Da es im Bundesrat keinen Regierungschef gibt und auch keine vorgezogenen Neuwahlen des Parlaments, bleibt für ein vorgezogenes Kabinettsende nur die Möglichkeit einer Veränderung der parteipolitischen Zusammensetzung des Kabinetts. Eine solche Veränderung gab es 2008, als die beiden für die SVP gewählten Bundesräte für eine neue Partei, die BDP, aktiv wurden. Demnach ist mit dem Übertritt der beiden SVP-Bundesräte ein neues Kabinett entstanden. In der Regel wird aber die maximal mögliche Amtszeit eines Kabinetts ausgeschöpft.

9.2.3   Accountability

Die Nicht-Rückholbarkeit der Bundesräte durch das Parlament und ihre quasi-automatische Wiederwahl stellen ein typisches Problem politischer „accountability" dar. Kriesi und Trechsel (2008: 76) leiten aus der Nicht-Rückholbarkeit sogar eine non-responsibility des Bundesrates im Hinblick auf das Parlament ab. Accountability (Rechenschaftspflicht, Verantwortlichkeit) bezeichnet die Formen der Rückbindung eines Auftragnehmers bzw. Beauftragten (Agent) an seinen Auftraggeber (Prinzipal), um „agency loss", also die Abkopplung des Auftragnehmers von seinem Auftrag, zu vermeiden bzw. zu verringern. Formen von accountability reichen gewöhnlich von Informations- und Auskunftspflichten bis hin zur Abberufung bzw. Kündigung des Auftragnehmers (vgl. Richter/Furubotn 2010: 173). Die Nichtrückholbarkeit der Bundesräte kann aber auch als Vorteil angesehen werden. Die Bundesräte stehen nach ihrer Wahl wie oberste Richter in den USA über den Parteien und brauchen keine Pressionen mehr zu befürchten. Ähnlich wie bei obersten Richtern soll dies ihre Unparteilichkeit und Sachorientierung fördern.

> „**Accountability** implies that vis-à-vis agents, principals have a right to demand information and a capacity to impose sanctions. Three salient forms of sanction are the ability to (1) block or amend decisions made by the agent (veto power), (2) deauthorize the agent (remove him from office or curtail his authority), and (3) impose specific (monetary or other) penalties. [...] Strictly speaking, accountability focuses on the rights and sanctions (oversight) that the principal retains after she has contracted with the agent. Yet, in a broader sense principals can accomplish some of their control objectives even before delegating" (Strøm 2003: 62f.).

Für die Kontrolle ihrer Agenten stehen den Auftraggebern ex ante- und ex post-Mechanismen zur Verfügung. Sie können vor einer Übertragung von Kompetenzen bzw. vor der Wahl eines Mitglieds der Exekutive dessen vorheriges Handeln gründlich untersuchen (screening), um Hinweise auf wahrscheinliche zukünftige Handlungsweisen des Auftragsnehmers zu bekommen, sich über Auswahlregeln (selection) verständigen und sie können besonderen Wert auf die Aushandlung des Delegationsvertrages bzw. des „Arbeitsbündnisses" legen (contract design). Zu den ex post-Mechanismen gehören die Institutionalisierung von Monitoring-Rechten und Berichtspflichten zu Händen des Prinzipals (Lupia 2003). Nach der Prinzipal-Agent-Theorie sind solche Delegationsbeziehungen und Rechenschaftspflichten in der Politik aber nicht auf das Verhältnis von Legislative und Exekutive beschränkt, sondern verlaufen von den Wählern bis zu den öffentlichen Beschäftigten bzw. bis in den privaten Sektor (vgl. Lupia 2003).

Durch die Merkmale der Nicht-Rückholbarkeit und der quasi-automatischen Wiederwahl der Bundesräte könnte die demokratische Verantwortlichkeit auf der zweiten Delegationsstufe als problematisch eingeschätzt werden. Tatsächlich scheiden aber von den drei von Strom genannten Sanktionsmöglichkeiten (vgl. Kasten) zwei aus. Die Möglichkeit zu Ausübung von Vetomacht ist dagegen gleich mehrfach institutionalisiert. Zum einen werden für Beschlussanträge der Regierung natürlich Mehrheiten in den beiden Kammern benötigt (was durch die Große Koalition das kleinere Problem ist), zum anderen disziplinieren aber auch die Möglichkeiten der obligatorischen und fakultativen Referenden. Ein weiteres Instrument, um „moral hazard" einzelner Bundesräte zu verhindern, ist die Kollegialkontrolle durch die anderen Bundesräte. Diese kann durch das Kollegialprinzip in der Schweiz als besonders ausgeprägt angesehen werden.

Tab. 9-4: Delegationsstufen nach der Prinzipal-Agent-Theorie

	Prinzipal	Agent
1. Stufe	Wähler	Abgeordnete und Parteien
2. Stufe	Abgeordnete und Parteien	Regierung
3. Stufe	Regierung	Kabinettsminister
4. Stufe	Minister	Ministerium, Behörden, privater Sektor
5. Stufe	Höheres Management	Beschäftigte

Quelle: Nach Lupia 2003: 34.

Neben den Sanktionsmöglichkeiten sind die Aufsichtsrechte des Parlaments zu nennen (vgl. Kap. 5.3), denen von Seiten des Bundesrates eine Auskunfts- bzw. Berichtspflicht entspricht. Die Berichterstattungspflicht des Bundesrates („Controlling") gliedert sich in die Botschaft über die Legislaturplanung und die Geschäftsberichte des Bundesrates. Die Botschaft über die Legislaturplanung wird zu Beginn einer neuen Legislaturperiode erstellt und enthält die politischen Leitlinien und Ziele der nächsten vier Jahre. Eine Leitlinie fasst mehrere Ziele unter einem Oberpunkt zusammen. Der Legislaturplan wird meist im Januar nach einer Gesamterneuerung des Bundesrates der Bundesversammlung zugeleitet, die dann darüber abstimmt.

Die Jahresziele werden dann durch einen Bundesratsbeschluss zwei Monate vor Jahresende für das folgende Jahr konkretisiert und fortgeschrieben (Schweiz. Bundeskanzlei 2012b). Den Zielen des Legislaturplans sind „erforderliche Massnahmen zur Zielerreichung" sowie neuerdings auch quantifizierbare Ziele bzw. Indikatoren zugeordnet (Schweiz. Bundeskanzlei 2012c), um die Zielerreichung überprüfen zu können. Der Bundesbeschluss zur Legislaturplanung enthält dann die ggf. veränderten Leitlinien, Ziele und Maßnahmen bzw. Indikatoren für die Arbeit des Bundesrates in der folgenden Legislaturperiode.

Die Leitlinien kann man sich auch als die Zwischenüberschriften einer Koalitionsvereinbarung vorstellen, die dann sukzessive weiter konkretisiert werden. Im Unterschied zu Koalitionsvereinbarungen wird die Legislaturplanung aber erst nach der Regierungswahl ausgehandelt und kann vom Parlament noch verändert werden. Bereits in der Legislaturplanung werden diesen Leitlinien Ziele und Maßnahmen bzw. Indikatoren zugeordnet (Tab. 9-5). In den Jahreszielen erfolgt eine weitere Konkretisierung und Handlungsanweisung für den Bundesrat (Tab. 9-6).

Tab. 9-5: Leitlinien des Bundesrates in der Legislaturperiode 2011–2015

1. Der Standort Schweiz ist attraktiv, wettbewerbsfähig und zeichnet sich durch einen gesunden Bundeshaushalt sowie effiziente staatliche Institutionen aus.

2. Die Schweiz ist regional und global gut positioniert und hat ihren Einfluss im internationalen Kontext gestärkt.

3. Die Sicherheit der Schweiz ist gewährleistet.

4. Der gesellschaftliche Zusammenhalt der Schweiz ist gefestigt, und den demografischen Herausforderungen wird wirksam begegnet.

5. Die Schweiz nutzt Energien und Ressourcen nachhaltig und effizienter und ist auf das zunehmende Mobilitätsbedürfnis vorbereitet.

6. Die Schweiz hält in Bildung, Forschung und Innovation einen Spitzenplatz.

7. Die Schweiz sorgt für die rechtliche und tatsächliche Gleichstellung von Mann und Frau, vor allem in Familie, Ausbildung und Arbeit sowie beim Rentenalter.

Quelle: Bundesbeschluss über die Legislaturplanung 2011–2015 vom 15. Juni 2012.

Tab. 9-6: Ziele und Indikatoren des Bundesrates 2013 (Auswahl)

Ziele	Indikatoren
Ziel 1: Das Gleichgewicht des Bundeshaushalts bleibt gewahrt	Bericht zur Schuldenbremse
	Botschaft über das Neue Führungsmodell für die Bundesverwaltung (NFB)
Ziel 2: Die schweizerische Wirtschaft ist durch bestmögliche Rahmenbedingungen gefestigt und wächst weiterhin	Botschaft zur Änderung des Obligationenrechts (Verjährungsrecht)
	Botschaft zur Änderung des Obligationenrechts (Sanktionen bei missbräuchlicher oder ungerechtfertigter Kündigung)
	Vernehmlassung Revision des Bundesgesetzes über die wirtschaftliche Landesversorgung
	Bericht über die Regulierungskosten
Ziel 10: Die Aussenwirtschaftsstrategie ist weiterentwickelt	Verstärkung der Freihandelspolitik durch Ausbau und Weiterentwicklung des Netzes von Freihandelsabkommen
	Sicherung der Multilateralen Handelsordnung/ Stärkung der WTO
Ziel 19: Die Sozialwerke sind finanziell konsolidiert und nachhaltig gesichert	Botschaft zur Revision des Unfallversicherungsgesetzes
	Botschaft zur Volksinitiative „Für eine öffentliche Krankenkasse"
	Vernehmlassungsvorlage zur Reform der Altersvorsorge
Ziel 22: Die Schweiz trägt zur Eindämmung des Klimawandels und seiner Folgen bei	Botschaften zur Ratifikation eines allfälligen Nachfolgeabkommens zum Kyoto-Protokoll und eines bilateralen
	Vertrags mit der EU im Bereich Emissionshandel Aktionspläne zur Anpassung an die Klimaänderung in der Schweiz
Ziel 27: Die Chancengleichheit wird verbessert	Umsetzung des Berichts des Bundesrates zu Gewalt in Paarbeziehungen
	Umsetzung der in der Legislaturplanung erwähnten Bereiche der Gleichstellung

Quelle: Schweizerische Bundeskanzlei 2012b: 10–14.

Aus dieser Form des Controllings des Bundesrates durch die Bundesversammlung ergibt sich auch ein im Vergleich zu parlamentarischen Systemen verändertes Koalitionsmanagement. Ein Koalitionsausschuss für die Beilegung von Streitfragen, die im Laufe der Legislaturperiode auftauchen, ist überflüssig. Mögliche Konflikte können bei der Beratung der Jahresziele oder der konkreten Maßnahmen geklärt werden. Wie schwierig ein (erwünschter) Bruch der Koalition bzw. das Verlassen der Regierung sein kann, musste die SVP 2008 bei ihrem angekündigten „Gang in die Opposition" erfahren. Durch die Nicht-Rückholbarkeit der Bundesräte durch ihre Parteien liegt ein Ausscheiden aus der Koalition bzw. aus der Regierung nicht im Ermessen der Parteien, sondern der einzelnen Bundesräte.

Mit den Zielen und Indikatoren ist die Grundlage der jährlichen Lagebeurteilung durch den Geschäftsbericht gelegt (Schweiz. Bundeskanzlei 2012a: 4). Der jährliche Geschäftsbericht des Bundesrates gliedert sich in zwei Teile. Im ersten Teil werden die Schwerpunkte der Tätigkeit des Bundesrates im zurückliegenden Jahr „im Lichte der jeweiligen Legislaturplanung" (ebd.) berichtet. Der zweite Teil „befasst sich mit den Schwerpunkten der Geschäftsführung der eidgenössischen Departemente und der Bundeskanzlei. Er gibt Auskunft über die Erfüllung der Jahresziele auf dieser Ebene" (ebd.).

„Der **Legislaturplan** und die Jahresziele informieren das Parlament über die politische Agenda der Regierung: Die Ziele und Massnahmen der Legislaturplanung sind für den Bundesrat der politische Orientierungsrahmen für die nächsten vier Jahre. Er wird seine Tätigkeit entsprechend ausrichten und in seinen Jahreszielen jeweils konkretisieren, welche Ziele mit welchen Massnahmen im entsprechenden Jahr erreicht werden sollen. Auf dieser Grundlage wird er dem Parlament im Geschäftsbericht jährlich Rechenschaft ablegen" (www.bk.admin.ch/themen/planung/04622/index.html?lang=de).

Im Geschäftsbericht werden die Jahresziele einzeln aufgelistet und es wird stichwortartig aufgeführt, welche Aktivitäten der Bundesrat zur Erreichung dieses Zieles unternommen hat. In der Zusammenfassung erfolgt eine Bewertung in Abstufungen von realisiert, überwiegend realisiert, teilweise realisiert bis nicht realisiert. Im letzten Jahresbericht einer Legislaturperiode wird mit entsprechenden Tätigkeitsnachweisen auch auf die gesamte Periode zurück geblickt. Gesetzliche Grundlage für die Legislaturplanung des Bundesrates ist Art. 146 Abs. 3 des Parlamentsgesetzes, für die Jahresziele und Geschäftsberichte gilt Art. 144 Abs. 3.

Legislaturplanung und Geschäftsberichte kombinieren ex ante- und ex post-Kontrollen. Die Legislaturplanung und die Jahresziele entsprechen dabei einer ex ante-Kontrolle, bei der das Parlament bzw. die Öffentlichkeit im Voraus darüber informiert werden, welche Aktivitäten vom Bundesrat zu erwarten sind. Die Geschäftsberichte dagegen sind eine typische Form von ex post-Kontrolle. Die Legislaturplanung hat aber noch weitere Funktionen. Sie ist das Äquivalent zu Koalitionsvereinbarungen in parlamentarischen Systemen. Im Unterschied zu Koalitionsvereinbarungen muss die Legislaturplanung aber nicht von den beteiligten Parteien auf Delegiertenversammlungen, sondern von der Bundesversammlung genehmigt werden. Auch der jährliche Geschäftsbericht muss dem Parlament vorgelegt werden. Durch einen Bundesbeschluss wird die Geschäftsführung des Bundesrates für das vorangegangene Jahr dann entlastet. Neben der Kontrolle durch die Berichtspflicht des Bundesrates ist aber auch eine direkte Kontrolle durch das Parlament selbst möglich. Dies geschieht durch die in Kap. 5.5 vorgestellten Kommissionen wie z.B. die Geschäftsprüfungskommission (GPK).

9.2.4   Kollegial- und Departementsprinzip

Im Unterschied zum Kabinettsprinzip in parlamentarischen Systemen stellt das Kollegialprinzip höhere Anforderungen an die Geschlossenheit und Verschwiegenheit des Gremiums. Es verlangt, dass der Bundesrat alle wichtigen Entscheidungen als Kollegium trifft. Das heißt, dass die Bundesräte nach einer Entscheidung die Mehrheitsmeinung des Gesamtbundesrates vertreten sollten und ihre persönliche, ggf. anderslautende Meinung nicht publik machen sollten (Haller/Kölz/Gächter 2008: 267). „Das Kollegialprinzip wird indessen vom

Departementssystem durchbrochen und ergänzt" (ebd., vgl. Tab. 9-7). Dies kommt etwa in den Führungsgrundsätzen des Art. 36 RVOG zum Ausdruck. Danach geben der Bundesrat und die Departementsvorsteher der Bundesverwaltung die Ziele vor und setzen Prioritäten. „Sie beurteilen die Leistungen der Bundesverwaltung und überprüfen periodisch die ihr von ihnen gesetzten Ziele" (Art. 36).

Tab. 9-7: Grundlagen von Kollegial- und Departementsprinzip

	Kollegialprinzip	Departementsprinzip
Rechts-grundlage	Art. 177 I BV: „Der Bundesrat entscheidet als Kollegium" (ebenso Art. 12 I RVOG) Art. 13 RVOG „gemeinsame und gleichzeitige Beratung aller Entscheide von wesentlicher Bedeutung oder von politischer Tragweite"	Art. 177 II BV: „Für die Vorbereitung und den Vollzug werden die Geschäfte des Bundesrats nach Departementen auf die einzelnen Mitglieder verteilt" Nach Art. 177 III BV leitet jeder BR ein Departement zur Vorbereitung und zu Vollzug der Entscheide. Delegation von Geschäften an die Departemente zur selbständigen Erledigung
Führung (Art. 35 RVOG)	I: „Der Bundesrat sowie die Departementsvorsteher und Departementsvorsteherinnen führen die Bundesverwaltung; […] IV: Der Bundesrat kann die Departemente jederzeit neu verteilen".	II: Jedes Mitglied des Bundesrates führt ein Departement.
Verantwort-lichkeit	Art. 4 RVOG bestimmt, das für die Wahrnehmung der Regierungsfunktionen der Bundesrat als Kollegium verantwortlich ist.	Politische Verantwortung für die Führung und Organisation des Departements beim Departementsvorsteher (Art. 37 I RVOG) Als Führungsmittel (Art. 38 RVOG) stehen ihm umfangreiche Weisungs-, Kontroll- und Selbsteintrittsrechte zur Verfügung
Arbeitsweise	Einmal pro Woche ordentliche Sitzung, beschlussfähig ab vier Mitgliedern (Art. 19 RVOG), für gültigen Entscheid mind. drei Stimmen erforderlich. In der Praxis meist konsensuelle Entscheidungsfindung. Mitglieder müssen die Entscheidungen (nach außen) vertreten. (Art. 12 II RVOG). Zuletzt aber öfter dissentierender öffentlicher Positionsbezug einzelner Mitglieder.	Grundsatz der Arbeitsteilung nach RVOG, Art 35 III. Der Bundesrat verteilt die Departemente auf seine Mitglieder und verpflichtet sie, das ihnen übertragene Departement zu übernehmen. „Federführung" eines Departements bei der Vorbereitung eines Geschäftes. Einbezug der anderen Departemente durch das Mitberichtsverfahren

Quelle: Eigene Zusammenstellung.

Die Struktur der schweizerischen Exekutive ist noch am ehesten mit der niederländischen Regierung vergleichbar (Tab. 9-8). In beiden Exekutiven treten einige Merkmale auf, die relativ ähnlich sind. Dazu gehört insbesondere die flache Hierarchie bzw. der Kollegialcharakter des Kabinetts. Zwar kennt die niederländische Verfassung das Amt des Ministerpräsidenten, sie gibt ihm jedoch vergleichsweise geringe Kompetenzen. Dies kommt auch in der Bezeichnung des Kabinetts als Ministerrat zum Ausdruck. Das Amt des Ministerpräsidenten mit eigenem Apparat hat sich historisch erst allmählich ausdifferenziert. Zuvor war der Ministerpräsident – wie heute noch der Bundespräsident in der Schweiz – lediglich ein Fachminister mit einer Vorsitzfunktion. Weitere Gemeinsamkeiten sind ein symmetrischer und inkongruenter Bikameralismus sowie eine fehlende Verfassungsgerichtsbarkeit. Im Unterschied zur Schweiz kann der niederländischen Regierung aber mit einfacher Mehrheit der zweiten Kammer das Vertrauen entzogen werden (Döring/Hönnige 2008: 463). In der Typologie von Steffani ist es ein parlamentarisches System.

Tab. 9-8: Struktur von Parlament und Exekutive in der Schweiz und den Niederlanden

	Schweiz	Niederlande
Kammern	Nationalrat: 200 Mitglieder	Tweede Kamer: 150 Mitglieder
	Ständerat: 46 Mitglieder	Eerste Kamer: 75 Mitglieder
Bikameralismus	Symmetrisch und inkongruent	Symmetrisch und inkongruent
Regierungsbildung	Zwischenparteiliche Absprachen über die Wahl der 7 Bundesräte mit absoluter Mehrheit	Oft lange Koalitionsverhandlungen. Königin gibt Vermittlungsauftrag an Informateur oder Formateur
Regierungschef	Kollegialregierung [jährlich rotierendes Amt des Bundespräsidenten]	Ministerpräsident muss Ernennung der anderen Minister durch die Königin gegenzeichnen; keine weiteren Privilegien
Rückholrecht des Parlaments	Nein	In der Praxis möglich, jedoch nicht in der Verfassung garantiert
Anzahl Minister	7 Bundesräte	12–14 Minister
Koalitionsformat	Surplus coalition, 4–5 Parteien; Zauberformel	Minimal winning coalition; 2–5 Parteien
Verfassungsgericht	Nein	Nein

Quelle: Eigene Zusammenstellung.

9.3   Aufgaben und Struktur

9.3.1   Political leadership

Der Bundesrat ist die oberste exekutive, leitende und vollziehende Behörde des Landes und vertritt den Bund nach innen und außen. Aufgrund des Kollegialprinzips ist der Bundesrat als Ganzes das Staatsoberhaupt, nicht der jährlich wechselnde Bundespräsident. Dieser leitet lediglich die Sitzungen des Bundesrates, hat aber keine Richtlinienkompetenz (bzw. Weisungsrecht) wie etwa der deutsche Bundeskanzler. Die Vorbereitung der Regierungspolitik geschieht durch die Bundeskanzlei (in der Funktion vergleichbar dem deutschen Bundeskanzleramt), die von einem bzw. einer Bundeskanzler/in sowie zwei Vertretern geleitet wird.

Die Aufgaben des Bundesrates sind in Art. 180 bis 187 BV geregelt. Der Bundesrat bestimmt die Ziele und Mittel der Regierungspolitik (Art. 180 Abs. 1 BV), plant und koordiniert, informiert die Öffentlichkeit (Abs. 2) rechtzeitig und umfassend (Öffentlichkeitsprinzip). Die wohl wichtigste politische Funktion im Rahmen seiner Leitungsfunktion ist die Vorbereitung von Gesetzen. Nach Art. 181 hat er das Initiativrecht im Parlament und ist an der Vorbereitung von Verfassungsänderungen und der Gesetzgebung beteiligt. Er kann Gesetzes- und Beschlussvorlagen vorbereiten und in die Bundesversammlung einbringen. Auch wenn entsprechende Initiativen auch aus der Bundesversammlung (als Motion) oder aus dem Volk (Volksinitiative) kommen können, hat er hierbei doch eine Schlüsselstellung.

Nach Art. 182 Abs. 1 ist er für den Erlass von Verordnungen (Bundeserlasse) zuständig, allerdings nur auf Grundlage einer Ermächtigung durch die Verfassung oder eines Gesetzes. Art. 182 Abs. 2 regelt die einzelfallbezogene Rechtsanwendung durch die Verwaltung mittels Vollziehungsverordnungen, soweit nicht die Kantone für den Vollzug zuständig sind (Art. 46). Art. 183 verlangt vom Bundesrat einen mehrjährigen Finanzplan sowie jährliche Voranschläge und Staatsrechnungen. Der Bundesrat ist auch die oberste Wahlbehörde für die Angestellten der Bundesverwaltung und für die Armeeführung.

Eine weitere Politikdomäne des Bundesrats ist die Außenpolitik mit der Kompetenz zur „Besorgung der auswärtigen Angelegenheiten" (Art. 184 BV), insbesondere der Vertretung des Landes nach außen sowie die Unterzeichnung und Ratifizierung von internationalen Verträgen innerhalb der durch die Mitwirkungsrechte der Bundesversammlung (Art. 166 Abs. 2) und des Volkes (Art. 140 Abs. 1b und Art.141 Abs. 1d) gegebenen Grenzen. Die „Wahrung der Sicherheit" ist Gegenstand von Art. 185. Hierbei geht es um die bereits in Art. 2 genannte äußere Sicherheit und Unabhängigkeit, die Wahrung der Neutralität und die innere Sicherheit des Landes. Nach Art. 186 hat der Bundesrat eine Bundesaufsicht über die Kantone sowie über die Verwaltung und erstattet Bericht an die Bundesversammlung. „Der Bundesrat muss die Bundesverwaltung regelmäßig und systematisch beaufsichtigen und die Leistungsfähigkeit sowie die Recht- und Zweckmäßigkeit ihrer Tätigkeit sicherstellen" (ebd.). Als Restkompetenz fällt ihm die Behandlung von Beschwerden zu.

Ein Sitz im Bundesrat ist nicht mit einem Parlamentsmandat kompatibel. Nach Art. 60 RVOG dürfen weder die Bundesräte noch der Bundeskanzler „ein anderes Amt des Bundes noch ein Amt in einem Kanton bekleiden, noch einen anderen Beruf oder ein Gewerbe ausüben". Das auf parlamentarischer Ebene erwünschte Milizprinzip ist auf Regierungsebene also verboten. Auch wirtschaftliche Leitungstätigkeit ist ihnen weitgehend verboten, ebenso „die Ausübung einer amtlichen Funktion für einen ausländischen Staat sowie die Annahme von Titeln und Orden ausländischer Behörden" (ebd.).

Eine der wichtigsten Aufgaben ist die politische Gestaltung mittels des parlamentarischen Initiativrechts. Art. 7 RVOG ermächtigt den Bundesrat, das Vorverfahren der Gesetzgebung zu leiten. „Er legt der Bundesversammlung Entwürfe zu Verfassungsänderungen, Bundesgesetzen und Bundesbeschlüssen vor und erlässt die Verordnungen, soweit er dazu durch Verfassung oder Gesetz ermächtigt ist".

Der Bundesrat tagt nach Art. 21 RVOG nicht öffentlich. Er kann für bestimmte Geschäfte Ausschüsse aus in der Regel drei Mitgliedern bilden (Art. 23) und er kann „zu seiner Information und Meinungsbildung [...] Führungskräfte sowie inner- und ausserhalb der Bundesverwaltung stehende Sachkundige bei[ziehen]" (Art. 18-4). Von der Möglichkeit vorbereitender bundesratlicher Dreierausschüsse wird öfter Gebrauch gemacht, etwa im Bereich soziale Sicherheit und Gesundheit.

> **Botschaft des Bundesrates:** Nach dem Parlamentsgesetz (Art. 141) muss der Bundesrat „seine Erlassentwürfe, also Gesetze, Gesetzesänderungen und Bundesbeschlüsse zusammen mit einer erläuternden Botschaft" der Bundesversammlung unterbreiten. „Mit der Botschaft soll der Bundesrat: das Parlament darüber informieren, was er vorschlägt, welche politischen Ziele er damit verfolgt und welche Probleme gelöst werden sollen; seinen Antrag begründen und das Parlament überzeugen, warum diese Lösung anderen Lösungen vorzuziehen ist" (Schweiz. Bundeskanzlei 2012d: 7).

Die Erlassentwürfe, die der Bundesrat der Bundesversammlung zuleitet, sind mit einer sog. Botschaft zu versehen (vgl. Kap. 6.2.3). Darin sind Sinn und Zweck der geplanten Gesetzgebung bzw. des angestrebten Bundesbeschlusses allgemeinverständlich zu erläutern. Die Botschaft richtet sich formal an das Parlament, wird aber auch von der interessierten Öffentlichkeit gelesen. „Die Mehrzahl der Parlaments-Mitglieder ist daran interessiert, die wesentlichen Informationen schnell in konzentrierter Form zu finden. Genauer studieren sie Botschaften vor allem dann, wenn sie sich als Kommissionsmitglieder damit beschäftigen oder aus politischen Gründen an einem Geschäft besonders interessiert sind" (Schweiz. Bundeskanzlei 2012d: 7). Aber auch Richter, Anwälte, vollziehende Behörden, Verbände und Medien können sich in der Botschaft über Hintergründe und Auslegung bestimmter Regelungen informieren (ebd.).

9.3.2 Bundespräsident

Das oben vorgestellte Kollegialprinzip bedeutet für das Amt des Bundespräsidenten, dass dieser weder Staatsoberhaupt noch Regierungschef ist. Der Bundespräsident wird im Dezember für das folgende Kalenderjahr aus dem Bundesrat von der Bundesversammlung gewählt. In der Regel wird der Stellvertreter des Vorjahres zum neuen Bundespräsidenten für das Folgejahr gewählt. Die Anzahl der Stimmen ist dabei ein Indikator für seine Beliebtheit im Parlament. Eine unmittelbare Wiederwahl ist nicht möglich. Vielmehr rotiert das Amt nach dem Dienstalter der Bundesräte bzw. danach, wer das Amt am längsten (noch) nicht inne gehabt hat. Dienstältere Bundesräte können mit entsprechenden zeitlichen Abständen auch mehrmals gewählt werden. Während gegen Ende des 19. Jahrhunderts einzelne Bundesräte bis zu sechs mal präsidiert hatten, sind seit den 1950er Jahren bereits drei- oder viermalige Vorsitze die Ausnahme.[18] Bis 1918 war das Amt meist an den Vorsitz des EDA gekoppelt. Der Bundespräsident musste dann für ein Jahr aus „seinem" Departement in das Außendepartement wechseln, was in seinem angestammten Departement eine Lücke hinterließ und Anlass für Umbesetzungen war. Ein Nachteil dieser Regelung war, dass es an der Spitze des EDA keine personelle Kontinuität gab.

Mit Walter Bagehots Unterscheidung von „efficient and dignified parts of the constitution" kann man den Bundespräsidenten den „dignified parts" zuordnen. Er führt den Vorsitz bei den Versammlungen des Bundesrats und ist die „Vertretung des Bundesrates nach innen und aussen" (Art. 28 RVOG). Zu seinen zeremoniellen Pflichten gehören die Neujahrsansprache und die Ansprache zum Bundesfeiertag. Der Bundespräsident hat das Recht, den Bundesrat einzuberufen (Art. 16 RVOG) sooft die Geschäfte dies erfordern. Aber auch jedes andere Bundesrats-Mitglied „kann jederzeit die Durchführung einer Verhandlung verlangen" (ebd.). Zu seinen Aufgaben gehört, dass er die Verhandlungen des Bundesrates leitet (Art. 18). Zur Beschlussfähigkeit (Art. 19) müssen mindestens vier Mitglieder des Bundesrates anwesend sein, für die Gültigkeit eines Beschlusses müssen mindestens drei Mitglieder zustimmen und bei Stimmengleichheit zählt die Stimme des Bundespräsidenten bzw. Vorsitzenden doppelt. Bei Interessenkonflikten muss das betreffende Mitglied ausstehen (Art. 20). Der Verwaltungsapparat des Präsidentenamtes ist extrem klein.

Dabei kann das Präsidentenamt auch in Konkurrenz zum Außenministerium geraten. Allerdings zieht der Bundespräsident dabei meist den Kürzen: „Amtszeiten von einem Jahr sind sonst nur in Ländern üblich, in denen häufig geputscht wird. In einer so kurzen Zeitspanne längerfristig nutzbringende Kontakte auf höchster Stufe zu knüpfen, ist fast unmöglich" (NZZ 11.12.2010). Eine Verlängerung der Amtszeit auf zwei Jahre, wie vom Bundesrat vor-

---

[18]   Vgl. die Liste der Bundespräsidenten und Vizepräsidenten unter
       www.admin.ch/br/dokumentation/mitglieder/bundespraesidenten/index.html?lang=de [28.11.2012].

geschlagen, könnte zwar zu mehr Kontinuität und Professionalisierung führen, stößt aber auch auf deutliches Misstrauen in der Bevölkerung und den Parteien. Das durch die Zauberformel sorgsam ausbalancierte Machtgleichgewicht in der Regierung könnte dadurch erheblich verändert und die Politik noch stärker konkurrenzbetont werden.

Einer der sieben Bundesräte wird vom Parlament nach dem Rotationsprinzip jeweils für ein Jahr zum **Bundespräsidenten** gewählt. Er (oder sie) ist als „Primus inter pares" weder Staats- noch Regierungschef. Nicht der Bundespräsident, sondern das siebenköpfige Präsidium insgesamt ist das Staatsoberhaupt der Schweiz. Das Präsidentenamt ist lediglich ein Ehrenamt zu Repräsentationszwecken, auch wenn es seit den 1990er Jahren vermehrt für eine „aktive Außenpolitik" durch Konferenzen und Staatsbesuche genutzt wird.

In der Praxis bedeutet das einjährige Präsidentenamt eine erhebliche Mehrarbeit für die bereits in ihr vom Aufgabenzuschnitt vergleichsweise großes Departement eingebundenen und eventuell außenpolitisch völlig unerfahrenen Bundesräte. So musste sich in 2009 der Finanzminister als Bundespräsident neben der Verteidigung des Schweizer Bankgeheimnisses und dem Management der UBS-Affäre auch noch um die Schweizer Geiseln in Libyen und den Ausgleich mit Gaddafi kümmern. Das seit 1934 gesetzlich verankerte Bankgeheimnis geriet u.a. durch den von der EU geforderten automatischen Informationsaustausch von Bankkundendaten unter Druck.

Das Präsidentenamt hat kein organisatorisches Fundament in der Verwaltung. Es gibt keinen permanenten Stab für ihn, sondern lediglich einen (jüngeren) diplomatischen Mitarbeiter, der vom Außenministerium (EDA) an das Ministerium des Bundespräsidenten ausgeliehen wird. Zur Stärkung der diplomatischen Kompetenz hat die Bundespräsidentin von 2011, Micheline Calmy-Rey, diese Verbindungsstelle zum Bundespräsidenten aufgewertet. Einer „Cellule diplomatique", die den Bundespräsidenten ab 2012 in außenpolitischen und diplomatischen Fragen unterstützen wird, soll zunächst zwei bis drei hochrangige Mitarbeiter des EDA angehören. Dadurch soll nicht nur das Präsidentenamt professionalisiert werden, sondern das EDA dürfte dadurch auch besser über die Pläne und Aktivitäten des Bundespräsidenten informiert werden.

9.3.3 Bundeskanzlei

Die Bundeskanzlei ist das älteste, schon Anfang des 19. Jahrhunderts gegründete Bundesorgan. Art. 179 BV definiert die Bundeskanzlei als Stabsstelle mit Beratungs- und Unterstützungsaufgaben des Bundesrats (vgl. a. Art. 30 RVGO). Folglich nimmt der Bundeskanzler auch an den Sitzungen des Bundesrates mit beratender Stimme teil (Art. 18-II RVOG). Auch die beiden Stellvertreter können teilnehmen, soweit der Bundesrat nichts anderes beschließt. Einer der Stellvertreter ist als Bereichsleiter Information und Kommunikation zugleich auch Sprecher des Bundesrates („Regierungssprecher"). Der zweite Stellvertreter ist als Bereichsleiter Bundesrat u.a. für die Vorbereitung der Bundesratsgeschäfte und die Sprachdienste zuständig. Die Bundeskanzlerin ist für die Bereiche Planung und Strategie sowie politische Rechte zuständig. Zu ersteren gehört etwa die Vorbereitung des jährlichen Geschäftsberichtes des Bundesrats für die Bundesversammlung (www.bk.admin.ch/org/bk/00351/index. html?lang=de).

Die Wahl des Bundeskanzlers erfolgt durch die Bundesversammlung (BV Art. 168) auf vier Jahre. Im Unterschied zum Bundespräsidenten ist eine direkte Wiederwahl möglich. Innerhalb der Bundeskanzlei hat die Bundeskanzlerin „die gleiche Stellung wie der Vorsteher oder die Vorsteherin eines Departements" (Art. 31 Abs. 1 RVOG).

Zu den Aufgaben der mit ca. 250 Mitarbeitern ausgestatteten Bundeskanzlei gehören die Beratung und Unterstützung des Bundespräsidenten und des Bundesrats „bei der Planung und Koordination auf Regierungsebene", der Entwurf von Arbeits- und Geschäftsplänen und deren Überwachung, die Mitwirkung an Verhandlungen des Bundesrates und die Vorbereitung der „Berichte des Bundesrates an die Bundesversammlung über die Richtlinien der Regierungspolitik und über die Geschäftsführung des Bundesrates" (Art. 32 RVOG). Nach Art. 33 sorgt der Bundeskanzler für die departementsübergreifende Koordination sowie „für die Koordination mit der Parlamentsverwaltung. Insbesondere konsultiert er oder sie den Generalsekretär oder die Generalsekretärin der Bundesversammlung, wenn Geschäfte des Bundesrates oder ihm nachgeordneter Amtsstellen das Verfahren und die Organisation der Bundesversammlung oder der Parlamentsdienste unmittelbar betreffen" (ebd.). Die Bundeskanzlei ist auch die Herausgeberin der Amtlichen Gesetzessammlungen und verantwortlich für die Vorbereitung und Durchführung von Volksabstimmungen auf Bundesebene.

9.4   Proporzsuche: Zauberformel

Mit der 1959 vereinbarten Aufteilung der Sitze nach Parteiproporz hat der Konkordanzgedanke schließlich die Regierungsebene erreicht. Die wichtigsten Parteien sollten ihrem Gewicht entsprechend an der Regierung beteiligt sein. Dies geschah anfangs durch Konzessionen der die Politik dominierenden FDP, die sukzessive Vertreter der Katholisch-Konservativen und der Bauern- und Gewerbepartei in den Bundesrat holte. Mit dem Erstarken der Sozialdemokraten in der Zwischenkriegszeit stellte sich die grundlegende Frage der konkordanten oder der konkurrenzbasierten Weiterentwicklung des Regierungssystems. Mit der Zauberformel fiel die Entscheidung zugunsten eines Konkordanzsystems. FDP und CVP verzichteten zugunsten der SP auf je einen Sitz im Bundesrat. Damit war zum einen dem Proporzgedanken Rechnung getragen, zum anderen war die „Gefahr" alternierender Mitte-Rechts und Mitte-Links-Regierungen gebannt. Der Einführung der Zauberformel 1959 ging „ein absichtlich arrangierter gemeinsamer Vierer-Rücktritt voraus […] [,u]m den regional- und parteipolitischen Spielraum für die Realisierung der Zauberformel zu erhöhen" (Altermatt 2011: 25).

Die parteipolitische Diversifizierung des Bundesrates seit der erstmaligen Aufnahme eines Katholisch-Konservativen 1891 und die Entwicklung zu immer großformatigeren Kabinetten ist von Neidhart (1970) als eine Konsequenz der direktdemokratischen Instrumente in der Schweiz interpretiert worden. „The successful launching of optional referendums and victories at the polls, particularly between 1874 and 1884 […], led to a blockage of policy making that was consequently resolved through a process of rapprochement between the ruling elite and their opposition" (Kriesi/Trechsel 2008: 77). Der durch die Referenden ausgelöste Prozess des Ausbremsens oder der Blockade von Regierungspolitik führte dazu, dass Parteien mit einer referendumsrelevanten Unterstützung in der Bevölkerung in den Bundesrat integriert wurden. Dadurch, dass eine Partei im Bundesrat in die Verantwortung genommen werde, sollte ihr Veto-Potenzial quasi neutralisiert werden. Dies hat u.a. zur Konsequenz, dass auch in den Kantonen übergroße Koalitionsformate die Regel sind. Allerdings ist auf kantonaler Ebene zu beachten, dass die Regierungsräte direkt vom Volk mit Mehrheitswahl gewählt werden (Bernauer et al 2013). Die Erklärung ausschließlich durch die direkte Demokratie ist allerdings als mono-kausal kritisiert worden, da sie Große Koalitionen in Ländern ohne Referendumsdrohung, wie z.B. in Österreich, nicht erklären könne. Weitere Faktoren wie Elitenkonsens, Anpassungsstrategien von Kleinstaaten im internationalen Wettbewerb, konfessionelle und sprachliche Ausgewogenheit und die Wahl der einzelnen Bundesräte mit absoluter Mehrheit müssen hinzu gezogen werden (Kriesi/Trechsel 2008: 78f.).

In historischer Perspektive gab es seit 1891 eine Zweiparteien-Koalition, seit 1929 eine Dreiparteien-Koalition, seit 1943 bzw. 1959 eine Vierparteien-Koalition und seit 2008 eine Fünfparteien-Koalition (vgl. Tab. 9-9). Die Abgabe eines FDP-Sitzes 1943 an die SP bzw. 1954 an die CVP bedeutete zweimal einen Verlust der absoluten Mehrheit im Bundesrat für die FDP. Seit 2011 sind nur noch FDP und SP mit zwei Sitzen in der Regierung vertreten. Eine weitere Erosion angesichts des Erstarkens von Grünen und Grünliberalen ist absehbar.

Tab. 9-9: Parteipolitische Zusammensetzung des Bundesrates 1848–2012

	1848–1891	1891–1919	1919–1929	1929–1943	1943–1953	1953–1954	1954–1959	1959–2003	2004–2007	2008–2011	2012
FDP*	7	6	5	4	3	4	3	2	2	2	2
CVP	0	1	2	2	2	2	3	2	1	1	1
SVP	–	–	0	1	1	1	1	1	2	1	1
SPS	–	0	0	0	1	0	0	2	2	2	2
BDP	–	–	–	–	–	–	–	–	–	1	1

Quelle: Bundesamt für Statistik; Bundeskanzlei; * davon 1917–1919: ein Liberaler.

Im nächsten Schritt ist nun zu fragen, ob der Wandel des Parteiensystems seit den 1990er Jahren Auswirkungen auf den Proporz der Regierungsparteien hat. Überraschenderweise hat sich durch die Entwicklungen der letzten Jahrzehnte der Mandatsanteil der Regierungsparteien auf parlamentarischer Ebene und ihr Stimmenanteil bei Wahlen deutlich erhöht (Tab. 9-10). Der Mandatsanteil der Bundesratsparteien stieg von 1991 bis 1999 um 7,5% auf 86,5% und hält sich seither deutlich über 80%. Die kumulierte Parteienstärke der Bundesratsparteien ist etwas niedriger als der Mandatsanteil, verzeichnet aber eine ähnliche Entwicklung. Der Stimmenanteil stieg von 1991 bis 2003 um 12,3% auf 81,7% und hält sich seither bei 78%. Mit anderen Worten: Der gegenwärtige Bundesrat vertritt parteipolitisch 78% der Wählerinnen und Wähler und 83,5% der Nationalräte.

Tab. 9-10: Kumulierte Mandats- und Stimmenanteile der Regierungsparteien

	1991	1995	1999	2003	2007	2011
Mandate (%)	158 (79)	162 (81)	173 (86,5)	171 (85,5)	167 (83,5)	167 (83,5)
Stimmen %	69,4	73,7	80,8	81,7	78,7	78,1

Quelle: Eigene Berechnung nach BfS.

10 Die Schweiz verwalten

10.1 Wozu verwalten?

In der klassischen Einteilung von Legislative und Exekutive umfasst letztere die Aufgabenbereiche des Regierens und Verwaltens. Die Entwicklung vom absolutistischen Staat zum modernen Staat ist u.a. durch die Ausdifferenzierung einer gegenüber willkürlichen Interventionen relativ autonomen, sach- und leistungsbezogenen Verwaltung gekennzeichnet. In einer Art Arbeitsteilung hat sich die Regierung auf die Entscheidungsfunktion spezialisiert und die Verwaltung auf deren Vollzug. Das schließt eigene Ermessensspielräume der Verwaltung nicht aus. Max Weber hat diesen Bürokratisierungsprozess eingehend untersucht und in den Kontext einer okzidentalen Rationalisierung der allgemeinen Lebenspraxis eingeordnet (Weber 1980). Durch die Versachlichung der Verwaltung war es demnach möglich, höhere Effizienzgrade in der Realisierung politischer Entscheidungen zu erreichen als im absolutistischen bzw. feudalistischen Staat.

Zu den Grundannahmen moderner Verwaltungslehre gehört des Weiteren ihre hierarchische Organisation mit der Steuerung durch Gesetze, Vorschriften und Weisungen. Dieses von Weber zu Beginn des 20. Jahrhunderts idealtypisch rekonstruierte „Leitbild einer ausschließlich durch das Gesetz und damit vom Parlament gesteuerten Verwaltung [hat] früher erhebliche Kraft besessen und jedenfalls die noch heute vorfindliche Organisation der Verwaltung maßgeblich bestimmt. Inzwischen mehren sich die Zweifel, ob es sich früher wirklich um eine Führung mittels Gesetz gehandelt hat" (Ellwein 1976: 148). Diese Zweifel resultieren auch daher, dass sich eine moderne Verwaltung mit einem zunehmend breiten Aufgabenspektrum konfrontiert sieht. Ging es früher noch primär um „Eingriffsverwaltung", so steht mit dem Wachstum der Staatsaufgaben heute die „Leistungsverwaltung" bzw. Daseinsvorsorge zunehmend im Zentrum (Haller/Kölz/Gächter 2008: 268). Zwei dieser Kritiklinien, Systemtheorie und New Public Management, werden im Folgenden kurz skizziert.

Luhmann (2000: 256, 2005: 154) konzipiert das Verhältnis von (Partei-)Politik, Verwaltung und Öffentlichkeit als systemischen, doppelten Machtkreislauf zwischen Publikum, Politik und Verwaltung, wobei er einen formellen von einem (gegenläufigen) informellen Kreislauf unterscheidet. In ersterem wählt das Publikum Personen und Programme in der Politik, die gewählten Politiker verdichten Entscheidungsprämissen, die Verwaltung trifft Entscheidungen und bindet dadurch das Publikum, das durch Wahlen wiederum auf die Politik zurück- bzw. einwirkt. „Dieser Kreislauf induziert seinerseits einen Gegenkreislauf, und zwar in dem Maße, als das Verhalten unter hochkomplexen Bedingungen gewählt werden muss und so auf vorherige Reduktionen angewiesen bleibt. So kann die Politik kaum ohne Entwürfe der Verwaltung arbeiten. Das Publikum ist auf Vorsortierung der Personen und Programme innerhalb der Politik angewiesen. Die Verwaltung bedarf in dem Maße, als sie in komplexe Wirkungsfelder expandiert, der freiwilligen Mitwirkung des Publikums, muss diesem also Einfluss konzedieren" (Luhmann 2005: 154). Letzteres geschieht in der Schweiz neben den konventionellen Wegen der Wahl auch durch die direkte Demokratie und die Vernehmlassung (vgl. Blaser 2003). Interessant ist bei diesem Modell auch die Zuordnung der Entscheidungsfunktion zur Verwaltung, während die Politik lediglich „verdichtet". Diese Gewichtung wird von Ellwein (1976: 151) anders gesetzt: Die Verwaltung wirkt zwar an der allgemeinen Willensbildung und der konkreten Entscheidungsfindung der politischen Führung mit, bündelt fachliche Information und gibt Einschätzungen, was ihr als machbar erscheint und was nicht. Allerdings ist dies nach Ellwein noch nicht Teil der politischen Führungstätigkeit, sondern lediglich ein gewichtiger Einfluss – den kein neutraler Sachwalter der Bedürfnisse und Interessen des jeweiligen Politikfeldes ausübe, sondern ein Beteiligter (ebd.: 151f.). Aus dem Kontext ökonomischer Theorien der Verwaltung ist schon früh darauf hingewiesen worden, dass Beamte und Bürokratie nicht selbstlose Werkzeuge im Dienst der Politik sind, sondern neben ihren eigentlichen Aufträgen auch eigene Interessen und Ziele verfolgen, die sich im besten Fall neutral zu den offiziellen Aufgaben verhalten, in schlimmsten Falle diese aber durch Eigeninteressen wie Stellen- und Budgetmaximierung unterlaufen (Niskanen 1971, 1983, Kirsch 2004: 346, Zimmermann/Henke/Broer 2011: 95).

Das Verhältnis von Regierung, Parlament und Verwaltung lässt sich damit umschreiben als das von Zielfindung, Legitimation und Vollzug. Die Verwaltung hat also insbesondere die Aufgabe des Vollzugs der von der Regierung gefundenen und vom Parlament legitimierten Ziele bzw. Programme. Dabei muss die Umsetzung von Politikzielen zwischen Regierung und Verwaltung nicht immer über das Parlament verlaufen. Vielmehr ist die Regierung häufig durch die Verfassung oder durch ein Gesetz legitimiert, durch Verordnungen bzw. Erlasse die Verwaltung direkt zu steuern. Umgekehrt kann die Verwaltung versuchen, auch die ungeschriebenen Intentionen der politischen Führung aufzugreifen oder sie zu unterlaufen. Um letzteres zu verhindern, werden Spitzenpositionen der Verwaltung mit politischen Beamten besetzt, die bei einem Regierungswechsel i.d.R. ihren Job verlieren. In der politischen Verwaltung haben politische Überlegungen einen legitimen Platz, sie ist „ganz oder überwiegend Führungshilfe, Entscheidungsvorbereitung für die politische Spitze sowie Beobachtung und Planung samt den sich daraus ergebenden Führungstätigkeiten für die Verwaltung selbst" (Ellwein 1976: 155).

Da es in der Schweiz nicht zu Regierungswechseln kommt, stellt sich das Problem des Austauschs eines politischen Bereichs der Verwaltung nicht unmittelbar. Neu ins Amt gewählte Bundesräte müssen sich mit den Spitzenbeamten des Departements arrangieren oder die Spitzenbeamten wechseln. Das „Aussitzen" eines Departementsvorstehers durch Spitzenbeamte könnte langwierig werden. Darin unterscheidet sich die Schweiz stark z.B. von den Vereinigten Staaten, wo nach jedem Präsidentenwechsel ein umfangreicher Personalwechsel mit dem Ziel einer der Regierung „affinen" Verwaltung stattfindet (Kirsch 2004: 353). In der kontinentaleuropäischen, franco-germanischen Verwaltungstradition steht dagegen das Ideal einer „neutralen" Verwaltung im Vordergrund, abgeleitet aus der Idee des überparteilichen Rechtsstaates mit nur wenigen politischen Spitzenbeamten. Zusammen mit den fehlenden Regierungswechseln ergibt sich dadurch die Möglichkeit hoher Kontinuität und Sachbezugs in der schweizerischen Bundesverwaltung.

10.2 Strukturwandel der Verwaltung

10.2.1 Vom Bürokratiemodell zu New Public Management

Verwaltungspolitik ist zu einem bestimmten Grad auch für Reformwellen bzw. -konjunkturen offen. Entsprechende Semantiken müssen in der vergleichenden Verwaltungsforschung berücksichtigt werden. Hinsichtlich der vergleichenden Analyse von Verwaltungsstrukturen und ihrer Reformen lassen sich nach Peters (2010) vier Typen von Verwaltungspolitik unterscheiden, die aus der Kombination der Dimensionen formell/informell und intern/extern entstehen. Aufgrund der umfassenden Beteiligung externer Experten und Interessengruppen hat der Bereich der klientelistischen Unterstützung in der Verwaltungspolitik der Schweiz besondere Relevanz gewonnen, ebenso die aus der Ökonomie entlehnten Ideen des New Public Managements (NPM).

Tab. 10-1: Typen von Verwaltungspolitik

	Intern	Extern
Formell	Rechtliche Beziehung Minister-Verwaltung, (NPM)	NPM, Haushalt und Accountability
Informell	Administratives Lobbying	Klientelistische Unterstützung

Quelle: Nach Peters 2010: 168.

Zur Verwaltungspolitik sind eine Reihe von Reformwellen zu zählen, deren einflussreichste die New Public Management-Bewegung seit den 1990er Jahren gewesen ist. Auch wenn die Ideen des New Public Management in der Schweiz nicht überall auf Zustimmung stießen, haben die Grundanliegen doch in einer Reihe von (nicht nur kantonalen) Verwaltungen Einzug gehalten. Die direkte bzw. unmittelbare öffentliche Verwaltung (englisch general government) umfasst die Departemente, Behörden und Ämter auf den verschiedenen Ebenen des politischen Systems, die nicht direkt mit ökonomischen Leistungen befasst sind. Sie umfasst die Behörden des Bundes, der Kantone und Bezirke, der Gemeinde und der öffentlich-rechtlichen Körperschaften. Für die Erbringung ökonomischer Leistungen sind die mehrheitlich vom Staat kontrollierten und rechenschaftspflichtigen öffentlichen Unternehmen (public corporations) zuständig.

Die Debatte um das richtige Ausmaß von Staat und Verwaltung dreht sich meist um die Höhe des öffentlichen Haushaltes, seine Finanzierung (Steuern, Kredite) und seine Ausgabeschwerpunkte. Das Grundanliegen des NPM ist eine größere Flexibilität und Leistungsbezogenheit durch Orientierung an marktlichen Prinzipien (Osborne/Gabler 1992) und entstand als Reaktion auf Defizite des von Weber (1980) idealtypisch rekonstruierten klassischen Bürokratiemodells (vgl. Tab. 10-2). Zentrale Merkmale dabei sind etwa die Erstellung von Kriterien zu Leistungsmessung und -vergleich (performance indicators) sowie leistungsbezogene Mittelzuweisung und Entlohnung (pay for performance, vgl. Peters 2010: 336). Eine Querschnittserhebung für die Kantonalverwaltungen zum Umfang der Einführung von NPM-Prinzipien im Jahr 2008 ergab große interkantonale Unterschiede (Tab. 10-3). Erhoben wurde der Anteil der Dienste, des Personals und des Budgets, die nach den Ideen des NPMs organisiert werden. Eine komplette Umstellung der Verwaltung auf NPM-Grundlagen gibt es im Wallis und den deutschsprachigen Kantonen Zürich, Bern, Luzern, Basel-Land und Aargau (Koller/Heuberger/Rolland 2011: 51).

Tab. 10-2: Leitbilder der Staats- und Verwaltungsorganisation

Webersches Bürokratiemodell (legislativ programmierte Verwaltung)	New Public Management
Bis 1960er Jahre	Seit 1990er Jahren
Idealtypische Methode	Kasuistische Methode, „best practice"
Programmsteuerung, Hierarchie Zweckorientierte Verwaltungsführung	Ergebnissteuerung, Prinzipal-Agent-Modelle Wirkungsorientierte Verwaltungsführung
Gesetzesbindung Rechtsstaatsprinzip	Marktorientierung, Outsourcing Wirtschaftlichkeitsprinzip
Pflichtenethik: Ethos der Berufsbeamten Leitgedanke Rechte und (Amts)Pflichten	Utilitaristische Ethik: Leitbilder und Anreize Leitgedanke Effizienz und Wettbewerb
Kameralistik	Doppik, Globalhaushalte
Verwaltung als Apparat im Auftrag des Souveräns	Verwaltung als Dienstleister im Auftrag des Kunden
Hohe Leistungstiefe	Geringe Leistungstiefe: Delegation, Dezentralisierung
Einheitlichkeit von Gewährleistung und Vollzug	Trennung von Gewährleistung und Vollzug

Quelle: Eigene Zusammenstellung.

Tab. 10-3: NPM-Prinzipien in kantonalen Zentralverwaltungen 2008 (in %)

Kanton	Anteil der Dienste, die nach NPM arbeiten	Anteil Personal, das nach NPM arbeitet	Budget basierend auf NPM
Zürich	100	100	100
Bern	100	100	100
Luzern	100	100	100
Uri	–	–	–
Schwyz	40	–	–
Obwalden	30	40	20
Nidwalden	0	0	15
Glarus	0	0	0
Zug	15	10	10
Freiburg	4,20	16,90	3,95
Solothurn	–	–	–
Basel-Stadt	–	–	–
Basel-Landschaft	100	100	100
Schaffhausen	20	20	15
Appenzell A.Rh.	0	0	0
Appenzell I.Rh.	0	0	0
St. Gallen	30	30	30
Graubünden	30	30	65
Aargau	100	100	100
Thurgau	100*	100	42
Tessin	0	0	0
Waadt	2	27,50	6,50
Wallis	100	100	100
Neuenburg	17	11	5
Genf	–	–	–
Jura	0	0	0
N	26	22	21
Mittelwert	34,16	40,25	38,69

Quelle: Koller/Heuberger/Rolland 2011: 52; *: ohne Gerichte und Bezirksämter.

Tab. 10-4: Prozentanteile öffentlicher Angestellter nach Kantonen und Ebenen 2005

	Bund	Kantone	Bezirke	Gemeinden	Öffentl.-rechtl. Körperschaften
Zürich	2,62	33,21	0,23	49,06	14,89
Bern	40,41	27,46	0,21	29,05	2,88
Luzern	6,22	31,72	–	58,12	3,94
Uri	8,41	34,36	–	39,62	17,62
Schwyz	0,93	31,44	18,16	47,08	2,39
Obwalden	12,03	36,50	–	48,95	2,53
Nidwalden	3,57	42,44	–	49,86	4,12
Glarus	0	38,36	–	46,96	14,68
Zug	–	42,74	–	55,13	2,13
Freiburg	4,40	78,99	–	12,56	4,05
Solothurn	4,42	37,69	0,26	44,34	13,29
Basel–Stadt	9,35	80,86	–	2,67	7,12
Basel–Land	2,14	59,54	–	32,97	5,35
Schaffhausen	11,28	34,57	–	53,51	0,64
Appenzell A.Rh.	1,89	33,88	–	62,08	2,15
Appenzell I.Rh.	–	44,85	3,32	44,19	7,64
St. Gallen	4,16	32,72	0,04	53,14	9,93
Graubünden	3,68	34,30	0,68	47,58	13,76
Aargau	4,43	27,67	1,70	63,09	3,12
Thurgau	4,24	37,45	0,10	56,40	1,80
Tessin	7,66	50,80	–	33,96	7,58
Waadt	5,80	62,20	–	18,81	13,19
Wallis	4,30	37,03	–	48,94	9,74
Neuenburg	13,23	42,64	0,20	27,85	16,07
Genf	4,97	84,00	–	8,28	2,75
Jura	4,99	50,18	0,89	35,75	8,19

Quelle: IDHEAP-BADAC, www.badac.ch.

Zur Verwaltungspolitik i.w.S. kann auch die gesamte Verwaltungsstruktur gezählt werden, die das Resultat vorangegangener Entscheidungen ist. Wie in Deutschland und anderen Ländern ist auch in der Schweiz der Beamtenstatus rückläufig, insbesondere auf kantonaler Ebene in der Deutschschweiz. Dort werden die Bediensteten meist mit einem Arbeitsvertrag nach einem Statut des öffentlichen Rechts angestellt. Der Beamtenstatus wird dagegen noch in den deutschsprachigen Kantonen Luzern, St. Gallen und Thurgau sowie in der Romandie bevorzugt (Koller/Heuberger/Rolland 2011: 66).

Warum neigen einige Kantone zu umfangreichen Verwaltungsreformen, während andere nicht aktiv werden? In einer Studie zu Politik- und Verwaltungsreformen der Kantone Solothurn, Uri, Wallis und Zürich kommen Rieder/Widmer (2007) für den Zeitraum von 1990 bis 1999 zum Ergebnis, dass Regierungen, die einen hohen Wähleranteil repräsentieren, Reformen eher vermeiden. Der von einer Regierung repräsentierte Wähleranteil „hat einen wesentlichen Einfluss auf die Reformaktivitäten im Allgemeinen wie auch auf die Zahl der NPM-Reformen im Speziellen: Schwache Regierungen führen eher institutionelle Reformen durch, starke Regierungen sind eher zurückhaltend bei der Durchführung von Reformen. Die parteipolitische Zusammensetzung der Regierung scheint hingegen keine Rolle zu spielen: Keine der Parteien kann somit als die Reformpartei bezeichnet werden" (Rieder/Widmer 2007: 209). Aus Perspektive der Vetospieler-Theorie (Kap. 2.5.3) ist dieser Befund wenig überraschend. Unter der Bedingung des Verhältniswahlrechts setzt ein hoher Anteil repräsentierter Wählerschaft auf Regierungsebene eine vergleichsweise hohe Zahl parteipolitischer Vetospieler voraus, was wiederum einen Politikwechsel erschwert.

Des Weiteren fanden Rieder/Widmer (2007: 209) heraus, dass eine hohe relative Staatsverschuldung sich positiv auf den Reformwillen auswirkt. „Dies gilt für Reformen im Allgemeinen wie auch für NPM-Reformen im Speziellen. Der finanzielle Druck, der auf der öffentlichen Hand lastet, erweist sich somit als wesentlicher Faktor zur Erklärung institutioneller Reformen in den Kantonen" (ebd.).

Hinsichtlich der Wirtschaftskraft der Kantone gibt es die stärkste Reformneigung bei einer mittleren kantonalen Wirtschaftskraft (in Relation zur Bevölkerung). Wirtschaftlich schwachen Kantonen scheinen dagegen die Ressourcen, wirtschaftlich starken Kantonen die Anreize zu fehlen. „Die absolute Grösse der kantonalen Wirtschaft ist offenbar nur bedeutsam für die NPM-Reformen. Kantone mit einer grossen Wirtschaftskraft ergreifen eher NPM-Reformen als wirtschaftlich eher schwache Kantone. Dies lässt sich möglicherweise mit den erwarteten Kosten erklären, die offenbar mit der Durchführung einer NPM-Reform verbunden werden" (ebd.). Keinen Einfluss auf die Reformneigung der Kantone haben dagegen die Nutzung der Instrumente der direkten Demokratie und die eher zentrale oder dezentrale Binnenstruktur der Kantone (ebd.: 210).

10.2.2   Outsourcing, ÖPP und Privatisierung

Bei der Erbringung öffentlicher Leistungen lassen sich zwei grundlegende Formen unterschieden, die direkte, „eigenhändige" Erbringung durch öffentliche Verwaltungen und Beamte bzw. Angestellte einerseits und vertraglich an den privaten Sektor ausgegliederte oder vollständig privatisierte Formen andererseits. Letztere verlassen sich auf Märkte oder Verträge als Hauptinstrumente für „performance management", Kostenkontrolle und um die gewünschten Ergebnisse sicher zu stellen (Flynn 2008: 120). Die Gegenüberstellung marktlicher und hierarchisch-bürokratischer Handlungsformen ist dabei idealtypisch zu verstehen. In der Praxis sind neben vollständiger Privatisierung und rein eigenhändiger Aufgabenerfüllung viele Mischformen wie interne Märkte, Contracting Out und Outsourcing oder öffentlich-private Partnerschaften (ÖPP) anzutreffen. Nach einer Hochphase des New Public Managements und der Privatisierung in den 1980er und 1990er Jahren wird in vielen Ländern seither weiter nach innovativen Lösungen für Kostenkontrolle einerseits und „performance management" andererseits gesucht. Die verschiedenen Formen des Outsourcings sind nicht mehr automatisch eine Vorstufe zu vollständiger Privatisierung, sondern sollen durch Wettbewerb das Know-how des privaten Sektors für die Erfüllung öffentlicher Aufgaben nutzbar machen, ohne dass staatliche Kontrolle ganz aufgegeben wird. Informations- und Kommunikationstechnologien, Gebäudemanagement, Müllabfuhr und Straßenreinigung sind häufig Gegenstand von Outsourcing. Aufgrund der ohnehin schlanken öffentlichen Verwaltungsstrukturen in der Schweiz ist der Anteil des Outsourcings eher gering

Die empirisch vergleichende Erfassung des Wandels von staatlichen Erbringungsformen ist relativ schwierig. Die OECD (2011: 168) misst Outsourcing an dem Umfang der Ausgaben der zentralen, regionalen und lokalen Behörden für den Einkauf von Waren und Dienstleistungen. Für Outsourcing können idealtypisch zwei Wege unterschieden werden. Beim ersten werden Waren und Dienstleistungen durch den öffentlichen Sektor von einem externen Anbieter bezogen, um sie als Vorprodukte bzw. Vorleistungen in der eigenen Wertschöpfungskette weiter zu verarbeiten („intermediate consumption"). „For example, this can occur when governments use private contractors to provide support services or perform back-office functions. Secondly, governments may decide to pay a firm to deliver goods or services directly to the end user (termed „social transfers in kind via market producers"). This may include the outsourcing of „mainline" functions previously conducted by government. Home care provided by the corporate sector or non-profit institutions is an example of this kind of outsourcing" (ebd.).

Der Umfang des Outsourcings lag 2009 bei den OECD-Mitgliedern bei durchschnittlich 10% des BIP. Den höchsten Wert erreichten die Niederlande mit 19,4% des BIP. Die OECD unterscheidet dabei zwei Kategorien: den Einkauf von Waren und Dienstleistungen als Vorleistungen bzw. Vorprodukte für den Eigengebrauch (wie etwa IT Services), sowie von der Regierung bezahlte Waren und Dienstleistungen, die als Sachleistungen mittels Marktproduzenten direkt an die Empfänger adressiert sind, auch wenn diese ggf. in Vorleistung treten müssen (ebd.).

Tab. 10-5: Ausgaben für Outsourcing (general government) als Anteil des BIP

	Goods and serviced used by general government		Goods and services financed by general government		Total
	2000	2009	2000	2009	2009
Schweiz	3,8	3,9	0,8	0,8	4,7
Griechenland	6,4	7,2			7,2
Polen	6,0	5,6	1,9	2,2	7,8
Irland	5,1	5,8	1,1	2,1	7,9
Spanien	4,3	5,8	2,3	3,0	8,8
Italien	5,0	6,1	2,3	2,9	9
USA	6,9	9,0			9
Norwegen	6,5	7,0	1,6	2,3	9,3
Portugal	4,4	4,6	1,8	5,0	9,6
Österreich	5,0	4,7	5,0	5,8	10,5
Ungarn	6,6	7,7	2,5	3,0	10,7
Frankreich	5,2	5,4	4,9	6,2	11,6
Dänemark	7,8	10,3	1,2	1,6	11,9
Tschechien	6,6	6,6	5,3	6,0	12,6
Deutschland	4,0	4,6	7,4	8,2	12,8
Belgien	3,3	3,9	6,2	8,1	13
Schweden	9,3	9,5	2,6	3,5	13
UK	9,4	13,3			13,3
Finnland	7,9	11,2	1,6	2,7	13,9
Niederlande	6,5	8,3	7,0	11,1	19,4
OECD33	6,2	6,9	2,5	3,2	10,1

Quelle: OECD 2011: 168; Griechenland, UK und USA: keine separate Auflistung. Sortiert nach Spalte 6.

Insgesamt ist zwischen 2000 und 2009 ein leichter Anstieg des Outsourcings für beide Kategorien um durchschnittlich 0,7% zu beobachten gewesen, am stärksten in den Niederlanden und Finnland. Im Unterschied dazu ist der Anteil des Outsourcings in der Schweiz konstant auf einem sehr niedrigen Niveau geblieben. „In general, Nordic countries, as well as Switzerland and Estonia, rely less on non-profits or private institutions to provide services directly to end users. In these countries, over 75% of expenditures on outsourcing are for intermediate consumption. On the contrary, Belgium, Japan and Germany rely more on the non-government sector to deliver services directly to households. In these three countries, this share of outsourcing ranged between 64% and 67% of total outsourcing expenditures in 2009" (ebd.).

Tab. 10-6: Privatisierung und ÖPP in den Kantonen

	Öffentliche Dienste, welche zwischen 2002 und 2008 vollständig privatisiert wurden	Öffentliche Dienste, welche zwischen 2002 und 2008 teilweise privatisiert wurden	ÖPP-Verträge, welche am 31.12.08 in Kraft waren	ÖPP-Verträge zwischen 2002 und 2008 unterzeichnet
Zürich	0	0	–	0
Bern	–	–	–	–
Luzern	0	3	–	1
Uri	0	0	–	–
Schwyz	0	0	0	0
Obwalden	0	0	0	0
Nidwalden	0	1	0	0
Glarus	0	0	5	3
Zug	0	0	0	0
Freiburg	0	0	0	0
Solothurn	–	–	–	–
Basel-Stadt	–	–	–	–
Basel-Land	1	0	0	0
Schaffhausen	0	1	0	0
Appenzell A.Rh.	0	0	10	10
Appenzell I.Rh.	0	0	0	0
St. Gallen	–	–	0	0
Graubünden	0	0	0	0
Aargau	6	7	0	0
Thurgau	0	0	16	9
Tessin	3	0	0	0
Waadt	0	0	1	1
Wallis	0	0	0	0
Neuenburg	0	1	0	0
Genf	–	–	–	–
Jura	0	0	1	1
N	25	21	20	21
Summe	10	13	33	25

Quelle: IDHEAP-BADAC, www.badac.ch, vgl. dort auch für die Anmerkungen.

Dennoch haben solche Formen der Modernisierung öffentlicher Dienste auch in der Schweiz Einzug gehalten. Eine ÖPP ist nach dem Grünbuch der Europäischen Kommission (2004: 3) eine Form der „Zusammenarbeit zwischen öffentlichen Stellen und Privatunternehmen zwecks Finanzierung, Bau, Renovierung, Betrieb oder Unterhalt einer Infrastruktur oder die Bereitstellung einer Dienstleistung". Charakteristisch für ÖPP-Projekte sind eine langfristig angelegte und inhaltlich umfassende Projektbeziehung zwischen einem öffentlichen und einem privaten Partner, eine weitgehende private Vorfinanzierung des Projekts, ein Phasenmodell mit Delegation wichtiger Projektleistungen (Konzeption, Durchführung, Inbetriebnahme, Finanzierung) an den privaten Partner, eine Risikoteilung bzw. ein Risikotransfer etwa von Entwicklungs- und Betriebsrisiken an den Privaten, der von Fall zu Fall festgelegt werden muss und von der Fähigkeit der Beteiligten abhängt, „diese zu beurteilen, zu kontrollieren und zu beherrschen" (ebd.).

Auf kantonaler Ebene fallen wieder deutliche Unterschiede bei der Nutzung von ÖPP und (formeller oder materieller) Privatisierung von öffentlichen Diensten auf (Tab. 10-6). Bei teilweisen und vollständigen Privatisierungen ist der Kanton Aargau führend, bei ÖPP die Kantone Thurgau und Appenzell Außerrhoden. Ein systematischer Zusammenhang mit New Public Mangagement-Reformen (Tab. 10-3) fällt dabei nicht auf. Bei der Interpretation der Zahlen zu ÖPP-Verträgen muss berücksichtigt werden, dass eine ÖPP nicht immer einheitlich definiert wird.

10.3 Aufgaben und Umfang der schweizerischen Verwaltung

Die Struktur der Bundesregierung mit sieben Departementen ist auch leitend für die zentrale und dezentrale Bundesverwaltung sowie die zugeordneten Ämter. Die in Art. 174 BV zum Ausdruck gebrachte Leitungsfunktion des Bundesrates spiegelt seine politische Seite wider, die dort gleichfalls erwähnte Vollzugsfunktion seine administrative Seite. Damit ist v.a. die Vorbereitung und Umsetzung von Gesetzen und Beschlüssen des Parlaments, aber auch von Gerichtsurteilen gemeint.

Zu den Aufgaben der zentralen Verwaltung gehört auch die Ausarbeitung von Antworten auf parlamentarische oder kantonale Vorstöße sowie die Koordinierung im Vernehmlassungs- und Mitberichtsverfahren. Die dezentrale Bundesverwaltung, insb. öffentlich-rechtliche Körperschaften, ist im Zuge von Reformen relativ stark gewachsen. Dabei ist zu unterscheiden zwischen selbständigen Betrieben und Anstalten (z.B. FINMA, Comcom, Weko), ausgelagerten Aufgabenträgern (z.B. Post, SBB, Swisscom, Pro Helvetia) oder der kollektiven Leitung durch den Bundesrat (BV 178 Abs. 1).

Die zentrale Bundesverwaltung ist mit über 30.000 Mitarbeitern einer der größten Arbeitgeber des Landes. Verglichen mit den Angestellten der Kantone und Kommunen ist der Bundesanteil der öffentlich Bediensteten mit 10% (2005) aber gering. Etwa 47% waren 2005 auf kantonaler und 43% auf kommunaler Ebene beschäftigt. Die kantonale Ebene ist damit der wichtigste öffentliche Arbeitgeber, mit leicht steigender Tendenz (Koller/Heuberger/Rolland 2011: 63). Von den insgesamt 3,7 Mio. Beschäftigten in der Schweiz macht der öffentliche Dienst einen Anteil von 10% aus. Tabelle 10-7 gibt auch einen Überblick über die Verteilung der Beschäftigtenzahl nach Sachbereichen und Ebenen im Jahr 2005. Nach Koller/Heuberger/Rolland (2011: 63) waren 2008 von den öffentlichen Beschäftigen 10,6% beim Bund angestellt, 42,3% bei den Kantonen, 35,6% bei den Gemeinden und 11,3% bei öffentlich-rechtlichen Körperschaften.

Tab. 10-7: Anzahl Beschäftigte (Vollzeitäquivalente) der öffentlichen Verwaltung 2005

Total Beschäftigte	Bund	Kantone	Gemeinden	Andere
Öffentliche Verwaltung:				
86.721 (72.314)	10.822 (9.409)	36.136 (30.856)	38.567 (31.042)	1.196 (1.007)
Auswärtige Angelegenheiten, Verteidigung, Rechtspflege, öffentliche Sicherheit und Ordnung:				
65.943 (61.429)	22.845 (21.803)	33.444 (30.623)	8.765 (8.249)	889 (754)
Sozialversicherung:				
8.738 (7.796)	513 (484)	1.317 (1.166)	284 (244)	6.624 (5.902)
Summe öffentliche Verwaltung, Verteidigung, Sozialversicherung:				
161.402 (141.539)	34.180 (31.697)	70.897 (62.644)	47.616 (39.535)	8.709 (7.663)
Total Sektoren 2 und 3:				
3.698.734	37.873	174.958	162.460	3.323.443
(3.123.186)	(34.868)	(139.548)	(122.479)	(2.826.291)

Quelle: Bundesamt für Statistik, Tabelle je-d-18.05.01 Ohne Unterrichts-, Gesundheits- und Sozialwesen.

Neben der Verwaltungsmodernisierung ist die Verwaltungsdichte ein weiterer Indikator für den interkantonalen Vergleich von Verwaltungen. Die Verwaltungsdichte setzt die Anzahl der öffentlich Beschäftigten in einem Kanton ins Verhältnis zur Einwohnerzahl. Die Verwaltungsdichte kann unterschiedliche Gründe haben. Sie kann besondere strukturelle Herausforderungen in einem Kanton oder einer Region zum Ausdruck bringen, sie kann aber auch ein Hinweis auf Performancedefizite sein, der durch höheren Personaleinsatz ausgeglichen wird.

Die größte Verwaltungsdichte wird von Koller/Heuberger/Rolland (2011: 65) in Basel-Stadt und Genf festgestellt, aber auch in Bern als Sitz der Bundesregierung. „Die lateinische Schweiz, die Grenzzonen und die wirtschaftlichen Zentren weisen eine überdurchschnittliche Verwaltungsdichte auf. In diesen Regionen liegen auch die Sozialausgaben über dem Durchschnitt. Generell bleibt die Verwaltungsdichte mit 39 pro 1000 Einwohner seit Mitte der 1990er Jahre stabil. In 7 Kantonen wurde sie reduziert (ZH, FR, SH, GL, TG, SO, SZ) und in 8 erhöht (BS, GE, VD, JU, ZG, OW, AG, AI)" (ebd.).

Die Departementsverwaltungen, die dezentralisierten Verwaltungen und die Bundeskanzlei sind der organisatorische und personelle „Unterbau" des Bundesrats. Jeder einzelne Bundesrat ist zugleich politisch verantwortlicher Departementsvorsteher. Die Bundeskanzlei nimmt neben den sieben Ministerien eine Sonderstellung ein, da sich ihre Kompetenzen nicht aus einem eigenen Sachbereich ableiten (7 + 1 Struktur).

Die einzelnen Departemente sind in Abteilungen und Ämter aufgegliedert. Das personalmäßig größte Departement ist das für Verteidigung, Bevölkerungsschutz und Sport, dem ca. 34% des Personals der Bundesverwaltung zugeordnet sind, gefolgt vom Finanzdepartement mit ca. 24%. Hinsichtlich des Budgetansatzes ist das Eidgenössische Departement des Inneren mit ca. 29% der Aufwendungen der „dickste Fisch" im Regierungsteich (Tab. 10-8).

Jedes Departement gliedert sich in ein Generalsekretariat und zahlreiche Ämter. Das EDI umfasst u.a. das Büro für die Gleichstellung von Frau und Mann, das Bundesamt für Kultur, die Nationalbibliothek und das Bundesarchiv, die Bundesämter für Gesundheit, Statistik sowie für Sozialversicherungen, das Staatssekretariat für Bildung und Forschung und die Eidgenössischen Technischen Hochschulen (Schweiz. Bundeskanzlei 2012e: 43/44).

Tab. 10-8: Personal und Budget der Departemente

Departement	Personal		Aufwand (Budget)	
	Absolut	Prozent	Absolut (SFr.)	Prozent
Departement für auswärtige Angelegenheiten (EDA)	4870	15,1	2.851.917.500	4,5
Departement des Innern (EDI), inkl. ETH-Bereich	2055	6,4	18.674.705.000	29,4
Justiz- und Polizeidepartement (EJPD)	2209	6,8	2.133.423.900	3,3
Departement für Verteidigung, Bevölkerungsschutz und Sport (VBS)	11201	34,7	6.615.435.100	10,4
Finanzdepartement (EFD)	7867	24,3	16.669.479.600	26,2
Volkswirtschaftsdepartement (EVD)	1979	6,1	6.522.683.300	10,3
Departement für Umwelt, Verkehr, Energie und Kommunikation (UVEK)	1961	6,1	10.052.249.900	15,8
Staatskanzlei	168	0,5	65.817.100	0,1
Total	32310	100	63.585.711.400	100

Quelle: Schweizerische Bundeskanzlei 2012e: 43/44, eigene Ergänzung.

Die grundlegenden Struktureinheiten der Verwaltung sind nach dem Regierungs- und Verwaltungsorganisationsgesetz (RVOG) die Ämter, deren Gliederung durch Verordnungen des Bundesrates festgelegt wird (Art. 43 Abs. 1). Dieser „weist den Ämtern möglichst zusammenhängende Sachbereiche zu und legt ihre Aufgaben fest" (Abs. 2) und teilt die Ämter „nach den Kriterien der Führbarkeit, des Zusammenhangs der Aufgaben sowie der sachlichen und politischen Ausgewogenheit" den Departementen zu (Abs. 3). Die organisatorischen Grundzüge der Ämter sowie die Bildung von Ämtergruppen können von den zuständigen Departementsvorstehern festgelegt werden, die Detailstrukturen von den Amtsdirektoren. Letztere sind gegenüber den Vorstehern für die ihnen zugewiesene Aufgabenerfüllung verantwortlich (Art. 45).

Tab. 10-9: Sprachen der 199 höchsten Kader der Bundesverwaltung

	Deutsch		Französisch		Italienisch		Rätoromanisch	
	Anzahl	Prozent	Anzahl	Prozent	Anzahl	Prozent	Anzahl	Prozent
EDA	9	60	6	40				
Bundeskanzlei	5	62,5	2	25			1	12,5
WBF	19	79,1	3	12,5	2	0,8		
VBS	23	82,1	5	17,8				
UVEK	28	84,8	4	12,1	1	3,0		
EDI	26	86,6	4	13,3				
EJP	20	86,9	3	13,0				
EFD	37	97,3	1	2,6				
Summe	167	83,9	28	14,0	3	1,5	1	0,5
Soll*		70		22		7		1

Quelle: NZZ 26.04.2013: 30; * Nach EPA für die gesamte Verwaltung.

Interessant ist in diesem Zusammenhang auch der Anteil der Sprachgruppen in der höheren Bundesverwaltung. Nach der Sprachenverordnung des Bundesrates soll der Anteil der Deutschschweizer in der gesamten Bundesverwaltung bei 70% liegen, der Frankophonen bei 22% und der Italienischsprachigen bei 7%. Tatsächlich sind auf der höchsten Kaderebene die

Deutschschweizer erheblich überrepräsentiert und die anderen Sprachgruppen deutlich unterrepräsentiert (Tabelle 10-9).

Berücksichtigt wurden „alle Generalsekretäre der Departemente, sowie die Direktoren und stellvertretenden Direktoren der Staatssekretariate, Bundesämter, Direktionen und anderer grosser Verwaltungseinheiten" (NZZ 26.04.2013: 30). In der Summe sind die Deutschschweizer auf dieser Ebene mit ca. 84% um etwa 14% gegenüber dem Sollwert überrepräsentiert, alle anderen Gruppen dagegen unterrepräsentiert. Am höchsten ist der Anteil der Deutschschweizer im Finanzdepartement mit ca. 97%, am niedrigsten im EDA mit 60% und in der Bundeskanzlei mit 62%. Allerdings erfülle der gesamte Personalbestand des Finanzdepartement durchaus die Sollwerte (ebd.). In allen anderen Departementen wird meist ein Anteil von über 80% Deutschschweizern auf höchster Kaderebene erreicht (Tab. 10-9).

Der gemeinsamen Leitung durch den Bundesrat unterstehen sog. FLAG-Verwaltungseinheiten (RVOG Art. 44). Diese werden vom Bundesrat mit einem eigenen Leistungsauftrag und einem Globalbudget ausgestattet. Vor der Erteilung eines solchen Auftrags muss der Bundesrat die zuständigen parlamentarischen Kommissionen beider Räte konsultieren. FLAG (Führen mit Leistungsauftrag und Globalbudget) ist eine Variante der strategischen Verwaltungssteuerung, die im Rahmen der Wirkungsorientierten Verwaltungsführung (WOV) seit 1997 zunehmend zur Anwendung kommt (Stucklik 2009: 184).

Im FLAG-Modell, das allerdings nicht flächendeckend eingeführt ist, wird eine strategische Ebene mit mehrjährigem Leistungsauftrag durch den Bundesrat mit einer operativen Ebene mit jährlicher Leistungsvereinbarung zwischen Departement und den teilnehmenden Ämtern verbunden. Die Berichterstattung durch die FLAG-Verwaltungseinheiten wird durch den Bundesrat evaluiert und dem Parlament berichtet, so dass beide dann im nächsten Leistungsauftrag darauf reagieren können (ebd.).

Eine Sonderstellung in der Departmentsverwaltung nimmt die Bezeichnung Staatssekretär ein, die nur bei Bedarf für den Verkehr mit dem Ausland verwendet wird (RVOG Art. 46). In diesem Fall darf der Bundesrat Ämter und Ämtergruppen benennen, deren Vorsteher diesen Titel führen darf. Personen, die die Schweiz in internationalen Verhandlungen auf höchster Ebene vertreten, darf der Titel vorübergehend verliehen werden (ebd.).

Die Zuständigkeit für Entscheidungen liegt „je nach Bedeutung eines Geschäfts" entweder beim Bundesrat, einem Departement, einer Gruppe oder einem Amt. Bei Zuständigkeitsstreitigkeiten entscheidet der Bundespräsident (RVOG Art. 47). Der Bundesrat kann „die Zuständigkeit zum Erlass von Rechtssätzen auf die Departemente übertragen. Er berücksichtigt dabei die Tragweite der Rechtssätze" (RVOG Art. 48).

Durch Bundesgesetz oder allgemeinverbindlichen Bundesbeschluss können Gruppen und Ämter zur Rechtsetzung ermächtigt werden (Abs. 2). Die Zuständigkeit zum Abschluss völkerrechtlicher Verträge kann nach Art. 48a vom Bundesrat an ein Departement übertragen werden, ggf. auch an eine Gruppe oder an ein Bundesamt. Die in Art. 53 bis 57 geregelten Instrumente zur interdepartementalen Planung und Steuerung sind in Tab. 10-10 zusammengefasst.

Außerparlamentarische Kommissionen (AK) haben eine lange Tradition und sind in den Kontext der Milizkultur einzuordnen. Während bei der politischen Funktion der Verbände eher ein pluralistisches Moment vorherrscht, sind die AKs eher Ausdruck eines demokratischen Korporatismus (vgl. Katzenstein 1984: 30), bei dem Politik und Verwaltung Fachwissen aus dem privaten bzw. zivilgesellschaftlichen Sektor für sich nutzbar machen. Dies ist häufig bei relativ neuen Regulierungsmaterien der Fall, bei denen Politik und Verwaltung noch keine ausreichenden eigenen Kenntnisse aufgebaut haben. Unter diesem Aspekt sind AKs teilweise mit den wissenschaftlichen Beiräten der Ministerien in Deutschland vergleichbar, unter dem Aspekt thematischer Breite auch mit den Enquete-Kommissionen des Deutschen Bundestages.

Tab. 10-10: Interdepartementale Planungs- und Koordinationsinstrumente

Generalsekretären-konferenz (Art. 53)	Steuert unter der Leitung des Bundeskanzlers die Koordinationstätigkeit in der Bundesverwaltung.
	Koordinationsaufgaben zur Vorbereitung von Bundesratsgeschäften.
	Vorbereitung departementsübergreifender Angelegenheiten,
Informationskonferenz (Art. 54)	Besteht aus dem Bundesratssprecher und den Informationsverantwortlichen in den Departementen. „Die Informationskonferenz befasst sich mit anstehenden Informationsproblemen der Departemente und des Bundesrates; sie koordiniert und plant die Information" (Abs. 2).
Weitere ständige Stabs-, Planungs- und Koordinationsorgane (Art. 55)	Bundesrat und Departemente können weitere Stabs-, Planungs- und Koordinationsorgane als institutionalisierte Konferenzen oder als eigenständige Verwaltungseinheiten einsetzen.
Überdepartementale Projektorganisationen (Art. 56)	Der Bundesrat kann Projektorganisationen bilden zur Bearbeitung wichtiger, departementsübergreifender Aufgaben, die zeitlich befristet sind.
Ausserparlamentarische Kommissionen (Art. 57)	Ständige Beratung des Bundesrat und der Bundesverwaltung bei der Wahrnehmung ihrer Aufgaben. Soweit durch Gesetz ermächtigt, treffen sie auch Entscheide. Voraussetzung ihrer Einsetzung ist z.B. der Ausgleich fehlenden Fachwissens der Bundesverwaltung oder der „frühzeitige Einbezug der Kantone oder weiterer interessierter Kreise" und wenn diese Aufgabe nicht „geeigneter durch eine Einheit der zentralen Bundesverwaltung oder eine ausserhalb der Bundesverwaltung stehende Organisation oder Person erfüllt werden kann (Art. 57c).
	Die Einsetzung und Wahl erfolgt durch den Bundesrat.

Quelle: Eigene Zusammenstellung nach RVOG.

Im Unterschied zu den wissenschaftlichen Beiräten sind die AKs aber stärker von wirtschaftlichen und gesellschaftlichen Gruppen dominiert, die natürlich auch versuchen, ihren eigenen Interessen in der Verwaltung Gehör zu verschaffen. Im Unterschied zu den Enquete-Kommissionen arbeiten sie nicht dem Parlament, sondern der Verwaltung zu und haben auch größere Permanenz. Die Rechtsgrundlagen für AKs wurden 2008 vereinheitlicht und auch die Aufwandsentschädigungen für die einzelnen Kommissionen angeglichen.

10.4 Verwaltungskontrolle und Bundesgericht

Macht braucht Kontrolle. Dies gilt nicht nur für Parlament und Regierung, sondern auch für die Verwaltung. Allerdings sind Verwaltungen weder auflösbar wie ein Parlament noch abwählbar wie eine Regierung. Auch galt nach dem klassischen Bürokratiemodell, dass sie selbst keine eigene demokratische Legitimation entwickeln darf. Vielmehr ist die Kontrolle von Regierung und Verwaltung eine der Hauptaufgaben des Parlaments. Analog zum Handeln der gewählten Politiker wirft das Verwaltungshandeln ein Prinzipal-Agent-Problem auf, also die Frage, wie gewährleistet werden kann, dass die Verwaltung (der Agent) auch im Sinne des politischen Auftraggebers (des Prinzipals) handelt. Das ist in der Regel für den Prinzipal mit Kosten (Transaktionskosten, Kontroll- und Monitoringkosten) verbunden

(Richter/Furubotn 2010: 63) und birgt das Risiko, Motivation und erwünschte Eigeninitiative in der Verwaltung zu ersticken. Das Autonomiepotenzial des Agenten ist dadurch sowohl wünschenswert wie auch problematisch (Kirsch 2004: 352).

Einerseits sind die Kenntnisse der Ministerialbürokratie unverzichtbar für die Regierung, um ihre Programme umzusetzen, andererseits wäre es naiv anzunehmen, dass dies ohne Eigeninteressen seitens der Verwaltung geschieht. Durch ihr Expertenwissen in Sachfragen, durch personelle Kapazität und Kontakte zu Interessengruppen, durch die Kontrolle des Informationsflusses gegenüber der Leitungsebene, durch höhere Personalkontinuität bzw. Beschäftigungsdauer und durch eigene ministerielle bzw. departementielle „codes of conduct" befindet sich die Verwaltung oft in einer sehr machtvollen Position gegenüber der politischen Leitung (Peters 2010: 24). Hinzu kommt, dass in parlamentarischen Systemen die Minister meist auch Abgeordnete mit entsprechenden zeitlichen Verpflichtungen sind. Dies trifft für die Bundesräte in der Schweiz zwar nicht zu, jedoch ergeben sich für sie durch administrative Verdichtung auf nur sieben Departemente hohe (zeitliche) Anforderungen. Die hohe personelle Kontinuität an den Departementsspitzen kommt der hierarchischen wie der parlamentarischen Kontrolle der Verwaltung entgegen. Rücktritte von Departementsvorstehern aufgrund mangelnder Kontrolle des zuständigen Departements, die in parlamentarischen Systemen möglich sind, sind in der Schweiz unbekannt.

Durch die hierarchische Verantwortung der Bundesräte als Departementsvorsteher kann z.B. das Interpellationsrecht des Parlaments genutzt werden, um auf Missstände in einzelnen Departementen aufmerksam zu machen. Des Weiteren gibt es in der Regel spezialisierte Ausschüsse oder Kommissionen, die sich mit der Verwaltungskontrolle befassen. In der Schweiz sind dies die Geschäftsprüfungskommissionen, die regelmäßig kontrollieren und ihre Berichte dem jeweiligen Parlament vorlegen. In besonderen Fällen können auch Parlamentarische Untersuchungsausschüsse (PUA) eingerichtet werden.

Während die oben skizzierten Instrumente der parlamentarischen Kontrolle der Verwaltung dienen, steht die Einrichtung eines Ombudsmannes bei Klagen einzelner Bürger als Ansprechpartner bereit. Allerdings verläuft die Einführung solcher Bürgerbeauftragter auf kantonaler und Städteebene eher schleppend (vgl. www.ombudsmann.zh.ch/links.htm für einen Überblick kantonaler und städtischer Ombudsleute).

Das Pendant zum Bundesrechnungshof in Deutschland ist die Eidgenössische Finanzkontrolle (EFK), deren Rechte und Aufgaben im Finanzkontrollgesetz (FKG) normiert sind. Dazu gehört z.B. ihre Unabhängigkeit trotz ihrer administrativen Angliederung an das Finanzdepartement und ihr Prüfauftrag hinsichtlich der Wirtschaftlichkeit, Wirksamkeit, sowie Ordnungs- und Rechtmäßigkeit der Bundesbehörden sowie zahlreicher halbstaatlicher Einrichtungen (Art. 5 FKG). Personell mit ca. 95 Mitarbeitern ausgestattet, wird der Direktor der EFK für jeweils sechs Jahre vom Bundesrat gewählt und die Wahl von der Bundesversammlung genehmigt (www.efk.admin.ch).

Ein spezielles Verfassungsgericht existiert nicht, allerdings hat das Bundesgericht moderate Prüfungskompetenzen. Es darf kantonale Gesetze (Erlasse) sowie Verordnungen des Bundesrates auf ihre Vereinbarkeit mit der Bundesverfassung überprüfen und es darf Bundesgesetze auf ihre Vereinbarkeit mit der Europäischen Menschenrechtskonvention (EMRK) und dem Völkerrecht überprüfen. Auch können Konflikte zwischen Kantonen entschieden werden. Für Klagen von Bürgern gegen kantonale Behörden stand bis 2007 die „staatsrechtliche Beschwerde" zur Verfügung, gegen Akte der Bundesverwaltung die Verwaltungsgerichtsbeschwerde beim Bundesgericht. 2007 wurden beide Beschwerdearten zu der Beschwerde in öffentlich-rechtlichen Angelegenheiten („Einheitsbeschwerde") zusammen gefasst (Kley 2012).

Nach wie vor kann aber die Vereinbarkeit von Bundesgesetzen mit der Bundesverfassung auch durch das Bundesgericht nicht geprüft werden. Denn nach Art. 189 Abs. 4 BV können „Akte der Bundesversammlung und des Bundesrates […] beim Bundesgericht nicht angefochten werden. Ausnahmen bestimmt das Gesetz". Und nach Art 190 BV („Massgebendes Recht") sind die Bundesgesetze und das Völkerrecht „für das Bundesgericht und die anderen rechtsanwendenden Behörden massgebend", müssen also in jedem Fall angewendet werden, auch wenn sie nach Ansicht des Bundesgerichts gegen die Verfassung verstoßen. Die konkrete Normenkontrolle würde es ermöglichen, dass dem Bundesgericht im konkreten Fall vorgelegte Bundesgesetze bzw. einzelne Artikel für nicht verfassungsgemäß erklärt werden könnten und dann von der Justiz nicht mehr angewendet werden müssten.

Eine Ausweitung der Prüfungskompetenz des Bundesgerichts auf eine konkrete Normenkontrolle wurde inzwischen vom Bundesrat befürwortet. Eine abstrakte Normenkontrolle, bei der Bundesgesetze ohne konkreten Anlass auf ihre Vereinbarkeit mit der Bundesverfassung überprüft werden können, ist nach wie vor aber nicht geplant, denn „anders als bei einer konkreten Kontrolle befürchtet der Bundesrat bei einer abstrakten Kontrolle eine Politisierung der Justiz, wenn Meinungsverschiedenheiten im Parlament letztlich von den Bundesrichtern entschieden würden" (NZZ, 03.10.2011: 22).

Das Schweizerische Bundesgericht ist in geringem Umfang auch für staats- und verfassungsrechtliche Fragen zuständig. Ein Versuch der Aufwertung des Bundesgerichts zu einem Verfassungsgericht scheiterte zuletzt 2012 am Widerstand des Ständerats. Die Unbeliebtheit einer verfassungsgerichtlichen Kontrolle von Entscheidungen des Parlaments oder des Volkes in der Schweiz hat Tradition und erinnert an entsprechende Vorbehalte im Vereinigten Königreich. In beiden Fällen soll vermieden werden, dass auf nationaler Ebene politische Fragen in letzter Instanz von (demokratisch nicht legitimierten) Richtern entschieden werden. Die Aufwertung des Bundesgerichts zu einem vollwertigen Verfassungsgericht wäre eine tiefgreifende verfassungspolitische Reform. Aktuell kann das Bundesgericht zwar den Verstoß eines Gesetzes gegen Verfassungsnormen feststellen, muss das Gesetz aber trotzdem anwenden (Art.190 BV).

Im Unterschied zu Bundesgesetzen dürfen Verordnungen des Bundesrats sowie kantonale Erlasse aber überprüft werden. Eine konkrete Normenkontrolle für Bundesgesetze (zuletzt 2012 erfolglos versucht) könnte am einfachsten durch eine Streichung des Art. 190 eingeführt werden (Häfliger 2012). Betroffene Bürger können aber den Weg über den Europäischen Gerichtshof für Menschenrechte (EGMR) in Straßburg wählen und dort gegen die inkriminierte Norm bzw. den inkriminierten Verwaltungsakt klagen. Im Erfolgsfall kann der EGMR dann die Unvereinbarkeit schweizerischer Bundesgesetze mit der Europäischen Menschenrechtskonvention feststellen. Aufheben kann aber auch er die Gesetze nicht.

Im Parteienspektrum zeigt sich eine deutliche Rechts-Links-Verteilung von Unterstützern und Kritikern einer eigenen Verfassungsgerichtsbarkeit. Mitte-Links-Parteien sind in der Regel eher dafür, Mitte-Rechts-Parteien eher dagegen. Kritiker einer Aufwertung des Bundesgerichtes zu einem Verfassungsgericht weisen auf die politische Funktion eines solchen Gerichtes hin, etwa bei der Interpretation von Verfassungsnormen, für die es keine objektiven Maßstäbe gebe. Auch wird argumentiert, dass in der Schweiz die direkte Demokratie eine ähnliche Kontrollfunktion gegenüber dem Gesetzgeber übernehme wie in anderen Ländern die Verfassungsgerichtsbarkeit (Häfliger 2012). Tabelle 10-12 stellt die Grundstrukturen des Bundesgerichts der Schweiz den der Verfassungsgerichte (bzw. Obersten Gerichte) der USA, Frankreichs und Deutschlands gegenüber. Dabei zeigt sich, das die politische Funktion des Bundesgerichts vergleichsweise schwach ist.

Tab. 10-11: Die obersten Gerichte der USA, Frankreichs, Deutschlands und der Schweiz

	USA: Supreme Court	Frankreich: Verfassungsrat	Schweiz: Bundesgericht	Deutschland: Bundesverfassungs-gericht
Richter-zahl	9	9	38	Zwei Senate mit je acht Richtern.
Richter-wahl	Vorschlagsrecht des Präsidenten, Wahl durch den Senat.	Je 1/3 vom Staatspräsi-denten und den Präs. der Nationalversamm-lung und des Senats ernannt. Keine Berufs-qualifikation erforder-lich, aber Inkompatibi-litätsregeln.	Vereinigte Bundes-versammlung (nach sprachlichen, regionalen, fachli-chen und parteien-proporz Kriterien).	Vorschlag durch Parteien, Wahl durch Richterwahlausschuss des Bundestag und den Bundesrat mit 2/3-Mehrheit.
Amtszeit	Auf Lebenszeit ernannt.	9 Jahre.	6 Jahre, Altersgren-ze von 68 Jahren.	12 Jahre, Altersgrenze von 68 Jahren.
Kompe-tenzen (Auswahl)	„Original jurisdiction": Erstinstanzliche Zustän-digkeit für bestimmte Fragen wie Streitigkeiten zwischen den Staaten untereinander. „Writ of certiorari": Funktion als Berufungs-gericht.	Abstrakte und fakulta-tive Normenkontrolle. Anrufung durch Staats-präsident, Premiermi-nister, Präsident der Nationalversammlung oder des Senats oder sechzig Abgeordneter oder Senatoren mög-lich.	Entscheidet letztin-stanzlich Rechts-streitigkeiten zwi-schen Bürgern, Kantonen, Bürgern und Staat sowie zwischen Bund und Kantonen. Keine Funktion als Verfassungsgericht	Verfassungsbeschwer-de (jedermann), Or-ganstreitverfahren (Staatsorgane), Bund-Länder-Streitigkeit (Länder), Abstrakte und konkrete Normen-kontrolle (Gerichte). Spezialgericht, ver-handelt keine Beru-fungsfälle.
Polit. Einfluss	Hoch: Als Berufungsge-richt können die Richter aus einem breiten Spekt-rum an Fällen wählen und dadurch politische Akzente setzen.	Mittel bis hoch: etwa durch ex-officio-Mitgliedschaft ehem. Staatspräsidenten.	Gering: Keine Vetofunktion, muss selbst verfassungs-widrige Gesetze als geltendes Recht anwenden.	Mittel bis hoch: Als Vetospieler kann es Regierungspolitik blockieren. Durch Vorgaben kann es auch gestaltend ein-greifen.
Web	www.supremecourt.gov	www.conseil-constitutionnel.fr	www.bger.ch	www.bundesver fassungsgericht.de

Quelle: Eigene Zusammenstellung.

Auch ohne Verfassungsgerichtsbarkeit erreicht die Schweiz im Rule of Law-Index der World Governance Indicator (Tab. 10-12) aber relativ hohe Werte hinsichtlich ihrer rechtsstaatli-chen Qualität. Der Rule of Law-Index ist ein zusammengesetzter Index aus z.B. den Merkmalen „Fairness of judicial process", „Enforceability of contracts", „Speediness of judicial process", „Intellectual property rights protection" und „Private property protection" . Im Sample der Tabelle 10-12 erreichen die nordischen Länder die höchsten Werte. Die Schweiz liegt trotz fehlender Verfassungsgerichtsbarkeit aber noch oberhalb von Deutsch-land (2011). Allerdings zeigt sich in der Gegenüberstellung der Werte für die Jahre 2000 und

2011 für die Schweiz eine sinkende Tendenz. Dies kann aber auch darauf zurückzuführen sein, dass andere diesbezüglich aufgeholt haben.

Tab. 10-12: Rule of Law Indicator der Weltbank

	Governance Score (−2.5 to +2.5)		Percentile Rank (0 to 100)	
	2000	2011	2000	2011
Finnland	+1,94	+1,96	100,0	100,0
Schweden	+1,78	+1,95	96,7	99,5
Dänemark	+1,80	+1,92	97,1	99,1
Norwegen	+1,81	+1,89	98,6	98,1
Niederlande	+1,72	+1,82	95,7	97,7
Österreich	+1,81	+1,81	99,0	97,2
Irland	+1,51	+1,77	92,8	95,8
Schweiz	+1,93	+1,76	99,5	95,3
UK	+1,65	+1,67	94,3	92,5
Deutschland	+1,59	+1,62	93,8	91,5
Frankreich	+1,41	+1,50	91,4	90,1
Belgien	+1,28	+1,45	88,0	89,7
Spanien	+1,39	+1,20	90,9	85,9
Portugal	+1,17	+1,01	84,7	81,7
Tschechien	+0,60	+1,01	67,9	81,2
Ungarn	+0,85	+0,77	78,5	73,2
Polen	+0,65	+0,73	70,3	71,4
Griechenland	+0,82	+0,57	73,2	66,7
Italien	+0,80	+0,41	72,7	63,4

Quelle: http://info.worldbank.org/governance/wgi/mc_countries.asp [10.01.2013], sortiert nach Spalte 5.

10.5 Internationaler Vergleich

Der internationale Vergleich von Public Management-Reformen beschränkt sich in der vergleichenden Politik- und Verwaltungswissenschaft weitgehend auf ein Nebeneinander von Einzelfallstudien (z.B. Buckaert/Pollitt 2011). Dabei ziehen insbesondere jene Länder das Interesse auf sich, in denen es z.B. „best practice" zu untersuchen gibt oder in denen ein markanter Politikwechsel mit Relevanz für die Verwaltung vollzogen wurde. Da die Verwaltung(spolitik) in der Schweiz weder zur einen noch zur anderen Kategorie gehört, ist sie eher selten Gegenstand international vergleichender Verwaltungsforschung geworden. Die internationale Debatte um das richtige Ausmaß staatlicher Verwaltung („proper scope of government"), mithin um Staatsabbau, Privatisierung und Hybridisierung bei der Erfüllung öffentlicher Aufgaben ist in der Schweiz vergleichsweise schwach ausgeprägt. Das liegt vor allem daran, dass die eigene Verwaltung ohnehin effizient arbeitet und nicht übermäßig groß ist.

Die Tendenz zu „small government" steht in Verbindung mit der liberalen Tradition und dem damit verbundenen vergleichsweise schwachen Ausbau des (verwaltungsintensiven) Wohlfahrtsstaates. Vor dem Hintergrund des schwachen Sozialstaates und der relativen Schwäche sozialistischer Positionen (bzw. deren konkordante Einbindung) konnten „neoliberale", staatsminimalisierende Ideologien nie den Einfluss erringen, der ihnen etwa in Großbritannien nach der staatsexpansiven Phase der 1970er Jahren und der damit verbundenen Vulnerabilität zukam. Anders formuliert stellte sich die Alternative staatliche oder marktliche Erbringung öffentlicher Leistungen aufgrund des ohnehin übersichtlichen öffentlichen Sektors weniger dramatisch als in anderen Ländern.

In einer Untersuchung zum Zusammenhang von „performance" und „expenditure efficiency" im öffentlichen Sektor von 23 OECD-Ländern fanden Afonso et al. (2005) die höchste ökonomische Leistungsfähigkeit in kleinen öffentlichen Sektoren: „Looking at country groups, small governments (industrialised countries with public spending below 40% of GDP in 2000) on balance report better economic performance than big governments (public spending above 50% of GDP) or medium sized governments (spending between 40 and 50% of GDP). Big governments feature more even income distribution, whereas small governments perform better especially in the administrative, stability and economic performance domains" (ebd.: 326). Die höchsten Werte für die Subindikatoren Verwaltung und Infrastruktur erhielt die Schweiz (ebd.).

Führt die Konkordanzdemokratie auf Regierungsebene auch zu einer besonderen Konstanz des höheren Regierungspersonals? Die Einstufung der Schweiz durch die Experten der OECD (2011) in dieser Hinsicht legt nahe, dass die hohe personelle Kontinuität an den Verwaltungsspitzen keineswegs so einmalig ist wie die Konkordanzregierung selbst (Tab. 10-13). Zumindest in Dänemark und Norwegen sollte nach diesen Einstufungen eine noch größere Kontinuität an den Verwaltungsspitzen anzutreffen sein.

Tab. 10-13: Austausch von Beamten nach einem Regierungswechsel (senior staffing)

	Berater der Ministeriumsleitung	(Höchster) Level 1	Level 2	Level 3	Level 4	Level 5	(Niedrigster) Level 6
Belgien	Alle	Einige	Keine	Keine	Keine	Keine	Keine
Dänemark	Keine	Keine	Keine	Keine	Keine	Keine	Keine
Deutschland	n.a.	Viele	Viele	Keine	Keine	Keine	Keine
Finnland	Alle	Einige	Keine	Keine	Keine	Keine	Keine
Frankreich	Viele	Einige	Einige	Keine	Keine	Keine	Keine
Griechenland	Alle	Viele	Viele	Keine	Keine	Keine	Keine
Irland	Alle	Keine	Keine	Keine	Keine	Keine	Keine
Italien	Alle	Viele	Einige	Keine	Keine	Keine	Keine
Niederlande	Viele	Einige	Keine	Keine	Keine	Keine	Keine
Norwegen	Keine	Keine	Keine	Keine	Keine	Keine	Keine
Österreich	Viele	Keine	Keine	Keine	Keine	Keine	Keine
Polen	Alle	Einige	Keine	Keine	Keine	Keine	Keine
Portugal	Alle	Viele	Viele	Keine	Keine	n.a.	n.a.
Schweden	Alle	Keine	Keine	Keine	Keine	Keine	Keine
Schweiz	Einige	Einige	Keine	Keine	Keine	Keine	Keine
Spanien	n.a.	Viele	Einige	Keine	Keine	Keine	n.a.
Tschechien	n.a.	Alle	Alle	Viele	Keine	Keine	n.a.
UK	Alle	Keine	Keine	Keine	Keine	Keine	Keine
USA	Alle	Einige	Einige	Einige	Einige	n.a.	n.a.

Quelle: OECD 2011: Tab. 18.1 nach OECD Survey on Strategic Human Resources Management in Central/Federal Governments; n.a.: Not available. Stand 2010.

Das Gegenmodell dazu sind die USA mit ihrem „spoils system". Dabei wird die Verwaltung zur „Beute" eines neuen Präsidenten, der seine Unterstützer aus dem Wahlkampf nun umfangreich mit Stellen versorgen kann. In der Schweiz gibt es bei einem Vorsteherwechsel lediglich einen freiwilligen Personalwechsel bei Spitzenbeamten in den Bundesämtern. Allerdings gibt es auch eine Tendenz, dass (externe) Berater altgediente Beamte beim Zugang zum Departementsvorsteher verdrängen.

Mit Personal ist nicht nur der stellenmäßige Umfang bzw. das Wachstum mit den entsprechenden Kosten verbunden, sondern auch Fragen der Rekrutierung und des Aufstiegs bzw. des „human resource managements" (HRM). Der Anteil der Beschäftigten im öffentlichen Dienst (public sector) an den Erwerbstätigen insgesamt liegt in der Schweiz etwa auf dem Niveau der USA. Allerdings fällt im internationalen Vergleich ein überdurchschnittlich hoher Anteil von Beschäftigten in „public corporations" auf. Dies sind öffentlich-rechtliche Körperschaften und Unternehmen in öffentlicher Hand, wie z.B. die SBB in der Schweiz.

Die Einstufung eines Unternehmens als public corporation setzt voraus, dass der Staat einen beherrschenden Einfluss ausüben kann, was i.d.R. bei einer öffentlichen Beteiligung von über 50% der Fall ist. Häufig wird auch nur die Rechtsform zugunsten des Privatrechts gewechselt (Organisationsprivatisierung), das privatisierte Unternehmen bleibt aber vollständig oder weitgehend in öffentlichem Besitz. Die höchsten Anteile solcher mittelbar Beschäftigten im Ländersample haben Griechenland, Polen und die Niederlande. Die größte Reduzierung des Personalanteils im öffentlichen Sektor zwischen den Jahren 2000 und 2008 ist für Polen und Deutschland zu beobachten. Das größte Plus des öffentlichen Personalanteils hat Griechenland (mit 1,4%) zu verzeichnen (Tab. 10-14).

Tab. 10-14: Anteil der Beschäftigten im öffentlichen Dienst an Beschäftigten insgesamt

	2000			2008			Differenz
	General government	Public corp.	Total	General government	Public corp.	Total	
Spanien	12,2	1,3	13,5	12,3	0,7	13	−0,5
Deutschland	11,1	5,4	16,5	9,6	4,0	13,6	−2,9
Italien	15,3	0,0	15,3	14,3	0,0	14,3	−1,0
Schweiz	9,9	4,9	14,8	9,7	4,8	14,5	−0,3
USA			14,8			14,6	−0,2
Irland	15,4	2,7	18,1	14,8	1,9	16,7	−1,4
UK	16,8	1,2	18	17,4	1,2	18,6	+0,6
Tschechien	12,8	8,3	21,1	12,8	6,6	19,4	−1,7
Ungarn	20,4	0,0	20,4	19,5	0,0	19,5	−0,9
Griechenland	6,8	12,5	19,3	7,9	12,8	20,7	+1,4
Niederlande	12,7	7,7	20,4	12,6	8,8	21,4	+1,0
Polen	10,8	14,2	25	9,7	11,7	21,4	−3,6
Finnland	22,2	0,0	22,2	22,9	0,0	22,9	+0,7
Frankreich	21,8	3,3	25,1	21,9	2,5	24,4	−0,7
Dänemark	29,7	3,5	33,2	28,7	2,8	31,5	−1,7
Norwegen	29,5	6,0	35,5	29,6	4,9	34,5	+1,0
MW	16,49	4,73	20,82	16,24	4,18	20,06	

Quelle: OECD 2011: Tab. 21.2, nach International Labour Organization (ILO), LABORSTA database. USA: public sector. Werte für Tschechische Republik, Italien, Niederlande und Polen sind Vollzeitstellen (full time equivalents). Tschechische Republik, Finnland, Norwegen, Polen und Schweden: 2007 statt 2008. Frankreich: 2006 statt 2008. Niederlande: 2005 statt 2008. Irland und Schweiz: 2001 statt 2000; sortiert nach Spalte 7.

Vergleicht man den Personalanteil auf zentraler Ebene (central government), dann hat die Schweiz mit nur 9,1% (2008) den geringsten Anteil öffentlich Beschäftigter im Sample der Tabelle 10-15. Das heißt, dass etwa 91% auf subnationaler Ebene beschäftigt sind. Diese umfassen nach der OECD-Definition alle gliedstaatlichen, regionalen, und lokalen Behörden. Zentrale und subnationale Ebenen bilden zusammen die Kategorie „general government" (OECD 2011: 104).

Tab. 10-15: Prozentanteil der Beschäftigten im öffentlichen Dienst auf zentraler Ebene

	2000	2008	Veränderung 2000/2008
Schweiz	9,3	9,1	−0,2
USA	13,8	12,3	−1,5
Schweden	19,3	17,9	−1,4
Deutschland	22,2	20,2	−2
Spanien	41,2	20,3	−20,9
Belgien	24,2	20,8	−3,4
Dänemark	22,2	23,8	+1,6
Finnland	25,7	24,0	−1,7
Niederlande	27,8	25,4	−2,4
Norwegen	22,7	35,2	+12,5
Tschechien	68,5	46,4	−22,1
Italien	59,0	57,8	−1,2
Portugal	80,5	78,6	−1,9
Griechenland	83,6	80,5	−3,1
Irland	86,9	88,4	+1,5
MW	40,46	37,38	−3,08

Quelle: OECD 2011: Tab. 22.2 nach International Labour Organization (ILO), LABORSTA database. USA: General government und public corporations, Finnland und Schweden: 2007 statt 2008, Portugal: 2006 statt 2008. Schweiz: 2001 statt 2000. Daten für Tschechische Republik, Italien, Niederlande und Polen als Vollzeitstellen berechnet. Sortiert nach Spalte 3.

In Irland, das im Sample den höchsten Anteil auf zentraler Ebene erreicht, ist die Relation fast umgekehrt zu der in der Schweiz. Den knapp 90% Beschäftigen auf zentraler Ebene stehen etwa 10% Beschäftigte auf subnationaler Ebene gegenüber. Bildet man die Differenz der beiden Querschnittsjahre, kommt es im Durchschnitt zu einer Verringerung des Anteils zentral Beschäftigter um 3%. Die stärkste personelle Dezentralisierung ist in der Tschechischen Republik und in Spanien zu vermerken, die stärkste personelle Zentralisierung in Norwegen. Da die Schweiz ohnehin einen sehr kleinen Anteil Beschäftigter auf zentraler Ebene hat, fällt auch der Rückgang mit −0,2% nur unterdurchschnittlich aus.

Neben dem Personal spielt die Performance der öffentlichen Verwaltung eine wichtige Rolle in der Comparative Public Administration (Peters 2010, Schnapp 2006). Anstöße zur vergleichenden Leistungsmessung kommen von der politischen Ökonomie bzw. dem Public Choice-Ansatz, sowie von internationalen Organisationen wie der OECD. Anliegen dieser Ansätze bzw. Institutionen ist meist, die Performance von Verwaltungen als eine erklärende Variable für die ökonomische Leistungsfähigkeit eines Landes zu messen. Dem liegt die Annahme zugrunde, dass ineffiziente und korrupte Verwaltungen sich negativ auf weitere Bereiche des öffentlichen Lebens wie den wirtschaftlichen Entwicklungsstand auswirken. Deswegen überrascht es nicht, dass ausgefeilte Indices von der Weltbank im Rahmen ihrer jährlichen Good Governance Indicators berechnet werden.

Darin hat der Government Effectiveness Indicator, der sich wiederum aus anderen Indikatoren wie der Qualität öffentlicher Leistungen und der Unabhängigkeit der Verwaltung vor politischen Beeinflussungen zusammen setzt, den größten Bezug zur Leistungsfähigkeit der Verwaltung. Dieser zusammengesetzte Indikator beruht auf Umfragedaten und Experteneinschätzungen. Im „Governance Score" wird der Durchschnittswert der über 200 berücksichtigten Staaten als Null gesetzt. Der beste Wert kann 2,5 betragen, der schlechteste -2,5. Zusätzlich wird die Position eines Landes in prozentualer Abstufung angegeben. Im Sample der Tabelle 10-16 nehmen Finnland und Dänemark die höchsten Werte für 2011 ein. Für die Schweiz zeigt sich gegenüber dem Jahr 2000 eine leicht rückläufige Tendenz. Im Sample der Tabelle 10-16 ist sie 2011 auf den vierten Platz zurück gefallen. Auch für die Niederlande zeigt sich eine ähnliche Tendenz. Mit Ausnahme von Norwegen nehmen alle skandinavischen Staaten Spitzenplätze ein.

Im Rahmen der stärkeren Performance-Orientierung in der öffentlichen Verwaltung haben z.B. auch Performance-Bewertungen von Mitarbeitern und Abteilungen sowie leistungsbezogene Entgeltkomponenten Einzug gehalten. Der OECD-Index zu performance assessment öffentlicher Verwaltungen (Tabelle 10-17) setzt sich aus den folgenden Variablen zusammen: „existence of a formalized performance assessment; use of performance assessment tools (meetings with supervisors, frequency of meetings, written feedback, etc.); performance assessment criteria used; and the importance of good performance assessments for career advancement, remuneration, contract renewal on the same job/remaining in the same job and employment contract renewal in the public service. The index on PRP is composed of the following variables: the use of a PRP mechanism and for which staff categories; the use of one-off bonuses and/or merit increments; and the maximum proportion of basic salary that PRP represents" (OECD 2011: 128).

Tab. 10-16: Government Effectiveness Indicator

	Percentile Rank (0–100)		Governance Score (–2.5 bis +2.5)	
	2000	2011	2000	2011
Italien	78,5	66,4	+0,77	+0,45
Griechenland	75,1	66,8	+0,65	+0,48
Polen	73,2	71,6	+0,60	+0,68
Portugal	82,0	78,7	+1,04	+0,97
Tschechische Rep,	74,6	81,5	+0,62	+1,02
Spanien	92,7	82,0	+1,79	+1,02
Frankreich	91,2	88,2	+1,72	+1,36
Irland	90,2	89,1	+1,67	+1,42
Deutschland	94,1	91,9	+1,91	+1,53
UK	93,7	92,4	+1,86	+1,55
Österreich	95,6	93,4	+1,95	+1,66
Belgien	92,2	93,8	+1,78	+1,67
Norwegen	94,6	96,2	+1,91	+1,76
Niederlande	99,0	96,7	+2,08	+1,79
Schweiz	98,5	97,6	+2,06	+1,89
Schweden	97,1	98,6	+1,97	+1,96
Dänemark	97,6	99,5	+2,00	+2,17
Finnland	99,5	100,0	+2,13	+2,25

Quelle: http://info.worldbank.org/governance/wgi/ [10.01.2013], sortiert nach Spalte 5.

Tab. 10-17: Performance-Bewertung und leistungsbezogene Entlohnung im Vergleich

	Extent of the use of performance assessments in HR decisions in central government (2010) (composite index)	Extent of the use of performance-related pay in central government (2010) Composite indicator
Belgien	0,59	
Dänemark	0,80	0,86
Deutschland	0,67	0,73
Finnland	0,49	0,88
Frankreich	0,75	0,83
Griechenland	0,44	
Irland	0,72	0,69
Italia	0,68	0,78
Niederlande	0,59	0,56
Norwegen	0,57	0,74
Österreich	0,49	0,68
Polen	0,53	
Portugal	0,87	0,73
Schweden	0,72	0,83
Schweiz	0,59	0,90
Spanien	0,54	0,73
Tschechische Rep.	0,55	0,90
UK	0,79	0,93
Ungarn	0,74	0,83
USA	0,65	0,80
OECD Durchschnitt	0,66	0,65

Quelle: OECD 2011: Tabelle 32.1 und 32.2.

Die Variablen des jeweiligen Index beruhen auf Expertenschätzungen. Die beiden Indices reichen von null bis eins und geben jeweils nur über den formellen Gebrauch von performance assessments und Performance Related Pay (PRP) Auskunft (ebd.). Am stärksten sind Performance Assessments in den Verwaltungen Portugals, Dänemarks und des Vereinigten Königreichs umgesetzt worden. Die Schweiz bleibt hierbei zwar noch unterhalb des OECD-Durchschnitts, aber oberhalb der Werte von Österreich und Deutschland. Dagegen findet sie sich beim PRP-Kriterium zwischen dem Vereinigten Königreich und Tschechien in der Spitzengruppe wieder (Tab. 10-17).

11   Interessen durchsetzen

11.1   Wozu Verbände?

Wozu organisieren sich Gruppen von Menschen zu Verbänden? Nach der Theorie des kollektiven Handelns von Mancur Olson (2004/1965) reichen gemeinsame Interessen in einer Gruppe bzw. Gesellschaft nicht aus, um zu deren Realisierung auch ein gemeinsames Handeln einzuleiten. Olsons Problemebene ist unterhalb der des Staates angesiedelt, der kollektives Handeln notfalls durch legitimen Zwang „motivieren" kann. Auf dieser Ebene spielen die Gruppengröße, die Art des kollektiven Gutes und die Struktur der institutionellen Umwelt eine wichtige Rolle dabei, ob aus Sicht des Einzelnen (methodologischer Individualismus) kollektives Handeln zustande kommt oder z.B. am Trittbrettfahrerproblem scheitert. Kleineren Gruppen fällt es oft leichter, solche Probleme zu lösen, jedoch organisieren sie meist auch nur spezielle Sonderinteressen. Nach Olson steigt die Zahl der Interessengruppen in demokratischen Systemen im Laufe der Zeit, was zu einer wechselseitigen Blockade führen könne und auch für die Gemeinwohlorientierung des Verbandshandelns nicht unbedingt förderlich sei (Armingeon 2001a: 408). Aufgrund dieses Organisationsproblems gilt für verbandliches Handeln im Unterschied zu staatlichem Handeln, dass in der Regel (sektorspezifische) Partikularinteressen besser organisations- und durchsetzungsfähig sind.

Neben Fragen der internen Organisation spielten auch die Vorgaben aus dem politischen System eine wichtige Rolle für das Verbandshandeln. Hierbei wird allgemein unterschieden zwischen pluralistischen und korporatistischen Verbändesystemen, wobei Unterschiede sogar innerhalb eines Landes zwischen Politikfeldern auftreten können. Korporatistische Strukturen sind z.B. häufiger in den Bereichen der Wirtschaftspolitik und Arbeitsbeziehungen sowie der Sozial-, Gesundheits- und Agrarpolitik anzutreffen. Je nach vorherrschendem Strukturtypus liegt der Akzent eher auf der Interessenartikulation und -repräsentation oder auf der Interessenaggregation und -transformation.

Da die Mitgliedschaft in Interessengruppen meist auf freiwilliger Basis erfolgt, müssen die Interessengruppen entsprechende Anreizstrukturen bereithalten, um für eine breite – und zahlende – Mitgliederschaft attraktiv zu sein. Unter der Bedingung rationalen Handelns muss die Interessengruppe ihren individuellen oder kollektiven Mitgliedern materielle bzw. ideelle Vorteile bereit stellen, um eine Mitgliedschaft zu motivieren. Auch wenn der Staat in einigen Fällen eine Zwangsmitgliedschaft aller betroffenen Personen oder Organisationen festlegen kann, sind die Beziehungen eines Verbandes zu seinen Mitgliedern meist als Tauschbeziehung strukturiert.

Dies gilt insbesondere für die Beziehung von Interessengruppen und politischem System, in dem die Akteure ihre jeweilige Verfügungsmacht über ihre Ressourcen austauschen, um ihre Ziele besser verwirklichen zu können bzw. ihre Interessen zu maximieren (v. Winter 2008:

50). Während politische Akteure über legitime Entscheidungsmacht sowie Vorbereitungs-
und Durchsetzungskapazitäten (Bürokratie) verfügen, haben Interessengruppen oft bessere
Informationen hinsichtlich fachlicher und politischer Voraussetzungen und Auswirkungen
geplanter Maßnahmen. Oft können sie Outcome und Impact solcher Maßnahmen „besser
beurteilen als die politischen Entscheidungsträger. Zugleich verfügen sie über Informationen
darüber, wie bestimmte Maßnahmen, Programme, Pläne in der von ihnen repräsentierten
Teilöffentlichkeit beurteilt und aufgenommen werden" (von Winter 2008: 51). Des Weiteren
spielt in der Schweiz aufgrund der direkten Demokratie die Möglichkeit der Mobilisierung
von Mitgliedern bei Abstimmungskampagnen eine erheblich größere Rolle als in anderen
Ländern. Dies geschieht etwa in der Form von Parolen zu Abstimmungskampagnen, durch
Stellungnahmen im Prozess der Vernehmlassung, durch Mobilisierung oder Entzug von Unterstützung bei den Instrumenten der direkten Demokratie oder, wie in anderen Ländern
auch, durch informelle, mehr oder weniger enge Beziehungen zwischen bestimmten Parteien
und Verbänden.

Selektive Anreize: Die Mitgliedschaft in Verbänden ist in der Regel freiwillig, aber das
von ihnen bereit gestellte öffentliche Gut nicht immer exklusiv. In Ausnahmefällen kann
der Staat zwar eine Beitrittspflicht konstituieren, in der Regel greifen die Verbände jedoch
auf selektive Anreize zurück, um das Problem zu lösen, dass Leistungen des Verbandes
(z.B. von Gewerkschaften durchgesetzte Lohnerhöhungen) auch Nichtmitgliedern zugute
kommen (Hotz-Hart/Schmuki/Dümmler 2006: 97). Sie bieten dann zusätzlich private Güter an, die exklusiv den Mitgliedern vorbehalten sind (z.B. verbilligte Urlaubsreisen).

Mobilisierung der Mitglieder, PR und Lobbying politischer Entscheidungsträger sind wichtige allgemeine Formen der Einflussnahme, mit denen Interessenverbände ihre Nichtbeteili-
gung am direkten parlamentarischen Mandatswettbewerb kompensieren. Der Einfluss von
Verbänden hängt ab von den Ressourcen, die sie im politischen Prozess zum Tausch anbieten
können, im weitesten Sinne das Anbieten oder der Entzug von politischer Unterstützung (von
Winter 2008: 51). Ihr Organisationsgrad, die Fragmentierung der Gruppen in einem Sektor,
ihre Mobilisierungsfähigkeit, ihr Zugang zu Politik und Ministerialbürokratie und die Art des
zu regulierenden kollektiven Gutes sind wichtige Faktoren für die Fähigkeit von Interessengruppen, das politische Outcome in ihrem Sinne zu beeinflussen.

Ähnlich wie Großbritannien hat die Schweiz ein stark fragmentiertes Verbandswesen
(Abromeit/Stoiber 2006: 209), ohne dass man allerdings von einem pluralistischen Modell
sprechen kann. Im Unterschied zu den angelsächsischen Varianten des Pluralismus ist das
fragmentierte schweizerische Verbändewesen sehr stark in die Erfüllung öffentlicher Aufgaben eingebunden. Das lässt sich u.a. historisch erklären. Ein nur schwach institutionalisierter
und zentralisierter Staat hat sich die verbandliche Selbstorganisation zu nutze gemacht, um
eigene Kapazitätsgrenzen zu kompensieren. Die umfangreiche Delegation von öffentlichen
Regulierungsaufgaben an die Verbände kann man auch als liberalen oder privatisierten Korporatismus umschreiben, der es dem Staat ermöglicht, sich auf eine Moderatorenrolle zu
beschränken und nur im Notfall zu intervenieren. Ähnlich wie bei der Struktur der Exekutive, die sowohl parlamentarische wie präsidentielle Merkmale enthält, finden sich im Verbän-
desystem Merkmale pluralistischen Wettbewerbs wie auch korporatistischer Regulierung, die
als „eigener Typ gelten dürfen" (ebd.: 211).

Dennoch überwiegt ein korporatistisches Moment, ohne dass explizit tripartistische Strukturen oder eine keynesianische Nachfragepolitik etabliert wurden. Dies führt allerdings auch zu einer Einschränkung des Wettbewerbs zwischen den Verbänden. Auf dem Index des Interessengruppen-Pluralismus von Lijphart (1999: 313) nimmt die Schweiz mit einem Wert von 1.0 die gleiche Position wie Dänemark am korporatistischen Ende der Skala (mit Werten von 0 bis 4) ein. Niedrigere Pluralismuswerte im Sample der 36 Demokratien finden sich nur für Österreich, Schweden und Norwegen.

Das schweizerische System der Interessenvermittlung ist von einer starken Konsensorientierung geprägt, die durch die institutionelle Umwelt von checks and balances bei der politischen Willensbildung und Entscheidungsfindung gefördert wird. Auf der einen Seite gibt es einen hohen Organisationsgrad der meisten Verbände mit einer deutlichen Tendenz zur Kartellierung und Interessendurchsetzung, auf der anderen eine hohe Offenheit für neue Impulse, die sich v.a. durch die Instrumente der direkten Demokratie ergeben (Abromeit/Stoiber 2006: 211). Der Hinweis auf die Referendumsdemokratie macht zugleich eine weitere Option der Interessendurchsetzung deutlich. Aufgrund des hohen Organisationsgrades kommt den meisten Verbänden in der Referendumsdemokratie eine bedeutende Veto-Macht zu.

Politisch relevante Verbände erbringen intern für ihre Mitglieder Informations- und Regulierungsleistungen und betreiben extern eine Einflusssicherung bzw. -maximierung. Beide Logiken sind wechselseitig voneinander abhängig. So haben Veränderungen im Binnenverhältnis von Verbänden, wie etwa eine sich verkleinernde oder eine heterogener werdende Mitgliedschaft, Auswirkungen auf die Außenbeziehungen und Einflusschancen im politischen Prozess.

11.2   Einflussformen und Regulierung

Wie bereits bei den Parteien ist auch der Bereich der Verbände nicht durch ein eigenes Gesetz geregelt, sondern die Angelegenheiten der Verbände fallen unter das Privatrecht. Allerdings macht auch die Verfassung einige Vorgaben. Nach Art. 23 ist die aktive und passive Vereinigungsfreiheit gewährleistet. Neben der Wirtschafts- und Berufsfreiheit (Art. 27) ist vor allem die Koalitionsfreiheit (Art. 28) Grundlage der Verbandstätigkeit. Erst mit der Totalrevision 1999 wurde das Recht auf Streik und Aussperrung explizit in die Verfassung aufgenommen, „wenn sie Arbeitsbeziehungen betreffen und wenn keine Verpflichtungen entgegenstehen, den Arbeitsfrieden zu wahren oder Schlichtungsverhandlungen zu führen" (Art. 28 Abs. 3). Auch kann durch einfaches Gesetz „bestimmten Kategorien von Personen" das Streikrecht entzogen werden (Abs. 4). Durch Art. 110 werden weitere Details der Arbeitsbeziehungen geregelt, wie etwa zur Allgemeinverbindlicherklärung von Gesamtarbeitsverträgen, durch die z.B. die Rechtsgleichheit und die Koalitionsfreiheit nicht eingeschränkt werden dürfen (Abs. 4). In der Vernehmlassung (Art. 147) sind neben den Kantonen und Parteien verpflichtend auch die interessierten Kreise bei der Gesetzesvorbereitung und anderen „Vorhaben von großer Tragweite" zu hören.

1966 wurde das ideelle Verbandsbeschwerderecht eingeführt, das ca. 30 Verbänden im Natur- und Umweltschutzbereich ein Klagerecht gegenüber Behörden bzw. vor dem Bundesgericht einräumt, wenn eine Maßnahme (wie z.B. ein Bauvorhaben) gegen geltende Gesetze zu verstoßen scheint. Mit dem Ausbau des Verwaltungsrechtsschutzes hatten auch bei Bau- und Planungsangelegenheiten nur noch unmittelbar Betroffene ein Klagerecht – mit den beiden

Ausnahmen des ideellen Beschwerderechts der Umweltverbände und des Behördenbe-schwerderecht des Bundesamtes für Umwelt (Bafu). „Dieses nimmt sein Beschwerderecht heute aber aufgrund seiner beschränkten Ressourcen sehr zurückhaltend wahr (ein bis zwei Fälle pro Jahr) und beschränkt sich im Übrigen darauf, zu den erhobenen Beschwerden Pri-vater oder der Umweltorganisationen zuhanden des Bundesgerichts Stellung zu nehmen" (Marti 2008: 36).

Tab. 11-1: Beziehungsmuster Verbände und politisches System

Mitsprache	Verfassungsrechtlich garantierte Möglichkeit der Stellungnahme in der Vernehmlassung sowie Instrumente der direkten Demokratie.
Kooperation	Zusammenarbeit mit staatlichen Stellen in (Experten)Kommissionen.
Delegation	Auslagerung staatlicher (Regulierungs-)Aufgaben an Verbände, u.a. aufgrund schwach ausgebauter Eigenkapazitäten der öffentlichen Verwaltung.

Quelle: Zusammenstellung nach Armingeon 2001a: 414, Farago/Kriesi 1986.

Die institutionalisierte Mitwirkung von Verbänden an der politischen Willensbildung und Entscheidungsfindung hat eine lange Tradition. Sie ist die „Kehrseite" der Einbindung der Verbände in den Vollzug staatlicher Maßnahmen, der insb. für die Wirtschaftsverbände mit den Schutzzöllen in Verbindung steht (Gruner 1956). „Der intervenierende Staat benötigte zunehmend Informationen über wirtschaftliche Prozesse. Die typisch schweizerische Lösung bestand nicht darin, den Staatsapparat auszubauen, sondern die Aufgaben zu delegieren. Eine Delegationsmaßnahme war der Aufbau eines Netzwerkes von Experten, die für die Beratung der staatlichen Politik herangezogen wurden" (Armingeon 2001a: 405). Aber auch in Berei-chen wie der Regulierung von Ausbildungsberufen, wirtschaftlicher und technischer Normen und Standards und deren Implementierung in den entsprechenden Politikfeldern verlässt sich der Staat vergleichsweise häufig auf die Selbstregulation durch Verbände. Politikwissen-schaftlich am besten erforscht sind dabei die Bereiche Landwirtschaft und Arbeitsbeziehun-gen (Armingeon 2001a: 407).

Tab. 11-2: Verbandliche Einflussformen auf die Rechtsetzung

Gesetzgebung	Verbandliche Einflussform
Gesetzes- oder Verfassungsinitiative	Volksinitiativen
Ausarbeitung eines Entwurfs Expertenkommission	Lobbying in Parlament, Bundesrat & Departementen, PR, Entsendung von Experten, Doppelmitgliedschaften in Parteien und Verbänden
Vernehmlassungsverfahren	Stellungnahmen
Parlamentarische Beratung und Beschlussfassung	Verbandsvertreter als Parlamentarier
Referendumsphase	Mobilisierung (pro/contra) in der Referendumsphase Ausgabe von Abstimmungsparolen

Quelle: Nach Haller/Kölz/Gächter 2008: 357, eigene Ergänzung.

Hinsichtlich ihres verbandlichen Organisationsgrades liegt die Schweiz im internationalen Vergleich im Mittelfeld. In den nordischen Ländern ist der Organisationsgrad, speziell bei den Gewerkschaften, deutlich höher. In Ländern wie Großbritannien, Irland, Frankreich, Deutschland oder Italien ist der Organisationsgrad dagegen niedriger, während er in den Niederlanden etwa dem der Schweiz entspricht (Armingeon 2001a: 410). Diese Unterschiede können teilweise durch die Struktur der Interessengruppenorganisation erklärt werden. In den skandinavischen Ländern herrscht eine korporatistische Struktur vor, die mit einer hohen Mitgliedschaftsdichte der Bevölkerung verbunden ist, in anderen Ländern (wie den angelsächsischen) dagegen eine eher pluralistische Verbandsstruktur mit niedriger Organisationsdichte. Allerdings kann aus einem hohen Organisationsgrad nicht automatisch auf hohe Einflusschancen im politischen Prozess geschlossen werden. Diese hängen u.a. auch vom richtigen strategischen Einsatz der Instrumente der direkten Demokratie ab. Allein durch die Möglichkeit des Referendums werden von Parlament und Regierung schon vorab mögliche Einwände von großen, mobilisierungsstarken Verbänden aufmerksam wahrgenommen und ggf. berücksichtigt, um das Referendumsrisiko zu reduzieren. Verbandsvertreter sind auch in vielen außerparlamentarischen Expertenkommissionen vertreten und werden auch im „Vernehmlassungsverfahren angehört, wenn Gesetze ausgearbeitet werden, die für sie von Belang sind. Ferner werden in wichtigen Fragen die Verbände informell konsultiert" (Armingeon 2001a: 411f.).

Neben den direkten gibt es die indirekten Einflussformen des Lobbyings. In diesem Feld sind den Verbänden aber neue Konkurrenten im Kampf um politischen Einfluss in Form von gewerblichen Lobbyagenturen erwachsen. Aufgrund der eingespielten Beziehungen haben es solche Public Affairs-Agenturen in der Schweiz allerdings noch schwerer als in Österreich und Deutschland. Auch das Lobbying gegenüber „Brüssel" wird i.d.R. noch von den Verbandsvertretern (und Politikern) selbst übernommen. Mit der Gründung von Avenir Suisse wurde 1999 allerdings ein „American-style think-tank" (Eichenberger/Mach 2011: 74) von einigen der größten schweizerischen Konzerne gegründet, um die Kanäle bzw. Formen der Beeinflussung des politischen Diskurses zu erweitern.

Tab. 11-3: Regulierung parlamentarischen Lobbyings im Vergleich

Deutschland	Beim Präsidenten des Deutschen Bundestages wird seit 1972 eine „Öffentliche Liste über die Registrierung von Verbänden und deren Vertretern" auf freiwilliger Basis mit aktuell ca. 2.100 Einträgen geführt (GOBT, Anlage 2).
	Seit 2007 gelten neue Offenlegungsregeln für Nebeneinkünfte von Parlamentariern. Danach müssen Nebeneinkünfte über 1.000 Euro im Monat bzw. 10.000 Euro im Jahr angezeigt werden. Die Veröffentlichung erfolgt nach drei Einstufungen. Stufe 1: 1.000 bis 3.500 Euro monatliche Nebeneinkünfte, Stufe 2: bis 7.000 Euro und Stufe 3: über 7.000 Euro monatliche Nebeneinkünfte.
Schweiz	Das ParlG (Art. 11) regelt die Offenlegungspflichten von Abgeordneten. Diese müssen bei Amtsantritt und zu Jahresbeginn das Büro schriftlich über relevante Tätigkeiten außerhalb des Parlaments informieren. Die Parlamentsdienste erstellen dann ein öffentliches Register über die Angaben der Ratsmitglieder.
UK	Seit 2011 besteht ein freiwilliges Lobbyregister des Public Affairs Councils. Ein verpflichtendes, gesetzliches Lobbyregister wird von der Koalition bis zum Ende der Legislaturperiode angestrebt.
USA	Der Lobbying and Disclosure Act 1995 wurde durch den Honest Leadership and Open Government Act 2007 ergänzt. Lobbyisten, die mehr als 20% ihrer Zeit für diese Tätigkeit aufbringen, müssen sich im House of Representatives und dem Senat auf einer öffentlichen Liste registrieren lassen. Auch müssen sie halbjährlich öffentlich Rechenschaft über Einnahmen und Ausgaben geben.

Quelle: Eigene Zusammenstellung.

Dem traditionellen Lobbying durch Verbände haftet gelegentlich ein halbseidenes Image der Intransparenz und Manipulation an. Um in Beziehungen zwischen Verbänden und politischem System mehr Transparenz zu bringen, sind in den letzten Dekaden in vielen Ländern Lobbyregister und Veröffentlichungspflichten eingeführt worden (Tab. 13-3). In der Schweiz sind Offenlegungspflichten in Art. 11 ParlG geregelt. Aufgrund des Milizsystems sind Nebentätigkeiten allerdings grundsätzlich erwünscht. Neben dieser Publikationspflicht gibt die Gästeliste des Parlaments Auskunft über die Besucher (z.B. Lobbyisten) im Bundeshaus. Dass allerdings Verbandsvertreter ihr Lobbying auf Besuche im Bundeshaus beschränken, darf bezweifelt werden.

11.3   Arbeitsbeziehungen

11.3.1   Liberaler Korporatismus

Wie bereits die Struktur der Exekutive nimmt auch der Korporatismus eine im internationalen Vergleich einmalige Sonderstellung ein, die im Unterschied zum verbreiteten sozialen Korporatismus zur Charakterisierung als liberaler Korporatismus geführt habt (Armingeon 2011). Die schweizerische Form des Korporatismus entstand nicht wie in den nordischen Ländern aus einem politischen Kalkül, sondern aus der Not eines relativ schwach institutionalisierten Zentralstaates. Die Übertragung staatlicher Aufgaben auf Interessenorganisationen wurde aufgrund der geringen eigenen Kapazitäten der öffentlichen Verwaltung notwendig „und durch die Voten des Volkes in der direkten Demokratie und die Interessenvertreter regionaler Regierungen und Parlamente daran gehindert wird, diese Schwäche zu vermindern. Die Folge dieser Besonderheiten ist eine stark korporatistische Form der Verknüpfung von Staat und Verbänden ohne Zentralisierung" (Armingeon 2001a: 424).

Korporatismus bezeichnet eine freiwillige Zusammenarbeit von Politik und Interessengruppen (Korporationen) meist auf Initiative der Politik mit dem Ziel, zu Übereinkünften hinsichtlich der Anpassung von Löhnen, Steuern und wirtschafts- und sozialpolitischer Programme zu kommen (Lehmbruch 1979, Katzenstein 1985). Die Interessengruppen (insb. der Arbeitgeber und Arbeitnehmer) wirken dabei an der Entwicklung und Implementierung staatlicher Programme mit, während der Staat auf Angelegenheiten der Tarifpartner einzuwirken versucht (z.B. lohnmäßigend, beschäftigungsfördernd). Ziel ist die Verhinderung von Arbeitskämpfen und die Senkung von Arbeitslosigkeit. In der Schweiz findet sich die vergleichsweise schwache Variante des dezentralen, liberalen Korporatismus, in Österreich eine stark institutionalisierte Sozialpartnerschaft und in Deutschland Politikformen wie die „Konzertierte Aktion" (1967–1977) und das „Bündnis für Arbeit" (1999–2003).

Die Struktur industrieller Beziehungen war bis in die 1990er Jahre hinein relativ stabil. „There was no ‚Hot Autumn' of 1969 and ensuing surge in unionism as seen in Italy, no extension of workers' co-determination rights as in Germany in the 1970s and no winter of discontent 1979 and crackdown on union rights in the 1980s as witnessed in the UK. Once the system of collective bargaining had been put into place at the beginning of the 1950s, Swiss trade unions settled into their role as subordinate partners in decentralized and consensual industrial relations. Confronted with very cohesive and powerful employers' associations, they stuck to industrial peace and reaped the benefits of almost uninterrupted economic expansion" (Oesch 2011: 82). Erst seit den 1990er Jahren kam etwas Bewegung in die Arbeitsbeziehungen, ausgelöst durch eine Wirtschaftskrise zu Beginn der 1990er Jahre, aber auch durch die in dieser Zeit einsetzende Erosion von Mitgliedschaften und den dadurch ausgelösten Trend zu Fusionen und der Suche nach neuen Handlungs- und Einflussformen. Erst Ende der 1990er Jahre ist auch ein leichter Anstieg der Streikaktivitäten beobachtet worden, die gleichwohl im internationalen Vergleich auf niedrigstem Niveau bleiben (Armingeon 2011).

Im Vergleich zum verbreiteten sozialen Korporatismus fehlen der liberalen schweizerischen Variante einige wichtige Merkmale, wie etwa Verhandlungen zwischen den Sozialpartnern und dem Staat auf zentraler Ebene und in eigens dafür geschaffenen Foren bzw. Institutionen. Auch ein Entgegenkommen des Staates für die Lohnmäßigung der Gewerkschaften in Form von wirtschafts- und sozialpolitischen Programmen (z.B. keynesianische Nachfragesteuerung, Industrie- und Subventionspolitik) ist in der Schweiz kaum anzutreffen. Einige Inseln des Protektionismus (einem Merkmal des Korporatismus) können eher mit erfolgreich agierenden Verbänden als mit dem liberalen Korporatismus insgesamt in Verbindung gebracht werden. Der liberale Korporatismus umfasst keine formalisierten und zentralisierten Sozialpakte oder tripartistische Strukturen wie z.B. in Österreich, Deutschland oder auch den Niederlanden. Entsprechend können Themen wie eine landesweite Lohn- und Steuerpolitik nicht korporatistisch taxiert werden. „However, it deals with social policy issues on a sectoral level; social, economic and tax policies are dealt with in bi- and tripartite committees at the central level. However, there were never the institutional preconditions or the political will on the part of the federal government to coordinate social, tax and fiscal policy in a Keynesian way" (Armingeon 2011: 174).

Der schweizerische Korporatismus ist bemerkenswert stabil. Er ist in den 1970er Jahren nicht ausgebaut worden, als dies ein europaweiter Trend war, und er hat die liberalen Reformen der 1980er und 1990er Jahre, die in vielen Ländern zu einem deutlichen Rückbau entsprechender Politikformen geführt haben, relativ gut überstanden. Armingeon (1997, 2011) hat dies u. a. darauf zurückgeführt, dass der Wohlfahrtsstaat in der Schweiz zum einen nicht sehr ausgebaut war und nicht Gegenstand korporatistischer Verhandlungen geworden ist und die Wirtschaftspolitik nicht auf neo-keynesianische Instrumente gesetzt hat. Folglich konnten diese Bereiche auch nicht unter der seit den 1980er Jahren offenbar werdenden Krise des Wohlfahrtsstaates und dem Scheitern makroökonomischer Steuerungsversuche leiden.

Auch ist durch die hohe Anzahl parteipolitischer und institutioneller Vetospieler eine starke Tendenz gegen Veränderungen des Status quo gegeben, sofern sie sich nicht auf einen breiten gesellschaftlichen Konsens stützen können. Die Macht der Gewerkschaften stützt sich weniger auf ihren Willen oder ihre Fähigkeit zum Streik als auf ihren Einfluss in der Vernehmlassungs- und Referendumsphase der Gesetzgebung sowie auf den Einsitz ihrer Experten in parastaatlichen Kommissionen. Die Gewerkschaften sind lange Zeit nicht über den Status als „Juniorpartner" am Verhandlungstisch hinaus gekommen (ebd.). Ein weiterer Grund ist, dass u.a. aufgrund des relativen Wohlstandes der Klassenkonflikt nicht sehr ausgeprägt war bzw. ist. Vor diesem Hintergrund konnte sich ein Konsens ausbilden, dass (dezentrale) sozialpartnerschaftliche Absprachen und Kooperationen primär den Wirtschaftsinteressen zu dienen haben, von denen letztlich alle (mehr oder weniger) profitierten.

Korporatismus ist in der Schweiz insbesondere auf sektoraler Ebene stark ausgeprägt. Hier kümmern sich Verbände insb. um die Berufsausbildung und übernehmen parastaatliche Aufgaben, etwa in der betrieblichen Sozialversicherung („zweite Säule", vgl. Kap. 13.3). Auf nationaler Ebene fehlen typische Merkmale wie eine keynesianische (nachfrageorientierte)

Einkommenspolitik oder andere langfristig angelegte wirtschaftspolitische Steuerungsabsichten. Mit den bilateralen Verträgen mit der EU seit den 1990er Jahren ist ein Liberalisierungs- und Öffnungsdruck der bis dato noch relativ geschützten Sektoren einher gegangen. Auf der anderen Seite ist aber auch der Wohlfahrtsstaat gewachsen. „Today, the Swiss welfare state corresponds to a liberal-conservative model with a large share of GDP devoted to health care and pensions. However – and this is a crucial difference from any ‚social‘ type of corporatism – these social security schemes are not part of any corporatist deals that link wages, taxes and social security on the level of the federal state" (Armingeon 2011: 181).

Ein Grundpfeiler der Arbeitsbeziehungen sind die regionalen oder branchenspezifischen Gesamtarbeitsverträge (GAV). Von den 3,9 Millionen Beschäftigungsverhältnissen im sekundären und tertiären Sektor im Jahr 2009 waren ca. 42% durch Gesamtarbeitsverträge (GVA) abgedeckt. Die Abdeckungsquote ist im tertiären Sektor am höchsten und im primären Sektor am geringsten. GAVs werden zwischen Arbeitgeberverbänden bzw. Arbeitgebern und Arbeitnehmerverbänden einer bestimmten Branche geschlossen. Sie regeln die Grundlagen der Arbeitsbedingungen, also Details zu Abschluss, Inhalt und Beendigung individueller Arbeitsverträge. Eine Trennung in Rahmen- oder Manteltarifverträge und Lohntarifverträge wie in Deutschland existiert nicht. Daher können in einem GAV neben allgemeinen Fragen wie Arbeitszeiten, Kündigungsfristen und Urlaub auch Lohnfragen (einschließlich von Mindestlöhnen) geregelt werden (sog. normative Bestimmungen). In 2009 gab es insgesamt 614 GAVs mit knapp 1,7 Millionen unterstellen Arbeitnehmern. Davon enthielten 509 GAVs Regelungen über Mindestlöhne (BfS). Weniger häufig enthalten sind Regelungen über Lohnanpassungen (vgl. Tab. 11-4).

Tab. 11-4: Übersicht Gesamtarbeitsverträge (GAV)

	2010	2011	2012
	Anzahl / unterstellte Arbeitnehmende	Anzahl / unterstellte Arbeitnehmende	Anzahl / unterstellte Arbeitnehmende
Wichtigsten GAV	97 1.418.500	100 1.400.600	97 1.607.100
GAV ohne Lohnverhandlung	27 483.500	28 362.400	29 605.900
GAV mit Lohnverhandlung	70 935.000	72 1.038.200	68 1.001.200
Lohnvereinbarungsart			
Effektivlohnvereinbarung	8 111.500	9 129.500	6 79.500
Effektiv- und Mindestlohnvereinbarung	40 409.000	45 365.800	47 688.400
Mindestlohnvereinbarung	22 414.600	18 543.000	15 233.300
Keine Lohnvereinbarung	0	0	0

Quelle: www.bfs.admin.ch/bfs/portal/de/index/themen/03/05/blank/key/04/01.html. Nur GAV ab 1.5000 unterstellte Arbeitnehmer.

Relativ häufig wird durch die Politik von der Möglichkeit Gebrauch gemacht, einen GAV auf Ersuchen der beteiligten Verbände für allgemeinverbindlich erklären zu lassen. Dadurch wird der Anwendungsbereich eines GAV auf alle Arbeitsverträge in der jeweiligen Branche, evtl. eingeschränkt auf bestimmte Regionen oder Kantone, ausgeweitet. Eine solche Allgemeinverbindlichkeitserklärung (AVE) kann auf Bundes- oder Kantonsebene vorgenommen werden. Auf Bundesebene geschieht dies durch einen Bundesrats-Beschluss. Von den bereits erwähnten 614 in 2009 gültigen GAVs waren 69 für allgemeinverbindlich erklärt worden, mit 698.400 bzw. 41% der unterstellten Arbeitnehmer (BfS). Kommt in einer Branche kein GAV zustande und kommt es wiederholt zu Lohndumping, kann der Bund oder ein Kanton einen Normalarbeitsvertrag (NAV) mit zwingenden Mindestlöhnen erlassen. Von dieser Möglichkeit wird sehr selten Gebrauch gemacht, auf Bundesebene zuletzt 2010 beim Mindestlohn für Hausangestellte (NAV Hauswirtschaft).

11.3.2   Arbeitgeber

Die Verbände der Arbeitgeberseite werden als sehr einflussreich eingeschätzt. Dies kann durch ihre vergleichsweise frühe Gründung und Einbindung in die Wahrnehmung öffentlicher Aufgaben erklärt werden, komplementär zur Schwäche des Staates und der Parteien und einem starken Zusammenhalt „within the Swiss business community" (Eichenberger/Mach 2011: 63).

Der Schweizerische Gewerbeverband vertritt klein- und mittelständisches Gewerbe und wurde bereits 1879 gegründet, der Schweizerische Bauernverband 1897, der Schweizerische Arbeitgeberverband 1908 und die Schweizerische Bankiersvereinigung 1912 (Eichenberger/Mach 2011: 64f.). In dieser frühen Entstehungszeit der modernen Parteien und Verbände formte sich auch der später so genannte bürgerliche Block, „comprising the three major peak-level associations of the Swiss economy (Bauernverband, Gewerbeverband and Vorort), and the major right-wing parties. During this period, the three associations were closely involved in the preparation and negotiation of various trade tariffs. Despite their diverging positions, they succeeded in finding compromises that satisfied all those involved" (ebd.: 70). Durch die Pluralisierung des Parteienspektrums hat die FDP im Laufe der Zeit ihre Schlüsselposition als Adressat der Wirtschaftsverbände eingebüßt bzw. muss sie sich mit SVP und CVP teilen. „In the context of a weakly professionalized parliament, it is very common that members of parliament sit in the executive committee of the peak-level BIAs or in the boards of directors of large companies" (ebd.: 71).

Die Verbände der Arbeitgeberseite lassen sich nach drei Dimensionen systematisieren. Sie können a) eher regionale oder eher sektorale Interessen vertreten, oder b) eher Interessen von Arbeitgebern oder des Handels vertreten, oder c) als Spitzenverbände eher politische Interessen wahrnehmen oder als regionale bzw. sektorale Verbände stärker fachliche Interessen vertreten (ebd.: 66). Regionale Interessen werden etwa durch die kantonalen Handelskammern vertreten, sektorale durch Berufsverbände (z.B. Bauernverband). Ein Beispiel für die Trennung von Arbeitgeber- und Handelsinteressen ist die Metall- und Maschinenbauindustrie. Vor der Fusion zu dem übergreifenden Verband Swissmem in 1999 vertrat der Verein Schweizerischer Maschinenindustrieller (VSM, 1883) die Handelsinteressen und der Arbeitgeberverband der Schweizer Maschinenindustrie (ASM, 1905) die der produzierenden Arbeitgeber einschließlich der Verhandlungen von Gesamtarbeitsverträgen mit den Gewerkschaften (ebd.: 67). „The same dual functionality can be observed at the level of peak associations. Thus, economiesuisse deals with product market issues such as economic and fiscal policies or national infrastructure, while the Arbeitgeberverband focuses on labour market related issues such as vocational training, social policy or labour relations" (ebd.: 67f.). Nicht immer ist die Zuordnung aber so einfach. Historisch sind die Verbände des Handels meist älter, da die Verbände der Arbeitgeber erst im Zuge des Klassenkonflikts, meist im ersten Drittel des 20. Jahrhunderts, entstanden sind. „Most associations of the Gewerbe sectors fulfil both types of function. Hotelleriesuisse (Swiss Hotel Association) or the Baumeisterverband in the construction sector, for instance, are mixed associations, and operate as both trade and employers' association. They are members of economiesuisse (trade), of Arbeitgeberverband (employers' association) and of the Gewerbeverband" (ebd.: 68). Dachverbände sind etwa Vorort/Economiesuisse, der Arbeitgeberverband, der Gewerbeverband und der Bauernverband. Die Bankiervereinigung hat eine Sonderstellung, sie ist kein nationaler Dachverband, hat gleichwohl aber eine Schlüsselstellung für die Politikentwicklung im Finanzsektor (ebd.: 68).

Tab. 11-5: Verbandsstrukturen in Industrie und Handel

	Regional	Sektoral	Dachverband
Industrie/ Arbeitgeber	Regionale Gesamtarbeitsverträge (GAV)	Sektorale Gesamtarbeitsverträge (GAV)	Arbeitsmarkt und Sozialpolitik
Beispiel	Arbeitgeberverband Basel	ASM	Politische Funktion Arbeitgeberverband
Gewerbe/ Handel	Produktmarktregulierungen Lokale politische Funktion	Branchenspezifische (Selbst-)Regulierung	Produktmärkte Ökonomische Funktion
Beispiel	Handelskammern	VSM	Vorort

Quelle: Eichenberger/Mach 2011: 68; eigene Übersetzung und Ergänzung.

Im Unterschied zu den Spitzenverbänden kümmern sich die Einzelverbände der Branche oder Berufsverbände weniger um die Politik als um die konkreten Dienstleistungen zur Entlastung bzw. zum Vorteil für ihre Mitglieder. Zugespitzt formuliert haben Spitzenverbände eine stärker politische Funktion, Einzelverbände stärker fachlich-ökonomische Aufgaben. Aus den Unterschieden in der funktionalen Arbeitsteilung zwischen den Verbandstypen ergeben sich unterschiedliche verbandliche Handlungsstrategien, die sich wiederum idealtypisch gegenüberstellen lassen: Marktorientierte Handlungsstrategien versuchen, die Wettbewerbsposition der Mitglieder durch marktkonforme Lösungen wie etwa Informationsdienstleistungen, Rechtsberatung oder Ausbildungsstandards zu verbessern. Politikorientierte Handlungsstrategien richten Wünsche und Forderungen an den Staat, um die Rahmenbedingungen wirtschaftlichen Handelns zu verbessern (oder rent-seeking zu betreiben). In der Praxis werden Kombinationen von beiden Strategien mit verschiedenen Instrumenten verfolgt (vgl. Hotz-Hart/Schmuki/Dümmler 2006: 99). Ein Großteil der finanziellen und personellen Kapazitäten ist auf Ebene der Einzelverbände angesiedelt. Die Anzahl der Lobbyisten in der Schweiz wird auf 300–400 geschätzt (ebd.: 124).

Ein drittes Cleavage innerhalb der Wirtschaftsverbände ist das von Binnenmarkt- und Exportorientierung. Aufgrund des relativ kleinen Binnenmarktes hat sich in einigen Sektoren eine sehr starke Integration in den Weltmarkt mit entsprechender Exportorientierung entwickelt. Zu den stärker abgeschotteten Sektoren gehören die Landwirtschaft, der Einzelhandel und der Bausektor (Eichenberger/Mach 2011: 70). Für den Bereich des Gewerbes kann eine stärkere Binnenmarktorientierung angenommen werden, für den der Industrie eine stärkere Exportorientierung. Auch auf Verbandsebene spiegelt sich diese Cleavage innerhalb der Wirtschaft deutlich wieder: „[T]he Vorort, the Arbeitgeberverband and Bankiervereinigung protect the interests of the main export-oriented sectors, and the Bauernverband and the Gewerbeverband those of the sectors producing for the domestic markets" (ebd.).

Diese unterschiedlichen Schwerpunkte wirken sich auch auf Verbandspositionen in den Verhandlungen mit der EU hinsichtlich der Marktöffnung in den noch relativ abgeschotteten Sektoren aus. Innerhalb der außenorientierten Sektoren der Wirtschaft ist noch einmal zwischen der Industrie und dem Finanzsektor zu unterscheiden, etwa hinsichtlich der präferierten Geldpolitik. So trat die Schweizerische Bankiervereinigung etwa erst im Jahr 2000 der exportorientierten Economiesuisse bei. „First, increasing heterogeneity and divisions among business interests can be observed, notably in the form of multinational companies increasingly operating as independent political actors. Second, BIAs underwent fundamental restructuring processes, including mergers and concentration processes, the questioning of the dual structure between employers' and trade associations, and a stronger focus on the provision of services to their members rather than collective regulation. Third, the political strategy of BIAs has become more pluralistic (and less encompassing), more centred towards the media and more conflictive" (ebd.: 74).

Tab. 11-6: Spitzen- und Einzelverbände in ausgewählten Sektoren

Sektor	Arbeit	Binnenwirtschaft (Gewerbe)	Exportwirtschaft (Industrie)	Finanzwirtschaft	Landwirtschaft
Spitzen-verband	Schweiz. Gewerkschafts-bund (SGB) Travail.Suisse Schweiz. Arbeitgeberver-band (SAV)	Schweiz. Gewerbeverband (SGV)	Economiesuisse	Schweiz. Bankierver-einigung (SBVg)	Schweiz. Bauernverband (SBV)
Einzel-verbände (Auswahl)	Vgl. Kap. 11.3.3	Schweiz. Detaillis-tenverband (sdv) Schweiz. Baumeis-terverband (SBV) Schweiz. Ingeni-eur- und Architek-tenverband (SIA), Gastrosuisse, Autogewerbever-band der Schweiz (AGVS), Textil-verband Schweiz (TVS)	Schweiz. Ma-schinen-, Elekt-ro- und Metall-Industrie (Swissmem), Schweiz. Gesell-schaft für Che-mische Industrie (SGCI), Schweiz. Metall-Union (SMU), Verband der Schweiz. Uhren-industrie (FH), regionale Han-delskammern	Verband Schweiz. Kanto-nalbanken (VSKB), Verband Schweiz. Kre-ditbanken und Finanzierungsin-stitute (VSKF), Verband Elektr. Zahlungsverkehr (VEZ), Schweiz. Versicherungs-verband (SVV)	Verband Schweiz. Milch-produzenten (MP), Schweiz. Käseunion (SKU), Käseor-ganisation Schweiz (KOS), Schweiz. Obst-verband (SOV), Schweiz. Wein-bauernverband (SWBV)

Quelle: Hotz-Hart/Schmuki/Dümmler 2006: 103.

Economiesuisse ist im Jahr 2000 aus dem Zusammenschluss des Schweizerischen Handels- und Industrie-Vereins Vorort und der Gesellschaft zur Förderung der schweizerischen Wirtschaft entstanden. Dass es nicht gelang, den Arbeitgeberverband einzubeziehen, illustriert die anhaltende Prägekraft der binnenwirtschaftlich und der exportorientierten Wirtschaftsinteressen. Economiesuisse betreibt eine Art Arbeitsteilung mit den Branchenverbänden und konzentriert sich auf die Verfolgung branchenübergreifender gemeinsamer Interessen. Dazu gehören etwa die internationale Wettbewerbsfähigkeit der Schweiz, die Marktöffnung und die Förderung von Technologien und Innovation. Als wirtschaftspolitische Positionen leiten sich daraus Ziele ab wie Liberalisierung und Stärkung marktwirtschaftlicher Rahmenbedingungen, niedrige Inflationsraten und eine ebensolche Staatsverschuldung. Nach einem Stellenabbau 2007/08 wurde die Zahl der Mitarbeiter auf unter 50 reduziert (NZZ 22.11.2006).

Der Schweizerische Arbeitgeberverband wurde 1908 als Zentralverband schweizerischer Arbeitgeber-Organisationen (ZSAO) gegründet. Er hat 35 Branchenarbeitgeberverbände und 40 lokale bzw. regionale Arbeitgeberverbände als Mitglieder. „Unter speziellen Voraussetzungen kann der Arbeitgeberverband auch einzelne Firmen als Mitglieder aufnehmen. Die in den Mitgliederorganisationen des Arbeitgeberverbandes zusammen geschlossenen Unternehmen beschäftigen weit über 1 Million Arbeitnehmer" (www.arbeitgeber.ch).

Die Interessen der Klein- und Mittelständischen Unternehmen (KMU) werden vom Schweizerischen Gewerbeverband (SGV) vertreten. Ihm gehören etwa 280 Verbände mit 300.000 Mitgliedsunternehmen an. Zu den politischen Schwerpunkten des SGV gehört das Lobbying für weniger Vorschriften, d.h. Bürokratieabbau und dadurch mehr Handlungsfreiräume für KMU. Angesichts eines großen Anteils von Kleinstunternehmen überrascht es nicht, dass über 90% aller Unternehmen in der Schweiz zu den KMU gehören. Der SGV „setzt bei seiner politischen Arbeit Schwerpunkte in den Bereichen Arbeitsmarktpolitik, Berufsbildungspolitik, Branchenpolitik, Energie- und Umweltpolitik, Finanz- und Steuerpolitik, KMU-Politik, Mobilität und Raumentwicklung, Sozialpolitik und Wirtschaftspolitik" (www.sgv-usam.ch/politische-schwerpunkte.html). Der Dachverband der landwirtschaftlichen Betriebe, der Schweizerischer Bauernverband, umfasst ca. 60.000 Bauernfamilien (www.sbv-usp.ch). Ein Einzelverband ist der 1980 gegründete Kleinbauern-Verband VSKMB (www.kleinbauern.ch).

Tab. 11-7: Übersicht Dachverbände der Wirtschaft

Economiesuisse	Dachorganisation der Schweizer Wirtschaft mit etwa 100 Branchenverbänden, 20 kantonalen Handelskammern und einige Einzelfirmen als Mitglieder. Insgesamt werden so die Interessen von über 30 000 Unternehmen verschiedenster Größe mit insgesamt 1,5 Mio. Beschäftigten im Inland vertreten. www.economiesuisse.ch/de/Seiten/_default.aspx
Schweizerische Arbeitgeberverband	Dachverband der schweizerischen Arbeitgeberverbände mit 80 regionalen und branchenweiten Arbeitgeberorganisationen. Wurde 1908 in der juristischen Form eines Vereins als Zentralverband schweizerischer Arbeitgeber-Organisationen (ZSAO) gegründet. Vertritt rund 100.000 Unternehmungen mit weit über einer Million Beschäftigten in der Schweiz www.arbeitgeber.ch/
Schweizerischer Gewerbeverband	Dem 1879 gegründeten Arbeitgeberverband sind 35 Branchenarbeitgeberverbände und 40 lokale oder regionale Arbeitgeberverbände angeschlossen. Größter Dachverband der Wirtschaft. Vertritt rund 280 Verbände mit 300.000 Unternehmen. www.sgv-usam.ch/

Quelle: Eigene Zusammenstellung.

11.3.3   Gewerkschaften

Während die Wirtschaftsverbände primär durch die Binnen- bzw. Außenorientierung (Gewerbe/Industrie) strukturiert wurden (und immer noch werden), hat im Bereich der Arbeitnehmerorganisationen die Differenz von sozialdemokratisch-laizistischen und konfessionell-katholischen Verbänden die größte Prägekraft gehabt. Aufgrund ihrer Neutralität war auch der Zweite Weltkrieg kein Anlass zu einer grundlegenden Strukturreform hin zu überkonfessionellen Einheitsgewerkschaften. Trotz Mitgliederverlusten und Fusionen hat sich die Grundstruktur der Arbeitnehmerorganisationen kaum verändert: „[A] mixture of cooperation and competition between the social-democratic and mainly blue-collar peak association SGB, its (formerly) Catholic blue-collar counterpart Travail.Suisse and several non-affiliated whitecollar unions" (Oesch 2011: 83). Die konfessionelle Versäulung der Beziehungen zwischen Verbänden und Parteien zeigt sich besonders deutlich bei der Organisation der Gewerkschaften: der Spaltung in den Christlichsozialen Gewerkschaftsbund (seit 1907, Christlichnationaler Gewerkschaftsbund CNG seit 1899) und dem sozialdemokratisch orientierten Schweizerischer Gewerkschaftsbund (SGB, seit 1880) (Armingeon 2001a: 412).

Ende der 1990er Jahre waren nach einer Konzentrationsphase noch vier gewerkschaftliche Strömungen vorhanden. Neben den sozialdemokratisch geprägten SGB, der etwa die Hälfte der gewerkschaftlich organisierten Arbeiterschaft umfasste, waren dies die katholisch geprägte CNG, „die parteipolitisch neutralen und locker zusammengeschlossenen Angestelltenverbände (Vereinigung Schweizerischer Angestelltenverbände, VSA) sowie die unabhängigen gewerkschaftlichen Berufsverbände" (Armingeon 2001a: 412). CNG und VSA fusionierten schließlich in 2003 zu Travail.Suisse.

Tab. 11-8: Mitgliederentwicklung der gewerkschaftl. Dachverbände 1970–2010

Jahr	Total	SGB	Travail. Suisse*	CNG*	VSA*	Sonstige Arbeitnehmerorg.
1970	794.970	436.669		93.680	123.364	
1975	886.513	471.562		106.061	139.039	
1980	873.352	459.852		103.324	144.710	125.481
1985	864.020	443.584		106.937	148.761	
1990	876.302	443.885		116.482	135.574	
1991	875.655	442.470		114.264	135.147	
1992	871.075	436.548		111.759	133.739	
1993	867.785	431.052		106.267	129.886	
1994	860.293	429.024		101.657	134.377	
1995	842.826	419.821		99.259	127.103	176.473
1996	823.416	411.072		94.928	124.042	173.333
1997	800.629	395.429		93.115	120.150	173.647
1998	785.419	387.249		105.375	116.323	157.096
1999	772.430	380.184		102.274	104.861	168.098
2000	655.569**	386.220		n.V.	44.713	208.253
2001	654.143**	384.179		n.V.	43.523	210.454
2002	777.797	384.691	166.808			226.298
2003	781.694	393.128	164.195			224.371
2004	770.486	383.236	161.418			225.832
2005	769.992	384.816	161.667			223.509
2006	767.263	379.956	162.283			225.024
2007	767.008	374.001	167.299			225.708
2008	752.173	368.426	161.200			222.547
2009	753.727	377.327	164.406			211.994
2010	748.127	372.082	163.403			212.642

Quelle: BfS, Tabelle je-d-03.05.03.01.xls [07.08.2012]. * CNG und VSA fusionierten zum 1.1.2003 zu Travail.Suisse. ** Ohne CNG und Christlichsoziale Organisation Tessin (OCST).

Im Unterschied etwa zu Deutschland ist der gewerkschaftlichte Organisationsgrad deutlich geringer, was auch auf das Fehlen eines Betriebsratssystems und einer gesetzlichen Mitbestimmung in Aktiengesellschaften zurück zu führen ist. Auch variieren die Systeme der kollektiven Lohnfindung je nach Branche erheblich (Armingeon 2001a: 416). Diese Schwäche bei der organisatorischen Verankerung „vor Ort" wird allerdings durch eine Reihe von Einflussmöglichkeiten auf politisch-institutioneller Ebene kompensiert. Sie sind wie andere Verbände auch in zahlreichen Expertenkommissionen vertreten, müssen im Vernehmlassungsverfahren gehört werden und können auch das Referendumsinstrument einsetzten. „Zudem profitieren sie von der Einrichtung der Solidaritätsbeiträge in einigen Branchen. Dies sind tarifvertraglich vereinbarte Beiträge, die nicht organisierte Arbeitnehmer für die von Gewerkschaften produzierten kollektiven Güter zu entrichten haben" (ebd.).

Die Zahl der gewerkschaftlich Organisierten war 1976 mit 905.000 am höchsten, ebenso die Mitgliederzahl von SGB-Mitgliedsgewerkschaften (474.725). Seither sind die Mitgliederzahlen kontinuierlich rückläufig (Tab. 11-8). Die SGB-Gewerkschaften erreichten 2008 mit 368.000 einen Tiefststand an Mitgliedern. Bei den konfessionellen Gewerkschaften CNG und VSA verlief die Mitgliederentwicklung anders. So erreichte der CNG erst 1990 mit über 116.000 einen Mitgliederrekord, während bei VSA dieser Höhepunkt bereits 1982 erreicht wurde und bis zur Fusion mit dem CNG deutlich mehr Mitglieder verloren hatte. Die aus der Fusion neu hervorgegangene Travail.Suisse konnte ihre Mitgliederzahl im ersten Jahrzehnt ihres Bestehens auf über 160.000 stabilisieren. Ebenfalls relativ stabil verläuft die Mitgliederentwicklung der branchenspezifischen Arbeitnehmerorganisationen (Sonstige), die sich im Vergleich zu den 1990er Jahre sogar deutlich verbessern konnten.

Innerhalb des SGB ist die im Oktober 2004 aus einer Fusion der Gewerkschaft Bau & Industrie (GBI), der Gewerkschaft Industrie, Gewerbe, Dienstleistungen (SMUV), der Gewerkschaft Verkauf, Handel, Transport, Lebensmittel (VHTL) und der aus der unia Dienstleistungsgewerkschaft hervorgegangenen Unia die mitgliederstärkste Einzelgewerkschaft. 2004 noch mit 203.288 Mitgliedern angetreten, hat sie bis 2010 bereits 10.000 Mitglieder verloren (BfS). Die jüngste Fusion ist die der Gewerkschaften Kommunikation und Comedia in 2011 zu Syndicom mit knapp 46.000 Mitgliedern. Etwa gleich stark ist die Gewerkschaft des Verkehrspersonals (SEV), während der Verband des Personals öffentlicher Dienste (VPOD) knapp über 35.000 Mitglieder hat (BfS).

Neben den ordentlichen Mitgliedern gibt es im SGB auch assoziierte Mitglieder sowie solche mit Beobachterstatus. Zu den assoziierten Mitgliedern gehört die Schweizerischer Bankpersonalverband (SBPV) mit 10.000 Mitglieder (www.sbpv.ch/default-sD.html), zu jenen mit Beobachterstatus gehören etwa BCH (Berufsbildung Schweiz) mit 1516 Verbandsmitglieder und ca. 2500 Kollektivmitglieder in 2007 (www.bch-fps.ch) sowie der Journalistenvereinigung Impressum mit ca. 5500 Mitglieder (www.impressum.ch) und SBK – ASI, Berufsverband der diplomierten Pflegefachpersonen mit ca. 26.000 Mitgliedern (www.sbk-asi.ch). Auch Travail.Suisse (www.travailsuisse.ch) ist das Resultat einer beachtlichen Fusionsfolge. 2002 aus einer Fusion der Dachverbände CNG und VSA entstanden, konnte sie ihre Mitgliederzahl weitgehend stabil halten.

Die größte Einzelgewerkschaft ist Syna mit 60.500 Mitgliedern in 2010, die 1998 selbst aus einer Fusion von drei CNG-Gewerkschaften entstanden ist. Die zweitgrößte Einzelgewerkschaft ist OCST mit knapp 39.000 Mitgliedern in 2010, gefolgt von Angestellte Schweiz mit 22.300 Mitgliedern in 2010. Diese ist 2006 aus einer Fusion des Verbandes Schweizerischer Angestelltenvereine der Maschinen- und Elektroindustrie (VSAM) und des Verbandes

Schweizerischer Angestelltenorganisationen der Chemischen Industrie (VSAC) entstanden. Die in 2000 aus drei CNG-Gewerkschaften gegründete Transfair hat etwa 12.000 Mitglieder (BfS). Zu den großen „Unabhängigen" gehört der 1914 gegründete Zentralverband Öffentliches Personal Schweiz mit ca. 30.000 Mitgliedern in 16 kantonalen und 75 kommunalen Verbänden in der ganzen deutschsprachigen Schweiz (http://oeffentlichespersonal.ch/inhalt. php). Die landwirtschaftlichen Verbände werden üblicherweise den Wirtschaftsverbänden zugeordnet.

Tab. 11-9: Gewerkschaftsdichte und bargaining coverage in %, sowie verlorene Arbeitstage durch Streik pro 1.000 Beschäftigte

		1970	1980	1990	2000
Austria	Density	63	57	47	37
	Coverage	–	98	98	98
	Strike	11	1	4	100
Belgium	Density	42	54	54	56
	Coverage	–	95	95	95
	Strike	275	–	34	42
France	Density	22	18	10	8
	Coverage	–	85	92	95
	Strike	286	119	77	103
Germany	Density	32	35	31	25
	Coverage	–	70+	60+	60+
	Strike	52	27	11	4
Italy	Density	37	50	39	35
	Coverage	–	80+	80+	80+
	Strike	1511	623	158	140
Netherlands	Density	37	35	24	23
	Coverage	–	85	82	86
	Strike	40	15	22	14
Sweden	Density	68	78	81	79
	Coverage	–	80+	83	92
	Strike	46	182	50	42
Switzerland	Density	29	31	24	20
	Coverage	–	50+	50+	45+
	Strike	2	0	2	4
UK	Density	45	51	39	30
	Coverage	–	71	47	35
	Strike	569	334	29	29
United States	Density	24	20	16	13
	Coverage	–	26	18	14
	Strike	507	123	40	52

Quelle: Oesch 2011: 87. Die Streikhäufigkeit bezieht sich auf den jährlichen Durchschnitt der jeweiligen Dekade bzw. nach 2000 nur bis 2003.

Wie aus Tab. 11-9 hervor geht, spielen Streiks in der Schweiz so gut wie keine Rolle, was nicht nur durch die geringe Gewerkschaftsdichte erklärt werden kann. Diese ist nämlich in z.B. den USA noch niedriger als in der Schweiz, ohne dass eine ähnlich niedrige Streikhäufigkeit erreicht wird. Hinsichtlich der relativ niedrigen Abdeckungsquote von Kollektivverträgen ähnelt die Schweiz eher den liberalen Systemen in den USA und Großbritannien als ihrem korporatistischen Nachbarn Österreich, oder auch Belgien und Schweden. „However in combination with full employment and the strict regulation of labour migration, collective bargaining nonetheless provided a safety net for Switzerland's low-wage sector and thus moderated earnings inequalities" (Oesch 2011: 86f.).

Vielmehr sind die Arbeitsbeziehungen in der Schweiz von einem deutlich wahrnehmbaren „sozialen Frieden" geprägt, der auch von Faktoren wie der positiven Wirtschaftsentwicklung (Vollbeschäftigung) und dem liberalen Korporatismus mitgeprägt wird. „The long period of economic expansion, a stable system of sectoral collective bargaining and the integration of the unions in corporatist policy making led to a particularly consensual and cooperative culture of industrial relations – to ‚social partnership' to use the Swiss jargon. Accordingly, during the 1970s, 1980s and 1990s, the number of working days lost through strikes per 1,000 employees was lower in Switzerland than in any other West European country" (Oesch 2011: 86).

12 Europa und die Welt

12.1 Wozu Außenpolitik?

Staaten existieren und agieren nicht im luftleeren Raum, sondern in einer Umwelt aus anderen Staaten, Organisationen, Akteuren, Interessen und Normen. Erst aus der Perspektive eines (utopischen) Weltstaates wäre alles (Welt)Innenpolitik. Trotz Stichworten wie Europäisierung und Globalisierung ist die Unterscheidung eines Innen- und eines Außenbereichs staatlicher Politik noch sinnvoll, wenn auch nicht immer einfach zu treffen. Auch in der Schweiz stehen zunehmend mehr Politikfelder, die früher nur innenpolitische Relevanz hatten (z.B. Steuerpolitik), nun im Zentrum außenpolitischer Verhandlungen und Entscheidungen. Für das oft defensiv bespielte Feld der Außenpolitik stellt dies eine besondere Herausforderung dar. Das vielfältige Ineinandergreifen innen- und außenpolitischer Themen ist in den Mitgliedsstaaten der EU aber noch deutlicher als in der Schweiz wahrnehmbar, wo der Außenbezug zwar auch oft innenpolitische Relevanz entfaltet, aber durch z.B. die Nichtintegration in die EU (Stichwort Gemeinsame Außen- und Sicherheitspolitik (GASP), mit ihren komplexen Entscheidungsverfahren und dem Ineinandergreifen der Ebenen, weniger Konsens- und Entscheidungsdruck aufgebaut wird.

Dieser kurze Vergleich macht deutlich, dass es sinnvoll ist, einen prozess- und eine institutionenbezogene Dimension von Außenpolitik zu unterscheiden. In letzterer ist die Schweiz freier, weil sie ihre Souveränität nach außen nicht mit den sie umgebenden Staaten der EU in den europäischen Institutionen teilen muss. In der Prozessdimension ist die Lage für die Schweiz komplizierter, weil die fehlende Koordinationsleistung der internationalen Organisationen durch Diplomatie, Verhandlungen und Verträge kompensiert werden muss.

Die Definition und Umsetzung nationaler Interessen als Hauptmerkmal von Außenpolitik wird durch die Abstinenz bei der institutionellen Integration nicht eben erleichtert. Die Interessen oder auch Ziele der Außenpolitik eines Landes lassen sich teilweise aus seiner geostrategischen Lage, seiner Geschichte, aber auch seiner Wirtschaft erklären. Ein grundlegendes Interesse im kriegserfahrenen Europa ist z. B. die Wahrung von Sicherheit, Frieden und Freiheit (von Bredow 2006: 42). In der Schweizerischen Bundesverfassung kommen diese Grundlagen in Art. 2 BV zum Ausdruck. Abs. 1 definiert als Zweck der Eidgenossenschaft den Schutz der Freiheit und der Rechte des Volkes und die Wahrung der Unabhängigkeit und Sicherheit des Landes; auch muss sich die Bundespolitik für eine „friedliche und gerechte internationale Ordnung" einsetzen (Abs. 4).

In der wirtschaftlichen Dimension ist ein nationales Interesse die Steigerung des „Reichtums der Nation" durch internationale Arbeitsteilung und Handel, wie dies Adam Smith bereits 1776 formuliert hatte. Das Feld der Internationalen Beziehungen (IB) ist dann die Teildisziplin der Politikwissenschaft, die sich mit den daraus ergebenden Problemen und ihrer Lösung befasst. Staaten machen Außenpolitik und haben internationale Beziehungen. Internationale Beziehungen sind erst seit dem Westfälischen Frieden (1648) möglich, durch den das System der modernen Staatlichkeit begründet wurde.

Für die Analyse der Formulierung und Umsetzung von Außenpolitik ist es sinnvoll, zwischen Zielen, Maximen und Instrumenten zu unterscheiden. Die Frage nach den Zielen von Außenpolitik wird je nach politikwissenschaftlicher Theorieschule unterschiedlich beantwortet. Nach der realistischen Schule heißt die Antwort: zur Definition und Realisierung nationaler Interessen. In konstruktivistischen Theoriekreisen fällt die Antwort anders aus. Für sie ist nationales Interesse nichts anderes als ein „soziales Konstrukt" (Krell 2004: 360), bei dem es den Konstrukteuren darum geht, ihre Normen und Sichtweisen als verbindliche Interpretations- und Handlungsgrundlage durchzusetzen. Solche Prozesse der Konstruktion von Leitbildern, wie z.B. die von „nationalen Interessen" sichtbar zu machen und zu verflüssigen, ist Anliegen des Konstruktivismus. Für die Analyse der Außenpolitik der Schweiz empfiehlt sich jedoch primär eine „realistische" Vorgehensweise, denn der Interessenbezug in nationalen Policy-Dokumenten ist unübersehbar.

> „**Ziel** der schweizerischen Aussenpolitik ist die Interessenwahrung. Interessen können materieller Art (Wahrung der Unabhängigkeit und Sicherheit, Förderung von Wohlstand und Wirtschaftsinteressen etc.) oder ideeller Art sein (Stärkung des Völkerrechts, der Menschenrechte, der friedlichen Koexistenz der Völker etc.). Ausserdem ist die Aussenpolitik Ausdruck einer Verantwortung, die das Land als Mitglied der internationalen Gemeinschaft übernehmen muss" (Bundesrat 2006: 6827 [Europabericht]).

Bei der Definition nationaler Interessen wirken eine Reihe von Bestimmungsfaktoren mit wie innenpolitisch einflussreiche Gruppen, Wertorientierungen, die wirtschaftliche Offenheit einer Volkswirtschaft, die Struktur der eigenen Wirtschaft und des Außenhandels sowie „macht- und prestigepolitisch motivierte Gesichtspunkte" (Berg-Schlosser/Stammen 1992: 274). Auch die Größe eines Landes, die geographische Lage, das Vorhandensein natürlicher Ressourcen und die Größe und Anzahl der Nachbarstaaten sind Faktoren, die bei der Formulierung eines nationalen Interesses mitwirken (ebd.). Die Neutralitätspolitik (Kap. 2.4) ist ein gutes Beispiel für ein komplexes Zusammenwirken interner und externen Bedingungen, die schließlich zum Outcome einer bündnis- bzw. außenpolitisch neutralen Schweiz geführt haben. Als grundlegendes Dilemma der schweizerischen Außenpolitik wird von (Goetschel 2007: 587) die Abwägung zwischen nationalem Souveränitätserhalt und internationalem Einflussstreben genannt. Vor dem Hintergrund dieses Dilemmas ist es nicht überraschend, dass auf der Ebene außenpolitischer Ziele ein so unbestimmter Begriff wie die Interessenwahrung einen so prominenten Platz einnimmt.

Interessenwahrung ist ein inhaltlich unbestimmter Wertbegriff, der weiter ausgefüllt werden muss, um als Handlungsorientierung dienen zu können. Dies geschieht in der Form von Maximen, d.h. relativ stabilen, parteiübergreifend akzeptierten Policy-Leitlinien. Für die schweizerische Außenpolitik sind Maximen wie Neutralität, Universalität, Disponibilität (Hintergrundsdiplomatie), Solidarität und Wohlstand bzw. Freihandel genannt worden (Holzer/Schneider 2001, Gabriel/Hedinger 2002).

- Die Maxime der Neutralität (vgl. Kap. 2.4) meint keine „Gesinnungsneutralität", sondern eine bewaffnete, aktive Neutralität, die sich an veränderte sicherheitspolitische Lagen anpassen kann, wie dies Bundespräsidentin Calmy-Rey 2007 formulierte. Umfassender sind die „Rechte und Pflichten der neutralen Mächte und Personen im Falle eines Landkrieges" im Haager Abkommen definiert. Dieses beinhaltet z.B. die Verpflichtung, nicht an Kriegen teilzunehmen, keinen Militärbündnissen beizutreten und das eigene Territorium nicht für militärische Zwecke fremder Armeen zur Verfügung zu stellen. Dem Europarat trat man u.a. wegen Bedenken hinsichtlich der Neutralität erst 1963 bei, der UNO erst 2002.

- Die Maxime der Solidarität verpflichtet die Schweiz zur internationalen Hilfe nicht nur bei Kriegen und Katastrophen. Humanitäre Solidarität umfasst eine Außen- und Entwicklungspolitik zugunsten Not leidender Menschen und kooperative Solidarität meint die Bereitschaft zur internationalen Zusammenarbeit in Fragen der Wirtschafts- und Sozialpolitik (Holzer/Schneider 2001: 241). Dazu gehört etwa die Entsendung von Soforteinsatzteams der Humanitären Hilfe des Bundes durch das EDA oder die Bereitstellung von Experten für UNO-Programme. Die Mitgliedschaft in humanitären Organisationen wie der Welternährungsorganisation (FAO), dem UNO-Kinderhilfswerk UNICEF und der Organisation für Erziehung, Wissenschaft und Kultur (UNESCO) und des Europarates bei ansonsten zurückhaltender internationaler Mitgliedschaftspolitik sind Ausdruck dieser Maxime.

- Unter der Maxime der Universalität unterhält die Schweiz diplomatische Beziehungen zu grundsätzlich allen Staaten und betreibt eine schnelle Anerkennung von neuen Staaten, sobald diese wichtige völkerrechtliche Kriterien der Staatlichkeit erfüllen (ebd.). So erfolgte z.B. bereits 10 Tage nach der Unabhängigkeitserklärung des Kosovo im Februar 2008 dessen diplomatische Anerkennung durch die Schweiz, die dann auch Mitglied in der Kosovo-Lenkungsgruppe wurde. Dieses internationale Überwachungsgremium ging zwar auf einen Friedensplan des UNO-Sondergesandten Ahtisaari zurück, hatte jedoch kein offizielles UNO-Mandat.

- Unter Disponibilität versteht die Schweiz das Anbieten ihrer „guten Dienste" im Rahmen von internationalen Mandaten und Verhandlungen, das Gastrecht für internationale Organisationen und ähnliche Einrichtungen (ebd.). In der internationalen Diplomatie bietet die Schweiz nicht selten ihre guten Dienste an, um internationale Konflikte entschärfen zu helfen. Dazu gehören die Bereitstellung von Standorten (z.B. Genf) für Verhandlungen auf neutralem Territorium oder die Übernahme von Mandaten im Fall des Abbruchs von diplomatischen Beziehungen. In diesen Fällen kümmert sich die Schweiz z.B. um die Botschaftsgebäude und übernimmt Vermittlungsaufgaben (Gabriel 1997: 175).

- Das Primat des Freihandels (Wohlstand) führte zu einer Präferenz eines losen, rein wirtschaftlich begründeten Zusammenschlusses, wie er dann auch in der European Free Trade Association (EFTA) realisiert worden ist. Die Bedeutung des Freihandels zeigt sich z.B. darin, dass die Schweiz Gründungsmitglied der EFTA und der OECD ist, nicht aber der EU oder des EWR. Während die politische Integration in letzteren am Primat der Souveränität scheiterte, wurde die Mitgliedschaft in der EFTA, OECD und WTO als im Interesse des Landes liegend gefördert.

Die EFTA wurde 1960 von sieben Staaten (Dänemark, Norwegen, Österreich, Portugal, Schweden, Schweiz und UK) als Gegenentwurf zur EWG der sechs Staaten gegründet. Mit dem Beitritt Großbritanniens, Irlands und Dänemarks 1973, Portugals 1986, Österreichs, Schwedens und Finnlands 1995 zur EG bzw. EU zeigte sich allerdings deutlich die Grenze einer reinen Freihandelsgemeinschaft für industrielle Güter, die inzwischen nur noch Island, Lichtenstein, Norwegen und die Schweiz umfasst. Neben der politischen Dimension blieb bei der EFTA auch die Landwirtschaft außen vor. Auch gab es keine gemeinsamen Zolltarife nach außen. Jedes EFTA-Mitglied kann mit Nichtmitgliedern eigene Zollvereinbarungen treffen. Neben bilateralen sind aber auch regionale Abkommen möglich. Im Jahr 2007 wurden 16 Verträge geschlossen. Mit der EFTA beschreitet die Schweiz einen eher bilateralen Weg, mit der WTO einen multilateralen – der allerdings auch stockend verlaufen kann.

Die **European Free Trade Association (EFTA)** wurde im Mai 1960 in Stockholm von sieben Staaten als Freihandelsorganisation und als Alternative zu der stärker politisch integrierten Europäischen Wirtschaftsgemeinschaft (EWG) gegründet. Im Unterschied zur EWG/EU gibt es beim Handel mit Nicht-Mitgliedern keine gemeinsamen Außenzölle, sondern jedes Mitglied kann über die Zölle selbst entscheiden. Die Schweiz gehört zu den Gründungsmitgliedern der inzwischen auf vier Mitglieder geschrumpften EFTA. Bis auf die Schweiz, die sich 1992 dagegen entschied, sind inzwischen alle EFTA-Mitglieder auch Mitglieder des Europäischen Wirtschaftsraumes EWR. Die Gründungsmitglieder Dänemark, Österreich, Portugal, Schweden und UK sind inzwischen EU-Mitglieder.

12.2   Akteure, Prozesse, Instrumente

Während mit dem Stichwort der Interessenwahrung und den Maximen die Zieldimension der Außenpolitik erfasst ist, stellen sich für die weitere außenpolitische Analyse die Folgefragen: Wer und wie? Wer redet mit bei der Festlegung dessen, was in den Außenbeziehungen im eigenen, wohlverstandenen Interesse liegt und wer setzt diese Ziele dann um? Wie werden die entsprechenden Diskussionsprozesse im Inneren geführt und wie werden die gefundenen Kompromisse dann umgesetzt? Da Außenpolitik und internationale Verhandlungen oft hinter verschlossenen Türen geführt werden, um die Sachorientierung, Offenheit und Kompromissbereitschaft in den Gesprächen zu erhöhen, sind entsprechende Analysen nicht einfach. Allerdings kommt die innenpolitische Dimension außenpolitischer Interessen meist spätestens mit dem Wettbewerb um Wählerstimmen wieder zur Geltung.

Bei Mittel- und Großmächten steht Außenpolitik oft in der Gefahr, zur „Chefsache" und damit zum Gegenstand außenpolitisch möglicherweise unerfahrener Regierungschefs zu werden. Diese können das mediengängige Politikfeld mit seinen internationalen Events nutzen, um sich nicht zuletzt innenpolitisch zu profilieren. In der Schweiz ist diese Gefahr durch die Struktur der Bundesregierung deutlich reduziert. Zwar ist der Bundespräsident auch für die Vertretung des Landes nach außen zuständig, aber durch die jährliche Rotation des politisch unbedeutenden Amtes ist die Möglichkeit, die Außenpolitik für symbolische Politik oder eigene Profilierung zu nutzen, maximal reduziert. Nicht der Bundespräsident, sondern das Eidgenössische Departement des Äußeren (EDA) ist der Hauptakteur in diesem Feld.

12.2.1 Bund

Die oben skizzierte realistische Definition außenpolitischer Ziele wird in der Verfassung allerdings stärker multilateral ausgerichtet. Artikel 54 BV weist die grundsätzliche Kompetenz für auswärtigen Angelegenheiten dem Bund zu. Als Ziele werden die Wahrung der Unabhängigkeit der Schweiz und ihre Wohlfahrt, die Linderung von Not und Armut in der Welt, die Achtung der Menschenrechte, die Förderung der Demokratie und des friedlichen Zusammenlebens der Völker sowie die Erhaltung der natürlichen Lebensgrundlagen genannt. Auch muss der Bund die Zuständigkeiten und Interessen der Kantone wahren.

Wichtigster außenpolitischer Akteur ist der Bundesrat, der regelmäßig einen außenpolitischen Bericht vorlegt, in dem er über die Entwicklung der Außenbeziehungen berichtet. Er vertritt die Schweiz nach außen und „besorgt die auswärtigen Angelegenheiten unter Wahrung der Mitwirkungsrechte der Bundesversammlung" (Art. 184 BV). Der Bundesrat hat nach Art. 185 BV auch das Recht, „Massnahmen zur Wahrung der äusseren Sicherheit, der Unabhängigkeit und der Neutralität der Schweiz" zu treffen, wozu er etwa befristete Verordnungen und Verfügungen erlassen kann, „um eingetretenen oder unmittelbar drohenden schweren Störungen der öffentlichen Ordnung oder der inneren oder äusseren Sicherheit zu begegnen" (Abs. 2). Auch der Einsatz der Armee erfolgt durch den Bundesrat.

Innerhalb des Bundesrates ist das Eidgenössische Departement für auswärtige Angelegenheiten (EDA) für die Entwicklung und den Vollzug der Außenpolitik zuständig. Es orientiert sich dabei an den oben genannten Zielen. Im EDA spielen das Staatssekretariat und die Politische Direktion eine wichtige Rolle bei der Vorbereitung und Zuarbeit für den Departementsvorsteher. Die in anderen Departementen nicht gebräuchliche Bezeichnung als Staatssekretär wurde für die Vertretung nach außen gewählt. Die Politische Direktion ist die Analyse- und Strategieabteilung des EDA, in der alle außenpolitischen Informationen zusammen laufen und für die Leitungsebene aufbereitet werden, so dass die Interessen der Schweiz im Ausland gewahrt werden können (Schweiz. Bundeskanzlei 2012e). Innerhalb des EDA übernimmt die Direktion für Entwicklung und Zusammenarbeit (DEZA) Aufgaben, die in der Bundesrepublik Deutschland dem Entwicklungshilfeministerium obliegen. So kann etwa für aktuelle Krisen zusätzliches Geld bereitgestellt werden.

Ein weiterer Akteur auf Bundesebene ist das Volkswirtschaftsdepartement (EVD), das sich um die wirtschaftliche Dimension der Außenbeziehungen wie den Freihandel kümmert. Dabei ist auf operativer Ebene das Bundesamt für Außenwirtschaft (BAWI) zu nennen. Das EVD wurde Anfang 2013 als Departement für Wirtschaft, Bildung und Forschung (WBF) restrukturiert. Es bekam ein neues Staatssekretariat für Bildung, Forschung und Innovation (SBFI), das aus dem ehemaligen Staatssekretariat für Bildung und Forschung (SBF) aus dem Departement des Inneren (EDI) und dem Bundesamt für Berufsbildung und Technologie (BBT) gebildet wurde. Im WBF (früher EVD) kommt dem Staatssekretariat für Wirtschaft (SECO) eine Türöffnerfunktion für die schweizerische Wirtschaft im Ausland zu. „Aussenpolitisch arbeitet es aktiv an der Gestaltung effizienter, fairer und transparenter Regeln für die Weltwirtschaft mit" (www.seco.admin.ch). Die Beziehungen der Schweiz zur EU werden durch das ehemalige Integrationsbüro, das mittlerweile als Direktion für europäische Angelegenheiten (DEA) ganz im EDA integriert ist, koordiniert.

Im Parlament ist die Außenpolitische Kommission des National- und Ständerats für das Monitoring der Außenpolitik zuständig. Sie setzt sich aus 25 Abgeordneten bzw. 13 Ständeräten zusammen (vgl. Kap. 5.5). Auch die Wirtschaft bzw. deren Interessenorganisationen sowie Nichtregierungsorganisationen (NGOs) üben zu einem gewissen Grad Einfluss auf die Gestaltung der Außenpolitik aus (Goetschel 2007: 585). Die hohe Priorität des Freihandels bei selektivem Protektionismus etwa ist Ausdruck der politischen Übernahme wirtschaftlicher Interessen. Im Bereich der Gestaltung der Entwicklungspolitik sind dagegen auch NGO stark präsent (ebd.).

12.2.2   Kantone

Gleich zwei Verfassungsartikel sind den Außenbeziehungen der Kantone gewidmet. Art. 55 BV garantiert den Kantonen eine Mitwirkung an außenpolitischen Entscheiden des Bundes, sofern kantonale Zuständigkeiten oder deren wesentliche Interessen betroffen sind. Auch muss der Bund die Kantone „rechtzeitig und umfassend" informieren und ihre Stellungnahmen einholen. Sind kantonale Zuständigkeiten betroffen, so „wirken die Kantone in geeigneter Weise an internationalen Verhandlungen mit" (Art. 54 BV). Die Mitwirkungsrechte der Kantone in außenpolitischen Angelegenheiten wurden Anfang der 1990er Jahre erweitert, um die Kantone für den Einflussverlust aufgrund der zunehmenden internationalen Verflechtung in vielen Politikfeldern zu kompensieren. Die Mitwirkung bedeutet in der Praxis zumindest eine bessere Information der Kantone, etwa durch direkte Teilnahme von Kantonsvertretern an Gesprächen, kaum jedoch eine effektive direkte Einflussnahme auf Entscheidungen.

Die eigenen Beziehungen der Kantone zum Ausland werden in Art. 56 geregelt. Danach haben die Kantone u.a. das Recht, in ihren Zuständigkeitsbereichen Verträge zu schließen, die allerdings „dem Recht und den Interessen des Bundes sowie den Rechten anderer Kantone nicht zuwiderlaufen" dürfen (Abs. 2). Für hochrangige Kontakte gilt allerdings, dass „der Verkehr der Kantone mit dem Ausland durch Vermittlung des Bundes" erfolgt (Abs. 3). Aufgrund der starken Stellung der Kantone im schweizerischen Föderalismus ist die Gefahr einer Nebenaußenpolitik einzelner Kantone nicht zu unterschätzen.

12.2.3   Staatsvertragsreferendum

Ein weiterer außenpolitischer Akteur ist das Volk, das mit dem Staatsvertragsreferendum nach Art. 140 Ib BV (obligatorisches Referendum) ein einflussreiches Mitspracheinstrument zur Verfügung hat (Goetschel 2007: 578). Danach sind Volk und Ständen „der Beitritt zu Organisationen für kollektive Sicherheit oder zu supranationalen Gemeinschaften" zur Abstimmung vorzulegen. Bei einem solchen Staatsvertragsreferendum ist eine doppelte Mehrheit von Volk und Ständen erforderlich, was leicht zu Blockaden außenpolitischer Initiativen führen kann. Insb. die kleinen, eher isolationistischen Kantone der Zentral- und Ostschweiz sprechen sich in Abstimmungskampagnen meist gegen eine weiterreichende außenpolitische Öffnung der Schweiz aus (Holzer/Schneider 2001: 244).

Das obligatorische Referendum hat eine Bremsfunktion für die automatische Übernahme internationaler Regeln und Institutionen in nationales Recht durch Regierung und Parlament. Üblicherweise können sich nämlich die in der nationalen Exekutive vertretenen Akteure durch Europäisierung und internationale Verhandlungen auch in der innenpolitischen Arena Vorteile verschaffen, die andere Akteure nicht erreichen können. In den EU-Mitgliedsstaaten wird Europäisierung, trotz der inzwischen einsetzenden stärkeren Einbindung der nationalen und regionalen Parlamente, nach wie vor stark exekutivlastig betrieben. Wie Putnam (1988) aufgezeigt hat, können Exekutivakteure durch ihre Inklusion auf nationaler wie internationaler Ebene (two level games) auf nationaler Ebene Interaktionsvorteile erlangen. Die Neuverteilung von Gestaltungschancen geschieht dadurch, dass nicht alle innenpolitischen Akteure gleichermaßen guten Zugang zu den internationalen Arenen haben, wie dies i.d.R. bei Exekutivakteure der Fall ist. Gelingt ein solches „upload", kann z.B. innenpolitischer Widerstand durch anders gelagerte Akteurskonstellationen und Entscheidungsstrukturen auf internationaler bzw. europäischer Ebene umgangen werden, indem die Issues nun als internationale Verpflichtungen in nationales Recht (zurück)übersetzt werden müssen.

Das Staatsvertragsreferendum stärkt die in der Außenpolitik der Staaten ohnehin oft anzutreffende Tendenz zum Bemühen um parteiübergreifenden Konsens (bzw. in der Zeitdimension: Kontinuität). Neben der ohnehin bereits konsenssteigernden übergroßen Koalition (Zauberformel) ist das (Staatsvertrags)Referendum ein weiteres Disziplinierungsinstrument für breiten Konsens. Dieser Tendenz stehen aber politikfeldspezifische Informationsasymmetrien gegenüber, die sich aus der Mehrebenen-Problematik und der Vertraulichkeit von Verhandlungen ergeben. „Various studies have shown that issues negotiated at the international level are characterised by a much lower degree of consultation of domestic actors. This results in a more exclusive decision-making process, and strengthens the executive at the expense of both the parliament and private actors (interest groups, political parties)" (Fischer/Nicolet/Sciarini 2002: 147f.).

Jedoch sind nicht alle Akteure gleichermaßen betroffen, da Wirtschaftsinteressen häufig besser organisiert sind und sich auf internationaler Ebene leichter Gehör verschaffen können. Dies wird von den Autoren mit dem Beitritt der Schweiz zum Schengen/Dublin-Abkommen illustriert: „In the case of the bilateral agreements between Switzerland and the EU, the business-oriented sectors were expecting great benefits from the liberalisation of Swiss immigration policy brought about by the agreement on the free movement of persons. One should, therefore, witness a reinforcement of their position" (ebd.: 148).

12.2.4   Instrumente

Militärische Macht, Bündnispolitik (bzw. Neutralität), internationale (Entwicklungs-) Kooperation und Diplomatie sowie Handelsbeziehungen sind klassische Instrumente der Außenpolitik, die auch in der Schweiz nuanciert zum Einsatz kommen. Militärische Macht etwa ist primär ein Instrument der Sicherheitspolitik im Rahmen der bewaffneten Neutralität. Wie in Kap. 2.4 gezeigt, werden militärische Kapazitäten aber auch in begrenztem Umfang für friedenssichernde Maßnahmen der UNO zur Verfügung gestellt. Eine militärische Bündnispolitik scheidet dagegen aus. Auch eine Beteiligung an Blauhelmmissionen der UN fand beim Volk keine Mehrheit. In Anlehnung an ein berühmtes Zitat von Clausewitz könnte man für die Schweiz formulieren, dass Diplomatie und (Frei)Handel die Fortsetzung der Politik mit anderen Mitteln sind. Nicht die militärische Macht, sondern das „soziale Kapital" (Bourdieu) als neutraler Vermittler und das ökonomische Kapital einer hochgradig wettbewerbsfähigen Volkswirtschaft werden zu Faktoren der schweizerischen Außenpolitik.

In die schweizerische Hintergrundsdiplomatie ist Ende 2010 durch die von Wikileaks veröffentlichten Dokumente aus dem US State Department überraschend viel Licht gekommen. Rund 5800 dieser Dokumente hatten einen Bezug zur Schweiz, 254 davon stammen von der US-Botschaft in Bern, 539 von der US-Botschaft bei der UN in Genf (NZZ 19.02.2011: 28).

Differenzen zur USA wurden dabei v.a. in der Iran-Frage und im Kampf gegen den Terrorismus sichtbar. So beschwerte sich die US-Botschaft im Herbst 2006 bei einem Gespräch „mit Vertretern des EDA, der Bundespolizei, der Sicherheitsdirektion und der Bankenaufsichtsbehörde Finma [...], der Austausch von Informationen werde von den Schweizer Behörden zu restriktiv gehandhabt. Angesichts der beidseitigen Gefahren sei es nicht angebracht, das Wissen bloss unilateral zu verwenden, vielmehr müsse es gegenseitig zugänglich gemacht werden" (ebd.).

Als besonders unkooperativ wird der damalige Inlandsgeheimdienst DAP geschildert. „Was vereinzelt an dürftigen Informationen nach aussen gelange, stamme von der Bundeskriminalpolizei, in deren Abteilung für Antiterrorismus ein Beamter des FBI arbeite" (ebd.). Im Abschlussbericht des 2009 abgetretenen, von US-Präsident Bush als Dank für sein Sponsoring ernannten Botschafters Coneway bilanziert dieser, dass das schweizerisch-amerikanische Verhältnis zwar „korrekt und herzlich" sei, jedoch fehle eine „natürliche Vertrautheit", was von ihm darauf zurückgeführt wird, „dass Schweizer und amerikanische Soldaten nie Seite an Seite gekämpft hätten, um beispielsweise gemeinsam Faschismus oder Kommunismus zu besiegen. Wohl deshalb seien die Bande zwischen den beiden Ländern weniger eng als mit anderen Staaten" (ebd.).

Auch für die Aufnahme zweier uigurischer Häftlinge aus Guantánamo trotz chinesischen Protests bieten die Wikileaks-Depeschen neue Einsichten. Das zwischen der Ankündigung und dem tatsächlichen Entscheid im Februar 2010 über ein Jahr verstrich, wird mit Beilegung des Steuerstreits mit den USA (UBS-Vergleich) im August 2009 in Verbindung gebracht, aber auch mit innenpolitischen Überlegungen. „So hat die Schweizer Regierung im Oktober 2009 die US-Botschaft informiert, sie wolle mit dem Entscheid und der Bekanntgabe bis zur Abstimmung über die Minarett-Initiative im November 2009 zuwarten. Der Bundesrat befürchtete, die Bekanntgabe einer Aufnahme von Guantánamo-Häftlingen vor der Abstimmung würde den Befürwortern der Initiative in die Hände spielen" (ebd.).

Auch in der Libyen-Affäre habe die schweizer Diplomatie nach Ansicht der US-Regierung keine gute Figur gemacht, wie die US-Depeschen enthüllten. „Ende 2008 beklagten sich die Schweizer Vertreter in Libyen bei den Amerikanern darüber, dass Bern den libyschen Forderungen zu schnell stattgegeben und so zum Problem beigetragen habe. Anfang 2009 wird konstatiert, dass die Schweiz über keine Hebel mehr verfüge. Die Reise von Hans-Rudolf Merz im August 2009, seine Entschuldigung und der Vertrag werden von den Amerikanern als ‚gefährlicher Drahtseilakt' bezeichnet" (ebd.).

Der Außenwirtschaftspolitik kommt eine vergleichsweise wichtige Rolle zu. Mit der zunehmenden internationalen wirtschaftlichen Verflechtung gewinnen allgemein auch die „außenwirtschaftlichen Beziehungen an Bedeutung. Die Einführung von Zöllen, Handelskontingenten, Devisenkontrollen und anderen staatlich administrativen Interventionen bei der Abwicklung des internationalen Handelsverkehrs hat neben den unterschiedlichen Auswirkungen auf die jeweils heimische Wirtschaft auch bedeutende Konsequenzen für die internationale Politik" (Berg-Schlosser/Stammen 1992: 278). Für die Schweiz ist hierbei auf den bilateralen Weg der Beziehungen zur EU zu verweisen wie auch auf ihre EFTA-Mitgliedschaft. Insbesondere mit der EU gibt es gelegentlich Finanz- und Handelsstreitigkeiten. „Although Swiss firms have sometimes found that freedom of movement for capital is narrowly interpreted in the Union where third countries are concerned, large Swiss firms have come to terms with this, operating through subsidiaries in London and elsewhere. Though extremely cumbersome this does give them full access to the EU market. But unlike for EU-based financial industry, cross-border service delivery is merely tolerated where it is observed, not established by right, and room for interpretation remains. The Swiss have also been able to treat the three jurisdictions to which they are subjected as a single 'College' of Regulators, involving FINMA (the Swiss Financial Markets authority), the FSA (now the PRA and FCA) and the SEC" (Church/Dardanelli/Mueller 2013: 4).

„Besides **banking interventions**, the Swiss are deluged by directives they have not helped shape. In 2007 its cheese industry began a long battle over EU restrictions affecting its exports. The Gruyère wars ended with the Swiss gaining better access to European markets in return for removing punitive tariffs on French cheeses. According to the government's own assessment, the country runs the risk of barriers to market access in areas like telecoms, new digital products and – most worrying for Britain – financial services" (Economist 17.12.2011: 53).

12.3   Europa

Aufgrund einer ausgeprägten Skepsis in der Schweizer Bevölkerung gegenüber der EU und der Idee einer immer tieferen Europäischen Integration blieb das 1972 mit der Gemeinschaft abgeschlossene Freihandelsabkommen für industrielle Güter lange Zeit der Grundlagentext für die wirtschaftlichen Beziehungen zur EG. In den 1990er Jahren, nach dem Scheitern des EWR-Beitritts 1992 in der Referendumsphase, schloss sich dann der bilaterale Weg an, der weiter unten ausführlicher vorgestellt wird. Insgesamt ist durch die Schwierigkeiten bei der Aushandlung formeller Abkommen mit der EU ein Prozess der informellen Europäisierung beobachtet worden, „to keep the country close to the EU where necessary. This involves the autonomous adoption of EU norms, transport arrangements and some domestic policy adjustments. Thus, since 1988 Switzerland has checked all draft Bills relating to economic activity for their compatibility with EU laws. In fact around 40% of Swiss legislation derives from EU rules - ironically more than twice as much as in the British context" (Church/ Dardanelli/Mueller 2013: 3).

Die **EWR**-Staaten Norwegen, Island und Lichtenstein nehmen nicht an der politischen Integration, also an den EU-Institutionen teil, sondern lediglich am Europäischen Binnenmarkt. Dazu haben sie sich zur Übernahme der entsprechenden Teile des Acquis communautaire verpflichtet. Die wechselseitige Marktöffnung umfasst allerdings nicht die Sektoren Landwirtschaft und Fischerei, für die bilaterale Abkommen verhandelt werden können.

Marti (2011) hat für die Phase der Vorbereitung eines möglichen EWR-Beitritts bis zu dessen Scheitern 1992 das Rollenkonzept eines „apolitischen Wirtschaftsakteurs" als einflussreich für die Verhandlungsstrategie der Exekutive rekonstruiert. „So war das Schweizer Interesse an einer engeren Kooperation mit der EG stark wirtschaftlich bestimmt. Der Entscheid, den – unter Souveränitätsaspekten unbefriedigenden – EWR-Vertrag zu unterzeichnen, war massgeblich durch dessen wirtschaftlichen Nutzen bestimmt. Hinzu trat, dass die integrationspolitische Situation für wirtschaftspolitische Reformen im Inland genutzt werden sollte. Dabei war das Rollenkonzept des apolitischen Wirtschaftsakteurs auf der Ebene der Exekutive immer durch die Maximierung des gesamtvolkswirtschaftlichen Nutzens geprägt" (Marti 2011: 352). Auch bei vielen Verbänden war eine entsprechende Erwartungshaltung vorhanden. „1988 sahen Exekutive und Wirtschaftsvertreter übereinstimmend wirtschaftlichen Handlungsbedarf, um im Rahmen des Luxemburger Prozesses einen Zugang zum EG-Binnenmarkt zu erreichen. 1989 war dieses Rollenkonzept ein Hauptgrund dafür, dass sich die Schweiz am Brüsseler Folgeprozess beteiligte (Marti 2011: 359). Teilweise wurde in der Exekutive auch erhofft, die Verhandlungssituation für innenpolitische Reformen nutzen zu können.

Auch Norwegen ist nach zwei negativen Volksabstimmungen in 1972 und 1994 wie die Schweiz kein EU-Mitglied, jedoch Mitglied des EWR und partizipiert wie die Schweiz an den Schengen- und Dublin-Abkommen. Bilaterale Verträge zur Liberalisierung und Harmonisierung sind für Norwegen also nicht erforderlich, gleichwohl nimmt es an einer Reihe von EU-Programmen teil. Wie die Schweiz hat Norwegen sich für einen Kohäsionsbeitrag für die Staaten der Osterweiterung der EU entschieden (ca. € 1,7 Mrd. bis 2014).

In der Schweiz kam es 2001 noch einmal zu einer Initiative für einen sofortigen EU-Beitritt, die aber mit nur 23,3% Zustimmung das Thema endgültig ad acta gelegt hat. Bereits 1999 wurden die Verhandlungen zu den bilateralen Verträgen mit der EU abgeschlossen. Die Bilaterale I (Personenfreizügigkeit, Verkehr, Forschung, Landwirtschaft) trat zum 1. Juni 2002 in Kraft. Die im Oktober 2004 unterzeichneten Abkommen der Bilaterale II unterlagen teilweise dem fakultativen Referendum. Zur Abstimmung kam aber nur die Assoziierung mit dem Schengen/Dublin-Mechanismus (Personenfreizügigkeit), die im Juni 2005 mit 54,6% gebilligt wurde. Insgesamt wurden in den Bilateralen I und II sechzehn Kernabkommen und über hundert sekundäre Abkommen verhandelt (Lavenex 2009: 551f.).

Auch wenn die Schweiz Wert darauf gelegt hat, die Verträge als Packet zu verhandeln, so sind die einzelnen Abkommen doch nicht untereinander verbunden. Zwar steht jedes der Abkommen für sich alleine, jedoch konnte in den Verhandlungen eher von Seiten der EU als von der Schweiz ein gewisser Druck in einzelnen Verhandlungen durch die Möglichkeit der Blockade in anderen Bereichen ausgeübt werden. „[I]n contrast to the EEA, the EU's acquis communautaire is not automatically the basis of the agreements; the consensus brought about by the negotiations can be referred to as the acquis helveto-communautaire" (Lavenex 2009: 551f.). Mit Ausnahme des Luftverkehrsabkommens und des Schengen/Dublin-Abkommens haben die Verträge eher internationalen als supranationalen Charakter. Insgesamt wurden mit der Bilateralen II neun Abkommen unterzeichnet:

> „Schengen/Dublin: Der Reiseverkehr an den Binnengrenzen wird erleichtert. Gleichzeitig werden die Kontrollen an den Schengen-Aussengrenzen sowie die internationale Polizei- und Justiz-Zusammenarbeit im Kampf gegen die Kriminalität verstärkt. Die Dubliner Zuständigkeitsregeln und die Fingerabdruck-Datenbank Eurodac helfen, mehrfache Asylgesuche zu vermeiden. Dadurch werden die nationalen Asylwesen entlastet.

> Zinsbesteuerung: Die Schweiz erhebt zugunsten der EU-Staaten einen Steuerrückbehalt auf Zinserträgen natürlicher Personen mit Steuersitz in der EU.

Betrugsbekämpfung: Die Zusammenarbeit gegen Schmuggel und andere Deliktformen im indirekten Steuerbereich (Zoll, Mehrwertsteuer, Verbrauchssteuer), im Bereich Subvention sowie beim öffentlichen Beschaffungswesen wird ausgebaut.

Landwirtschaftliche Verarbeitungsprodukte: Für eine breite Palette von Produkten der Nahrungsmittelindustrie werden Zölle und Exportsubventionen abgebaut.

Umwelt: Die Schweiz wird Mitglied der Europäischen Umweltagentur, eines der wichtigen Instrumente der europäischen Zusammenarbeit im Umweltbereich.

Statistik: Die statistische Datenerhebung wird harmonisiert und damit der Zugang zu einer breiten Basis vergleichbarer Daten garantiert, welche bedeutende Entscheidungsgrundlagen für Politik und Wirtschaft liefern können.

MEDIA: Die Schweizer Filmschaffenden erhalten vollberechtigten Zugang zu den EU-Förderprogrammen.

Ruhegehälter: Die Doppelbesteuerung von ehemaligen EU-Beamten mit Schweizer Wohnsitz wird aufgehoben.

Bildung: Im Rahmen der Bilateralen II wurde lediglich eine politische Absichtserklärung über die Beteiligung der Schweiz an den EU-Bildungsprogrammen 2007–2013 verabschiedet. Das entsprechende Abkommen dazu wurde am 15. Februar 2010 unterzeichnet".[19]

Als assoziiertes Mitglied hat die Schweiz in der Schengen/Dublin-Politik allerdings kein Mitentscheidungsrecht, sondern lediglich ein Mitspracherecht. Sie kann also im Rahmen ihrer Politik des „autonomen Nachvollzugs" von EU-Politiken (theoretisch) selbst darüber entscheiden, ob sie Fortentwicklungen des Abkommens übernehmen wird oder nicht.

Schengen/Dublin-Abkommen: Im Rahmen der Bilaterale II ist die Schweiz (neben Island und Norwegen) seit 2004 assoziiertes Mitglied der Schengen-Zusammenarbeit und verzichtet damit auf systematische Personenkontrollen an den Binnengrenzen zwischen den Schengen-Staaten. Der Beitritt zum Schengen/Dublin-Raum fand im Volk eine Mehrheit von 54,6% (Juni 2005). Wirksam wurde das Abkommen aber erst 2008, mit dem Verzicht auf die Flughafenkontrollen im März 2009. Als Ausgleich für den Verzicht auf die systematischen Binnenkontrollen werden die Kontrollen an den Außengrenzen des Schengen-Raumes sowie die polizeiliche und justizielle Zusammenarbeit der Mitgliedsländer, z.B. durch das europaweite Fahndungssystem SIS, verstärkt. Mit dem Dubliner Abkommen wurde eine Zusammenarbeit in der Asylpraxis eingeführt. Im Abkommen wird geregelt, welcher Staat für einen Asylantrag zuständig ist, wenn ein Asylsuchender bereits mehrere Länder der EU durchquert hat oder wenn er mehrere Anträge gestellt hat.

Allerdings hätte eine Nicht-Übernahme wahrscheinlich den Austritt der Schweiz zur Folge. Dies ist ein gutes Beispiel für die Politik des autonomen Nachvollzugs, die der Schweiz einerseits zwar die Möglichkeit des „opt-outs" offen lässt, die andererseits aber auch als eine „Fax-Demokratie" beschrieben wird, bei der Brüssel lediglich die von den Mitgliedern beschlossenen neuen Regeln nach Bern faxt, ohne dass Bern oder gar die Kantone deren Inhalt mitgestalten konnten.

---

[19]   www.europa.admin.ch/themen/00499/00755/00758/index.html?lang=de [19.07.2012]

Auch ohne Beteiligung an den gemeinsamen Institutionen der EU und der Beeinflussung der gemeinsamen Willensbildung hat die Schweiz durch die Beteiligung an der Schengen/Dublin-Zusammenarbeit aber Zugriff auf wichtige Instrumente im Kampf gegen die internationale Kriminalität und die illegale Migration erhalten, die z.B. im Dubliner Abkommen enthalten sind. Die Motivation für die Beteiligung am Schengen-Raum dürfte nicht zuletzt auch in einer Förderung des Tourismus zu sehen sein, „da Touristen aus Wachstumsmärkten wie China, Indien oder Russland mit dem Schengenvisum auch in die Schweiz einreisen können" (NZZ 06.05.2011). Den Vorteilen wie z.B. auch eine schnellere Güter- und Warenabfertigung stehen erhebliche Kosten gegenüber. Jährlich zahlt die Schweiz über 11 Mill. Franken an die EU. Hinzu kommen Kosten für die Implementation der Informatik, Betriebskosten sowie zusätzliche Personalkosten, so dass das Abkommen dem Bund unterm Strich statt Einsparungen „seit 2006 Kosten von 123 Millionen Franken beschert" habe (ebd.). Ein weiteres Beispiel für den autonomen Nachvollzug ist die unilaterale Übernahme des Cassis de Dijon-Prinzip (siehe Kasten).

Das **Cassis de Dijon-Prinzip** dient dem Abbau von Handelshemmnissen und besagt, dass in einem EU-Mitgliedsland zugelassene Produkte automatisch auch in allen anderen Mitgliedsländern zugelassen sind. 2009 beschlossen Bundesrat und Parlament die einseitige Übernahme des Prinzips für die Schweiz, weil man sich davon eine Senkung der vergleichsweise hohen Verbraucherpreise erhoffte. In der EU zugelassene Produkte dürfen seit 2010 mit wenigen Ausnahmen auch in der Schweiz gehandelt und produziert werden.

An der Schnittstelle zwischen Außen- und Wirtschaftspolitik ist auch das Abkommen mit der EU über die Personenfreizügigkeit zu verorten, durch das der Zuzug von hochqualifizierten Arbeitskräften ermöglicht werden soll. Mit der eingangs skizzierten Solidaritätsmaxime wird die im Rahmen der Bilaterale II verhandelte Unterstützungsleistung von einer Milliarde Franken („Kohäsionsmilliarde") für die zehn EU-Beitrittsstaaten Mittel- und Osteuropas begründet. Das dieses Osthilfegesetz im November 2006 vom Volk mit 53,4% akzeptiert wurde, dürfte auch damit zu tun haben, dass die Leistungen auch der heimischen Wirtschaft zu gute kommen und teilweise durch Umschichtungen im Haushalt finanziert werden. 2009 wurde die Personenfreizügigkeit wie auch die Kohäsionsleistungen auf Bulgarien und Rumänien ausgedehnt. Mit der sog. „Ventilklausel" besteht für die Schweiz aber die Möglichkeit, die Personenfreizügigkeit ab einem bestimmten Ausmaß an Zuwanderung befristet zu kontingentieren, wovon bereits mehrfach Gebrauch gemacht wurde.

Im Bericht des Bundesrates über die Evaluation der schweizerischen Europapolitik vom 17. September 2010 (Bundesrat 2010) werden verschiedene (teilweise hypothetische) Szenarien der Entwicklung des schweizerischen Verhältnisses zur EU erörtert. Der Bericht schließt an den Europabericht 2006 des Bundesrates an, in dem es um eine pragmatische Interessenwahrung statt einer dichotomen Gegenüberstellung von Mitgliedschaft oder Nichtmitgliedschaft ging. Die Vor- und Nachteile für die Schweiz werden in einer Reihe von Szenarien diskutiert:

- Eine Fortsetzung des bilateralen Wegs ohne neue Abkommen (Ziff. 3.3), also die Beschränkung auf die Weiterentwicklung bestehender Abkommen könne zu einer potenziellen Verschlechterung der wirtschaftlichen Rahmenbedingungen führen. „Die wirtschafts- und geldpolitische Autonomie bliebe erhalten, der faktische Anpassungsdruck wäre aber nicht gemindert" (ebd.).

- Bei der Weiterführung und dem Ausbau des bilateralen Wegs (Ziff. 3.4) „muss ein Gleichgewicht zwischen einer wirksamen Anpassung der Abkommen an die Weiterentwicklungen des EU-Rechtes und der Wahrung der schweizerischen Souveränität gefunden werden. Für die Schweiz ist jeder Automatismus bei der Übernahme von Rechtsentwicklungen ausgeschlossen; sie erhebt den Anspruch, an sie betreffenden Entscheidungen beteiligt zu sein (decision shaping), und die innenpolitischen Entscheidungsprozesse, inkl. Referendumsmöglichkeit, müssen respektiert werden" (ebd.: 7243).
- Die Schaffung eines institutionellen Rahmens (Ziff. 3.5), also gemeinsamer Institutionen oder Rahmenabkommen, „würde durch einheitliche Mechanismen die Transparenz und Effizienz der Entscheidfassung in den Gemischten Ausschüssen fördern und letztlich die Rechtssicherheit des bilateralen Wegs erhöhen" (ebd.). Für die Schweiz hätte dies den Vorteil, dass bei der Entscheidungsfindung die eigene Souveränität und die innenpolitischen Verhältnisse besser berücksichtigt würden (7243).
- Ein EWR-Beitritt (Ziff. 3.6) wäre mit der Übernahme des Acquis verbunden und müsste die legislative Autonomie der Schweiz als einer Vertragspartei mit der Homogenität des EWR-Rechts verbinden. Die Mitsprache bei der EU-Willensbildung wäre zwar verbessert, „[a]llerdings würde der Handlungsspielraum von Bundesrat und Parlament durch die Verpflichtung zur Rechtsübernahme eingeschränkt. Diese Einschränkung würde nicht durch ein Mitentscheidungsrecht auf EU-Ebene kompensiert. Die Auswirkungen auf die Handlungsfreiheit der Schweiz dürften ausgeprägter sein als beim bilateralen Weg. [...] Was den Marktzugang betrifft, würde der EWR eine deutliche Verbesserung gegenüber der gegenwärtigen Situation bieten. Allerdings könnten Zutrittshindernisse etwa im Landwirtschaftsbereich, der vom EWR ausgenommen ist, weiter bestehen" (ebd.: 7245).
- Ein EU-Beitritt (Ziff. 3.7) „würde die Frage der Rechtsübernahme insofern lösen, als die Schweiz als Mitgliedstaat alle Entwicklungen des EU-Rechtsbestandes übernehmen würde, an deren Ausformulierung und Entscheidung aber vollwertig beteiligt wäre. Die Rechtsprechung des Europäischen Gerichtshofs (EuGH) wäre verbindlich. [...] Angesichts der Auswirkungen eines EU-Beitritts auf die schweizerischen Institutionen und auf den Föderalismus dürften gewisse interne Reformen unumgänglich sein" (ebd.: 7245). Zu den Nachteilen gehören ein Verzicht auf eine eigene Außenwirtschafts- sowie Geld- und Währungspolitik, die Übernahme des Euro, die Erhöhung der Mehrwertsteuer auf mindestens 15%, sowie die Übernahme aller gemeinsamen Politiken der EU (ebd.).
- Ein EU-Beitritt mit Ausnahmen (Ziff. 3.8) wird vom Bundesrat zwar diskutiert, ist bislang aber von der EU nicht praktiziert worden. Hintergrund der Überlegung ist, dass in bestimmten Politikfeldern die Möglichkeiten von „opt-ins" oder „opt-outs" erweitert würden. Dies wäre ein Szenario im Hinblick auf Beitrittskandidaten, aber auch auf euroskeptische Mitglieder wie Großbritannien. Um einen Beitritt der Schweiz in den Bereich des Möglichen zu rücken, müssten opt-outs für Bereiche wie Neutralität, Währung, Steuerautonomie, und direkte Demokratie vorhanden sein.

Insgesamt ist nach Ansicht des Bundesrats der bilaterale Weg das gegenwärtig am besten geeignete Instrument zur Wahrung der schweizerischen Interessen in Europa (ebd.: 7247), auch wenn dieser einige Schwächen habe. „Diese betreffen die mangelnden Einflussmöglichkeiten auf Normen, die die Schweiz direkt betreffen, die Beschränkungen der Souveränität dort, wo die Schweiz ihr Recht an jenes der EU anpassen muss, um Wettbewerbsnachteile zu vermeiden, das Fehlen eines vollumfänglichen Zutritts zum EU-Binnenmarkt und schliesslich eine latente Rechtsunsicherheit" (ebd.). Die strategische Herausforderung für die EU-Politik der Schweiz das Finden einer Balance zwischen Nähe und Öffnung zur EU weitgehend durch bilaterale Verhandlungen und Nachvollzug bei selektiver Wahrung autonomer Handlungsspielräume und Schutz eigener Interessen.

Seit 2007 unterhält die Europäische Kommission eine eigene Delegation in Bern, die seit 2010 die gesamten EU-Institutionen in der Schweiz vertritt. Dadurch sind einerseits die nationalen Botschaften der jeweils rotierenden EU-Präsidentschaft von diesen Aufgaben entlastet, andererseits kommt dadurch auch die Straffung der Europäischen Außen- und Sicherheitspolitik zum Ausdruck. Die EU-Delegation in Bern ist Teil des Europäischen Auswärtigen Dienstes unter der Leitung des Hohen Vertreters der EU für Außen- und Sicherheitspolitik.

Nicht zuletzt um den Transitverkehr zwischen Deutschland und Italien zu erleichtern und die Straßen der engen Alpentäler vom Transitverkehr zu entlasten, wurde die „Neue Eisenbahn-Alpentransversale" (NEAT) entwickelt. Seit der „Alpeninitiative" von 1994 steht dieses Verkehrsprojekt sogar in der Verfassung. Dazu wurde u.a. der Gotthard und Lötschberg für über 20 Mrd. Franken untertunnelt, um der Bahn eine möglichst flache und schnelle Fahrt durch die Alpen zu ermöglichen. Der neue Gotthard-Basistunnel wird 57 km lang und 2017 in Betrieb genommen werden. Für die Lkw-Durchfahrtsrechte wird bislang eine Schwerverkehrsabgabe von bis zu 200 Euro je Fahrzeug erhoben.

Zu den Policy-Prioritäten der EU gehören etwa ein automatischer Informationsaustausch in Steuersachen und ein Verhaltenskodex im Steuerwettbewerb mit der Schweiz. Die EU argumentiert dabei mit „Good Governance" in Steuersachen. Als sich der internationale Druck auf die Schweiz in Steuerfragen erhöht hatte, entschloss man sich zu bilateralen Steuerabkommen mit Ländern wie Deutschland, Großbritannien und den USA. Dabei haben die USA nach der UBS-Affäre die härteste Linie gefahren, während mit Großbritannien und Deutschland sog. Rubik-Verträge ausgehandelt wurden, bei denen deutsche bzw. britische Kontoinhaber eine Pauschalsumme für die entgangenen Steuereinnahmen der Vergangenheit plus eine jährliche Pauschale zahlen sollten, die anonym von den Banken an die jeweiligen Steuerbehörden abzuführen sei. Auch der Ankauf von Kontodaten-CDs durch deutsche Behörden sollte darin verboten werden. Das Steuerabkommen mit Deutschland ist im Herbst 2012 an der Opposition im Deutschen Bundesrat gescheitert.

Die Summe der unversteuert auf schweizer Konten lagernden deutschen Vermögen wird auf deutlich über hundert Milliarden Euro geschätzt. Das gescheiterte Steuerabkommen mit Deutschland sah eine pauschale Abgeltungssteuer von 26% auf Erträge aus solchen Vermögen vor, die von Schweizer Banken ab 2013 anonym an den deutschen Fiskus abgeführt werden sollten. Das seit 1934 gesetzlich fixierte Bankgeheimnis sollte dadurch gewahrt werden. Demnach begeht die Bank eine Straftat, wenn sie die Identität ihrer Kunden verrät. Diese Regelung hat die Schweiz zu einer der weltweit größten Steuerparadiese werden lassen mit geschätzten 2.1 Billionen US-Dollar bzw. 27% des Offshore-Vermögens (Economist, 11.02.2012: 55).

12.4   Die Welt

Trotz – oder wegen – des Grundsatzes der Neutralität pflegt die Schweiz eine aktive internationale Diplomatie. Dabei ergibt sich oft eine interessante Mischung aus privaten Initiativen und staatlicher Förderung und Rahmensetzung, die für Staaten mit stärker etatistischer Außenpolitik überraschend sein kann. So wurde auf Initiative eines Schweizers, Henri Dunant, 1864 das Internationale Rote Kreuz von 16 Staaten „zur Verbesserung des Loses der verwundeten Soldaten der Armeen im Felde" gegründet. Im Roten Kreuz wurde von Anfang an in eine „transnationale" Organisationsstruktur berücksichtigt, bei der die Rotkreuz-Gesellschaften der Einzelstaaten durch das Internationale Komitee vom Roten Kreuz (IKRK) verbunden wurden, Dieses Komitee besteht aus bis zu 25 Schweizer Bürgern und hat durch den Anstoß von neuen zwischenstaatlichen Abkommen zur Gestaltung des „Humanitäres Völkerrecht" in der internationalen Politik beigetreten (Ansprenger 2000: 63). Das ursprüngliche Rotkreuz-Abkommen von 1864 wurde 1949 durch die vier Abkommen der Genfer Konvention abgelöst. In der ersten und zweiten Konvention werden die Rechte verwundeter Soldaten behandelt, in der dritten die von Kriegsgefangenen. Die vierte Konvention widmet sich dem Schutz von Zivilisten in Kriegszeiten und enthält u.a. Schutzbestimmungen für die Bewohner von Gebieten, die von anderen Staaten militärisch besetzt werden (z.B. Verbot von Deportationen).

Die Schweiz ist Gründungsmitglied des Völkerbundes. In den 1920er Jahren wurde Locarno zum Tagungsort für Verhandlungen zwischen Deutschland, Frankreich, Großbritannien, Italien, Belgien, Polen und der Tschechoslowakei mit dem Ziel der Friedenssicherung in Europa. Dabei kam es u.a. zur Annäherung von Frankreich und Deutschland, vertreten durch die Außenminister Briand und Stresemann, basierend auf der Anerkennung der deutschen Westgrenze (Ansprenger 2000: 85).

1948 ist die Schweiz dem Statut des Internationalen Gerichtshofes ICJ beigetreten (nicht zu verwechseln mit dem für Kriegsverbrecher zuständigem Internationalen Strafgerichtshof). Sie war damals das erste Nicht-UNO-Mitglied, das beitrat. Allerdings blieb diese Entscheidung bislang folgenlos. Da es vor dem ICJ meist um Grenzkonflikte und Souveränitätsfragen geht, also um Streitigkeiten zwischen Staaten, die für die schweizer Politik keine nennenswerte Rolle spielen, wurde die Schweiz bislang kaum in Verfahren involviert. Seit dem UN-Beitritt in 2002 stehen ihr auch deren Organe zur potentiellen Streitschlichtung zur Verfügung. Ein erster Anlauf zum Beitritt scheiterte im März 1986 mit 75,7% am obligatorischen Referendum. Bekannte Schweizer im Dienst der UN sind der Rechtsberater des Generalsekretärs, Nicolas Michel, sowie Adolf Ogi, Carla Del Ponte und Jean Ziegler. Im September 2010 übernahm Alt-Bundesrat Joseph Deiss für ein Jahr das Präsidium der UNO-Generalversammlung. Dem strikt zwischenstaatlich angelegten Europarat trat man bereits 1963 bei.

In der UBS-Affäre 2009/10 ging es um die von den USA geforderte Herausgabe von UBS-Kundendaten wegen Verdachts der Steuerhinterziehung sowie Beihilfe durch UBS-Mitarbeiter. „[A]ccording to an indictment unsealed in New York on February 2nd, Switzerland's oldest bank brazenly helped its clients dodge American taxes on $1.2 billion in offshore accounts and poached American clients from UBS, a giant Swiss bank that prosecutors ensnared earlier. This first indictment of a Swiss bank has rocked the country's financial industry [...] In the first big breach in Swiss secrecy, UBS agreed in 2009 to pay a $780m fine for aiding tax evasion and turned over data on more than 4,400 accounts. Last month

several more banks handed over client details, but encrypted the data pending a final deal"
(Economist 11.02.2012: 55). Tabelle 12-1 fasst die wichtigsten Daten zur Außenpolitik noch
einmal zusammen.

Zu den innenpolitisch kontrovers diskutierten Angelegenheiten der letzten Jahre gehörte auch
die sog. Libyen-Affäre, bei der sich auch unterschiedliche Handlungsstrategien der sozialdemokratischen Außenministerin Calmy-Rey und des freisinningen Finanzmisters Merz
deutlich wahrnehmbar abzeichneten. Auslöser der Affäre war die kurzzeitige Inhaftierung
von Hannibal Gaddafi im Juli 2008, Sohn des libyschen Ex-Diktators, nach Randalen in
einem Genfer Hotel, trotz Diplomatenstatus. Daraufhin ließ Gaddafi Sen. Mitte 2008 zwei
Schweizer in Libyen wegen Verdachts der Spionage festsetzen. Bewegung kam in den Konflikt erst nach seiner „Europäisierung" im Herbst 2009, als sich u.a. Spanien und Deutschland für die Geiseln einsetzten und die Schweiz zunehmend Schengen-Visa für libysche
Eliten verweigerte (NZZ 19.06.2010). Gelöst wurde der Konflikt schließlich durch die Verpflichtung der Schweiz, 1,5 Mill CHF als Schmerzensgeld für die illegal veröffentlichten
Polizeifotos auf ein Sperrkonto zu zahlen.

Tab. 12-1: Außenpolitische Eckdaten

1815	Wiener Kongress bestätigt die dauerhafte Neutralität der Schweiz
1920	Beitritt Völkerbund und Einführung „differentieller Neutralität" bis 1935 zur Rückkehr zur integralen Neutralität.
1960	EFTA-Gründungsmitglied (mit Dänemark, Großbritannien, Norwegen, Österreich, Portugal, Norwegen)
1961	OECD-Gründungsmitglied
1963	Beitritt Europarat
1966	GATT (ab 1995: WTO)
1972	Freihandelsabkommen mit der EWG
1992	Beitritt zu IWF und Weltbank. EWR-Beitritt scheitert am Referendum
1994	Beteiligung an UN-Friedensmissionen (Blauhelme) von Volk und Ständen abgelehnt.
1999/2002	Bilaterale I
2001	EU-Beitrittsinitiative gescheitert (23% Zustimmung)
2002	UNO-Beitritt
10/2004	Bilaterale II
06/2005	Obligatorisches Referendum bringt 54,6% Zustimmung zu Schengen/Dublin-Abkommen (trat 2008/09 in Kraft).
2005	Osthilfegesetz verabschiedet
2008	Kohäsionsfonds EU-Osterweiterung („Kohäsionsmilliarde")
2009	Erweiterung der Personenfreizügigkeit auf Bulgarien und Rumänien
	Steuerstreit mit USA und UBS-Affäre
2009/10	Libyen/Gaddafi-Affäre
2012	Steuerabkommen mit Deutschland gescheitert

Quelle: Eigene Zusammenstellung.

13   Wirtschafts- und Sozialpolitik

13.1   Wozu Wirtschaftspolitik?

Politisch motivierte Eingriffe in die Wirtschaft sind i.d.R. begründungsbedürftig. Bei der Begründung solcher Eingriffe ist zwischen wirtschaftspolitischen Zielen und Mitteln zu unterscheiden. Mit den Zielen der Wirtschaftspolitik wird der Inhalt des Eingriffs begründet, mit den Mitteln (Instrumente) die Form des Eingriffs. Dabei ist die Adäquanz der Mittelwahl im Hinblick auf die angestrebten Ziele ein entscheidender Gegenstand der politik- und wirtschaftswissenschaftlichen Forschung, während die Ziele der Wirtschaftspolitik politisch (d.h. normativ) gefunden werden müssen.

Wirtschaftspolitische Ziele werden vielfältig definiert. Im Zentrum steht dabei die Frage nach der Begründung des (wirtschafts)politischen Eingreifens in das Marktgeschehen. Die wirtschaftspolitische Zielfindung orientiert sich an den Bedingungen für eine effiziente Allokation der Ressourcen durch den Markt. Im Idealfall führt der Markt nach der allgemeinen Gleichgewichtstheorie zu einer solchen optimalen Allokation. „Gelingt es dem Markt außerhalb dieser Idealsituation nicht, eine effiziente Allokation herbeizuführen, so spricht man von Marktversagen. Liegt Marktversagen vor, so stellt sich die Frage, ob der Staat durch einen anderen Mechanismus als dem Marktmechanismus ein besseres Ergebnis erreichen kann" (Grüner 2006: 2). Ob in einer bestimmten Situation tatsächlich Marktversagen vorliegt, oder ob die Marktungleichgewichte erst durch die Eingriffe der Politik entstanden sind, ist allerdings meist umstritten. In der wirtschaftspolitischen Diskussion geht es meist um Form und Umfang der Bereitstellung öffentlicher Güter und die Vermeidung unerwünschter Nebenwirkungen (externe Effekte) wirtschaftlichen Handelns sowie um die optimalen Funktionsbedingungen von Märkten.

Seit dem Wachstums- und Stabilitätsgesetz (1967) in Deutschland werden ein stabiles Preisniveau, eine ausgeglichene Handelsbilanz, Vollbeschäftigung und Wirtschaftswachstum auch als „magisches Viereck" wirtschaftspolitischer Ziele bezeichnet. In der Regel können nicht alle Ziele zugleich realisiert werden, so dass oft bei einem der Ziele nur bescheidene Erfolge erreicht werden können. In der Schweiz ist dies das Wirtschaftswachstum. Ein sekundäres Ziel der Wirtschaftspolitik ist die Förderung von Innovation, die sich wiederum positiv auf andere Ziele wie das Wachstum, die Beschäftigung und den Export auswirkt. In der Schweiz fließt mit ca. 3% des BIP ein vergleichsweiser hoher Anteil in Forschung & Entwicklung. Mit einer Einschränkung beim Wachstum schneidet die Schweiz bei diesen Zielen meist sehr gut ab.

Die Inflationsrate (Landesindexes der Konsumentenpreise LIK, auch Verbraucherpreisindex) gibt die Teuerung bzw. den Geldwertverlust in einem Zeitraum an. Da die Berechnung je nach Land auf im Detail unterschiedlichen Erhebungsmethoden beruht, war bis 2007 kein direkter Vergleich möglich. Durch das bilaterale Statistikabkommen (Bilaterale II) liefert die Schweiz seit 2007 Daten an Eurostat für den einheitlichen „harmonisierten Verbraucherpreis-indizes" (HVPI) und verbessert somit die internationale Vergleichbarkeit der Inflationswer-te, die etwa für die Geldpolitik oder die Finanzmärkte wichtig ist.

Auf nationaler Ebene liegt der LIK seit Ende der 1980er Jahre unter 6%, seit 1993 sogar kontinuierlich unter 2%, zuletzt sogar oft bei 1% und darunter, mit Ausnahme von 2008 (Tab. 13-1). Die Inflationsrate ist mit 0,1% in 2011 eine der niedrigsten in Europa. Deutschland kam im gleichen Jahr auf 2,5%, Österreich auf 3,6%, Italien auf 2,9% und Frankreich auf 2,3%. Befürchtungen einer höheren Inflation durch die von der Notenbank eingeführte Euro-Untergrenze von 1,20 CHF seit dem 6. September 2011 haben sich bislang nicht bestätigt.

Tab. 13-1: Inflationsrate der Schweiz im Vergleich

	2005	2006	2007	2008	2009	2010	2011	2012	MW
Vereinigtes Königreich	2,1	2,3	2,3	3,6	2,2	3,3	4,5	2,8	2,8
Spanien	3,4	3,6	2,8	4,1	−0,2	2	3,1	2,4	2,6
Belgien	2,5	2,3	1,8	4,5	0	2,3	3,5	2,6	2,4
Vereinigte Staaten	3,4	3,2	2,8	3,8	−0,4	1,6	:	:	2,4
Italien	2,2	2,2	2	3,5	0,8	1,6	2,9	3,3	2,3
Dänemark	1,7	1,9	1,7	3,6	1,1	2,2	2,7	2,4	2,1
Österreich	2,1	1,7	2,2	3,2	0,4	1,7	3,6	2,6	2,1
Deutschland	1,9	1,8	2,3	2,8	0,2	1,2	2,5	2,1	1,8
Frankreich	1,9	1,9	1,6	3,2	0,1	1,7	2,3	2,2	1,8
Niederlande	1,5	1,7	1,6	2,2	1	0,9	2,5	2,8	1,7
Norwegen	1,5	2,5	0,7	3,4	2,3	2,3	1,2	0,4	1,7
Schweden	0,8	1,5	1,7	3,3	1,9	1,9	1,4	0,9	1,6
Schweiz	:	1	0,8	2,3	−0,7	0,6	0,1	−0,7	0,4

Quelle: Eurostat (HVPI–Inflationsrate) [Abruf: 21.01.2013].

Im Außenhandel erwirtschaftet die Schweiz kontinuierlich hohe Überschüsse. Der wichtigste Handelspartner ist mit deutlichem Abstand Deutschland, gefolgt von Italien, Frankreich, den USA und Großbritannien. Während im Handel mit Deutschland die Summe der Einfuhren die der Ausfuhren um über ein Fünftel übersteigt (Außenhandelsdefizit), gibt es im Handel mit den USA und Großbritannien ein Außenhandelsüberschuss. Die Exporte in die USA übersteigen die Importe um über das Doppelte. In der gesamten Handelsbilanz gab es zuletzt im Jahr 2000 ein Handelsbilanzdefizit, seither bewegt sich der Außenhandelsüberschuss meist zwischen 9% und knapp 15%, mit der Ausnahme von 2008 (1,9% nach OECD).

Im OECD-Vergleich hat lediglich Norwegen noch höhere Exportüberschüsse. Knapp 60% der schweizerischen Ausfuhren gehen in EU-Staaten, von denen sie 77,5% ihrer Einfuhren im Jahr 2010 bezog (BfS). Dem hohen Anteil des Außenhandels am Bruttoinlandsprodukt entspricht ein hohes Nettoauslandsvermögen von ca. 140% des BIP, womit die Schweiz in internationalen Vergleich „zu den bedeutendsten Gläubigernationen" gehört. „Diese ausge-prägte Auslandorientierung spiegelt sich in einer sehr konkurrenzfähigen Exportwirtschaft, die mit ihren innovativen, technologisch hochstehenden Produkten auf dem Weltmarkt er-folgreich agiert" (Rütti 2011: 9).

Die Arbeitslosenquote liegt kontinuierlich bei etwa 4% oder darunter und damit deutlich unter dem EU- und OECD-Durchschnitt, gerade auch bei den Jugendlichen. Trotz der Öffnung des schweizerischen Arbeitsmarktes gegenüber der EU ist dies eine im internationalen Vergleich äußerst niedrige Arbeitslosenquote, die lediglich von Norwegen unterboten wird. Bei einer Arbeitslosigkeit bis 3%, wie in der Schweiz bis 2002, kann man sogar von Vollbeschäftigung sprechen. Nach einem vorrübergehenden Anstieg auf 4,4% in 2004/05 sank die Arbeitslosigkeit bis 2008 wieder auf 3,5% (Deutschland 7,3%; Österreich 3,9%; Frankreich 7,9% nach OECD). Innerhalb der EU hatten zuletzt nur die Niederlande ähnlich niedrige Werte. Mit knapp 80% nimmt die Schweiz laut OECD auch die Spitzenposition bei der Erwerbstätigenquote ein. Die niedrige Jugendarbeitslosigkeit ist auch ein Erfolg der praxisnahen, dualen Berufsbildung in der Schweiz.

Tab. 13-2: Arbeitslosenrate (in %)

	2004	2005	2006	2007	2008	2009	2010	2011	MW
Spanien	11,0	9,2	8,6	8,3	11,4	18,1	20,2	21,8	13,5
Polen	19,3	18,0	14,0	9,7	7,2	8,3	9,7	9,8	12,0
Griechenland	10,7	10,0	9,0	8,4	7,8	9,6	12,7	17,9	10,7
Portugal	7,0	8,1	8,1	8,5	8,1	10,0	11,4	13,4	9,3
Frankreich	8,9	8,9	8,9	8,0	7,4	9,2	9,4	9,3	8,7
Deutschland	10,4	11,3	10,4	8,7	7,6	7,8	7,2	6,0	8,6
Irland	4,6	4,8	4,7	4,7	5,8	12,2	13,9	14,6	8,1
Belgien	8,4	8,5	8,3	7,5	7,0	8,0	8,4	7,2	7,9
Finnland	8,9	8,4	7,7	6,9	6,4	8,4	8,5	7,9	7,8
Italien	8,1	7,8	6,9	6,2	6,8	7,9	8,5	8,5	7,5
Schweden	6,6	7,8	7,1	6,2	6,1	8,5	8,5	7,6	7,3
Tschechische Republik	8,4	8,0	7,2	5,4	4,4	6,8	7,4	6,8	6,8
USA	5,6	5,1	4,7	4,7	5,8	9,4	9,8	9,1	6,7
UK	4,7	4,7	5,5	5,3	5,4	7,8	7,9	8,0	6,1
Dänemark	5,6	4,9	4,0	3,8	3,5	6,1	7,6	7,7	5,4
Österreich	5,0	5,2	4,8	4,5	3,9	4,8	4,5	4,2	4,6
Niederlande	5,1	5,3	4,3	3,6	3,0	3,7	4,5	4,4	4,2
Schweiz	4,4	4,5	4,1	3,7	3,4	4,2	4,6	4,2	4,1
Norwegen	4,5	4,7	3,5	2,6	2,6	3,2	3,7	3,3	3,5

Quelle: OECD Employment and Labour Market Statistics [24.08.2012].

Das wirtschaftliche Wachstum war in den 1990er Jahren vergleichsweise schwach, ist inzwischen aber in ein stabiles Wachstum über gegangen, allerdings noch auf niedrigem Niveau. Wenn es zutrifft, dass die Wirtschaftspolitik nicht alle Ziele des „magischen Vierecks" wirtschaftspolitischer Ziele gleichermaßen bzw. zur gleichen Zeit fördern kann, dann ist das Wirtschaftswachstum das Stiefkind der schweizerischen Wirtschaftspolitik. Ähnlich wie die italienische Wirtschaft ist die der Schweiz weniger dynamisch. In Boomzeiten fallen die Wachstumsraten weniger hoch aus und in Krisenzeiten weniger tief als in vergleichbaren anderen Ländern. So wuchs die schweizerische Wirtschaft in 2001 etwa um 2%, die Deutsche um 2,8%, die Österreichische um 2,7%, die Italienische um 4,7% und die Französische um 3,8%. Dafür fiel der Einbruch im Krisenjahr 2009 mit –1,7% für die schweizerische Wirtschaft am moderatesten aus (Deutschland –4%).

Nach verbreiteter Einschätzung gehört die schweizerische Volkswirtschaft mit ihrer geringeren Dynamik zu den „Wachstumsschnecken" im internationalen Vergleich, was langfristig den Wohlstand des Landes gefährden könnte (Borner/Bodmer 2004). Zusammen mit der seit den neunziger Jahren steigenden Staatsquote wird die Wachstumsschwäche als Problem wahrgenommen, das sich aber aufgrund des politischen Konsenszwangs und der direkten Demokratie kaum durch einen schnellen Politikwechsel ändern lasse (ebd.). „In keinem anderen OECD-Land waren die Steuer- und Zwangsabgaben von 1990 bis 1995 dermassen stark gewachsen wie in der Schweiz" (Rütti 2011: 9). Dennoch ist der Anteil der Staatsausgaben am BIP (Staatsquote) „mit einem Drittel vergleichsweise niedrig. Allerdings steigt sie auf rund 44%, wenn auch Zwangsabgaben wie die Beiträge zur zweiten Säule der Altersvorsorge und die obligatorischen Krankenkassenprämien mitberücksichtigt werden" (ebd.).

In verschiedenen Indices zur Wettbewerbsfähigkeit, wie z.B. dem Global Competitiveness Report des World Economic Forum, nimmt die Schweiz seit Jahren Spitzenpositionen ein. „Im Economic-Freedom-Index der Heritage Foundation rangiert die Schweiz unter den fünf 'freisten Ländern' der Welt" (ebd.). Auch die globalen Wirtschafts- und Finanzkrisen seit 2008 hat die schweizerische Volkswirtschaft glimpflich überstanden und sich rasch erholt. Als relativ kleine, aber sehr offene Volkswirtschaft mit hoher Exportabhängigkeit war dies keineswegs selbstverständlich (ebd.). Der Anteil des internationalen Handels von Waren und Dienstleistungen am BIP ist von 2003 mit 40,8% (Deutschland 33,7%) auf 51,1% in 2007 (Deutschland 43,4%) gestiegen (nach OECD). In der EU hat Irland eine noch offenere Volkswirtschaft.

Hinsichtlich der wirtschaftlichen Offenheit muss allerdings differenziert werden. Einem offenen und hoch wettbewerbsfähigen Export- und Finanzsektor steht eine stärker abgeschottete Dienstleistungsbranche und Landwirtschaft gegenüber. Entsprechend ist in diesem Sektoren die Produktivität (und Wettbewerbsfähigkeit) geringer. „Zusammen mit Norwegen, Korea, Island und Japan zählt die Schweiz im Landwirtschaftssektor nach wie vor zu den protektionistischsten Ländern der Welt" (Rütti 2011: 9).

13.2   Die Wirtschafts- und Finanzpolitik einer Großen Koalition

13.2.1   Wirtschafts- und Währungspolitik

Im Unterschied zur meist konsensuellen, überparteilichen Außenpolitik ist die Wirtschaftspolitik in vielen Ländern beeinflussbarer durch parteipolitische Programme und Ideologien. In der Schweiz ist der Spielraum für solche Einflüsse aber durch die Konkordanz bzw. die hohe Anzahl parteipolitischer Vetospieler auf Regierungsebene stark begrenzt. Der für eine wirtschaftspolitische Programmänderung notwendige parteiübergreifende Konsens hat dazu geführt, dass in der Wirtschaftspolitik keine Experimente eingegangen werden und keine (neo)keynesianische Nachfragesteuerung (kleiner Binnenmarkt) betrieben wird. Vielmehr herrscht ein moderat angebotsorientierter Monetarismus vor, insbesondere durch die politisch unabhängige Schweizerischen Nationalbank (SNB, vgl. Hotz-Hart/Schmuki/Dümmler 2006: 571).

In der Politik des Bundesrates überwiegt stattdessen eine pragmatische Wirtschaftspolitik mit einer starken Betonung von Offenheit und Weltmarktintegration einerseits und selektivem Protektionismus andererseits. Neben der bereits erwähnten Rolle von Innovation kann die

Schweiz als wichtige Wettbewerbsvorteile auch die qualifizierten Arbeitskräfte und einen relativ flexiblen Arbeitsmarkt ins Feld führen. Hohe wirtschaftspolitische Priorität haben folglich die Förderung von Humankapital, Forschung und Entwicklung und der Wettbewerbsfähigkeit allgemein durch (sektorale) Deregulierung und Weltmarktintegration.

Bei der wirtschaftspolitischen Zielfindung ist ein hoher Grad branchenspezifischer Selbstregulierung durch Arbeitgeber- und Arbeitnehmervereinigungen zu berücksichtigen. Ähnlich wie in der Sozialpolitik werden hierbei unterschiedliche Steuerungsmodelle miteinander verbunden. Bei wenigen staatlichen Rahmenvorgaben und ggf. punktueller Intervention wird ein hoher Grad gesellschaftlicher, branchenspezifischer Selbstorganisation ermöglicht. Themen wie z.B. der Mindestlohn, der in vielen europäischen Ländern durch staatliche Rechtsetzung geregelt wird (Funk/Lesch 2006), sind in der Schweiz Gegenstand branchenspezifischer Gesamtarbeitsverträge (GAV).

Die wirtschaftspolitische Zielfindung wird des Weiteren auch durch die Merkmale der direkten Demokratie und der Konkordanz beeinflusst. Auch wenn durch die asymmetrischen Verbändestrukturen wirtschaftspolitische Interessen, etwa hinsichtlich der Binnen- oder Exportorientierung oder hinsichtlich von Arbeit und Kapital, unterschiedlich stark organisiert sind (vgl. Kap. 11.2), bieten direkte Demokratie und Konkordanz auch vergleichsweise durchsetzungsschwachen Interessen eine Chance, dass ihre Interessen absorbiert und integriert werden. „Dies trägt zur grossen Stabilität und Kontinuität der Wirtschaftspolitik und damit zu ihrer grossen Berechenbarkeit bei. [...] Die Kehrseite der Stabilität ist die damit verbundene Langsamkeit und Trägheit der Wirtschaftspolitik" (Hotz-Hart/Schmuki/Dümmler 2006: 128).

Eine ähnlich breite Interessenlage muss in der Währungspolitik integriert werden. Hierbei sind z.B. Ziele wie die Währungsstabilität und ein Ausgleich zwischen Binnen- und Exportorientierung zu berücksichtigen. Aufgrund seiner Stabilität fungiert der Franken eher unfreiwillig als Welt-Reservewährung. Dadurch leidet der Franken in der Regel bei weltpolitischen Krisen, wie den New Yorker Terroranschlägen vom 11. September 2001, oder bei währungspolitischen Krisen wie der des Euros seit 2011, an massiven Aufwertungen. Die Flucht der Anleger in eine als sicher wahrgenommene Reservewährung bringt für die schweizerische Wirtschaft aber erhebliche Probleme mit sich. Durch die Preiserhöhung für schweizerische Produkte leidet der Exportsektor, der wie oben skizziert in der kleinen und sehr offenen Volkswirtschaft einen erheblichen Teil des BIP ausmacht. Neben der Exportindustrie leidet aber auch der Tourismussektor unter einem starken Franken, der den Urlaub in der Schweiz verteuert.

Das Problem der Überbewertung besteht auch, teilweise aber aus anderen Gründen, in Brasilien, Australien, Kanada und Schweden, deren Währungen bei Krisen als Welt-Reservewährungen genutzt werden und dann massiv aufwerten. Die starke Währung kann somit zu einer Herausforderung für die Exportwirtschaft solcher Länder werden. Vor diesem Hintergrund ergibt sich als währungspolitisches Aufgabe, den Wechselkurs des Franken so zu beeinflussen, dass seine Stärke den besonders betroffenen Branchen nicht allzu abträglich ist und auf der anderen Seite durch die Ausweitung der Geldmenge die Inflation nicht befördert wird. Wie oben gezeigt, gelingt es aber meist, diese Ziele angemessen zu berücksichtigen, z.B. durch das Wechselkursziel der SNB vom September 2011 von mindestens 1,20 Franken zum Euro.

Historisch nahm die Schweiz bis zu dessen Zusammenbruch 1973 am System fester Wechselkurse von Bretton Woods teil. In der Folge kam es zu deutlichen Abwertungen von Dollar und D-Mark gegenüber dem Franken. „Statt der Geldmenge schwankten die Wechselkurse, und nach der damals herrschenden Theorie hätte dies vorteilhaft für die Schweiz sein müssen. Allerdings schwankten die Kurse sehr viel stärker als von den Anhängern der Theorie erwartet" (Braunmüller 2011). Im Oktober 1978 wurde dann ein Instrument eingesetzt, dass auch 2011 im Zuge der Euro-Krise zur Anwendung kam: ein offizielles Wechselkursziel von über 80 Rappen je D-Mark, das durch Währungsaufkäufe erreicht werden sollte. In der Folge umfangreicher Devisenkäufe stieg allerdings auch die Inflationsrate, die 1981 bei über 6% lag (ebd.).

Solche Wechselkursziele werden von der SNB autonom festgesetzt. Im Index der Unabhängigkeit der Zentralbanken nach Lijphart (1999: 314) erreicht die Schweiz für den Zeitraum 1971 bis 1996 auf einer Skala von null bis eins einen relativ hohen Wert von 0,63 (Frankreich 0,29; Österreich 0,53; Deutschland 0,69). Ihre Unabhängigkeit ist in Art. 99 Abs. 2 BV garantiert, wonach die Geld- und Währungspolitik der SNB dem Gesamtinteresse des Landes zu dienen hat, also nicht einseitig auf z.b. die exportorientierten Branchen ausgerichtet sein darf (Hotz-Hart/Schmuki/Dümmler 2006: 555).

Die Aufgaben der SNB sind darüber hinaus im Notenbankgesetz präzisiert, das u.a. die Preisstabilität sowie die Liquidität des Geldmarktes, die Bargeldversorgung, die Verwaltung der Währungsreserven, die Stabilität des Finanzsystems, die internationale Währungskooperation und die Funktion als Bank des Bundes nennt (ebd.: 556). Die SNB gehörte in den 1970er Jahren zu den Vorreitern einer monetaristischen Geldpolitik in Europa. Auch wenn explizite Geldmengenziele nicht mehr zu den Instrumenten der SNB gehören, ist ihre Geldpolitik weiterhin monetaristisch geprägt (ebd.: 572). Die Gewinne der SNB betrugen in 2009 etwa 10 Mrd. Franken zugunsten des Bundeshaushalts. Allerdings muss die SNB auch die Risiken aus Fremdwährungsschwankungen, wie der des schwachen Euro seit 2010, auffangen.

13.2.2   Steuer- und Finanzpolitik

Finanzpolitik hat neben der Aufgabe der Staatsfinanzierung zur Bereitstellung öffentlicher Güter sowie Konjunktur- und Wachstumszielen auch Umverteilungsaufgaben (Zimmermann/Henke/Broer 2011). Nicht das einzige, aber das wichtigste Instrument für die Erreichung dieser Ziele sind die Steuern. In der Schweiz wird auf Bundesebene zwischen direkten und indirekten Bundessteuern unterschieden. Die direkten Bundessteuern sind im Bundesgesetz über die direkte Bundessteuer (DBG) enumerativ aufgeführt. Demnach erhebt der Bund als direkte Bundessteuer eine Einkommenssteuer für natürliche Personen, eine Gewinnsteuer für juristische Personen und eine Quellensteuer für die Einkommen von bestimmten natürlichen und juristischen Personen. Diese Steuern werden im Rahmen des Vollzugsföderalismus „von den Kantonen unter Aufsicht des Bundes veranlagt und bezogen" (Art. 2).

Indirekte Bundessteuern sind z.B. die Mehrwertsteuer, die Automobil- und Mineralölsteuer, die Tabak- und Alkoholsteuer sowie Stempelabgaben auf Versicherung bei ausländischen Gesellschaften. Alle Steuerarten, die der Bund nicht für sich reserviert hat, können (auch) von den Kantonen erhoben werden. Die Steuerarten und -tarife können daher interkantonal stark variieren. Kantonale Steuern sind z.B. kantonale Einkommens- und Vermögenssteuern, Erbschafts- und Schenkungssteuern, Grundstücksgewinnsteuern, kantonale Gewinn- und

Kapitalsteuern, Kirchensteuer, Liegenschaftssteuern, Lotteriesteuern und Reklameplakat-steuern (www.ch.ch.).

Der Anteil des Einkommens und Vermögens, der durch Steuern vom Staat abgeschöpft wird, kann durch die Steuerquote gemessen und international vergleichbar gemacht werden. In der Schweiz liegt die Summe der Steuereinnahmen als Anteil am BIP im Durchschnitt der Jahre 2005 bis 2010 bei 29,3% und damit fast auf dem gleichen Niveau wie in Irland (29,6%), was nur noch von wenigen Staaten wie den USA (26,3%) unterboten wird.

Polen (33,5%), das Vereinigtes Königreich (35,5%), Deutschland (36,1%) und die Tschechi-sche Republik (36,2%) liegen etwas darüber, andere Länder wie Österreich (42,1%), Italien (42,7%), Frankreich (43,5%), Belgien (43,9%) und Schweden (47,2%) sogar deutlich darü-ber (OECD Tax Statistics, doi: 10.1787/taxrev-table-2011-1-en). Bei der Mehrwertsteuer gibt es neben dem allgemeinen Satz von 8% einen reduzierten Satz für Beherbergungsleis-tungen (3,8%) und für Güter des täglichen Bedarfs (2,5%).

Nach einer Modellrechnung der OECD zu den Anteilen der Einkommenssteuer und der So-zialversicherungsabgaben am durchschnittlichen Arbeitnehmereinkommen, kommt die Schweiz bei einem überdurchschnittlich hohen Bruttoeinkommen (Tab. 13-3, Spalte 5) auf einen Gesamtanteil von nur 16,1%. Wieder liegt die Schweiz auf einem Niveau mit Irland (18,9%). Dagegen liegt der Gesamtanteil in Frankreich bei 28%, in Italien bei 31%, in Öster-reich bei 33% und in Deutschland bei 40%.

Tab. 13-3: Anteile Einkommenssteuer und Sozialversicherungsabgaben am Bruttoeinkommen 2011

	Total	Einkommens-steuer	Sozialversiche-rungsabgaben	Bruttoeinkommen (USD in PPPs)
Schweiz	16,1	10,0	6,2	51 738
Irland	18,9	14,9	4,0	39 225
Spanien	21,9	15,6	6,4	35 528
USA	22,8	17,2	5,7	46 800
Tschech. Republik	23,0	12,0	11,0	20 868
Portugal	24,5	13,5	11,0	27 836
Polen	24,6	6,8	17,8	20 567
Schweden	24,8	17,8	7,0	42 118
UK	25,1	15,6	9,5	52 013
Frankreich	28,0	14,3	13,7	41 361
Norwegen	29,3	21,5	7,8	50 644
Finnland	29,8	22,7	7,2	43 798
Italien	30,8	21,3	9,5	36 360
Niederlande	31,4	16,0	15,4	55 165
Österreich	33,4	15,3	18,1	46 210
Dänemark	38,7	28,0	10,7	48 994
Deutschland	39,9	19,0	20,9	54 950
Belgien	42,2	28,2	14,0	49 351
MW	28,0	17,2	10,8	42 418,1

Quelle: OECD.Stat; doi:10.1787/tax-ssc-table-2012-1-en [24.08. 2012]; Anm.: Einzelner Arbeitnehmer ohne Kinder mit durchschnittlichem Einkommen.

Die beiden berechneten Varianten in Tab. 13-4 zeigen, dass Föderalismus nicht zwangsläufig mit einem hohen Anteil subnationaler Steuereinnahmen einhergehen muss. Mit Kanada und der Schweiz sind zwar zwei föderale Staaten die Spitzenreiter dieses Samples hinsichtlich subnationaler Steuereinnahmequoten. Jedoch sind mit Österreich und Belgien auch zwei Bundesstaaten mit sehr niedrigen subnationalen Steuerquoten vertreten. Und mit Schweden, Dänemark und Finnland haben drei Einheitsstaaten im Sample auf subnationaler Ebene sehr hohe Steuereinnahmequoten. Föderalismus ist also weder notwendige noch hinreichende Bedingung für eine hohe Steuereinnahmequote der subnationalen Ebene(n).

Tab. 13-4: Verteilung der Steuereinnahmen auf die politischen Ebenen 2010

	Anteile einschließl. Sozialversicherung und supranat. Ebene (EU)				Ohne Sozialversicherung und supranat. Ebene		
	Lokal	Regional	(L&R)	Zentral	Lokal	Regional	Zentral
Belgien	5,02	5,15	10,17	56,44	7,54	7,73	84,73
Dänemark	26,66		26,66	70,87	27,34		72,66
Deutschland	7,93	21,16	29,09	31,37	13,12	35	51,88
Finnland	24,4		24,4	45,66	34,83		65,17
Frankreich	10,79		10,79	34,81	23,66		76,34
Griechenland	0,78		0,78	63,6	1,21		98,79
Irland	3,15		3,15	80,8	3,76		96,24
Italien	15,29		15,29	52,85	22,44		77,56
Kanada	9,93	39,52	49,45	41,39	10,93	43,5	45,57
Niederlande	3,91		3,91	61,23	6		94
Norwegen	13,76		13,76	86,24	13,76		86,24
Österreich	3,27	1,62	4,89	66,23	4,59	2,28	93,12
Polen	12,55		12,55	49,79	20,13		79,87
Portugal	5,44		5,44	67,95	7,41		92,59
Schweden	35,56		35,56	51,93	40,64		59,36
Schweiz	15,75	24,63	40,38	36,33	20,53	32,11	47,36
Spanien	9,12	18,24	27,36	34,9	14,66	29,29	56,05
UK	5,06		5,06	75,28	6,29		93,71
Ungarn	6,48		6,48	63,51	9,26		90,74
USA	16,38	20,82	37,2	36,61	22,19	28,21	49,6

Quelle: Eigene Berechnungen nach OECD.Stat. Niederlande und Polen: 2009; Zahlen vor internen Transfers.

Steuern dienen aber nicht nur der Staatsfinanzierung, sondern sind auch Instrument des Ausgleichs von Einkommensunterschieden. Der Gini-Koeffizient ist ein Maß für die Ungleichheit der Einkommensverteilung in einer Gesellschaft. Dieser kann vor oder nach Steuern und staatliche Transferleistungen berechnet werden. Durch einen Vorher-Nachher-Vergleich kann z.B. das Ausmaß staatlicher Umverteilung von Einkommensunterschieden ermittelt werden. Ein Gini-Koeffizient von null bedeutet eine völlige Gleichheit der Einkommensverteilung, ein Wert von eins eine völlige Ungleichheit. Steuern und Transfers fallen z.B. in Abhängigkeit vom Wohlfahrtsstaatsmodell unterschiedlich hoch aus. Da sie die Einkommensverteilung erheblich mit beeinflussen können, wird in Tabelle 13-5 der Gini-Koeffizient nach Steuern und Transfers wiedergegeben.

Der niedrigste Wert (höchste Einkommensgleichheit) unter den OECD-Mitgliedern in den Jahren 2008/09 wird von Dänemark (0,24) erreicht, der höchste (niedrigste Einkommensgleichheit) von Mexiko (0,48). Das OECD-Mittel liegt bei 0,31. Für die Schweiz lässt sich im Längsschnitt ein leichter Anstieg der Einkommensungleichverteilung erkennen. Mit einem Wert von 0,3 liegt sie zwar knapp unter dem OECD-Durchschnitt, aber oberhalb von Österreich (0,26), Frankreich und Deutschland (je 0,29), jedoch noch unterhalb des Wertes für Italien (0,33).

Tab. 13-5: Ungleichheit der Einkommensverteilung (Gini-Koeffizient)

	mid-1990s	around 2000	mid-2000s	late-2000s
Dänemark	0,215	0,226	0,232	0,248
Norwegen	0,243	0,261	0,276	0,25
Tschechische Republik	0,257	0,26	0,268	0,256
Belgien	0,287	0,289	0,271	0,259
Finnland	0,218	0,247	0,254	0,259
Schweden	0,211	0,243	0,234	0,259
Österreich	0,238	0,252	0,265	0,261
Frankreich	0,277	0,287	0,288	0,293
Irland	0,324	0,304	0,314	0,293
Niederlande	0,297	0,292	0,284	0,294
Deutschland	0,266	0,264	0,285	0,295
Schweiz		0,279	0,276	0,303
Polen		0,316	0,349	0,305
Griechenland	0,336	0,345	0,321	0,307
Spanien	0,343	0,342	0,319	0,317
Italien	0,348	0,343	0,352	0,337
UK	0,336	0,352	0,331	0,342
Portugal	0,359	0,356	0,385	0,353
USA	0,361	0,357	0,38	0,378

Quelle: OECD.Stat [24.08.2012]. Anm.: Nach Steuern und Transfers, Gesamtbevölkerung, aktuelle Definition.

13.2.3 (De)Regulierungspolitik und Schuldenbremse

Zu den Instrumenten der schweizerischen Wirtschafts- und Finanzpolitik gehören eine Flexibilisierung bzw. Deregulierung für weite Bereiche der Wirtschaft (mit einigen Ausnahmen) und seit der Jahrtausendwende auch die Innovation der Schuldenbremse. (De)Regulierung wie auch Schuldenbremse werden teilweise unklar definiert. Regulierung umfasst „Vorkehrungen staatlicher Instanzen, die auf die Beeinflussung von Preisen, Verkaufs- und Produktionsentscheidungen privater Unternehmen ausgerichtet sind und mit denen das 'öffentliche Interesse' geschützt werden soll" (Hotz-Hart/Schmuki/Dümmler 2006: 91). Regulierungen sind (sektorspezifische) Einschränkungen der Vertragsfreiheit und können an verschiedenen Stellen des Wirtschaftsprozesses ansetzen, etwa beim Marktzutritt, den Preisen und Mengen oder bei Verhaltens- und Qualitätsstandards (ebd.). „Gesetze, administrative Vorschriften und andere formale Regeln werden erlassen, und anschließend wird deren Einhaltung überwacht. In einem weiteren Begriffsverständnis werden dagegen auch andere wirtschaftspolitische Instrumente, die darauf abzielen steuernd in das Wirtschaftssystem einzugreifen (z. B. Besteuerung, Subventionen, öffentliches Unternehmertum, Geldpolitik), als Regulierungsinstrumente aufgefasst" (Etling/Mause 2012: 67). Für die Kontrolle der wirtschaftlichen Regulierung gibt es in der Schweiz eine Reihe spezialisierter Ämter wie das SECO und die Finanzmarktaufsicht FINMA.

Um das Ausmaß staatlicher Regulation des Wirtschaftsgeschehens empirisch messen und vergleichen zu können, gibt es eine Reihe von wirtschaftspolitischen Regulierungsindices. Die Schweiz nimmt bei diesen Vergleichen meist vordere Rangplätze ein, allerdings mit einer relativ großen Spannweite von 12 Plätzen im OECD-30-Ländervergleich. Sie steht in den jeweils aktuellsten Ausgaben auf Platz 14 im Doing Business Index (Weltbank), auf Platz 2 bei Economic Freedom of the World (Fraser), Platz 6 im Index of Economic Freedom (Heritage), Platz 13 bei den Indicators of Product Market Regulation (OECD) und auf Platz 8 im Regulierungsindex des Instituts der deutschen Wirtschaft (IW) (Etling/Mause 2012: 81).

Deutschland findet sich in diesen Indices zwischen dem 13. und dem 16. Platz wieder, mit Ausnahme des IW-Regulierungsindexes (Platz 22). Der relativ hohe Grad an Deregulierung in der Wirtschaftspolitik der Schweiz, der in diesen Indices zum Ausdruck kommt, fällt aber sektorspezifisch unterschiedlich aus und ist besonders hoch in Bereichen, die stark in den Weltmarkt integriert sind, während andere Sektoren bzw. Gruppen, die davon nachteilig betroffen sind, gezielt kompensiert werden (Katzenstein 1985). Ein Deregulierungs- bzw. Liberalisierungsimpuls ging Anfang der 1990er Jahre auch von dem gescheiterten EWR-Beitritt aus, durch den die Wettbewerbsfähigkeit der schweizerischen Wirtschaft gestärkt werden sollte (Kriesi/Trechsel 2008: 137).

Eine Form der Regulierung nicht des privatwirtschaftlichen sondern des staatlichen Handelns stellt die sog. Schuldenbremse dar (staatliche Selbstregulierung). Die auch als Schuldenbremse umschriebene Verfassungsänderung wurde im Juni 2001 von der Bundesversammlung beschlossen und im Dezember vom Volk angenommen. Die Regelung trat 2003 in Kraft. Das Instrument verpflichtet den Bund, die Einnahmen und Ausgaben über den Verlauf eines Konjunkturzyklus hinweg ausgeglichen zu halten.

Trotz des vergleichsweise niedrigen Schuldenstandes ist das Thema Schuldenbegrenzung bzw. Schuldenabbau auch in der Schweiz ein Dauerbrenner. Bereits 1958 wurde eine Entschuldungsregel in die Verfassung aufgenommen. Der eigentliche Vorläufer der Schuldenbremse war aber das 1998 verabschiedete Haushaltsziel 2001, dass zu einem ausgeglichenen Haushalt bis im Jahr 2001 führen sollte. Die 2001 verabschiedete Schuldenbremse ist das Nachfolgeinstrument. Die Regelung des Art. 126 BV (Haushaltführung) besagt, dass sich die Ausgaben und Einnahmen des Bundes auf Dauer im Gleichgewicht befinden müssen. Nach Abs. 2 richtet sich der Höchstbetrag der im Haushaltsvoranschlag zu bewilligenden Gesamtausgaben „unter Berücksichtigung der Wirtschaftslage nach den geschätzten Einnahmen". Allerdings kann „bei ausserordentlichem Zahlungsbedarf" der Höchstbetrag „angemessen erhöht werden". Dafür ist aber die Zustimmung der Mehrheit der Mitglieder (nicht der Anwesenden, vgl. Art. 159 Abs. 3c) in beiden Räten erforderlich. Nach Abs. 4 sind bei einem Überschreiten des Höchstbetrags nach Absatz 2 oder 3 die Mehrausgaben in den folgenden Jahren wieder auszugleichen.

Diese zunächst einfach klingende Regelung wird im Finanzhaushaltsgesetz (FHG) weiter präzisiert. Nach Art. 13 FHG darf z.B. ein Konjunkturfaktor bei der Bestimmung der „im Voranschlag zu bewilligenden Gesamtausgaben" (Abs. 1) berücksichtigt werden, nicht jedoch außerordentliche Einnahmen, z.B. aus Investitionen und Konzessionen (Abs. 2). „Der Konjunkturfaktor entspricht dem Quotienten aus dem geschätzten realen Bruttoinlandprodukt gemäss langfristig geglättetem Trend und dem voraussichtlichen realen Bruttoinlandprodukt im Voranschlagsjahr" (Abs. 3).

Nach Art. 15 Abs. 1 (Erhöhung des Höchstbetrags) kann die Bundesversammlung „bei der Verabschiedung des Voranschlags oder seiner Nachträge den Höchstbetrag nach Artikel 126 Absatz 2 [...] erhöhen im Falle von: a. aussergewöhnlichen und vom Bund nicht steuerbaren Entwicklungen; b. Anpassungen am Rechnungsmodell; c. verbuchungsbedingten Zahlungsspitzen". Abs. 2 schränkt ein, dass eine Erhöhung nur möglich ist, wenn der zusätzliche Zahlungsbedarf mindestens 0,5% des Höchstbetrags erreicht.

Auf einem Ausgleichskonto (Art. 16) werden Abweichungen der in der Staatsrechnung ausgewiesenen Gesamtausgaben des Vorjahres vom „berichtigten Höchstbetrag", also den „tatsächlich erzielten ordentlichen Einnahmen" verbucht. Fehlbeträge des Ausgleichskontos (Art. 17) werden „im Verlauf mehrerer Jahre durch Kürzung der nach Artikel 13 oder 15 festzulegenden Höchstbeträge ausgeglichen". Ab einem Fehlbetrag von 6% der im vergangenen Rechnungsjahr getätigten Gesamtausgaben muss die Überschreitung innerhalb der drei folgenden Rechnungsjahre beglichen werden.

Die Schuldenbremse ist als eine erfolgreiche Policy-Innovation zu bewerten. Das Haushaltsdefizit ist seither kontinuierlich niedrig gewesen. Zwischen 2001 und 2005 lag es zwischen 0,1 und 1,8% (2004). Seit 2006 wird, bedingt auch durch die Schuldenbremse, ein Überschuss erwirtschaftet (0,8% in 2006 und 1,6% 2008). Zum Vergleich: In Deutschland, Italien und dem UK etwa lag das Defizit in 2004 zwischen 3 und 4%. Die Schuldenquote insgesamt ist, mit bedingt durch die Schuldenbremse, rückläufig. Betrug sie 2004 noch knapp 58%, so ist sie bereits bis 2008 auf 44% gesunken (Deutschland: 68,8%; Österreich: 66,2%; Italien: 114,4%). Diesem Rückgang um 14% steht in den Euro-Ländern ein kontinuierliches Wachstum der Schuldenquote gegenüber. Die Schweiz ist damit neben Schweden und phasenweise auch den Niederlanden und Spanien das einzige OECD-Land, dem es in der letzten Dekade gelungen ist, eine langfristige Senkung der Schuldenquote zu erreichen.

Die Idee einer Schuldenbremse hat im Zuge der zweiten Föderalismusreform (2009) auch in Deutschland viel Unterstützung bekommen und ist in das Grundgesetz aufgenommen worden. Allerdings ist in Deutschland ein anderes Modell gewählt worden, das einerseits eine moderate Neuverschuldung des Bundes bis 0,35% des nominalen BIP ermöglicht, anderseits Ausnahmen wie im schweizerischen Modell in Art. 15 FHG nur zulässt im Fall von „Naturkatastrophen oder außergewöhnlichen Notsituationen, die sich der Kontrolle des Staates entziehen und die staatliche Finanzlage erheblich beeinträchtigen" (Art. 115 II GG). Dafür ist ein Beschluss der Mehrheit der Mitglieder des Bundestages erforderlich, der mit einem Tilgungsplan zu versehen ist.

Bund und Länder können aber auch „Regelungen zur im Auf- und Abschwung symmetrischen Berücksichtigung der Auswirkungen einer von der Normallage abweichenden konjunkturellen Entwicklung" treffen (ebd.). Außerdem wird ein Kontrollkonto eingerichtet, auf dem Abweichungen der tatsächlichen Kreditaufnahme von der zulässigen Obergrenze erfasst werden; „Belastungen, die den Schwellenwert von 1,5 von Hundert im Verhältnis zum nominalen Bruttoinlandsprodukt überschreiten, sind konjunkturgerecht zurückzuführen" (Art. 115 II GG). Grundsätzlich gilt aber die Regel, dass die Haushalte von Bund und Ländern ohne Einnahmen aus Krediten ausgeglichen werden müssen (Art. 109 Abs. 3). Die deutsche Regelung wurde mit der Föderalismusreform II 2009 implementiert, die Schuldengrenze für den

Bund tritt 2016, die für die Länder 2020 in Kraft. Tab. 13-6 stellt die wichtigsten Regelungen der schweizerischen und deutschen Schuldenbremse noch einmal gegenüber.

Tab. 13-6: Schweizerische und deutsche Schuldenbremse im Vergleich

Schweiz	Deutschland
Grundregel:	**Strukturelle Verschuldungskomponente:**
Ausgaben dürfen über den Konjunkturzyklus hinweg die Einnahmen nicht übersteigen. (Art. 13 Abs. 1 FHG).	soll die langfristige Verschuldung des öffentlichen Gesamthaushalts auf jährlich 0,35% des BIP begrenzen (ab 2016). Die Länder hingegen sollen von 2020 an grundsätzlich keine neuen Schulden mehr machen können. Konsolidierungshilfen in Höhe von 800 Mio. Euro jährlich für die ärmeren Länder bis 2019.
Ausnahmen: In außerordentlichen Situationen (Naturkatastrophen oder schwere Rezessionen) kann der Ausgabenplafond mit absoluter Mehrheit von National- und Ständerat erhöht werden.	
Konjunktursteuerungsregel:	**Konjunkturelle Verschuldungskomponente:**
in Phasen der Rezession die Ausgaben die Einnahmen übersteigen dürfen, während in Boomzeiten die Einnahmen größer als die Ausgaben sein müssen.	Über einen kompletten Konjunkturzyklus hinweg muss sich die konjunkturelle Verschuldungskomponente ausgleichen.
Entsprechend werden die geschätzten Einnahmen stets mittels eines Konjunkturfaktors um konjunkturelle Einflüsse bereinigt. „Der Konjunkturfaktor entspricht dem Quotienten aus dem geschätzten realen Bruttoinlandprodukt gemäss langfristig geglättetem Trend und dem voraussichtlichen realen Bruttoinlandprodukt im Voranschlagsjahr" (Art. 13 Abs. 3 FHG).	Strukturelle und konjunkturelle Verschuldungskomponente orientieren sich an der Close-to-Balance-Obergrenze des europäischen Stabilitäts- und Wachstumspaktes und damit am Konzept des über den Konjunkturzyklus annähernd ausgeglichenen Haushalts.
Sanktionsregel und Ausgleichskonto:	**Kontrollkonto und Stabilitätsrat:**
Die Sanktionsregel bezieht sich auf den Umgang mit Fehlbeträgen im Ausgleichskonto, die dadurch entstanden sind, dass die tatsächlichen Ausgaben die zulässigen Gesamtausgaben überschritten haben. Gemäß Art. 17 FHG ist vorgeschrieben, dass ein Fehlbetrag im Verlauf mehrerer Jahre durch eine Kürzung der festgelegten Ausgabenhöchstbeträge (Ausgabenplafond) ausgeglichen werden muss. Überschreitet ein Fehlbetrag 6% der im vergangenen Rechnungsjahr getätigten Gesamtausgaben, so muss diese Überschreitung binnen der nächsten drei Jahre beseitigt werden.	Auch bei einem regelkonform aufgestellten Haushalt kann ein nicht geplanter Kreditbedarf entstehen, wenn beispielsweise steuerliche Regelungen falsch eingeschätzt werden.
	Nichtkonjunkturbedingte Abweichungen vom Haushaltsplan (z.B. aufgrund ungenauer Steuerschätzungen) werden auf dem Kontrollkonto gebucht und müssen später ausgeglichen werden.
Auf einem Ausgleichskonto (Art. 16 FHG) werden Über- und Unterschreitungen des Ausgabenplafond verrechnet.	Obergrenze des Kontrollkontos: 1,5% des BIP.
	Stabilitätsrat (Finanzminister von Bund und Ländern sowie Bundeswirtschaftsminister) soll die Aufgabe eines haushalts- und finanzpolitischen Frühwarnsystems übernehmen.
Ergänzungsregel:	**Ausnahmeregelung:**
Soll einen Schuldenanstieg über den Weg der außerordentlichen Ausgaben zu verhindern. „Die Grundidee der (…) Ergänzungsregel besteht darin, Defizite des außerordentlichen Haushalts über den ordentlichen Haushalt mittelfristig zu kompensieren." Als Steuerungsinstrument dient ein Amortisationskonto (nicht zu verwechseln mit dem Ausgleichskonto). Überschreiten darin die außerordentlichen Ausgaben die Einnahmen, so muss die Differenz in den folgenden sechs Jahren durch Überschüsse im ordentlichen Haushalt abgetragen werden.	In Sondersituationen (z.B. Naturkatastrophen) soll mittels einer Ausnahmeklausel ein zusätzlicher Finanzbedarf gedeckt werden können. Dafür ist eine qualifizierte Mehrheit der Mitglieder des Bundestages notwendig.

Quelle: Eigene Zusammenstellung nach Hausner/Simon 2009.

13.3   Sozialpolitik

13.3.1   Wozu Sozialpolitik?

Sozialpolitik gehört wie die Wirtschaftspolitik zu den zentralen politischen Themenfeldern moderner Wohlfahrtsstaaten (Schmid 2010). Wie in anderen Politikfeldern hängen auch die Ziele der Sozialpolitik von der politischen und theoretischen Position des Beobachters ab. Eine weite Definition sozialpolitischer Aufgaben stellt auf die Herstellung von sozialer Gerechtigkeit und Chancengleichheit ab, eine enge Definition lediglich auf die Absicherung von grundlegenden Risiken wie Arbeitslosigkeit, Unfälle und Krankheiten, die weitgehend unverschuldet bzw. unbeeinflusst vom Einzelnen eintreten können. Weite Definitionen werden oft aus übergreifenden Menschenbildern und Theorien sozialer Gerechtigkeit abgeleitet. Sie sehen als Staatsaufgabe nicht nur die Absicherung existenzgefährdender Risiken (Daseinsfürsorge), sondern auch die aktive Gestaltung von Bedingungen für mehr Teilhabe und Chancengleichheit. Diese Prinzipien sind z.B. in der Theorie der Gerechtigkeit von John Rawls (1971) weiter ausgearbeitet worden (Kersting 2000). Dass das erste seiner beiden Prinzipien auf die Gleichheit aufbaut, hat auch zur Charakterisierung des Ansatzes als egalitärer Liberalismus geführt. Das Gleichheitsprinzip geht dem Differenzprinzip und dem Prinzip der Chancengleichheit voraus. Im ersten Prinzip werden gleiche Grundwerte für alle garantiert und damit die Grundlage der Rechtfertigung sozialer Ungleichheiten gelegt, wenn sie den am schlechtesten Gestellten (2.a) sowie einer allgemeinen Chancengleichheit (2.b) dienen.

John Rawls' **Theorie der Gerechtigkeit** (1971) ist eine Hintergrundtheorie sozialpolitischer Aufgabendefinition. Nach Rawls sind soziale und wirtschaftliche Ungleichheiten nur zu rechtfertigen, wenn folgende zwei Prinzipien beachtet werden:
1. „Jeder hat ein gleiches Recht auf das umfangreichste Gesamtsystem gleicher Grundfreiheiten, das für alle möglich ist." (Höffe 2008: 343).
2. „Soziale und wirtschaftliche Ungleichheiten müssen folgendermaßen beschaffen sein:
a) sie müssen unter der Einschränkung des gerechten Spargrundsatzes den am wenigsten Begünstigten den größtmöglichen Vorteil bringen, und
b) sie müssen mit Ämtern und Positionen verbunden sein, die allen gemäß fairer Chancengleichheit offenstehen" (ebd.).
Das erste Prinzip betont die Egalität, die Teile 2.a und 2.b werden auch als Differenzprinzip und Prinzip der Chancengleichheit umschrieben.

Eine konkretere Aufgabendefinition liegt im Sozialgesetzbuch der Bundesrepublik Deutschland vor (§ 1 SGB I). Nach dem Sozialgesetzbuch sollen Sozialleistungen einschließlich sozialer und erzieherischer Hilfen zur Verwirklichung sozialer Gerechtigkeit und sozialer Sicherheit beitragen. Das SGB soll dazu beitragen, „ein menschenwürdiges Dasein zu sichern, gleiche Voraussetzungen für die freie Entfaltung der Persönlichkeit, insbesondere auch für junge Menschen, zu schaffen, die Familie zu schützen und zu fördern, den Erwerb des Lebensunterhalts durch eine frei gewählte Tätigkeit zu ermöglichen und besondere Belastungen des Lebens, auch durch Hilfe zur Selbsthilfe, abzuwenden oder auszugleichen" (Abs. 1).

Die konkrete Ausgestaltung sozialpolitischer Arrangements baut auf verschiedene Leitideen auf wie der Sicherung und Stärkung individueller Autonomie oder der Solidarität und Subsidiarität, aus denen dann etwa die verschiedenen Formen des Versicherungs- und des Solidarprinzips abgeleitet werden. Tabelle 13-6 stellt diese mit einigen Kernpunkten vor.

Tab. 13-7: Formale Prinzipien der Sozialpolitik

Zuständigkeit	Individuelle Verantwortung	Soziale Verantwortung			
	Personale Ebene	Vorstaatliche Ebene	Staatliche Ebene		
Leit-gedanke	Autonomie	(geschlossene) Solidarität	(offene) Solidarität	Subsidiarität	Protektion
Prinzip	Versicherungs-prinzip	Solidarprinzip	Versorgungs-prinzip	Fürsorgeprinzip	Alimentations-/Unterstützungsprinzip
Grund-züge	Sicherung individueller Risiken nach individueller Leistungsfähig-keit, Spar- oder Äquivalenz-prinzip	Kollektive Ver-antwortung der Versicherten, relatives Äquivalenzprinzip	Übernahme/ Milderung von Lasten und Härten durch Allgemeinheit	Milderung/ Beseitigung individueller Not nach Bedürftig-keitsprüfung	Leistungen für besonders schutzwürdigen Personenkreis, Zuschüsse für Eigenvorsorge außerhalb pflichtgesetzli-cher Systeme
Anspruch/ Zugang	Beitragszahlung + Versiche-rungsfall	Mitgliedschaft (Beitragszahlung) + Versicherungs-fall oder Bedürf-tigkeit	Erlittene Nach-teile, Schäden oder Opfer	Individuelle Bedürftigkeits-prüfung	Eigenanteil + allgemeiner Rechtsanspruch

Quelle: Nach Frevel/Dietz 2004: 63f.

Das Versicherungsprinzip setzt etwa auf die individuelle Verantwortung des Einzelnen, mögliche Risiken selbst einzuschätzen und abzusichern. Verpflichtende oder freiwillige Zusatzversicherungen, ggf. durch staatliche Anreize gefördert, sind Kernelement dieses Prinzips. Das Solidarprinzip baut auf das Versicherungsprinzip auf, allerdings ist die Mitgliedschaft in einer Versicherungsgemeinschaft nach bestimmten Merkmalen für bestimmte Personenkreise verpflichtend (z.B. Arbeitslosen-, Kranken- und Rentenversicherung).

Das Versorgungsprinzip sorgt dafür, dass unabhängig von der Mitgliedschaft in einer Sozialversicherung bestimmte Lasten oder Härten durch staatliches Handeln übernommen oder abgemildert werden. Dies ist der Grundgedanke der Sozialhilfe, der nicht mehr auf einem Versicherungsprinzip aufbaut, sondern auf der Menschenwürde. Das Fürsorgeprinzip ist eine reduzierte Form der Sozialhilfe, bei der lediglich individuelle Notlagen kompensiert werden sollen. Beim Alimentationsprinzip geht es um freiwillige Leistungen zur Förderung besonderer Gruppen (z.B. Blinden- und Kindergeld), beim Unterstützungsprinzip um Anreize für freiwillige Vorsorge (z.B. „Riester-Rente" in Deutschland) in Kombination mit dem Versicherungsprinzip.

13.3.2 Sozialpolitik der Schweiz im Vergleich

Im historischen Vergleich gehört die Schweiz zu den sozialpolitischen Nachzüglern. Die späte industrielle Revolution, ein breiter bürgerliches Konsens und relativer Wohlstand, ein schwach ausgeprägter Klassenkonflikt und branchenbezogene korporatistische Selbstregulierung haben die soziale Frage erst später und auch nur vergleichsweise moderat auf die politische Agenda gesetzt. In institutioneller Perspektive kommt die hohe Machtfragmentierung des Regierungssystems hinzu, so dass sich bis in die 1980er Jahren wohlfahrtsstaatliche Leistungen auf einem niedrigen Niveau bewegten. Erst in den 1980er und 1990er Jahren ist eine wohlfahrtsstaatliche Expansion festgestellt worden (Obinger 2000, Siegel 2007: 102).

Drei der Faktoren, die sich auf den relativ späten Ausbau des Sozialstaates in der Schweiz ausgewirkt haben, sind nach Berg-Schlosser/Quenter (1996) die Faktoren Industrialisierung, Gewerkschaften und Demokratisierung. Dabei sind die ersten beiden Bedingungen relativ schwach ausgeprägt gewesen, während letztere bereits früh stark ausgebaut war. So gehörten „autoritär regierten Länder Deutschland und Österreich mit der Einrichtung von Kranken- und Unfallversicherungsgesetzen in den 80er Jahren des 19. Jahrhunderts zu den Pionierländern der Sozialversicherung, während die demokratisch regierten Länder bis zum Ende des Zweiten Weltkriegs benötigten, um zum Ausdehnungsgrad der Sozialversicherung der Pionierländer auszuschließen" (Obinger 1998: 69). Die späte Einführung allgemeiner Sozialversicherungsprogramme auf nationaler Ebene kam in der Schweiz auch durch die langsame Ausweitung des versicherten Personenkreises zum Ausdruck, „so daß die Schweiz im Hinblick auf die Reichweite des Deckungsgrades der Sozialversicherungen bis in die 70er Jahre hinter dem europäischen Durchschnitt zurückblieb" (ebd.: 14). Tabelle 13-8 vermittelt einen Eindruck von der verzögerten Einführung allgemeiner Sozialversicherungsprogramme in der Schweiz.

Tab. 13-8: Einführungszeitpunkt sozialpolitischer Programme im Vergleich

Land	Unfall	Krankheit	Alter	Arbeitslosigkeit	Familienunterstützung	Rang
Deutschland	1884	1883	1889	1927	1954	1
Dänemark	1898	1892	1891	1907	1952	2
Belgien	1903	1894	1900	1920	1930	3
Österreich	1887	1888	1906	1920	1948	4
Großbritannien	1897	1911	1908	1911	1945	5
Frankreich	1898	1928	1910	1905	1932	6
Irland	1897	1911	1911	1911	1944	7
Schweden	1901	1891	1913	1933	1947	8
Norwegen	1895	1909	1936	1906	1946	9
Niederlande	1901	1931	1919	1916	1939	10
Italien	1898	1943	1919	1919	1937	11
Spanien	1900	1942	1919	1919	1936	11
Finnland	1895	1963	1937	1917	1948	13
Griechenland	1914	1922	1934	1945	1958	14
USA	1930	1965	1935	1935	1935	15
Schweiz	1918	1911	1946	1982	1952	16
Portugal	1913	1935	1935	1975	1972	17
Mittel	1902	1919	1918	1926	1945	

Quelle: Nach Obinger 1998: 14. Rang und Mittel eigene Berechnung. Die Rangwerte wurden aus dem Durchschnitt der fünf Sparten gebildet. Sortiert nach Sp. 7.

Die Nachzüglerposition und das besondere Arrangement der Sozialpolitik in der Schweiz drücken sich in niedrigen Sozialleistungsquoten im internationalen Vergleich aus, aber auch in einer größeren Wahlfreiheit im sozialpolitischen Systemdesign. Diese zeigt sich darin, dass das sozialpolitische Policy-Regime der Schweiz nur schwer den wohlfahrtsstaatlichen Modellen nach Esping-Andersen (1990) zugeordnet werden kann. Auch wenn die von Esping-Andersen (1990) skizzierten „Three Worlds of Welfare Capitalism" als verkürzt kritisiert worden sind, geben sie doch einen guten Überblick über Modelle und Ordnungsvorstellungen in der Sozial- bzw. Wohlfahrtspolitik.

Esping-Andersen unterscheidet einen liberal-angelsächsischen, einen konservativ-kontinentaleuropäischen und einen sozialdemokratisch-skandinavischen Wohlfahrtsstaatstypus, die jeweils in Tabelle 13-8 vorgestellt werden. Zu den Kritikpunkten an dieser Einteilung gehört neben der Trennschärfe der Typenbildung auch die Frage, ob möglicherweise weitere Typen gebildet werden könnten bzw. sollten (z.B. ein mediterraner Typ).

Tab. 13-9: Drei Welten des Wohlfahrtsstaates nach Esping-Anderson

Typ	Merkmale	Beispiele
Liberal-angelsächsischer Typ	Logik des Marktes und der privaten Absicherung	USA, UK
	Versicherungsprinzip	
	Relativ späte Einführung und/oder niedriges Leistungsniveau	
	Bedürftigkeitsprüfungen	
	Mindestlöhne	
konservativ-kontinentaleuropäischer Typ	Dekommodifizierte Grundsicherung	Deutschland
	Solidarprinzip (geschlossen): Renten oder Arbeitslosengeld sind an vorherige Beitragszahlungen an die Sozialkassen gebunden	
	Konservativ: Soll den Lebensstandard im Leistungsfall erhalten (konservierend, daher konservativ)	
	Äquivalenzprinzip: sozialstaatliche Leistungen richten sich nach der Dauer und Höhe von zuvor eingezahlten Beiträgen.	
	Wirtschaftspolitisches Kennzeichen ist eine sektoral koordinierte Ökonomie	
sozialdemokratisch-skandinavischer Typ	Dekommodifizierung von Arbeit	Schweden
	Versorgungsprinzip („universeller Sozialstaat")	
	Hohes Niveau staatlich garantierte Lohnersatzleistungen und dichtes Netz sozial(politisch)er Leistungen wie z.B. aktive Arbeitsmarktpolitik und ausgebaute Kinderbetreuung.	
	Wirtschaftspolitisches Kennzeichen ist die national koordinierte Ökonomie	

Quelle: Eigene Zusammenstellung nach Esping-Andersen 1990.

Die Zuordnung des schweizerischen Wohlfahrtsstaats schwankt zwischen dem liberalen und dem konservativen Typus (vgl. Armingeon 2001b). Für die Zuordnung zum liberalen Typ sprechen etwa die späte Einführung sozialpolitischer Programme und die dritte Säule der privaten Absicherung. Allerdings fehlt z.B. das Kriterium der gesetzlichen Mindestlöhne (freiwillige Mindestlöhne gibt es in einigen Gesamtarbeitsverträgen). Eine stärkere Anpassung an das kontinentaleuropäische Modell wird seit den 1980er Jahren beobachtet, als Themen wie Arbeitslosigkeit und Rezession allmählich auch ihre Schatten auf die schweizerische Wirtschaft warfen (Kriesi/Trechsel 2008: 156). Dagegen enthält die erste Säule (vgl.

Tab. 13-9) auch Elemente des sozialdemokratisch-skandinavischen Modells, etwa mit der Grundidee des universellen Sozialstaates und der Dekommodifizierung von Arbeit.

Im Unterschied zum deutschen Grundgesetz, in dem das Sozialstaatsprinzip nur kurz und allgemein erwähnt wird (Art. 20 I & 28 I), geht die schweizerische BV gleich in mehreren Artikeln auf sozialstaatliche Rechte ein. Art. 6 (individuelle und gesellschaftliche Verantwortung) verlangt, dass jede Person Verantwortung für sich selber wahrnimmt und „nach ihren Kräften zur Bewältigung der Aufgaben in Staat und Gesellschaft bei[trägt]". Nach Art. 12 (Recht auf Hilfe in Notlagen) hat jeder, der „in Not gerät und nicht in der Lage ist, für sich zu sorgen, […] Anspruch auf Hilfe und Betreuung und auf die Mittel, die für ein menschenwürdiges Dasein unerlässlich sind". Sehr ausführlich geht die Bundesverfassung (Art. 41) auf die Sozialziele ein, die im Folgenden wörtlich wiedergegeben werden:

„1. Bund und Kantone setzen sich in Ergänzung zu persönlicher Verantwortung und privater Initiative dafür ein, dass:

a. jede Person an der sozialen Sicherheit teilhat;

b. jede Person die für ihre Gesundheit notwendige Pflege erhält;

c. Familien als Gemeinschaften von Erwachsenen und Kindern geschützt und gefördert werden;

d. Erwerbsfähige ihren Lebensunterhalt durch Arbeit zu angemessenen Bedingungen bestreiten können;

e. Wohnungssuchende für sich und ihre Familie eine angemessene Wohnung zu tragbaren Bedingungen finden können;

f. Kinder und Jugendliche sowie Personen im erwerbsfähigen Alter sich nach ihren Fähigkeiten bilden, aus- und weiterbilden können;

g. Kinder und Jugendliche in ihrer Entwicklung zu selbstständigen und sozial verantwortlichen Personen gefördert und in ihrer sozialen, kulturellen und politischen Integration unterstützt werden.

2. Bund und Kantone setzen sich dafür ein, dass jede Person gegen die wirtschaftlichen Folgen von Alter, Invalidität, Krankheit, Unfall, Arbeitslosigkeit, Mutterschaft, Verwaisung und Verwitwung gesichert ist.

3. Sie streben die Sozialziele im Rahmen ihrer verfassungsmässigen Zuständigkeiten und ihrer verfügbaren Mittel an.

4. Aus den Sozialzielen können keine unmittelbaren Ansprüche auf staatliche Leistungen abgeleitet werden."

Art. 111 BV verpflichtet den Bund, für Maßnahmen für eine ausreichende Alters-, Hinterlassenen- und Invalidenvorsorge (AHV/IV) zu sorgen und führt das sog. Drei-Säulen-Prinzip ein. Die AHV wurde zwar erstmals 1925 in der Verfassung erwähnt, deckte jedoch lange Zeit nicht das Existenzminimum, so dass ergänzend Fürsorgeleistungen in Anspruch genommen werden mussten. Fürsorgeleistungen bzw. Sozialhilfe fallen in die Kompetenz der Kantone und Gemeinden.

Sozialpolitik ist aber nicht nur ein Feld von ‚multilevel', sondern auch von ‚multiactor' Governance. Neben den staatlichen Organisationen treten als Träger auch die Kirchen, Parafisci wie öffentliche und private Krankenkassen, Rentenversicherungen oder die Träger der freien Wohlfahrtspflege auf. Die institutionelle Grundlage der Sozialpolitik ist die Sozialversicherung mit ihren drei Säulen der Alters-, Hinterlassenen- und Invalidenvorsorge (Art. 111 BV) bzw. -versicherung (Art. 112 BV; 1. Säule), der beruflichen (2. Säule) und der freiwilligen (3. Säule) Vorsorge (Tab. 13-10).

Die 1. Säule der AHV und IV sowie die Ergänzungsleistungen zur AHV/IV „stellt eine eidgenössische Versicherung dar, die mit ihren Renten für die ganze Bevölkerung den Existenzbedarf angemessen decken soll" (Hotz-Hart/Schmuki/Dümmler 2006: 653). Die 2. Säule der beruflichen Vorsorge (BVg) im Bereich AHV/IV baut auf ein System betrieblicher Pensionskassen auf und soll in Verbindung mit der 1. Säule dazu beitragen, den gewohnten Lebensstandard im Versicherungsfall in angemessener Weise erhalten zu können. „Die private Vorsorge bildet die 3. Säule, die durch Bund und Kantone – insbesondere durch Fiskal- und Eigentumspolitik – gefördert wird. So sind einerseits Maximalbeträge, die in die 3. Säule einbezahlt werden, vom steuerbaren Einkommen abziehbar, andererseits können diese Gelder für den Bau oder Erwerb von selbstgenutztem Wohneigentum vorzeitig bezogen werden. Die 3. Säule soll somit den Wahl- oder Luxusbedarf ermöglichen" (ebd.: 653f.). Die obligatorischen Versicherungen werden jeweils zur Hälfte von Arbeitgebern und Arbeitnehmern finanziert. In der Krankenversicherung werden dagegen Kopfprämien berechnet.

In freier Übersetzung entspricht die erste Säule dem sozialdemokratischen, skandinavischen Typus, die zweite Säule dem konservativ-kontinentaleuropäischen Typus und die dritte Säule dem liberal-angelsächsischen Typus. Das Drei-Säulen-Prinzip kann als daher eine Kombination der Grundgedanken der drei von Esping-Andersen idealtypisch gegenübergestellten Modelle gesehen werden.

Tab. 13-10: Die drei Säulen der schweizerischen Sozialversicherung

Erste Säule	Umfasst die Alters- und Hinterlassenenversicherung (AHV), die Invalidenversicherung (IV) sowie die Ergänzungsleistungen (EL). Diese Bestandteile der ersten Säule sind umlagefinanzierte Versicherungen, die für die ganze Bevölkerung obligatorisch sind. Die obligatorische Krankenversicherung wird meist nicht zur ersten Säule hinzu genommen, obwohl sie von der Systematik (die gesamte Bevölkerung umfassend) an dieser Stelle zu erwähnen ist.
Zweite Säule	Berufliche Vorsorge (BVG, Art. 113). Sie besteht aus kapitalgedeckten Versicherungen für die erwerbstätige Bevölkerung wie die obligatorische berufliche Vorsorge (Pensionskasse), der Unfallversicherung (UV) und der Arbeitslosenversicherung (ALV).
Dritte Säule	Freiwillige steuerbegünstigte private Vorsorge. Sie lässt sich in eine gebundene und eine freie Vorsorge unterteilen.

Quelle: Eigene Zusammenstellung nach Hotz-Hart/Schmuki/Dümmler 2006.

„Das Drei-Säulen-Prinzip wird von der OECD regelmässig als eines der besten Systeme der Altersvorsorge unter den Industrieländern gepriesen. Dies rührt daher, dass die Schweiz verschiedene Mechanismen kombiniert, womit eine Zunahme konzeptioneller Fähigkeiten sowie eine Diversifikation marktlicher und politischer Risiken verbunden ist" (Hotz-Hart/Schmuki/Dümmler 2006: 654). Es kombiniert etwa das Versicherungsprinzip und das Vorsorgeprinzip. Organisatorisches Zentrum der Sozialversicherung ist das Bundesamt für Sozialversicherung (BSV), das die Arbeit der operativen Organe leitet und kontrolliert. Es ist aber auch in die Vorbereitung der Weiterentwicklung der Sozialversicherungen involviert (www.bsv.admin.ch).

Die gesetzliche Krankenversicherung besteht aus einer einkommensunabhängigen Kopfpauschale (Einheitsprämie) für jeden Erwachsenen und einer reduzierten Pauschale für Kinder und Jugendliche. Die Prämien sind vollständig privat zu bezahlen, ein Arbeitgeberanteil wie in Deutschland existiert nicht. Eine Initiative zur Einführung einer einkommensabhängigen Krankenversicherung scheiterte 2003. Allerdings zahlen die Kantone einen Zuschuss an einkommensschwache Haushalte, deren Anteil in 2006 bei ca. 40% der Beiträge lag. Die Kosten dieser Zuschüsse beliefen sich im gleichen Jahr auf 3 Mrd. Franken (Mrusek/FAZ 2006). Für alle Versicherten gilt ein vergleichsweise hoher Eigenanteil, der privat bezahlt werden muss. Durch Heraufsetzen der Eigenbeteiligung kann die Gesundheitsprämie reduziert werden. Für den Zahnarzt oder für allgemeine Zusatzleistungen sind private Zusatzversicherungen abzuschließen (ebd.).

Tab. 13-11: Kompetenzen von Bund und Kantonen in der Sozialpolitik (Jahr 2000)

Programme	Type of Programme	Legislation	Implementation
Old age and survivors insurance	Universal insurance	Federation	Cantons
Disability insurance	Universal insurance	Federation	Cantons
Supplementary benefits	Universal insurance/ means-tested	Federation	Cantons
Unemployment insurance	Social insurance	Federation	Cantons
Accident insurance	Social insurance	Federation	Federation
Health care insurance	Universal insurance	Federation	Private health funds
Family allowances	Social insurance	Cantons (Federation)	Cantons
Unemployment assistance	Means-tested	Cantons	Cantons
Social assistance	Means-tested	Cantons	Cantons

Quelle: Armingeon/Bertozzi/Bonoli 2004: 21 (vgl. ebd. für Anmerkungen und Ausnahmen).

Tab. 13-12: Sozialausgaben der politischen Ebenen 1998 (in %)

	Federation	Cantons	Municipalities	Total
Total Social Expenditure	58,4	27,3	14,3	100,0
Old age insurance	84,5	12,4	3,1	100,0
Disability insurance	75,0	19,8	5,3	100,0
Health care and health care insurance	64,4	29,2	6,4	100,0
Other social insurances	42,3	40,8	16,9	100,0
Social assistance 1 (wide definition)	31,0	35,5	33,5	100,0
Social assistance 2 (narrow definition)	0	41,8	58,2	

Quelle: Armingeon/Bertozzi/Bonoli 2004: 21 (vgl. ebd. für Anmerkungen und Ausnahmen).

Die Höhe der Prämie unterscheidet sich von Kanton zu Kanton, in Abhängigkeit von den durchschnittlich im Kanton in Anspruch genommenen Gesundheitsleistungen. Ländliche Kantone sind in der Regel günstiger als städtische. Mit Ausgaben von ca. 50 Mrd. Franken (2003) hat der Gesundheitssektor relativ stabil einen Anteil von 11% des BIP und bewegt sich damit etwa auf den Niveau des Anteils in Deutschland (ebd.).

Eine Reform der Arbeitslosenversicherung (ALV) in 2011 aufgrund von hohen Defiziten führte nicht zu dem befürchteten Anstieg der Zahl der Sozialhilfeempfänger. Etwa 13.000 Personen wurden von der ALV in die Sozialhilfe (kommunale Trägerschaft) „ausgesteuert". Nach einem Bericht der Städteinitiative Sozialpolitik, einer sozialpolitischen Interessenvereinigung von 60 Städten, kam es im Durchschnitt von 13 untersuchten Städten nur zu einem Anstieg der Sozialhilfefälle um ein Prozent. Allerdings wurden in den Städten Biel (11,4%)

und Lausanne (9,8%) in 2011 eine vergleichsweise hohe Sozialhilfequote erreicht: „Sie hängt von der Grösse, der Lage und dem wirtschaftlichen Umfeld ab. In Biel und Lausanne fallen insbesondere der Ausländeranteil, die Grösse und die Art des lokalen Arbeitsmarkts und die höhere Arbeitslosenquote ins Gewicht" (Schoenenberger 2012: 26). Die zum April 2011 in Kraft getretene Reform der ALV sieht vor:

> „Erhöhung der Lohnabzüge von 2 auf 2,2 Prozent bis zum versicherten Verdienst von 126.000 Franken. Wer zwischen 126.000 und 315.000 Franken jährlich verdient, entrichtet ein Solidaritätsprozent.

> Über 55-Jährige: 24 Monate Beitragszeit geben Anspruch auf 520 Taggelder (Verlängerung auf 24 Monate für vollen Anspruch). 12 Monate Beitragszeit geben Anspruch auf 260 Taggelder (statt 400). 18 Monate Beitragszeit geben Anspruch auf 400 Taggelder (Anspruch bestand vorher nach 12 Monaten).

> Jugendliche und junge Erwachsene unter 25 Jahren erhalten 200 Taggelder – unabhängig von der Beitragszeit (statt wie bisher 260 bzw. 400 Taggelder abhängig von der Beitragszeit). Wartezeit für Personen ohne Unterhaltspflichten von 5–20 Tagen.

> Schulabgänger, die noch keine Beiträge bezahlt haben, bekommen erst nach rund 6 Monaten Arbeitslosengeld" (ebd.).

Die im Vergleich zu Österreich und Deutschland niedrige Sozialleistungsquote (gemessen am BIP) wird in Tabelle 13-13 deutlich. In 2007 lag der Anteil der öffentlichen Sozialausgaben am BIP bei 18,5% und war damit zwar um 5,6% niedriger als in Deutschland (25,1%). Jedoch ist für die Schweiz ein hoher Anteil obligatorisch-privater Sozialvorsorge (2007: 7,1%), davon insbesondere bei der Altersvorsorge (5,2%), zu berücksichtigen. Langfristig ist in der obligatorisch-privaten Säule im Drei-Länder-Vergleich für die Schweiz ein steiler Anstieg zu beobachten, während diese Anteile für Österreich und Deutschland rückläufig sind.

Dagegen ist in der (kleinen) dritten Säule, der freiwilligen privaten Sozialvorsorge in der Schweiz seit Mitte der 1990er Jahre eine sinkende Tendenz auszumachen. Mit einem Gesamtanteil von knapp 27% in 2007 bewegt sich die Schweiz inzwischen aber auch auf dem Sozialausgabenniveau der beiden Nachbarländer (Tab. 13-13). Das schweizerische Alleinstellungsmerkmal ist allerdings die Verlagerung von ca. 1/3 der Lasten aus dem öffentlichen in den obligatorisch-privaten Bereich.

Erweitert man das Ländersample wie in Tabelle 13-14, liegt der Sozialausgabenanteil am BIP für die letzten verfügbaren Jahre etwa auf dem gleichen Niveau wie der in Deutschland, Österreich, Italien, Belgien, dem UK und Finnland. Deutlich niedrigere Anteile werden in der Tschechischen Republik, Spanien, den USA und teilweise in Irland erreicht. Die Einteilung der Wohlfahrtsstaatsmodelle nach Esping-Andersen (1990) spiegelt sich in diesen Unterschieden nicht direkt wider. Nicht in allen Ländern sind die Sozialversicherungen in den vorstaatlichen Bereich auf eigene Träger ausgelagert, sondern werden, wie der NHS in Großbritannien, aus dem allgemeinen Haushalt finanziert. Dies hat dann deutliche Auswirkungen auf die Verteilung der Einnahmeanteile zwischen den politischen Ebenen und den sozialpolitischen Parafisci.

Wie Tab. 13-15 zeigt, ist der Anteil der Einnahmen der Sozialkassen an den Gesamteinnahmen des Staates im Ländersample in Frankreich am höchsten, gefolgt von Deutschland und Spanien. Im Sample dieser Tabelle werden die niedrigsten Anteile der Sozialkassen an den Staatseinnahmen für Dänemark und Kanada ausgewiesen. Wie diese Beispiele zeigen, kann ein hoher Anteil steuerfinanzierter Sozialausgaben (Versorgungsprinzip) sowohl in unitarischen wie in föderalen Systemen vorkommen.

Tab. 13-13: Sozialausgaben in der Schweiz als Anteil des BIP

		1980	1985	1990	1995	2000	2005	2006	2007
Öffentlich	Alter	5,55	5,71	5,48	6,55	6,48	6,65	6,35	6,30
	Hinterbliebene	0,45	0,42	0,37	0,37	0,35	0,36	0,36	0,35
	Arbeitsunfähigkeit	2,20	2,20	1,86	2,5	2,79	3,29	3,14	3
	Gesundheit	3,56	3,90	3,91	4,59	5,04	5,96	5,67	5,59
	Familien	1,01	0,97	1,00	1,16	1,28	1,34	1,30	1,26
	Aktive Arbeits-marktprogramme		0,18	0,21	0,46	0,54	0,74	0,66	0,58
	Arbeitslosigkeit	0,07	0,24	0,11	1,06	0,50	0,93	0,81	0,62
	Wohnen	0,09	0,07	0,11	0,13	0,13	0,15	0,14	0,11
	Andere Bereiche der Sozialpolitik	0,84	0,96	0,37	0,60	0,70	0,73	0,72	0,67
	Total CH	13,79	14,69	13,45	17,46	17,84	20,19	19,19	18,52
	Österreich	22,38	23,71	23,76	26,55	26,72	27,36	26,97	26,42
	Deutschland	22,11	22,52	21,73	26,76	26,55	27,23	26,14	25,16
Obligatorisch privat	Alter	1,43	1,67	2,62	4,16	5,10	5,27	5,18	5,25
	Hinterbliebene	0,27	0,32	0,53	0,69	0,70	0,72	0,71	0,7
	Arbeitsunfähigkeit	0,16	0,19	1,06	1,34	1,19	1,20	1,11	1,12
	Familien			0,07	0,10	0,08	0,08	0,11	0,10
	Total CH	1,87	2,18	4,29	6,30	7,08	7,28	7,12	7,18
	Österreich	1,38	1,16	1,15	1,09	0,94	0,86	0,81	0,83
	Deutschland	1,85	1,48	1,55	1,53	1,29	1,12	1,07	1,08
Freiwillig privat	Alter			0,01	0,01	0,01	0,01	0,01	0,01
	Arbeitsunfähigkeit			0,01	0,02	0,03	0,03	0,03	0,03
	Gesundheit		0,86	0,89	1,18	1,07	1,00	0,98	0,97
	Andere Bereiche der Sozialpolitik			0,04	0,05	0,06	0,05	0,05	0,05
	Total CH		0,86	0,97	1,28	1,18	1,11	1,08	1,07
	Österreich	1,12	1,11	1,05	0,98	0,99	1,02	1,01	0,98
	Deutschland	1,10	1,29	1,45	1,52	1,65	1,84	1,82	1,78

Quelle: OECD.Stat [24.08.2012].

Tab. 13-14: Öffentliche Sozialleistungsquote als Anteil des BIP

	2000	2001	2002	2003	2004	2005	2006	2007
Frankreich	27,7	27,7	28,4	28,9	29,0	29,0	28,6	28,4
Schweden	28,4	28,7	29,4	30,1	29,5	29,1	28,4	27,3
Österreich	26,7	27,0	27,3	27,9	27,7	27,4	27,0	26,4
Dänemark	25,7	26,1	26,6	27,9	27,7	27,2	26,6	26,1
Deutschland	26,6	26,7	27,4	27,7	27,1	27,2	26,1	25,2
Italien	23,3	23,5	24,0	24,4	24,7	25,0	25,1	24,9
Spanien	20,4	20,1	20,4	21,0	21,2	21,4	21,4	21,6
UK	18,6	19,3	19,4	19,8	20,5	20,6	20,4	20,5
Niederlande	19,8	19,7	20,5	21,2	21,1	20,7	20,3	20,1
Polen	20,7	22,2	22,5	22,5	21,7	21,3	21,0	20,0
Schweiz	17,8	18,3	19,1	20,2	20,2	20,2	19,2	18,5
Irland	13,3	14,3	15,2	15,6	16,0	15,8	15,8	16,3
USA	14,5	15,3	15,9	16,0	15,9	15,8	16,0	16,2

Quelle: OECD Social Expenditure Statistics (ohne den in der Schweiz hohen obligatorisch-privaten Anteil).

Tab. 13-15: Anteile Sozialversicherung an gesamten Einnahmen des Staates 2010

	Subnational	Zentrale Ebene	Sozialversicherung
Belgien	10,17	56,44	32,55
Dänemark	26,66	70,87	2,09
Deutschland	29,09	31,37	39,06
Finnland	24,4	45,66	29,74
Frankreich	10,79	34,81	54,16
Griechenland	0,78	63,6	35,23
Irland	3,15	80,8	15,57
Italien	15,29	52,85	31,53
Kanada	49,45	41,39	9,16
Niederlande	3,91	61,23	34,01
Norwegen	13,76	86,24	
Österreich	4,89	66,23	28,59
Polen	12,55	49,79	37,32
Portugal	5,44	67,95	26,28
Schweden	35,56	51,93	12,13
Schweiz	40,38	36,33	23,29
Spanien	27,36	34,9	37,29
UK	5,06	75,28	19,09
Ungarn	6,48	63,51	29,76
USA	37,2	36,61	26,18

Quelle: OECD, eigene Berechnungen, NL und PO: 2009. Fehlende Werte auf 100 Prozent: supranationalen Einnahmen (EU).

14   Medienpolitik

14.1   Wozu Medienpolitik?

Die politische Funktion von Medien in der Demokratie hat mit Information und dem Herstellen von Öffentlichkeit, mit Artikulation und Meinungsbildung, Kontrolle und Kritik zu tun (McNair 2011, Meyn 2004: 24). Medien stellen für politische Streitfragen Öffentlichkeit her und haben eine Selektionsfunktion für Themen, die dem politischen Diskurs zugeführt bzw. als nicht berichtenswert von ihm fern gehalten werden. Aufgrund dieser Gatekeeper- bzw. Agenda-Setter-Funktion gibt es unterschiedlich weit reichende normative Erwartungen an die Funktionsvoraussetzungen und Regulationsbedürftigkeit der Massenmedien. Da Politik kaum noch direkt erfahrbar, sondern primär medial vermittelt wird, ist das Verhältnis von Politik und Medien auch als besonders eng oder symbiotisch beschrieben bzw. kritisiert worden. Für das Politikfeld der Medien ergeben sich aber auch erhebliche Überschneidungen mit angrenzenden Bereichen wie Wirtschafts- und Industriepolitik, Standort- und Wettbewerbspolitik oder Kultur- und Technologiepolitik (Puppis 2010: 35). Um die grundlegenden Begriffe zu klären, definiert Puppis (2010: 33) Massenmedien als „in die Gesellschaft eingebettete Medienorganisationen und die von diesen verbreitete massenmediale öffentliche Kommunikation". Medienpolitik ist demnach jedes Handeln, „das auf die Herstellung und Durchsetzung allgemein verbindlicher Regeln und Entscheidungen über Medienorganisationen und die massenmediale öffentliche Kommunikation abzielt" (ebd.: 35).

Insbesondere öffentlich-rechtliche Rundfunksysteme sind auch das Ergebnis parteipolitischer Machtverhältnisse wie auch Adressat entsprechender Instrumentalisierungsbestrebungen. „In fast allen Ländern – wenn auch mehr oder weniger ausgeprägt und offenkundig – kann hingegen eine Tendenz beobachtet werden, dass die staatstragenden politischen Parteien versuchen, den nationalen und regionalen Rundfunk zur Durchsetzung und Legitimation politischer Interessen und Entscheidungsprozesse zu instrumentalisieren" (Meier et al. 1993: 120). Nicht nur Parteien, auch gesellschaftliche Interessengruppen haben ein Interesse an der Durchsetzung eigener Interessen in Struktur oder Inhalten der Massenmedien, insb. des öffentlich-rechtlichen Rundfunks, „die in entscheidender Weise das Verhältnis zwischen Rundfunk und Politik bestimmen" (ebd.) Mit der Entstehung des privaten Rundfunks ist es zu einer Art Einflusskonkurrenz von privaten (Gewinn)Interessen und parteipolitischen Steuerungsinteressen auf die Gestaltung von Medienpolitik gekommen.

So kam es europaweit seit Mitte der 1990 Jahre zu einer Reihe von Klagen privater Medien- und Presseunternehmen gegen den Ausbau gebührenfinanzierter Leistungen öffentlich-rechtlicher Sender insb. im Unterhaltungs- und Internetsektor, der durch den öffentlichen Leistungsauftrag nicht gedeckt sei und den Wettbewerb verzerre (Beck 2005: 150). Die Europäische Kommission wie die nationalen Rundfunkpolitiken haben darauf mit einer präziseren Definition gemeinwirtschaftlicher Leistungen („service public") reagiert. In der Schweiz

stellte sich dieses Problem verschärft, da durch den kleinformativen Rundfunkmarkt Privat-
sender kaum eine Chance haben. Trotz einer Revision des Radio- und Fernsehgesetzes
(RTVG) in 2006, dass den Leistungsauftrag der SRG genauer fasst, Werbebestimmungen
gelockert hat und den Marktzutritt für Privatsender erleichtern soll, bleibt der schweizerische
Rundfunkmarkt von der SRG und den finanzstarken ausländischen Anstalten dominiert
(Beck 2005). Beim 1992 erlassenen RTVG lag der Schwerpunkt auf der „konsenspolitischen
Harmonisierung der unterschiedlichen Interessenstandpunkte", während die „analytische
Aufarbeitung der medienökonomischen Zusammenhänge" des sich abzeichnenden techni-
schen und ökonomischen Wandels in den Hintergrund trat (Meier et.al. 1993: 151).

Aus medienpolitischer wie auch vergleichender Perspektive interessieren insbesondere Me-
dienstrukturen bzw. -organisationen und deren regulatorische Rahmen, z.B. welche rechtlich
garantierten Meinungs- und Medienfreiheiten es gibt. Da anzunehmen ist, dass sich solche
Rahmenbedingungen auch auf Medieninhalte auswirken, dürften sie die zentralen Variablen
für Pluralismus und Diversität der Medien sowie ihre Nutzung für politische Informationen,
etwa bei Wahl- und Abstimmungskampagnen, sein. Medienakteure, z.B. Unternehmen in der
Wirtschaft und Ministerien und Behörden in der Politik, werden zwar immer von institutionellen Rahmenbedingungen begrenzt, können diese jedoch auch weiter entwickeln (Scharpf
2000).

Ob auch den Rezipienten bzw. dem „Publikum" Akteursstatus zukommt, ist umstritten. Dieses Spanungsverhältnis von Institutionen und Akteuren bildet sich auch zwischen außen- und
innendeterminierten Funktionsmodellen der Massenmedien ab. Zu ersteren zählen etwa poli-
tökonomische Ansätze, die sich z.B. für die (öffentlichen oder privaten) Eigentumsverhältnisse der Medienunternehmen interessieren, zu letzteren medien- und systemtheoretische
Ansätze (z.B. Luhmann 1996), die die interne Selektivität der Medien beim Prozessieren
politischer Informationen hervorheben (Nachrichtenwertfaktoren). Dagegen untersuchen
erstere medienexterne Faktoren wie die Ökonomisierung der Massenmedien (Knoche 2001).
Für empirische Ansätze wie etwa Agenda-Setting, Media-Framing und Medienwirkungsfor-
schung treten solche „Meta-Theorien" allerdings eher in den Hintergrund.

Seit der Entstehung des privaten Rundfunks haben sich für den öffentlich-rechtlichen und
den privaten Rundfunk unterschiedliche Regulierungsmodi entwickelt, denen dennoch eine
Grundidee von „Service public" zugrunde liegt. Durch Einrichtungen wie Aufsichtsbehör-
den, periodische Konzessionsvergaben und Subventionen wird versucht, das „öffentliche
Interesse", d.h. etwa Minderheitenprogramme (z.B. für Kinder) und sprachliche Diversität,
gegenüber reinen Unterhaltungsformaten zu stärken (Norris 2011: 355). Aufgrund von Gebührenfinanzierung und direkten Steuerungsmöglichkeiten bleibt dies aber weitgehend auf
öffentlich-rechtliche Sender beschränkt. Hinsichtlich politischer Steuerungsprogramme in
der Rundfunkpolitik lassen sich regulative, Anreiz-, Leistungs- und kommunikative Politik-
programme unterscheiden, die ihre Ziele mit unterschiedlichen Instrumenten bzw. Steue-
rungsmedien (Geld, Macht, Wissen) umsetzen wollen (vgl. Tab 14-1).

Unter dem Oberbegriff des Medienwandels werden neben dem veränderten Nutzungsverhal-
ten auch Veränderungen in der Organisationstruktur (z.B. Konzentrationsprozesse) sowie die
technischen Entwicklungen (Informations- und Kommunikationstechnologien, IKT) subsumiert. Hierbei ist an die „digitale Revolution" des Internets und der Social media (Blogs etc.)
zu denken, die die bestehenden Formen ergänzen und teilweise auch verdrängen. Die Presse
als das vergleichsweise älteste Massenmedium hat auf sinkende Auflagenzahlen seit den
1990er Jahren mit neuen Medienformaten wie etwa Presse-TV und professionellen Internet-

Websites reagiert. Auch die Rundfunkmedien nutzen die digitale Revolution und bauen ihr Online-Angebot aus (Podcasts etc.).

Tab. 14-1: Politische Steuerungsprogramme in der Rundfunkpolitik

Steuerungsprogramm	Medium	Instrumente	Beispiele
Regulative Programme	Macht	Gebote, Verbote, Anzeige-pflichten etc.	Rundfunkrecht, Jugend-schutzrecht
Anreizprogramme	Geld, Macht	Positive oder negative Anreize	Finanzierung über Gebühren
Leistungsprogramme	Geld, Macht	Staatliche Leistungs-erbringung	Infrastrukturmaßnahmen
Kommunikative Programme	Wissen, Geld, Macht	Information, Wissen, Überzeugung	Beiräte, Transparenzvorschriften

Quelle: Donges 2004: 49.

Eine wichtige Aufgabe von Media-Governance ist die Verhinderung einer „digitalen Spaltung", also der Anschlussverlust sozialstruktureller Gruppen oder Regionen an die neuen Technologien. Die Mehrsprachigkeit der Schweiz drückt sich auch in den Strukturen des Mediensystems aus (Künzler 2013). Für das Politikfeld Medien stellt dies spezifische Herausforderungen dar. Historisch gesehen mag die Hauptfunktion der Öffentlichkeit die Regierungskontrolle und der Herstellung von Transparenz politischer und gesellschaftlicher Verhältnisse gewesen sein, in den Medien der Gegenwart spielt dies nicht mehr die Hauptrolle. Im Rundfunk gewinnen unterhaltende Programmformate zunehmend Bedeutung. Politische Kontrollfunktionen sind weniger beim öffentlich-rechtlich domestizierten und mit Gebühren alimentierten Rundfunk zu verorten, als eher bei der Presse und den neuen Medien. So wurde etwa der britische News of the World-Skandal 2011 vom Konkurrenzblatt Guardian aufgedeckt.

In der Schweiz gibt es für jede Sprachregion eigene Zeitungen, Radioprogramme und Fernsehsender. Die öffentlich-rechtlichen Rundfunksender der Sprachgruppen werden unter dem Dach der Schweizerischen Radio- und Fernsehgesellschaft (SRG SSR) produziert und verwaltet, die den Rundfunk als Service public unter einer Konzession des Bundesrates betreibt (Mäusli et al. 2012). Die SRG besteht aus vier Regionalgesellschaften sowie Swissinfo. Beim deutschsprachigen Rundfunk ist zwischen dem 1953 gegründeten Schweizer Fernsehen (SF) und dem Radio DRS zu unterscheiden. Beide Unternehmenszweige wurden 2011 zu „Schweizer Radio und Fernsehen" (www.srf.ch) fusioniert, um den deutschsprachigen Rundfunk besser koordinieren zu können. SRF hat 2084 Beschäftigte und in der deutschsprachigen Schweiz einen Radiomarktanteil von 60,9% sowie einen Fernsehmarktanteil von 29,8% in 2011 (ebd.). Das oberste legitimierende Organ der SRG ist die von den vier Regionalgesellschaften gewählte Delegiertenversammlung. Diese wählt den Präsidenten und weitere zwei Mitglieder des Verwaltungsrates, der das oberste vollziehende Organ ist. Weitere zwei Mitglieder des Verwaltungsrates werden vom Bundesrat bestimmt und die restlichen vier sind die Präsidenten der Regionalgesellschaften (www.srgssr.ch/de/srg/organe). Durch ihren Service public, definiert in Art. 93 BV, dem Radio- und Fernsehgesetz (RTVG) sowie der Rundfunkkonzession, unterscheidet sich die SRG von privaten Anbietern, „weil sie alle Sprachregionen sowie Mehr- und Minderheiten berücksichtigt, die Vielfalt der Themen, Inhalte und Gestaltungsformen anbietet, Kultur nicht nur abbildet, sondern auch Kultur schafft, nicht das Streben nach Quote, sondern die Qualität, Glaubwürdigkeit und Relevanz

in den Vordergrund stellt, von politischen und wirtschaftlichen Interessen unabhängig ist"
(www.srgssr.ch/de/service-public/auftrag).

Die wechselseitige Bezugnahme der Medien in den verschiedenen Sprachregionen aufeinander ist nicht sehr ausgeprägt. Eher orientieren sich noch die frankophonen und italienischsprachigen Medien an denen der deutschsprachigen Schweiz als umgekehrt. Auch haben sich in der Deutschschweiz und der Romandie Unterschiede in der Medienkultur entwickelt, die von Hungerbühler (2005) unter den Dimensionen Agenda-Setting, publizistischer Zugang zu Themen und formale Präsentation gegenüber gestellt werden (Tab. 14-2).

Tab. 14-2: Medienkulturen in der Deutschschweiz und der Romandie

Agenda-Setting	Uniformeres Agenda-Setting in der Deutschschweiz mit ähnlichen Themen und Schlagzeilen in der politischen Berichterstattung. Dagegen ist das Agenda-Setting in der Romandie offener auch für Themen aus den Randbereichen politischer Nachrichten.
Publizistischer Zugang	Stärkere Personalisierung von Nachrichten in der Romandie, sowie weniger strikte Trennung von Bericht und Kommentar. Berichterstattung aus der Perspektive von Minderheiten („journalisme identitaire")
Formale Präsentation	Frühere Entwicklung von „Infotainment" in der Romandie; lockerer, dialogischer, narrativer Stil der Berichterstattung.

Quelle: Hungerbühler 2005: 162.

Neben der Mehrsprachigkeit ist der Medienwandel eine große Herausforderung sowohl für die Medien wie auch für die Medienpolitik. Für die öffentlich-rechtlichen Anbieter heißt dies nicht nur, dass sie im Rahmen des Service public ein mehrsprachiges Programm anbieten müssen, sondern in der jeweiligen Sprachregionen auch gegen private Konkurrenz und die Programme des gleichsprachigen Nachbarlandes konkurrieren müssen. Das Konzept der „Grundversorgung" (Service public, vgl. Krajewski 2011) der gesamten Bevölkerung mit bestimmten Dienstleistungen gibt dem öffentlichen Rundfunk auch eine sprachliche bzw. kulturelle Programmdiversität auf.

Zur Grundversorgung gehört z.B. seit 2008 auch der Breitband-Internetanschluss. Die Höhe der Rundfunkgebühren wird vom Bundesrat festgesetzt. Sie ist auch in der Schweiz kontinuierlich gestiegen, wenn auch vergleichsweise langsam, und betrug 2010 monatlich 14,10 CHF für Radio und 24,40 CHF für Fernsehen, jährlich insgesamt 462 CHF. Die von der Billag, dem Pendant zur GEZ in Deutschland, erzielten Einnahmen belaufen sich auf ca. 1,3 Mrd. Franken, wovon 91% auf die SRG und 4% auf private Sender entfallen (www.bakom.admin.ch/dokumentation/zahlen/03208/03215/index.html?lang=de).

Die ersten privaten Sender sind Anfang der 1980er Jahre auf lokaler Ebene entstanden. Zu einer Konsolidierung der privaten Rundfunklandschaft kam es Anfang der 1990er Jahre. Damit verbunden sind die Namen ˏRoger Schawinski und Tamedia. Aufgrund der Kleinräumigkeit der Sendebereiche haben es Privatsender vergleichsweise schwer, wirtschaftlich zu überleben. Seit dem Jahr 2000 gibt es eine überregionale Kooperation der Privatsender, seit 2006 den überregionalen Sender 3+. Für schweizerische Presseerzeugnisse, die meist nur in einer der Sprachgruppen angeboten werden, ist die Konkurrenzsituation ähnlich, jedoch haben Presseerzeugnisse mit regionaler Berichterstattung einen gewissen „Standortvorteil" gegenüber Rundfunkformaten, die diesen regionalen Bezug nicht herstellen können.

In der Bundesverfassung ist die Stellung von Radio und TV vergleichsweise ausführlich geregelt. Während es im deutschen Grundgesetz (Art. 5 Abs. 1, S. 2) schlicht heißt: „Die

Pressefreiheit und die Freiheit der Berichterstattung durch Rundfunk und Film werden gewährleistet", stellt die BV in Art. 93 zunächst die Kompetenz des Bundes für die „Gesetzgebung über Radio und Fernsehen sowie über andere Formen der öffentlichen fernmeldetechnischen Verbreitung von Darbietungen und Informationen" fest.

Nach Abs. 2 tragen Radio und Fernsehen „zur Bildung und kulturellen Entfaltung, zur freien Meinungsbildung und zur Unterhaltung bei. Sie berücksichtigen die Besonderheiten des Landes und die Bedürfnisse der Kantone. Sie stellen die Ereignisse sachgerecht dar und bringen die Vielfalt der Ansichten angemessen zum Ausdruck". Abs. 3 gewährleistet die „Unabhängigkeit von Radio und Fernsehen sowie die Autonomie in der Programmgestaltung". Abs. 4 gebietet die Rücksichtnahme auf „die Stellung und die Aufgabe anderer Medien, vor allem der Presse" und Abs. 5 schreibt eine unabhängige Beschwerdeinstanz (UBI) für Programmbeschwerden über Radio- und Fernsehsendungen vor.

Seit 2006 wird der Bereich Radio und Fernsehen durch das novellierte RTVG reguliert, durch das z.B. die Anzahl der TV- und Radiokonzessionen auf jeweils zwei pro Unternehmen begrenzt wird (Künzler 2009b: 72). „The consensus between the left-wing, centre and rightwing parties and the government about diversity through private broadcasting and the part funding of private broadcasting through licence fee splitting remained intact. They have even agreed upon a raise of the amount for private broadcasting stations from the licence fee. [...] However, the guiding principle to cater for a strong public service broadcaster capable of competing with foreign television channels had become weaker" (ebd.: 73).

Wer sich durch eine Sendung in seinen Rechten verletzt fühlt, kann sich an die UBI wenden, die nach Prüfung des Falles Rügen aussprechen kann, was sie durchschnittlich pro Jahr auch etwa fünfmal tut. Die zentrale Regulierungsbehörde für Rundfunk, Internet, Frequenzen und Konzessionen ist das Bundesamt für Kommunikation (www.bakom.admin.ch). Es berät den Bundesrat und das Eidgenössische Departement für Umwelt, Verkehr, Energie und Kommunikation (UVEK) und kooperiert mit der Eidgenössischen Kommunikationskommission (ComCom).

Wie in den meisten Nachbarländern (Ausnahme Italien) gibt es kein eigenes Ministerium für Rundfunk bzw. Medien. Vielmehr ist die Aufsichts- bzw. Regulierungsaufgabe meist einem Ministerium zugeordnet oder es werden wie z.B. in Deutschland mit den Landesmedienanstalten für den privaten Rundfunk oder der Bundesnetzagentur eigene Regulierungsbehörden ausgegliedert. In der Schweiz gibt es eine Aufgabenteilung zwischen UVEK, ComCom und Bakom. Letztere ist u.a. für die Vergabe von Rundfunkfrequenz-Konzessionen zuständig.

Grundlage der Tätigkeit und der Aufgabenverteilung ist das Bundesgesetz über Radio und Fernsehen (RTVG) von 2006 und das Fernmeldegesetz (FMG) von 1997. Art. 11 regelt etwa die Gewährung des Zugangs durch marktbeherrschende Anbieter, die „auf transparente und nicht diskriminierende Weise zu kostenorientierten Preisen" auch konkurrierenden Anbietern einen Zugang zu ihren Einrichtungen und Diensten gewähren müssen.

14.2   Rundfunk

14.2.1   Fernsehen

Das öffentlich-rechtliche Fernsehen der Schweiz muss sich den Zuschauermarkt sowohl mit privaten Sendern im Inland wie auch mit der Konkurrenz aus dem Ausland teilen. Die deutschsprachigen und französischsprachigen Sender kommen jeweils auf etwa ein Drittel des Marktanteils, bei den italienischen Sendern ist er etwas höher. Bei den Privatsendern wird lediglich in der deutschsprachigen Schweiz ein etwas höherer Anteil erreicht. Durchschnittlich über 60% des Marktanteils gehen an ausländische Sender; am höchsten ist dieser Anteil in der frankophonen Schweiz (Künzler 2013).

Angesichts der durch Fragmentierung sinkenden Marktanteile der einzelnen Anbieter ist man beim SF mit den relativ stabilen Anteilen insgesamt zufrieden. Die Marktanteile der einzelnen Sender aus Deutschland und Österreich sind im Vergleich dazu deutlich niedriger und ebenfalls stagnierend. So erreichte die RTL-Gruppe 2007 einen Marktanteil von 16,3%, die ProSiebenSat1-Gruppe von 12,7%, die ARD von 9,7%, das ORF von 5,4% und das ZDF von 5,1%. „Leicht gewinnen konnten nur die Schweizer Privatsender, vor allem dank 3+. Zusammen haben sie nun einen Marktanteil von 4,4%. Die Minoritätensender erzielen zusammen bereits 13%. Insgesamt stagniert die Nachfrage im klassischen Fernsehbereich. 2007 betrug die durchschnittliche tägliche Sehdauer (pro TV-Gerät) 139 Minuten, im Jahr 2000 137 Minuten" (NZZ 19.03.2008). Innerhalb der SRG-Sender ergibt sich wiederum ein sehr heterogenes Bild. Den mit Abstand größten Marktanteil haben die 1. Programme. Der gesamte Marktanteil der SRG liegt bei etwa einem Drittel. Privatsender erreichen nur in der Deutschschweiz einen größeren Marktanteil.

Tab. 14-3: Marktanteil Fernsehsender in der Schweiz (in %)

	Deutschschweiz			Französische Schweiz			Italienische Schweiz		
	2000	2005	2011	2000	2005	2011	2000	2005	2011
SF/TSR/TSI 1	25	24	21	27	25	21	25	26	24
SF/TSR/TSI 2	7	9	7	5	6	6	6	7	7
SFInfo		1	2						
Andere SRG SSR	1	1	1	3	3	2	3	3	5
Total SRG SSR	33	34	31	35	34	29	34	37	36
Privat-TV CH	7	4	7	0	1	1	1	1	2
Ausland	59	62	63	65	66	70	65	62	63

Quelle: BfS, Tabelle T 16.3.1.2; Messsystem: Telecontrol; Basis: Bevölkerung ab 3 Jahren, Mittelwert pro Tag (Montag–Sonntag). Stichprobe 2011: Deutschschweiz: 1029 Haushalte, Französische Schweiz: 619 Haushalte, Italienische Schweiz: 270 Haushalte. Ab 2010 Wechsel des Berechnungsverfahrens.

Einen Überblick über die Programmprofile der einzelnen öffentlich-rechtlichen Sender und des Privatsenders 3+ gibt die Tabelle 14-3. Programmschwerpunkt von SF1 sind die Kategorien Sach- und Lebensweltpublizistik und politische Publizistik & Kontroverses (Tab. 14-4). Dies entspricht etwa dem Schwerpunkt News & Information in Tabelle 14-5. Der Programmschwerpunkt von SF 2 ist die Unterhaltung (einschließlich Sport). Für die französisch- und italienischsprachigen Sender lässt sich ein leichter Überhang an Unterhaltungsformaten in den Ersten Programmen feststellen, jedoch nicht mehr für die publizistischen Formate. Eine deutliche Profilierung für die Bereiche Unterhaltung und Information wurde also nur für die (deutschsprachigen) Sender des SF vorgenommen.

SF 1 hat zuletzt das Familienprogramm mit vielen Eigenproduktionen und Heimatbezug aufgewertet. Bei SF 2 stehen dagegen (zugekaufte) Serien, Spielfilme und Sport im Vordergrund. Außerdem hat SF 2 eine Kooperation mit Presse-TV (PTV), einem 1995 gegründeten privaten Sender (NZZ, Ringier, Basler Zeitung, Axel Springer Schweiz und DCTP). Bis 2008 hatte diese Sendeanstalt noch feste Sendeplätze auf SF 2 und konnte über die Inhalte autonom entscheiden. Im Kooperationsvertrag von 2009 bis 2014 hat die SRG nun das letzte Wort bei der Platzierung der Inhalte bekommen (NZZ 30.05.2008). Beim Privatsender 3+ liegt der Schwerpunkt deutlich im Bereich Unterhaltung.

Tab. 14-4: Programmprofile der Schweizer Fernsehsender (Zeitumfang in %, 2008)

	SF 1	SF 2	TSR 1	TSR 2	TSI 1	TSI 2	3+
Fiktionale Unterhaltung	20	63	40	25	34	13	31
Nonfiktionale Unterhaltung	11	11	1	6	5	5	39
Sportsendungen	1	6	5	14	1	26	-
Zus. Sportpublizistik	0	0	3	2	2	4	0
Unterhaltungspublizistik	7	2	8	6	3	3	1
Sach-, Lebensweltpublizistik	24	7	13	21	24	19	2
Polit. Publizistik/Kontroverses	12	3	16	15	18	20	0
Restl. Programm	2	1	2	3	4	3	0
Programmhinweise/-füller	17	3	6	5	4	4	13
Werbung, Teleshopping, Sponsoring	6	4	6	3	5	3	14

Quelle: NZZ, 27.06.2008: 31; Trebbe et al. 2008.

Tab. 14-5: TV-Programm der SRG SSR nach Inhaltskategorie (in %)

	2000	2005	2010	2011
Erstausstrahlung	62,49	43,23	38,69	38,19
News & Information	5,84	4,89	6,27	7,46
Kultur, Bildung, Religion	3,87	4,48	4,2	4,23
Fiktion & Unterhaltung	12,58	12,26	11,7	11,39
Sport	6,91	5,78	7,35	5,79
Werbung	2,95	2,79	3,2	3,69
Anderes*	30,33	13,01	5,94	5,61
Wiederholungen	37,5	56,76	61,31	61,8
News & Information	14,39	17,51	21,1	21,23
Kultur, Bildung, Religion	5,13	9,1	11,35	10,96
Fiktion & Unterhaltung	9,5	14,16	16,4	18,83
Sport	1,82	4,02	4,36	4,02
Werbung	-	-	0,04	0
Anderes*	6,64	11,96	-	6,74

Quelle: BfS Tabelle T 16.3.1.4 und eigene Berechnungen; alle Programme der SRG SSR inkl. SRG SSR-Euronews-Sendungen. *Programmpräsentationen, Programmhinweise, Trailers sowie Übriges (Pannen, Kunstpausen, etc.).

Die dieser Profilerstellung zugrunde liegende Methodik entspricht der auch in Deutschland von den Landesmedienanstalten in Auftrag gegebenen Programmforschung. Dabei wird eine Kalenderwoche lang das gesamte Sendeprogramm detailliert ausgewertet. Den größten

Unterhaltungsanteil hat demnach SF 2 mit insgesamt 74%, gefolgt von 3+ mit 70% (Tab. 14-4). Dass die beiden Tessiner Sender mit 42 bzw. 39 % den größten Informationsanteil haben, wird durch einen hohen Anteil von übernommenen Euronews-Sendungen erklärt (NZZ 27. 06.2008).

Im gesamten Programmprofil der SRG nehmen Fiktion & Unterhaltung sowie News & Information die größten Anteile ein. Bei Erstausstrahlungen hält sich Fiktion & Unterhaltung mit leicht sinkender Tendenz bei ca. 12%, dafür hat sich der Programmanteil bei den Wiederholungen zwischen 2000 und 2011 auf knapp 19% etwa verdoppelt. Der Anteil News & Information bei Erstausstrahlungen wurde zuletzt kontinuierlich auf knapp 7,5% gesteigert, bei den Wiederholungen erreichte er 2011 mit 21,2% den größten Anteil.

Aus der zuvor skizzierten Konkurrenzsituation der SRG könnte man nun schließen, dass der Marktanteil öffentlicher Sender auch im internationalen Vergleich sehr niedrig ist. Tatsächlich liegt er 2011 etwa auf dem Niveau von Spanien und Frankreich. In der Vergleichsgruppe der Tabelle 14-6 liegt der öffentlich-rechtliche Marktanteil lediglich in Wallonien (21,2% in 2010) niedriger als in der Schweiz. Jedoch fällt auf, dass der Anteil in der deutschen Schweiz (seit 1995) relativ konstant geblieben ist, in der italienischen Schweiz sogar gestiegen ist und lediglich in der französischen Schweiz sinkt. Dagegen gibt es in einigen Nachbarländern (Österreich, Italien) stetig sinkende öffentlich-rechtliche Marktanteile.

Tab. 14-6: Marktanteile öffentlich-rechtlicher Fernsehanstalten im Vergleich (in %)

	1995	2000	2005	2010
Belgien (Wal)	17,9	23,2	17,0	21,2
Schweiz (CH-F)	36,0	36,3	33,1	29,8
Frankreich	43,9	42,3	39,4	33,2
Spanien	52,3	49,3	42,7	33,8
Schweiz (CH-D)	36,0	34,0	34,9	34,0
Schweiz (CH-I)	31,0	33,7	35,9	35,0
Schweden	51,0	43,8	39,7	35,2
Niederlande	39,1	36,4	35,5	36,5
Österreich	63,4	56,6	48,5	38,8
Norwegen	43,0	40,5	43,8	40,8
Italien	48,2	47,3	43,3	41,3
Belgien (Fla)	22,7	31,7	36,4	42,5
Deutschland	40,1	43,1	43,9	43,4
Finnland	46,8	42,3	43,6	45,1
Großbritannien	54,3	48,5	48,6	48,4
Dänemark	69,9	68,2	72,7	62,9

Quelle: BfS, Tabelle T 16.3.1.3; Mittelwert pro Tag. Eingeschränkte Vergleichbarkeit aufgrund unterschiedlicher Berechnungsverfahren der Nutzungskennzahlen möglich. Sortiert nach Spalte 5.

Auch bei der durchschnittlichen Fernsehnutzung pro Tag hat die Schweiz sehr niedrige Werte. Im Sample der Tabelle 14-7 ist der Anteil derjenigen, die ohne täglichen Fernsehkonsum auskommen mit 7,6% am höchsten und der Anteil derjenigen, die mehr als drei Stunden täglich konsumieren mit 7,8% am niedrigsten.

Tab. 14-7: Durchschnittliche Fernsehnutzung pro Tag (in Std.) im internationalen Vergleich (2010/2011, in % der Bevölkerung)

	> 3	2,5–3	2–2,5	1,5–2	1–1,5	0,5–1	< 0,5	keine	Anzahl Befragte
Belgien	20,1	11,1	15,0	15,8	16,4	14,3	4,6	2,8	1.704
Dänemark	20,0	12,3	15,1	17,5	13,8	15,0	4,9	1,3	1.575
Deutschland	16,4	12,9	14,0	17,6	14,3	14,7	6,0	4,1	3.029
Finnland	14,9	7,9	14,2	16,1	17,2	17,2	5,5	7,0	1.878
Frankreich	19,1	10,9	16,2	16,4	15,6	12,3	5,7	3,9	1.726
Großbritannien	32,4	15,5	12,5	13,6	10,6	9,7	3,2	2,5	2.418
Niederlande	24,3	12,8	13,6	16,7	14,3	11,5	4,2	2,6	1.828
Norwegen	11,9	11,6	16,6	18,1	16,5	15,9	6,6	2,8	1.549
Polen	15,5	12,5	8,3	22,1	11,4	19,6	6,0	4,6	1.745
Portugal	22,2	13,6	13,1	16,9	15,9	12,5	4,3	1,5	2.135
Russland	30,5	14,3	9,7	16,4	11,7	8,5	4,6	4,4	2.567
Schweden	10,7	10,6	12,8	17,2	19,1	18,0	7,5	4,1	1.497
Schweiz	7,8	7,0	10,6	14,3	18,7	21,7	12,1	7,6	1.506
Spanien	16,1	9,2	13,3	16,4	18,6	17,4	6,5	2,6	1.883

Quelle: BfS, Tabelle T 16.3.1.1 nach European Social Survey ESS Vers. 5e02 (www.europeansocialsurvey.org); Bevölkerung ab 15 Jahren pro Land (Stichprobengröße: vgl. Befragte (gewichtet)).

14.2.2   Radio

Im Unterschied zum audiovisuellen Medium Fernsehen bietet der Hörfunk andere Nutzungsmöglichkeiten und Programmformate, z.B. stündliche Nachrichten und mehr Interaktivität durch Hörerbeteiligung. Die niedrigeren Produktionskosten haben zu einem höheren privaten Marktanteil geführt und zu einer stärkeren Spezialisierung von Programmen und Sendern auf teilweise sehr kleine Zielgruppen. Der Marktanteil privater Sender in der Romandie liegt mehr oder weniger konstant bei ca. 24%, in der Deutschschweiz ansteigend bei knapp 30% und der italienischen Schweiz bei 10%. Unter den Privatradios „erreicht Radio 24 am meisten Personen, und zwar durchschnittlich 309.000 (ab 15 Jahre, berechnet fürs zweite Halbjahr 2011). Es folgen Energy Zürich (270.000), Argovia (241.000), FM 1 (213.000), Zürisee (208.000), Central (196.000), Pilatus (182.000), Top (161.000), Radio 32 (151.000), Radio 1 (129.000), Sunshine (122.000) und Basilisk (121.000)" (NZZ 21.01.2012: 28). Aufgrund der geringeren Senderreichweite ist der Marktanteil ausländischer Sender deutlich niedriger als beim Fernsehen. Dies könnte sich durch den Ausbau des Kabelnetzes und Digital Audio Broadcasting (DAB) ändern. Die Hörfunksender der SRG kommen in der Deutschschweiz und der Romandie auf zwei Drittel des Marktanteils, die der italienischen Schweiz sogar auf über 80%. Dabei sind die 1. Programme mit ihrem Informations- und Unterhaltungsmix die Quotenträger, die zweiten Programme haben einen Schwerpunkt im Bereich Kultur und Wissen und die 3. Programme im Bereich Musik und Sport. Der Heimatsender DRS Musikwelle sendet neben Ratgeber und Informationsformaten „traditionelle und heimatverbundene Klänge" (www.drs.ch). Seit 2007 sendet der digitale Informationskanal DRS4 News über Kabel und DAB.

Tab. 14-8: Die Marktanteil der Radiosender in der Schweiz (in %)

	Deutsche Schweiz			Franz. Schweiz			Italienische Schweiz		
	2001	2006	2011	2001	2006	2011	2001	2006	2011
DRS1, La première, Rete Uno	40,5	41,3	34,0	35,7	40,4	39,6	51,8	51,0	46,7
DRS2, Espace 2, Rete 2	4,6	5,0	3,7	4,1	3,5	3,0	7,6	6,6	5,5
DRS3, Couleur 3, Rete 3	10,8	13,3	17,7	4,5	4,4	6,9	8,8	13,7	18,5
Musikwelle/Option Musique	3,2	4,1	4,8	8,2	9,1	7,6	*	*	*
Andere SRG SSR	3,9	4,3	5,7	6,8	6,9	8,1	11,7	11,4	12,4
Total SRG SSR	63	68	66	59	64	65	80	83	83
Privatradio	27,7	25,6	29,5	24,3	22,9	23,8	5,8	7,5	10,0
Auslandradios	9,6	6,7	4,6	16,5	12,8	11,0	14,4	9,8	6,9

Quelle: BfS Tabelle T 16.3.2.2; eingeschränkte Vergleichbarkeit der Ergebnisse ab 2009 mit denjenigen der Vorjahre aufgrund von Anpassungen in der Methodik.

Unter den Privatradios der Deutschschweiz hat Radio24 mit knapp über 3% den größten Marktanteil, gefolgt von Energy Zürich und Argovia mit über 2%. Zürichsee und FM1 halten sich bei ca. 2%, Central, Pilatus, Radio Top und Radio 32 bei etwas unter 2% (Mediapulse Radiopanel 1/2012, www.publicadata.ch/de/publikationen/radio-daten/2012.html). In der Romandie hat BNJ FM mit knapp 5% den größten Marktanteil, gefolgt von Rouge FM und LFM mit ca. 3,5% (ebd.). Die Radionutzung ist in der Romandie mit durchschnittlich 98 Minuten pro Tag (2011) am niedrigsten und in der Deutschschweiz (113 Min.) am höchsten. In allen Sprachregionen steigt die Radionutzung mit dem Alter deutlich an (Tab. 14-9).

Tab. 14-9: Radionutzung nach Sprachregionen, Alter und Geschlecht (Min. pro Tag)

	Deutschschweiz				Französische Schweiz				Italienische Schweiz			
	2001	2005	2010	2011	2001	2005	2010	2011	2001	2005	2010	2011
Gesamt	115	106	117	113	107	99	103	98	109	100	106	106
nach Alter*												
15–29 Jahre	80	65	69	67	70	52	49	47	67	58	62	63
30–44 Jahre	90	79	87	83	82	71	72	68	82	73	77	78
45–59 Jahre	128	114	122	119	122	109	106	100	120	109	110	107
60 Jahre u. m.	167	163	181	177	159	165	180	172	155	146	158	156
nach Geschlecht												
Männer	120	108	117	114	109	99	102	96	111	101	106	105
Frauen	110	103	116	112	106	99	105	100	108	98	107	107

Quelle: BfS Tabelle T 16.3.2; eingeschränkte Vergleichbarkeit der Ergebnisse ab 2009 mit denjenigen der Vorjahre aufgrund von Anpassungen in der Methodik. * Zielgruppeneinteilung entspricht nicht Stichprobenschichtung.

Die Konzessionsvergabe auf nationaler Ebene erfolgt durch den Bundesrat, die für lokale Radio- und Fernsehsender durch die jeweiligen kantonalen Regierungsräte. Als Legitimationsargument bei der Lizenzvergabe wird regelmäßig die Informationsfunktion angeführt. Tatsächlich ist als Informationsprogramm hauptsächlich der SRG-Sender DRS 1 („Informationsradio mit Pop-Musikteppich" nach NZZ 04.04.2008: 31) zu nennen, in einigem Abstand auch DRS 3 und das neue DRS 4 News.

Die SRG ist als privatrechtlicher Verein mit vier Regionalgesellschaften organisiert, die in der Deutschschweiz und der Romandie wiederum aus sieben Mitgliedsgesellschaften bestehen sowie einem Publikumsrat und einer Ombudsstelle. Für die Lizenzen der Lokalradios können unterschiedlich große Territorien zusammen gefasst werden. So wurde etwa mit der Zusammenlegung des Senderaums Zürich und Glarus ein Senderaum mit 1,5 Mill. Einwohner für drei Konzessionen geschaffen. Für den Raum Zürich Stadt und Umgebung mit 920.000 Einwohnern gibt es zwei Konzessionen und im Raum Winterthur mit 140.000 Einwohnern eine Konzession.

Für eine Konzession muss sich der Sender verpflichten, „morgens, mittags und abends relevante Informationen über Politik, Wirtschaft, Kultur, Gesellschaft und Sport [zu] vermitteln. Die Angebote sollen thematisch vielfältig sein sowie das Meinungs- und Interessenspektrum im lokal-regionalen Raum widerspiegeln. Die Konzessionäre haben aber auch Mechanismen zur Sicherung der Informationsqualität zu etablieren. Das Bundesamt [Bakom, Ergänz. T.K.] erwartet regelmässig Prüfberichte und bei Mängeln Verbesserungsvorschläge. Es besteht ferner die Verpflichtung, das Personal aus- und weiterzubilden sowie die Arbeitsbedingungen der Medienbranche einzuhalten. […] Die neuen Konzessionen gelten bis Ende 2019" (NZZ, 23./24.02.2008: 41).

Tab. 14-10: Durchschnittliche Radionutzung pro Tag in Std. im internationalen Vergleich (2010/2011, in % der Bevölkerung)

Stunden	> 3	2,5 – 3	2 – 2,5	1,5 – 2	1 – 1,5	0,5 – 1	< 0,5	keine	Anzahl Befragte
Belgien	30,3	2,8	4,5	4,9	8,1	16,5	15,6	17,3	1.704
Dänemark	25,2	3,2	3,4	4,4	8,3	17,0	20,5	18,0	1.575
Deutschland	22,1	4,7	4,1	6,8	7,7	17,5	18,9	18,2	3.027
Finnland	18,6	2,3	4,4	5,1	6,2	19,0	21,7	22,7	1.877
Frankreich	15,1	3,0	4,7	4,8	8,8	19,4	21,9	22,3	1.727
Großbritannien	18,9	5,1	4,3	5,6	7,7	18,0	15,1	25,1	2.422
Niederlande	28,7	3,6	2,8	4,4	5,1	15,1	17,4	22,9	1.828
Norwegen	16,9	4,8	5,5	6,4	7,8	19,8	22,0	16,7	1.549
Polen	24,1	4,8	2,3	8,3	5,3	16,2	13,2	25,8	1.744
Schweden	15,9	2,8	4,3	5,9	6,4	17,4	22,1	25,2	1.496
Schweiz	26,6	2,2	4,8	4,9	9,2	15,5	18,5	18,3	1.505
Spanien	13,7	1,9	4,4	6,5	7,3	15,6	14,2	36,4	1.883

Quelle: BfS (Tabelle T 16.3.2.1.1) nach European Social Survey ESS Vers. 5e02, www.europeansocialsurvey.org. Bevölkerung ab 15 Jahren pro Land (Stichprobengröße: vgl. Befragte (gewichtet)).

14.3   Presse und neue Medien

Im Vergleich zum Rundfunk und den neuen Medien ist die Presse das „Urgestein" der Massenmedien, das sich den Herausforderungen des Medienwandels aber gestellt hat. Die Reichweite von Zeitungen und Zeitschriften liegt bei etwa 90% der Bevölkerung über 14 Jahre. Die Gesamtauflage der schweizerischen Presseprodukte stieg von zwei Mio. Exemplaren in 1939 auf 4,2 Mio. in 1995. Zwischen 1986 und 2002 wurden jährlich (meist) über 4 Mio. Presseerzeugnisse verkauft, seither gibt es wieder eine sinkende Tendenz mit zuletzt 3,5 Mio. Zeitungen im Jahr 2011. Interessant ist auch die kontinuierliche Konzentration bei der Anzahl der Titel, die sich von Anfang der 1940er Jahre bis 2011 halbiert hat (Tab. 14-11).

Tab. 14-11: Entwicklung der Titelzahl und der Auflage von Kaufzeitungen

Jahr	Anzahl Titel	Durchschnittliche tägliche Auflage in 1000	Gesamtauflage in 1000
1939	406	1.454,2	2.049,5
1950	368	1.692,2	2.205,8
1960	350	1.813,3	2.253,5
1971	310	2.503,3	2.982,2
1980	290	2.762,6	3.245,5
1990	273	2.652,0	4.054,3
1995	257	2.597,8	4.262,0
2000	232	2.544,0	4.214,3
2005	206	2.290,5	3.734,8
2006	207	2.239,5	3.702,8
2007	208	2.202,7	3.799,1
2008	203	2.158,2	3.831,9
2009	197	2.077,2	3.669,2
2010	193	2.022,1	3.580,7
2011	194	1.959,0	3.505,0

Quelle: BfS Tabelle T 16.3.4 nach Verband Schweizer Presse, WEMF. Vgl. ebd. für weitere Anmerkungen.

Differenziert nach Sprachregionen gab es 2011 in der deutschsprachigen Schweiz 144 Titel mit umfassender Berichterstattung über alle Bereichen des täglichen Lebens (ohne Gratisblätter), die mindestens einmal pro Woche erscheinen, 39 in der französischen, neun in der italienischen und zwei in der rätoromanischen Schweiz. 127 der 194 Titel in 2011 haben eine Auflage von weniger als 10.000 Exemplaren, nur sieben Titel erreichen eine Auflage zwischen 100.000 und 249.999 Exemplaren (www.schweizermedien.ch/index.php?id=31).

Im Folgenden wird noch etwas differenzierter auf die Entwicklung der einzelnen Titel und Auflagenhöhen in den unterschiedlichen Sprachregionen eingegangen. Die unterschiedlich großen Zeitungsmärkte der Sprachregionen wirken sich nicht nur auf die Auflagenhöhe aus, sondern auch auf die Anzahl der Titel insgesamt. Daher ist es nicht überraschend, dass die Zeitungsvielfalt in der Deutschschweiz am größten ist, gefolgt von der Romandie und der italienischen Schweiz. Tabelle 14-12 gibt einen Überblick über die Entwicklung der Kaufzeitungen seit 2005 in den Sprachregionen. Mit wenigen Ausnahmen haben alle Titel im Jahresvergleich 2010 und 2011 wie auch im Vergleich 2005 und 2011 rückläufige Auflagen zu verzeichnen. Zu den wenigen Ausnahmen, die in beiden Vergleichszeiträumen keine Verluste in der Auflagenhöhe zu verzeichnen hatten, gehören das St. Galler Tagblatt, die Schweizer Familie, die NZZ am Sonntag und die Wochenzeitung in der Deutschschweiz sowie La Liberté in der Romandie.

Nicht enthalten in der Übersicht zur Auflagenhöhe schweizerischen Zeitungen der Tabelle 14-12 sind die täglichen Gratiszeitungen. Dazu gehören 20 Minuten (d) mit einer Auflage von 496.205 bzw. 203.407 für die französische Ausgabe (Tamedia AG), sowie Blick am Abend (Ringier AG) mit einer Auflage von 321.095 in 2011 (www.schweizermedien.ch/index.php?id=31). Die Gratiszeitungen haben damit sowohl in der deutschen wie in der französischen Schweiz eine deutlich höhere Auflage als die jeweils bestverkauften „for pay dailies". Die tatsächliche Reichweite eines Titels ist in der Regel um das zwei- bis vierfache höher als die Auflage, da jedes verkaufte Exemplar von mehreren Lesern gelesen werden kann.

Tab. 14-12: Auflagenhöhe der Schweizer Presse 2005–2011

Verkaufte Auflagen	2005	2010	2011	2010/2011	2005/2011
Deutschschweiz				Differenz in Prozent	
Tageszeitungen					
Blick	262 262	214 880	208 360	−3	−21
Tages-Anzeiger	231 182	203 636	195 618	−4	−15
AZ-Gesamtausg.	189 387	187 111	178 854	−4	−6
Berner Zeitung	227 365	181 705	174 162	−4	−23
Neue Zürcher Zeitung	150 945	135 894	132 670*	−3	−12
Die Südostschweiz	139 568	124 760	122 470	−2	−12
Neue Luzerner Zeitung	132 179	124 242	121 371	−2	−8
Zürcher Landzeitung		95 255			
St. Galler Tagblatt	106 101	94 020	118 420	26	12
Basler Zeitung	98 645	83 773	77 619	−7	−21
Wochen- und Monatstitel					
Sonntags-Blick	280 280	238 178	230 180	−3	−18
Schweizer Illustrierte	240 240	213 243	198 660	−7	−17
NZZ Folio	209 672	204 350	197 728	−3	−6
Schweizer Familie	171 905	186 098	186 588	0	9
Sonntags-Zeitung	202 599	188 658	182 129	−3	−10
Der Sonntag		170 368	158 115	−7	
NZZ am Sonntag	115 671	129 813	130 133	0	13
Zentralschweiz am Sonntag		109 343	106 894	−2	
Weltwoche	80 436	79 753	77 800	−2	−3
Südostschweiz am Sonntag		52 381	51 545	−2	
Bilanz	36 660	40 030	37 498	−6	2
Handelszeitung	30 545	40 822	36 320	−11	19
Finanz und Wirtschaft	35 203	30 582	29 517	−3	−16
Stocks	18 145	22 113	20 179	−9	11
Wochenzeitung (WoZ)	14 233	14 512	15 737	8	11
Westschweiz					
Le Matin dimanche	217 392	188 053	175 951	−6	−19
L'Illustré	90 127	90 369	86 264	−5	−4
24 heures	103 262	78 964	75 796	−4	−27
Le Matin (semaine)	76 410	57 894	57 107	−1	−25
Tribune de Genève	71 029	54 068	51 487	−5	−28
L'Hebdo	43 911	45 784	45 219	−1	3
Le Temps	46 965	44 450	42 433	−5	−10
Le Nouvelliste	42 790	41 554	41 129	−1	−4
La Liberté	38 606	38 956	39 086	0	1
Bilan	18 569	15 107	13 111	−13	−29
Italienische Schweiz					
Corriere del Ticino	39 298	37 092	36 274	−2	−8
La Regione	33 043	32 479	32 379	0	−2
Giornale del Popolo	17 148	16 229	16 301	0	−5

Quelle: NZZ, 5.10.2011, S. 28; * ohne internationale Ausgabe: 119.086.

So ist etwa für 20 Minuten (d) von einer Leserschaft von 1,3 Mill. auszugehen, für Blick,
Blick am Abend und den Tagesanzeiger von 0,6 Mill. sowie für 20 Minutes (f) von 0.5 Mill.
(www.schweizermedien.ch/index.php?id=31). Aber auch die auflagenstarken kostenlosen
Pendlerzeitungen können die stark rückläufige kumulierte Auflagenhöhe nicht kompensieren
wie aus Tabelle 14-13 zu entnehmen ist. In dem dort ausgewählten Sample hat die Schweiz
den dritthöchsten Auflagenrückgang nach Spanien und Polen im Zeitraum 2007 bis 2011 zu
verzeichnen.

Tab. 14-13: Durchschnittliche Zirkulation von Kauf- und Gratis-Tageszeitungen

	2007	2008	2009	2010	2011	Diff. 2010/11	Diff. 2007/11
Spanien	8685	8284	6524	3758	3510	–6,59	–59,58
Polen	4451	4186	3613	3367	3201	–4,91	–28,07
Schweiz	4092	3984	3449	3097	3051	–1,48	–25,44
Schweden	4645	4394	3904	3761	3690	–1,88	–20,56
Niederlande	5517	5309	4847	4544	4443	–2,22	–19,46
Norwegen	2222	2185	2061	1863	1803	–3,24	–18,85
UK	17905	17456	16355	16999	15676	–7,78	–12,45
Italien	9453	9676	8865	8581	8459	–1,42	–10,51
Deutschland	20590	20079	19746	19090	18522	–2,97	–10,04
Finnland	2122	2101	2039	1975	1912	–3,19	–9,89
Belgien	1665	1669	1634	1622	1598	–1,48	–4,02
Frankreich	10230	10290	9760	9461	9852	4,13	–3,69
Österreich	2988	2949	2869	2924	3115	6,53	4,25

Quelle: WAN-IFRA, www.wptdatabase.org/summaries/total-paid-for-and-free-dailies-circulation-0; Angaben in
tausend, Differenzen in Prozent. Sortiert nach Spalte 8.

Unter dem Aspekt der Medienökonomie rückt des Weiteren die Eigentumsstruktur der Medienunternehmen ins Zentrum des Interesses. Die kontinuierlich sinkende Anzahl der Titel
insgesamt wie auch die sinkenden Auflagezahlen der einzelnen Titel lassen es nicht überraschend erscheinen, dass es auch in der Eigentumsstruktur zur Bildung von Pressekonzernen
kommt um Kosten zu senken und Investitionen in neue Technologien finanzieren zu können.
Große Übernahmen der letzten Jahre waren die Konsolidierung der Edipresse Publications
bei Tamedia in 2011 und der Espace Media bei Tamedia in 2007. Neben Übernahmen bzw.
Fusionen sind auch Vertriebspartnerschaften eine Möglichkeit, Kosten zu senken, da der
Vertrieb des „altmodischen" Produktes (Abonnenten-)Zeitung immer noch eine der teuersten
Phasen des Produktionsprozesses ist. Bei den Gratiszeitungen haben sich z.B. durch die oft
anzutreffende Auslegung zur freien Mitnahme auch die Vertriebskosten deutlich gesenkt.

Tab. 14-14: Die umsatzstärksten Pressekonzerne 2011

	Unternehmen	Umsatz in Mio CHF	Diff. 2000/2011 in %
1	Ringier AG	1147,0	12,6
2	Tamedia AG	1105,1	35,1
3	NZZ Gruppe	527,3	–0,9
4	AZ Medien Gruppe	238,8	16,5
5	Basler Zeitung Medien Gruppe	203,8	–62,0
6	Südostschweiz Medien-Gruppe	135,7	5,3

Quelle: www.schweizermedien.ch/index.php?id=31 [08.11.2012].

Der Presserat ist die international übliche Form der Selbstkontrolle der Presse, um frei von staatlichen Einflüssen (Pressefreiheit) mögliche Grenzüberschreitungen bzw. Verhaltensverfehlungen der Printmedien zu prüfen und ggf. zu rügen. Er kann aber auch zu allgemeinen Entwicklungen im Pressewesen Stellung nehmen und hat keine direkten Sanktionsmöglichkeiten, sondern ist auf die freiwillige Selbstverpflichtung durch die „Erklärung der Pflichten und Rechte der Journalistinnen und Journalisten" angewiesen (http://presserat.ch/ code_d.htm). Wie aus Tabelle 14-15 hervor geht, ist die Anzahl der Beschwerden von 2000 bis 2011 um 61% gestiegen. Allerdings ist die Erfolgsquote der Beschwerden deutlich niedriger. Gutgeheißene und teilweise gutgeheißene Beschwerden machen 2011 einen Anteil von 44% aller Beschwerden aus.

Tab. 14-15: Stellungnahmen des Schweizer Presserats

Beschwerden	2000	2005	2006	2007	2008	2009	2010	2011
Nichteintreten / Offensicht. unbegründet	2	13	22	8	17	19	14	14
Gutgeheissen	12	12	8	8	8	6	12	14
Teilweise gutgeheissen	12	15	14	21	8	17	15	18
Abgewiesen	16	11	20	26	32	29	21	23
Stellungnahmen aus selber aufgegriffenen Fällen	2	0	2	0	1	1	3	3
Total verabschiedet	44	51	66	63	66	72	65	72

Quelle: BfS Tabelle T 16.3.6.

Nach den Umfragen des World Internet Projects (2011) sind die Erwartungen der Schweizer Bevölkerung an das Internet im Hinblick auf dessen „Demokratisierungspotenzial" eher bescheiden. Auch eine stärkere Regulierung des Internet findet in der Bevölkerung laut dem „World Internet Project" vergleichsweise niedrige Unterstützung (Latzer et al. 2012). Insgesamt nutzen 77% der schweizerischen Bevölkerung ab 14 Jahren das Internet. „Die Schweiz liegt damit im internationalen Vergleich im Spitzenfeld, wenn auch nicht auf den vordersten Rängen. Die Durchdringung mit privaten und leistungsfähigen Anschlüssen ist hoch. 97% der Internet-Nutzer verwenden das Internet zu Hause, davon verfügen drei Viertel über einen Breitbandanschluss" (Latzer et al. 2012: 5). Unter den Nicht-Nutzern ist die Altersgruppe der ab 60-jährigen überdurchschnittlich vertreten, ebenso die „Bevölkerungsgruppen mit niedriger Bildung (49%), niedrigem Einkommen (50%) oder ohne Erwerbstätigkeit (40%). Auch die Penetration von mobilem Internet wird bislang vor allem von einkommensstarken und höhergebildeten Bevölkerungsgruppen getragen, in denen die mobile Nutzung 2011 bereits 30–40% erreicht" (ebd.: 6).

Zu den größten Anbietern für Online-Informationen die Zeitungsverlage und die SRG, die auf die „digitale Revolution" mit Crossmedia-Strategien reagiert haben, also der Verknüpfung ihrer Inhalte durch verschiedene technische Medienkanäle. Im Juli 2011 lag nach den Zahlen der Wemf, die monatlich mittels des Dienstes „NetMetrix" die Mediennutzung technisch erfasst, „20min.ch mit 2.527.000 sogenannten Unique Clients an der Spitze. Der Begriff bezieht sich auf die Anzahl Computer, über welche auf eine Website zugegriffen wird. Durchschnittlich dauerte ein Besuch von 20min.ch 6 Minuten und 16 Sekunden. An der zweiten Stelle liegt sf.tv mit 2.184.000 Unique Clients (8 Min. 42 Sek. pro Besuch). Es folgen blick.ch (2.208.000, 6 Min. 59 Sek.), nzz.ch (1.434.000, 6 Min. 2 Sek.) und tagesanzeiger.ch (1.377.000, 7 Min. 29 Sek.)" (NZZ 07.09.2011: 25).

Vergleicht man die Anzahl der Einwohner je Breitband-Anschluss, liegt die Schweiz mit den Niederlanden und Norwegen an der Spitze des Samples (2010). Schlusslichter mit der höchsten Einwohnerdichte je Breitband-Anschluss sind Polen, Italien und Spanien. Insgesamt liegt das Feld der westeuropäischen Staaten aber recht nah beieinander, so dass sich keine „digitale Spaltung" auf Länderebene abzeichnet. Und auch in Polen hat sich die Anzahl der Einwohner je Breitbandanschluss zwischen 2006 und 2011 fast halbiert.

Tab. 14-16: Anzahl der Einwohner pro Breitband-Anschluss im Vergleich

	2006	2007	2008	2009	2010	2011
Niederlande	3,14	2,97	2,82	2,68	2,61	2,57
Schweiz	3,63	3,15	2,97	2,81	2,67	2,60
Norwegen	3,72	3,25	3,0	2,85	2,81	2,73
Frankreich	4,97	4,04	3,58	3,23	3,03	2,85
UK	4,64	3,89	3,54	3,38	3,24	3,05
Deutschland	5,50	4,18	3,63	3,29	3,13	3,06
Belgien	4,28	3,89	3,6	3,43	3,21	3,10
Schweden	3,63	3,28	3,16	3,14	3,12	3,13
Finnland	3,67	3,26	3,32	3,47	3,40	3,38
Österreich	5,76	5,10	4,81	4,52	4,03	3,77
Spanien	3,49	5,56	5,0	4,72	4,36	4,22
Italien	6,91	5,84	5,28	4,88	4,62	4,36
Polen	13,10	9,13	9,56	7,94	7,69	7,0

Quelle: Eigene Berechnung nach WAN-IFRA und Eurostat. Sortiert nach Spalte 7.

14.4   Medienpolitik im Vergleich

Ein Vergleich von Mediensystemen bzw. -politiken muss aus Platzgründen im Folgenden auf wenige (Makro)Aspekte begrenzt bleiben. Durch einen Vergleich von Mediensystemen bzw. -politiken kann die Aufmerksamkeit auf bestimmte Merkmale bzw. Ursachen von Phänomenen gelenkt werden, die bei einer auf einen Einzelfall beschränkten Politikfeldanalyse evtl. gar nicht auffallen würden. Norris (2011: 358) schlägt sechs Kriterien vor, nach denen massenmediale Kommunikationsprozesse systematisch verglichen werden können: Kommunikationsinfrastrukturen, Medienregulierung, Eigentumsverhältnisse, journalistische Professionalität, Medieninhalte, Medienwirkungen. Orientiert man sich an der Begriffstrias von Polity, Politics und Policies, dann rücken politische, ökonomische und massenmediale Strukturen und Institutionen oder Akteure und Prozesse oder Medieninhalte ins Zentrum des Vergleichs (Puppis 2010: 96). Für komplexe Vergleiche, etwa der Medienregulierung oder des Medienwandels, müssen Merkmale aus mehreren dieser Dimensionen heran gezogen werden.

Sehr viel einfachere Kriterien sind die Größe eines Landes und die Exklusivität der Sprache. Kleinstaaten mit nichtexlusiver Sprache (Schweiz, Österreich, Belgien, Irland) haben einen besonders hohen Anteil ausländischer Medienpräsenz bzw. -konkurrenz im Land. Dies wirkt sich einerseits auf die Finanzierung, Organisation und Inhalte des öffentlichen Rundfunks aus, aber auch auf die Konkurrenzsituation privater inländischer Sender. Mit einem Marktanteil ausländischer Sender von über 60% liegen die Kleinstaaten Schweiz und Luxemburg europaweit im Spitzenfeld, aber auch in Österreich, Teilen Belgiens, in Irland und den Niederlanden werden vergleichsweise hohe ausländische Marktanteile erreicht (Puppis 2010).

Die Medienpolitik in der Schweiz geht inzwischen von einem Dreiebenenmodell aus (Porlezza/Russ-Mohl 2011: 170), bei dem die ausländischen TV-Sender einen Schwerpunkt auf der internationalen Ebene der Berichterstattung haben, die SRG auf der nationalen (und regionalen) Ebene und lokale bzw. private Rundfunkanbieter auf der lokalen Ebene der Berichterstattung. Die regionale und lokale Ebene werden ggf. auch durch Subventionen gefördert. Durch Föderalismus und sprachliche Diversität werden also hohe Anforderungen an „multi level media Governance" gestellt. Wie in anderen Politikfeldern spielt (verbandliche) Selbstregulation eine wichtige Rolle (Porlezza/Russ-Mohl 2011). Die verbandliche Interessenvertretung der Medienunternehmen erfolgt u.a. durch den Verband Schweizer Medien (www.schweizermedien.ch).

Tab. 14-17: Medienpolitische Ziele in der Schweiz

	Politische Zielsetzungen	Soziale Zielsetzungen	Wirtschaftliche Zielsetzungen
Liberalisierung	Medien- / Meinungsvielfalt		
Leistungsauftrag für alle Anbieter (1991)	Medien- / Meinungsvielfalt		
Leistungsauftrag nur für einen Teil der Anbieter (ab 2006)	Medien- / Meinungsvielfalt		
Starker öffentlicher Rundfunk	Leistungsauftrag	Landesweite Grundversorgung Sprachregionaler Ausgleich	
Gebührensplitting / Ausbau des Gebührensplittings	Medienvielfalt Leistungsauftrag	Sprachregionaler Ausgleich Programmqualität	
Verbot Alkoholwerbung / Einschränkung Werbeunterbrechung (1991)	Unabhängigkeit	Programmqualität Gesundheitsschutz	
Erlaubnis Alkoholwerbung/ Lockerung Werbeunterbrechung (ab 2006)			Wettbewerbsfähigkeit Einnahmen
Ablehnung Medienkonzentrationsregulation (1991)			Einnahmen durch Diversifikation
Einführung von Medienkonzentrationsregulierung (2006)	Medien-/ Meinungsvielfalt		
Ablehnung Redaktionsstatut			Unternehmerische Autonomie

Quelle: Künzler 2009b: 277.

Künzler (2009a: 68) sieht die Schweizer Medienlandschaft durch drei Merkmale charakterisiert: Ihre Kleinheit, eine traditionell hohe Regionalisierung bzw. Dezentralisierung und eine hohe Konzentration. Im Pressebereich sind viele Regionalzeitungen inzwischen als Regionalausgaben unter dem Dach eines Pressekonzerns vereint. „Besides horizontal concentration, cross-media ownership is high as well: most regional private radio and private television stations are owned by the same publishing house as the regional newspapers. Hence, most of the regional publishing houses have become multimedia companies. This ownership concentration has not changed substantially with the growing importance of the Internet or the introduction of free daily newspapers" (ebd.: 68f.).

Ein weiteres Vergleichskriterium ist die Unabhängigkeit der Medien von staatlichen Interventionen bzw. von den Parteien. Hierzu werden drei Modelle unterschieden. Im liberalen, angelsächsischen Modell (USA, Großbritannien, Irland) gibt es einen stark begrenzten Einfluss des Staates bei gleichzeitiger Dominanz des Marktes. Im demokratisch-korporatistischen bzw. nord- und mitteleuropäischen Modell gibt es zwar eine korporatistische Vereinnahmung der Medien, diese ist jedoch demokratisch legitimiert und Medienfreiheit bzw. Selbstregulierung nehmen einen relativ hohen Wert ein. Im polarisiert-pluralistischen bzw. mediterranen Modell gibt es schließlich die größte Vereinnahmung bzw. Instrumentalisierung der Medien durch die Politik (Puppis 2010, Hallin/Mancini 2004).

Werbung ist den meisten öffentlichen Rundfunksendern erlaubt, so dass diese einen Einnahmemix aus Gebühren und Werbeeinkünften erzielen können. Allerdings ist der Werbeanteil für Fernsehsender durch EU- bzw. Europarats-Richtlinien auf 20% der Sendezeit oder 12 Minuten pro Stunde begrenzt (Puppis 2010: 225). Für die öffentlichen Sender gelten nach nationalem Recht teilweise strengere Regeln. Für die öffentlichen und privaten Sender in der Schweiz, Österreich und Deutschland gilt das Stundenlimit von 12 Min. (20%) sowie zusätzlich Tagesobergrenzen. So gelten für den öffentlichen Rundfunk in der Schweiz 8% pro Tag, für den Privaten 15% pro Tag als Obergrenze, für Österreich 42 Minuten pro Tag für öffentliche Sender und keine Tagesbegrenzung für private Sender. Ebenso hat Deutschland keine Tagesobergrenze für private Sender, aber eine Einschränkung für ARD und ZDF auf 20 Min. vor 20 Uhr und ein Werbeverbot für Sonntag. In Großbritannien gilt ein vollständiges Werbeverbot für den öffentlichen Rundfunk und die 12 Minuten Regel für den privaten Rundfunk (Puppis 2010: 228).

Tab. 14-18: Finanzierungsformen des öffentlichen Rundfunks im Vergleich

	Gebühren	Steuern
Werbung	Belgien (franz.), Deutschland, Frankreich, Irland, Italien, Österreich, Schweiz	Belgien (fläm.), Spanien, Niederlande, Portugal
Keine Werbung	Dänemark, Finnland, Norwegen, Schweden, UK	

Quelle: Puppis 2010: 220.

Mit über 90% am höchsten ist der Gebührenanteil bei der Finanzierung der öffentlichen Sender in den skandinavischen Ländern, am niedrigsten in Spanien und Irland mit unter 50%. In Deutschland, Griechenland und Großbritannien liegt der Anteil zwischen 80 und 90%. Bei der BBC sorgt etwa der Verkauf von Filmen und Serien für Zusatzeinnahmen trotz Werbeverbot. In Österreich und Italien liegt der Gebührenanteil bei 50 bis 60%, in der Schweiz und den Niederlanden bei 60 bis 70% (Puppis 2010: 221).

Medienpolitik umfasst auch die gezielte Förderung bestimmter Medientypen wie etwa der Presse oder der neuen Medien. Bei der Presseförderung wird zwischen direkten und indirekten Maßnahmen unterschieden. Sehr verbreitet sind indirekte Maßnahmen wie reduzierte Mehrwertsteuersätze oder reduzierte Post- und Telekomtarife. Direkte Maßnahmen sind im Bereich Investitionsförderung bzw. Subventionen angesiedelt (ebd.: 173). In der Schweiz und Deutschland gibt es nur indirekte Presseförderung durch reduzierte Mehrwertsteuer und Posttarife, in Belgien, Frankreich, Italien, Österreich auch direkte Subventionen (ebd.: 180).

Der Post- bzw. Telekommunikationsbereich ist in den meisten westeuropäischen Ländern seit den 1990er Jahren dereguliert und privatisiert worden. Im Zuge der Auflösung des Monopolisten PTT (Post, Telefon, Telegrafie) sind 1998 die Schweizerische Post als öffentlich-rechtliche Anstalt und Swisscom als Aktiengesellschaft mit einem Bundesanteil von knapp 60% entstanden.

Als Fazit lässt sich festhalten, dass die schweizerische Medienlandschaft im internationalen Vergleich vor besonderen Herausforderungen durch die Kombination der Merkmale Mehrsprachigkeit und Kleinstaatlichkeit steht, die zu einer stark zergliederten Medienlandschaft geführt haben (Künzler 2013). Die Konkurrenz durch die ausländischen Sender, aber auch durch die SRG hat z.B. dazu geführt, dass sich der Privatrundfunk seit der Marktöffnung in den 1990er Jahren nur sehr langsam entwickelt hat. Aufgrund dieser internationalen Konkurrenzsituation ist das Mediensystem einerseits vergleichsweise stark reguliert, andererseits aber auch relativ frei von politischen Einflussnahmen. Die vergleichsweise hohe Autonomie der Selbstregulation ist zum einen dem Konkordanzsystem geschuldet, zum anderen kommt darin auch die typische liberal-korporatistische Struktur der Staat-Verbände-Beziehungen zum Ausdruck, in der gesellschaftliche Selbstregulierung einen hohen Stellenwert einnimmt.

Wie in den Nachbarländern zeigt sich auch in der Schweiz eine deutliche Tendenz zur wirtschaftlichen Konzentration im Mediensektor, insb. bei den Presseunternehmen. Mit wenigen Ausnahmen haben alle Presseerzeugnisse mit sinkenden Auflagen zu kämpfen. Der Marktanteil heimischer Produkte ist hier noch niedriger als beim Rundfunk, der aufgrund der Gebührenfinanzierung nicht dem vollen Wettbewerb ausgesetzt ist. Der „Medienwandel" wird aber nicht nur durch wirtschaftliche, soziale und politische Faktoren angetrieben, sondern auch durch technische Innovationen. Die „neuen Medien" sind Chance und Herausforderung für die etablierten Medien zugleich, die bislang aber weitgehend positiv angenommen worden sind.

Literatur

Abromeit, Heidrun/Stoiber, Michael (2006): Demokratien im Vergleich. Wiesbaden: VS Verlag.

Afonso, Antonio/Schuknecht, Lidger/Tanzi, Vito (2005): Public sector efficiency: An international comparison. In: Public Choice 123, 321–347.

Almond, Gabriel A./Verba, Sidney (1963): The Civic Culture. Political Attitudes and Democracy in five Nations. Princeton NJ: Princeton University Press.

Altermatt, Urs (2011): Konkordanz der koordinierten Rücktritte. In: NZZ vom 09.12.2011, S. 25.

Anderson, Benedict R. (1991) [1983]: Imagined communities. Reflections on the origin and spread of nationalism. London: Verso.

Anderson, Christopher J./ Ward, Daniel S. (1996): Barometer Elections in Comparative Perspective. In: Electoral Studies, 15 (4), 447–460.

Ansprenger, Franz (2000): Wie unsere Zukunft entstand. Von der Erfindung des Staates zur internationalen Politik. Schwalbach/Ts.: Wochenschau Verlag.

Argirakos, Dimitrios (2005): Neutralität und Europäische Union im 21. Jahrhundert. Baden-Baden: Nomos.

Armingeon, Klaus (1997): Swiss corporatism in comparative perspective. In: West European Politics, 20 (4), 164–179.

Armingeon, Klaus (2001a): Schweiz. Das Zusammenspiel von langer demokratischer Tradition, direkter Demokratie, Föderalismus und Korporatismus. In: Reutter, Werner/Rütters, Peter (Hrsg.): Verbände und Verbandssysteme in Westeuropa. Opladen: Leske + Budrich, 405–427.

Armingeon, Klaus (2001b): Institutionalising the Swiss welfare state. In: West European Politics 24(2), 145–168.

Armingeon, Klaus (2003): Das Parteiensystem der Schweiz im internationalen Vergleich. Eine Studie mit Daten der Nationalratswahlen 1971–1999. Neuchâtel: Bundesamt für Statistik.

Armingeon, Klaus (2011): A prematurely announced death? Swiss corporatism in comparative perspective. In: Trampusch, Christine/ Mach, André (Hrsg.): Switzerland in Europe: continuity and change in the Swiss political economy. Abingdon: Routledge, 165–185.

Armingeon, Klaus/Bertozzi, Fabio/Bonoli, Giuliano (2004): Swiss worlds of welfare. In: West European Politics, 27 (1), 20–44. http://dx.doi.org/10.1080/01402380412331280793.

Austin, Reginald/Tjernström, Maja (Hrsg.) (2003): Funding of Political Parties and Election Campaigns. Stockholm: IDEA Handbook Series.

Bagehot, Walter (2001): The English Constitution. Oxford: Oxford University Press.

Bartolini, Stefano/Mair, Peter (1990): Identity, Competition and Electoral Availability. The Stabilisation of European Electorates 1885–1985. Cambridge: Cambridge University Press.

Batt, Helge (2005): Die Transformation der Konkordanzdemokratie: Der Schweizerische Bundesrat nach der Modifikation der Zauberformel. In: Zeitschrift für Politikwissenschaft 15(2), 345–371.

Batt, Helge (2006): Direktdemokratie im internationalen Vergleich. In: APuZ 10/2006, 10–17.

Baumgartner, Sabrina (2010): Die Regierungskommunikation der Schweizer Kantone. Regeln, Organisation, Akteure und Instrumente im Vergleich. Wiesbaden: VS Verlag.

Beck, Daniel (2005): Marktgerechter Service public? Rundfunkregulierung in der Schweiz und die Vorgaben der europäischen Wettbewerbspolitik. In: Künzler, Matthias (Hrsg.): Das Schweizerische Mediensystem im Wandel. Herausforderungen, Chancen, Zukunftsperspektiven. Bern: Haupt, 149–161.

Berg-Schlosser, Dirk/Cronqvist, Lasse (2012): Aktuelle Methoden der Vergleichenden Politikwissenschaft. Einführung in konfigurationelle (QCA) und makro-quantitative Verfahren. Opladen: Budrich.

Berg-Schlosser, Dirk/Quenter, Sven (1996): Makro-quantitative vs. makro-qualitative Methoden in der Politikwissenschaft - Vorzüge und Mängel komparativer Verfahrensweisen am Beispiel der Sozialstaatstheorie. In: Politische Vierteljahresschrift 37(1), 100–118.

Berg-Schlosser, Dirk/Stammen, Theo (1992): Einführung in die Politikwissenschaft. München: C.H.Beck.

Bernauer, Thomas/Jahn, Detlef/Kuhn, Patrick/Walter, Stefanie (2013): Einführung in die Politikwissenschaft. Baden-Baden: Nomos.

Beyme, Klaus von (1997): Der Gesetzgeber. Der Bundestag als Entscheidungszentrum. Wiesbaden: Westdeutscher Verlag.

Beyme, Klaus von (2000): Parteien im Wandel. Von den Volksparteien zu den professionalisierten Wählerparteien. Wiesbaden: Westdeutscher Verlag.

Birrer, Franz (2007): Die drei Gegensätze des Föderalismus, In: NZZ vom 18.04.2007, S. 36.

Blankart, Charles (2007): Föderalismus in Deutschland und Europa. Baden-Baden: Nomos.

Blaser, Jeremias (2003): Das Vernehmlassungsverfahren in der Schweiz. Organisation, Entwicklung und aktuelle Situation. Opladen: Leske + Budrich.

Blatter, Joachim (2011): Demokratie – republikanische und liberale Sicht. In: NZZ vom 22.02.2011.

Blum, Roger (2011): Sonderbund – Landesstreik – Fremdenangst. In: NZZ vom 22.11.2011, S. 26

Bochsler, Daniel/Bousbah, Karima (2011): Volkswahl und Konkordanz. Freiwilliger Proporz in den direkt gewählten Kantonsregierungen. In: NZZ vom 06.06.2011, S. 23.

Bolliger, Christian (2007): Konkordanz und Konfliktlinien in der Schweiz, 1945 bis 2003. Parteienkooperation, Konfliktdimensionen und gesellschaftliche Polarisierungen bei den eidgenössischen Volksabstimmungen. Bern: Haupt.

Bolliger, Christian/Linder, Wolf/Zürcher, Regina (2008): Volksentscheide sind Testfälle für die Konkordanz. Bei Abstimmungen schwindet die Kraft der zwischenparteilichen Verständigung, in: NZZ vom 12.03.2008, S. 36.

Bonjour, Edgar (1978): Geschichte der schweizerischen Neutralität: Kurzfassung. Basel: Helbing & Lichtenhahn.

Borner, Silvio/Bodmer, Frank (2004): Wohlstand ohne Wachstum. Eine Schweizer Illusion. Zürich: Orell Füssli.

Boukaert, Geert/Politt, Christopher (2011): Public Management Reform. A comparative Analysis. Oxford: Oxford University Press.

Braunberger, Gerald (2011): Schweizer Franken: Ohne Furcht vor Eingriffen in die Finanzmärkte. In: FAZ vom 07.09.2011, S. 11. Online unter: www.faz.net/-024hgp.

Breuss, Fritz (2008): Die Schweiz im europäischen Integrationsprozess. Baden-Baden: Nomos.

Bühlmann, Marc/Merkel, Wolfgang/Müller, Lisa/Giebler, Heiko/Wessels, Bernhard (2011). Democracy Barometer. Methodology. Aarau: Zentrum für Demokratie.

Bundesamt für Justiz (2007): Gesetzgebungsleitfaden. Leitfaden für die Ausarbeitung von Erlassen des Bundes. Bern: BfJ.

Bundesamt für Justiz (2008): Gesetzgebungsleitfaden. Modul Gesetz. Bern: BfJ.

Bundesamt für Statistik (2009): StatEspace Newsletter 4/2009: Räumliche Analysen und Disparitäten. Bern: BfS.

Bundesminister für Landesverteidigung und Sport (2011) Weissbuch 2010. Wien: BMLVS.

Bundesrat (2006): Europabericht. Bern: Bundeskanzlei. Online unter: www.europa.admin.ch/dokumentation/00437/00460/00684/index.html?lang=de.

Bundesrat (2010): Bericht des Bundesrates über die Evaluation der schweizerischen Europapolitik vom 17. September 2010. Bern: Bundeskanzlei. Online unter: www.admin.ch/ch/d/ff/2010/7239.pdf.

Burgess, Michael (2006): Comparative Federalism. Abingdon: Routledge.

Busch, Andreas (1995): Preisstabilitätspolitik. Politik und Inflationsraten im internationalen Vergleich. Opladen: Leske & Budrich.

Buscher, Daniel (2010): Der Bundesstaat in Zeiten der Finanzkrise. Ein Beitrag zur Reform der deutschen Finanz- und Haushaltsordung (Föderalismusreform). Berlin: Duncker & Humblot.

Caramani, Daniele (2011): Party Systems. In: Caramani, Daniele (Hrsg.): Comparative Politics. Oxford: Oxford University Press, 237–258.

Christmann, Anna (2012): Die Grenzen direkter Demokratie. Volksentscheide im Spannungsverhältnis von Demokratie und Rechtsstaat. Baden-Baden: Nomos.

Church, Clive (2000): Switzerland: A Paradigm in Evolution. Parliamentary Affairs, 53(1), 96–113.

Church, Clive (2004a): The Politics and Government of Switzerland. Basingstoke: Palgrave Macmillan.

Church, Clive (2004b): The Swiss Elections of October 2003: Two Steps to System Change? West European Politics, 27(3), 518–534.

Church, Clive H. (2008): The Swiss Elections of 21 October 2007: Consensus Fights Back, in: West European Politics, 31(3), 608–623.

Church, Clive H./Dardanelli, Paolo/Mueller, Sean (2013) Switzerland's Approach to EU Engagement: A Financial Services Perspective. Report prepared for the City of London Corporation by The University of Kent Centre for Swiss Politics, April 2013. London: City of London.

Church, Clive H./Vatter, Adrian (2009): Opposition in Consensual Switzerland: A Short but Significant Experiment. In: Government and Opposition, 44(4), 412–437.

Colino, César (2010): Understanding federal change: types of federalism and institutional evolution in the Spanish and german federal system. In: Erk, Jan/ Swenden, Wilfried (Hrsg.): New Directions in Federalism Studies. Abingdon: Routledge, 16–33.

Colomer, Josep M. (2005): It's Parties That Choose Electoral Systems (or, Duverger's Laws Upside Down). In: Political Studies, 53(1), 1–21.

Cox, Gary W./Shugart, Matthew S. (1991): Comment on Gallagher's 'Proportionality, Disproportionality and Electoral Systems', in: Electoral Studies, 10(4), 348–352.

Dafflon, Bernard (2009): Swiss Confederation, UCLG Country profiles. Online unter: www.cities-localgovernments.org/gold/Upload/country_profile/Switzerland.pdf [04.10.2010].

Dardanelli, Paolo (2012): Multi-lingual but Mono-national. Exploring and Explaining Switzerland's Exceptionalism. In: Caminal, Miquel/Requejo, Ferran (Hrsg.): Federalism, Plurinationality, and Democratic Constitutionalism. Theory and Cases. Abingdon: Routledge, 295–323.

De Flers, Nicole Alecu (2012): EU Foreign Policy and the Europeanization of Neutral States: Comparing Irish and Austrian Foreign Policy. Abingdon: Routledge.

Decker, Frank (2006): Direkte Demokratie im deutschen „Parteienbundesstaat". In: APuZ 10/2006, 3–10.

Deutscher Bundestag, Wissenschaftliche Dienste (2009): Wahlpflicht. Aktueller Begriff Nr. 61/09. Berlin: Deutscher Bundestag.

Dölemeyer, Barbara (2010): Rechtsräume, Rechtskreise. In: Leibniz-Institut für Europäische Geschichte (IEG) Mainz (Hrsg.): Europäische Geschichte Online. Online unter: www.ieg-ego.eu/de/threads/crossroads/rechtsraeume-rechtskreise [20.02.2012].

Döring, Herbert/Hönnige, Christoph (2008): Parlament, Regierung, Staatsoberhaupt. In: Gabriel, Oskar W./Kropp, Sabine (Hrsg): Die EU-Staaten im Vergleich. Wiesbaden: VS Verlag, 451–481.

Donges, Patrick (2004): Neue Formen der Rundfunkpolitik in der Informations- und Mediengesellschaft Schweiz. Der Beitrag der akteurstheoretischen Steuerungstheorie. In: Bonfadelli, Heinz/Leonarz, Martina/Meier, Werner A. (Hrsg.): Informationsgesellschaft Schweiz. Zürich: Seismo Verlag.

Downs, Anthony (1957): An Economic Theory of Democracy. New York: Harper and Row.

Duverger, Maurice (1951): Die politischen Parteien. Tübingen: Mohr.

Duverger, Maurice (1980): A new political system model: Semi-presidential Government. In: European Journal of Political Research, 8(2), 165–187.

Eco'Diagnostic (2001): Gutachten Entschädigung und Infrastruktur der Parlamentsarbeit. Genf. Online unter: www.parlament.ch/d/dokumentation/berichte/weitere-berichte-und-studien/Documents/ed-pa-entschaedigung-infrastruktur.pdf.

Economist, 11.02.2012, S. 54–55: Swiss banking secrecy. Don't ask, won't tell.

Economist, 17.12.2011, S. 52–53: Life outside the EU: In with the out crowd.

Economist, 03.09.2011, S. 66: Too strong for comfort: How to live with an overvalued currency.

Ecomonist, 23.7.2011, S. 61: Swiss gold: The paper currency that everyone seems to like.

Eder, Christina (2010): Direkte Demokratie auf subnationaler Ebene, Eine vergleichende Analyse der unmittelbaren Volksrechte in den deutschen Bundesländern, den Schweizer Kantonen und den US-Bundesstaaten. Baden-Baden: Nomos.

Eichenberger, Pierre/Mach, André (2011): Organized capital and coordinated market economy. Swiss business interest associations between socio-economic regulation and political influence. In: Trampusch, Christine/Mach, André (Hrsg.): Switzerland in Europe: continuity and change in the Swiss political economy. Abingdon: Routledge, 63–81.

Eidgenössische Departement für auswärtige Angelegenheiten (2005): Die Neutralität auf dem Prüfstand im Irak-Konflikt. Zusammenfassung der Neutralitätspraxis der Schweiz während des Irak-Konflikts in Erfüllung des Postulats Reimann (03.3066) und der Motion der SVP-Fraktion (03.3050) vom 2. Dezember 2005 [2005-2924, S. 6997–7018]. Online unter: www.admin.ch/ch/d/ff/2005/6997.pdf [11.01.2013].

Eidgenössisches Departement für auswärtige Angelegenheiten (o.J.): Das Wichtigste zur Schweizer Neutralität. Online unter: www.eda.admin.ch/eda/de/home/topics/intla/cintla/ref_neutr.html [10.01.2013].

Eidgenössisches Finanzdepartement (EDF) (2012): Faktenblatt Nationaler Finanzausgleich. Bern: EDF. Online unter: http://www.efd.admin.ch/themen/finanzpolitik/02310/index.html?lang=de [18.12.2012].

Eidgenössisches Finanzdepartement (EDF)/Konferenz der Kantonsregierungen (KdK) (2007): Neugestaltung des Finanzausgleichs und der Aufgabenteilung zwischen Bund und Kantonen – NFA. Bern: EDF/KdK.

Ellwein, Thomas (1976): Regieren und Verwalten. Eine kritische Einführung. Opladen: Westdeutscher Verlag.

Esping-Andersen, Gøsta (1990): The three worlds of welfare capitalism. Oxford: Polity Press.

Etling, Andreas/Mause, Karsten (2012): Die Vermessung des Regulatorischen Staates. Ein kritischer Überblick über Wirtschaftsregulierungs-Indizes. In: Zeitschrift für Vergleichende Politikwissenschaft 6 (Sonderheft 1), 65–86.

Europäische Kommission (2004): Grünbuch zu öffentlich-privaten Partnerschaften und den Gemeinschaftlichen Rechtsvorschriften für öffentliche Aufträge und Konzessionen. Brüssel.

Farago, Peter (1987): Verbände als Träger öffentlicher Politik. Grüsch: Rüegger.

Farago, Peter/Kriesi, Hanspeter (Hrsg.) (1986): Wirtschaftsverbände in der Schweiz. Grüsch: Rüegger.

Feld, Lars P./Kirchgässner, Gebhard (1999): Public debt and budgetary procedures: top down or bottom up? Some evidence from Swiss municipalities. In: Poterba, J.M., Hagen, J. (Hrsg.): Fiscal Institutions and Fiscal Performance. Chicago: Chicago University Press, 151–179.

Feld, Lars P./Kirchgässner, Gebhard (2000): Direct democracy, political culture, and the outcome of economic policy. A report on the Swiss experience. In: European Journal of Political Economy 16, 287–306.

Feld, Lars P./Kirchgässner, Gebhard (2001): Does direct democracy reduce public debt? Evidence from Swiss municipalities. In: Public Choice 109, 347–370.

Feld, Lars P./Kirchgässner, Gebhard (2007): On the economic efficiency of direct democracy. In: Pállinger, Zoltán Tibor/Kaufmann, Bruno/Marxer, Wilfried/Schiller, Theo (Hrsg.): Direct Democracy in Europe. Developments and Prospects. Wiesbaden: VS Verlag, 108–124.

Feld, Lars P./Savioz, Marcel R. (1997): Direct democracy matters for economic performance. An empirical investigation. In: Kyklos, 50, 507–538.

Fischer, A./Nicolet, S./Sciarini, P.(2002) Europeanisation of a Non-EU Country: The Case of Swiss Immigration Policy. In: West European Politics, 25(4), 143–170.

Flynn, Norman (2008): Public Sector Management. London: Sage.

Freiburghaus, Dieter (2010): Schweiz und Europäische Union – das Problem der politischen Institutionen. In: Freiburghaus, Dieter/Epiney, Astrid (Hrsg.): Beziehungen Schweiz – EU, Zürich: NZZ Libro, 121–142.

Freitag, Markus/Vatter, Adrian (2006): Initiatives, referendums, and the tax state. In: Journal of European Public Policy 13(1), 89–112.

Freitag, Markus/Vatter, Adrian (2008): Decentralization and Fiscal Discipline in Sub-national Governments: Evidence from the Swiss Federal System. In: Publius. The Journal of Federalism, 38(2), 272–294.

Frevel, Bernhard/Dietz, Berthold (2004): Sozialpolitik kompakt. Wiesbaden: VS Verlag.

Frey, Bruno S./Goette, Lorenz (1998): Does the Popular Vote Destroy Civil Rights? In: American Journal of Political Science 42(4), 1343–1348.

Funk, Lothar/Lesch, Hagen (2006): Mindestlohnbestimmungen in ausgewählten EU-Ländern. In: Sozialer Fortschritt 4/2006, 83–94.

Gabriel, Jürg Martin (1997): Das politische System der Schweiz. Bern: Haupt.

Gabriel, Jürg Martin/Hedinger, Sandra (2002): Aussen- und Sicherheitspolitik. In: Klöti, Ulrich et al. (Hrsg.): Handbook of Swiss Politics. Zürich: NZZ, 693–724.

Gabriel, Oscar W./Plasser, Fritz (2010): Deutschland, Österreich und die Schweiz im neuen Europa. Baden-Baden: Nomos.

Ganghof, Steffen (2005): Politische Gleichheit und echte Mehrheitsdemokratie. Über die normativen Grundlagen institutioneller Arrangements. In: Zeitschrift für Politikwissenschaft, 15(3), 741–763.

Gallagher, Michael (1991): Proportionality, Disproportionality and Electoral Systems. In: Electoral Studies, 10(1), 33–51.

Gallagher, Michael (2009): Conclusion. In: Gallagher, Michael/Mitchel, Paul (Hrsg.): The Politics of Electoral Systems. Oxford: Oxford University Press, 535–578.

Gehler, Michael (2001): Finis Neutralität? Historische und politische Aspekte im europäischen Vergleich: Irland, Finnland, Schweden, Schweiz und Österreich. ZEI Discussion Papers C 92. Online unter: http://aei.pitt.edu/200/1/dp_c92_gehler.pdf.

George, Stephen (1998): An Awkward Partner: Britain in the European Community. Oxford: Oxford University Press.

Gerny, Daniel (2012): Kanton Bern: Etwas mehr Druck bei Gemeindezusammenschlüssen. In: NZZ vom 24.08.2012, S. 25.

Gerring, John/ Thacker, Strom C. (2008): A Centripetal Theory of Democratic Governance. Cambridge: Cambridge University Press.

Gfs.Bern (2007): Konzentration Rechts – Sammlung in der Mitte – Umgruppierung Links, Bern; online unter: www.gfsbern.ch/pub/Bericht_Wahltagsbefragung_2007.pdf.

Goetschel, Laurent (2007): Foreign Policy. In: Klöti, Ulrich et al. (Hrsg.): Handbook of Swiss Politics. Zürich: Verlag NZZ, 571–591.

Goetschel, Laurent/Bernarth, Magdalena/Schwarz, Daniel (2002): Schweizerische Aussenpolitik. Grundlagen und Möglichkeiten. Zürich: Verlag NZZ.

Gross, Andreas/Kaufmann, Bruno (2002): IRI Europe Länderindex zur Volksgesetzgebung 2002. Ein Design- und Ratingbericht zu den direktdemokratischen Verfahren und Praktiken in 32 europäischen Staaten. Amsterdam: IRI Europe.

Gruner, Erich (1956): Die Wirtschaftsverbände in der Demokratie. Zürich: Rentsch.

Gruner, Erich (1977): Die Parteien in der Schweiz. Bern: Haupt.

Grüner, Hans Peter (2006): Wirtschaftspolitik. Allokationstheoretische Grundlagen und politisch-ökonomische Analyse. Berlin: Springer.

Gosnell, Harold F. (1930). Popular Participation in Swiss National Council Elections. In: American Political Science Review, 24(2), 426–439.

Gunther, Richard/Diamond, Larry (2003): Species of Political Parties. A New Typology. In: Party Politics, 9(2), 167–199.

Häfliger, Markus (2012): Ständerat stoppt Verfassungsgerichtsbarkeit. In: NZZ vom 07.06. 2012, S. 22.

Haensch, Peter/Holtmann, Everhard (2008): Die öffentliche Verwaltung der EU-Staaten. In: Gabriel, Oskar W./Kropp, Sabine (Hrsg.): Die EU-Staaten im Vergleich. Wiesbaden: VS, 606–630.

Haller, Walter/Kölz, Alfred/Gächter, Thomas (2008): Allgemeines Staatsrecht. Basel: Helbing Lichtenhahn Verlag.

Hallin, Daniel C./Mancini, Paolo (2004): Comparing Media Systems. Three Models of Media and Politics. Cambridge: Cambridge University Press.

Haungs, Peter (1980): Parteiendemokratie in der Bundesrepublik Deutschland. Berlin: Colloquium.

Helms, Ludger (1997): Right-wing populist parties in Austria and Switzerland: A comparative analysis of electoral support and conditions of success. In: West European Politics, 20(2), 37–52.

Helms, Ludger (2001): Die Kartellparteien-These und ihre Kritiker. In: Politische Vierteljahresschrift, 42(4), 698–708.

Heywood, Andrew (2004): Political Theory. Basingstoke: Palgrave Macmillan.

Hiller, Tobias/Auer, Benjamin R. (2012): Die Verteilung der Abstimmungsmacht im Bundesrat. In: Wirtschaftsdienst, 92(4), 267–273.

Hofmann, Bernd (2004): Annäherung an die Volkspartei. Eine typologische und parteiensoziologische Studie. Wiesbaden: VS Vverlag.

Höffe, Otfried (2002): Demokratie im Zeitalter der Globalisierung. München: C.H. Beck.

Höffe, Otfried (Hrsg.) (2008): Klassiker der Philosophie. Von Immanuel Kant bis John Rawls. München: C.H. Beck.

Holzer, Thomas/Schneider, Gerald (2001): Schweiz. In: Bellers, Jürgen (Hrsg.): Handbuch der Außenpolitik. München: Oldenbourg, 240–245.

Hornig, Eike-Christian (2012): Ist das abrogative Referendum in Italien ein konkordanzdemokratisches Verfahren? In: Köppl, Stefan/Kranenpohl, Uwe (Hrsg.:) Konkordanzdemokratie. Ein Demokratietyp der Vergangenheit? Baden-Baden: Nomos, 169–188.

Hotz-Hart, Beat/Schmuki, Daniel/Dümmler, Patrick (2006): Volkswirtschaft der Schweiz: Aufbruch ins 21. Jahrhundert. Zürich: vdf Hochschulverlag.

Hueglin, Thomas (2006): Comparative Federalism: A Systematic Inquiry, with Alan Fenna. Peterborough: Broadview Press.

Hungerbühler, Ruth (2005): Sprachregionale Differenzen in der politischen Kommunikation der Schweiz. In: Donges, Patrick (Hrsg.): Politische Kommunikation in der Schweiz. Bern: Haupt, 157–176.

Inglehart, Ronald (1977): The silent revolution. Changing values and political styles among Western Publics. Princeton: Princeton University Press.

Ismayr, Wolfgang (2006): Der Deutsche Bundestag. Wiesbaden: VS.Verlag

Ismayr, Wolfgang (2008): Gesetzgebung in den Staaten der Europäischen Uniion im Vergleich. In: ders. (Hrsg.): Gesetzgebung in Westeuropa. Wiesbaden: VS Verlag, 9–64.

Jarren, Otfried/Donges, Patrick (2011): Politische Kommunikation in der Mediengesellschaft. Ein Einführung. Wiesbaden: VS Verlag.

Kaase, Max (1983): Sinn oder Unsinn des Konzepts Politische Kultur für die Vergleichende Politikforschung, oder auch: Der Versuch, einen Pudding an die Wand zu nageln. In: Kaase, Max/Klingemann, Hans Dieter (Hrsg.): Wahlen und politisches System. Wiesbaden: Westdeutscher Verlag, 144–172.

Kant, Immanuel (2008): Zum ewigen Frieden und andere Schriften. Frankfurt: Fischer.

Katz, Richard S. (2011): Political Parties. In: Caramani, Daniele (Hrsg.): Comparative Politics, Oxford: Oxford University Press, 219–236.

Katz, Richard S. /Mair, Peter (1995): Changing Models of Party Organization and Party Democracy. The Emergence of the Cartel Party. In: Party Politics 1, 5–28.

Katz, Richard S./Mair, Peter (1993): The Evolution of Party Organizations in Europe: The Three Faces of Party Organizations. In: American Review of Politics 14, 593–617.

Katzenstein, Peter J. (1984): Corporatism and Change. Austria, Switzerland and the politics of Industry. Ithaca NY: Cornell University Press.

Katzenstein, Peter J. (1985): Small States in World Markets: Industrial policy in Europe. Ithaca NY: Cornell University Press.

Keech, William R. (1972): Linguistic Diversity and Political Conflict: Some Observations Based on Four Swiss Cantons. In: Comparative Politics, 4(3), 387–404.

Kelly, John Maurice (1992): A Short History of Western Legal Theory. Oxford: Clarendon Press.

Kersting, Wolfgang (2000): Politische Solidarität statt Verteilungsgerechtigkeit? Eine Kritik egalitaristischer Sozialstaatsbegründungen. In: ders. (Hrsg.): Politische Philosophie des Sozialstaates. Weilerswist: Velbrück Wissenschaft, 202–256.

Kirchgässner, Gebhard (2012): Konkordanz, Divided Government und die Möglichkeit von Reformen. In: Köppl, Stefan/Kranenpohl, Uwe (Hrsg.:) Konkordanzdemokratie. Ein Demokratietyp der Vergangenheit? Baden-Baden: Nomos, 219–240.

Kirchheimer, Otto (1965): Der Wandel des westeuropäischen Parteiensystems. In: Politische Vierteljahresschrift, 6(1), 20–41.

Kirchhoff, Hans (2002): Denmark, September 1939-April 1940. In: Wylie, Neville (Hrsg.): European neutrals and non-belligerents during the Second World War. Cambridge: Cambridge University Press, 31–52.

Kirsch, Guy (2004): Neue Politische Ökonomie. Stuttgart: Lucius & Lucius.

Kley, Andreas (2011): Geschichte des öffentlichen Rechts der Schweiz: Zürich: Dike.

Kley, Andreas (2012): Staatsrechtliche Beschwerde. In: Historisches Lexikon der Schweiz. Online unter: www.hls-dhs-dss.ch/textes/d/D10372.php.

Kloepfer, Michael (Hrsg.) (2011): Gesetzgebungsoutsourcing. Gesetzgebung durch Rechtsanwälte? (Tagung am 24. Sept. 2010 an der Humboldt-Universität Berlin). Baden-Baden: Nomos.

Klöti, Ulrich (2006): Regierung, in: ders., et al. (Hrsg.): Handbuch der Schweizer Politik, Zürich: NZZ, 151–175.

Knoche, Manfred (2001): Kapitalisierung der Medienindustrie aus politökonomischer Perspektive. In: Medien & Kommunikationswissenschaft, 49(2), 177–194.

Koller, Christophe/Heuberger, Nils/Rolland, Anne-Céline (Hrsg.) (2011): Staatsmonitoring 1990-2011. Indikatoren zur Messung der öffentlichen Verwaltung und der Behörden auf kantonaler Ebene. Working Paper IDHEAP 02/2011.

König, Thomas/Mäder, Lars (2008): Das Regieren jenseits des Nationalstaates und der Mythos einer 80-Prozent-Europäisierung in Deutschland. In: Politische Vierteljahresschrift 49(3), 438–463.

Krajewski, Markus (2011): Grundstrukturen des Rechts öffentlicher Dienstleistungen. Berlin: Springer.

Kranenpohl, Uwe (2012): Konkordanzdemokratie, Konsensusdemokratie, Verhandlungsdemokratie. Versuch einer terminologischen und typologischen Strukturierung. In: Köppl, Stefan/Kranenpohl, Uwe (Hrsg.): Konkordanzdemokratie. Ein Demokratietyp der Vergangenheit? Baden-Baden: Nomos, 13–31.

Krell, Gert (2004): Weltbilder und Weltordnungen. Einführung in die Theorie der internationalen Beziehungen. Nomos: Baden-Baden.

Kreppel, Amie (2011): Legislatures. In: Caramani, Daniele (Hrsg.): Comparative Politics. Oxford: Oxford University Press, 121–140.

Kriesi, Hanspeter/Lachat, Roman/Selb, Peter/Bornschier, Simon/Helbling, Marc (2005): Der Aufstieg der SVP. Acht Kantone im Vergleich. Zürich: Verlag NZZ.

Kriesi, Hanspeter/Trechsel, Alexander H. (2008): The Politics of Switzerland. Continuity and Change in a Consensus Democracy. Cambridge: Cambridge University Press.

Kristoferitsch, Hans (2007): Vom Staatenbund zum Bundesstaat? Die Europäische Union im Vergleich mit den USA, Deutschland und der Schweiz. Wien, New York: Springer.

Kronenberg, Romana (2011): Die Gemeindestrukturreform im Kanton Glarus. Zürich: Schulthess.

Kropp, Sabine (2008): Koalitionsregierungen. In: Gabriel, Oskar W./Kropp, Sabine (Hrsg.): Die EU-Staaten im Vergleich. Wiesbaden: VS Verlag, 514–549.

Krumm, Thomas (2007): Private Bills in angelsächsischen Regierungssystemen. Legitimitätsressource oder Unterlaufen der Gewaltenteilung? In: Zeitschrift für Parlamentsfragen, 36(2), 315–326.

Krumm, Thomas (2008): Konkordanzdemokratie unter Konkurrenzdruck. Zu den Parlamentswahlen in der Schweiz vom 21. Oktober 2007. In: Zeitschrift für Parlamentsfragen, 39(4), 683–702.

Krumm, Thomas (2011): Die irische Parlamentswahl vom 25. Februar 2011: Ende des dominierten Parteiensystems?. In: Zeitschrift für Parlamentsfragen 42(3), 604–619.

Krumm, Thomas/Mause, Karsten (2009): Public Private Partnerships als Gegenstand der (Politik-)Wissenschaft. In: Politische Vierteljahresschrift 50(1), 105–129.

Krumm, Thomas/Noetzel, Thomas (2006): Das Regierungssystem Großbritanniens. Eine Einführung. München: Oldenbourg.

Kübler, Daniel (2003): Metropolitan governance oder: die unendliche Geschichte der Institutionenbildung in Stadtregionen. In: Informationen zur Raumentwicklung, 8(9), 535–541.

Kübler, Daniel (2012) Governing the metropolis. Towards kinder, gentler democracies. In: European Political Science, 11(3), 430–445.

Künzler, Matthias (2009a): Switzerland: Desire for Diversity without Regulation. A Paradoxical Case? In: International Communication Gazette, 71(1–2), 67–76.

Künzler Matthias (2009b): Die Liberalisierung von Radio und Fernsehen. Leitbilder der Rundfunkregulierung im Ländervergleich. Konstanz: UVK.

Künzler, Matthias (2013): Mediensystem Schweiz. Konstanz: UVK.

Kux, Stephan (1994): Gründe und Scheingründe für die Neutralität der Schweiz. In: Kux, Stephan (Hrsg.): Zukunft Neutralität? Die schweizerische Aussen- und Sicherheitspolitik im Umbruch. Bern: Haupt, 61–86.

Laakso, M./Taagepera, R. (1979): Effective Number of Parties: A Measure with Application to West Europe. In: Comparative Political Studies, 12, 3–27.

Lachat, Roman (2006): A Tale of Two Councils. Explaining the Weakness of the SVP in the Upper House of the Federal Parliament, in: Swiss Political Science Review, 12(4), 77–99.

Ladner, Andreas (2006): Das Schweizer Parteiensystem und seine Parteien. In: Ulrich Klöti et al. (Hrsg.): Handbuch der Schweizer Politik, Zürich: NZZ, 317–344.

Ladner, Andreas (1999): Local Parties in Switzerland: An Active Pillar of the Swiss Political System. In: Saiz, Martin/Geser, Hans (Hrsg.): Local Parties in Political and Organizational Perspective. Boulder: Westview Press, 213–241.

Ladner, Andreas/Brändle, Michael (1999): Fact-Sheets zum Wandel der Schweizer Parteien. Bern: Institut für Politikwissenschaft der Universität Bern.

Lane, Jan-Erik (2001): Introduction: Switzerland - key institutions and behavioural outcomes. In: West European Politics, 24(2), 1–18.

Laufer, Heinz/Münch, Ursula (2010): Das föderale System der Bundesrepublik Deutschland. München: Bayerische Landeszentrale für politische Bildungsarbeit.

Latzer, Michael/Just, Natascha/Metreveli, Sulkhan/Saurwein, Florian (2012): Internetverbreitung und digitale Bruchlinien in der Schweiz. Themenbericht aus dem World Internet Project – Switzerland 2011. Zürich: IPMZ.

Lavenex, Sandra (2009): Switzerland's Flexible Integration in the EU: A Conceptual Framework. In: Swiss Political Science Review 15(4), 547–575.

Lehmbruch, Gerhard (1996): Die korporative Verhandlungsdemokratie in Westmitteleuropa. In: Schweizerische Zeitschrift für Politische Wissenschaft 2(4), 19–41.

Lehmbruch, Gerhard (1992): Konkordanzdemokratie. In: Nohlen, Dieter (Hrsg.): Lexikon der Politik, Bd. 3. München: Beck, 206–211.

Lehmbruch, Gerhard (1979): Liberal Corporatism and Party Government. In: Schmitter, Philipp C./Lehmbruch, Gerhard (Hrsg.): Trends Toward Corporatist Intermediation, Beverly Hills, CA, London: Sage, 147–183.

Levine, Paul A. (2002): Swedish neutrality during the Second World War: tactical success or moral compromise? In: Wylie, Neville (Hrsg.): European neutrals and non-belligerents during the Second World War. Cambridge: Cambridge University Press, 304–330.

Longchamp, Claude et al. (2011): Von der Polarisierung zur Harmonisierung. Schlussbericht zur Wahltagsbefragung vom 23. Oktober 2011. Bern: GfS.Bern.

Lorenz, Astrid (2005): How to Measure Constitutional Rigidity. Four Concepts and two Alternatives. In: Journal of Theoretical Politics, 17(3), 339–361.

Lutz, Georg/ Selb, Peter (2006): Die nationalen Wahlen in der Schweiz. In: Klöti, Ulrich et al. (Hrsg.): Handbuch der Schweizer Politik, Zürich: NZZ, 427–458.

Lijphart, Arend (1989): From the politics of accommodation to adversarial politics in the Netherlands: A reassessment. In: West European Politics, 12(1), 139–153.

Lijphart, Arend (1999): Patterns of Democracy. Government Forms and Performance in Thirty-six Countries. New Haven: Yale University Press.

Lijphart, Arend (2007): Thinking about Democracy. Power sharing and majority rule in theory and practice. Abingdon: Routledge.

Linder, Wolf (2005): Schweizerische Demokratie: Institutionen – Prozesse – Perspektiven, Bern: Haupt.

Lindner, Wolf (2006a): Politische Kultur.Iin: Klöti, Ulrich et al. (Hrsg.): Handbuch der Schweizer Politik. Zürich: NZZ, 16–34.

Linder, Wolf (2006b) Direkte Demokratie. In: Klöti, Ulrich et al. (Hrsg.): Handbuch der Schweizer Politik, Zürich: NZZ, 103–124.

Linder, Wolf (2007): Die deutsche Föderalismusreform – von außen betrachtet. Ein Vergleich von Systemproblemen des deutschen und schweizerischen Föderalismus. In: Politische Vierteljahresschrift, 48(1), 3–16.

Linder, Wolf (2010a): Swiss Democracy. Possible Solutions to Conflict in Multicultural Societies. Basingstoke: Palgrave.

Linder, Wolf (2010b): Gesellschaftliche Spaltung und direkte Demokratie am Beispiel der Schweiz. In: Schrenk, Klemens H./Soldner, Markus (Hrsg.): Analyse demokratischer Regierungssysteme. Festschrift für Wolfgang Ismayr zum 65. Geburtstag. Wiesbaden: VS Verlag, 599–610.

Linder, Wolf (2012): Schweizerische Demokratie. Institutionen, Prozesse, Perspektiven. Bern: Haupt.

Linder, Wolf/Bolliger, Christian/Rielle, Yvan (Hrsg.) (2010): Handbuch der eidgenössischen Volksabstimmungen 1848 bis 2007. Bern: Haupt

Linder, Wolf/Zürcher, Regula/Bolliger, Christian (2008): Gespaltene Schweiz, geeinte Schweiz, Baden: hier + jetzt Verlag.

Lipset, Seymour M. (2003) [1963]: The First New Nation. The United States in historical and comparative perspective. New Brunswick: Transaction Publishers.

Lipset, Seymor M./Marks, Gary W. (2000): It didn't happen here. Why socialism failed in the United States. New York: Norton.

Lipset, Seymour M./ Rokkan, Stein (1967): Cleavage Structures, Party Systems, and Voter Alignments. In: Lipset, Seymour Martin, Rokkan, Stein (Hrsg.): Party Systems and Voter Alignments: Cross-National Perspectives. New York: The Free Press, 1–64.

Locke, John (2003): Über die Regierung [The Second Treatise of Government]. Stuttgart: Reclam.

Loewenstein, Karl (1959): Verfassungslehre. Tübingen: Mohr.

Loughlin, John (2011): Federal and local government institutions. In: Caramani, Daniele (Hrsg.): Comparative Politics. Oxford: Oxford University Press, 198–215.

Luhmann, Niklas (1996): Die Realität der Massenmedien. Opladen: Westdeutscher Verlag.

Luhmann, Niklas (2000): Die Politik der Gesellschaft. Frankfurt: Suhrkamp.

Luhmann, Niklas (2005) [1981]: Machtkreislauf und Recht in Demokratien. In: ders. (Hrsg.): Soziologische Aufklärung 4. Wiesbaden: VS Verlag, 148–158.

Lupia, Arthur (2003): Delegation and its Perils. In: Strøm, Kaare/Müller, Wolfgang C./Bergman, Torbjörn (Hrsg.): Delegation and Accountability in Parliamentary Democracies. Oxford: Oxford University Press, 33–54.

Lupia, Arthur/Matsusaka, John G. (2004): Direct Democracy. New Approaches to Old Questions. In: Annual Review of Political Science, 7, 463–482.

Mair, Peter (2002): In the Aggregate. Mass electoral Behaviour in Western Europe, 1950–2000. In: Keman, Hans (Hrsg.): Comparative Democratic Politics. London: Sage, 122–142.

Maissen, Thomas (2006): Die Geburt der Republik. Staatsverständnis und Repräsentation in der frühneuzeitlichen Eidgenossenschaft. Göttingen: Vandenhoeck & Ruprecht.

Maissen, Thomas (2011): Geschichte der Schweiz. Baden: hier + jetzt Verlag.

Marschall, Stefan (2005): Parlamentarismus. Eine Einführung. Baden-Baden: Nomos.

Marti, Arnold (2008): Verbandsbeschwerderecht in alter Tradition. In: NZZ vom 13.02.2008, S. 36.

Marti, Simon (2011): Schweizer Europapolitik am Wendepunkt. Interessen, Konzepte und Entscheidungsprozesse in den Verhandlungen über den Europäischen Wirtschaftsraum. Baden-Baden: Nomos.

Martin, Jochen (1995) [1974]: Von Kleisthenes zu Ephialtes. Zur Entstehung der athenischen Demokratie. In: Kinzl. Konrad H. (Hrsg.): Demokratia. Der Weg zur Demokratie bei den Griechen. Darmstadt: WBG, 160–212.

Mäusli, Theo/Steigmeier, Andreas/Vallotton, François (Hrsg.) (2012): Radio und Fernsehen in der Schweiz. Geschichte der Schweizerischen Radio- und Fernsehgesellschaft (SRF) 1983–2011. Baden: hier + jetzt Verlag.

McNair, Brian (2011): An Introduction to Political Communication. Abingdon: Routledge.

Meier, Werner A./Bonfadelli, Heinz/Schanne, Michael (1993): Medienlandschaft Schweiz im Umbruch. Vom öffentlichen Kulturgut Rundfunk zur elektronischen Kioskware. Basel: Helbing & Lichtenhahn.

Meyn, Hermann (2004): Massenmedien in Deutschland. Konstanz: UVK.

Michels, Robert (1989) [1911]: Soziologie des Parteiwesens in der modernen Demokratie. Untersuchungen über die oligarchischen Tendenzen des Gruppenlebens. Stuttgart: Kröner.

Mill, John Stuart (2010): Considerations on Representativen Government. Cambridge: Cambridge University Press.

Mittendorf, Volker (2007): Databases for (empirical) research on direct democracy. In: Pállinger, Zoltán Tibor/Kaufmann, Bruno/Marxer, Wilfried/Schiller, Theo (Hrsg.): Direct Democracy in Europe. Developments and Prospects. Wiesbaden: VS Verlag, 207–218.

Moore, Bob (2002): The Netherlands. In: Wylie, Neville (Hrsg.): European neutrals and non-belligerents during the Second World War. Cambridge: Cambridge University Press, 76–96.

Morandi, Pietro (1995): Krise und Verständigung. Die Richtlinienbewegung und die Entstehung der Konkordanzdemokratie 1933-1939. Zürich: Chronos.

Mrusek, Konrad (2006): Trotz vieler Anreize zum Sparen steigen die Kosten. In: FAZ vom 03.07.2006, S. 15.

Mueller, Sean/Dardanelli, Paolo (2013): The parliamentary and executive elections in Switzerland, 2011. In: Electoral Studies, 32 (1), 197–201.

Müller, Wolfgang C. (2011): Governments and bureaucracies. In: Caramani, Daniele (Hrsg.): Comparative Politics. Oxford: Oxford University Press, 141–161.

Naßmacher, Hiltrud (2006): Parteiensysteme und Parteienfinanzierung in Westeuropa. In: Die Parteiensysteme Westeuropas. Wiesbaden:VS Verlag, 507–519.

Neidhart, Leonhard (1970): Plebiszit und pluralitäre Demokratie. Eine Analyse der Funktion des schweizerischen Gesetzesreferendums. Bern: Franke Verlag.

Neidhart, Leonhard (1986): Funktions-und Organisationsprobleme der schweizerischen Parteien. In: Schweizerisches Jahrbuch für politische Wissenschaft. Bern: Haupt, 17–43.

Neidhart, Leonhard (2002): Die politische Schweiz. Fundamente und Institutionen. Zürich: NZZ.

Neidhart, Leonhard (2010): Das frühe Bundesparlament. Der erfolgreiche Weg zur modernen Schweiz. Zürich: NZZ.

Niedermann, Dieter J. (2007): Haus der Kantone – die richtige Antwort. In: NZZ vom 11.04.2007, S. 35.

Niedermayer, Oskar (2008): Parteiensysteme. In: Gabriel, Oskar W./ Kropp, Sabine (Hrsg.): Die EU-Staaten im Vergleich. Strukturen, Prozesse, Politikinhalte. Wiesbaden: VS Verlag, 351–388.

Niskanen, W.A. (1971): Bureaucracy and Representative Government. Chicago/New York: Aldine Atherton.

Niskanen, W.A. (1983): Bureaucrats between Self Interest and Public Interest. In: Hanusch, H. (Hrsg.): Anatomy of Government Deficiencies. Berlin, New York: Springer Verlag, 119–123.

Nohlen, Dieter (2009): Wahlrecht und Parteiensystem. Opladen: B. Budrich.

Norris, Pippa (1997): Second Order Elections Revisited. In: European Journal of Political Research, 31(1–2), 109–114.

Norris, Pippa (2011): Political Communication. In: Caramani, Daniele (Hrsg.): Comparative Politics. Oxford: Oxford Univ. Press, 352–370.

Nuspliger, Niklaus (2011): Kampf um den Ständerat führt zu Engpässen. In: NZZ vom 11.10.2011, S. 25.

NZZ, 19.03.2008: Konstanz in fragmentierter Medienlandschaft.

NZZ, 30.05.2008: Neue Kooperation von SRG und Presse-TV.

NZZ, 27.06.2008: Man lebt aneinander vorbei. Online unter: www.nzz.ch/nachrichten/kultur/medien/man_lebt_aneinander_vorbei_1.770188.html.

NZZ, 06.05.2011: Mehrkosten statt Einsparungen – Mitgliedschaft der Schweiz bei Schengen/Dublin-Abkommen kostet den Bund Millionen. Online unter: www.nzz.ch/aktuell/schweiz/schengendublin-abkommen-kosten-millionen-1.10496292.

NZZ, 14.05.2011, S. 30: Vom Europarat angehört. Ein Erfahrungsbericht.

NZZ, 09.06.2011, S. 12: Das Kreuz mit den Kontingenten.

NZZ, 09.07.2011: Wider die „Konsens-Kultur". Online unter: www.nzz.ch/aktuell/schweiz/auf-der-suche-nach-selbstbestimmung-1.11250809.

NZZ, 13.08.2011, S. 23: Echte Strategien gegen die Zentralisation sind nötig.

NZZ, 07.09.2011, S. 25: Nur was gratis ist läuft wirklich gut. Neue Zahlen zum Konsum von Schweizer Presse-Erzeugnissen.

NZZ, 23.11.2011, S. 25: Speditives Parlament. Zahlen zur Legislatur.

NZZ, 16.11.2011, S. 27: Die Zeit ist reif. Alternatives Wahlsystem prüfen.

NZZ, 28.03.2012, S. 29: Weniger Jugendliche wegen Straftaten beschuldigt.

NZZ, 26.04.2013, S. 30: Deutschschweizer sitzen an den Schalthebeln der Macht.

Obinger, Herbert (1998): Politische Institutionen und Sozialpolitik in der Schweiz. Der Einfluß von Nebenregierungen auf Struktur und Entwicklungsdynamik des schweizerischen Sozialstaates. Frankfurt am Main: Lang.

Obinger, Herbert (2000): Der schweizerische Sozialstaat in den 90er Jahren. Sozialpolitik unter institutionellen Bedingungen der Direktdemokratie. In: Zeitschrift für Politikwissenschaft, 10 (1), 43–63.

OECD (2011): Government at a Glance 2011. Paris: OECD Publishing. DOI: 10.1787/22214399.

Oesch, Daniel (2011): Swiss trade unions and industrial relations after 1990. A history of decline and renewal. In: Trampusch, Christine/Mach, André (Hrsg.): Switzerland in Europe: continuity and change in the Swiss political economy. Abingdon: Routledge, 82–102.

Offe, Claus (1984): Politische Legitimation durch Mehrheitsentscheidung. In: Guggenberger, Bernd (Hrsg.): An den Grenzen der Mehrheitsdemokratie: Politik und Soziologie der Mehrheitsregel, Opladen: Westdeutscher Verlag, 150–183.

O'Halpin, Eunan (2002): Irish neutrality in the Second World War. In: Wylie, Neville (Hrsg.): European neutrals and non-belligerents during the Second World War. Cambridge: Cambridge Univ. Press, 283–303.

Olson, Mancur (2004) [1965]: Die Logik des kollektiven Handelns: Kollektivgüter und die Theorie der Gruppen. Tübingen: Mohr Siebeck.

Oosterwaal, Annemarije/Torenvlied, René (2010): Politics Divided from Society? Three Explanations for Trends in Societal and Political Polarisation in the Netherlands. In: West European Politics, 33(2), 258–279.

Pallaver, Günther (2007): Südtirols Konkordanzdemokratie. In: Ferrandi, Giuseppe/Pallaver, Günther (Hrsg.): La Regione Trentino-Alto Adige/Südtirol nel XX secolo. I. Politica e Istituzioni (Grenzen/Confini 4/1). Trento: Museo Storico in Trento, 529–555.

Panebianco, Angelo (1988): Political Parties: Organisation and Power. Cambridge: Cambridge University Press.

Partmann, Michael (2012): Outsourcing von Gesetzgebungsverfahren – ein bedenkliches Phänomen? Online unter: www.schleyer-stiftung.de/pdf/pdf_2012/leipzig_2012/referate/Partmann_Referat _neu.pdf.

Pelinka, Anton (2004): Grundzüge der Politikwissenschaft. Wien: Böhlau.

Peters, B.Guy (2010): The Politics of Bureaucracy. An Introduction to Comparative Public Administration. London: Routledge.

Poguntke, Thomas (2000): Parteiorganisationen im Wandel. Gesellschaftliche Verankerung und organisatorische Anpassung im europäischen Vergleich. Wiesbaden: Westdeutscher Verlag.

Poguntke, Thomas (2002a): Party Organisational Linkage: Parties without Firm Social Roots?, in: Kurt Richard Luther, Kurt R./Müller-Rommel, Ferdinand (Hrsg.), Political Parties in the New Europe: Political and Analytical Challenges, Oxford: Oxford Univ. Press, 43–62.

Poguntke, Thomas (2002b): Zur empirischen Evidenz der Kartellparteien-These. In: Zeitschrift für Parlamentsfragen 33(4), 790–806.

Poguntke, Thomas (2004): Do parties respond? Challenges to Political Parties and their Consequences. In: Lawson, Kay/Poguntke, Thomas (Hrsg.): How Political Parties Respond to Voters. Interest Aggregation Revisited. Abingdon: Routledge, 1–14.

Poguntke, Thomas/Aylott, Nicholas/Ladrech, Robert/Luther, Kurt Richard (2007): The Europeanisation of national party organisations: A conceptual analysis. In: European Journal of Political Research, 46 (6), 747–771.

Pommerehne, Werner W. (1983): Private versus öffentliche Müllabfuhr – nochmals betrachtet. In: Finanzarchiv, 41, 466–475.

Pommerehne, Werner W./Weck-Hannemann, Hannelore (1996): Tax rates, tax administration and income tax evasion in Switzerland. In: Public Choice, 88, 161–170.

Porlezza, Colin/Russ-Mohl, Stephan (2011): Switzerland: The Principle of Diversity. In: Eberwein, Tobias/Gfengler, Susanne/Lauk, Epp/Leppik-Bork, Tanja (Hrsg.): Mapping Media Accountability – in Europe and Beyond. Köln: Herbert von Halem Verlag, 168–180.

Powell, David (2004): British Politics, 1910–1935. The Crisis of the Party System. London: Routledge.

Puppis, Manuel (2010): Einführung in die Medienpolitik. Konstanz: UVK.

Putnam, Robert D. (1988): Diplomacy and Domestic Politics: The Logic of Two-Level Games. In: International Organization, 42(3), 427–460.

Radkau, Joachim (2005): Max Weber. Die Leidenschaft des Denkens. München: Hanser.

Rae, Douglas W. (1967): The Political Consequences of Electoral Laws. New Haven: Yale Univ. Press.

Rawls, John (1994) [1971]: Eine Theorie der Gerechtigkeit. Frankfurt a.M.: Suhrkamp.

Reif, Karlheinz/Schmitt, Hermann (1980): Nine second-order national elections – A conceptual framework for the analysis of European election results. In: European Journal of Political Research, 8, 3–44.

Reinhardt, Volker (2010): Geschichte der Schweiz. München: Beck.

Richter, Rudolf/ Furubotn, Eirik G. (2010): Neue Institutionenökonomik. Eine Einführung und kritische Würdigung. Tübingen: Mohr Siebeck.

Rieder, Stefan/Widmer, Thomas (2007): Kantone im Wandel. Reformaktivitäten der Schweizer Kantone zwischen 1990 und 1999: Ursachen, Ausgestaltung und Konsequenzen. Bern: Haupt.

Riklin, Alois (1991): Funktionen der schweizerischen Neutralität. In: Passé pluriel. En hommage au professeur Roland Ruffieux. Etudes et recherches d'histoire contemporaine. Série historique, vol. 12. Fribourg: Editions universitaires, 361–394.

Rhinow, Rene (2011): Das Gespenst Konkordanz. In: NZZ vom 22.11.2011, S. 26.

Roche, Jean-Jacques (2011): Intergovernmentalism. In: Badie, Bertrand/Berg-Schlosser, Dirk/Morlino, Leonardo (Hrsg.): International Encyclopedia of Political Science. Bd. 4. London: Sage, 1230–1233.

Rosas, Fernando (2002): Portuguese neutrality in the Second World War. In: Wylie, Neville (Hrsg.): European neutrals and non-belligerents during the Second World War. Cambridge: Cambridge Univ. Press, 268–282.

Rose, Richard (2000): Trouble in the Advanced Democracies? The End of Consensus in Austria and Switzerland. In: Journal of Democracy, 11(2), 26–40.

Rousseau, Jean-Jacques (2005) [1761]: Der Gesellschaftsvertrag. Frankfurt: Fischer.

Rühli, Lukas (2012): Gemeindeautonomie zwischen Illusion und Realität. Kantonsmonitoring 4: Gemeindestrukturen und Gemeindestrukturpolitik der Kantone. Zürich: Avenir Suisse.

Rütti, Nicole (2011): Die Schweiz als Innovations-Champion. In: NZZ vom 07.06.2011, S. 9.

Saalfeld, Thomas (2007): Parteien und Wahlen. Baden-Baden: Nomos.

Saalfeld, Thomas (2008): Gesetzgebung im politischen System Großbritanniens. In: Ismayr, Wolfgang (Hrsg.): Gesetzgebung in Westeuropa. Wiesbaden: VS Verlag, 159–199.

Saalfeld, Thomas (2009): Vetospieler, Agendakontrolle und Kabinettsstabilität in 17 europäischen Parlamenten. In: Ganghof, Steffen/Hönnige, Christoph/Strecker, Christian (Hrsg.): Parlamente, Agendasetzung und Vetospieler: Festschrift für Herbert Döring. Wiesbaden: VS Verlag, 93–115.

Sartori, Giovanni (2005) [1976]: Parties and Party systems: A framework for analysis. Colchester: ECPR-Press.

Scarrow, Susan E. (2000): Parties without members? Party Organization in a Changing Electoral Environment. In: Dalton, Russel J./Wattenberg, Martin P. (Hrsg): Parties without Partisans. Political Change in Advanced Industrial Democracies. Oxford: Oxford University Press, 80–101.

Schaltegger, Christoph A. (2001): Ist der Föderalismus zu kleinräumig? In: Schweizerische Zeitschrift für Politikwissenschaft, 7(1), 1–18.

Scharpf, Fritz W. (2000): Interaktionsformen. Akteurszentrierter Institutionalismus in der Politikforschung. Wiesbaden: VS Verlag.

Schiller, Theo (2002): Direkte Demokratie – Eine Einführung. Frankfurt: Campus-Verlag

Schilliger, Pirmin (2011): Ein nächster Schritt auf dem Weg zur Fusion. Weichenstellung für die Gebietsreform in der Agglomeration Luzern. NZZ vom 09.11.2011, S. 29.

Schindler, Peter (1966): Die Fragestunde des Deutschen Bundestages. In: Politische Vierteljahresschrift, 7(3), 407–443.

Schmid, Josef (2010): Wohlfahrtsstaaten im Vergleich. Soziale Sicherung in Europa: Organisation, Finanzierung, Leistungen und Probleme. Wiesbaden: VS Verlag.

Schmidt, Manfred G. (1985a): Allerweltsparteien in Westeuropa? Ein Beitrag zu Kirchheimers These vom Wandel des westeuropäischen Parteiensystems. In: Leviathan, 13(3), 376–397.

Schmidt, Manfred G. (1985b): Der Schweizerische Weg zur Vollbeschäftigung. Frankfurt: Campus Verlag (Arbeitsberichte des WZB).

Schmidt, Manfred G. (1989): ‚Allerweltsparteien‘ und ‚Verfall der Opposition‘ – Ein Beitrag zu Kirchheimers Analysen westeuropäischer Parteiensysteme. In: Luthardt, Wolfgang; Söllner, Alfons (Hrsg.): Verfassungsstaat, Souveränität, Pluralismus. Otto Kirchheimer zum Gedächtnis. Opladen: Westdeutscher Verlag, 173–181.

Schmidt, Manfred G. (2000): Demokratietheorien. Opladen: Leske + Budrich [3. Aufl.].

Schmidt, Manfred G. (2008): Demokratietheorien. Opladen: Leske + Budrich [4. Aufl.].

Schmitt, Carina/Obinger, Herbert (2010): Verfassungsschranken und die Privatisierung öffentlicher Dienstleistungen im internationalen Vergleich. In: Politische Vierteljahresschrift, 51(4), 643–664.

Schmitt, Carl (2002) [1963]: Der Begriff des Politischen. Text von 1932 mit einem Vorwort und drei Corollarien. Berlin: Duncker & Humblot.

Schnapp, Kai-Uwe (2006): Comparative Public Management. In: Bogumil, Jörg/Jann, Werner/Nullmeier, Frank (Hrsg.): Politik und Verwaltung. Sonderheft 37 der Politischen Vierteljahresschrift. Wiesbaden: VS Verlag, 327–353.

Schneider, Friedrich/Pommerehne, Werner W. (1983): Macroeconomia della crescita in disequilibrio e settore pubblico in espansione: il peso delle differenze istituzionali. Rivista Internazionale di Scienze Economiche e Commerciali, 33, 306–420.

Schoch, Claudia (2011): Echte Strategien gegen die Zentralisation sind nötig. In: NZZ vom 13.08.2011.

Schoenenberger, Michael (2012): Sozialhilfe: Übertriebene Warnungen. In: NZZ vom 30.08.2012, S. 26.

Schulz, Robert (2003): Neuere Ansätze zur Typologisierung demokratischer Systeme. Rostock: Univ. Rostock.

Schüttemeyer Suzanne S./Siefken, Sven T. (2008): Parlamente in der EU: Gesetzgebung und Repräsentation, in: Oscar W. Gabriel/ Sabine Kropp (Hg.): Die EU-Staaten im Vergleich. Strukturen, Prozesse, Politikinhalte: Wiesbaden: VS Verlag, 482–513.

Schwarz, Daniel/Bächtiger, André/Lutz, Georg (2011): Switzerland. Agenda setting power of the government in a separation-of-powers framework. In: Rasch, Bjørn Eric/Tsebelis, George (Hrsg.): The role of governments in legislative agenda setting. Abingdon: Routledge, 127–144.

Schweizerische Bundeskanzlei (2012a): Geschäftsbericht des Bundesrates 2011. Band 1. Bern: BK. Online unter: http://www.bk.admin.ch/themen/planung/04630/index.html?lang=de.

Schweizerische Bundeskanzlei (2012b): Ziele des Bundesrates 2013. Bern. BK, online unter: http://www.bk.admin.ch/dokumentation/publikationen/00290/00928/index.html?lang=de#.

Schweizerische Bundeskanzlei (2012c): Botschaft über die Legislaturplanung 2011–2015. Bern: BK. Online unter: http://www.bk.admin.ch/themen/planung/04622/index.html?lang=de.

Schweizerische Bundeskanzlei (2012d): Leitfaden zum Verfassen von Botschaften des Bundesrates (Botschaftsleitfaden). Bern: Bundeskanzlei. Online unter: www.bk.admin.ch/dokumentation/sprachen/04915/06864/index.html?lang=de.

Schweizerische Bundeskanzlei (2012e): Der Bund kurz erklärt. Bern: Bundeskanzlei.

Sebaldt, Martin (2009): Die Macht der Parlamente. Funktionen und Leistungsprofile nationaler Volksvertretungen in den alten Demokratien der Welt. Wiesbaden: VS Verlag.

Selb, Peter (2006): Multi-Level Elections in Switzerland. Swiss Political Science Review, 12(4), 49–75.

Senti, Martin (2012): Das Kreuz mit dem C. In: NZZ vom 05.04.2012, S. 13.

Serdült, Uwe (2010): Referendum Campaign Regulations in Switzerland. In: Gilland Lutz, Karin/Hug, Simon (Hrsg.): Financing Referendum Campaigns. Basingstoke: Palgrave, 165–179.

Shugart, Matthew S./Carey. John M. (1992): Presidents and Assemblies. Constitutional Design and Electoral Dynamics. Cambridge, Cambridge University Press.

Siegel, Nico A. (2007): Methoden der vergleichenden Wohlfahrtsstaatsforschung. In: Schmidt, Manfred G. (Hrsg.): Der Wohlfahrtsstaat. Wiesbaden: VS Verlag, 96–114.

Simmel, Georg (1992): Soziologie, Frankfurt: Suhrkamp.

Staatskanzlei Kanton Aargau (Hrsg.) (2008): Nationale Föderalismuskonferenz 2008. Der Schweizer Föderalismus unter Effizienzdruck: Was sind die Perspektiven? Zürich: NZZ.

Starck, Dorothee (1999): Föderalismus in der Schweiz. Darstellung der Strukturen und der praktischen Erfahrungen. Speyer: Schriftenreihe Speyrer Arbeitshefte (126). Deutsche Hochschule für Verwaltungswissenschaften.

Steffani, Wilfried (1981): Präsidentielles und parlamentarisches Regierungssystem. Opladen: Westdeutscher Verlag.

Steffani, Wilfried (1992): Parlamentarisches und präsidentielles Regierungssystem. In: Schmidt, Manfred G. et al. (Hrsg.): Lexikon der Politik, Bd. 3. Die westlichen Länder. München: Beck, 288–295.

Stepan, Alfred (2011): Federalism and Democracy. Beyond the U.S.Model. In: Kincaid, John (Hrsg.): Federalism. Bd. 3: Models of Individualism, Communalism, and Multinationalism in Federal Government. London: Sage, 193–207.

Steppacher, Burkard (2005): Tonartwechsel in der Schweiz: Der Dreiklang von Volksrechten, Konkordanz und erneuerter Zauberformel nach den National- und Ständeratswahlen 2003, in: Zeitschrift für Parlamentsfragen, 36(2), 311–325.

Stöckli, Andreas/Meier, Thomas (2011): Behördenlandschaft im Wandel. Ausgewählte Entwicklungstendenzen im Verwaltungsorganisationsrecht in den Schweizer Kantonen. In: Europäisches Zentrum für Föderalismus-Forschung Tübingen (Hrsg.): Jahrbuch des Föderalismus 2011. Baden-Baden: Nomos, 323–336.

Strøm, Kaare (2003): Parliamentary Democracy and Delegation. In: Strøm, Kaare/Müller, Wolfgang C./Bergman, Torbjörn (Hrsg.): Delegation and Accountability in Parliamentary Democracies. Oxford: Oxford University Press, 55–106.

Stuchlik, Andrej (2009): Strategisches Management in der Verwaltung. In: Hill, Hermann (Hrsg.): Verwaltungsmodernisierung im europäischen Vergleich. Baden-Baden: Nomos, 173–194.

Studer, Brigitte/Arlettaz, Gérald/Argast, Regula (2008): Das Schweizer Bürgerrecht. Erwerb, Verlust, Entzug von 1848 bis zur Gegenwart. Zürich: NZZ.

Sturm, Roland (2010a): Föderalismus. Baden-Baden: Nomos.

Sturm, Roland (2010b): Consociationalism in Northern Ireland: Panacea or Trap? In: Stolz, Klaus (Hrsg.): Ten Years of Devolution in the United Kingdom. Augsburg: Wißner-Verlag, 147–157.

Sutter, Patrick/Zelger, Ulrich (Hrsg.) (2004): 30 Jahre EMRK-Beitritt der Schweiz: Erfahrungen und Perspektiven. Bern: Haupt.

Szvircsev Tresch, Tibor/Wenger, Andreas/Würmli, Silvia/Craviolini, Julie/Vogler-Bisig, Esther (2012): Sicherheit 2012. Aussen-, Sicherheits- und Verteidigungspolitische Meinungsbildung im Trend. Zürich: Center for Security Studies & Militärakademie an der ETH Zürich.

Taagepera, Rein (1972): The Size of National Assemblies. In: Social Science Research, 1, 385–401.

Taagepera, Rein/Laakso, Markku (1980): Proportionality Profiles of West European Electoral Systems, European Journal of Political Research, 8(4), 423–446.

Taagepera, Rein/Recchia, Steven P. (2002): The Size of Second Chambers and European Assemblies. In: European Journal of Political Research, 41, 165–185.

Töller, Annette Elisabeth (2008): Mythen und Methoden. Zur Messung der Europäisierung der Gesetzgebung des Deutschen Bundestages jenseits des 80-Prozent-Mythos. In: Zeitschrift für Parlamentsfragen, 39(1), 3–17.

Trachsler, Daniel (2011a): Bundesrat Max Petitpierre. Schweizerische Aussenpolitik im Kalten Krieg 1945–1961. Zürich: NZZ Libro.

Trachsler, Daniel (2011b): Zankapfel Neutralität, In: Basler Zeitung vom 03.10.2011, S. 5.

Trebbe, Joachim/Baeva, Gergana/Schwotzer, Bertil/Kolb, Steffen/Kust, Harald (2008): Fernsehprogrammanalyse Schweiz. Zürich/Chur: Rüegger-Verlag.

Tsebelis, George (1995): Decision Making in Political Systems: Veto Players in Presidentialism, Parliamentarism, Multicameralism and Multipartyism. In: British Journal of Policial Science, 25(2), 289–325.

Tsebelis, George (2002): Veto-Players. How political institutions work. Princeton: Princeton University Press.

United Cities and Local Governments (UCLG) (2010): Local Government Finance: The Challenges of the 21st Century. Second Global Report on Decentralization and Local Democracy (GOLD II). Barcelona: UCLG.

Vatter, Adrian (2002): Kantonale Demokratien im Vergleich. Opladen: Leske + Budrich.

Vatter, Adrian (2006a): Föderalismus. In: Ulrich Klöti et al. (Hrsg.): Handbuch der Schweizer Politik. Zürich: Verlag NZZ, 77–102.

Vatter, Adrian (2006b): Kantone. In: Klöti, Ulrich et al. (Hrsg.): Handbuch der Schweizer Politik. Zürich: Verlag NZZ, 203–231.

Vatter, Adrian (2007a): Direkte Demokratie in der Schweiz. In: Freitag, Markus/Wagschal, Uwe (Hrsg.): Direkte Demokratie. Bestandsaufnahme und Wirkungen im internationalen Vergleich. Münster: LIT, 71–113.

Vatter, Adrian (2007b): Lijphart goes regional: Different patterns of consensus in Swiss democracies. In: West European Politics, 30(1), 148–171.

Vatter, Adrian (2008): Vom Extremtyp zum Normalfall? Die schweizerische Konsensusdemokratie im Wandel: Eine Re-Analyse von Lijpharts Studie für die Schweiz von 1997 bis 2007. In: Swiss Political Science Review, 14(1), 1–47.

Vatter, Adrian/Danaci, Deniz (2010): Mehrheitstyrannei durch Volksentscheide? In: Politische Vierteljahresschrift 51(2), 205–222.

Vatter, Adrian/Freitag, Markus (2007): The Contradictory Effects of Consensus Democracy on the Size of Government: Evidence from the Swiss Cantons. In: British Journal of Political Science, 37(2), 359–367.

Volkens, Andrea/Lacewell, Onawa/Regel, Sven/Schultze, Henrike/Werner, Annika (2009): The Manifesto Data Collection. Berlin: Social Science Research Center Berlin (WZB). Stand Dezember 2009.

von Bredow, Wilfried (2006): Die Außenpolitik der Bundesrepublik Deutschland. Eine Einführung. Wiesbaden: VS Verlag.

von Winter, Thomas (2008): Lobbying als politischer Tauschprozess. In: von Winter, Thomas/ Mittendorf, Volker (Hrsg.): Perspektiven der politischen Soziologie im Wandel von Gesellschaft und Staatlichkeit. Wiesbaden: VS Verlag, 49–67.

Wagschal, Uwe (2010): Wer sagt warum nein zu Europa? Eine Aggregatdatenanalyse direktdemokratischer Entscheidungen mit Europabezug. In: Zeitschrift für Staats- und Europawissenschaften, H.4, S. 530–552.

Waschkuhn, Arno (1991): Politischer Wandel in konkordanzdemokratischen Systemen. In: Politische Vierteljahresschrift, 32(1), 111–113.

Watts, Ronald L. (2008): Comparing federal systems. Montreal: McGill-Queens's University Press.

Weber, Max (1980): Wirtschaft und Gesellschaft. Grundriss der verstehenden Soziologie. Tübingen: Mohr.

Weber, Max (1997): Politik als Beruf. In: Max Weber: Schriften zur Sozialgeschichte und Politik. Hrsg. von Michael Sukale. Stuttgart: Philipp Reclam jun., 271–339.

Weder, Rolf/Spirig Beat (2011): Von Rosinen und anderen Spezialitäten. Die Schweiz und die EU. Zürich: NZZ Libro.

Wenger, Andreas/Mauer, Victor/Schwerzmann, Dominik (2003): Die Schweiz und friedensunterstützende Operationen. Trends, Chancen, Herausforderungen. Online unter: www.eda.admin.ch/eda/de/ home/topics/peasec/peac/intpo.html [08.01.2013].

Wichmann, Nicole (2009): More In Than Out. Switzerland's Association With Schengen/Dublin Cooperation. In: Swiss Political Science Review 15(4), 653–682.

Wiesendahl, Elmar (1998): Parteienkommunikation. In: Jarren, Otfried/Sarcinelli, Ulrich/Saxer, Ulrich (Hrsg.): Politische Kommunikation in der demokratischen Gesellschaft. Ein Handbuch mit Lexikonteil. Opladen, Wiesbaden: Westdeutscher Verlag, 442–449.

Wimmer, Hannes (2000): Die Modernisierung politischer Systeme. Staat, Parteien, Öffentlichkeit. Wien: Böhlau.

Wylie, Neville (2002): Introduction. Victims or actors? European neutrals and non-belligerents, 1939-1945. In: Wylie, Neville (Hrsg.): European neutrals and non-belligerents during the Second World War. Cambridge: Cambridge Univ. Press, 1–27.

Wyss, Marco (2012): Peacekeeping in Afrika und die militärische Friedensförderung der Schweiz. In: Wenger, Andreas/Trachsler, Daniel (Hrsg.): Bulletin 2012 zur Schweizerischen Sicherheitspolitik. Zürich: Center for Security Studies, ETH Zürich, 9–38.

Zeller, René (2001): Vorwärts durch die Mitte. In: NZZ vom 17.08.2011, S. 24.

Z'graggen, Heidi/Linder, Wolf (2004): Professionalisierung der Parlamente im internationalen Vergleich. Studie im Auftrag der Parlamentsdienste der Bundesversammlung. Universität Bern. Online unter: www.parlament.ch/d/ dokumentation/berichte/weitere-berichte-und-studien/Seiten/default.aspx.

Z'graggen, Heidi (2009): Die Professionalisierung von Parlamenten im historischen und internationalen Vergleich. Bern: Haupt.

Zimmermann, Horst/Henke, Klaus-Dirk/Broer, Michael (2011): Finanzwissenschaft. München: Vahlen.

Zweigert, Konrad/Kötz, Hein (1996): Einführung in die Rechtsvergleichung. Tübingen: Mohr Siebeck.

www.ingramcontent.com/pod-product-compliance
Lightning Source LLC
Chambersburg PA
CBHW061751260326
41914CB00006B/1071